MANUEL ENCYCLOPÉDIQUE

THÉORIQUE ET PRATIQUE

DES JUGES DE PAIX

III

Paris.—Imp. J. DUMAINE, rue Christine, 2.

MANUEL ENCYCLOPÉDIQUE

THÉORIQUE ET PRATIQUE

DES

JUGES DE PAIX

DE LEURS SUPPLÉANTS ET GREFFIERS

Avec les FORMULES de tous les actes

EXTRA-JUDICIAIRES ET JUDICIAIRES, PLACÉES A LA SUITE DE CHAQUE TITRE;

Par J.-E. ALLAIN

Juge de paix retraité.

QUATRIÈME ÉDITION

Entièrement refondue

Par M. CARRÉ

Juge de paix du 1er arrondissemeut de Paris,
Auteur du *Code annoté des juges de paix.*

TOME TROISIÈME.

PARIS

IMPRIMERIE ET LIBRAIRIE GÉNÉRALE DE JURISPRUDENCE
MARCHAL, BILLARD et Cie, IMPRIMEURS-ÉDITEURS,
LIBRAIRES DE LA COUR DE CASSATION
Place Dauphine, 27

1875

MANUEL ENCYCLOPÉDIQUE

THÉORIQUE ET PRATIQUE

DES JUGES DE PAIX

DE

LEURS SUPPLÉANTS

GREFFIERS ET HUISSIERS AUDIENCIERS.

LIVRE TROISIÈME

DES TRIBUNAUX DE SIMPLE POLICE.

TITRE PREMIER

DE L'INSTITUTION ET DE L'ORGANISATION DES TRIBUNAUX DE SIMPLE
POLICE.

CHAP. Ier. — DE L'INSTITUTION DES TRIBUNAUX DE SIMPLE
POLICE.

1. Les attributions répressives qu'exercent aujourd'hui les
tribunaux de police de canton et de commune furent conférées d'abord aux municipalités, ou corps municipaux, par la
loi des 16-24 août 1790, tit. 2, art. 1 et 2 ; elles passèrent
ensuite, en vertu de l'art. 42, § 5, de la loi des 19-22 juillet
1791, à des citoyens choisis par les officiers municipaux dans
le sein même des municipalités ; enfin, elles furent transmises aux justices de paix, telles que la loi du 24 août 1790
les avait instituées par l'art. 233 de la Constitution du 5 fruct.
an III, ainsi conçu : « La connaissance des délits dont la peine
n'excédera pas, soit la valeur de trois journées de travail, soit
un emprisonnement de trois jours, est déléguée au juge de

paix, qui prononce en dernier ressort. » Le Code des délits et des peines, du 3 brum. an IV, maintint cette disposition, détermina l'étendue des nouveaux tribunaux de police et fixa leur compétence par les art. 600, 605 et 606.

Plus tard, une loi du 27 vent. an VIII transféra aux commissaires de police, et, à leur défaut, aux adjoints des maires, les fonctions du ministère public, exercées jusque-là, en conformité de la Constitution de l'an III et du Code de brum. an IV, par les commissaires du pouvoir exécutif près les administrations municipales.

Une autre réforme, la substitution d'un juge unique aux tribunaux composés du juge de paix et de deux *prud'hommes* assesseurs, fut introduite dans l'organisation des tribunaux de simple police par la loi du 29 vent. an IX : « A l'avenir, y est-il dit, le juge de paix remplira seul les fonctions, soit judiciaires, soit de conciliation, ou autres qui sont attribuées aux justices de paix par les lois actuelles. »

La loi du 28 flor. an X confirma l'attribution au juge de paix seul des fonctions de juge de police, mais régla, par de nouvelles dispositions, le service des tribunaux de simple police dans les villes divisées en plusieurs cantons ; et l'institution ainsi organisée fut formellement maintenue par le Code d'instruction criminelle de 1808, ainsi que par le décret du 18 août 1810.

2. Les tribunaux de simple police sont distincts et absolument séparés des tribunaux civils, tant sous le rapport de leur composition que sous celui de leurs attributions et de leur compétence. On ne doit donc pas les confondre, quoique les uns et les autres soient présidés par le même magistrat. En effet, aux tribunaux de paix proprement dits est réservée la connaissance des affaires civiles, tandis que c'est aux tribunaux de simple police seuls qu'il appartient de prononcer sur les contraventions de police.

3. Les attributions des tribunaux de simple police, déjà nombreuses d'après le Code d'instruction criminelle de 1808 et le Code pénal de 1810, ont été considérablement étendues par la loi du 28 avril 1832, modificative du Code pénal, et par des lois spéciales.

CHAP. II. — DE L'ORGANISATION DES TRIBUNAUX DE SIMPLE POLICE PRÉSIDÉS PAR LES JUGES DE PAIX.

4. Chaque tribunal de police se compose : du juge de paix, président, d'un officier du ministère public, d'un greffier. Un ou plusieurs huissiers, désignés par le juge de paix, sont attachés à ce tribunal pour le service des audiences.

5. Le juge de paix, l'officier du ministère public et le greffier ne doivent être ni parents ni alliés entre eux jusqu'au degré d'oncle et de neveu inclusivement, à moins d'une dispense spéciale du chef de l'Etat; c'est la règle commune pour tous les tribunaux ; les convenances doivent la faire suivre pour les justices de paix, bien que son inobservation ne paraisse pas devoir entraîner la nullité du jugement que rendrait, par exemple, un juge de paix, parent ou allié au degré prohibé, du commissaire de police ou du greffier (Arg. Cass., 16 janv. 1851, *Bull. crim.*, 23).

6. Les membres du tribunal étant tous censés posséder légalement leur caractère, on ne serait pas admis à contester la validité des titres en vertu desquels ils exercent leurs fonctions ; ainsi on ne pourrait demander qu'un commissaire de police siégeant comme officier du ministère public, ou le greffier ou celui qui le remplace, justifiât de la prestation de son serment (Cass., 21 mai 1840 et 21 juin 1850, cités par Ch. Berriat-Saint-Prix, t. 1, p. 20).

Les jugements rendus par un tribunal de police illégalement composé sont sujets à cassation.

SECT. Iʳᵉ. — DES JUGES DE PAIX.

7. Dans les communes où il n'y a qu'un juge de paix, il prononce seul, c'est-à-dire sans être obligé d'avoir des assesseurs ni d'appeler un suppléant (C. inst. crim., art. 141).

8. En cas de maladie, absence ou autre empêchement légal, il est remplacé par le premier suppléant ; et, en cas de maladie, absence ou autre empêchement légal de celui-ci, par le second suppléant (Arg. L. 29 vent. an IX, art. 3). Le jugement doit constater la cause de l'empêchement pour lequel le remplacement a lieu, de même que la cause qui a empêché le premier suppléant de siéger, si c'est le second qui préside ; on ne pourrait remplacer cette preuve par des présomptions que la loi n'autorise pas.

Le suppléant qui siége au tribunal de police pour cause d'empêchement légal a qualité, comme le juge de paix lui-même, pour connaître de toute affaire attribuée au tribunal de police.

9. Dans les communes divisées en deux justices de paix ou en un plus grand nombre, le service du tribunal de police est fait successivement par chaque juge de paix pendant trois mois, en commençant par le plus ancien dans l'ordre des nominations ; et, en cas de nomination du même jour, par le plus âgé (C. inst. crim., art. 142 ; L. 28 flor. an x, art. 13 et 16 ; décr. 18 août 1810, art. 39), sans que l'interversion de cet ordre puisse toutefois opérer nullité. Dans les villes divisées en cinq cantons ou plus, ce service ne dure pas un trimestre entier, et les juges de paix se succèdent de manière à siéger chacun leur tour, pendant la même année.

10. Mais, en cas de maladie, absence ou autre empêchement, le juge de paix de service est remplacé non plus par un suppléant, mais par un autre juge de paix, à moins d'absence ou d'empêchement de tous les juges de paix de la commune ; et, dans ce dernier cas, ce ne serait pas le suppléant du juge de paix empêché qui devrait siéger, mais le plus ancien des suppléants des juges de paix. En effet, partout où il peut y avoir concours entre un juge titulaire et un suppléant, la priorité est due au titulaire supérieur dans l'ordre hiérarchique ; tel est l'esprit de la loi. C'est donc à tort, ce nous semble, que MM. Berriat-Saint-Prix, *Tr. de la procéd. crim.*, t. 1, p. 3, A. Morin, *Rép. du dr. crim.*, t. 2, p. 767 et Carré, *Compétence judiciaire des Juges de paix*, t. 1, p. 24, prétendent que le juge titulaire empêché doit être remplacé, dans *tous les cas*, non par un de ses collègues, mais par un de ses suppléants.

11. Dans les communes où les justices de paix sont au nombre de deux ou plus, le juge de paix de service a qualité pour connaître de toutes les affaires qui se présentent, qu'elles soient déférées pour la première fois au tribunal, ou qu'elles lui reviennent en vertu d'une opposition à un jugement par défaut rendu précédemment par un autre juge de paix. En effet, la compétence appartient au tribunal légalement composé, non à la personne du magistrat qui le préside. Mais, quant aux affaires commencées par le juge de paix, le suppléant qui le remplace ne peut les juger sans avoir recommencé l'instruction à l'audience (L. 20 avril 1810, art. 7).

Toutefois le suppléant pourrait connaître d'une affaire dans laquelle le juge de paix aurait rendu un jugement simplement préparatoire.

12. On peut aussi, dans le cas de l'art. 142, C. instr. crim., diviser le tribunal de police en deux sections ; chaque section est tenue par un juge de paix (C. inst. crim., art. 143). Le décret du 18 août 1810, postérieur au Code d'instr., portait même, art. 38, que dans les villes de Bordeaux, Lyon, Marseille, Nantes, Rouen, le tribunal de police serait divisé en deux chambres, et à Paris, en trois chambres. Mais il ne paraît pas, suivant M. Berriat-Saint-Prix, *loc. cit.*, n° 8, que cette disposition ait jamais été exécutée. A Paris, il n'est formé que d'une seule section.

Les juges de paix sont soumis à la surveillance du tribunal de 1re instance, de la Cour d'appel, du Ministre de la justice et, dans certains cas, de la Cour de cassation (Sénatus-consulte, 16 therm. an x, art. 8, 83 ; L. 20 avril 1810, art. 49 à 52, 54 à 59).

SECT. II. — De l'officier du ministère public.

13. Les fonctions du ministère public pour les faits de police sont remplies par le commissaire de police du lieu où siége le tribunal. En cas d'empêchement du commissaire de police, ou s'il n'y en a point dans le canton, ces fonctions sont remplies par le maire, qui peut se faire remplacer par son adjoint (C. inst. crim., art. 144, § 1er), soit pour une ou plusieurs affaires déterminées, soit par une délégation générale pour toutes les affaires de police. Dans ce dernier cas, l'adjoint peut agir absolument comme le maire l'aurait fait lui-même, et sans exprimer que celui-ci était empêché.

14. Toutefois, une délégation générale donnée à l'adjoint ne dépouille pas le maire de son droit, parce que la loi le lui confère personnellement, et que l'exercice de l'action publique lui appartient pleinement. Il peut donc, nonobstant la délégation, faire donner une citation à sa requête ; siéger aux audiences quand il le trouve à propos, seul ou avec l'assistance de son adjoint ; il pourrait même se pourvoir en cassation contre les jugements rendus conformément aux réquisitions de son adjoint.

15. [L'art. 144 du Code d'instruction criminelle a été ainsi modifié par la loi du 27 janvier 1873 :

« Les fonctions du ministère public, pour les faits de police, seront remplies par le commissaire du lieu ou siégera le tribunal.

« S'il y a plusieurs commissaires de police au lieu où siége le tribunal, le procureur général près la Cour d'appel nommera celui ou ceux d'entre eux qui feront le service.

« En cas d'empêchement du commissaire de police du chef-lieu, ou s'il n'en existe point, les fonctions du ministère public seront remplies, soit par un commissaire résidant ailleurs qu'au chef-lieu, soit par un suppléant du juge de paix, soit par le maire ou l'adjoint du chef-lieu, soit par un des maires ou adjoints d'une autre commune du canton, lequel sera désigné à cet effet par le procureur général pour une année entière, et sera, en cas d'empêchement, remplacé par le maire, par l'adjoint ou par un conseiller municipal du chef-lieu de canton.] »

16. [L'innovation la plus importante de la loi de 1873 est la désignation du juge de paix suppléant.

Un conseiller municipal peut être appelé à siéger comme ministère public, droit que lui contestait la jurisprudence de la Cour de cassation.

Il faut enfin remarquer que l'ordre dans lequel est faite l'énumération du nouvel article 144 ne doit exercer aucune influence sur la désignation du procureur général. Il n'existe aucune priorité entre les personnes indiquées audit article. C'est ce qui ressort clairement du rapport de M. Bigot.]

Le ministère public fait partie essentielle et intégrante du tribunal de police, et doit toujours être entendu ; le jugement contiendra la preuve de l'accomplissement de cette condition. En conséquence, il y a nullité si le jugement ne mentionne pas que le ministère public a été entendu, et que l'instruction a été faite à l'audience, et que le jugement a été rendu avec son assistance. Sur ce point, la jurisprudence est constante (Cass., 16 sept. 1853, 22 avril 1854 et 6 mai 1858, J.P. et Bull. crim.).

17. Les fonctions du ministère public consistent :

1° A veiller à l'exécution des lois et règlements de police ;

2° A poursuivre devant le tribunal de police les contrevenants, soit sur réquisition par un simple avertissement, soit par citation ;

3° A requérir leur renvoi devant le procureur de la République, si l'instruction révèle un délit qui emporte une peine correctionnelle ou plus grave ;

4° A résumer l'affaire et à donner ses conclusions ;

5° A se pourvoir en cassation, s'il y a lieu ;

6° Enfin, à poursuivre l'exécution des jugements.

Dans l'exercice des fonctions du ministère public, le com-

missaire de police est indépendant du tribunal de police, qui
ne peut ni mettre en mouvement, ni gêner, ni limiter son
action. Le tribunal n'a donc pas le droit de lui enjoindre de
poursuivre telle contravention ou tels contrevenants, quand
la citation ne les comprend pas ; de tenir la main à l'exécution
de ses jugements, ni d'en ordonner l'envoi de l'expédition à
telle autorité constituée ; ni de limiter les développements
qu'il croit utile de donner à ses conclusions, ou le nombre
des documents qu'il entend produire à l'audience. En un
mot, le tribunal de police n'a sur le ministère public
aucun droit de surveillance ni de censure, et chaque fois qu'il
se l'est arrogé dans un jugement, la Cour de cassation a fait
justice de cette usurpation.

18. Mais le juge de police peut exiger que le ministère
public soit revêtu de son costume, car il importe à la dignité
de l'audience que tous les magistrats qui y siégent soient
revêtus de leurs costumes et des insignes de leur caractère.

19. [L'officier du ministère public, dit Berriat-Saint-Prix,
Des tribunaux de simple police, p. 103, n° 147, n'a pas de
costume spécial. Il doit porter celui de sa fonction ordinaire,
suivant qu'il est maire ou adjoint, ou commissaire de police.
Dans quelques grandes villes, le commissaire qui remplit les
fonctions de ministère public porte, à l'audience, le costume
complet du juge de paix. Cet usage, qui n'est fondé que sur
une simple tolérance, ne doit pas être suivi.]

20. [Inutile de faire remarquer que le juge suppléant faisant fonction de ministère public est tenu de porter la robe.]

SECT. III. — DU GREFFIER.

21. Dans les communes où il n'y a qu'un juge de paix, le
greffier de la justice de paix est nécessairement greffier du
tribunal de simple police (C. instr. crim., art. 141).

22. Dans les communes divisées en deux justices de paix,
le tribunal de simple police a son greffier particulier (C. instr.
crim., art. 142).

23. Dans les tribunaux de police divisés en deux sections,
le greffier a un commis assermenté pour le suppléer (C. instr.
crim., art. 143).

24. La présence du greffier, ou celle de son commis greffier assermenté, à l'audience, est non moins indispensable à
la régularité de la composition du tribunal que celle de l'officier du ministère public.

25. Sa présence doit être constatée à peine de nullité, soit

par sa signature sur le jugement, soit par une mention contenue audit jugement.

26. En cas d'absence ou d'empêchement du greffier ou de
son commis assermenté, le juge ne peut désigner un citoyen
français en lui faisant prêter serment ; cette désignation ne
peut être faite que par des magistrats procédant dans des cas
urgents à des actes d'instruction (Cass., 3 sept. 1852, Bull.
crim.; Hélie, t. 7, p. 137. — *Contrà*, Ch. Berriat-Saint-
Prix, t. 1, p. 20).

27. En cas d'absence momentanée du greffier et de son
commis, les fonctions de greffier *ad hoc* ne peuvent être remplies par un huissier, même du consentement des parties, à
peine de nullité (L. 27 mars 1791, art. 5; Cass., 27 messid.
an x, J.P.; Carnot, art. 141 ; Bourguignon, art. 141 ; Hélie,
t. 7, p. 137).

28. Les fonctions du greffier du tribunal de simple police
consistent :

1° A lire, à l'audience, à l'appel de chaque affaire, les
procès-verbaux ou rapports, s'il y en a ;

2° A tenir note de chaque affaire, de la prestation de serment des témoins et des termes dans lesquels ils l'ont prêté,
ainsi que des noms, prénoms, âge, professions et demeures
des prévenus et des témoins, et de leurs dépositions ; à porter sur le plumitif ou feuille d'audience la minute de chaque
jugement (Décr. 30 mars 1808, art. 36) ; à le faire signer par
le juge qui a tenu l'audience, dans les 24 heures au plus
tard, à peine de 25 fr. d'amende et de prise à partie, s'il y a
lieu, tant contre lui que contre le président (C. instr. crim.,
art. 153, 155 et 164) ;

3° A tenir un registre, coté et paraphé par le juge de police, dans lequel sera ouvert, pour chaque affaire, un compte
particulier aux parties civiles qui auront consigné le montant présumé des frais de la procédure (Ordonn. 28 juin 1832,
art. 1 et 2) ;

4° A adresser, à l'expiration de chaque année, par l'intermédiaire du juge de police, au procureur de la République,
un compte sommaire, tant des sommes consignées entre ses
mains par les parties civiles que de celles qu'il aura employées
ou qui auront été restituées aux parties civiles (Ordonn.
28 juin 1832, art. 5) ;

5° A délivrer copie ou expédition des jugements aux parties qui les requièrent ;

6° A conserver les procès-verbaux, rapports, minutes de

jugements, et généralement toutes pièces et papiers qui peuvent lui être confiés en sa qualité de greffier ;

7° A délivrer, sans frais, au commencement de chaque trimestre, au président du tribunal de police, l'extrait de tous les jugements rendus pendant le trimestre précédent et prononçant la peine d'emprisonnement (C. instr. crim., art. 178) ;

8° A recevoir, sur un registre à ce destiné, la déclaration que doit faire au greffe, soit le condamné, soit la partie civile, soit le ministère public, qui se pourvoit en cassation (C. instr. crim., art. 417) ;

9° Enfin, à remettre aux receveurs de l'enregistrement une note des jugements prononçant des amendes, afin que ceux-ci en opèrent le recouvrement ; et à envoyer au préfet, au commencement de chaque trimestre, le relevé de ces mêmes jugements, rendus dans le cours du semestre précédent, pour servir à constater les états de recouvrement produits par les receveurs (Ordonn. 30 déc. 1823, art. 2).

29. Le traitement des greffiers de simple police est fixé :

A Paris, à.	6,000 fr.
A Bordeaux, Lyon, Marseille, à.	1,200
A Alger, à.	1,000
A Lille, Nantes, Rennes, Toulouse, à.	900
A Amiens, Avignon et les autres villes de la même population, à.	600
Dans les autres.	600

(Décr. 23 août 1858).

30. Les greffiers de police sont sous la surveillance du juge de paix, du procureur de la République, du procureur général et du ministre de la justice. Ils sont avertis et réprimandés par le juge de paix et dénoncés, s'il y a lieu, au ministre de la justice (L. 20 avril 1810, art. 45, 62 ; Ordonn. 6 nov. 1822, art. 1er).

31. Ils portent, dans l'exercice de leurs fonctions, le même costume que les greffiers des tribunaux de première instance (Arr. 2 niv. an XI, art. 5 et 7) : ce costume est obligatoire aux audiences (Circ. min. just. 7 juin 1826, 22 nov. 1830).

32. Les greffiers, soit des justices de paix, soit des tribunaux de simple police, doivent, à peine de déchéance, résider dans les communes chefs-lieux où sont établis ces tribunaux (Arg. C. instr. crim., art. 139 ; Décr. 30 mars 1808, art. 100 ; Circ. Grand juge, 30 oct. 1807).

SECT. IV. — DES HUISSIERS.

33. Un ou plusieurs huissiers, désignés par le juge de paix, parmi ceux du canton ou des villes divisées en plusieurs cantons, sont chargés, sous le titre d'huissiers audienciers, du service des audiences du tribunal (Décr. 30 mars 1808, art. 54 ; 14 juin 1813, art. 3 et 4 ; L. 25 mai 1838, art. 16). Ils ont en cette qualité le privilége des citations, des appels de causes et de la signification des jugements par défaut.

Ils sont attachés à ce tribunal, mais ils n'en font point partie ; ils ne peuvent pas même en être membres. Ainsi, l'huissier qui a donné une citation dans une affaire de police ne peut siéger dans l'affaire comme officier du ministère public ; il y a nullité dans la citation et dans la composition du tribunal (Cass., 20 fév. 1847, J.P.47.1.559). La loi n'a pu vouloir, en effet, que ces deux fonctions distinctes pussent être remplies simultanément par le même citoyen. Il en serait de même si le juge de paix appelait un huissier qui aurait donné une citation dans une affaire de police à remplacer momentanément le greffier ou son commis.

CHAP. III. — DES TRIBUNAUX DE SIMPLE POLICE PRÉSIDÉS PAR LES MAIRES.

34. Les tribunaux de simple police présidés par les maires ne peuvent être établis que dans les communes non chefs-lieux de canton. Ils sont présidés par le maire, et, en cas d'empêchement de ce fonctionnaire, par l'adjoint (C. instr. crim., art. 166 et suiv.).

[Les articles 166 à 171 du Code d'instruction criminelle relatifs à la juridiction des maires comme juges de police, ont été abrogés par la loi du 27 janvier 1873].

TITRE II

DE LA COMPÉTENCE DES TRIBUNAUX DE POLICE.

CHAP. Ier. — RÈGLES GÉNÉRALES DE COMPÉTENCE.

35. La compétence du tribunal de police s'étend à toutes les contraventions passibles d'une amende de 1 à 15 fr., et

d'un emprisonnement de un à quinze jours. Lorsque la peine excède une de ces deux limites, le tribunal correctionnel est seul compétent (C. instr. crim., art. 137; C. pén., art. 464 à 466).

La première préoccupation du juge, c'est d'examiner la compétence. Ce principe est tellement absolu, qu'il concerne les simples actes d'instruction destinés à préparer le jugement de l'affaire. Ainsi, pour rendre un jugement interlocutoire, ou ordonnant une vérification préalable, il faut que le tribunal soit compétent, comme s'il s'agissait du jugement définitif.

36. Pour apprécier la compétence, il faut ne prendre en considération que le chiffre de l'amende encourue par chaque contravention isolée; plusieurs contraventions ne pourraient, par leur réunion, changer le caractère de l'infraction (Hélie, t. 7, p. 153; Berriat-Saint-Prix, t. 1, p. 28).

37. C'est sur le *maximum* de la peine applicable, suivant la nature et le caractère du fait dénoncé, que se détermine la compétence du tribunal de police, sans avoir égard à la faculté d'en prononcer une moindre. En effet, ce n'est pas aux peines que le tribunal a prononcées qu'il faut avoir égard pour déterminer la compétence, mais à celles que la loi permettait ou prescrivait de prononcer. Ainsi, le juge de police ne peut se rendre compétent en restreignant la peine dans les limites de sa compétence (Merlin, *Rép.*, v° *Trib. pol.*, sect. 1, § 3; Carnot, art. 137; Legraverend, t. 2, ch. 3, p. 343).

38. Le juge de police ne peut, quand le dédommagement est indéterminé, en ordonner l'estimation avant de se prononcer : sa compétence doit être fixée *in limine litis*.

39. La compétence du tribunal de police, saisi d'une action qui lui appartient par sa nature et son objet, n'est point modifiée par les conclusions du ministère public, lorsqu'elles tendent au paiement d'une amende dont le taux excède la quotité fixée par la loi, ni par la quotité des dommages-intérêts, ni par la faculté d'ordonner l'impression et l'affiche du jugement (Bourguignon et Carnot, art. 137; Hélie, t. 7, p. 156 et 367; Rolland de Villargues, art. 137).

40. Mais le tribunal de police est incompétent lorsque l'emprisonnement est facultatif et indéterminé quant à la durée, ou que l'amende est indéterminée et fixée à la valeur du dédommagement. C'est le tribunal correctionnel qui doit être saisi (Carnot, art. 137; Hélie, t. 7, p. 157, 461; Rolland de Villargues, art. 137, n° 19).

Il reste dans ce cas incompétent, lors même qu'il n'appliquerait qu'une peine de simple police.

41. Ainsi, le tribunal de simple police est incompétent pour connaître du fait d'avoir laissé paître un troupeau dans une pièce de terre chargée d'une récolte, et à l'égard duquel l'amende est fixée d'après le dommage (Cass., 16 fév. et 14 mars 1850, *Bull. crim.*, n° 66 et 89 ; Ch. Berriat-Saint-Prix, t. 1, p. 31).

42. Il ne peut déterminer lui-même la valeur du dédommagement, ni ordonner l'estimation préalable de ce dommage, afin de régler la compétence d'après le résultat de l'estimation. C'est le tribunal qui a le droit de prononcer le *maximum* de l'amende qui est seul compétent (Carnot, art. 137 ; Hélie, *loc. cit.;* Rolland de Villargues, *loc. cit.* — *Contrà*, Legraverend, t. 2, p. 342 ; Bourguignon, art. 139).

43. Le ministère public poursuivant ne peut, pas plus que le juge, fixer la valeur du dommage, ni la partie lésée restreindre ses dommages-intérêts à une valeur excédant 15 fr., alors qu'il s'agit d'une amende indéterminée et fixée à la valeur du dédommagement, bien entendu (Hélie, t. 7, p. 160. — *Contrà*, Rolland de Villargues, art. 137).

44. Lorsqu'une loi ne fixe pas la quotité de l'amende qu'elle prononce, l'amende encourue doit être la plus faible des peines pécuniaires déterminées par le Code pénal, c'est-à-dire l'amende de simple police : cette amende peut s'élever jusqu'à 15 fr., *maximum* déterminé par l'art. 466, C. pén. (Cass., 5 nov. 1853, *Bull. crim.*).

45. Ainsi, une amende de police est seule applicable au cas de l'art. 35 de la loi du 19 vent. an XI sur l'exercice illégal de la médecine (Cass., 24 mars 1839, 12 nov. 1841, 30 juill. 1842, 9 nov. 1843, 16 oct. 1847, 9 juill. 1853, J.P.) ; — même au cas de récidive, (Cass. Ch. réun., 30 avril 1858, *Bull. crim.*).

Mais les contraventions audit art. 35 n'en sont pas moins de la compétence du tribunal correctionnel ; le tribunal de police ne pourrait donc connaître de la contravention sans excès de pouvoir (Cass., 28 août 1832, 12 nov. 1842, J.P.; 9 et 10 juill. 1853, *Bull. crim.;* Orléans, 5 nov. 1853, J.P.).

46. Lorsque la loi présente une disposition prohibitive sans prononcer aucune peine, il n'en peut être prononcé : le ministère public est sans action.

Néanmoins, dans cette hypothèse, il y a lieu à l'application

des peines de police, si l'objet sur lequel la loi statue rentre
dans les attributions de l'autorité municipale (Cass., 24 sept.
1836, 14 nov. 1840, J.P.).

47. De même l'inexécution des prescriptions d'un décret ou
d'une ordonnance qui ne prononce ancune peine peut donner
lieu à l'application des peines de police, si la matière rentre
dans la catégorie des objets de police confiés à la vigilance
de l'autorité administrative municipale (Cass., 13 août 1851,
13 nov. 1851, J.P.).

48. Mais le tribunal de police est incompétent pour connaître de toute infraction qui ne peut donner lieu qu'à une
action civile, par exemple, de l'infraction commise par un fermier de droit de péage ; du refus de payer une taxe établie par
un règlement.

49. Lorsqu'une contravention est connexe à un délit et ne
peut en être séparée, c'est le tribunal supérieur qui est seul
compétent.

50. Le tribunal de police est compétent pour connaître
d'une contravention de police commise en récidive, lorsque
l'amende à prononcer n'excède pas 15 fr., taux de sa compétence.

51. Mais si la peine applicable à la contravention commise
en récidive excède la compétence du tribunal de police, il
n'appartient qu'au tribunal correctionnel d'en connaître (Cass.,
18 janv. 1325, S.25.1.262).

52. En matière de police, c'est le juge du lieu où la contravention a été commise qui seul est compétent ; les art. 23, 63
et 69, C. inst. crim., sont inapplicables en cette matière
(Cass., 4 nov. 1853, *Bull crim.;* MERLIN, *Quest.,* v° *Incomp.,*
§ 1, n° 4 ; HÉLIE, t. 6, p. 634, et t. 7, p. 233 ; BERRIAT-SAINT-
PRIX, t. 1, p. 52).

53. Ainsi le tribunal de police est incompétent pour connaître d'une contravention commise hors de sa circonscription,
encore bien que le prévenu soit domicilié au chef-lieu du canton où siége le tribunal et que le déclinatoire ne soit pas proposé (HÉLIE, t. 7, p. 235 ; ROLLAND DE VILLARGUES, art. 139,
n 2).

54. Le juge de police doit, pour la répression des contraventions, se renfermer strictement dans les termes de la loi.
Est, dès lors, entachée d'excès de pouvoir la disposition par
laquelle un jugement de simple police, en condamnant un individu pour injures verbales, lui interdit de récidiver, d'appro-
cher même de la personne injuriée, le signale comme suspect,

et invite le commissaire de police ainsi que les bons citoyens à le surveiller (MERLIN, *Rép.*, v° *Injures*, § 2, n° 1 ; CARNOT, art. 137, n° 7 et 153, n° 20).

55. Un tribunal de police ne peut, sans excès de pouvoir, interpréter et modifier arbitrairement une disposition précise et formelle d'un règlement administratif; son devoir l'oblige, au contraire, à en maintenir l'exécution littérale (MERLIN, *Rép.*, v° *Trib. de police*, sect. 1re, n° 4 ; P. GILBERT, n° 49).

56. Le chef d'un établissement industriel qui emploie des ouvriers non munis de livrets, malgré les prescriptions de l'art. 3 de la loi du 22 juin 1854, est justiciable du tribunal de police dans le ressort duquel se trouve son établissement, encore bien que les ouvriers par lui employés ne soient pas personnellement attachés à son établissement et qu'ils résident en dehors du canton (Cass., 27 mars 1857, *Bull. crim.*).

57. La compétence du tribunal de police est d'ordre public : le consentement, le silence des parties ou du ministère public n'autorisent point à y déroger. Ainsi l'exception d'incompétence ne peut être rejetée sous prétexte qu'elle n'a pas été proposée *in limine litis* (MANGIN, *Journ. crim.*, t. 2, p. 472; ROLLAND DE VILLARGUES, art. 139, n° 6).

58. Le juge de paix qui s'est déclaré incompétent pour connaître d'une affaire n'a pas le droit de s'en ressaisir, même sur une ordonnance de renvoi, sans violer la chose jugée par son premier jugement, qui ne peut être anéanti que par la Cour de cassation.

59. Le juge de paix saisi d'une affaire civile ne peut, sans violer les règles de la compétence, se transformer en tribunal de police et substituer pour le jugement la juridiction de police à la juridiction civile.

60. Lorsqu'un tribunal est incompétent, il ne doit rendre absolument aucune décision relative au fond, pas même pour renvoyer à une autre autorité la connaissance d'une prétendue question préjudicielle.

61. Il en est de la compétence comme des peines. Ce sont les lois, et non les règlements, qui la déterminent. Si la connaissance d'une contravention à un arrêté de l'autorité administrative se trouve placée dans les attributions du tribunal de police, par la quotité de la peine que prononce la loi contre les infractions de ce genre, le tribunal de police doit en connaître, encore que l'arrêté, auquel il a été contrevenu, prononce spécialement une peine plus forte que celles

dont le tribunal peut faire l'application. L'arrêté, en tant qu'il prononce une peine, s'anéantit de plein droit devant la disposition contraire de la loi (Cass., 10 avril 1819, S.19.1. 310).

62. Le tribunal de police ne peut prononcer une peine à raison d'un fait autre que celui dont le ministère public l'a saisi.

63. Le tribunal de police, saisi d'une contravention dont un procès-verbal constate les faits principaux, a compétence pour connaître des faits accessoires constatés par un rapport d'experts et qui se rattachent à la même contravention (Cass., 27 sept. 1851 ; *Journ. du droit crim.*, 1852, p. 207).

64. En matière de simple police, comme en toute autre matière, le juge qui a un intérêt personnel à la contestation peut être récusé. Il doit même, aussitôt qu'il en a connaissance, le déclarer et s'abstenir jusqu'à ce qu'il ait été statué par le tribunal de première instance du ressort. Dans le silence du Code d'instruction criminelle, les formes de la récusation doivent être les mêmes pour les tribunaux de simple police que celles qui sont prescrites pour les tribunaux de paix par le Code de procédure civile.

65. Il est de principe que le tribunal qui seul est compétent pour appliquer la peine, a seul aussi le droit de déclarer le fait et la culpabilité, dont la peine n'est que la conséquence et l'accessoire : ce principe est la base de toutes les attributions déterminées par nos lois criminelles et de police simple ou correctionnelle.

66. Le juge de paix, siégeant au tribunal de police, ne peut prononcer contre un huissier l'amende par lui encourue pour avoir fait une signification dans le ressort d'une justice de paix autre que celle à laquelle il est attaché (Cass., 7 nov. 1806, D.A.9.20).

67. Mais le tribunal de simple police est compétent pour prononcer en vertu de l'art. 1030, C. proc., une amende contre l'huissier ordinaire qui s'est permis de délivrer une citation devant lui, au préjudice de son huissier audiencier. Ce principe, consacré par un arrêt de la Cour de cassation, du 15 déc. 1822 (S. 23.1.106), est d'une application générale et conserve son intérêt malgré les changements introduits dans cette matière par la loi du 25 mai 1838, sur les justices de paix.

68. Un tribunal de police ne peut faire défense à telle ou

telle personne d'exercer un métier ou profession quelconque, ou de l'exercer à des époques ou à des heures déterminées (Cass., 8 therm. an VIII, 27 avril 1806 et 9 fév. 1807, C.N. 1 et 2, J.P.);

Ni faire aucune défense ou injonction à des particuliers qui ne sont point en cause : ce serait statuer par voie de *règlement*, ce qui lui est défendu (Cass., 6 juill. 1809, S.9.1.424; LEGRAVEREND, t. 2, ch. 1er, n° 9).

69. Les contraventions forestières commises au préjudice des particuliers et qui ne donnent lieu qu'à une amende n'excédant pas 15 francs, et à un emprisonnement n'excédant pas cinq jours, sont de la compétence des tribunaux de simple police; qu'elles soient poursuivies à la requête des particuliers ou à la requête du ministère public (HÉLIE, t. 7, p. 164; ROLLAND DE VILLARGUES, 139, n° 8. — *Contrà*, Carnot, art. 179); et encore bien qu'il y ait récidive, si l'amende, même doublée, est inférieure à 15 fr. (HÉLIE, p. 165; ROLLAND DE VILLARGUES, 139, n° 8).

70. Elles sont de la compétence du tribunal correctionnel lorsque l'amende excède 15 francs. Dans ce cas, le tribunal de police ne peut en retenir la connaissance, quand même il prononcerait une peine moindre, ni sous le prétexte que, d'après une déclaration faite après coup par le garde rédacteur du procès-verbal, il n'y aurait lieu qu'à matière de simple police (ROLLAND DE VILLARGUES, 139, n° 10).

71. Le juge de police est compétent pour juger les injures et voies de fait qui se commettent à son audience; il peut, dans ce cas, appliquer des peines correctionnelles (C. instr. crim., art. 181 et 505).

72. La compétence du juge de paix comme juge de police s'étend :

1° Aux contraventions commises dans l'étendue de la commune chef-lieu de canton ;

2° Aux contraventions commises dans les autres communes de son canton, lorsque, hors le cas où les coupables auront été pris en flagrant délit, les contraventions auront été commises par des personnes non domiciliées ou non présentes dans la commune, ou lorsque les témoins qui doivent déposer n'y sont pas résidents ou présents;

[Cette compétence, restreinte par l'art. 139 du Code d'instruction criminelle, a été modifiée par la loi du 27 janv. 1873, qui, dans le nouvel art. 138, dispose : La connaissance des contraventions de police est attribuée exclusivement au juge de paix du canton dans l'étendue duquel elles ont été commises].

3° Aux contraventions prévues par les art. 471, 475 et 479 du Code pénal ;

4° Aux contraventions à raison desquelles la partie qui réclame conclut, pour les dommages-intérêts, à une somme indéterminée ou à une somme excédant quinze francs ;

5° Aux contraventions forestières poursuivies à la requête des particuliers ;

6° A certaines contraventions relatives à l'affichage ;

7° Aux contraventions rurales prévues par les art. 12, 13, 15, 16, 18, 22, 25 et 33, encore en vigueur, de la loi du 28 sept. 1791 ;

8° Aux infractions à l'art. 605, n° 8, du Code du 3 brum. an iv, qui punit les voies de fait et violences légères ;

9° Aux contraventions aux règlements sur les bureaux publics de pesage, mesurage et jaugeage ;

10° Aux contraventions aux règlements de l'autorité compétente qui assurent la perception de droits de péage sur les ponts (L. 6 frim. an vii, art. 56) ;

11° Aux infractions aux art. 4 et 5 de la loi du 4 juill. 1837, sur les poids et mesures ;

12° Aux infractions :

A la loi du 26 vent. an iv, qui prescrit l'échenillage ;

A la loi du 22 germ. an iv, et à l'art. 114 du décret du 18 août 1811, qui prévoient le refus de faire les travaux nécessaires pour l'exécution des jugements criminels ;

A l'art. 12 de la loi du 22 mars 1841, sur le travail des enfants dans les manufactures, et à la loi du 22 fév. 1851 qui règle l'apprentissage ;

[La connaissance de ces infractions a été retirée au juge de paix par la loi du 19 mai 1874, sur le travail des enfants et des filles mineurs employés dans l'industrie, et attribuée aux tribunaux correctionnels].

A la loi du 9 juill. 1850, sur les mauvais traitements envers les animaux domestiques ;

A l'art. 5 de la loi du 8 juin 1851, sur la police du roulage ;

A l'art. 3 de la loi 22 juin 1854, sur les livrets d'ouvriers ;

[Au décret du 25 mars 1852, sur les bureaux de placement ;

[A la loi du 15 juill. 1845 et à l'Ord. du 15 nov. 1846, sur les chemins de fer ;

[Aux décrets du 23 prairial an xii, 4 therm. an xiii, 18 mai 1806, 7 mars 1808, sur les cimetières ;

[Aux décrets du 15 oct. 1810, et l'ordon. du 14 janv. 1815, sur les établissements dangereux, insalubres ou incommodes;

[A la loi du 18 nov. 1814, sur la célébration des fêtes et dimanches;

[A la loi du 23 janv. 1873, sur l'ivresse publique;

[A la loi du 7 mars 1850, sur le tissage et le bobinage;

[A la loi du 21 juill. 1856, sur la coupe de velours de coton, sur la teinture, etc.;

[A la loi du 23 déc. 1874, sur la protection des enfants du premier âge et des nourrissons];

13° Aux contraventions en matière d'octroi qui n'emportent pas une amende supérieure à 15 francs (Ordonn. 9 déc. 1814, art. 78);

14° Aux infractions qui se rattachent à l'exploitation d'une carrière à ciel ouvert (L. 21 avril 1810, art. 81).

73. Lorsque le contrevenant en matière de douanes s'est opposé à l'exercice des fonctions des douaniers, et qu'en conséquence il y a lieu de le condamner à l'amende portée par l'art. 2 du titre 4 de la loi du 4 germ. an II, ce n'est point au juge de paix qu'il appartient de statuer. En matière de douanes, la juridiction civile forme le droit commun, et les tribunaux criminels n'ont d'attribution que dans les cas où elle leur est conférée par des lois particulières.

74. Mais le tribunal de simple police est dans tous les cas incompétent pour connaître des contraventions aux lois sur les douanes : c'est devant le juge de paix ou devant le tribunal de police correctionnelle que la poursuite doit être exercée au premier degré (Cass., 19 juill. 1821 et 4 janv. 1823, J.P., et Coll. nouv., 6 et 7).

75. Le juge de paix saisi d'une opposition à l'exercice des préposés des douanes ne peut se déclarer incompétent sur le motif que cette opposition aurait été accompagnée de violences, si le ministère public n'a exercé aucune action à ce sujet (Cass., 30 mars 1841, J.P.).

76. Le tribunal de police n'est pas compétent pour connaître des contraventions de police commises par des militaires (L. 9 juin 1857, art. 271).

[Une circulaire du Garde des sceaux, du 10 août 1858, déclare toutefois que l'art. 271 n'est applicable qu'aux militaires en activité de service].

77. Les gendarmes sont justiciables des tribunaux de police à raison des dommages qu'ils causent sur le terrain d'au-

trui en constatant des contraventions (Cass., 25 fév. 1825 et 6 mai 1830, J.P.).

[Mais la Cour de cassation, modifiant sa jurisprudence, a, par arrêt du 21 nov. 1873, recueilli par la *Gazette des Tribunaux*, 25 nov. et 21 déc. 1873, rejeté le pourvoi formé contre un jugement du tribunal de police de Belcaire qui s'était déclaré incompétent dans une action intentée contre des gendarmes qui, à la poursuite d'un malfaiteur, avaient passé sur un terrain préparé et ensemencé].

78. Les militaires qui, comme déserteurs, ont cessé d'être portés présents sur les contrôles, sont soumis à la juridiction des tribunaux ordinaires, et non à celle des conseils de guerre, pour les délits et contraventions par eux commis depuis qu'ils sont en état de désertion.

79. Le tribunal de simple police est incompétent pour connaître de l'exécution de ses jugements.

80. Toutes les infractions à la petite voirie sont de la compétence des tribunaux de police.

81. Mais sont exclusivement de la compétence des conseils de préfecture : les contraventions commises sur les chemins faisant partie de la grande voirie (Cass., 24 juin 1843, *Bull. crim.*); sur les fleuves et rivières (Cass., 30 nov. 1853, *Bull. crim.*); les torts et dommages provenant du fait personnel d'un entrepreneur de travaux d'entretien des routes (Cass., 1er et 21 oct. 1841, *Bull.*, nos 297 et 390); à moins que ceux-ci n'aient commencé leurs travaux, sans s'être entendus avec les propriétaires des terrains à fouiller, ou sans avoir fait régler administrativement l'indemnité pour les dégâts par eux causés sur la propriété d'autrui (Cass., 1er juill. 1843, J.P.44.1.11).

82. Le tribunal de police excède ses pouvoirs lorsque, en acquittant le prévenu traduit devant lui, il condamne aux frais le ministère public ou le rédacteur du procès-verbal, ou qu'il connaît de l'exécution de ses jugements.

Ainsi, lorsque le prévenu d'une contravention à un arrêté préfectoral relatif à la tenue d'une usine, excipe de ce que les conditions imposées par l'arrêté ont été remplies et de ce que des plaintes élevées à ce sujet ont été déjà portées devant l'autorité administrative et appréciées par elle, le tribunal de police doit surseoir à statuer jusqu'à ce que l'autorité administrative, seule compétente pour statuer sur cette exception préjudicielle, ait prononcé sur la contravention alléguée à l'arrêté d'autorisation de l'usine (Cass., 6 fév. 1846, *Bull. crim.*).

83. Mais si l'exception de propriété ou autre qui peut être

soulevée ne fait point disparaître le délit, le tribunal ne doit point se dessaisir. Il a été jugé que le tribunal de police saisi d'une action d'usurpation sur la largeur d'un chemin vicinal, par exemple, a bien le droit de vérifier en fait l'existence ou la non-existence de cette usurpation, mais qu'il doit repousser *toute question préjudicielle* de propriété qui serait de nature à arrêter l'action du ministère public (Cass., 8 mai 1841, J.P.).

84. Les tribunaux de répression ne peuvent accueillir légalement l'exception préjudicielle opposée par le prévenu à la poursuite exercée contre lui que dans le cas où cette exception aurait pour résultat, si elle était décidée en sa faveur, de faire disparaître la contravention (C. forest., art. 182).

85. Lorsque le fait allégué par la prévention ne peut être la base que d'un différend civil, et qu'il ne renferme ni crime, ni délit, ni contravention, ce n'est plus un sursis pour faire statuer préalablement sur une question préjudicielle que le tribunal doit ordonner; il doit purement et simplement se déclarer incompétent (Cass., 1er mai 1838, J.P.).

Ainsi l'incompétence est absolue, dès qu'il s'agit uniquement d'une question de propriété ou de possession, ou d'exécution d'un contrat, d'usurpation de terrain, de dégradation de propriété, de contestation sur un droit de passage ou d'affouage, de perception indue ou contestation, d'inexécution de bail, de vente ou autre contrat, d'infraction aux clauses d'une entreprise de fournitures, lorsqu'il n'y a pas règlement.

86. La compétence du juge de police renferme le pouvoir d'ordonner toutes mesures utiles pour parvenir à la manifestation de la vérité, telles que descente de lieux, expertise; il peut même procéder hors de son ressort, lorsqu'il a été saisi par renvoi de cassation, ou qu'il y a consentement formel des parties; mais il n'a pas de pouvoir discrétionnaire comme les présidents de Cour d'assises; d'où il suit qu'il doit rendre un véritable jugement quand il ordonne de pareilles mesures.

87. Une condition essentielle de la compétence des tribunaux de simple police, pour toute contravention, est que, sauf le cas de renvoi par la Cour de cassation, l'infraction ait été commise dans le ressort de leur juridiction cantonale.

88. Lorsque le même fait présente deux contraventions différentes, le juge de police doit toujours statuer sur celle qui lui est dénoncée, et sur toutes les deux, si elles lui sont déférées en même temps, une contravention n'étant pas nécessairement exclusive d'une autre.

Mais y a-t-il lieu, en matière de contravention, à l'application du principe de l'art. 365, C. inst. crim., relatif au cumul des peines? Cette question a été pendant longtemps controversée. La difficulté naît de ce que l'art 365 ne défend expressément la cumulation des peines qu'en cas de conviction de plusieurs crimes ou délits. Aussi la Cour de cassation a-t-elle commencé par juger que l'art. 365 était inapplicable en matière de contravention, et spécialement au cas où un boulanger est poursuivi tout à la fois pour déficit dans les poids, et pour mauvaise qualité du pain par lui exposé en vente (Cass., 6 août 1830, J.P).

Plus tard, la jurisprudence changea, et divers arrêts postérieurs posant en principe que l'art. 365 est général et applicable à tous les cas, quelle que soit la cause d'infraction à laquelle appartiennent les faits punissables, ont décidé qu'il n'y a lieu d'appliquer qu'une seule peine alors que plusieurs contraventions ont été constatées à la charge du même individu.

Mais les chambres réunies de la Cour de cassation ont modifié cette dernière jurisprudence; et il est constant aujourd'hui que la prohibition du cumul des peines ne s'applique pas aux contraventions de police prévues par le Code pénal et par les lois spéciales : chacune de ces infractions doit être punie séparément.

Ainsi, spécialement, l'infraction aux ordonnances de police sur la boulangerie de Paris, qui prescrivent d'appliquer une marque sur tout pain taxé on non taxé, rend le boulanger contrevenant passible d'autant d'amendes distinctes qu'il a été saisi chez lui de pains non marqués. C'est en vain qu'on prétendrait qu'une amende unique doit être prononcée, sous prétexte que l'apposition de la marque est une opération complexe, dont l'inobservation, même s'étendant à plusieurs pains, ne constitue qu'une seule contravention.

[De même doit être condamné à 23 amendes celui qui est reconnu coupable d'avoir exposé 23 mottes de beurre n'ayant pas le poids (Cass., 5 août 1859);

[De même le logeur doit être condamné à autant d'amendes qu'il y a d'individus non inscrits sur ses registres (Cass., 27 janv. 1853);

[De même pour le chef d'établissement qui a négligé d'inscrire les ouvriers admis dans son atelier (Cass., 18 fév. 1858)].

89. La condamnation aux peines établies par la loi est toujours prononcée sans préjudice des restitutions et dommages-intérêts qui peuvent être dus aux parties, mais le juge

de police ne peut condamner le prévenu à des dommages-intérêts qu'en prononçant une peine. Il peut statuer, en cas d'acquittement du prévenu, sur les dommages-intérêts auxquels celui-ci aurait conclu contre la partie civile, à raison de la poursuite qu'elle aurait mal à propos dirigée contre lui : il doit prononcer par un seul jugement sur l'action publique et sur l'action civile.

90. Le juge de paix qui condamne à une peine de police, peut non-seulement ordonner la confiscation dans les cas prévus par la loi, et des dommages-intérêts, mais même la démolition des travaux qui constituent la contravention.

91. Les contraventions que le montant de l'amende et la durée de l'emprisonnement mettent dans les attributions du tribunal de simple police sont jugées par lui, soit en premier ressort, soit en dernier ressort.

Il ne peut statuer qu'en premier ressort, quand il prononce un emprisonnement, quelque court qu'il soit, ou quand les amendes, restitutions, dommages-intérêts, réparations civiles quelconques, excèdent la somme de cinq francs, outre les frais (C. instr. crim., art. 172) ; il juge donc sans appel s'il ne prononce pas d'emprisonnement, et que les condamnations pécuniaires qu'il inflige n'excèdent pas cinq francs.

Les condamnations d'une valeur indéterminée, pouvant excéder cinq francs, ne sont prononcées qu'en premier ressort ; par exemple : serait susceptible d'appel le jugement par lequel un tribunal de police, en prononçant une amende de cinq francs ou moins de cinq francs, aurait, en outre, ordonné l'enlèvement de matériaux ou la destruction d'ouvrages (Cass., 9 août 1828, 7 juill. 1831). Le jugement par lequel le tribunal, dans les limites de ses attributions, se déclare incompétent ou ordonne un sursis, n'est pas considéré comme contenant des condamnations d'une valeur indéterminée et n'est pas sujet à l'appel ; il ne donne lieu qu'à un pourvoi en cassation.

CHAP. II. — DE L'EXCÈS DE POUVOIR ET DE L'ABUS D'AUTORITÉ.

SECT. Iʳᵉ. — DE L'EXCÈS DE POUVOIR.

92. L'excès de pouvoir est l'action d'un magistrat ou d'un tribunal qui franchit les limites de ses attributions, qui crée

des exceptions, des fins de non-recevoir, des distinctions, des déchéances que le législateur n'a pas jugé à propos d'admettre.

93. Lorsqu'une loi présente un sens douteux qui prête à l'interprétation, le juge qui en méconnaît l'esprit sans mauvaise foi, sans avoir la pensée de s'insurger contre elle, viole simplement la loi.

Mais lorsqu'il n'a pu ignorer la loi, lorsqu'il n'a pu en méconnaître le sens, qu'il s'élève audacieusement contre ses prescriptions lorsqu'il substitue un principe nouveau et condamné par elle à celui qu'elle consacre, il y a excès de pouvoir.

L'excès de pouvoir constitue, dans certains cas, un *abus d'autorité*, et motive des peines sévères contre les fonctionnaires qui s'en sont rendus coupables.

94. Il y a excès de pouvoir lorsque le tribunal admet, en matière de contravention, l'excuse tirée de la bonne foi ou celle tirée de l'erreur, l'excuse tirée de la nécessité ou de l'usage, même d'un usage immémorial ; lorsque le tribunal refuse de statuer sur une prévention régulière ou d'appliquer la peine à l'accusé reconnu coupable ; lorsqu'il adresse des injonctions ou des défenses à des prévenus reconnus non coupables, ou qu'il inflige un blâme à un témoin par une disposition expresse ; lorsqu'il applique une peine à un fait non atteint par la loi pénale, ou qu'il applique une peine abrogée ; lorsqu'il condamne un agent du Gouvernement sans autorisation préalable ; lorsqu'à titre de peine il prononce, soit l'affiche de son jugement, ou qu'il dépasse le nombre d'exemplaires demandés, soit son insertion dans un ou plusieurs journaux ; lorsqu'il prononce un sursis indéfini. La Cour de cassation est fixée en ce sens sur tous ces points.

SECT. II. — DE L'ABUS D'AUTORITÉ.

95. On appelle abus d'autorité toute violation ou tout excès de la part des fonctionnaires et agents de l'autorité ou de la force publique, des devoirs qui leur sont imposés ou du pouvoir qui leur est confié par la loi à raison de leurs fonctions.

96. Le Code pénal divise les abus d'autorité en deux classes :

1 L'abus d'autorité contre les particuliers (art. 184 à 187);

2 L'abus d'autorité contre la chose publique (art. 188 à 191).

TITRE III

DE LA PROCÉDURE DEVANT LES TRIBUNAUX DE SIMPLE POLICE

CHAP. Ier. — POURSUITES DES CONTRAVENTIONS.

97. Les contraventions de police forment une infraction à l'ordre public : la poursuite en appartient au ministère public près le tribunal de police ou à la partie qui réclame, autrement dit la partie lésée (C. instr. crim., art. 145). C'est donc à ce magistrat que doivent être remis ou adressés tous les procès-verbaux, rapports, dénonciations ou plaintes, relatifs aux contraventions commises dans le ressort du tribunal de police, et non au juge de paix, comme cela se pratique souvent par ignorance de la loi. Cette remise doit être faite par les maires ou adjoints, les gardes champêtres ou forestiers dans les trois jours au plus tard, y compris celui où ils ont reconnu le fait (C. instr. crim., art. 15). Chaque fois que les procès-verbaux ou autres pièces et documents qu'il a reçus sont relatifs à une contravention, le ministère public doit agir devant le tribunal de police (art. 21).

98. L'art. 191, C. forest., prescrit de remettre au juge de paix compétent les procès-verbaux des gardes des bois des particuliers, et l'art. 43 de l'ordonnance du 17 avril 1839 ordonne aussi aux vérificateurs des poids et mesures de remettre leurs procès-verbaux à ce magistrat ; mais, dans ces cas particuliers, le juge de paix doit renvoyer les pièces au ministère public. Hors de ces exceptions, qu'on peut considérer comme des inadvertances échappées au législateur, il n'y a aucun motif qui justifie l'usage suivi dans quelques contrées d'adresser les procès-verbaux au juge de paix, qui les remet à l'huissier de service, pour que celui-ci assigne les parties et les témoins. Cela est irrégulier : les poursuites ne peuvent jamais être faites par le juge de paix et en son nom ; elles sont exclusivement dirigées par les soins et au nom du ministère public.

99. Quoique saisi des pièces qui constatent une contravention, le ministère public ne peut point poursuivre si le prévenu vient à décéder.

Si le décès a eu lieu depuis la poursuite, mais avant le jugement, le ministère public doit requérir que le tribunal déclare l'action publique éteinte ; s'il y a plusieurs prévenus, la mort de l'un d'eux n'empêche pas la poursuite ou le jugement des autres.

Lorsque des contraventions ont été amnistiées, le ministère public doit s'abstenir de les poursuivre et empêcher qu'elles ne soient jugées si le tribunal en avait été saisi.

Avant de poursuivre, le ministère public doit s'assurer aussi si la prescription n'est pas acquise.

100. L'absence d'un procès-verbal ou d'un rapport constatant un fait de contravention, et l'irrégularité du procès-verbal qui aurait été produit, ne doivent pas faire obstacle aux poursuites. L'art. 154, C. instr. crim., permet de prouver les contraventions par témoins, *à défaut* de rapports et procès-verbaux, ou à *leur appui*. Pour que le défaut de procès-verbal puisse arrêter la poursuite, il faut qu'une loi spéciale en contienne la disposition spéciale.

101. La plainte de la partie lésée n'étant pas nécessaire, sauf pour les contraventions qui l'intéressent seulement, comme celles d'injures simples (C. pén., art. 471, § 11), pour faire agir le ministère public, le retrait de la plainte, le désistement de la personne intéressée, ne sauraient empêcher de commencer ou de continuer les poursuites ; la renonciation à l'action civile, porte l'art. 4, C. instr. crim., ne peut arrêter ni suspendre l'exercice de l'action publique.

102. Le ministère public n'est pas obligé d'une manière absolue à poursuivre indistinctement devant le tribunal toutes les fois qu'il a reçu un procès-verbal de contravention ou une plainte ; il doit évidemment s'abstenir si le contrevenant est inconnu ou trop vaguement indiqué pour pouvoir être trouvé, s'il n'y a pas d'éléments de preuve suffisants pour établir le fait de la contravention. Quand la plainte de la partie lésée est nécessaire pour que le ministère public puisse agir, comme alors c'est l'intérêt particulier qui est principalement en jeu, le ministère public ne doit donner suite qu'en exigeant que le plaignant se porte partie civile et dépose au greffe la somme présumée nécessaire pour couvrir les frais, somme fixée par le ministère public, et, en cas de désistement, par le juge de paix ; un supplément peut être exigé si la première consignation est devenue insuffisante ; les indigents sont dispensés de consigner (Décr. 18 juin 1811, art. 160). Lors même que cette consignation préalable a eu lieu, le ministère public n'est pas obligé de poursuivre si la contravention dénoncée ne lui paraît pas le mériter ; la partie civile qui persiste n'a d'autre moyen que de citer directement, à ses

frais et à ses risques, à moins que le procureur général ou le procureur de la République n'aient enjoint de mener la poursuite à fin.

103. Les dispositions du Code d'instruction criminelle sur la poursuite des délits et contraventions, sur les citations et délais, sur les défauts, oppositions, jugements, appels et recours en cassation, sont applicables à la poursuite des délits et contraventions en matière forestière, sauf les modifications qui résultent des art. 144 à 192, C. forest. (V. *infrà*, Citation, Jugement, Appel, Recours en cassation).

CHAP. II. — Comment le tribunal de simple police est saisi. — PARTIE CIVILE, PARTIE PUBLIQUE. — CITATION, AVERTISSEMENT.

SECT. Ire. — Comment le tribunal de simple police est saisi.

104. Le tribunal de police peut être saisi :

1° Par la citation émanée, soit de la partie lésée, soit du ministère public (C. instr. crim., art. 145);

2° Par la comparution des parties sur simple avertissement (art. 147);

3° Par le *renvoi* de l'affaire, soit par le tribunal de police correctionnelle, sur la demande des parties, soit par la chambre du conseil ou celle des mises en accusation (art. 129 et 230);

4° Enfin, par un arrêt de renvoi de la Cour de cassation, après cassation (art. 427).

Il ne peut connaître d'une contravention quelconque que lorsqu'il a été légalement saisi par l'un de ces moyens.

105. En dehors du ministère public et de la partie lésée, nul n'a le droit de saisir les tribunaux de simple police. Ainsi, un tribunal de police ne peut statuer sur un fait dont il n'aurait été saisi que par la citation seule d'un garde champêtre ou de tout autre agent ou fonctionnaire public.

106. Par la même raison, un tribunal de police ne peut statuer d'office sur une contravention qui n'est point énoncée dans la citation donnée par le plaignant, et lorsqu'il n'y a eu à l'audience ni conclusions de la partie lésée ni réquisition du ministère public (Cass., 25 janv. 1850, *Bull. crim.*).

Il a même été jugé que les tribunaux de simple police ne sont tenus, selon la combinaison des art. 145, 147 et 149, C. instr. crim., que de statuer sur le fait dont ils se trouvent saisis, soit par la citation ou l'avertissement donné au prévenu, soit par la comparution volontaire des parties. D'où l'on doit conclure que les autres faits de contravention dont l'instruction qui a eu lieu devant le tribunal aurait révélé l'existence, doivent être l'objet d'une poursuite ultérieurement intentée (Cass., 4 août 1837, J.P.).

107. Il suffit que l'action en réparation du préjudice résultant d'une contravention poursuivie devant le tribunal de simple police ait été formée devant lui, *sauf les réquisitions du ministère public*, pour que le juge de police se trouve légalement saisi de la prévention. En conséquence, il est tenu de l'apprécier et de statuer en même temps sur l'action de la partie lésée et sur les réquisitions du ministère public.

108. De même, pour que le tribunal de police soit légalement saisi d'un fait constaté par un procès-verbal, il n'est pas rigoureusement nécessaire que ce fait ait été spécifié dans la citation donnée au prévenu. Il suffit que ce dernier en ait eu connaissance à l'audience et qu'il se soit expressément défendu sur ce point après que le ministère public en avait requis la répression (Cass., 9 nov. 1843, *Bull. crim.*—*Contrà*, HÉLIE, t. 7, p. 276).

SECT. II. — DE LA PARTIE CIVILE ET DE LA PARTIE PUBLIQUE.

109. Tout délit ou contravention peut donner lieu à une double action, l'action publique et l'action civile.

110. L'action publique dérive de tout fait puni par une loi; mais il n'y en a pas pour les faits répréhensibles que n'atteint aucune loi pénale; elle est poursuivie devant les tribunaux de police par le ministère public.

111. L'action civile ne peut procéder que de la part de celui qui a éprouvé un dommage de la contravention même. S'il s'agit d'une action en garantie, résultant de la poursuite, c'est à la juridiction civile qu'il faut recourir (Cass., 9 déc. 1843, *Bull. crim.*).

112. L'action civile, comme l'action publique, doit être fondée sur un fait punissable; elle peut être poursuivie par la partie lésée, indépendamment de toute action publique, devant les tribunaux civils. Lorsqu'elle est poursuivie séparément, l'exercice en est suspendu, tant qu'il n'a pas été prononcé sur l'action publique intentée avant ou pendant la poursuite de l'action civile (C. instr. crim., art. 3).

113. On peut être plaignant sans se porter partie civile;

mais on ne saurait se porter partie civile sans être plaignant; le droit de prendre qualité est facultatif; nul ne peut être, en effet, contraint de se rendre partie civile, cette qualité entraînant l'obligation de supporter les frais de la poursuite, sauf recours contre le prévenu condamné (C. instr. crim., art. 63, 66 et 368; décr. 18 juin 1811, art. 157).

114. Toute personne, maîtresse de ses droits, peut se porter partie civile. Les étrangers ont cette faculté comme les nationaux, mais en fournissant la caution *judicatum solvi*. Le Code civil, art. 16, ne contient d'exception en leur faveur qu'à l'égard des matières commerciales.

Mais le mineur, sans l'assistance de son tuteur; la femme, même marchande publique ou séparée de biens, sans l'autorisation de son mari, ne peuvent pas prendre qualité comme parties civiles. Le mineur émancipé jouit de cette faculté, parce qu'une demande à fin de dommages-intérêts n'est pas une action immobilière.

La qualité de partie civile n'est acquise que par une déclaration formelle ou par des conclusions à fin de dommages-intérêts (C. instr. crim., art. 66).

On ne peut, par induction, être réputé partie civile; il ne suffirait pas, par exemple, d'avoir déposé une certaine somme pour les frais de la procédure (Paris, 3 nov. 1835 et 24 mai 1836, D.p.36.2.159 et 37.2.33).

La partie qui n'a pas déclaré formellement se constituer partie civile et qui n'a pris aucune conclusion devant le tribunal saisi, n'est pas recevable à interjeter appel du jugement et à réclamer des dommages-intérêts (Carnot, t. 2, p. 97, n° 2).

115. L'art. 160 du décret du 18 juin 1811 porte qu'en matière de police simple ou correctionnelle, la partie civile qui n'aura pas justifié *de son indigence* sera tenue, *avant toutes poursuites*, de déposer au greffe, ou entre les mains du receveur de l'enregistrement, la somme présumée nécessaire pour les frais de la procédure : la quotité de la somme à déposer est laissée à l'appréciation du juge.

Toutefois l'obligation imposée à la partie civile de consigner préalablement les frais ne s'applique qu'au cas où le ministère public exerce une poursuite sur la plainte de la partie civile, et non au cas où cette partie agit directement à sa requête (Cass., 3 mai 1838, J.P.38.1.616; P. Gilbert, art. 66, n° 11. — *Contrà*, Cass., 7 août 1829, S.29.1.569;

CH. BERRIAT-SAINT-PRIX, n° 107; MASSABIAU, n° 1456; DALMAS, n° 435).

Si la partie civile refuse ou néglige de faire l'avance des frais, et qu'elle ne justifie pas de son indigence, il n'y a pas lieu, en général, de commencer la poursuite, à moins que le délit ne soit grave et n'intéresse essentiellement l'ordre public.

116. Le désistement régulier a pour effet d'effacer la qualité de partie civile et de décharger le plaignant de la responsabilité des frais de la procédure, à compter de la signification du désistement; mais il continue d'être responsable des frais antérieurs à cette signification et même du coût de la décision qui donne acte du désistement (Cass., 4 fév. 1848, S.-V.49.1.372).

117. Le demandeur qui s'est désisté de sa demande, sans aucune réserve, est censé s'être désisté, non-seulement de la procédure, mais encore de l'action. L'action privée, ainsi anéantie, ne peut revivre après l'exercice d'une action publique qui la ferait présumer bien fondée.

Mais si, au lieu de se désister purement et simplement, le plaignant ne s'est désisté que conditionnellement et sauf à reprendre l'action, il peut, par la suite, en intenter une nouvelle dans le délai légal.

Mais en aucun cas son désistement après le jugement ne peut être valable, quoiqu'il ait été donné dans les vingt-quatre heures de sa déclaration qu'il se porte partie civile.

118. La partie civile ne peut être entendue comme témoin, sous la foi du serment, nul ne pouvant en principe être admis à déposer dans sa propre cause; néanmoins, le plaignant entendu comme témoin, sous la foi du serment, pendant le cours des débats, et avant sa constitution comme partie civile, peut prendre ensuite cette qualité jusqu'à la clôture des débats (Cass., 27 janv. 1853, *Bull. crim.;* LEGRAVEREND et BOURGUIGNON, art. 63).

119. Celui qui ne s'est pas présenté en première instance est non recevable à prendre pour la première fois, en cause d'appel, la qualité de partie civile, et cela alors même que le prévenu aurait fait défaut en première instance.

120. « La renonciation à l'action civile ne peut arrêter ni suspendre l'exercice de l'action publique » (C. inst. crim., art. 4).

121. Le principe posé par cet article est général, et s'applique aux contraventions prévues par des lois spéciales

comme aux délits et contraventions classés dans le Code pénal, à moins que la loi ne contienne une disposition contraire. Ainsi, la transaction survenue entre l'auteur d'un délit forestier et le propriétaire du bois, postérieurement à la plainte, ne prive point le ministère public du droit de continuer les poursuites pour faire prononcer les peines ordonnées par la loi (Cass., 23 janv. 1813, S.13.1.229; MANGIN, n° 131; LEGRAVEREND, t. 1, chap. 1, n° 53).

Toutefois, il est fait exception à cette règle en matière de douanes (Cass., 30 juin 1820, D.A.6.429; Pau, 9 déc. 1833, S.-V.34.2.518; MANGIN, n° 47).

122. L'action civile peut être aussi poursuivie en même temps que l'action publique, soit que la partie civile intervienne et se présente sur les poursuites du ministère public, pour réclamer des dommages-intérêts, soit qu'elle cite elle-même le contrevenant devant le tribunal de police : alors il est indispensable qu'un seul et même jugement statue sur l'action publique et sur l'action civile, à peine de nullité radicale du jugement.

Ainsi, le juge de police ne peut, sans excès de pouvoir, se borner à condamner le prévenu à l'amende et aux dépens, et renvoyer devant les tribunaux ordinaires pour la réparation du dommage; ni s'abstenir de statuer sur les conclusions du ministère public et se borner à condamner le prévenu à des dommages-intérêts; ni prononcer sur la demande de la partie civile et réserver au ministère public ses conclusions à prendre dans l'intérêt de la vindicte publique; ni statuer sur l'action publique et remettre à un autre jour pour plaider au fond sur l'action civile; ni, après avoir statué sur l'action publique seule exercée devant lui, être saisi postérieurement de l'action civile résultant de la même contravention; ni statuer sur la responsabilité civile, s'il se déclare incompétent à l'égard du prévenu, s'il le renvoie des fins de la plainte, ou encore si le prévenu n'est pas en cause.

123. Le particulier qui éprouve un préjudice *réel*, par le fait d'une contravention, peut exercer l'action civile par voie de citation directe contre l'auteur de la contravention devant le tribunal de simple police; mais, pour que l'action civile soit recevable, il faut que le demandeur justifie d'un droit *direct* et *matériel*. En conséquence, échappe à la censure de la Cour de cassation, le jugement qui repousse l'action, en se fondant en fait sur ce que le demandeur n'éprouve aucun préjudice du défaut de démolition d'une mai-

son sujette à reculement (Cass., 18 août 1853, *Bull. crim.*, J.P.).

124. Du reste, le tribunal de police ne pouvant, en principe, connaître de l'action civile qu'accessoirement à l'action publique, il en résulte qu'il est incompétent pour statuer sur une demande en dommages-intérêts dirigée contre la personne civilement responsable, tant qu'il n'est pas saisi de l'action publique pour l'application de la peine.

125. Si le tribunal de police, saisi simultanément de l'action publique et de l'action civile, reconnaît que le fait reproché au prévenu ne constitue ni crime, ni délit, ni contravention, il n'a pas qualité pour allouer des dommages-intérêts à la partie lésée. Si celle-ci a éprouvé un préjudice par la faute du prévenu acquitté, elle est sans aucun doute recevable à en poursuivre la réparation aux termes de l'art. 1382, C. civ. ; mais sa demande ne peut être appréciée que par les tribunaux civils.

126. L'art. 161, C. instr. crim., laisse toute latitude au tribunal de police pour accorder ou refuser les dommages-intérêts auxquels il a été conclu, et pour les porter à telle somme qu'il juge convenable, pourvu que la fixation n'excède pas le montant de ceux dont la demande est formée.

SECT. III. — DE LA CITATION OU DE L'AVERTISSEMENT A COMPARAÎTRE DEVANT LE TRIBUNAL DE POLICE.

127. Lorsque le ministère public poursuit une contravention, il en saisit le tribunal par un avertissement ou une citation (C. instr. crim., art. 145, 147).

128. Le simple avertissement se donne par forme de lettre et sans aucun frais ; il est transmis par le ministère public ; on ne doit aucun salaire à l'agent qui le remet. Le moyen de l'avertissement doit être abandonné pour la citation en forme dans le cas où l'on peut présumer que le prévenu ne se présentera que sur une assignation rigoureuse.

129. La citation, synonyme d'ajournement, est l'acte par lequel une personne est sommée, à la requête d'une autre, à comparaître à certain jour devant le tribunal qui doit connaître de la contravention.

130. Le droit de citation directe appartient à toute personne ayant capacité pour introduire une action en justice. Le ministère public ne doit poursuivre d'office qu'autant que la contravention intéresse l'ordre public.

La citation faite à la requête du ministère public doit

l'être au nom du magistrat qui remplit ces fonctions près le tribunal de police devant lequel est appelé le contrevenant.

131. Aux termes de l'art. 145, C. instr. crim., toute citation pour contravention de police doit être faite à la requête du ministère public, ou de la partie qui réclame. Elle doit être notifiée par huissier; copie en doit être laissée au prévenu, ou à la personne civilement responsable, *à personne* ou *domicile réel*, c'est-à-dire au domicile où il paie la contribution personnelle et habite avec sa famille. Cette règle, prescrite pour les exploits, et à peine de nullité, par les art. 68 et 70, C. proc. civ., a été déclarée applicable, avec la sanction de nullité, en matière criminelle (Cass., 22 déc. 1855, *Bull. crim.*).

132. L'huissier doit laisser une copie de la citation au prévenu ou à la personne civilement responsable, s'il les trouve, ou à leur domicile s'il ne les trouve pas. Les expressions alternatives de l'art. 145, C. instr. crim., *au prévenu ou à la personne civilement responsable*, ne peuvent s'appliquer, dans la rigueur du sens grammatical, que lorsque le *prévenu et le responsable*, étrangers l'un à l'autre, ne demeurent pas ensemble. Dans tout autre cas, il faut deux copies, à chacun d'eux; si l'on n'en notifiait qu'une au responsable civilement, l'auteur de la contravention n'étant pas saisi de la citation qui aurait dû lui être notifiée, il n'y aurait à juger qu'une action civile; car le tribunal de police ne peut en connaître que lorsqu'elle est la conséquence d'une action publique dirigée contre un prévenu dûment averti. Si, d'un autre côté, la copie était donnée à l'auteur de la contravention seulement, le responsable ne pourrait être poursuivi ni condamné, puisqu'il ne se trouverait pas mis en cause. Suivant Carnot, art. 145, pourvu que le prévenu et le responsable soient cités, il n'est pas nécessaire qu'une copie de l'assignation soit remise à chacun d'eux; une seule copie suffit s'il est fait mention qu'elle a été délivrée tant pour le prévenu que pour le responsable. Mais cette distinction entre l'assignation originale et la copie ne peut être admise : une citation non notifiée n'existe pas légalement pour la partie qui n'en a pas reçu copie, et l'on doit dire que la partie à qui copie n'a pas été notifiée n'a pas réellement été citée; elle peut ne pas se présenter, sans que le juge de police ait le droit de la condamner par défaut.

133. En fixant le domicile au lieu où l'on a son *principal*

établissement, l'art. 102, C. civ., a évidemment consacré, à la différence du droit romain, le principe de l'unité du domicile réel. On ne doit donc plus aujourd'hui, comme on le faisait dans l'ancienne législation, distinguer un domicile de droit et un domicile de fait.

134. La citation ne peut être donnée à un délai moindre de·vingt-quatre heures, outre un jour par cinq myriamètres, sous peine de nullité tant de la citation que du jugement qui serait rendu par défaut faute de comparaître. Néanmoins, cette nullité ne peut être proposée qu'à la première audience, avant toute exception et défense (C. instr. crim., art. 146, et C. proc. civ., art. 1033).

Dans les cas urgents, les délais peuvent être abrégés et les parties citées à comparaître même dans le jour et à l'heure indiqués, en vertu d'une cédule délivrée par le juge présidant le tribunal de simple police (C. instr. crim., art. 146). Dans les cas ordinaires, le ministère public n'a jamais besoin d'une cédule du juge de paix pour faire citer un prévenu : cet acte ne lui est nécessaire que dans les cas urgents.

135. Aucune citation ne peut être donnée un dimanche ni un jour de fête légale, si ce n'est en vertu d'une permission du juge président du tribunal de police. Cette autorisation ne doit être accordée que dans des cas urgents.

136. Le délai de la citation étant de vingt-quatre heures, aux termes de l'art. 146, C. instr. crim., se compte non pas de jour à jour, mais d'heure à heure, ce qui est bien différent, pour la validité de l'acte et les effets qui en résultent. Ainsi, une citation donnée le cinq, à dix heures, pour le lendemain à midi, est valable ; mais une citation donnée le mardi soir, par exemple, n'obligerait pas à comparaître si elle indiquait le lendemain à midi, à moins d'une cédule du juge de paix, pour cause d'urgence. La fixation du délai d'heure à heure suppose que la fixation indique l'heure à laquelle elle a été notifiée ; si cette indication ne s'y trouve pas, le délai est présumé écoulé le lendemain dans la journée, de sorte que l'affaire peut être alors appelée et jugée régulièrement. Mais ce n'est là qu'une présomption provenant du silence de la citation relativement à l'heure, et la partie citée n'en doit pas moins être admise à prouver que l'heure à laquelle la copie lui a été remise ne lui a pas laissé le temps légal avant l'ouverture de l'audience.

137. L'augmentation résultant de la distance se compte par fraction de cinq myriamètres entiers et jamais au-dessous ;

ainsi, lorsque l'assigné·demeure à moins de cinq myriamètres du lieu où il doit comparaître, il n'a droit à aucune augmentation de délai. S'il réside à plus de cinq myriamètres, et à moins de dix, le délai ne doit être augmenté que d'un jour, et ainsi de suite (Cass., 11 mai 1843, J.P., *Bull. crim.*).

138. La cédule qui, dans les cas urgents, remplace la citation, doit contenir les mêmes énonciations qu'une citation ordinaire. Il n'est pas nécessaire qu'elle soit écrite en entier de la main du juge de paix, elle peut l'être par le greffier ou même par la partie requérante, mais il faut toujours qu'elle soit signée par le juge de paix. Elle est notifiée par l'huissier audiencier du tribunal de police, ou, en cas d'absence ou empêchement, par un autre huissier du canton commis par le juge de paix.

139. La citation donnée par le ministère public doit être rédigée de manière à faire bien connaître au prévenu la contravention qui lui est imputée et la loi qui la réprime. Pour les contraventions forestières, il faut comprendre dans la citation la copie du procès-verbal et de l'acte d'affirmation, même dans les poursuites exercées au nom et dans l'intérêt des particuliers, à peine de nullité (C. forest., art. 172, 189). Dans les affaires autres que les poursuites forestières, il n'est pas nécessaire, quoique cela puisse être utile, de donner au prévenu, dans l'exploit de citation, copie du procès-verbal dressé contre lui.

140. Les seules conditions de validité de la citation en simple police sont celles énumérées dans les art. 145, 146 et 147, C. instr. crim., et dans l'art. 1er, C. proc. civ. : ces articles ne prescrivent aucune forme particulière à peine de nullité, et n'obligent pas à articuler et qualifier les contraventions.

Ainsi, la citation n'est pas nulle, quoique les formalités prescrites par l'art. 61, C. proc. civ., n'aient pas été observées, pourvu toutefois qu'elle contienne les mentions essentielles, c'est-à-dire que le prévenu n'ait pu douter que c'est bien à lui que la citation était adressée ; qu'il soit bien averti du fait de la contravention, du jour et de l'heure de la comparution, du tribunal devant lequel il doit se présenter (Cass., 28 fév. 1839, J.P. ; Poitiers, 14 janv. 1858, *Journ. crim.*, n° 6555).

Ainsi, est régulière une citation, quoiqu'elle n'indique pas à celui qui la reçoit, le jour et l'endroit où le fait dont il est prévenu a eu lieu, alors surtout qu'elle fait suffisamment connaître l'objet de la prévention, ou qu'elle ne contienne pas le nom ni les prénoms du prévenu, si elle en établit l'identité d'une manière suffisante, par la désignation de la qualité de berger de telle personne. Mais il en serait autrement si le maître avait plusieurs bergers, parce qu'on ne saurait auquel d'entre eux la copie est destinée. Serait également nulle la citation donnée au fils de tel individu sans autre désignation, s'il est constaté que tel individu a plusieurs enfants.

141. Lorsque la citation n'a pas été donnée régulièrement au prévenu absent, le tribunal est tenu de surseoir; il ne peut relaxer le prévenu de la plainte (Cass., 12 mai 1854, *Bull. crim.*). Il y a lieu seulement de prononcer la nullité de la citation.

Mais si le défendeur comparaît sur la citation sans élever le moyen de nullité, le juge de police ne peut la prononcer d'office, et doit procéder à l'instruction sur le fond.

La citation nulle doit valoir comme avertissement lorsque la partie citée se présente volontairement (CARNOT, art. 145; ROLLAND DE VILLARGUES, art. 145, n° 38).

142. Pour que le prévenu qui comparaît puisse conserver le droit d'attaquer la citation comme nulle, il faut non-seulement qu'il fasse valoir cette nullité avant toute exception et défense, mais encore qu'il propose ce moyen *à la première audience et pas plus tard* (C. instr. crim., art. 146).

143. Cet article suppose que le prévenu, condamné par défaut pour n'avoir pas comparu, veut se faire relever de la condamnation en établissant que s'il n'a pas comparu, c'est que la citation qui lui avait été donnée était nulle. Le jugement contre lequel il veut recourir étant par défaut, il doit agir par voie d'opposition. Cette opposition, aux termes de l'art. 151, C. instr. crim., emporte citation à la première audience, après l'expiration des délais : c'est à cette audience que le condamné doit proposer, avant tout, ses moyens de nullité contre la citation irrégulière.

144. Dans les matières civiles, si un exploit est déclaré nul par le fait de l'huissier, celui-ci peut être condamné aux frais de l'exploit et de la procédure annulée, sans préjudice des dommages-intérêts de la partie, suivant les circonstances : ces dispositions de l'art. 71, C. proc. civ., ont été déclarées applicables aux affaires criminelles (Cass., 24 janv. 1856, *Bull. crim.*).

145. Lorsque la citation est remplacée par un simple avertissement, cet avertissement n'est pas donné par le juge de

paix, il doit l'être par le ministère public ou la partie civile, comme la citation elle-même. Le tribunal de police ne peut se saisir lui-même : il ne peut l'être légalement que par les parties.

146. L'avertissement à comparaître devant le tribunal de police du juge de paix, ne tenant pas lieu de citation, à défaut de disposition formelle dans l'art. 147, C. instr. crim., ce tribunal ne peut donner défaut contre le prévenu non comparant, ni statuer au fond ; la citation devient dès lors nécessaire pour saisir légalement le tribunal de police (Cass., 24 janv. 1852, *Bull. crim.*).

147. Le ministère public doit communiquer aux personnes qui le requièrent, au greffe et sans déplacement, les pièces de l'affaire ; c'est une nécessité de la libre et complète défense du prévenu.

De son côté, le ministère public, qui doit toujours être entendu, a le droit d'exiger, avant l'audience, que les parties qui se sont adressées directement au tribunal lui communiquent les procès-verbaux et exploits. Il peut aussi, quand les procès-verbaux ne s'expliquent pas sur la quotité des dommages causés ou sur d'autres circonstances nécessaires pour déterminer la compétence, requérir avant l'audience le juge de paix d'estimer ou faire estimer les dommages, de dresser ou faire dresser des procès-verbaux, de faire ou ordonner tous actes requérant célérité (C. instr. crim., art. 148).

Les experts nommés par le juge de paix doivent prêter le serment prescrit par l'art. 44, C. instr. crim. La présence des parties n'est pas exigée pour faire l'estimation.

Quand des objets saisis, et que le tribunal de police devra confisquer ou même faire détruire, n'ont pas été envoyés au greffe en même temps que le procès-verbal l'a été au ministère public, ce magistrat peut et doit adresser une réquisition aux propriétaires des voitures ou aux messagers de la localité, pour faire effectuer au greffe le dépôt de ces objets.

CHAP. III. — DES AUDIENCES DU TRIBUNAL DE POLICE.

SECT. Ire. — LOCAL DES AUDIENCES. — FIXATION DES JOURS ET HEURES D'AUDIENCE.

148. Le juge de paix, comme juge de police, doit donner ses audiences dans la commune chef-lieu de canton, dans le

local à ce destiné, fourni, meublé et entretenu aux frais de cette commune. Cependant, si le juge de paix habite la commune chef-lieu, il peut tenir l'audience de police en sa demeure, les portes ouvertes.

[Cette opinion, professée par Berriat-Saint-Prix, n° 145, est fort discutable. Et il est permis de penser que le juge de paix, siégeant comme président du tribunal de police, n'a pas le droit de tenir chez lui audience, ainsi que l'art. 8, C. proc. civ., l'y autorise en matière civile].

149. La fixation des jours et heures d'audience appartient au juge de paix (C. proc. civ., art. 8; Arg. C. instr. crim., art. 151). Ce magistrat doit proportionner le nombre des audiences à la moyenne des affaires à juger; leur durée doit permettre d'expédier les affaires dont le tribunal est saisi. Il peut juger tous les jours, même les dimanches et fêtes légales, le matin et l'après-midi (Arg. C. proc. civ., art. 8; Carnot, sur l'art. 153).

SECT. II. — De la publicité et de la police des audiences.

§ 1er. — De la publicité des audiences. — Huis clos.

150. Les audiences doivent être tenues publiquement à peine de nullité (C. instr. crim., art. 153), c'est-à-dire que les portes de la salle où siége le tribunal doivent rester ouvertes au public. La publicité est en effet de l'essence de tous débats en matière criminelle.

151. Le jugement doit constater, *à peine de nullité*, qu'il a été rendu publiquement, et la publicité tant de l'instruction qui l'a précédé que de sa prononciation.

152. La Cour de cassation a décidé que la publicité du jugement n'est pas suffisamment constatée par la mention qu'il a été rendu *à l'audience,* — *à l'audience ordinaire du tribunal,* — *par le juge tenant l'audience de police,* — *dans l'auditoire du tribunal,* sans déclarer que le lieu de l'auditoire fût ouvert au public, — *dans telle localité,* — *dans l'une des salles de la mairie.*

153. Les jugements du tribunal de police ne peuvent être rendus que dans l'auditoire qui leur est affecté (Cass., 27 juill. 1855, *Bull. crim.*), et au chef-lieu de canton (Legraverend, t. 2, p. 340).

Ainsi, le tribunal de police ne peut, à peine de nullité de son jugement, le prononcer sur les lieux contentieux (Cass., 27 juill. 1855, *Bull. crim.*).

154. Si l'instruction d'une affaire paraissait devoir entraîner des débats dangereux pour les mœurs et l'ordre public, le tribunal peut, sur les réquisitions du ministère public et même d'office, et à la charge de le déclarer par un jugement, ordonner le huis clos, soit pour la totalité, soit pour partie des débats.

155. Lorsque le jugement qui le prescrit est rendu, on fait évacuer la salle, et on ne laisse dans l'enceinte que les parties et les témoins, outre les agents de la force publique et les fonctionnaires ou les autres personnes *graves* que le juge trouve à propos d'excepter de la mesure. Mais, après les débats, les plaidoiries ou rapports, les portes sont réouvertes pour le prononcé du jugement, lequel serait nul s'il n'était rendu publiquement. L'art. 87, C. proc. civ., ne fait, en effet, exception au principe de la publicité qu'à l'égard de l'instruction et des débats.

156. Dans le cours des débats qui ont lieu à huis clos, le jugement rendu sur un incident, et, par exemple, celui qui décide qu'un témoin sera ou ne sera pas entendu, doit, *à peine de nullité*, être prononcé *publiquement* (Cass., 15 fév. 1839 et 11 mars 1841, J.P.39.2.99. et 41.1.308).

157. [Lorsque le huis clos a été ordonné, avis doit en être donné au procureur de la République].

158. La faculté d'ordonner le huis clos est une mesure d'ordre public dont il appartient au tribunal de police d'apprécier la nécessité, sans qu'il soit besoin d'interpeller et d'entendre les parties.

§ 2. — De la police des audiences.

159. La police des audiences appartient au juge qui les préside ; il peut faire cesser les plaidoiries lorsqu'il juge la cause suffisamment entendue : tout ce qu'il ordonne pour le maintien de l'ordre doit être exécuté ponctuellement, et à l'instant (C. proc. civ., art. 88).

160. Les parties sont tenues de s'expliquer avec modération devant le juge, et de garder en tout le respect qui est dû à la justice : si elles y manquent, le juge les y rappellera d'abord par un avertissement ; en cas de récidive, elles pourront être condamnées à une amende qui n'excédera pas la somme de dix francs, avec affiches du jugement, dont le nombre n'excédera pas celui des communes du canton (C. proc. civ., art. 10).

La loi devient plus sévère dans le cas d'insultes ou d'irrévérence grave envers le juge : elle l'autorise à en dresser procès-verbal et à prononcer contre le coupable un emprisonnement de trois jours au plus (C. proc. civ., art. 11).

Les jugements, dans les cas prévus par les précédents articles, sont exécutoires par provision (C. proc. civ., art. 12).

161. Lorsque le juge n'use pas de la faculté à lui donnée de punir sur-le-champ les insultes et les irrévérences commises envers lui, ce délit peut être puni par les voies ordinaires.

162. « Si un ou plusieurs individus, quels qu'ils soient, interrompent le silence, donnent des signes d'approbation ou d'improbation, soit à la défense des parties, soit aux discours du juge ou du ministère public, soit aux interpellations, avertissements ou ordres du président, causent ou excitent du tumulte de quelque manière que ce soit, et si, après l'avertissement de l'huissier audiencier, ils ne rentrent pas dans l'ordre sur-le-champ, il leur sera enjoint de se retirer, et les résistants seront saisis et déposés à l'instant dans la maison d'arrêt pour vingt-quatre heures : ils y seront reçus sur l'exhibition de l'ordre du président, qui sera mentionné au procès-verbal de l'audience » (C. proc. civ., art. 89).

163. Les avoués, ainsi que tous mandataires *ad litem*, auxquels on doit les assimiler, sont, comme les parties, passibles des peines prévues par les art. 10 et 11, C. proc. civ., en cas de contravention à ces articles.

164. Quant aux avocats qui, plaidant devant le juge de paix, se rendent coupables d'un manquement de respect envers ce magistrat, ils peuvent être condamnés par lui, séance tenante, à l'une des peines disciplinaires prévues par l'art. 18 de l'ordonnance du 20 nov. 1822, par exemple, à la peine de l'avertissement. En vain soutiendraient-ils que leur rôle se bornant à celui de simples mandataires *ad litem*, ils ne peuvent être passibles que de l'application des art. 10 et 11, C. proc. civ. (Cass., 23 avril 1850, 10 janv. 1852, J.P.51.2.68 et 53.1. 233).

Le juge de paix doit prononcer pendant qu'il est saisi du procès principal dans le cours duquel la faute a été commise ; autrement, il ne le pourrait plus.

165. A l'égard des assistants, ils doivent se tenir découverts, dans le respect et le silence (C. proc. civ., art. 88) ; lorsqu'ils donnent des signes publics, soit d'approbation, soit d'improbation, ou excitent du tumulte, de quelque manière que ce soit, le président ou le juge doit les faire expulser ; s'ils

résistent à ses ordres ou s'ils rentrent, il doit les faire arrêter et conduire dans la maison d'arrêt, et faire mention de cet ordre dans le procès-verbal ; et sur l'exhibition qui en est faite au gardien de la maison d'arrêt, les perturbateurs y doivent être reçus et retenus pendant vingt-quatre heures (C. instr. crim., art. 504).

166. « Lorsque le tumulte a été accompagné d'injures ou voies de fait donnant lieu à l'application ultérieure de peines correctionnelles ou de police, ces peines pourront être, séance tenante et immédiatement après que les faits auront été constatés, prononcées, savoir : celles de simple police, sans appel, de quelque tribunal ou juge qu'elles émanent : et celles de police correctionnelle, à la charge de l'appel, si la condamnation a été portée par un tribunal sujet à appel ou par un juge seul » (C. instr. crim., art. 505).

167. Cet article n'a rien d'incompatible avec le maintien de l'art. 11, C. proc. civ., qui reste applicable dans le cas où le fait ne constitue qu'une irrévérence grave envers le juge de paix ; mais, dans le cas où l'injure s'élève jusqu'aux proportions de l'outrage, il doit se combiner avec l'art. 222, C. pén., modifié par la loi du 13 mai 1863, qui spécifie les caractères constitutifs de ce délit et en détermine la peine.

Ce même article confère à *toutes* les juridictions, *y compris le juge de paix*, lors même qu'il siége comme juge civil, le droit de prononcer immédiatement, *séance tenante*, soit les peines de police, soit les peines correctionnelles, à l'application desquelles les faits peuvent donner lieu (Arg. Cass., ch. réun., 25 juin 1855, *Bull. crim.*). Cette décision, conforme à la doctrine déjà adoptée par la chambre criminelle, a fixé la jurisprudence sur ce point important.

168. Le tribunal de police, lorsqu'un de ces délits heureusement fort rares se produit à son audience, n'est pas dans la nécessité de les juger ; cela résulte des termes de l'art. 505, C. instr. crim. : *les peines pourront être prononcées ;* mais, s'il croit devoir s'abstenir, le juge doit constater les faits par un procès-verbal, qui est dressé séance tenante ou immédiatement après, et signé de ce magistrat et du greffier. C'est alors à la juridiction ordinaire de connaître du délit, et le procès-verbal doit être envoyé au procureur de la République (C. instr. crim., art. 29). Mais il vaut mieux, en général, ne pas user de cette faculté, pour ces sortes d'incidents : au point de vue de l'exemple, un jugement rendu séance tenante est bien préférable : une punition qui suit immédiatement la faute a

plus d'effet et de retentissement, fût-elle moins sévère, que celle qui serait prononcée plus tard.

169. La loi investit le juge de paix, qu'il siége comme juge civil ou comme juge de simple police, du droit de réprimer ainsi les désordres commis en sa présence, non-seulement pendant la tenue de ses audiences, mais encore en tout autre lieu où se fait publiquement une instruction judiciaire (C. instr. crim., art. 504).

170. A l'égard des crimes qui seraient commis à l'audience, le tribunal de police, après avoir fait arrêter le délinquant et dressé procès-verbal des faits, doit envoyer les pièces et le prévenu au procureur de la République pour être procédé ainsi que de droit (C. instr. crim., art. 506).

171. Si des injures simples, non provoquées, ont été proférées envers un simple particulier, c'est l'art. 471, n° 11, C. pén., qui est applicable.

S'il s'agit de paroles outrageantes, telles que : « Vous en avez menti », adressées au président du tribunal ou au ministère public, c'est l'art. 222 du même Code qu'il faut appliquer (Cass., 8 déc. 1849, J.P.).

S'il est question d'injures caractérisées, renfermant l'imputation d'un vice déterminé, ce sont les art. 13, 19, § 2 de la loi du 17 mai 1819.

S'il s'agit d'une diffamation ou imputation d'un fait portant atteinte à l'honneur ou à la considération d'une personne, ce sont les art. 13 et 18 de la même loi. Le tribunal peut, en outre, pour ces deux délits, ordonner l'affiche de son jugement.

Si des outrages ont été adressés d'une manière quelconque, à un fonctionnaire public autre que le juge de paix et l'officier du ministère public, à raison de ses fonctions ou de sa qualité ; à un témoin, à raison de sa déposition, c'est l'art. 6 de la loi du 25 mars 1822 qui est applicable.

172. Le greffier du tribunal, à l'audience, est plus qu'un officier ministériel ; il exerce des fonctions publiques, il est protégé par l'art. 6 de la loi précitée, du 25 mars 1822.

173. Les huissiers, les gendarmes, gardes champêtres et forestiers, sont protégés par la loi du 17 mai 1819, selon qu'il y a eu injures ou diffamation ; si les outrages ne constituent aucun de ces délits, il faut appliquer l'art. 471, n° 11, C. pén., qui réprime les outrages par paroles, gestes ou menaces envers cette classe d'agents ou préposés.

174. Pour les outrages ou menaces accompagnés de tumulte, qui ont été adressés aux membres du tribunal, juge de paix, officier du ministère public, il faut distinguer : si ces outrages par paroles tendent à inculper l'honneur ou la délicatesse du magistrat, c'est l'art. 222, C. pén., qu'il faut appliquer ; si l'outrage ne s'est manifesté que par gestes ou menaces, c'est l'art. 223 du même Code. Les peines prononcées par le Code pénal et par les lois de la presse, de 1819 et de 1822, peuvent être modifiées en vertu de l'art. 463, C. pén., à la charge de déclarer qu'il existe des circonstances atténuantes.

175. Le tribunal ne peut se déclarer incompétent pour réparer un outrage adressé à l'audience à l'officier du ministère public, sous prétexte qu'il constitue un délit réprimé par l'art, 223, C. pén. (Cass., 28 nov. 1856, *Bull. crim.*).

CHAP. IV. — DE L'INSTRUCTION A L'AUDIENCE

SECT. Iʳᵉ. — DE LA COMPARUTION DES PARTIES ET DE L'ORDRE DE L'INSTRUCTION.

§ 1ᵉʳ. — De la comparution des parties.

176. « La personne citée comparaîtra par elle-même, ou par un fondé de procuration spéciale » (C. instr. crim., art. 152).

177. La femme mariée peut donner cette procuration sans l'autorisation de son mari (C. civ., art. 216).

178. Il n'est pas nécessaire, à défaut d'un texte formel, que la procuration soit authentique ; la procuration sous seing privé dûment enregistrée suffit. Nous pensons même que la *procuration spéciale* n'étant pas exigée par l'art. 152, à peine de nullité, l'inculpé peut se faire représenter par un avoué ou un avocat, non porteur d'une procuration spéciale, et même par toute personne, lorsque ce tiers, quel qu'il soit, a été entendu sans opposition de la part du ministère public et de la partie civile, qui seuls ont le droit de s'opposer à l'audition d'un mandataire dépourvu d'une procuration écrite.

179. [On n'est pas généralement d'accord pour reconnaître comme valable le mandat verbal tant en justice civile, que devant le tribunal de police. M. Girardot, dans un article publié par les *Annales des Justices de paix*, 1872, p. 118, conteste

énergiquement la validité d'un semblable mandat. Toutefois, elle paraît être implicitement reconnue par un arrêt de cassation du 19 avril 1873. *Ann. Just. de paix*, 1873, p. 382. Vuatiné, *Code des tribunaux de police*, et Carré, *Code annoté des juges de paix*, se prononcent également pour la validité.]

180. Le ministère public qui ne s'est pas opposé à ce que le fils de la prévenue représentât celle-ci, sans une procuration spéciale, ne peut s'en faire ensuite un moyen de cassation (Cass., 29 déc. 1853, *Bull. crim.*).

181. Du reste, la procuration ne peut être *spéciale que pour comparaître ;* il n'est pas nécessaire qu'elle contienne pouvoir pour avouer ou désavouer les faits.

182. L'assistance d'un défenseur au conseil est de droit, même en tribunal de simple police.

183. La partie civile demanderesse peut, comme la partie citée, se faire représenter par un fondé de procuration spéciale devant le tribunal de simple police. On ne voit pas pourquoi, en effet, le demandeur ne jouirait pas des mêmes droits que le défendeur.

§ 2. — De l'ordre de l'instruction à l'audience.

184. « L'instruction de chaque affaire sera publique, à peine de nullité. Elle se fera dans l'ordre suivant:

« Les procès-verbaux, s'il y en a, seront lus par le greffier ; les témoins s'il en a été appelé par le ministère public ou la partie civile, seront entendus s'il y a lieu ; la partie civile prendra ses conclusions ;

« La personne citée proposera sa défense et fera entendre ses témoins, si elle en a amené ou fait citer, et si, aux termes de l'art. 154, elle est recevable à les produire ;

« Le ministère public résumera l'affaire et donnera ses conclusions : la partie citée pourra proposer ses observations.

« Le tribunal de police prononcera le jugement dans l'audience où l'instruction aura été terminée, et, au plus tard, dans l'audience suivante» (C. instr. crim., art. 153).

185. L'ordre de l'instruction tracé par cet article doit être religieusement observé ; mais la citation tenant en principe lieu de plainte, le greffier doit en faire la lecture avant celle des procès-verbaux. Le tribunal de police qui négligerait de se conformer à cet ordre devrait être réprimandé, et, dans le cas de récidive, dénoncé au ministre de la justice. Le jugement pourrait même être annulé, s'il y avait eu des réquisi-

tions du ministère public ou du prévenu, tendant à l'exécution de formalités qui n'auraient pas été remplies.

SECT. II. — DE LA PREUVE DES CONTRAVENTIONS.

« 186. Les contraventions seront prouvées, soit par procès-verbaux ou rapports, soit par témoins à défaut de rapports ou procès-verbaux, ou à leur appui.

« Nul ne sera admis, à peine de nullité, à faire preuve par témoins, outre et contre le contenu aux procès-verbaux ou rapports des officiers de police ayant reçu de la loi le pouvoir de constater les délits ou les contraventions jusqu'à inscription de faux. Quant aux procès-verbaux et rapports faits par des agents, préposés ou officiers, auxquels la loi n'a pas accordé le droit d'en être crus jusqu'à inscription de faux, ils pourront être débattus par des preuves contraires, soit écrites, soit testimoniales, si le tribunal juge à propos de les admettre » (C. instr. crim., art. 154).

Cet article semble n'avoir admis que deux genres de preuves : celles résultant des *procès-verbaux et rapports et la preuve testimoniale ;* ces deux genres de preuves peuvent être détruits par la preuve contraire.

Toutefois, l'art. 154 n'est qu'énonciatif et permet d'appliquer aux matières criminelles les principes généraux du droit sur les preuves. Ainsi, l'aveu du prévenu peut suffire pour établir contre lui l'existence du fait qui lui est imputé (Cass., 24 sept. 1829, 3 avril 1830, D.P.29.1.360 et 30.1.195).

§ 1er. — Des procès-verbaux. — Régles générales.

187. Le premier principe à constater en cette matière, c'est que les délits et les contraventions peuvent être poursuivis, lors même qu'ils n'ont été constatés par aucun procès-verbal. Les procès-verbaux ne constituent point le titre de l'action publique ou civile ; ils ne sont que des charges ou des preuves à l'appui de ces actions. Souvent, sans doute, leur omission peut être un obstacle à la répression, mais elle ne constitue pas une fin de non-recevoir contre la poursuite. Cette règle, proclamée par l'art. 342, C. instr. crim., est applicable, à quelques exceptions près, en matière de police simple ou correctionnelle (MANGIN, *des Procès-verbaux*, n° 3 ; F. HÉLIE, t. 4, p.446 et suiv.).

188. Ce principe a même été étendu à quelques matières spéciales :

1° En matière de police rurale, l'art. 35, tit. 1er, de la loi des 19-22 juill. 1791, dispose que les poursuites auront lieu, soit qu'il y ait eu procès-verbal ou non ;

2° En matière forestière, l'art. 175, C. forest., porte que les délits ou les contraventions seront prouvés, soit par procès-verbaux, soit par témoins à défaut de procès-verbaux ou en cas d'insuffisance de ces actes ;

3° En matière de pêche fluviale (L. 15 avril 1829, art 52).

189. Mais il est des matières dans lesquelles le procès-verbal est à la fois la condition et la garantie de la poursuite, car il constitue la seule preuve possible de l'existence du délit. Ainsi, en matière de *contributions indirectes*, de *douanes*, de *garantie des matières d'or et d'argent*, de *vérification des poids et mesures*, à défaut d'un procès-verbal qui la constate, la contravention ne peut être poursuivie (L. 1er germ. an XIII, art. 34 ; L. 6-22 août 1791, tit. 4, art. 23 ; L. 19 brum. an VI, art. 101 ; ordonn. 17 avril 1839, art. 41).

190. La loi n'a pas attaché à tous les procès-verbaux la même autorité.—Les uns n'ont que l'effet d'un simple renseignement en justice ; tels sont les procès-verbaux des agents de police, des officiers de paix, des gendarmes lorsqu'ils n'ont pas une délégation directe de la loi. — Les autres font foi des faits qu'ils constatent, mais jusqu'à preuve contraire : tels sont les procès-verbaux des officiers de police judiciaire et, en général, des officiers publics. — D'autres enfin font foi jusqu'à inscription de faux ; il en est ainsi en matière forestière en certains cas, de contributions directes et de douanes.

191. Lorsque la contravention poursuivie est établie par un procès-verbal régulier, dressé par un officier public compétent, la foi qui est due à cet acte ne peut être détruite que par une preuve légale administrée à l'audience ou publiquement, telle que les dépositions de témoins ou rapports d'experts, entendus sous la foi du serment ; une visite de lieux par le juge, en présence des parties ou elles dûment appelées, etc.

Faute de preuves contraires semblables, la condamnation du prévenu doit s'ensuivre : l'acquittement entraînerait la cassation du jugement qui le prononcerait : ce principe résulte de la jurisprudence la plus constante de la Cour suprême.

192. Lorsque la contravention ne repose que sur le rapport d'un agent de police n'ayant pas qualité pour verbaliser légalement, et que l'aveu du prévenu ne vient pas suppléer à l'insuffisance de ce document, il faut faire entendre le rédacteur

du rapport comme témoin à son appui, soit à la première
audience, soit à une audience de remise indiquée par le juge
de police. Les contraventions de police peuvent *toutes*, en
effet, être prouvées par témoins ; et peuvent être entendus,
en cette qualité, les rédacteurs des rapports ou procès-verbaux irréguliers on non probants, à l'appui ou au défaut de
ces actes, sauf au tribunal d'avoir tel égard que de raison
à leurs dépositions.

§ 2. — De la preuve testimoniale.

193. La disposition de l'art. 154, C. instr. crim., qui porte
que les délits et les contraventions seront prouvés par témoins à défaut de rapports et de procès-verbaux, ou à leur
appui, est générale ou absolue ; elle ne distingue pas entre les
divers cas où les procès-verbaux peuvent ou ne pas exister ou
perdre leur effet par leur irrégularité. Ainsi, elle s'applique
aussi bien au cas où la nullité provient du défaut de qualité
de l'officier public pour rédiger le procès-verbal, qu'au cas où
cette nullité provient de vices de forme ; et l'on peut, dès
lors, suppléer la preuve ou la compléter par la preuve testimoniale : c'est un droit inhérent à l'action publique (Cass.,
18 mars et 9 sept. 1836, 19 juill. 1838, J.P.39.1.281).

194. Lorsque l'inculpé argue de nullité le procès-verbal
dressé contre lui, le tribunal de police ne peut écarter ce
même procès-verbal et autoriser purement et simplement le
ministère public à prouver par témoins la contravention,
sans avoir préalablement statué sur le mérite du procès-verbal, et sans motiver cet avant-faire droit. C'est un point consacré par la jurisprudence. Mais il peut, après avoir statué sur
la nullité du procès-verbal, ordonner par le même jugement
la preuve demandée ; c'est même un devoir pour lui, à peine
de nullité. Ce n'est pas là, le cas d'appliquer l'art. 153, C.
inst. crim., qui autorise les tribunaux à écarter les témoignages inutiles à la cause (Cass., 15 avr. 1841, 26 sept. 1845;
1ᵉʳ déc. 1855 et 17 fév. 1860, *Bull. crim.*).

195. L'art. 153, C. instr. crim., en disant que *les témoins,
s'il en a été appelé par le ministère public, ou la partie civile,*
seront entendus s'il y a lieu, permet au juge de police de
refuser leur audition s'il ne la juge pas utile, par exemple,
s'il pense que cette formalité prolongerait inutilement le débat. Mais ce n'est qu'avec une grande réserve qu'il doit user
de cette faculté, car il y aurait excès de pouvoir de sa part et
nullité de son jugement s'il repoussait les réquisitions for-

melles du ministère public ou la demande expresse du prévenu ou de la partie civile, *formâ negandi*, sans donner aucun motif ou en se fondant sur un motif de droit erroné, par exemple, l'impossibilité de suppléer à ce procès-verbal irrégulier par la preuve testimoniale (Cass., 30 juill. et 14 nov. 1840, 4 juin 1847, *Bull. crim.*); ou sous le prétexte qu'il en aurait déjà été entendu, ou que ceux produits auraient assisté à l'audience pendant l'audition d'autres témoins, ou enfin que le débat est clos, etc. (Cass., 11 nov. 1843 et 4 juin 1847, *Bull. crim.*); ou sous le prétexte que ceux produits ont participé à la contravention (Cass., 12 avril 1855, *Bull. crim.*); ou qu'à raison de leur âge, ils ne peuvent déposer sous serment (Cass., 8 août 1856, *Bull. crim.*); ou enfin sous prétexte qu'à raison du temps une enquête orale serait inutile et dangereuse (Cass., 9 janv. 1857, *Bull. crim.*).

196. Mais il peut, après avoir entendu les témoins produits par le ministère public, statuer sur la prévention en déclarant sa religion suffisamment éclairée, sans accorder à la partie publique un nouvel ajournement pour assigner d'autres témoins (Cass., 12 juin 1846 et 17 nov. 1849, 11 oct. 1851 et 7 oct. 1853, *Bull. crim.*).

197. Si, en droit, le tribunal de police ne peut, lorsque des témoins à décharge viennent contredire les énonciations du procès-verbal dressé pour constater le délit, refuser d'entendre des témoins à l'appui du procès-verbal, il ne peut non plus refuser d'ordonner une expertise provoquée par l'une des parties, qu'autant que le fait que cette expertise aurait pour objet d'établir ne serait ni pertinent, ni concluant, ou que le juge déclarerait être suffisamment éclairé pour prononcer en l'état de la cause, sans avoir besoin de ce moyen d'instruction (Cass., 13 juin 1846, S.-V.48.1.509).

198. Si le droit de faire entendre des témoins à l'appui des procès-verbaux ou à défaut de procès-verbaux, est inhérent à l'exercice de l'action publique, le droit de faire valoir des témoignages contraires, en tant que le permettent les règles sur la foi due aux procès-verbaux, n'est pas moins essentiel au droit de la défense (Cass., 9 nov. 1840, *Bull. crim.*).

199. Quand il n'existe à l'appui de la poursuite d'une contravention aucun procès-verbal régulier qui la constate, mais seulement des procès-verbaux d'expertise dressés à la réquisition de la police municipale, le tribunal de police peut, sans contrevenir à aucune loi, déclarer la contravention non

existante, et en conséquence renvoyer le prévenu des poursuites (Cass., ch. réun., 10 mai 1834, S.-V. 34.1.337).

200. Les art. 154 et 189, C. instr. crim., quelque généraux qu'en soient les termes, reçoivent une exception toutes
les fois qu'il s'agit de décider une question civile préjudicielle
que fait naître la poursuite devant les tribunaux répressifs.
Dans ce cas, le juge criminel reste soumis, pour la recherche
et l'admission des preuves, à toutes les règles qui sont imposées aux tribunaux civils (MERLIN, *Rép.*, v° *Dépôt ;* MANGIN, *Act.
publ.*, t. 1, p. 371 et suiv.; BOURGUIGNON, *Jur.*, t. 1, p. 180).

Si les délits, en effet, sont susceptibles de toute espèce de
preuves, il n'en est plus ainsi quand le délit est, non pas dans
le contrat lui-même, mais dans la violation de ce contrat : car
la convention forme alors un fait distinct du délit, et qui, dès
lors, ne peut être prouvé, lorsqu'il est dénié, que par les
preuves que la loi a établies pour les conventions. Les art.
1341 et 1347, C. civ., qui fixent ces preuves, sont des principes généraux qui dominent toutes les juridictions (CHAU-
VEAU et HÉLIE, *Théorie du C. pén.*, t. 4, p. 87 ; P. GILBERT,
art. 154, n° 182).

§ 3. — De l'aveu du prévenu.

201. L'art. 154, C. instr. crim., ne met au nombre des
preuves des contraventions de police que les procès-verbaux
ou rapports réguliers, et les dépositions des témoins entendus
sous la foi du serment. L'aveu du prévenu a été ajouté par la
jurisprudence à ces deux sortes de preuves : cette doctrine est
empruntée à l'ancien droit. Autrefois, en effet, la confession
du prévenu était considérée comme une preuve, dès que le
corps du délit était constant. Il en est de même encore aujour-
d'hui en matière de simple police, lorsque l'aveu est formel et
nettement formulé à l'audience, nonobstant le défaut d'un
procès-verbal constatant le corps du délit ; il est indivisible, et
oblige le juge à condamner le prévenu sous peine de cassation de son jugement.

202. Le principe de l'indivisibilité de l'aveu consacré par
l'art. 1356, C. civ., n'est pas applicable en matière de police
(Cass., 5 fév. 1825, 19 août 1841, *Bull.*, n° 248).

203. Mais il faut que l'aveu soit formel ; si le prévenu, et il
en a le droit, vient à le rétracter, cet aveu ne fait plus preuve
contre lui (Cass., 19 août 1841, *Bull. crim.*, n° 248).

204. Il faut encore que l'aveu soit libre et qualifié, c'est-à-
dire qu'il soit circonstancié et qu'il explique le fait avoué.

L'aveu appuyé seulement d'indices faibles ne peut raisonnablement motiver la condamnation, car alors il ressemble plus à l'aveu isolé qu'à une preuve (RAUTER, n° 226, p. 345 ; P. GILBERT, n° 193).

SECT. III. — DE L'AUDITION DES TÉMOINS.

§ 1er. — Témoins qui, en général, ne doivent pas être entendus.

205. « Les ascendants ou descendants de la personne prévenue, ses frères et sœurs ou alliés au pareil degré, la femme ou son mari, même après le divorce prononcé, ne seront ni appelés ni reçus en témoignage ; sans néanmoins que l'audition des personnes ci-dessus désignées puisse opérer une nullité, lorsque, soit le ministère public, soit la partie civile, soit le prévenu, ne se sont pas opposés à ce qu'elles soient entendues » (C. instr. crim., art. 156).

206. Ces prohibitions s'appliquent à l'enfant naturel ou adultérin de la femme légitime du prévenu ; à la belle-mère ou à la belle-sœur de celui-ci, alors même que le conjoint de celui qui produisait l'alliance est décédé sans enfant. C'est la disposition formelle de l'art. 283, C. proc. civ., applicable en matière criminelle, à cause du silence du Code d'instr. crim. sur ce point (Cass., 20 oct. 1839, 10 mai 1843, *Bull. crim.*).

Mais elles doivent être restreintes aux parents du prévenu et ne peuvent être étendues aux parents de la partie civile, même à ceux qui se trouvent au degré prohibé par notre article ; elles sont également sans application aux fonctionnaires qui, en leur qualité d'officier de police judiciaire, ont à remplir des devoirs imposés par la loi. Spécialement, un tribunal de police ne peut annuler le procès-verbal d'un garde forestier sous le prétexte de la parenté ou de l'alliance existant entre lui et le prévenu (Cass., 7 nov. 1817, S.18.1.168 ; 18 oct. 1822, D.A.8.782).

207. En règle générale, toutes personnes autres que celles dénommées dans l'art. 156, C. instr. crim., doivent, nonobstant l'opposition des inculpés à leur audition, être admises à déposer en matière de simple police, les motifs de reproches établis par la loi à l'égard des témoins en matière civile ne pouvant, dans le silence absolu de la loi à ce sujet, être étendus par analogie aux témoins produits en simple police. Ainsi, le tribunal de police ne peut refuser de recevoir la déposition d'un témoin par le seul motif qu'il aurait d'avance manifesté

son opinion ou donné un certificat sur les faits du procès, ou qu'il aurait assisté à l'audience pendant l'audition d'un autre témoin (Cass., 23 avril 1835, S.V.35.1.746), ou qu'il aurait personnellement commis la contravention imputée au prévenu (Cass., 6 avril 1858, *Bull. crim.*), ou qu'il serait suspect de complicité dans la contravention (Cass., 18 déc. 1857, *Bull. crim.*), ou qu'il aurait bu avec le prévenu, sauf toutefois au tribunal saisi de la poursuite à avoir tel égard que de droit à de pareilles circonstances en appréciant la déposition.

208. Indépendamment des prohibitions spéciales relatives à la parenté, il en existe quelques autres résultant des dispositions générales de la loi. Ainsi, aux termes de l'art 34, C. proc. civ., et de l'art. 25, C. civ., les condamnés à des peines afflictives perpétuelles, emportant la dégradation civique et l'interdiction légale établies par les art. 28, 29 et 31, C. pén., peines que la loi du 31 mai 1854 a, par son art. 2, substituées à la mort civile, abolie par l'art. 1er de cette loi, ne peuvent être admis à porter témoignage en justice autrement que pour y donner de simples renseignements. Il en est de même des condamnés pour calomnie, larcins et filouterie, pour escroquerie, abus de blancs seings, pour tenue de maison de jeux de hasard (C. pén., art. 28, 34, 374, 401, 405, 407 et 410).

209. L'organe du ministère public ne peut non plus être entendu comme témoin, et le jugement serait nul s'il était uniquement basé sur un pareil témoignage (Cass., 27 mai 1841, *Bull. crim.*).

210. Il résulte des dispositions de l'art. 156, C. instr. crim., que les personnes qui y sont dénoncées peuvent être reprochées, et que, dans ce cas, leur témoignage ne doit pas être reçu. L'opposition à leur audition peut être exercée jusqu'au moment où le témoin va commencer sa déposition, alors même qu'il aurait prêté serment sans réclamation, soit de la partie civile, soit du prévenu. Il est même du devoir du juge de police de décider d'office que le témoin ne sera pas entendu si, après avoir reçu son serment, il apprend que ce témoin est uni au prévenu par les liens mentionnés dans ledit art. 156, C. instr. crim. (CARNOT, art. 156; HÉLIE, t. 7, p. 299).

211. L'audition des témoins reprochés, lorsque le reproche est fondé, vicie le jugement. Il en est de même lorsque, malgré l'opposition des parties intéressées, des personnes qui ne peuvent être entendues qu'à titre de renseignement l'ont été comme témoins. Mais si aucun reproche ou aucune opposition

n'ont été présentés, l'audition du témoin reprochable n'est jamais une cause de nullité. C'est ce qui ressort implicitement de l'art. 156. Nous pensons, toutefois, que le tribunal de police doit, dans ce cas, refuser d'office l'audition du témoin reprochable. C'est la règle que nous avons constamment suivie.

212. La partie civile, qui s'est constituée partie civile, ne peut plus être entendue comme témoin, par suite du principe généralement reconnu qu'on ne peut être témoin dans sa propre cause. Il serait, en effet, contraire aux règles les plus ordinaires du droit, aux principes de la morale et de la saine raison, qu'un individu vînt, sous la foi du serment, porter un tel témoignage. Cependant, si aucune opposition à son audition ne s'était élevée, soit de la part du ministère public, soit de celle du prévenu, il ne résulterait aucune nullité de ce que la partie civile aurait été entendue avec prestation de serment (Cass., 28 nov. 1845 et 12 nov. 1846, J.P.44.2.39 et 47.1.531).

213. Au surplus, la personne lésée qui a été entendue dans le débat n'en conserve pas moins le droit d'intervenir comme partie civile avant que le débat soit clos (Cass., 5 nov. 1813, D.A.12.825; 7 janv. 1837, S.-V.37.1.27).

§ 2. — Comparution, déposition, serment des témoins. — Salaires. — Taxes.

214. *Toute* personne citée pour être entendue en témoignage est tenue de comparaître et de satisfaire à la citation : sinon, elle peut y être contrainte par le tribunal, qui, à cet effet et sur la réquisition du ministère public, prononce dans la même audience, sur le premier défaut, l'amende, et en cas d'un second défaut, la contrainte par corps (C. instr. crim., art. 80, 157).

215. L'obligation de comparaître incombe à toutes personnes sans distinction, même à celles dépositaires par état de secrets inviolables, du moment qu'elles ont été régulièrement mises en demeure de le faire. L'avocat, le médecin, le confesseur lui-même, doivent se présenter devant le juge, sauf à faire valoir alors leur qualité et le lien qui les empêche de s'expliquer sur les faits de la prévention.

216. [Quelques hauts dignitaires sont dispensés de comparaître comme témoins devant le tribunal. Ce sont les ministres, les conseillers d'Etat, les préfets, les généraux, les ambassadeurs. Quant aux consuls généraux, consuls, leurs

chanceliers, les vice-consuls, les agents consulaires, ils sont tenus de comparaître. L'autorité judiciaire devra les inviter par lettre officielle à se présenter devant elle. Voir à titre d'exemple la convention consulaire entre la France et la Russie du 1er avril 1874, art. 3. V. C. d'instr. crim., art. 510, 517; Carré, *Compétence judiciaire*, t. 2, *Procédure criminelle*].

217. L'amende à prononcer contre le témoin défaillant, dans le silence de notre art. 157, doit être celle que fixe l'art. 80, dont le maximum est de 100 francs; c'est du moins dans ce sens que s'est prononcée la Cour de cassation par arrêt du 11 août 1827 (S.28.1.115 et J.P.).

218. [Carnot, t. 1, p. 469, pense au contraire que l'amende à infliger au témoin défaillant ne peut excéder 15 francs, limite qu'aux termes de l'art. 137, C. instr. crim., le juge de police ne peut jamais dépasser].

219. « Le témoin condamné à l'amende sur le premier défaut, et qui, sur la seconde citation, produira devant le tribunal des excuses légitimes, pourra, sur les conclusions du ministère public, être déchargé de l'amende.

« Si le témoin n'est pas cité de nouveau, il pourra volontairement comparaître par lui ou par un fondé de procuration spéciale, à l'audience suivante pour présenter ses excuses, et obtenir, s'il y a lieu, décharge de l'amende » (C. inst. crim., art. 158).

220. Le témoin qui ne comparaît pas sur la citation qu'il a reçue, et qui présente une excuse reconnue fausse, doit être condamné cumulativement à l'amende et à l'emprisonnement (Cass., 29 nov. 1811, S.17.2.248).

L'art. 236, C. pén., a dérogé, pour ce cas particulier, aux dispositions générales de l'art. 365, C. instr. crim. (CARNOT, t. 1, p. 674; LEGRAVEREND, t. 2, chap. 3, n° 333, note 2; CHAUVEAU et HÉLIE, t. 4, p. 424).

Mais le tribunal de police ne peut prononcer lui-même l'emprisonnement. Il doit renvoyer le témoin devant le tribunal correctionnel (LEGRAVEREND, t. 2, n° 334).

221. Les témoins peuvent comparaître sur simple avertissement du ministère public, ou invitation de la partie intéressée, et le tribunal de police ne peut se refuser de les entendre; mais ils n'encourent aucune peine, s'ils ne se présentent pas.

222. Les témoins ne sont pas seulement tenus de comparaître, ils ne peuvent refuser soit de prêter serment, soit de

déposer. L'art. 304, C. instr. crim., applicable aux tribunaux de police, punit, en effet, de la même peine ceux qui n'auront pas comparu sur la citation, et qui n'auront pas justifié qu'ils en étaient légitimement empêchés, ou qui refuseront soit de prêter serment, soit de faire leurs dépositions, c'est-à-dire de la peine portée en l'art. 80 du même Code.

Toutefois, aucune pénalité ne saurait atteindre les personnes à qui l'art. 378, C. pén., interdit sous peine d'un emprisonnement d'un à six mois, et d'une amende de 100 fr. à 500 francs, de divulguer les secrets qui leur ont été confiés à raison de leur caractère, de leur état ou de leur profession, tels que les confesseurs, les médecins, les pharmaciens, les avocats et les notaires, si ces personnes refusent de révéler les faits qui leur ont été communiqués confidentiellement.

Il en est de même du témoin appelé pour déposer sur un fait qui, s'il était établi, le rendrait complice de la contravention imputée au prévenu.

223. Les témoins doivent comparaître en personne, et leur comparution ne saurait être remplacée par une déposition écrite.

[Il en est autrement pour certains fonctionnaires dont la déposition, d'après l'art. 517, C. inst. crim., peut être reçue par écrit].

224. Lorsqu'un témoin assigné à la requête du prévenu se trouve, pour cause de maladie, dans l'impossibilité de venir déposer à l'audience, le tribunal peut se transporter au domicile du témoin et y recevoir sa déposition, même malgré le refus du prévenu de s'y rendre lui-même, sauf, en reprenant les débats à l'audience, à lui faire donner par le greffier préalablement lecture de la déposition.

225. Les témoins, après avoir déclaré leurs nom, prénoms, âge, profession et demeure, s'ils sont parents, alliés ou domestiques, et représenté la citation ou l'avertissement qui leur aura été donné pour déposer (Arg. C. instr. crim., art. 73, 75 et 155), doivent être entendus oralement, en audience publique, à peine de nullité, sauf le cas où la publicité serait reconnue dangereuse pour l'ordre et les mœurs, ce que le tribunal doit déclarer en présence du prévenu, qui a la faculté de proposer contre eux des reproches, mais séparément l'un de l'autre, afin que la déposition de l'un ne serve pas de type à celle de l'autre.

226. On entend d'abord les témoins appelés par le minis-

tère public ou la partie civile, et ensuite ceux qui sont produits par le prévenu (Arg. C. instr. crim., art. 321); ils doivent se présenter au pied de l'estrade où siége le tribunal, sans armes ni bâtons : le respect dû à la justice exige qu'il en soit ainsi.

227. Les témoins doivent, en outre, faire à l'audience, *sous peine de nullité*, le serment « de dire *toute la vérité, rien que la vérité*, » et le greffier doit en tenir note, ainsi que de leurs nom, prénoms, âge, profession et demeure, et de leurs principales déclarations (C. instr. crim., art. 155).

228. [Devant le tribunal de simple police, les témoins doivent prêter le serment, non de l'art. 317, C. instr. crim., mais celui de l'art. 155 du même Code. Cass., 28 août 1874, *Droit*, 4 sept. 1874].

229. La première conséquence à tirer de cette disposition, c'est que tous les témoins produits devant le tribunal de police doivent, *à peine de nullité*, prêter serment. Il n'y a aucune distinction à faire, à cet égard, entre ceux qui comparaissent volontairement et ceux qui sont appelés par citation ; entre ceux qui déposent à charge et ceux qui déposent à décharge. Le défaut de prestation de serment opère une nullité d'ordre public à laquelle les parties ne peuvent renoncer. Le serment est également obligatoire pour les rédacteurs des procès-verbaux ou rapports sur les faits qu'ils ont constatés, et pour le plaignant qui ne s'est pas constitué partie civile.

230. Le juge tenant le tribunal de police simple n'est pas investi d'un pouvoir discrétionnaire comme le président de la Cour d'assises ; conséquemment, il ne peut entendre sans serment et à titre de renseignement, aucun des témoins cités par le ministère public ou le prévenu (*Jurisprudence constante ;* HÉLIE, t. 7, p. 302, 692 ; ROLLAND DE VILLARGUES, art. 155, n° 8).

Cette règle impérative sur l'obligation du serment ne souffre que deux exceptions : la première concerne les condamnés, non réhabilités, à une peine afflictive ou infamante, à qui le serment est interdit (art. 34) ; la seconde concerne les témoins âgés de moins de quinze ans : ils peuvent, dit l'art. 79, C. instr. crim., être entendus par forme de déclaration et sans prestation de serment. Néanmoins, le juge de police peut leur faire prêter serment, s'il pense qu'il y a lieu de leur imposer cette formalité, qui n'est une garantie que lorsqu'ils en comprennent l'importance (Cass., 11 avril 1841, *Bull. crim.*).

231. La seconde conséquence à tirer de l'art. 155, c'est que la formule du serment qui s'y trouve, « de dire *toute la vérité, rien que la vérité,* » est *sacramentelle :* la modification ou l'omission d'une seule des expressions dont elle se compose emportent nullité radicale de la déposition. Ainsi, est nul le serment de dire *toute la vérité*, sans ajouter : *rien que la vérité ;* le serment de dire *la vérité et rien que la vérité*, sans ajouter le mot *toute* avant *vérité ;* le serment de *dire et de déposer la vérité;* le serment de déposer *à la perte de son âme*, etc. Telle est la jurisprudence constante de la Cour de cassation.

[Le dernier arrêt est du 7 décembre 1872 et a été recueilli par *le Droit*, 24 décembre 1872].

232. La tenue des notes, exigée par l'art. 155, a pour but de constater l'accomplissement des solennités requises, notamment celle de la prestation et de la formule du serment ; elles doivent être rédigées et signées par le greffier, sous la surveillance du juge de police. La constatation de la prestation de serment s'identifie et ne forme qu'un tout avec le fait lui-même, de sorte que le défaut de la mention du serment entraîne la nullité de l'instruction et du jugement. Un arrêt de la Cour de cassation, du 4 fév. 1826 (S.26.1.348), a même attaché la peine de nullité à l'omission de déclarer que le greffier a tenu note des noms, prénoms, âge, profession et demeure des témoins ; mais il existe des arrêts contraires de la même Cour, et la plupart des auteurs enseignent, avec raison, que ce n'est pas là une cause de nullité (Cass., 1er juin 1838, J.P.39.1.16 ; Cass., 4 fév. 1842, S.-V.42.1. 896). Néanmoins, nous ne pouvons trop engager nos collègues à tenir la main à l'exécution textuelle de l'art. 155.

233. Les notes d'audience tenues par le greffier font foi de leur contenu, bien que signées de lui seul ; elles n'ont pas besoin de l'être par le président (Cass., 30 avril 1842, S.-V. 42.1.562).

Mais les notes non signées du greffier ne peuvent suppléer au silence du jugement sur l'observation d'une formalité (Cass., 8 janv. 1842, S.-V.42.1.806).

234. Le témoin sourd-muet doit être assisté d'un interprète assermenté, s'il ne sait pas écrire ; il en est de même de l'étranger qui ne parle pas la même langue ou le même idiome : le tout, à peine de nullité.

Si le sourd-muet sait écrire, le greffier écrit les questions et observations qui lui sont faites, les remet au témoin, qui donne par écrit les réponses ou déclarations : il est fait lecture de tout par le greffier.

Il en est de même à l'égard du prévenu ou de la partie civile (C. instr. crim., art. 333).

235. Si, d'après les débats, la déposition d'un témoin paraît fausse, le juge de police peut, sur la réquisition soit du ministère public, soit de la partie civile, soit du prévenu, et même d'office, faire sur-le-champ mettre le témoin en état d'arrestation, dresser procès-verbal des faits et envoyer les pièces et le prévenu au procureur de la République (Arg. C. instr. crim., art. 330). Toutefois, le tribunal de police ne doit, selon nous, avoir recours à la mesure rigoureuse de l'arrestation, que dans le cas où le faux témoignage est évident et porte sur des circonstances majeures.

236. Il est d'usage de remettre le témoin en liberté lorsqu'il se rétracte séance tenante et avant le jugement de l'affaire à raison de laquelle il a été entendu. S'il persiste, et que sa déposition soit de nature à exercer une influence décisive sur le résultat du procès, il convient de surseoir au jugement définitif jusqu'à ce que la juridiction compétente ait statué sur l'inculpation de faux témoignage.

237. Lorsque le juge de police s'aperçoit qu'un témoin trahit la vérité, il doit, avant de le mettre en état d'arrestation et de dresser procès-verbal ainsi qu'il est dit ci-dessus, le prévenir des peines auxquelles il s'expose et lui donner lecture des art. 362, 364 et 365, C. pén., modifiés par la loi du 13 mai 1863, qui devraient être écrits sur les murs de chaque prétoire ; ce n'est qu'en cas de persévérance qu'il doit dresser procès-verbal des faits et circonstances qui peuvent établir le faux témoignage et mettre le faux témoin en état d'arrestation.

238. Les témoins doivent rester dans la salle d'audience, après leur audition, afin de pouvoir donner les nouveaux éclaircissements que le tribunal de police jugerait nécessaires ; mais rien n'empêche qu'ils ne se retirent immédiatement si le président le leur permet (Arg. C. instr. crim., art. 320).

239. « Les témoins, par quelque partie qu'ils soient produits, ne pourront jamais s'interpeller entre eux » (C. instr. crim., art. 325).

240. Le contrevenant peut demander, après que les témoins ont déposé, que ceux qu'il désignera se retirent de

l'auditoire, et qu'un ou plusieurs d'entre eux soient introduits
et entendus de nouveau, soit séparément, soit en présence
les uns des autres.

Le ministère public a la même faculté; le président peut
aussi l'ordonner d'office (C. instr. crim., art. 326).

241. Le témoin ne peut être interrompu ; le prévenu,
la partie civile ou leurs conseils peuvent le questionner par
l'organe du président du tribunal de police, après sa déposition, et dire, tant contre eux que contre son témoignage,
tout ce qui peut être utile à leurs intérêts.

Le président peut également demander au témoin et au
prévenu tous les éclaircissements qu'il croit nécessaires à la
manifestation de la vérité.

Le ministère public a la même faculté, en demandant la
parole au président (C. instr. crim., art. 319).

Ainsi l'officier du ministère public ne peut interpeller les
prévenus ni les témoins, sans en avoir obtenu l'autorisation
du tribunal, et la partie civile n'a le droit d'adresser des questions ni aux uns, ni aux autres.

242. L'outrage adressé par le prévenu au témoin à l'audience du tribunal de police, doit être réprimé séance tenante
par le juge, sans que celui-ci puisse remettre à un autre
jour pour statuer (L. 25 mai 1822, art. 6; C. instr. crim.,
art. 408 et 413 ; Cass., 24 déc. 1858, *Bull. crim.*

243. Lorsqu'une affaire a été renvoyée en simple police,
après une instruction judiciaire, le tribunal ne peut se refuser d'entendre des témoins cités par la partie plaignante,
sous prétexte qu'ils n'ont pas été entendus dans l'instruction.

244. Les témoins qui n'ont pas été entendus doivent être
taxés comme s'ils l'avaient été, s'ils le demandent, peu importe qu'ils aient été cités ou appelés par simple avertissement.

245. Conformément à l'art. 82, C. instr. crim., les témoins entendus, lors du jugement des affaires de police, reçoivent, *s'ils le demandent*, une indemnité réglée ainsi qu'il
suit :

Pour chaque jour que le témoin [homme ou garçon de
quinze ans au moins] a été détourné de son travail ou de ses
affaires,

A Paris. 2 fr. 00 c.
Dans les villes de 40,000 habit. et au-dessus. 1   50
Dans les autres villes et communes. 1   00

(Tarif crim. D. 18 juin 1811, art. 26 et 27).

Les témoins du sexe féminin, les veuves et les enfants de l'un et l'autre sexe au-dessous de l'âge de quinze ans, entendus par forme de déclaration, reçoivent, savoir :

A Paris. 1 fr. 25 c.
Dans les villes de 40,000 habit. et au-dessus. 1   00
Dans les autres villes et communes. 0   75

(Tarif crim. D. 18 juin 1811, art. 28).

Aucune taxe n'est due aux militaires en activité de service, appelés en témoignage.

Néanmoins, il peut leur être accordé une indemnité pour leur *séjour forcé* hors de leur garnison ou cantonnement (*Ibid.*, art. 31).

[Le même principe est applicable aux marins. Décis. min. 31 mars 1841].

246. Mention expresse doit être faite, dans le mandat de paiement, que la taxe a été requise, sous peine de la voir rejeter.

247. La taxe fixée par les art. 27 et 28 est due à tout témoin qui n'est pas domicilié à plus d'un myriamètre du lieu où il est entendu.

Au delà de cette distance, ces articles cessent d'être applicables, et les témoins sont taxés à raison de la distance qu'ils ont parcourue, ainsi qu'il est dit en l'art. 2 du décret du 7 avril 1813.

248. Les taxes doivent toujours être écrites par les greffiers eux-mêmes, ou par leurs commis assermentés; les écritures de ce genre rentrent évidemment dans la classe de celles qui, aux termes de l'art. 163 du tarif criminel, doivent être faites gratuitement par ces officiers, sous la dictée et l'inspection des magistrats (Circ. 16 juin 1823).

249. « Tous les témoins qui reçoivent un traitement quelconque à raison d'un service public, n'auront droit qu'au remboursement des frais de voyage, s'il y a lieu et s'ils *le requièrent* » (D. 18 juin 1811, art. 32).

250. On doit entendre, par *un traitement quelconque*, tout ce qui est payé, soit sur les fonds du Trésor public, soit sur les fonds départementaux, municipaux ou communaux, à quelque titre et sous quelque dénomination que ce soit (Instr. génér. sur les frais de justice du 30 sept. 1826).

251. Les témoins cités à la requête, soit du prévenu, soit de la partie civile, reçoivent les indemnités ci-dessus déterminées; mais elles leur sont payées par ceux qui les ont appelés en témoignage.

CHAP. V. — DES VISITES DE LIEUX ET EXPERTISES.

252. En principe, le juge de simple police, comme le juge civil, correctionnel ou criminel, peut ordonner toute mesure interlocutoire, telle qu'expertise, descente et vue des lieux, dès qu'il les croit nécessaires pour éclairer sa religion (Cass., 12 janv. 1856, *Bull. crim.*).

Il le peut même avant l'audience, sur la réquisition, soit du ministère public ou de la partie civile, soit du prévenu (C. instr. crim., art. 148).

253. L'officier du ministère public et le greffier de police doivent accompagner le juge de paix aux opérations préalables comme à celles qui ont lieu en vertu d'un jugement rendu à l'audience; la partie civile, le prévenu et la personne civilement responsable, doivent y être dûment appelés sous peine de nullité radicale du jugement qui serait rendu en conséquence de cet élément d'instruction.

254. [Est nul le jugement qui s'appuie sur une visite de lieux faite en l'absence de ministère public (Cass., 1ᵉʳ juin 1872. *Droit*, 2 juin 1872].

255. Si les parties comparaissent volontairement et sans citation, l'opération n'en est pas moins régulière (Arg. C. instr. crim., art. 147).

256. Lorsque le jugement qui ordonne la visite des lieux est contradictoire, et que le jour et l'heure de l'opération y sont déterminés, la prononciation vaut citation, conformément à l'art. 28, C. proc. civ.

257. Si les parties consentent à assister à la visite des lieux, toute formalité préliminaire devient superflue; il suffit de rédiger, au moment de l'opération, un procès-verbal énonçant la réquisition, soit du ministère public, soit de la partie citée, la situation et l'état des lieux, la présence et les observations des parties, la nature et l'importance du fait matériel qui constitue la contravention, et enfin l'évaluation du dégât, s'il en a été commis.

Dans le cas contraire, le juge de paix ordonne préalablement son transport sur les lieux par une cédule constatant la réquisition, soit du ministère public ou de la partie civile, soit de la partie citée, et indiquant le lieu, le jour et l'heure de la visite. Cette ordonnance est notifiée à qui de droit, avec sommation d'assister à l'opération, et le procès-verbal mentionne cette citation ainsi que la comparution ou l'absence des personnes appelées.

258. Lorsque le juge de paix croit devoir nommer des experts pour faire la visite avec lui et donner leur avis, les experts sont désignés dans la cédule, et le procès-verbal énonce leurs noms, leur prestation de serment et le résultat de leur avis (C. proc. civ., art. 43). Si, au contraire, il juge à propos de confier entièrement l'appréciation aux experts et de ne point aller lui-même sur les lieux, il se borne à les désigner dans l'ordonnance et à indiquer l'objet de leur mission, ainsi que l'audience dans laquelle ils devront faire leur rapport. En ce cas, il n'est pas nécessaire que les parties assistent à l'opération ni qu'elles y soient appelées.

259. [Un arrêt de cassation du 16 fév. 1855, recueilli par les *Annales des justices de paix*, 1855, p. 172, décide que l'art. 315, C. proc. civ., relatif à la présence des parties, est inapplicable aux matières régies par le Code d'instruction criminelle; et que les art. 43 et 44 du même Code, qui ont réglé les expertises en matière criminelle, n'exigent pas la présence des parties].

260. Les dispositions du Code de procédure civile, sur la récusation des experts, sont applicables en matière de simple police, à l'exception, toutefois, des prescriptions de l'art. 309 qui déterminent le délai et la forme dans lesquelles elle doit être faite. A notre avis, la récusation sera proposée verbalement et à l'instant même de la désignation des experts faite d'office par le juge de police. Cependant, si des causes de récusation étaient survenues depuis la nomination, et avant la prestation du serment, la partie intéressée pourrait, ce nous semble, procéder ainsi qu'il est dit en l'art. 309.

261. L'expertise ordonnée en vertu de l'art. 148, C. instr. crim., ou par un jugement interlocutoire prononcé à l'audience, peut, comme on le voit, avoir lieu, soit en la présence du tribunal de police et des parties sur les lieux, soit en leur absence. Si l'opération a été accomplie avant l'audience, et que les experts viennent aux débats seulement pour en rendre compte, ils jouent le rôle de témoins, et doivent prêter le serment de l'art. 155, C. instr. crim.

Si les experts reçoivent à l'audience même du tribunal leur mission, avant de la commencer ils prêteront le *serment de faire leur rapport et de donner leur avis en leur honneur et conscience* (C. instr. crim., art. 44). Les formules légales de serment sont inviolables comme le serment lui-même, et l'on ne peut substituer celle du serment des témoins à celle du serment des experts et réciproquement.

262. Le juge de police ne peut, comme en matière civile, même du consentement des parties et du ministère public, dispenser les experts du serment voulu, tant par l'art. 44, que par l'art. 155 du Code d'instr. crim.

La formalité substantielle du serment est réputée avoir été omise, lorsque son accomplissement n'a pas été formellement constaté, soit dans le procès-verbal d'expertise, soit dans le jugement interlocutoire ou définitif de l'affaire où elle doit toujours être appelée (Arg. Cass., 1er avril 1854, *Bull. crim.*).

263. Le juge de police qui fait une visite de lieux sans être assisté d'experts, peut se dispenser d'en dresser procès-verbal, mais le jugement rendu après l'opération doit en faire mention.

Dans tous les cas où la visite a été ordonnée, l'officier du ministère public est tenu d'accompagner le juge et le greffier, même hors du territoire de sa juridiction (Dalloz, v° *Comp. crim.*, n° 273; Carré, *Code annoté*, p. 234, n° 17).

264. L'art. 42, C. proc. civ., permet au juge de paix de juger sur le lieu même sans désemparer; mais cette disposition n'est point applicable en matière de police : le jugement doit être prononcé publiquement à l'audience où l'instruction est terminée, à peine de nullité (Arg. Cass., 27 juill. 1855, *Bull. crim.*).

265. Le tribunal de police ne peut refuser d'ordonner une expertise demandée par l'une des parties qu'autant qu'il déclare expressément ou que le fait à établir par cette expertise ne serait ni pertinent ni concluant, ou bien qu'il se trouve assez éclairé par les débats (Cass., 12 juin 1846, *Bull. crim.*).

266. Le jugement du tribunal de police qui ordonne une expertise peut être attaqué par appel en même temps que le jugement définitif (Cass., 28 fév. 1846, *Bull. crim.*).

CHAP. VI. — Des débats. — Publicité. — Huis-clos. — Droits du président. — Conclusions. — Défenses. — Répliques.

---

§ 1er. — Publicité. — Huis clos. — Devoir et prérogative du président.

267. Les débats doivent être publics, à peine de nullité (C. instr. crim., art 153). Le huis-clos peut cependant être or-

donné quand la nature de l'affaire l'exige (V. *suprà*, ch. **III**).

268. Le juge de police a la faculté de clore les débats dès qu'il se croit assez éclairé.

§ 2. — Conclusions de la partie civile.

269. Après la lecture des procès-verbaux ou rapports et l'audition des témoins, s'il y en a, la partie civile, soit qu'elle poursuive à sa requête, soit qu'elle intervienne sur la poursuite du ministère public, prend ses conclusions (C. instr. crim., art. 153), les explique, discute sur les dépositions, pièces ou procès-verbaux. Demanderesse, elle doit développer sa demande, et établir qu'elle a réellement éprouvé le préjudice dont elle réclame la réparation. Ces conclusions doivent être prises avant la défense du prévenu, et avant l'audition des témoins à décharge ; le prévenu doit, en effet, connaître tous les moyens de son adversaire, pour y répondre et faire expliquer les témoins sur ce qui lui est imputé.

§ 3. — Défense.

270. Après la partie civile, la personne citée propose sa défense, conteste les dépositions et les pièces qui lui sont opposées, ou les reconnaît comme vraies, etc.

§ 4. — Résumé et conclusions du ministère public.

271. Après les plaidoiries, le ministère public résume l'affaire et donne ses conclusions (C. instr. crim., art. 153). Cette formalité, comme la présence du ministère public à tout le débat, est réputée *substantielle ;* tellement que son inobservation partielle, ou le défaut de constatation de son accomplissement, entraîne la nullité du jugement [(Cass., 16 nov. 1871, *Ann. J. de P.*, 1872, p. 176)].

272. La nécessité d'entendre le ministère public s'applique à tous les incidents de l'instruction, même aux jugements préparatoires : tout jugement rendu sans l'observation de cette formalité est frappé de nullité radicale. Il ne suffit pas qu'il soit mentionné que le ministère public a assisté à l'instruction et au jugement ; on doit constater spécialement qu'il a résumé l'affaire et donné ses conclusions.

Du reste, la forme, l'étendue, le contenu du résumé et des conclusions sont abandonnés à la sagacité du ministère public, qui doit éviter les développements superflus et les allégations ou opinions d'où pourraient résulter de longs débats avec le prévenu ; il peut, si l'affaire lui paraît suffisamment éclairée, se borner à déclarer qu'il s'en rapporte à la prudence du tribunal (Carnot et Bourguignon, art. 153 ; F. Hélie, t. 7, p. 367 ; Rolland de Villargues, art. 153, n° 53).

273. Le juge de police doit statuer sur *toutes* les réquisitions du ministère public, qui tendent à user d'un droit que la loi lui attribue (C. instr. crim., art. 408, 413). Les omissions ou les refus, à cet égard, emportent nullité du jugement : sur ce point la jurisprudence est invariable.

274. Il en est de même pour les conclusions prises par les autres parties (Cass., 10 fév. 1849, *Bull. crim.*).

275. Le ministère public est suffisamment mis en demeure par la citation directe donnée à la requête de la partie civile, et ne peut se dispenser de conclure pour la vindicte publique.

Mais son refus illégal de donner ses réquisitions, soit pour la condamnation, soit pour l'acquittement, n'empêche pas le tribunal de prononcer son jugement.

276. Quand l'officier du ministère public est absent de l'audience, le juge de police doit le faire inviter à s'y rendre ; s'il s'y refuse, il doit le faire remplacer. Dans aucun cas, ce refus ne peut autoriser le juge de police à statuer sans réquisition préalable.

Si le ministère public, après avoir donné ses conclusions, quitte l'audience, son absence ne produit pas nullité du jugement ; il ne dépend pas du ministère public, lorsqu'il est dûment averti, d'interrompre le cours ordinaire des audiences et d'arrêter par son absence la marche de la justice.

277. Le ministère public doit résumer l'affaire et donner ses conclusions, à peine de nullité, sur tous les incidents de l'instruction qui a lieu devant le tribunal.

Lors même que le tribunal de police ne serait saisi que par la citation d'une partie plaignante à fin de dommages-intérêts résultant d'une contravention.

278. Les conclusions du ministère public prises à l'audience n'appartiennent pas rigoureusement à l'exercice de l'action publique ; elles ne sont que l'opinion de l'orateur de la loi, et ne peuvent en rien gêner l'opinion du juge de police. Cela est si vrai que le ministère public qui a directement saisi le tribunal de la connaissance d'une contravention, ne peut, même alors que cette juridiction serait incompétente, la dessaisir en se désistant de son action ; le tribunal peut seul se dessaisir, soit par un jugement d'incompétence, soit par une décision sur le fond.

279. De même, le désistement de l'action civile ne peut

arrêter ni suspendre l'exercice de l'action publique (C. instr. crim., art. 1, 3 et 4).

§ 5. — Répliques.

280. Après le résumé et les conclusions du ministère public, le prévenu et la partie civilement responsable peuvent proposer leurs observations (C. instr. crim., art. 153); ils doivent donc être entendus s'ils le requièrent; la réplique n'est du reste que facultative : la partie citée *pourra*, dit notre article 153; de sorte qu'il n'y a pas nullité si le prévenu ou la partie civilement responsable n'a pas pris la parole après le ministère public, pourvu que le jugement constate qu'ils ont été entendus en leurs moyens de défense.

281. Il n'en est pas de même de la partie civile : elle ne peut prendre la parole après que le ministère public a résumé l'affaire et donné ses conclusions; elle peut seulement remettre sur-le-champ, de simples notes au tribunal (Déc. 30 mars 1808, art. 87).

CHAP. VII. — DE LA RÉCUSATION DU JUGE DE POLICE, DU MINISTÈRE PUBLIC ET DU GREFFIER.

---

§ 1er. — De la récusation du juge de simple police.

282. Le Code d'instruction criminelle ne contient aucune disposition relative à la récusation du juge de paix, siégeant comme juge de police; mais on a toujours suppléé au silence de la loi criminelle sur ce point, par les dispositions du Code de procédure civile : c'est là un point constant en doctrine et en jurisprudence.

283. Ainsi le juge de paix, siégeant comme juge de police, peut être récusé pour les cinq causes exprimées dans l'art. 44, C. proc. civ., et en suivant les formes tracées par les art. 45 à 47 du même Code.

La récusation doit, du reste, être proposée avant toute défense au fond, être signifiée au greffier; l'adresser au juge en personne, à plus forte raison, à l'audience, serait manquer au respect dû à la justice (Cass., 14 oct. 1843, J.P., *Bull. crim.*).

284. De son côté, le juge de police ne peut s'abstenir de son propre mouvement, et sans autre formalité, de connaître de certaines affaires qui lui sont soumises : investi d'un mandat public, il n'est pas le maître de s'affranchir, à son gré,

des obligations que la loi et ses fonctions lui imposent. Lors donc qu'il sait en sa personne une cause de récusation, il doit en informer ses supérieurs avant de se faire remplacer soit par un de ses collègues, soit par un de ses suppléants. Toutefois le déport du juge de police, non contesté par les parties, est valable, pourvu qu'il soit motivé par une cause sérieuse et mentionnée dans l'art. 44, C. proc. civ.

285. Le juge de police récusé ne peut passer outre à l'instruction et au jugement de l'affaire ; il doit surseoir à tout jugement, jusqu'à ce que le tribunal de police correctionnelle ait statué sur la récusation, d'après les formes déterminées par l'art. 45 et suiv., C. proc. civ.: tout ce qui aurait été fait au mépris de la récusation serait radicalement nul et de nul effet.

286. Le droit de récuser le juge de police appartient, comme celui de demander le renvoi devant un autre tribunal, au ministère public, à la partie civile et au prévenu, mais avant l'ouverture des débats, ainsi qu'il est dit ci-dessus.

287. Les dispositions relatives à la récusation s'appliquent au suppléant du juge de paix, siégeant comme juge de police, comme au juge de paix lui-même.

§ 2. — De la récusation du ministère public.

288. L'officier du ministère n'est pas récusable en simple police, parce qu'il est toujours partie principale (Cass., 30 juill. 1848, *Bull. crim.*), soit qu'il poursuive une contravention à sa requête, soit qu'il n'ait qu'à conclure à l'audience sur une contravention poursuivie par une partie civile. Le tribunal de police, lorsqu'une récusation est proposée contre le ministère public, doit donc passer outre sans y avoir aucun égard. Mais il peut, comme le juge de paix, être *pris à partie*, s'il se trouve dans un des cas de l'art. 505, C. proc. civ.

§ 3. — De la récusation du greffier.

289. Le greffier, qui ne fait qu'assister le juge de police, n'est jamais récusable, dans le silence absolu de la loi à son égard ; mais il en doit être autrement quand il agit sans le concours du juge, qu'il procède, par exemple, à une prisée, à une vente ; il exerce alors une sorte de juridiction volontaire ou gracieuse, semblable à celle d'un notaire (Arg. L. 25 vent. an XI, art. 8).

CHAP. VIII. — Des exceptions.

290. On appelle exception tout moyen de défense que le prévenu peut opposer au ministère public ou à la partie civile, soit pour écarter ou suspendre la demande sans en discuter le fond, soit pour enlever au fait qu'on lui reproche, son caractère de délit ou de contravention.

On les divise en exceptions déclinatoires, péremptoires et préjudicielles.

§ 1er. — Des exceptions déclinatoires.

291. Les exceptions déclinatoires sont celles par lesquelles le prévenu demande que le tribunal se déclare incompétent.

Si l'exception est accueillie, le juge n'a pas à examiner si l'action est bien ou mal fondée ; il doit renvoyer purement et simplement l'affaire devant le tribunal qui doit en connaître, *sans préciser devant quel tribunal.*

292. Le tribunal de police est incompétent à raison de la matière, par exemple, si la peine applicable au fait dont le ministère public requiert la répression excède le *maximum* des condamnations que le juge de police a le droit de prononcer, ou si la demande est indéterminée. Cette incompétence étant absolue, peut être opposée en tout état de cause, et le tribunal doit même la déclarer d'office.

293. Si l'exception, au contraire, ne porte pas sur le fond de la cause, mais seulement sur ce que le prévenu a le droit de demander son renvoi devant un autre tribunal, par exemple, si le juge saisi de la contravention n'est pas celui du lieu où la contravention a été commise, cette exception est dite *relative*, elle doit être proposée avant toute défense au fond, et le tribunal n'est pas obligé de la suppléer. Mais si le prévenu a usé de son droit *in limine litis*, et que le tribunal ait rejeté l'exception, le jugement est entaché de nullité radicale.

294. Il y a également lieu de proposer le déclinatoire, lorsqu'un tribunal autre que celui devant lequel le prévenu est cité se trouve déjà saisi de la connaissance de la même contravention, ou d'une contravention connexe. Dans ce cas, comme deux tribunaux ne peuvent pas en même temps statuer sur la même affaire, le deuxième doit renvoyer devant celui qui a été le premier saisi. Le prévenu peut même, indépendamment de l'exception qu'il propose dans ce cas, demander, par action principale, qu'il soit décidé, par qui de droit, lequel

des deux tribunaux saisis retiendra la connaissance de l'affaire : c'est ce qu'on appelle agir par voie de règlement de juges (C. instr. crim., art. 526 à 541).

295. Il y a lieu de proposer le déclinatoire, lorsque le prévenu légalement acquitté est repris à raison du même fait (C. instr. crim., art. 360). Cette exception étant d'ordre public, peut être proposée en tout en état de cause par le prévenu ou par le ministère public, et même être suppléée d'office par le juge. Mais, pour que l'on puisse se prévaloir d'un jugement qui a statué sur une contravention, il est indispensable que cette décision ait porté sur le fond de l'affaire. Un jugement qui n'aurait décidé qu'une question de forme ou de procédure n'empêcherait pas d'être poursuivie de nouveau la contravention à l'occasion de laquelle il aurait été rendu. Ainsi, qu'un tribunal de police annule comme irrégulier un procès-verbal produit devant lui au soutien de la prévention, et renvoie le ministère public à se pourvoir, il est clair que cette décision laisse entier le fond de la prévention, et que le ministère public peut saisir de nouveau le tribunal, à charge d'en justifier, c'est-à-dire en appelant des témoins, s'il est en mesure d'en produire.

§ 2. — Des exceptions péremptoires.

296. Les exceptions péremptoires sont celles par lesquelles le prévenu requiert que la demande soit rejetée, sans en examiner le fond. Elles se divisent elles-mêmes en péremptoires proprement dites ou de *forme*, et en péremptoires du *fond*.

297. Les premières résultent d'erreurs ou d'omissions dans la citation dont le prévenu demande la nullité, soit parce qu'elle a été donnée à la requête d'une personne sans qualité, soit par le motif que les délais voulus par la loi n'ont pas été observés, ou qu'une formalité substantielle n'a pas été remplie. Dans le premier cas, la nullité est absolue et peut être proposée en tout état de cause ; elle n'est que relative dans le deuxième, et doit être proposée avant toute défense au fond.

298. Les secondes résultent de ce que le prévenu soutient que l'action, si elle a existé, n'existe plus ; qu'à l'action, par exemple, il oppose la prescription ; ces sortes d'exceptions sont *de droit public*, d'où la conséquence qu'elles peuvent être proposées en tout état de cause ; que le prévenu ne peut y renoncer, et que le juge doit même les suppléer d'office.

§ 3. — Des questions préjudicielles.

299. On entend, en général, par la question préjudicielle

l'exception dont la solution est nécessaire pour arriver à en
juger une autre qui deviendrait sans objet si celui qui la sou-
lève succombait sur la première ; mais on désigne plus particulièrement sous ce nom, en droit criminel, l'exception invoquée par le prévenu dans le but d'enlever au fait qu'on lui
reproche son caractère de criminalité, de délit ou de contravention.

300. Lorsque, dans une poursuite fondée sur un dommage
à la propriété d'autrui, le prévenu allègue pour sa défense,
ou que le bien endommagé lui appartient, ou qu'il a sur ce
bien une servitude ou des droits quelconques qui l'autorisent
à faire ce qu'il a fait, en un mot, qu'il se borne à dire : *feci,
sed jure feci*, alors force est de renvoyer devant le tribunal
ou l'autorité qui doit en connaître et de surseoir jusqu'à ce
qu'il ait été statué sur la question préjudicielle.

301. Toutefois l'exception *jure feci* n'est une question
préjudicielle au jugement que lorsque le prévenu excipe d'un
droit *de propriété immobilière* ou d'un *droit réel*. S'il excipe
seulement d'un *droit mobilier*, tel que simples tolérances ou
permissions d'usage, l'exception reste soumise à la connaissance de la justice répressive.

302. Il n'y a pas non plus question préjudicielle donnant lieu
à fins civiles, lorsque le droit de propriété du prévenu n'est pas
contesté, et qu'il est seulement prétendu que son exercice est
soumis à des conditions qui n'ont pas été remplies. En ce
cas, le juge de répression doit statuer sur l'exception proposée.

303. En général, l'exception de propriété ne peut être proposée qu'autant qu'elle a pour objet l'intérêt *actuel et direct*
du prévenu lui-même. Ainsi, l'individu prévenu d'avoir fait
pacager des bestiaux sur un terrain qui ne lui appartenait
pas, ne peut être reçu à exciper de la propriété qu'aurait de
ce terrain la personne qui lui a donné l'autorisation d'y conduire son troupeau.

Ainsi les habitants d'une commune ne peuvent, *ut singuli*,
se prévaloir d'une exception qui ne compète qu'à l'universalité des habitants, représentée par le maire.

Ainsi encore, quand un individu, poursuivi pour faits de
pâturage sur des terrains communaux affectés à la dépaissance des bestiaux appartenant aux habitants de la commune, se borne à revendiquer les conséquences légales de
sa qualité d'habitant de la commune, il n'y a pas lieu à
sursis.

304. Lorsque l'exception de propriété se trouve entièrement dénuée de vraisemblance et évidemment détruite par les pièces du procès, il n'y a pas lieu de s'y arrêter. Ainsi, le sursis ne peut être ordonné si l'exception invoquée est détruite par la production d'un jugement antérieur, non attaqué et irrévocable.

305. Aux termes de l'art. 182, Code forestier, reproduit dans l'art. 59 du Code de la pêche fluviale : « si, dans une instance en réparation de délit ou de *contravention*, le prévenu excipe d'un droit de propriété ou autre droit réel, le tribunal saisi de la plainte statuera sur l'incident en se conformant aux règles suivantes :

« L'exception préjudicielle ne sera admise qu'autant qu'elle sera fondée, soit sur *un titre apparent*, soit sur *des faits de possession équivalents*, *personnels au prévenu* et par lui articulés avec précision, et si le titre produit ou les faits articulés sont de nature, dans le cas où ils seraient reconnus par l'autorité compétente, à ôter au fait qui sert de base aux poursuites tout caractère de délit ou de contravention.

« Dans le cas de renvoi à fins civiles, le jugement *fixera* un bref délai dans lequel la partie qui aura élevé la question préjudicielle devra saisir les juges compétents de la connaissance du litige, et justifier de ses diligences ; sinon il sera passé outre. Toutefois, en cas de condamnation, il sera sursis à l'exécution du jugement, sous le rapport de l'emprisonnement, s'il était prononcé ; et le montant des amendes, restitutions et dommages sera versé à la caisse des dépôts et consignations, pour être remis à qui il sera ordonné par le tribunal, qui statuera sur le fond du droit. »

306. L'application du principe important consacré par cet article a été étendue à toutes les affaires correctionnelles et de simple police à l'occasion desquelles la question préjudicielle de propriété ou de possession vient à être soulevée. Ainsi, lorsque le prévenu oppose une exception de cette nature, quelle que soit la contravention qui lui est imputée, le tribunal de police doit statuer sur la question préjudicielle, ou surseoir au jugement jusqu'à ce qu'il ait été prononcé par l'autorité compétente, si l'exception lui paraît fondée soit sur *un titre apparent*, soit *sur des faits de possession équivalents, personnels au prévenu* et par lui *articulés avec précision*, et si le *titre produit* ou les *faits articulés sont de nature*, dans le cas où ils seraient *reconnus par l'autorité* compétente, à ôter au fait qui sert de base à la poursuite *tout caractère de contravention* (Cass., 28 janv. 1853, *Bull. crim.*).

307. Il faut, comme on le voit, pour qu'une question soit *préjudicielle* dans l'acception du mot, et que, par suite, le juge de police devant lequel on l'oppose soit tenu de surseoir aux poursuites du ministère public ou de la partie lésée :

1° Que le *droit* invoqué soit *personnel* au prévenu ;

2° Qu'il soit *tel* qu'en le supposant prouvé, il *ôte* au fait *tout caractère* de délit ou de contravention ;

3° Que l'exception soit *fondée* sur un *titre apparent* ou sur des faits de possession *équivalents, nettement articulés*.

308. Lorsqu'une exception préjudicielle est vaguement proposée, comme dans le cas où la décision ne saurait soustraire le prévenu à l'effet de la poursuite exercée contre lui, le juge de répression doit la déclarer non-recevable ou mal fondée, et ordonner qu'il soit immédiatement procédé à l'examen du fond. C'est ce qui arrive, lorsqu'une construction a été élevée ou qu'une haie a été plantée sur un terrain par le propriétaire sans demander l'alignement à l'administration ; ou lorsqu'un arrêté a prescrit l'enlèvement d'un dépôt de fumier, pour cause de salubrité publique ; ou encore lorsqu'un individu poursuivi pour avoir fait paître des bestiaux dans un bois non déclaré défensable, prétend avoir des droits d'usage dans ce bois.

309. Il y a lieu à renvoi devant l'autorité compétente toutes les fois que le prévenu excipe d'un titre dont il justifie, ou articule une possession, soit trentenaire, soit annale, pour légitimer l'acte qui lui est reproché, si ces faits de possession lui sont personnels et ont le caractère de précision, de pertinence et d'admissibilité, exigé par l'art. 182, C. forest. (Cass., 19 avril 1855, *Bull. crim.*).

310. Mais le tribunal de simple police ne peut surseoir à statuer sur une contravention à un arrêté de police sous aucun prétexte, notamment sous le prétexte que le prévenu entend se pourvoir par opposition, contre cet arrêté, devant l'autorité compétente, par la raison que ce recours ne peut en suspendre l'effet : c'est là un principe sur lequel la jurisprudence n'a jamais varié. Il en est de même encore lorsque la question de possession et de jouissance se rattache à un bail de chasse (Cass., 8 janv. 1853, *Bull. crim.*), ou que la contra-

vention a été commise, contrairement à un arrêté régulier (Cass., 14 oct. 1854, *Bull. crim.*).

311. Du reste, pour qu'une contravention donne naissance à une exception préjudicielle, il faut que cette contravéntion soit constante et puisse entraîner une peine ; autrement, le juge de police n'a point à s'occuper de l'exception proposée.

312. Lorsque l'exception élevée réunit les conditions de l'art. 182 du C. forest., elle mérite d'être accueillie ; mais le tribunal de police doit *surseoir* à statuer et non juger la contravention, en prononçant soit un acquittement, soit une condamnation ; ou bien, en se déclarant incompétent, il doit surseoir et même d'office, sans qu'il soit nécessaire que le sursis soit demandé par des conclusions formelles. La jurisprudence est constante sur ce point.

313. En prononçant le sursis, le tribunal de police simple ou correctionnelle doit nécessairement fixer un délai pour faire statuer sur la question préjudicielle, lors même que le ministère public n'aurait pas pris de réquisitions à cet égard. Faute de cette fixation de délai, le prévenu ne saurait être poursuivi pour n'avoir pas obéi au jugement de sursis, et ainsi la contravention demeurerait impunie.

314. Lorsque le prévenu a soulevé devant le tribunal de police une exception de propriété, le jugement qui sursoit à statuer est purement interlocutoire et n'épuise pas la juridiction du tribunal. Si donc, en l'absence de réquisition de la partie publique, le tribunal a omis de fixer le bref délai dans lequel le prévenu sera tenu de faire juger son exception, cette omission peut être réparée par une seconde décision, rendue sur la demande du ministère public, contradictoirement avec le prévenu, ou celui-ci dûment appelé ; ce n'est pas là connaître de l'exécution du premier jugement, mais réparer une omission.

315. Lorsque le délai fixé se trouve expiré sans que la juridiction civile ou l'autorité administrative, suivant les cas, ait été saisie par le prévenu, le ministère public rentre dans le libre exercice de son action, et le tribunal doit statuer sur la contravention. Il faut, dans ce cas, avertir le prévenu, par une citation régulière, de venir présenter ses moyens de défense sur le fond. Si alors le prévenu justifie des diligences par lui faites, un nouveau délai doit nécessairement lui être accordé.

316. [Lorsque le prévenu, dont l'exception préjudicielle a

été accueillie par le juge de répression, justifie à l'audience où l'affaire a été ajournée que l'instance est régulièrement pendante devant le tribunal compétent, ce juge ne peut passer outre et statuer sur la contravention. Cass., 9 juillet 1874, *Droit*, 10 juillet 1874.]

317. La poursuite du jugement de la question préjudicielle doit être mise à la charge du prévenu, et cela que l'exception soit de la compétence des tribunaux civils ou de celle de l'autorité administrative supérieure, à peine de nullité du jugement. En conséquence, il y a nullité du jugement ordonnant que la question préjudicielle sera jugée à la requête de la partie *la plus diligente*. Autrement, le prévenu n'aurait qu'à demeurer dans l'inaction, par suite d'un entendement avec la partie lésée, pour paralyser la justice répressive, le ministère public n'ayant ni qualité, ni droit, ni intérêt pour porter, devant les juges civils ou l'autorité administrative, une question de propriété ou administrative.

318. La prescription de l'action publique est suspendue pendant le sursis et le jugement de la question préjudicielle, par la raison que l'inaction du ministère public ou de la partie civile est forcée.

319. Mais lorsqu'un délai a été imparti au prévenu, la prescription court du jour de l'expiration de ce délai, le ministère public pouvant agir. Une citation est nécessaire pour l'interrompre (Cass., 1ᵉʳ déc. 1848, *Bull. crim.*).

CHAP. IX. — DE LA PRESCRIPTION DES ACTIONS PUBLIQUE ET CIVILE. DES PEINES DE SIMPLE POLICE ET DES CONDAMNATIONS CIVILES.

320. La prescription est l'extinction, par un certain laps de temps, soit de l'action publique et civile, soit de la peine.

321. L'action publique et l'action civile, une fois éteintes, ne peuvent revivre dans aucun cas (Cass., 16 déc. 1848, *Bull. crim.*).

322. La prescription, constituant une exception de droit public, peut être invoquée en tout état de cause, et doit même être suppléée d'office par le juge.

323. Elle a lieu par année ou par mois, calculés d'après le calendrier grégorien, date par date, et non pas par mois de trente jours; *le jour à quo* n'est pas compris dans le délai (Arg. Cass., 10 janv. 1845, S.-V.45.1.126; 2 fév. 1865,

Bull. crim. ; Berriat-Saint-Prix, père, *Journ. du dr. crim.*, 1843, art. 3294, et Ch. Berriat-Saint-Prix, n° 336. — *Contrà*, Mangin, t. 2, n° 319.).

SECT. Iʳᵉ. — De la prescription de l'action publique et de l'action civile.

1ᵉʳ. — **Délai de la prescription des contraventions prévues et punies par le Code pénal.**

324. « L'action publique et l'action civile, pour une contravention de police, seront prescrites après une année révolue, à compter du jour où elle aura été commise, même lorsqu'il y aura eu procès-verbal, saisie, instruction ou poursuite, si dans cet intervalle il n'est point intervenu de condamnation ; s'il y a eu un jugement définitif de première instance, de nature à être attaqué par la voie de l'appel, l'action publique et l'action civile se prescriront après une année révolue, à compter de la notification de l'appel qui en aura été interjeté » (C. instr. crim., art. 640.).

325. Cet article diffère des art. 637 et 638, même Code, en ce qu'il n'admet comme acte interruptif de la prescription aucun acte d'instruction ou de poursuite : ainsi, le délai qu'il fixe ne peut être prorogé par le motif que les parties n'auraient pas cessé d'être en instance, soit au Conseil d'Etat, soit au tribunal de police simple ou correctionnelle (Arg. Cass., 1ᵉʳ juill. 1837, J.P.38.1.554).

326. Le délai d'une année, requis pour prescrire par l'art. 640, est applicable à toutes les contraventions prévues par le Code pénal, comme à celles prévues par des lois spéciales, et pour lesquelles la durée de la prescription n'a pas été réglée : c'est ce qui résulte de l'art. 643, C. instr. crim.

Il s'applique également aux contraventions temporaires et aux contraventions permanentes, si elles ne sont pas successives.

327. La dernière disposition de l'art. 640 s'applique aussi bien aux jugements par défaut qu'aux jugements contradictoires, susceptibles d'appel (Cass., 14 mai 1835, *Bull. crim.*).

328. Un jugement de condamnation rendu par défaut est interruptif de la prescription, et proroge d'une année, à compter de la notification de l'opposition qui peut y être formée, l'existence de l'action civile (Cass., 3 juin 1858, *Bull. crim.*) et de l'action publique (Cass., 14 mai 1835, *Bull. crim.*).

329. Les contraventions résultant soit d'usurpation d'un chemin communal, soit de travaux exécutés sur ou contre la

voie publique, sans que l'alignement ait été donné par l'autorité municipale, sont couvertes par la prescription, en vertu
de l'art. 640, C. instr. crim., si l'empiétement et les travaux
remontent à plusieurs années sans qu'il y ait eu aucune poursuite (Cass., 2 juin 1854, *Bull. crim.*).

330. De même, les travaux confortatifs faits sans autorisation aux bâtiments sujets à reculement, constituent une contravention prescriptible par une année, et cette année court
du jour où le nouvel œuvre a été opéré, et non à dater de l'é-
poque où l'existence en a été légalement constatée (Cass.,
25 mai 1850, *Bull. crim.*).

331. L'exploitation d'un établissement insalubre auquel
ont été apportées sans autorisation, des modifications qui
changent son caractère primitif, constituent une contravention punissable, bien que plus d'un an se soit écoulé depuis
que ces modifications ont été effectuées : la contravention résidant en ce cas dans l'exploitation et non dans les changements opérés (Cass., 21 fév. 1845, S.-V.45.1.541).

332. Les infractions à la police rurale prévues par le Code
rural de 1791, insérées dans le Code pénal, et les contraventions aux règlements de police, que ces règlements émanent,
soit d'une ordonnance ou d'un décret, soit d'un arrêté préfectoral, soit d'un arrêté municipal, sont soumises aux règles
établies par l'art. 640, comme faisant aujourd'hui partie de
la loi générale en matière criminelle, qui est le Code pénal;
les lois et règlements antérieurs à ce Code ne conservant
d'autorité que dans les matières qu'il n'a pas réglées (Cass.,
24 avril 1829, 20 oct. 1835, 10 avril 1841 et 25 mars 1844,
Bull. crim.).

333. Un jugement interlocutoire d'incompétence ou de
simple remise accordée sur la demande du contrevenant ne
suspend pas la prescription (Cass., 14 déc. 1844, *Bull. crim.*).

334. Au contraire, la prescription est suspendue pendant
la durée de l'instance engagée devant les tribunaux civils ou
l'autorité administrative pour faire décider des questions préjudicielles (Cass., 30 janv. 1830, 10 avril 1835, 27 mai 1843,
14 déc. 1844, 29 août 1846, 7 mai 1851, *Bull. crim.*).

335. Mais la prescription reprend son cours de plein droit
à partir de l'expiration du délai fixé pour faire juger la question préjudicielle, ou à partir du jour où ce jugement a été
rendu, sans qu'il soit besoin d'aucune notification (Cass., 10
avril 1835. S.-V.49.1,541 et 35.1387).

336. La prescription est encore suspendue par le pourvoi

en cassation, du ministère public ou du prévenu (Cass., 21 oct. 1830, 16 juin 1836, S.-V.31.1.367 et 36.1.862).

Lorsque le jugement est cassé, le tribunal saisi par le renvoi a le même délai qu'avait le tribunal auquel il a été substitué (CARNOT, t. 3, p. 635 ; MANGIN, n° 362).

337. La prescription d'un an en matière de police court à compter de la notification de l'appel interjeté, ou de la déclaration faite au greffe, bien que cet appel n'ait pas été signifié au ministère public : la déclaration au greffe équivaut à la notification exigée par la loi (Cass., 28 juin 1845, S.V. 45.1.759).

§ 2. — Délai de la prescription des contraventions forestières et en matière de pêche fluviale.

338. « Les actions en réparation de délits et contraventions en matière forestière se prescrivent par trois mois à compter du jour où les délits et contraventions ont été constatés, lorsque les prévenus ont été désignés dans les procès-verbaux. Dans le cas contraire, le délai de la prescription est de six mois, à compter du même jour. Sans préjudice, à l'égard des adjudicataires et entrepreneurs des coupes, des dispositions contenues aux art. 45, 47, 50, 51 et 82 de la présente loi » (C. forest., art. 185).

339. Les délits et contraventions qui ne sont passibles que d'une amende n'excédant pas 15 fr. se prescrivent, dans le cas où il n'en a pas été dressé de procès-verbal, par le délai d'un an, comme les contraventions de police, et non par le délai de trois ans, comme les délits correctionnels (Cass., 24 mai 1850, S.-V.50.1.760) ; au contraire, les délits forestiers qui sont passibles de plus de 15 fr. d'amende ne se prescrivent, dans le même cas, que par trois ans seulement (Cass., 15 déc. 1849, S.-V.50.1.574).

340. En matière de pêche fluviale, les simples contraventions se prescrivent par un mois à compter du procès-verbal, s'il désigne les prévenus, et par trois mois dans le cas contraire (L. 15 avril 1829, art. 62).

341. La prescription est interrompue, en matière forestière et de pêche fluviale, non-seulement par la citation donnée au prévenu en temps utile, mais encore par les actes d'information qui l'ont précédée. Ainsi interrompue, la prescription ne s'établit plus par les délais de trois ou six mois ; il faut qu'une année entière se soit écoulée, d'après l'art. 640, C. instr. crim. (Jurisp. constante).

§ 3. — Délai de la prescription des contraventions rurales.

342. Les poursuites des contraventions rurales doivent être faites, au plus tard, dans le délai d'un mois, durée de la prescription pour ces sortes de contraventions, soit par les parties lésées, soit par le ministère public, faute de quoi la prescription est acquise (C. rural de 1791, titre 1, sect. 7, art. 8).

En cette matière, la prescription est interrompue, comme en matière forestière, par une citation donnée ou une instruction faite en temps utile : ainsi interrompue, la prescription ne s'établit plus par le délai d'un mois ; il faut qu'une année entière se soit écoulée, d'après l'art. 640, C. instr. crim. (Jurisp. constante).

SECT. II. — DE LA PRESCRIPTION DES PEINES DE SIMPLE POLICE.

343. « Les peines portées par les jugements rendus pour contraventions de police seront prescrites après deux années révolues, savoir : pour les peines prononcées par arrêt ou jugement en dernier ressort à compter du jour de l'arrêt ; et à l'égard des peines prononcées par les tribunaux de première instance, à compter du jour où ils ne pourront plus être attaqués par la voie de l'appel » (C. instr. crim., art. 639).

344. La prescription des peines prononcées pour contraventions de simple police est la même, quelle que soit la juridiction d'où émanent les condamnations : la loi ne considère que la nature du fait (CARNOT, t. 3 p. 633).

CHAP. X. — DU JUGEMENT ET DES FRAIS ET DÉPENS.

345. Toute décision judiciaire comporte la dénomination de *jugement*, mais ce mot plus particulièrement donné aux décisions des juridictions inférieures, c'est-à-dire aux décisions des juges de paix, des tribunaux de police simple ou correctionnelle, des tribunaux civils de première instance, de commerce et de prud'hommes ; celles des Cours d'appel, des Cours d'assises, de la Cour de cassation, du Conseil d'État et de la Haute Cour de justice, sont exclusivement qualifiées d'*arrêts*.

SECT. Ire. — RÈGLES GÉNÉRALES COMMUNES A TOUS LES JUGEMENTS.

346. De tous les actes d'une juridiction quelconque, le jugement est, sans contredit, le plus solennel, comme le plus important : c'est celui qui demande le plus de soin et de ré-

flexion de la part du juge. Dès que les débats sont terminés, le magistrat prépare son jugement; c'est dans sa conscience qu'il doit trouver les éléments de sa conviction; la loi lui laisse le soin d'apprécier si le fait qui lui est déféré est ou n'est pas prouvé; elle ne lui impose point l'obligation de s'arrêter à tel témoignage plutôt qu'à tel autre, ni de fonder sa conviction sur le nombre des témoins entendus.

347. La première règle à observer en simple police, c'est que toute affaire commencée ne peut être terminée que par un jugement. Les juridictions répressives n'admettent pas, comme les juridictions civiles, les simples radiations de cause : l'ordre public y étant toujours en présence, il faut que le juge statue sur la poursuite intentée. Le désistement de la partie lésée, et même celui du ministère public, ne l'affranchit point de l'obligation d'examiner si le fait dénoncé rentre ou non dans sa compétence, constitue ou non une contravention, et de statuer en conséquence soit par un jugement d'incompétence, soit par un jugement d'acquittement ou de condamnation.

348. Si le fait ne présente ni délit ni contravention de police, ou n'est pas prouvé, le juge doit absoudre le prévenu, statuer par le même jugement sur les demandes en restitution et en dommages-intérêts (C. instr. crim., art. 159).

349. Le juge de police n'étant en principe compétent pour statuer sur l'action civile qu'accessoirement à l'action publique, ne peut dès lors s'occuper des dommages-intérêts réclamés par le plaignant qu'après avoir constaté un délit et prononcé une peine (Cass., 4 août 1838, 4 et 20 déc. 1840, J.P.40.1.311, 41.1.615 et 43.2.737).

350. Ce principe doit s'entendre en ce sens que le tribunal est incompétent pour statuer sur les dommages-intérêts réclamés par la partie civile contre le prévenu; mais qu'il peut connaître de ceux réclamés par le prévenu pour l'indemniser du préjudice que peut lui avoir causé la poursuite téméraire dont il a été l'objet : ce sont de ces derniers, mais de ceux-là seuls, qu'entend parler notre article 159 [BERRIAT-SAINT-PRIX, n° 429; CURASSON, t. 1, n° 45, BOITARD, p. 415; CARRÉ, p. 250, n° 4].

351. Le juge de police qui reconnaît que le fait de la poursuite ne constitue ni délit ni contravention, doit se borner à annuler la citation sans rien statuer sur la compétence de l'autorité qui aurait dû être saisie (Cass., 24 janv. 1813, 4 août 1838, J.P.40.1.311).

352. Il ne peut pas davantage, sans excès de pouvoir,

faire des injonctions au prévenu non coupable, ni le condamner aux dépens, ni prononcer contre lui la confiscation des objets saisis (Cass., 6 juill. 1826, 15 mars 1828, 7 et 30 mai 1840, 23 mai 1848, S.27.1.57, *Bull. crim.*; nᵒˢ 78, 127, 156;

353. Une condamnation à une peine ne peut être prononcée qu'après constatation du fait de contravention : l'allégation de la partie qui inculpe ne suffit pas; il faut des preuves; la vérification est indispensable.

354. « Si le prévenu est convaincu de contravention de police, le tribunal prononcera la peine et statuera par le même jugement sur les demandes en restitution et en dommages-intérêts » (C. instr. crim., art. 161).

355. En cas de conviction, le tribunal doit statuer par le *même* jugement sur l'action publique et sur l'action civile; il ne peut, sans excès de pouvoir, se borner à condamner le prévenu aux frais et à des dommages-intérêts envers la partie civile; il doit lui appliquer la peine portée par la loi, excepté toutefois dans le cas spécifié par l'art. 66 du C. pén.

356. Il ne peut pas davantage statuer sur l'action publique et remettre à un autre jour pour plaider au fond sur l'action civile, ni statuer sur la responsabilité civile, s'il se déclare incompétent à l'égard du prévenu, s'il le renvoie des fins de la plainte; ni ajourner ou faire dépendre des preuves ultérieures l'application de la peine; ni motiver son refus d'appliquer la peine sur le motif que le ministère public n'en aurait pas requis, ou sur ce que le prévenu n'a pas entendu le véritable sens de la loi; que la contravention peut être rangée dans la classe des fautes que la loi pardonne, qu'il y a des circonstances favorables qui commandent l'indulgence, par exemple, son insolvabilité, etc. La jurisprudence est constante sur tous ces points.

357. Le juge de police n'est pas lié par les conclusions du ministère public; il peut prononcer une peine plus forte ou moins forte que celle qui a été requise; mais il ne peut pas aggraver les peines que la loi attache à chaque délit, à chaque contravention. Aussi il ne peut, même en cas de récidive, ajouter à la peine de l'emprisonnement prononcé contre le contrevenant, l'affiche de la condamnation, à titre de réparation civile, qu'autant qu'elle a été demandée par la partie plaignante, ni l'ordonner à un nombre d'exemplaires plus considérable que celui demandé, sans excès de pouvoir (BERRIAT-SAINT-PRIX, nᵒ 403).

358. L'amende encourue par divers individus pour une même contravention de police doit être prononcée contre cha-

cun d'eux *individuellement :* le tribunal ne peut se borner à condamner tous les prévenus *collectivement* à une seule amende (Cass., 5 déc. 1826, S.27.1.312).

359. C'est en vertu de la dernière disposition de l'art. 161 que le tribunal de police doit, lorsqu'il reconnaît que des travaux ont été faits en contravention à des règlements de police pris dans le cercle des attributions municipales, en ordonner la démolition ou la destruction à titre de réparation civile, lorsqu'elle est requise : il ne peut se dispenser d'ordonner cette démolition ou cette destruction, sous prétexte, soit que les travaux faits en contravention sont de simples embellissements, soit qu'ils ne sont point confortatifs, soit enfin que la commune a intérêt à ce qu'ils restent dans leur état actuel, et qu'il y aurait d'ailleurs impossibilité de les remettre dans leur état primitif [Cass., 30 nov. 1872, *Gaz. des trib.*, 4 déc. 1872; 1er fév. 1873, *Gaz. des trib.*, 9 fév. 1873 ; 19 nov. 1873, *Ann. J. de P.*, 1874, p. 143].

360. Le tribunal de police qui condamne un individu à l'amende, pour avoir déposé sans nécessité des matériaux sur la voie publique, doit, à peine de nullité, le condamner en même temps à les enlever, alors que le ministère public y a conclu (Cass., 8 janv. 1842, S.-V.42.2.248).

361. Le tribunal de police ne peut prononcer une peine à raison d'un fait dont il n'a pas été saisi par le ministère public (Cass., 25 janv. 1830, *Bull. crim.*).

362. Mais il n'est pas lié par la qualification donnée au fait par la citation. Il doit appliquer la loi pénale qui prévoit le fait reconnu constant.

Si le fait dénoncé dans la plainte présente des caractères graves et constitue un véritable délit, emportant une peine correctionnelle ou plus élevée, le juge de simple police doit renvoyer les parties devant le procureur de la République (C. instr. crim., art. 160).

363. Le juge ne doit pas perdre de vue le caractère primitif de la cause sur laquelle il a à prononcer. Saisi d'une affaire de simple police, il ne peut, sans violer les règles de sa compétence, se constituer juge civil, et ordonner, en conséquence, le paiement de dommages-intérêts et la restitution de la chose, objet de la poursuite.

[Il ne doit prononcer de condamnations civiles qu'accessoirement à une condamnation pénale (Cass. 7 nov. 1873, *Ann. Just. de P.*, 1874, p. 135)].

364. Le jugement doit porter sur tous les chefs de la pré-

vention ou de la demande (Cass., 28 avril 1848, *Bull. crim.*).
Il y a nullité si le juge omet de statuer sur une réquisition
quelconque, soit du prévenu, soit du ministère public, soit de
la partie civile, et de la motiver.

Le juge ne peut baser sa décision sur d'autres preuves
que celles énumérées dans l'art. 154, C. instr. crim., et celles
qui, par analogie, sont empruntées à la procédure suivie
devant les tribunaux civils. Ainsi, il ne pourrait la motiver
sur la connaissance personnelle qu'il aurait des faits de la
prévention, ni sur une visite de lieux qu'il aurait faite, sans
appeler contradictoirement les parties, ni sur tous autres documents extrajudiciaires (Cass., 11 juin 1842, 25 mars 1843,
Bull. crim.).

365. La décision du juge de police doit être motivée, à
peine de nullité, afin qu'elle soit comprise et puisse être appréciée par la juridiction supérieure à laquelle elle peut être
soumise par suite d'un appel ou d'un recours en cassation,
suivant le cas.

Ainsi, la Cour de cassation, par arrêt du 28 août 1846, a
déclaré nul, pour insuffisance de motifs, un jugement rendu
sur un appel de simple police qui, en renvoyant les prévenus
des poursuites, et au lieu d'expliquer par quelles raisons de
fait ou de droit ce renvoi était justifié, s'était borné à déclarer
que « les faits tels qu'ils résultaient de l'instruction et des
débats, ne constituaient pas la contravention imputée aux
prévenus. » Mais cette indication de motifs n'est pas indispensable pour les jugements préparatoires, ni pour ceux qui ordonnent, avant faire droit, une mesure de pure instruction
destinée à éclairer le juge sur le fond.

366. Tous les jugements, sans exception, doivent être prononcés en *audience publique*, en présence du ministère public, et ils doivent constater formellement l'accomplissement
des formalités substantielles prescrites par la loi. Ainsi, il ne
suffit pas qu'ils aient été prononcés publiquement, mais il
faut encore que cette circonstance y soit expressément mentionnée. Les mots : *prononcé à l'audience, dans la salle d'audience, à l'audience ordinaire, au tribunal de police, en
l'auditoire du tribunal,* ou autres équivalents, ne constatent
pas suffisamment la publicité de la prononciation : c'est ce que
la Cour de cassation a décidé après un grand nombre d'arrêts.

La présence et les observations des parties, l'assistance du
greffier, la tenue par ce fonctionnaire des notes qu'exige l'art.
155, C. instr. crim., la présence, le résumé et les conclusions

du ministère public, la publicité de l'instruction, doivent être également mentionnés dans le jugement (Arg. L. 20 avril 1810 ; C. instr. crim., art. 153, 163).

367. Lorsque l'affaire a occupé plusieurs audiences, la publicité doit être constatée pour chacune. Cependant, la mention « fait et prononcé en audience publique du tribunal de..., tel jour, » précédée de la mention des actes d'instruction faits aux audiences précédentes, suffit pour constater la publicité du jugement et de toutes les audiences de la cause.

Dans la pratique, la publicité de l'audience n'est pas constatée sur la minute de chacun des jugements rendus le même jour ; le greffier se contente d'inscrire en tête de la feuille destinée à l'inscription de ces jugements cette mention : « *Audience publique* du...; » ce n'est qu'à la suite du dernier jugement et dans l'expédition de chaque jugement qu'il porte la mention en ces termes : « Fait et jugé à l'audience publique du tribunal de police de..., du... »

368. Aux termes de l'art. 153, C. instr. crim., le tribunal de police doit prononcer le jugement dans l'audience où l'instruction a été terminée, et, au plus tard, dans l'audience suivante.

Cette obligation n'est pas et ne peut pas être toujours remplie dans la pratique ; mais ce que notre art. 153 commande, c'est de statuer le plus tôt possible ; c'est surtout d'indiquer le jour où le jugement sera prononcé. Il y aurait nullité, si le tribunal ordonnait un sursis d'*une manière indéfinie*, soit pour en référer à l'autorité supérieure, soit jusqu'à ce que la Cour de cassation ou un tribunal de police simple ou correctionnelle eût prononcé dans une affaire identique, soit jusqu'à la preuve de certains faits ou à la production de certains actes : ces ajournements indéfinis constituent de véritables dénis de justice, aux termes de l'art 506, C. proc. civ. (Cass., 7 juill. 1838, 6 mai 1848, *Bull. crim.*).

369. Le jugement doit être rédigé par écrit, et cela en langue française, contenir l'indication de toutes les conditions et formalités voulues par la loi, à peine de nullité ; car autrement la présomption du droit est qu'elles ont été omises.

370. D'après l'art. 369, C. instr. crim., c'est le greffier qui doit écrire le jugement, mais il n'est pas douteux qu'il peut être écrit d'une autre main et sur les *notes* que le greffier a recueillies à l'audience ; la signature de cet officier ministériel lui imprime ensuite toute la foi nécessaire. Les interlignes, ratures, renvois non approuvés sont réputés non avenus, d'a-

près l'art. 78, C. instr. crim., qui est applicable à tous les actes de procédure criminelle (Cass., 19 déc. 1838 et 11 avr. 1845, 7 nov. 1851 et 2 juill. 1857, *Bull. crim.*).

371. La minute de tout jugement de condamnation, en matière de police, doit, à peine de nullité, contenir les termes de la loi appliquée, et mention de la lecture qui en a été faite à l'audience par le juge de police (C. instr. crim., art. 163 et 195).

Il convient aussi de donner lecture à l'audience et d'insérer dans le jugement le texte du règlement administratif ou municipal auquel il a été contrevenu; l'omission de cette dernière formalité n'est pas toutefois une cause de nullité.

372. Le tribunal qui réduit au-dessous du *minimum* la peine prononcée par la loi, rend un jugement nul s'il ne cite pas et omet d'insérer dans le jugement, qu'il soit par défaut ou contradictoire, les articles de loi en vertu desquels la peine a été mitigée.

373. Quant aux dépens, il suffit que l'art. 162, C. instr. crim., soit mentionné, et il n'est pas nécessaire de le transcrire, par application de ce principe que la condamnation aux dépens est une conséquence de la condamnation principale.

374. « La minute du jugement sera signée par le juge qui aura tenu l'audience, dans les vingt-quatre heures au plus tard, à peine de 25 francs d'amende contre le greffier, et de prise à partie, s'il y a lieu, tant contre le greffier que contre le président » (C. instr. crim., art. 164).

375. L'assistance du greffier étant en principe une condition esssentielle de la validité des jugements, et cette assistance devant être constatée dans le jugement même, on en doit nécessairement induire que sa signature doit être apposée au bas du jugement comme celle du président, quoique l'art. 164 n'en dise rien. Toutefois, le défaut de signature du greffier sur la minute du jugement n'emporte pas nullité d'un jugement signé, d'ailleurs, par le juge qui l'a rendu, si sa présence y est mentionnée ou résulte suffisamment de cet acte ou d'une énonciation quelconque (Arg. Cass., 7 mai 1829, 8 fév. 1839, 26 mai 1842 et 1er déc. 1855, *Bull. crim.*).

Quant à la signature du juge de police, c'est une formalité substantielle, et dont l'omission constitue une nullité radicale.

376. Les jugements de simple police doivent être enregistrés, excepté ceux de simple remise, dans les vingt jours de

leur date (L. 22 frim. an vii, art. 20; L. 28 avril 1816, art. 38; Ord. 22 nov. 1816, art. 1er).

377. Les expéditions des jugements de simple police, susceptibles d'exécution forcée, doivent être intitulées suivant la formule indiquée au t. 1er, vo *Actes*.

SECT. II. — Des jugements préparatoires et interlocutoires.

378. Les jugements dits *avant faire droit*, c'est-à-dire d'instruction, sont *préparatoires* ou *interlocutoires*, suivant le caractère de la mesure à ordonner.

« Sont réputés *préparatoires* les jugements rendus pour l'instruction de la cause, et qui tendent à mettre le procès en état de recevoir jugement définitif.

« Sont réputés *interlocutoires* les jugements rendus lorsque le tribunal ordonne, avant dire droit, une preuve, une vérification ou une instruction qui préjuge le fond » (C. proc. civ., art. 452).

379. Il y a cette différence entre les jugements *préparatoires* et les jugements *interlocutoires* que les premiers ne préjugent pas le fond, ne font nullement pressentir la décision du juge sur le fond de l'affaire, et que les seconds, au contraire, préjugent le fond, font présumer la décision suivant le résultat produit par la mesure ordonnée, sans que cependant cela puisse en rien lier le juge, qui conserve toute sa liberté d'appréciation.

SECT. III. — Des jugements contradictoires et par défaut.

380. Le jugement est contradictoire s'il est rendu entre les parties présentes et le ministère public ; et par défaut si l'une des parties est absente. Quant à l'absence du ministère public, elle ne peut jamais donner lieu à un jugement par défaut. Alors le tribunal de simple police doit renvoyer la cause à un autre jour, faire inviter l'officier du ministère public à se trouver à l'audience ; et, en cas de refus, procéder ou faire procéder à son remplacement.

381. « Si la personne citée ne comparaît pas au jour et à l'heure fixés par la citation, elle sera jugée par défaut » (C. instr. crim., art. 149).

Ainsi, lorsqu'à l'appel de la cause, le prévenu ne se présente pas, ni personne pour lui, il y a lieu de donner défaut contre lui et de passer outre aux débats. Mais, préalablement, il faut examiner si la citation qui le concerne est régulière, et si elle a été signifiée dans les délais. Il est bien entendu que le défaut ne peut être donné lorsque le prévenu et la personne civilement responsable n'ont reçu qu'un simple avertissement, cette pièce ne faisant nulle foi de l'avis qu'ils auraient reçu de comparaître. Ce n'est donc que lorsqu'il y a citation régulière que le juge peut prononcer défaut.

382. Le jugement qui n'a été précédé d'aucune défense, ni d'aucune conclusion au fond, est un jugement par défaut, susceptible d'opposition, encore bien que le prévenu ait comparu sur la citation ; son silence ; dans ce cas, est assimilé à un défaut de comparution (Cass., 24 fév. 1837, J.P.37.1. 316).

383. Le juge de police doit, comme le juge civil, lorsqu'il prononce par défaut contre le prévenu, n'adjuger les conclusions de la partie requérante qu'après les avoir vérifiées avec le même soin que si la cause était contradictoirement jugée ; l'art. 150., C. proc. civ., auquel aucune disposition du Code d'instruction criminelle n'a dérogé, étant applicable aux matières criminelles comme aux matières civiles (Cass., 1er déc. 1842, S.-V.43.1.364).

384. Par la même raison, l'absence de la partie civile ne dispense pas le juge d'examiner si la culpabilité du prévenu est établie et doit motiver une condamnation.

SECT. IV. — DES JUGEMENTS DÉFINITIFS.

385. Les jugements définitifs sont ceux qui terminent la contestation soit en admettant les conclusions du ministère public, de la partie civile ou du prévenu, soit en les modifiant ou en les rejetant.

L'instruction de l'affaire faite dans l'ordre déterminé en l'art. 153, C. instr. crim., le tribunal de police doit prononcer le jugement de condamnation ou d'acquittement dans l'audience où l'instruction aura été terminée, ou, au plus tard, dans l'audience suivante.

386. Tout jugement définitif de condamnation doit faire une mention expresse de la culpabilité, être motivé, contenir le texte de la loi appliquée, à peine de nullité ; il doit, en outre, faire mention s'il est rendu en premier ressort ou en dernier ressort (C. instr. crim., art. 163).

387. L'art. 163 ne parle que des jugements de condamnation ; il forme, sous ce rapport, un double emploi avec l'art. 7 de la loi du 20 avril 1810, qui doit servir de règle en ce qui concerne les jugements d'acquittement, car il est au-

jourd'hui de droit public que tous les jugements autres que ceux de simple instruction doivent être motivés, ceux qui statuent sur des exceptions comme ceux qui statuent sur le fond.

388. L'obligation d'insérer les termes de la loi appliquée ne concerne toutefois que les jugements qui prononcent des condamnations pénales, et ne peut être étendue à ceux qui prononcent l'acquittement des prévenus, ou qui statuent seulement sur les intérêts civils.

SECT. V. — DES FRAIS ET DÉPENS.— PARTIE CIVILE.— PARTIE PUBLIQUE. — PARTIE CIVILEMENT RESPONSABLE.

§ 1er. — Dispositions générales.

389. On entend par *frais et dépens*, en matière criminelle, ou frais de justice criminelle, toutes les dépenses, de quelque nature qu'elles soient, qui ont pour objet la recherche, la constatation, la poursuite et la répression des crimes, des délits et des contraventions.

Ces frais sont à la charge, suivant le résultat, soit de l'Etat, soit des parties civiles, soit des condamnés et des parties civilement responsables.

390. L'art. 162, C. instr. crim., porte : « La partie qui succombera sera condamnée aux frais, même envers la partie publique.

« Les dépens seront liquidés par le jugement. »

391. La partie qui succombe doit supporter la totalité des frais de l'instance. Ainsi le tribunal excéderait ses pouvoirs en condamnant le prévenu à la moitié seulement des dépens. Il n'est pas plus maître de ne condamner le prévenu qu'à une partie des frais qu'il ne le serait de prononcer une amende inférieure au *minimum* fixé par la loi.

Ainsi, il ne peut refuser de mettre à la charge du prévenu auquel il inflige une peine, les frais résultant de la poursuite, sous prétexte que le fait qui l'a motivée étant antérieur à une condamnation précédemment prononcée contre le prévenu pour une infraction identique, la nouvelle poursuite n'aurait pas dû être exercée séparément (Cass., 2 déc. 1848, S.-V.49. 1.541).

392. Le tribunal ne peut, sans excès de pouvoir, rejeter de la taxe comme frustratoires les frais de la citation donnée à la requête du ministère public (Cass., 27 août 1825, D.P.25.1. 443; 15 mars 1842, *Bull. crim.*, n° 54).

393. Lorsque, pour établir une contravention constatée

par un procès-verbal qui se trouve insuffisant, le ministère public a fait citer un témoin, les frais de cette citation et l'indemnité due au témoin sont à la charge du prévenu qui succombe, quand même le témoin n'aurait rien déposé à l'appui de la prévention (Cass., 3 mai 1833, 21 août 1840, S.-V.34. 1.236, et *Bull. crim.*, n° 235).

394. Pareillement, les droits de timbre et d'enregistrement d'un procès-verbal ou rapport doivent être mis à la charge du prévenu, bien que cet acte soit devenu plus tard inutile par suite de l'aveu du prévenu (Cass., 16 avril 1842, 19 mai 1844, S.-V.42.1.799 et *Bull. crim.*, n° 20).

395. L'exécution des condamnations à l'amende, aux restitutions, aux dommages-intérêts et aux frais, peut être poursuivie par la contrainte par corps.

Néanmoins, si les condamnations sont prononcées au profit de l'Etat, les condamnés ne peuvent être détenus plus de quinze jours, s'ils justifient de leur insolvabilité (C. pén., art. 467 et 469).

396. [La loi du 22 juill. 1867 a aboli la contrainte par corps en matière civile et commerciale ; elle la maintient en matière de simple police.

La durée, en cette matière, ne peut excéder cinq jours.

Les condamnés qui justifient de leur insolvabilité sont mis en liberté après avoir subi la contrainte pendant la moitié de la durée fixée par le jugement.

Cette loi de 1867 (art. 3, § 3) disposait que la contrainte par corps n'aurait jamais lieu pour le paiement des frais au profit de l'Etat. Une loi postérieure, du 19 décembre 1871, a abrogé cette disposition].

396 *bis*. Le ministère public, agissant au nom de la société, ne peut jamais être condamné *personnellement* aux dépens. La condamnation aux frais ne doit pas non plus être prononcée contre l'Etat ou le Trésor public.

Il en est de même des gardes rédacteurs de procès-verbaux ou rapports, même sous prétexte qu'ils ont agi avec méchanceté.

§ 2. — De la liquidation et du recouvrement des frais.

397. « La condamnation aux frais sera prononcée, dans toutes les procédures, solidairement contre tous les auteurs et complices du même fait, et contre les personnes civilement responsables du délit » (D. 18 juin 1811, art. 156).

Ainsi, lorsqu'il y a des personnes civilement responsables

en cause, pères, mères, tuteurs, maris, maîtres, etc., elles doivent être condamnées aux frais solidairement avec les personnes dont elles répondent. Mais les contraventions n'étant pas mentionnées dans l'art. 55, C. pén., la solidarité qui y est établie pour les crimes et délits ne peut être appliquée aux amendes par le tribunal de simple police (Cass., 12 mai 1849, *Bull. crim.*), si ce n'est toutefois en matière de délits ruraux non mentionnés dans le Code pénal (Code rural de 1791, tit. 2, art. 3 et 7), de délits forestiers (C. for., 206, § 1ᵉʳ), et en matière de roulage (L. 30 mai 1851, tit. 2, art. 13).

398. Cette responsabilité se règle conformément à l'art. 1384 du C. civ., et s'étend aux restitutions et dommages-intérêts, sans pouvoir toutefois donner lieu à la contrainte par corps, si ce n'est, en matière forestière, dans le cas prévu par l'art. 46, C. for. (Décr. 18 juin 1811, art. 156 ; C. for., art. 206, § 2).

399. Les principes ci-dessus trouvent leur application lorsqu'un mineur de seize ans, prévenu d'une contravention qu'il a réellement commise, est acquitté, faute de discernement, en vertu de l'art. 66, C. pén.

Tout exempté de la peine qu'il soit dans ce cas, il n'en est pas moins l'auteur d'un fait reconnu préjudiciable et qui a dû ainsi provoquer des poursuites : ce mineur est donc censé avoir succombé à l'égard du ministère public, et il est dès lors passible des frais envers l'Etat et envers l'autre partie, aux termes des art. 368 et 162, C. instr. crim. (Cass., 26 mai 1838, 7 mars 1845, 24 mai 1855, *Bull. crim.*), solidairement avec la personne civilement responsable (Décr. 18 juin 1811, art. 156 ; Cass., 22 juin 1855, *Bull. crim.*).

400. La responsabilité du maître, du tuteur, du père, etc., subsiste, lors même qu'il lui a été impossible d'empêcher la contravention de son domestique, de son pupille, de son enfant, etc. ; il ne peut pas être renvoyé de la poursuite sur le motif que la contravention n'a occasionné aucun dommage ; il suffit qu'elle ait occasionné des frais (C. civ., art. 1381 et suiv.).

Quant au mari, il n'est responsable des faits de sa femme, quelle que soit l'espèce de contravention commise, que pour les délits ruraux, qui sont régis par le Code rural de 1791, et pour les délits forestiers (C. rural, titre 2, art. 7 ; C. for., art. 206).

401. Au surplus, il ne faut pas confondre le fait unique auquel ont coopéré plusieurs individus, et qui est celui dont

parle l'art. 55, C. pén., avec les contraventions de même nature commises simultanément par diverses personnes. Ainsi, des jeunes filles qui mènent chacune une chèvre sur l'héritage d'autrui commettent individuellement une contravention qui constitue un fait isolé à la charge de chacune d'elles ; dès lors, le jugement qui déclare les prévenues solidaires des contraventions prononcées fait une fausse application de l'art. 55, C. pén. (Cass., 24 mars 1855, *Bull. crim.*).

402. « Ceux qui se seront constitués parties civiles, soit qu'ils succombent ou non, seront personnellement tenus des frais d'instruction, expédition et signification des jugements, sauf leur recours contre les prévenus et accusés qui seront condamnés, et contre les personnes civilement responsables du délit » (D. 18 juin 1811, art. 157).

403. D'après les dispositions de cet article, toute partie civile est responsable envers l'Etat des frais dont il fait l'avance, lors même qu'elle a obtenu gain de cause en faisant condamner le prévenu, sauf son recours contre le condamné et la partie civilement responsable (Instr. gén., 30 sept. 1826).

404. « Sont assimilés aux parties civiles :

« 1° Toute régie ou administration, relativement aux procès suivis, soit à sa requête, soit même d'office, et dans son intérêt ;

« 2° Les communes ou établissements publics, dans les procès instruits, ou à leur requête ou même d'office pour crimes ou délits commis contre leurs propriétés » (Décr. 18 juin 1811, art. 158).

405. Il résulte de cet article que l'on doit considérer comme parties civiles... les communes, toutes les fois qu'il s'agit soit de délits commis dans leurs communaux, bois ou autres propriétés ; ou de dégradations, anticipations ou usurpations, commises sur les chemins vicinaux que l'art. 1er de la loi du 21 mai 1836 met à leur charge, sauf les dispositions de l'art 7 de ladite loi ; soit de contraventions aux lois, ordonnances et règlements concernant les octrois municipaux.

406. En matière correctionnelle et de simple police, les administrations et établissements publics doivent supporter exclusivement tous les frais qui seraient à la charge des parties civiles ordinaires... toutes distinctions entre les diverses instances ou entre les diverses espèces de frais, ou entre les poursuites d'office et celles qui sont faites par les intéressés, blesseraient également l'esprit et la lettre du règlement (Instr. gén., 30 sept. 1826).

407. « En matière de police simple ou correctionnelle, la partie civile qui n'aura pas justifié de son indigence sera tenue, avant toutes poursuites, de déposer au greffe, ou entre les mains du receveur de l'enregistrement, la somme présumée nécessaire pour les frais de la procédure » (Décr. 18 juin 1811, art. 160).

La consignation est imposée à toute partie civile ou réputée telle, qui n'a pas justifié de son indigence, justification qui doit se faire par la production des pièces qu'exige l'art. 420, C. instr. crim.

Elle doit, *à fortiori*, être exigée de l'étranger, tenu, aux termes de l'art. 16, C. civ., de donner caution en toutes matières autres que celles de commerce.

408. En cas de contestation sur la quotité de la somme à déposer, le juge doit l'arbitrer et même ordonner, dans le cours des débats, une consignation plus forte, s'il lui paraît que la première consignation est insuffisante.

Quand il y a consignation, toutes les taxes, tous les exécutoires pour le paiement des frais doivent être décernés directement contre la partie civile, conformément à l'art. 159 du décret précité de 1811, et payés en son nom par le greffier, sur les sommes déposées. Ainsi, les témoins, les experts, et autres parties prenantes qui ont à réclamer des frais réputés urgents, doivent être payés par le greffier pour le compte de la partie civile, et les taxes doivent en faire mention expresse. A l'égard des greffiers, des huissiers et de tous ceux qui sont payés ordinairement sur des états ou mémoires, les expéditions, les extraits, les opérations et les actes de toute espèce qu'ils feront dans ces sortes d'affaires, doivent être portés dans des mémoires particuliers, payables comme il vient d'être dit, et non dans des mémoires ordinaires dont ils se font payer le montant sur les fonds généraux du ministère de la justice (Instr. gén.).

« Dans les exécutoires décernés sur les caisses de l'administration de l'enregistrement pour des frais qui ne sont point à la charge de l'Etat, il sera fait mention qu'il n'y a point de partie civile en cause, ou que la partie civile a justifié de son indigence » (D. 18 juin 1811, art. 161).

Enfin, tout jugement de condamnation doit contenir la liquidation des frais (C. instr. crim., art. 162, § 2), c'est-à-dire la mention de la somme totale à laquelle s'élèvent les dépens de toute nature dont sont tenus les condamnés.

409. Lorsque la liquidation des frais ne peut être insérée

dans le jugement, ce qui arrive quelquefois, surtout dans les affaires de renvoi par la Cour de cassation, il en doit être dressé un état détaillé, par le greffier, sur papier libre et sans frais, à la suite duquel le juge de police met son exécutoire (Décr. 18 juin 1811, art. 163), ainsi formulé : « Nous..., juge de paix, présidant le tribunal de simple de police..., sur les réquisitions du ministère public, avons arrêté le présent état à la somme de..., et ordonnons qu'en exécution de l'art. 174 du décret du 18 juin 1811, le recouvrement de cette somme sera poursuivi par les voies de droit, même par celle de la contrainte par corps, à la diligence de l'administration de l'enregistrement et des domaines, contre le sieur... ou contre les sieurs... solidairement responsables, etc. »

410. Relativement aux demandes à fin de réparations civiles, qui sont formées réciproquement par la partie plaignante ou intervenante et par le prévenu, les tribunaux correctionnels et de simple police peuvent, comme en matière civile, compenser les dépens, ou les adjuger en tout ou en partie (Arg. C. proc. civ., art. 131).

411. Lorsqu'il n'y a pas lieu à condamnation solidaire, le juge du fait arbitre la quotité des frais qui, d'après les éléments de la poursuite, doit être mise à la charge du prévenu condamné.

412. La condamnation aux frais ne s'éteint par le décès du condamné qu'autant qu'elle était encore réformable par voie soit d'opposition, soit d'appel, soit de recours en cassation. Autrement elle subsiste à la charge des héritiers.

CHAP. XI — DE L'EXÉCUTION DES JUGEMENTS.

413. Nul jugement ni acte ne peuvent être mis à exécution, s'ils ne portent le même intitulé que les lois, et ne sont terminés par un mandement aux officiers de justice, ainsi qu'il est dit art. 146, C. proc. civ.

414. L'exécution d'un jugement de simple police ne peut être poursuivie par la partie civile qui peut contraindre le condamné au paiement des dommages-intérêts qui lui ont été alloués, qu'en vertu de l'expédition en forme exécutoire et signifiée ; mais le ministère public peut faire exécuter le jugement qui a prononcé la peine d'emprisonnement sur un simple extrait délivré par le greffier (Arg. C. instr. crim.,

art. 178, 198, 202, 417 et 472 ; C. pén., art. 26, et décr. 18 juin 1811, art. 44).

415. En outre, aux termes de l'art. 70 du décret de 1811, les significations peuvent être faites sur minute, lorsqu'elles ont lieu à la requête de la partie publique.

416. Aucun exploit ou acte de procédure ne peut être déclaré nul si la nullité n'en est pas formellement prononcée par la loi.

Dans les cas où la loi n'a pas prononcé la nullité, l'officier ministériel peut, soit pour omission, soit pour contravention, être condamné à une amende de 5 francs à 10 francs (C. proc. civ., art. 1030).

417. Le juge de police peut, par application de cet article, prononcer une amende contre l'huissier qui a signifié une citation, au préjudice de l'huissier audiencier à qui était réservé le droit de la délivrer.

***

CHAP. XII. — DES VOIES DE RECOURS CONTRE LES JUGEMENTS.

418. Les jugements rendus en matière de simple police peuvent être attaqués, selon les circonstances, par des voies ordinaires ou des voies extraordinaires ; mais ils ne peuvent jamais être attaqués par la voie de la tierce opposition, alors même qu'ils statuent sur des intérêts civils.

419. Les voies ordinaires sont, à l'égard des jugements par défaut, l'opposition et l'appel, et, à l'égard des jugements contradictoires, l'appel seulement.

420. Les voies extraordinaires sont le recours en cassation et la prise à partie.

SECT. Ire. — DE L'OPPOSITION AUX JUGEMENTS PAR DÉFAUT. — DÉLAI. — FORME.

421. Tout jugement de condamnation ou sur un moyen préjudiciel rendu par défaut, faute de comparaître ou de défense présentée, est susceptible d'opposition, et peut être rapporté par le même juge qui l'a rendu ou par le juge tenant l'audience de police du même ressort, sur l'opposition légale du condamné.

422. En principe, le droit de former opposition à un jugement par défaut est fondé sur la présomption que la partie qui ne s'est pas présentée a été empêchée de le faire par une impossibilité quelconque, et sans qu'il y eût de sa faute.

423. Suivant les art. 150 et 151, C. instr. crim., la personne condamnée par défaut n'est pas recevable à s'opposer à l'exécution du jugement, si elle ne se présente à la première audience après l'expiration des délais.

424. La faculté de l'opposition est générale et sans restriction, quel qu'ait été le point de décision du jugement attaqué; ainsi un jugement par défaut qui prononce sur une question de compétence, est susceptible d'opposition comme les autres; il en est de même du jugement qui admet l'intervention de la partie civile, quoiqu'il prononce le renvoi à un autre jour et qu'il ordonne un réassigné, l'admission d'une partie civile pouvant préjudicier au prévenu.

425. Le délai de l'opposition est de trois jours à dater de la signification du jugement par défaut, outre un jour par cinq myriamètres de distance, le jour de la signification non compris : ce délai ne peut être augmenté par le juge, soit à raison de ce que le prévenu n'était pas présent à son domicile lorsque la signification lui a été faite, soit sous prétexte qu'il n'avait pas son domicile fixe dans le lieu où l'exploit a été remis, s'il est constant que c'était bien son domicile légal.

426. Le prévenu peut se pourvoir par opposition avant que le jugement lui ait été notifié.

427. Quant à la forme de l'opposition, il suffit d'une déclaration en réponse au bas de l'acte de signification ou d'un acte signifié extrajudiciairement, et même d'une déclaration verbale faite à l'une des audiences qui ont suivi le jugement par défaut, tant qu'il n'a pas été signifié, si l'affaire est pendante entre la partie condamnée et le ministère public seulement; autrement, une déclaration ou un acte extrajudiciaire serait indispensable.

428. La déclaration peut être faite par un fondé de pouvoirs, pourvu qu'il y ait procuration spéciale pour l'opposition au jugement en question ou à tous jugements par défaut.

429. L'intervalle voulu par la loi entre la déclaration au bas de la signification du jugement par défaut ou la signification par acte extrajudiciaire de l'opposition et la première audience *utile*, c'est à-dire la première des audiences du tribunal de simple police, peut n'être que de vingt-quatre heures, délai fixé pour la citation, sauf le délai des distances s'il en est dû.

430. L'opposition emporte de droit citation à la première

audience après l'expiration des délais, et est réputée non
avenue si l'opposant ne comparaît pas; et l'exécution du jugement ne peut plus être arrêtée, sauf l'appel ou le recours
en cassation; ici s'applique la règle : Opposition sur opposition
ne vaut.

431. L'opposant doit comparaître en personne ou par
un fondé de procuration spéciale. Son opposition serait
nulle si la personne qui se présenterait pour lui à l'audience
ne justifiait pas d'un tel mandat (Cass., 10 juin 1843, J.P.
43.2.548).

432. Lorsque celui qui a fait défaut une première fois ne
vient pas défendre sur son opposition, le tribunal de simple
police peut se borner à ordonner l'exécution pure et simple
du jugement par défaut. Mais si le tribunal, éclairé par les
motifs déduits à l'appui de l'opposition, reconnaît que sa première décision est erronée, il a la faculté de la rétracter :
tout est remis en question par l'opposition. Les tribunaux de
répression, de même que les tribunaux civils, ne sont tenus
d'adjuger les conclusions prises devant eux qu'après les avoir
reconnues justes et bien vérifiées.

433. L'huissier chargé de faire la notification du jugement
par défaut ne peut pas refuser de consigner, dans son exploit,
l'opposition du défaillant, lors même que celui-ci ne ferait
pas l'avance des frais d'enregistrement, parce que l'art. 151,
C. instr. crim., n'a pas mis cette condition à la faveur qu'elle
lui accorde.

434. Le prévenu défaillant, qui n'a pas fait consigner son
opposition au bas de l'exploit de signification, est tenu de la
notifier tout à la fois à la partie civile et au ministère public.
Au reste, si l'opposition n'avait pas été notifiée à la partie
civile, on ne peut douter qu'elle ne pût former opposition au
jugement qui aurait été rendu en son absence et qui aurait
déchargé le prévenu des condamnations qu'il avait d'abord
encourues, encore que le jugement eût été contradictoire
avec le ministère public, surtout si les condamnations prononcées au profit de la partie civile avaient été rapportées;
mais tout serait irrévocablement jugé quant à l'action publique, qui ne pourrait être reprise sur l'opposition de la
partie civile.

435. Le jugement par défaut, frappé d'opposition et non
encore signifié, ne peut servir de base à une condamnation
pour récidive.

436. Pour attaquer un jugement par voie d'opposition, il

faut être partie dans l'instance. Ainsi, le plaignant qui ne s'est pas porté partie civile, n'a pas ce droit.

437. Mais la partie civile peut, comme la personne citée, former opposition au jugement par défaut. Pour en faire courir les délais, il faut que la signification soit régulière, à peine de nullité (Cass., 11 août 1842, J.P.43.1.498).

438. [Ce droit de la partie civile à former opposition est toutefois discuté.

On décide généralement que ce droit est de droit commun et qu'aucun texte de loi n'en interdit l'exercice à la partie civile. Mais le tribunal saisi de l'opposition de cette partie ne pourrait, en examinant de nouveau l'affaire, réformer de son premier jugement que la disposition qui touche aux intérêts civils ; la disposition relative à l'action publique, si la décision avait été rendue contradictoirement avec le contrevenant, serait irrévocable. Carré, *Code annoté des juges de paix*, p. 235, n° 4.]

439. Les jugements par défaut ne peuvent être frappés de pourvoi en cassation de la part du ministère public qu'après l'expiration du délai de l'opposition, sans que les condamnés aient usé de ce droit; tout pourvoi formé avant cette époque est jusque-là non recevable (Cass., 10 août 1833, 23 juill. 1842, J.P.42.2.642).

440. Le prévenu condamné par défaut et acquitté sur l'opposition, doit néanmoins les frais de l'expédition de la signification du jugement par défaut et de l'opposition. L'art. 151 ne dit pas, il est vrai, comme l'art. 187, par qui seront supportés ces frais, mais il est évident qu'ils ont été nécessités par le fait du prévenu, et que dès lors il est rationnel de les mettre à sa charge (Berriat-Saint-Prix, n° 529. — *Contrà*, Carnot, *Instr. crim.*).

SECT. II.—DE L'APPEL DES JUGEMENTS DE POLICE.

§ 1er. — Quels jugements sont susceptibles d'appel.

441. « Les jugements rendus en matière de police pourront être attaqués par la voie de l'appel, lorsqu'ils prononceront un emprisonnement, ou lorsque les amendes, restitutions et autres réparations civiles, excéderont la somme de cinq francs outre les dépens » (C. instr. crim., art. 172);

Ou lorsqu'ils porteront une condamnation d'une valeur indéterminée, soit la confection de certains travaux, soit un enlèvement de matériaux déposés sur la voie publique, so la démolition d'ouvrages faits en contravention à un règlement prohibitif, soit la confiscation d'objets saisis, etc. (Cass., 31 janv. 1851, 26 janv. et 11 juill. 1856, *Bull. crim.*).

Sous le Code du 3 brumaire an IV, art. 153 et 154, les tribunaux de police jugeaient toujours en dernier ressort. L'article 172 a modifié cette règle, mais la disposition nouvelle doit être restreinte dans les bornes qu'il a fixées. Ainsi, les jugements sur la compétence, rendus par les tribunaux de simple police, ne sont jamais sujets à l'appel et ne peuvent être attaqués que par la voie de la cassation (Cass., 24 juill. 1829, 20 nov. 1846, S.-V.30.1.200, 48.1. 746).

Il en est de même de toute décision accordant ou refusant un sursis, admettant ou rejetant une exception préjudicielle, ainsi que de celle qui ordonne ou refuse une expertise ou une enquête. La jurisprudence de la Cour de cassation est invariable sur ces différents points.

442. C'est d'après le montant des condamnations, et non par l'objet de la demande et le montant des conclusions que se détermine le dernier ressort des jugements de simple police.

443. [C'est également par le taux de la peine encourue et non par le chiffre des dommages-intérêts réclamés que se détermine la compétence du juge de police; et ce juge ne devient pas incompétent par cela seul que ce chiffre est resté indéterminé dans la citation donnée à la requête de la partie civile. Cass., 28 août 1873, *Ann. des just. de paix*, 1874, p. 32.]

444. S'il y a plusieurs contrevenants, encore bien que les poursuites aient été jointes, et qu'un seul jugement ait été rendu, il n'y a pas non plus lieu à l'appel par la maxime : *tot capita, tot sententiæ*, s'il n'y a pas de condamnation pécuniaire excédant la somme de cinq francs, à la charge de chacun d'eux, bien que réunies ces condamnations dépassent au total cette somme, ou si aucune condamnation pécuniaire, outre celle des dépens, n'a été prononcée.

445. La disposition de l'art. 172, C. instr. crim., qui ouvre la voie de l'appel contre tout jugement qui prononce un emprisonnement, est générale et absolue : l'application de la règle n'est point subordonnée au caractère du moyen par lequel le jugement peut être attaqué; elle dépend uniquement de la nature de la condamnation qu'il prononce.

Ainsi, l'appel du prévenu est recevable par cela seul que la peine de l'emprisonnement a été prononcée contre lui, et le tribunal saisi ne peut déclarer l'appel non recevable, sous prétexte qu'il a été fait une fausse application de la loi pénale, et qu'à raison de cette fausse application il y a lieu seulement à pourvoi en cassation (Cass., 11 fév. 1819, D.A. 1.548).

446. [Le ministère public et la partie ne peuvent pas interjeter appel. Ils ont seulement le droit de se pourvoir en cassation. Trib. Seine, 29 déc. 1874, *Gaz. des trib.* 30 déc. 1874.]

447. L'appel est suspensif de l'exécution du jugement (C. instr. crim., art. 173), c'est-à-dire que, lorsqu'il a été régulièrement formé, aucune poursuite ne peut être dirigée contre le condamné tant qu'il n'a pas été statué sur l'appel.

448. Quoique la disposition de cet article soit générale, elle souffre exception dans le cas des art. 10, 11 et 12, C. proc. civ., c'est-à-dire lorsque le tribunal prononce, pour insultes ou irrévérences graves commises à l'audience envers le juge, l'une des peines édictées par lesdits articles. Alors le jugement est exécutoire par provision; mais, hors ce cas, un tribunal de police ne peut, sans excès de pouvoirs, ordonner l'exécution provisoire de son jugement, nonobstant opposition ou tout autre empêchement, même relativement aux réparations civiles (CARNOT, art. 153; HÉLIE, t. 7, p. 504, et t. 8, p. 66; ROLLAND DE VILLARGUES, art. 173).

§ 2. — Quelles personnes peuvent interjeter appel des jugements
de simple police.

449. L'art. 172, C. instr. crim., ne fait pas connaître, comme l'art. 202 du même Code, pour les matières criminelles, les parties qui ont la faculté d'appeler. Mais la voie de l'appel n'étant ouverte que contre les condamnations à l'emprisonnement, ou à l'amende et à des réparations pécuniaires excédant cinq francs, la jurisprudence en a conclu que le droit d'appel appartient seulement au prévenu et aux personnes civilement responsables, et non au ministère public ou à la partie civile (Cass., 10 fév. 1848, J.P.48.2.367, et S.-V.48.1.576).

450. Mais la partie civile est recevable à interjeter appel du jugement qui l'a condamnée à des dommages-intérêts envers le prévenu, en raison du préjudice que son action mal fondée lui a causé.

451. L'appel incident n'est pas recevable en matière de simple police (Cass., 24 juill. 1818, D.a.1.156).

§ 3. — **Devant quel tribunal doit être interjeté l'appel des jugements de simple police. — Délai dans lequel cet appel doit être interjeté. — Forme dans laquelle il est suivi et jugé.**

452. « L'appel des jugements rendus par le tribunal de simple police sera porté au tribunal correctionnel : cet appel sera interjeté dans les dix jours de la signification de la sentence à personne ou à domicile; il sera suivi et jugé dans la même forme que les appels des sentences des justices de paix » (C. instr. crim., art. 174).

453. La signification du jugement pouvant seule faire courir le délai d'appel, l'appel est recevable tant que le jugement n'a pas été signifié, sans préjudice des dix jours qui suivent cette signification.

454. L'art. 174 ne fait aucune distinction entre les jugements contradictoires et ceux rendus par défaut. Aussi le condamné par défaut auquel le jugement a été signifié peut-il négliger la voie de l'opposition et se pourvoir immédiatement par appel (Cass., 22 janv. 1825, 19 avril et 31 mai 1833, S. 25.1.318 et 33.1.712).

455. L'art. 174 n'a pas déterminé les formes de l'acte d'appel. Cet acte peut consister, soit dans une déclaration au greffe et reçue par le greffier, soit dans un exploit signifié au ministère public avec citation devant le tribunal correctionnel (Hélie, t. 7, p. 503 ; Rolland de Villargues et P. Gilbert, art. 174).

456. L'acte d'appel n'a pas besoin de contenir une constitution d'avoué (Cass., 7 avril 1837, J.-P.37.1.398). Il peut être valablement signifié au procureur de la République près le tribunal qui doit en connaître (Cass., 19 sept. 1834, S.-V. 35.1.66).

457. Les dispositions pénales ne pouvant être étendues d'un cas à un autre, il s'ensuit que l'amende de *fol appel* établie par l'art. 471, C. proc. civ., ne peut être prononcée en matière de simple police ou correctionnelle (Hélie, t. 7, p. 503; Carnot, Bourguignon et Rolland de Villargues, sur l'art.174; Legraverend, t. 2, p. 355).

458. Sur l'appel en matière de police, il y a nécessité de plaider à *toutes fins :* le prévenu ne peut, en se bornant à conclure sur un point de forme, empêcher le tribunal de statuer au fond (Cass., 10 juin 1843, J.P.43.2.622).

7

459. Quand un jugement de police a été frappé d'appel par la partie qui avait le droit de l'attaquer ainsi, le ministère public doit veiller à ce que le dossier de l'affaire soit promptement mis en état par le greffier et l'envoyer au procureur de la République de l'arrondissement, en y joignant les renseignements et observations qui peuvent éclairer ce magistrat sur la recevabilité et le mérite de l'appel.

SECT. III. — DU RECOURS EN CASSATION.

§ 1er. — Décisions contre lesquelles on peut se pourvoir.

460. Le recours en cassation est une voie extraordinaire ouverte contre toutes *décisions judiciaires*, en dernier ressort, qui ont méconnu la loi, par excès de pouvoir ou autrement.

461. Sont susceptibles de pourvoi en cassation :

1° Le jugement de simple police qui relaxe l'inculpé, ou qui ne prononce aucune condamnation pécuniaire, ou dont la condamnation n'excède pas cinq francs, outre les dépens;

2° Le jugement qui, sans élever la condamnation au delà de cinq francs, prononce des interdictions ou défenses, telles que celles de récidiver, ou dont la condamnation est d'une valeur indéterminée, de telle sorte que l'art. 172, C. instr. crim., ne se trouve point applicable;

3° Le jugement se bornant à statuer sur la compétence, déclarée absolument ou par voie d'exception préjudicielle;

4° Le jugement qui prononce plusieurs amendes excédant cinq francs en total par des dispositions distinctes, pour contraventions différentes, du moment que chacune d'elles n'emporte que l'amende d'un à cinq francs;

5° Le jugement qui n'a pas expressément prononcé sur une demande faite par le ministère public ou par l'accusé.

[Il y a bien d'autres causes de cassation pour excès de pouvoirs ou violation de la loi. De nombreuses espèces ont été relevées dans le *Code annoté des juges de paix*, p. 230, n°s 7 et suiv., et p. 256, n°s 2 et suiv.].

462. Les jugements avant faire droit, étant purement préparatoires et d'instruction, ne peuvent être attaqués par la voie du recours en cassation que conjointement avec le jugement définitif (Cass., 28 avril 1854, *Bull. crim.*).

Mais les jugements qui préjugent le fond sont des jugements *interlocutoires* contre lesquels est recevable le pourvoi en cassation.

463. Pour qu'un jugement puisse être attaqué en cassation,

il faut qu'il soit *définitif* et en *dernier ressort* (C. instr. crim., art. 416.)

Ainsi, le ministère public ne peut se pourvoir en cassation contre le jugement par défaut, qui n'ayant pas été notifié au prévenu, n'est point encore devenu définitif (Cass., 20 juill. 1842, *Bull. crim.*).

464. Mais il en est autrement pour les jugements d'acquittement, parce que, dans ce cas, il n'y a pas lieu à opposition (Cass., 26 déc. 1839, *Bull. crim.*, n° 389).

§ 2. — Personnes qui peuvent se pourvoir.

465. Le pourvoi en cassation est ouvert en matière de police, au prévenu et à la partie civilement reponsable, au ministère public et à la partie civile, contre les jugements rendus en dernier ressort (C. instr. crim., art. 216 et 413), sans distinction de ceux qui ont prononcé le renvoi du prévenu ou sa condamnation, ou admis un sursis, une preuve ou un moyen d'incompétence.

466. Mais le ministère public est non recevable à former un pourvoi en cassation qui soit uniquement dans l'intérêt de la loi, contre un jugement du tribunal de simple police. Ce droit exceptionnel est réservé exclusivement au procureur général à la Cour de cassation (C. inst. crim., art. 441 et 442).

Néanmoins, si le pourvoi, dans l'intérêt de la loi, formé par le ministère public, l'avait été dans les délais, cette irrégularité dans les termes n'empêcherait pas la Cour de cassation de recevoir ce pourvoi et d'y statuer (Cass., 19 avril 1832, *Bull. crim.*).

467. C'est à l'officier exerçant habituellement les fonctions du ministère public près le tribunal de police, qu'il ait été ou non partie, qu'il appartient de se pourvoir en cassation contre un jugement rendu en dernier ressort par ce tribunal. Le procureur de la République, dans ce cas, serait sans qualité, parce qu'il n'exerce pas de fonctions près de cette juridiction.

468. Le ministère public et la partie condamnée peuvent seuls proposer les moyens exprimés en l'art. 410, C. instr. crim.

§ 3. — De la forme et des délais du recours en cassation.

469. Le Code d'instruction criminelle, qui avait dit, art. 177, que le recours en cassation aurait lieu dans la forme et dans les délais qui seraient prescrits, a oublié de poser des

règles à cet égard, comme il l'a oublié en matière correctionnelle, art. 216. La jurisprudence, pour combler la lacune, a
fait l'application aux affaires de police simple et correctionnelle de l'art. 373, concernant les affaires soumises au jury.
Cet article porte : « Le condamné aura trois jours *francs* après
celui où son arrêt lui aura été prononcé, pour déclarer au greffe
qu'il se pourvoit en cassation. Le procureur général pourra,
dans le même délai, déclarer au greffe qu'il demande la cassation de l'arrêt.

« La partie civile aura aussi le même délai ; mais elle ne
pourra se pourvoir que quant aux dispositions relatives à ses
intérêts civils.

« Pendant ces trois jours, et s'il y a eu recours en cassation, jusqu'à la réception de l'arrêt de la Cour de cassation, il
sera sursis à l'exécution de l'arrêt de la Cour. »

470. D'après cet article, applicable en matière de police. la
partie qui entend se pourvoir a trois jours *francs*, après celui
où le jugement contradictoire a été prononcé : le délai étant
de trois jours *francs*, le pourvoi est encore recevable le quatrième jour après celui du jugement ; autrement, le troisième
jour ne serait pas *franc* pour la partie qui se pourvoit, si elle
ne pouvait profiter de ce jour tout entier pour délibérer sur
le parti qu'elle doit prendre. Ainsi est recevable le pourvoi
formé le 19 contre un jugement du 15, et le 30 contre un jugement du 26.

Mais aussi le délai de quatre jours est de rigueur et ne peut
être étendu, alors même qu'il comprendrait un dimanche ou
autre jour férié ; ainsi, un pourvoi formé le 15 contre un jugement rendu le 10 n'est plus recevable.

Pour les jugements par défaut, le pourvoi doit être formé
dans les trois jours francs qui suivent l'expiration du délai de
l'opposition.

471. « La déclaration du pourvoi doit être faite au greffier
(du tribunal de police) par la partie condamnée et signée d'elle
et du greffier ; et si le déclarant ne peut ou ne veut signer, le
greffier en fera mention.

« Cette déclaration pourra être faite dans la même forme,
par l'avoué de la partie condamnée ou par un fondé de pouvoir spécial ; dans ce dernier cas, le pouvoir demeurera annexé à la déclaration.

« Elle sera inscrite sur un registre à ce destiné : ce registre sera public, et toute personne aura le droit de s'en faire
délivrer des extraits » (C. instr. crim., art. 417).

472. Cette forme de pourvoi, exigée pour toute déclaration par la partie condamnée, s'applique à la partie civile comme au prévenu, et même au ministère public. Elle ne pourrait être suppléée, hors le cas de force majeure, ni par une déclaration verbale faite à l'audience, ou un acte d'huissier signifié au ministère public, ni par une lettre adressée au tribunal de simple police ou à la Cour de cassation, ni par une requête, sans déclaration préalable ; d'où l'on doit conclure que la déclaration du pourvoi n'est valable qu'autant qu'elle a été faite *au greffier* du tribunal de police et constatée par lui.

473. Quoi qu'il en soit, le greffier ne peut se refuser à recevoir la déclaration sous prétexte que le pourvoi serait tardif ou irrégulier; c'est à la Cour de cassation seule de décider si le pourvoi est ou n'est pas recevable.

474. Quant au *lieu* où le pourvoi peut être déclaré, l'art. 417 a modifié l'art. 373, qui parle du *greffe*, en ce sens que la seule condition substantielle, c'est que la déclaration ait été faite *au greffier;* d'où il suit que le pourvoi serait régulier, quoique reçu par le greffier, hors de son greffe, par exemple, dans le cabinet du maire ou du commissaire de police et à une heure où le greffe est fermé.

475. Lorsque le pourvoi est formé par la partie civile ou le ministère public, il doit être notifié par le ministère d'un huissier à la partie contre laquelle il est dirigé, dans le délai de trois jours *francs* accordés pour la déclaration du pourvoi (C. instr. crim., art. 418) : l'absence de cette notification et l'inobservation du délai légal ne sont pas prescrites à peine de nullité.

Mais il ne faut jamais négliger de notifier le pourvoi, parce qu'autrement la partie qui n'aurait pas été par là mise en demeure de se défendre, pourrait faire défaut devant la Cour de cassation et attaquer l'arrêt par voie d'opposition, ce qui occasionnerait des lenteurs et des frais.

476. Le ministère public ne peut se désister d'un pourvoi régulièrement formé (Cass., 21 nov. 1839, *Bull. crim.*).

477. Le pourvoi en cassation est *suspensif* (C. instr. crim., art. 373), qu'il soit formé par le ministère public ou par la partie condamnée, non-seulement en faveur de la partie qui s'est pourvue, mais aussi en faveur de la partie adverse qui aurait négligé de se pourvoir en temps utile. Ainsi, dès qu'il a été déclaré, il faut surseoir à l'exécution du jugement atta-

qué, que ce soit un jugement de condamnation ou un simple jugement d'instruction tel que celui qui déclarerait une opposition recevable; et le juge ne peut passer outre, quelque irrégulier, tardif ou incomplet que soit le pourvoi, jusqu'à la réception de l'arrêt de la Cour de cassation.

478. Le ministère public n'a pas besoin de consigner une amende pour que son pourvoi soit recevable.

479. « La partie civile qui se sera pourvue en cassation est tenue de joindre aux pièces une expédition authentique de l'arrêt. Elle est tenue, à peine de déchéance, de consigner une amende de 150 fr. ou de la moitié de cette somme, si l'arrêt est rendu par défaut (C. instr. crim., art. 419).

480. La consignation de cette somme, plus le dixième de guerre, n'a pas besoin de précéder ou d'accompagner immédiatement le pourvoi; il suffit, pour rendre le recours recevable, qu'elle soit effectuée avant l'audience de la Cour de cassation à laquelle l'affaire doit être portée (LL. 6 prair. an VII et 6 fruct. an VIII). Le ministère public n'a donc pas à vérifier si cette consignation a été effectuée par la partie civile; elle peut être faite au bureau d'enregistrement du domicile du recourant ou se faire au bureau d'enregistrement près la Cour de cassation, et la quittance peut être produite, de même que les certificats qui la remplacent, au greffe de cette Cour tant qu'elle n'a pas statué. Le défaut de cette production, lorsque l'affaire vient à l'audience, emporte déchéance, sans qu'aucune justification ultérieure puisse en relever, à moins qu'il n'y ait eu erreur de la part du greffier ou du conseiller rapporteur.

481. La consignation est réduite à la moitié, pour la partie civile, lorsque le jugement attaqué a été rendu par défaut contre elle-même; s'il l'avait été contre le prévenu, la somme entière devrait être exigée.

Les indigents sont toutefois dispensés de la consignation, pourvu qu'ils produisent à l'appui de leur demande en cassation : 1° un extrait du rôle des contributions constatant qu'ils paient moins de 6 fr., ou un certificat du percepteur de leur commune, portant qu'ils ne sont point imposés; 2° un certificat d'indigence à eux délivré par le maire de la commune de leur domicile ou par son adjoint, visé par le sous-préfet et approuvé par le préfet de leur département (C. instr. crim., art. 420).

482. Une seule consignation d'amende suffit, lorsque plusieurs personnes qui ont été parties dans un jugement font valoir le même intérêt; si elles ont des intérêts opposés, elles

doivent consigner autant d'amendes qu'il y a de demandeurs, à peine de déchéance.

483. Le condamné ou la partie civile, soit en faisant sa déclaration de recours, soit dans les dix jours suivants, peut déposer au greffe du tribunal de simple police qui a rendu le jugement attaqué, une requête contenant ses moyens de cassation. Le greffier lui en donne reconnaissance et remet sur-le-champ cette requête au magistrat chargé du ministère public (Arg. C. instr. crim., art. 422).

Le ministère public a la faculté, bien que la loi ne le dise pas, d'adresser lui-même à la Cour de cassation une requête qui expose les moyens de son pourvoi ; il doit la rédiger avec clarté, décision et simplicité, sans rien omettre d'essentiel, sans rien insérer d'inutile et d'irrespectueux pour le juge qui est l'organe de la loi.

484. Après les dix jours qui suivent la déclaration du pourvoi, par les parties ou par le ministère public, celui-ci fait passer au ministre de la justice les pièces du procès, inventoriées sans frais par le greffier, avec les requêtes, s'il y en a. Il doit s'assurer que le dossier renferme toutes les pièces nécessaires, les ranger et les coter (Instr. gén. de 1826 sur les frais de justice).

485. La procédure est envoyée au ministre par l'intermédiaire du procureur de la République, qui la transmet au procureur général. Une fois qu'il a expédié le dossier, le ministère public n'a plus à intervenir dans l'affaire, qui concerne exclusivement le procureur général à la Cour de cassation.

Dans les vingt-quatre heures de la réception de ces pièces, le ministre de la justice les adresse à la Cour de cassation et il en donne avis au magistrat qui les lui a transmises.

486. Les condamnés peuvent aussi transmettre directement au greffe de la Cour de cassation, soit leurs requêtes, soit les expéditions ou copies signifiées tant du jugement que de leurs demandes en cassation ; néanmoins, la partie civile ne peut user du bénéfice de la présente disposition sans le ministère d'un avocat à la Cour de cassation (Arg. C. instr. crim., art. 424).

487. Le principal effet de la cassation, en matière criminelle et de simple police, comme en matière civile, est d'annuler la décision attaquée et de remettre les parties au même et semblable état où elles étaient avant la décision cassée, c'est-à-dire avec le bénéfice non-seulement des conclusions prises sur le fond, mais aussi de celles qui auraient été prises sur la forme.

488. « Lorsque la Cour de cassation annulera un juge-ment en matière de police, elle renverra le procès et les parties devant un autre tribunal de même qualité que celui qui. aura rendu le jugement annulé » (C. instr. crim., art. 427).

Si la sentence de ce second tribunal est encore attaquée par les mêmes moyens, la Cour de cassation prononce, toutes les chambres réunies. Si ce second jugement est encore cassé par les mêmes motifs que le premier, le ministère public du troi-sième tribunal appelé à prononcer ne peut plus demander l'annulation en se fondant sur des moyens de droit rejetés deux fois par la Cour de cassation : le point de droit reste irrévoca-blement jugé, et le ministère public ne peut requérir ; le juge ne prononce que sur l'appréciation du fait (L. 1er avr. 1837).

489. La cassation peut porter sur toute l'affaire ou n'être que partielle. Elle ne s'étend qu'aux dispositions mêmes du jugement qui ont été l'objet du pourvoi.

Ainsi, lorsqu'un jugement de police a été cassé, au chef seulement qui refuse des dommages-intérêts à la partie lésée par la contravention, ou que le jugement cassé n'avait été attaqué que sur un point, par exemple, sur ce qu'il n'avait pas ordonné la démolition de réparations faites sans autori-sation de la police locale, le tribunal de renvoi ne peut, dans le premier cas, s'occuper que de la fixation des dommages-intérêts, et non de la contravention elle-même ; et dans le second cas, prononcer non sur les autres points de ce juge-ment, et renvoyer le prévenu de l'amende et des dépens pro-noncés contre lui.

490. Tant que dure l'effet suspensif, la décision ne peut servir de base à l'application des peines de la récidive.

491. « Lorsque le jugement aura été annulé, l'amende consignée sera rendue sans aucun délai, en quelques termes que soit conçu l'arrêt qui aura statué sur le recours, et quand même il aurait omis d'en ordonner la restitution » (C. instr. crim., art. 437).

« Lorsque la demande en cassation aura été rejetée, la partie qui l'a formée ne pourra plus se pourvoir contre le même jugement sous quelque prétexte et par quel moyen que ce soit » (Art. 438).

« [L'arrêt qui aura rejeté la demande en cassation sera délivré dans les trois jours au procureur général près la Cour de cassation, par simple extrait signé du greffier, lequel sera adressé au ministre de la justice, et envoyé par celui-ci au magistrat chargé du ministère public près le tribunal qui aura rendu le jugement attaqué » (Art. 439)].

SECT. IV. — Des règlements de juges. — Cas ou il y a lieu. — Formalités.

492. « Toutes demandes en règlement de juges seront instruites et jugées sommairement et sur simples mémoires » (C. instr. crim., art. 525).

493. Lorsque deux tribunaux de police se trouvent saisis de la même contravention ou de contraventions connexes, il en résulte ce qu'on nomme un conflit positif de juridiction, et les parties doivent être réglées de juges par le tribunal auquel ils ressortissent l'un et l'autre. S'ils ressortissent à des tribunaux différents, mais établis dans le ressort de la même Cour, le règlement de juges appartient à cette Cour. Dans le cas contraire, il faut recourir à la Cour de cassation (Arg. C. instr. crim., art. 526).

494. Lorsqu'un tribunal de simple police, en se déclarant incompétent, a renvoyé au tribunal correctionnel et que le tribunal correctionnel s'est à son tour déclaré incompétent, et *vice versâ*, il y a alors ce qu'on nomme un *conflit négatif*, et la Cour de cassation doit être appelée à régler de juges.

495. Les art. 526 et 527 du C. d'instr. crim. sont applicables aux conflits négatifs comme aux conflits positifs.

496. Au cas de règlements de juges, la Cour de cassation doit statuer d'après la prévention qui fait l'objet des poursuites. Elle ne peut connaître des faits et prononcer sur leur qualification que d'après la déclaration qui en a été faite par les juges à qui la loi a exclusivement confié le droit de les apprécier et d'en fixer les résultats.

SECT. V. — De la prise a partie. — En quel cas elle peut avoir lieu contre le juge de police. — Ses formes.

497. La prise à partie est une voie extraordinaire qu'accorde la loi en toutes matières, à la partie lésée pour un fait *volontaire* du juge, à l'effet de le faire déclarer responsable du préjudice qu'il lui a causé.

Elle est formellement autorisée par l'art. 164, du C. d'instr. crim., tant contre le juge de police que contre le greffier, dans le cas spécifié audit article : elle est encore admissible contre le juge dans les cas de l'art. 505 du Code de proc. civile.

498. La prise à partie contre un juge *quelconque* doit être portée à la Cour d'appel du ressort.

Néanmoins aucun juge ne peut être pris à partie sans permission préalable du tribunal devant lequel la prise à partie doit être portée (C. proc. civ., art. 509 et 510).

499. « Il sera présenté à cet effet une requête signée de la partie ou de son fondé de procuration authentique et spéciale, laquelle procuration sera annexée à la requête, ainsi que les pièces justificatives, s'il y en a, à peine de nullité » (C. proc. civ., art. 511).

« Il ne pourra être employé aucun terme injurieux contre les juges, à peine, contre la partie, de telle amende, et contre son avoué, de telle injonction ou suspension qu'il appartiendra » (Art. 512).

« Si la requête est rejetée, la partie sera condamnée à une amende qui ne pourra être moindre de 300 fr., sans préjudice des dommages-intérêts envers les parties, s'il y a lieu » (Art. 513).

« Si la requête est admise, elle sera signifiée dans les trois jours au juge pris à partie, qui sera tenu de fournir ses défenses dans la huitaine. Il s'abstiendra de la connaissance du différend; il s'abstiendra même, jusqu'au jugement définitif de la prise à partie, de toutes les causes que la partie, ou ses parents en ligne directe, ou son conjoint, pourront avoir dans son tribunal, à peine de nullité des jugements » (Art. 514).

« La prise à partie sera portée à l'audience sur un simple acte, et sera jugée par une autre section que celle qui l'aura admise » (Art. 515).

« Si le demandeur est débouté, il sera condamné à une amende qui ne pourra être moindre de 300 fr., sans préjudice des dommages-intérêts envers les parties, s'il y a lieu » (Art. 516).

TITRE IV

DES CONTRAVENTIONS DE POLICE ET DES PEINES.

CHAP. Ier. — DES PEINES.

500. « Les peines de police sont l'emprisonnement, l'amende et la confiscation de certains objets saisis » (C. pén., art. 464).

501. Le caractère principal des contraventions, celui qui

les distingue radicalement des crimes et délits, c'est qu'elles existent par le seul fait de l'infraction matérielle aux prescriptions de la loi ou des règlements, indépendamment de toute intention criminelle, de toute volonté malveillante : la loi de police ne recherche et ne voit que l'acte lui-même ; elle le punit, dès qu'elle le constate ; elle ne s'inquiète ni de ses causes, ni de la volonté qui l'a dirigé. C'est là un point consacré par une jurisprudence constante.

502. Cette règle reçoit toutefois quelques exceptions ; en effet, on trouve dans le Code pénal lui-même et dans des lois postérieures, certains exemples de contraventions à l'égard desquelles l'intention criminelle du contrevenant entre comme élément constitutif. C'est ainsi qu'il place au rang des contraventions :

1° Le fait de ceux qui ont *volontairement* jeté des corps durs ou des immondices sur quelqu'un (C. pén., art. 475, § 8) ;

2° Le vol de récoltes ou autres productions utiles de la terre, qui, avant d'être soustraites, n'étaient pas encore détachées du sol, lorsque le vol n'a été accompagné d'aucune des circonstances prévues en l'art. 388 du C. pén. (Art. 475, § 15) ;

3° Le fait de ceux qui ont *méchamment* enlevé ou déchiré des affiches apposées par ordre de l'administration (Art. 479, § 9) ;

4° Le fait d'avoir exercé *publiquement* et *abusivement* de mauvais traitements envers les animaux domestiques (L. 6 juill. 1850).

503. Du principe qu'en règle générale, les contraventions existent par le seul fait de l'infraction matérielle aux prescriptions de la loi ou des règlements, il résulte que la bonne foi du contrevenant, son ignorance de la loi ou des règlements, l'erreur, l'absence d'intention de nuire, ou même la réparation de l'infraction, ne sauraient effacer la contravention.

504. Toutefois, la loi suppose toujours que si le contrevenant s'est mis en opposition à la loi ou au règlement, il a eu nécessairement la liberté suffisante pour s'y conformer. Aussi a-t-il été constamment reconnu que si l'inculpé justifie qu'il s'est trouvé dans un cas de force majeure qui l'a mis dans l'impossibilité de se conformer à la loi, il n'a commis aucune infraction, et doit être acquitté conformément à l'article 64 du C. pén. (CHAUVEAU et HÉLIE, t. 6, p. 287 ; DE ROYER, *Encycl. du dr.*, t. 6, p. 467, n° 28 ; MORIN, v° *Excuse*, n° 2 ; NICIAS GAILLARD et DALLOZ, *Rép.*, v° *Cont.*, n° 244).

505. Mais si la force majeure peut, en certains cas, effacer la contravention, c'est à celui qui l'allègue à la prouver; pour détruire des procès-verbaux réguliers constatant l'infraction, cette preuve doit elle-même présenter un caractère légal (Cass., 7 déc. 1855, *Bull. crim.*).

506. Cette constatation d'un cas de force majeure appartient souverainement au juge du fait, et échappe ainsi à la censure de la Cour de cassation (Cass., 1er mars 1855, *Bull. crim.*).

507. Au surplus, l'art. 65 du C. pén. s'applique aux contraventions de police comme aux crimes et aux délits, et le juge ne peut admettre d'autres excuses que celles qui sont formellement autorisées par la loi (Cass., 10 juin 1842 et 6 mars 1845, *Bull. crim.*).

Mais l'article 463 du C. pén. accorde une plus grande latitude aux juges, en ce qui concerne la fixation des peines à prononcer à raison des infractions prévues par le Code pénal, qu'il y ait ou non récidive.

508. Ce n'est pas seulement aux contraventions énumérées et qualifiées dans les art. 471, 475 et 479 que l'art. 463 est applicable, mais encore aux contraventions, aux règlements ou arrêtés légalement faits ou publiés par l'autorité administrative.

Toutefois on ne peut étendre l'art. 463 aux contraventions régies par des lois spéciales, soit antérieures, soit postérieures au Code pénal, à moins que ces lois spéciales ne le décident expressément.

509. La faculté de réduire la peine ne peut être confondue avec le droit que s'arrogerait le juge de ne prononcer aucune peine. Si atténuantes que soient les circonstances, il doit rester une peine, puisqu'il reste une contravention, et cette peine ne peut être moindre que le *minimum* de celle édictée par l'art 471 du C. pén. (NICIAS GAILLARD et DALLOZ, v° *Cont.*, n°s 65 et 69; CH. BERRIAT-SAINT-PRIX, n° 396).

510. Quant à l'art. 66 du C. pén., il est constant que ses dispositions s'appliquent aux contraventions de simple police. Le principe qui défend aux juges d'excuser les contrevenants sur l'intention n'y fait nullement obstacle. En effet, l'intention diffère du discernement, celui-ci se rapportant à la conscience que l'homme a de ses actes, et l'intention à la volonté qui les lui a fait commettre; d'où il suit qu'à l'égard d'un prévenu de moins de 16 ans, le juge doit, avant toute con-

damnation, examiner et résoudre la question de discernement.

511. Mais le juge de police ne peut se dispenser de condamner aux frais de l'instance, en vertu des art. 161 et 162 du C. d'instr. crimin., le prévenu de moins de 16 ans, relaxé comme ayant agi sans discernement, du moment où il est reconnu coupable, quoique acquitté, même solidairement avec ses coprévenus, s'il y a lieu, et la personne civilement responsable.

512. La tentative de contravention en matière de simple police n'est assimilée par aucune loi à une contravention consommée.

513. De même, les caractères généraux de la complicité définis par les articles 59, 60 et 62 du Code pénal ne s'appliquent qu'aux crimes et délits, et non aux contraventions de simple police.

Il faut toutefois excepter de cette règle les cas où la loi a formellement compris dans ses dispositions l'auteur et le complice de la contravention, comme dans le cas de l'art. 479, § 8 du C. pén.

514. Quant au cumul des peines, la jurisprudence de la Cour de cassation sur ce point important a été fixée par un arrêt en date du 7 juin 1842, auquel ont concouru toutes les chambres réunies; il en résulte que le cumul des peines est devenu obligatoire pour les tribunaux de police, chaque fois que le prévenu est convaincu de plusieurs contraventions, et que les tribunaux doivent prononcer autant de peines distinctes qu'il y a eu de contraventions commises, lors même qu'elles sont de nature semblable (V. *suprà*, titre II, chap. I, et titre III, chap. X).

515. L'art. 404 du C. pén. est essentiellement restrictif : aucune autre peine ne peut être prononcée en matière de simple police que l'emprisonnement, l'amende et la confiscation, soit ensemble soit séparément, suivant la disposition qui régit le cas particulier. Ainsi, le juge de police ne peut, sans commettre un excès de pouvoir, condamner le délinquant à une réparation d'honneur, sous prétexte d'injure, ordonner l'affiche de son jugement d'office ou sur la seule réquisition du ministère public, ni en ordonner la lecture dans une réunion ou dans un lieu public, etc. (Chauveau et Hélie, t. 6, p. 291; Nicias Gaillard et Dalloz, nᵒˢ 23 et suiv.; P. Gilbert, *C. pén.*, art. 464, nᵒ 24).

516. Mais il peut ordonner l'affiche de son jugement quand

cette affiche est demandée à titre de réparation et de dommages-intérêts par la partie lésée. Toutefois, il y aurait
aggravation de peine, et par suite excès de pouvoir, si le juge
de police ordonnait l'impression et l'affiche à un nombre
d'exemplaires plus considérable que celui demandé par la
partie.

517. Il en est, au surplus, des contraventions comme des
crimes et délits. Les juges de police ne peuvent qualifier contraventions que les faits auxquels la loi a spécialement imprimé ce caractère, et ne connaître que de celles qui rentrent
dans leurs attributions.

518. Quant aux contraventions à la police des fleuves et
rivières flottables et navigables, des ports et havres, des canaux, ports maritimes et de commerce, et travaux à la mer,
elles sont de la compétence des conseils de préfecture, comme
toutes celles de grande voirie, à l'exclusion des tribunaux de
simple police (Ar. ord. août 1681, liv. 4, tit. 2, art. 4 ; Décr.
16 déc. 1811 et 10 avr. 1810).

519. La loi admet une certaine flexibilité dans les peines
de police ; le juge a la faculté de les graduer ; elles se mesu-
rent sur la gravité du fait. C'est par ce motif que le Code pénal a divisé les contraventions de police en trois classes : la
première classe se compose des contraventions énumérées
en l'art. 471, et sont punies d'une amende de 1 fr. à 5 fr.
inclusivement. Quelques-unes de ces contraventions spécifiées
en l'art. 473 peuvent, suivant les circonstances, donner lieu
à un emprisonnement de trois jours au plus.

La seconde classe se compose des contraventions énumérées en l'art. 475, et sont punies d'une amende de 6 fr. à
10 fr. inclusivement. Quelques-unes, spécifiées en l'art. 476,
peuvent, suivant les circonstances, donner lieu à un emprisonnement pendant trois jours au plus.

La troisième classe, enfin, se compose des contraventions
énumérées en l'art. 479, et sont punies d'une amende de
11 fr. à 15 fr. inclusivement. Quelques-unes, énumérées
en l'art. 480, peuvent, suivant les circonstances, donner lieu
à un emprisonnement pendant cinq jours au plus.

520. Les peines applicables à ces diverses contraventions
sont : 1° l'amende de 1 à 15 fr., selon les mêmes classes et
distinctions ; 2° l'emprisonnement, qui ne peut être moindre
d'un jour compté de 24 heures, ni excéder cinq jours, suivant
les classes et distinctions ci-dessus indiquées ; 3° enfin, la
confiscation de certains objets saisis.

521. Il est, au surplus, à remarquer que la peine de l'emprisonnement n'est jamais que facultative en matière de contravention, sauf toutefois le cas de récidive. C'est ce qui résulte formellement des art. 473, 476 et 480; mais il n'en est pas de même de l'amende : le juge, dans le cas où la contravention existe, ne peut se dispenser de la prononcer.

522. L'amende est, comme l'emprisonnement, une peine qui n'est pas susceptible de division entre les contrevenants; l'amende doit être individuelle, c'est-à-dire infligée à chacun des auteurs du même fait. Il est évident, en effet, que, dans la perpétration d'un fait puni par la loi, il y a autant de contraventions qu'il y a de contrevenants. L'infraction n'est pas seulement dans le fait matériel, mais dans la violation de la défense de la loi.

523. Les amendes sont appliquées au profit de la commune où la contravention a été commise (C. pén., art. 466).

En matière forestière, elles sont toujours prononcées au profit de l'Etat (C. for., art. 204).

En matière de police du roulage, lorsque le procès-verbal constatant le délit ou la contravention a été dressé par l'un des agents désignés au § 1er de l'art. 15 de la loi du 30 mai 1851, le tiers de l'amende prononcée appartient audit agent, à moins qu'il ne s'agisse d'une contravention ou d'un délit prévu aux art. 10 et 11. Les deux autres tiers sont attribués soit au Trésor public, soit au département, soit aux communes intéressées, selon que la contravention ou le dommage concerne une route nationale, une route départementale ou un chemin vicinal de grande communication (L. 30 mai 1851, art. 28).

524. La confiscation est la troisième des peines dans l'ordre établi par l'art. 464, C. pén., que des tribunaux de police sont autorisés à prononcer; elle porte soit sur les choses saisies en contravention, soit sur les choses produites par la contravention, soit sur les matières ou les instruments qui ont servi ou étaient destinés à la commettre (C. pén., art. 470, 472, 477, 481).

Pour qu'il y ait confiscation, il faut nécessairement qu'il y ait eu saisie. Ce n'est en effet que des choses saisies en contravention que la confiscation peut être prononcée, non de leur valeur représentative, et ce seulement lorsqu'il y a déclaration de culpabilité.

525. Le Code pénal n'a pas étendu, comme la loi des 19-22 juill. 1791, tit. 2, art. 42, la solidarité aux condamnations de

simple police; il ne parle, en effet, dans son art. 55, que de celles encourues pour crimes et délits; mais le décret du 18 juin 1811, art. 156, veut qu'elle soit prononcée contre tous les auteurs ou complices du même fait. La solidarité doit donc, malgré le silence du Code pénal, être prononcée en matière de contravention par le tribunal de simple police, qui doit avoir soin d'exiger la transcription dudit art. 156 dans le jugement.

526. Quant à la contrainte par corps, elle a lieu pour le paiement de l'amende.

[Néanmoins, le condamné ne peut être, pour cet objet, détenu plus de cinq jours, s'il justifie de son insolvabilité (C. pén., art. 467; L. 22 juill. 1867, modifiée par celle du 19 déc. 1871)].

527. La pénalité appliquée par la loi aux diverses contraventions par elles prévues, s'aggrave en cas de récidive, c'est-à-dire lorsque, dans les douze mois précédents, il a été rendu contre le contrevenant un premier jugement pour contravention de police commise dans le ressort du même tribunal (C. pén., art. 483).

528. Pour qu'il y ait récidive aux termes de cet article, il n'est pas nécessaire que la seconde contravention soit analogue ou de même nature que la première; il suffit qu'il ait été rendu, dans les douze mois précédents, contre le contrevenant, un jugement pour contravention de police commise dans le ressort du même tribunal.

Cette disposition *n'est pas générale*, et elle doit se renfermer dans les limites que la loi elle-même lui a assignées : elle ne peut donc être appliquée que dans les cas prévus par le livre 4 du Code pénal, ainsi que l'énonce formellement l'art. 483, c'est-à-dire lorsque la deuxième contravention est prévue par les art. 471 et suivants. Un autre principe doit être adopté à l'égard des contraventions de police prévues, soit par le Code du 3 brum. an IV, soit par les lois qui lui sont antérieures. C'est évidemment dans les dispositions de l'art. 608 de ce Code qu'il faut chercher les règles à suivre ; il a formellement disposé que, pour qu'il y ait lieu à augmentation de peine pour cause de récidive, il faut qu'il y ait un premier jugement rendu contre le prévenu pour *pareil délit*, dans les douze mois précédents, et dans le ressort du même tribunal de police.

529. Enfin, à l'égard des contraventions prévues par les lois postérieures au Code du 3 brum. an IV, mais antérieures au Code pénal, il n'y a lieu d'appliquer la peine de récidive

qu'autant que ces lois l'ont déterminée ; et, dans ce cas, ce sont encore leurs dispositions particulières qui doivent servir de règles; d'où il suit que la circonstance de la récidive n'aggravera pas la peine à laquelle la contravention donne lieu, si ce fait de récidive n'est pas prévu, et si cette aggravation n'est pas spécialement ordonnée.

530. En résumé, il faut distinguer : 1° les contraventions antérieures au Code du 3 brum. an ɪᴠ, ou prévues par ce Code, dont la récidive ne peut être punie que lorsque la première contravention était de même nature que la seconde ; 2° les contraventions postérieures, mais antérieures au Code pénal, dont la récidive n'est punie d'une augmentation de peine qu'en cas d'une disposition pénale de la loi qui les prévoit ; 3° et enfin, les contraventions prévues par le Code pénal, qui donnent lieu aux peines de la récidive, quelle que soit la nature de la contravention précédente (Circ. parquet de la Seine du 28 mai 1837).

531. L'uniformité de cette aggravation de peine a été rompue toutefois à l'égard de ceux qui, dans l'espace de douze mois, et dans le ressort du même tribunal de police, auraient tenu deux fois des loteries ou des jeux de hasard sur la voie publique ; ils doivent, pour la seconde contravention, être traduits devant le tribunal de police correctionnelle (C. pén., art. 478, § 2).

532. Avant la révision du Code pénal, les juges de police ne pouvaient abaisser les peines de leur compétence au-dessous du minimum fixé par la loi, ni se dispenser de prononcer la peine d'emprisonnement en cas de récidive. Depuis 1832, l'art. 463, a été ajouté, et les juges de police sont autorisés, lorsqu'il existe des *circonstances atténuantes* dans la cause, et à la charge de le déclarer expressément dans leur jugement, à réduire l'emprisonnement et l'amende au-dessous du minimum fixé par la loi, et même à substituer l'amende à l'emprisonnement, sans qu'en aucun cas elle puisse être au-dessous des peines de simple police.

La faculté accordée au juge par cet article est générale et absolue, et, par conséquent, applicable à toutes les contraventions que le Code punit, qu'il y ait ou non récidive. Cette modération quant à l'amende n'est du reste applicable qu'aux contraventions de seconde et troisième classe, par le motif que le juge de police ne peut la supprimer entièrement, et que le minimum des amendes de police étant de 1 fr., il ne pourrait l'abaisser au-dessous de ce chiffre sans violer la dernière disposition de l'art. 463, C. pén. Le renvoi du prévenu ne peut, en effet, résulter que d'une déclaration de non-culpabilité et jamais de circonstances, quelque atténuantes qu'elles soient.

533. Dans le cas où la loi n'a pas déterminé la quotité de la peine, c'est la plus faible des peines prononcées, c'est-à-dire la plus faible des amendes de simple police, qui doit être appliquée ; mais, grave ou légère, la peine est également obligatoire, et il n'est permis d'y rien substituer.

534. Quant à l'emprisonnement, comme il n'est obligatoire qu'en cas de récidive, c'est dans ce cas seulement que le juge doit s'appuyer sur l'art. 463, pour se dispenser de le prononcer, ou pour le prononcer seul et sans amende. Dans les autres cas, il ne pourrait pas être prononcé seul à la place de l'amende : la loi autorise bien la substitution de la peine de l'amende à celle de l'emprisonnement, quand cette dernière est seule prononcée, mais elle ne pouvait pas autoriser la substitution de l'emprisonnement à l'amende, puisqu'elle n'a d'autre but que d'affaiblir la pénalité, quand les circonstances paraissent atténuantes, et que, dans l'échelle des peines, celle de l'emprisonnement est plus grave que celle de l'amende.

535. Mais, d'après le principe de la distinction des actions publique et civile et de la fixité des peines, le juge ne peut remplacer l'amende par des dommages-intérêts, ni laisser au condamné l'option entre la prison et l'amende, ni créer des peines par analogie.

536. Les peines doivent être certaines, c'est-à-dire déterminées à l'avance par une loi pénale ; ainsi, aucune peine ne peut être prononcée qu'en vertu d'une loi, devenue légalement obligatoire elle-même pour le fait qu'elle prévoit ou comme sanction des règlements qu'elle autorise.

Si la peine est édictée dans une ancienne loi, l'application dépend du point de savoir si la disposition pénale est encore en vigueur.

L'ancienne loi subsistante doit être appliquée avec les peines qu'elle édictait, en tant que ces peines rentrent dans l'une ou l'autre catégorie des pénalités admises par le Code pénal, quel que soit d'ailleurs le taux de l'amende (Cass., 20 nov. 1810, 2 juin 1825, 18 fév. 1848, *Bull. crim.*).

537. L'ancien règlement, maintenu par la législation sur la police administrative ou rappelé dans un règlement nouveau de police, ne peut avoir d'autre sanction pénale que l'une

des peines de police édictées par le Code pén. (Cass., 12 nov. 1830, 19 janv. 1837, 13 avr. 1849, *Bull. crim.*).

538. Il en est ainsi de tous les anciens règlements émanant d'une autorité souveraine, auxquels il n'a pas été dérogé par des lois transitoires ou par nos Codes.

539. Les peines ne pouvant être établies que par la loi, un règlement de police ne saurait ni élever, ni réduire celles qui sont la sanction légale de ses dispositions, prohibitives ou impératives ; lorsque le règlement prononce une peine supérieure, soit par lui-même, soit en se référant à un ancien règlement qui n'était pas une loi, le juge de police doit se borner à appliquer la peine de police édictée par le Code pénal comme sanction des règlements (Jurispr. const.).

540. Tout délit ou contravention troublant l'ordre social et causant un dommage comporte une double réparation : la peine et la réparation civile du dommage causé.

541. Toute peine doit être purement personnelle : aucune ne doit frapper une personne autre que l'auteur de l'action coupable ou son complice. Ainsi, le mari ne peut être déclaré responsable, au point de vue de la répression, du délit commis par sa femme, s'il n'y a aucunement participé ; le fils, des faits de son père ou de sa mère, et réciproquement ; le maître, des infractions de ses domestiqués ou préposés, s'il ne les a point provoqués, et n'y a point coopéré, etc.

542. Toutefois, le principe ci-dessus, sans fléchir précisément, comporte quelque tempérament lorsqu'il s'agit d'une infraction qui suppose un ordre, ou au moins une coopération de la part de la personne responsable, ou d'une infraction à des règlements de police concernant sa profession ou à des lois spéciales qui étendent sa responsabilité. Dans ces différents cas, l'action en répression de la contravention se confond avec l'action en responsabilité, de telle sorte que la personne responsable est à la fois passible et de la responsabilité civile qui peut être encourue et de la peine applicable à la contravention. Tels sont certains délits ruraux ; l'infraction à la loi du 30 mai 1851 sur la police du roulage ; les dégâts commis par des animaux qui n'auraient pas été gardés, etc. On ne voit pas, en effet, quelle nécessité il y aurait à citer en même temps, si ce n'est dans le cas de l'art. 7 de la loi du 30 mai 1851, et autres également spécifiés par une loi spéciale analogue, l'auteur matériel du délit et celui qui en répond, ou en est l'auteur en quelque sorte moral.

Aussi pensons-nous que, dans ces différents cas, le tribunal de police qui, malgré l'absence au procès de celui qui a commis l'infraction, se trouve saisi de l'action publique comme de l'action privée, peut très-bien et très-légalement faire application des dispositions pénales de la loi à la personne responsable, qu'elle soit citée seule devant lui ou simultanément avec l'auteur matériel de la contravention. Aussi, la Cour de cassation a-t-elle décidé avec raison, selon nous, que le propriétaire d'animaux, au cas de délit de pacage, peut être déclaré responsable du délit et condamné à une peine de police comme le pâtre lui-même, s'il est constant que celui-ci a agi par ordre de son maître.

[De même, un vidangeur peut être poursuivi et condamné personnellement à une peine de police pour infraction aux règlements de police régissant sa profession (Cass., 7 déc. 1872, *le Droit*, 10 déc. 1872 ; cass., 25 janv. 1873, *Gaz. des trib.*, 4 févr. 1873. Cette opinion, appuyée de ces deux récents arrêts, n'est pas partagée d'une façon absolue par Carré, *Code annoté des juges de paix*, p. 266, nos 10 à 16)].

543. La responsabilité civile pour dommages est, en règle générale, régie par les art. 1382 à 1386, C. civ., pour les cas autres que celui qui est spécialement prévu par l'art. 73 du Code pénal.

544. Le mari n'est point responsable du délit d'injures, de diffamation, commis par sa femme, ni, en général, des faits de celle-ci, quelle que soit l'infraction commise, prévue par le Code pénal, sauf à la partie lésée à prouver qu'il y a eu participation ou complicité de la part du mari.

Mais il en est autrement des délits ruraux, qui sont restés régis par la loi du 28 sept.-6 oct. 1791.

545. La personne civilement responsable peut être citée, en même temps que le prévenu, devant le tribunal de répression ; mais elle ne saurait l'être séparément, si ce n'est dans certains cas exceptionnels. En effet, l'obligation de celui qui est soumis à la responsabilité d'un fait auquel il n'a pas concouru, soit directement, soit indirectement, est une obligation accessoire purement civile et dont, par conséquent, les tribunaux de répression ne peuvent connaître qu'accessoirement à l'action criminelle qui constitue l'obligation principale.

546. La responsabilité civile ne comprend que les dommages-intérêts et les restitutions civiles ; elle ne s'applique pas aux amendes qui sont des peines, si ce n'est toutefois

dans certains cas spéciaux, comme, par exemple, dans le cas de l'art. 13 de la loi du 30 mai 1851 sur le roulage.

547. Les restitutions et dommages-intérêts sont deux espèces distinctes de réparations civiles représentant : l'une, les choses objets de la contravention ; l'autre, la réparation du préjudice causé par l'infraction.

548. En général, c'est au propriétaire de la chose que doit être accordée la restitution ; spécialement en matière forestière si le délit a été commis à son préjudice, encore bien qu'il ne soit pas en cause ; mais il faut toutefois qu'elle soit demandée, sinon par lui-même, du moins en son nom et pour lui ; tandis qu'elle appartient à l'Etat, si le délit a été commis par le propriétaire lui-même (C. forest., art. 204 ; L. 15 avril 1829, art. 73).

549. L'action en restitution exige le concours de toutes les conditions auxquelles est soumise, en général, l'action civile résultant d'un délit ou d'une contravention. Elle appartient, pour l'Etat, au ministère public ; et, en matière forestière, aux préposés de l'administration ; en matière de contravention de voirie, la condamnation au remboursement des frais occasionnés par la suppression de l'œuvre indue, peut être considérée comme rentrant dans les restitutions et dommages.

550. Les dépens de la poursuite font partie des dommages-intérêts et doivent à ce titre être toujours mis à la charge du contrevenant ou délinquant, ainsi que de la personne civilement responsable ; mais ils ne peuvent être adjugés qu'accessoirement à une condamnation principale suivant les art. 162 et 194, C. instr. crim.

551. Le procès-verbal qui constate deux contraventions différentes, peut donner lieu à deux poursuites séparées si le tribunal de police n'a été saisi et n'a statué que sur l'une de ces contraventions. La Cour de cassation a jugé même que le fait qui a motivé une condamnation comme constituant une contravention à un règlement concernant l'abattoir d'une ville, par exemple, peut donner lieu, de la part du ministère public, à de nouvelles poursuites comme contenant une seconde contravention à un arrêté local de police, s'il y a lieu, sans violer le principe de la maxime : *Non bis in idem.*

CHAP. II. — DES CONTRAVENTIONS ET PEINES PRÉVUES ET PUNIES PAR LE CODE PÉNAL.

SECT. Iʳᵉ. — PREMIÈRE CLASSE (ART. 471 A 474).

§ 1ᵉʳ. — Entretien, nettoyage et ramonage des fours, cheminées ou usines.

552. « Seront punis d'amende, depuis *un* franc jusqu'à *cinq* francs inclusivement, ceux qui auront négligé d'entretenir, réparer ou nettoyer les fours, cheminées ou usines où l'on fait usage du feu » (C. pén., art. 471, § 1ᵉʳ).

553. Cette disposition est générale; elle s'étend à toutes les maisons, à tous les ateliers, manufactures et établissements où l'on fait usage du feu; elle s'applique à tous les habitants des maisons, ou possesseurs des usines, à quelque titre d'ailleurs qu'ils habitent ou possèdent.

554. Le ramonage des cheminées est une charge locative, et le locataire qui néglige de l'effectuer est passible de la peine édictée par le § 1ᵉʳ de l'art. 471.

La peine est encourue par cela seul que le feu a éclaté dans une cheminée et au dehors, lors même qu'il serait établi que cette cheminée a été nettoyée deux fois dans l'année, conformément à l'usage des lieux (Cass., 13 oct. 1849, S.-V.50.1. 639).

A plus forte raison si le feu a éclaté dans une cheminée, faute par le locataire de l'avoir ramonée depuis longtemps : peu importe que ce locataire ait cessé d'habiter la maison depuis quelques jours lorsque l'incendie a éclaté (Cass., 24 avril 1840, *Bull. crim.*).

555. L'autorité municipale peut, en vertu de la loi des 16-24 août 1790, tit. 2, art. 5, prescrire, par des arrêtés ou règlements obligatoires, pour tous les habitants de son ressort, des mesures pour prévenir les incendies que peuvent occasionner les fours, cheminées ou usines.

Mais l'infraction au § 1ᵉʳ de notre article est punissable, qu'il existe ou qu'il n'existe pas de règlement dans la commune; elle existe et doit nécessairement être punie par cela seul qu'il a été trouvé une grande quantité de suie, encore bien qu'il n'y ait pas eu d'incendie, ou qu'aucun dommage n'ait été causé aux voisins, et même en cas d'accident et de dommage, que les propriétés d'autrui en aient ou non souffert (Cass., 24 avril 1840, *Bull. crim.*).

556. S'il y a eu incendie des propriétés mobilières ou immobilières d'autrui, causé par la vétusté ou le défaut de réparation ou de nettoyage des fours, cheminées ou usines, la négligence devient un délit, par les effets qu'il a produits, passible des peines de l'art. 458, C. pén., dont le locataire ne peut équitablement être responsable vis-à-vis du propriétaire si le sinistre provient d'un vice de construction qu'il ignorait et ne pouvait prévoir. Si, au contraire, le locataire savait qu'il existait soit un vice de construction, soit des dégradations à la charge du propriétaire, qui pouvaient donner lieu à un incendie, il est incontestablement responsable ; il devait en effet s'abstenir de faire du feu tant que la cause qui pouvait amener l'incendie n'avait pas cessé.

557. Quant au propriétaire, il est toujours en faute, quoique son locataire ne l'ait pas averti de l'état de sa maison ; c'était à lui d'y veiller, à moins d'un cas fortuit ou de force majeure (Cass., 22 juin 1855, *Bull. crim.*).

558. Un propriétaire qui refuse de réparer la cheminée abattue ne peut être relaxé sous prétexte qu'il ne l'avait renversée que pour forcer le locataire à déguerpir des lieux (Cass., 22 juin 1855, *Bull. crim.*).

559. Le Code rural des 20 sept.-6 oct. 1791 impose aux maires le devoir de faire, au moins une fois l'an, la visite des fours et cheminées de toutes maisons et bâtiments éloignés de moins de cent toises d'autres habitations : les visites, qu'ils doivent annoncer préalablement huit jours d'avance, les mettent à même de prescrire toutes les mesures dont l'intérêt public leur démontre la nécessité ; ils peuvent notamment, en cas de négligence ou de refus de la part des habitants de se conformer aux lois et règlements sur le ramonage et l'entretien de leurs cheminées dans les délais prescrits, y faire procéder d'office et ordonner la réparation ou la démolition des fours et cheminées dont la reconstruction vicieuse ou l'état de délabrement pourrait occasionner un incendie ou d'autres accidents, et traduire les contrevenants devant le tribunal de simple police.

Les maires se font généralement assister, dans ces visites, d'hommes de l'art : c'est une bonne mesure qu'on ne peut trop recommander.

560. La peine d'emprisonnement a toujours lieu, en cas de récidive, pendant trois jours au plus contre les contrevenants au § 1er de l'art. 471, C. pén., art. 474, sauf modéra-

tion *facultative*, en cas de circonstances atténuantes reconnues par le juge.

§ 2. — Tir de pièces d'artifice.

561. « Seront punis d'amende, depuis un franc jusqu'à
cinq francs inclusivement, ceux qui auront violé la défense
de tirer, en certains lieux, des pièces d'artifice » (C. pén.,
art. 471, § 2).

562. Cette disposition, à la différence de celle du § 1er ci-
dessus, suppose nécessairement l'existence d'un règlement
ou arrêté qui défend de tirer des pièces d'artifice en des endroits déterminés.

563. La défense faite par un règlement de police de tirer,
sous quelque prétexte et en quelque occasion que ce soit,
des armes à feu et des pièces d'artifice dans l'intérieur des
villes ou villages, doit être observée non-seulement sur la
voie publique, mais aussi dans les enclos et jardins situés
dans l'enceinte de la ville ou village (Cass., 12 déc. 1846,
Bull. crim.), surtout lorsque la défense comprend même
l'intérieur des lieux privés (Cass., 8 mai 1858, *Bull. crim.*).

564. Cette prohibition est tellement générale que les contrevenants ne peuvent être excusés par le motif qu'ils n'auraient
tiré que sur des pigeons qui leur causaient du dommage
(Cass., 8 août 1834, 28 juill. 1855, *Bull. crim.*); ou que le
règlement serait tombé en désuétude; ou bien encore qu'ils
avaient obtenu une permission de l'adjoint au maire (Cass.,
12 déc. 1846, *Bull. crim.*).

565. Les mots *pièces d'artifice*, employés par le § 2 de
notre article, sont des expressions génériques qui doivent
s'entendre de tout travail fait avec de la poudre, pouvant, par
son explosion ou son action, produire les effets que cet article
a voulu prévenir; et la défense qu'il porte s'applique, en conséquence, non-seulement aux pièces d'artifice destinées à des
réjouissances publiques, mais encore à celles employées pour
un travail; par exemple, pour une extraction de pierres
(Cass., 4 août 1853, *Bull. crim.*, n° 380).

566. L'art. 484, ayant maintenu les anciens règlements
auxquels a été emprunté le § 2 de l'art. 471, lesquels ne dé-
fendaient pas seulement de tirer en certains lieux des pièces
d'artifice, mais aussi de faire usage des armes à feu, ces
anciens règlements doivent, sur ce point, être encore appliqués dans les localités où l'autorité municipale n'aurait pas
pris le soin de régler ce détail par de nouvelles dispositions

(Nicias Gaillard et Dalloz, n° 92.—*Contrà*, Bost et Daussy, *des Tribunaux de police*, n° 58).

567. Au surplus, qu'il s'agisse de l'application de règlements anciens ou nouveaux, et quelles que soient les pénalités prononcées par ces règlements, les seules peines qui puissent être appliquées aujourd'hui à ces infractions sont les peines de simple police édictées par notre article.

568. L'autorité municipale peut défendre d'établir des tirs au pistolet qu'elle n'aurait pas préalablement autorisés ; mais la défense générale de tirer des coups de fusil et de pistolet dans l'intérieur de la commune ne comprend pas l'interdiction d'établir des tirs au pistolet.

569. Lorsque la contravention a eu pour résultat l'incendie des propriétés mobilières ou immobilières d'autrui, le fait change de caractère et rentre dès lors dans les prévisions de l'art. 458, C. pén. ; à la vérité, cet article veut que les pièces aient été tirées *avec négligence ou imprudence*, mais la violation du règlement doit être considérée comme un acte de négligence ou d'imprudence (Nicias Gaillard et Dalloz, v° *Contravention*, n° 86 ; Chauveau et Hélie, t. 6, p. 304, 3e édit.).

570. Si les pièces d'artifice ont occasionné un homicide ou des blessures, les art. 319 et 320, C. pén., sont seuls applicables.

571. La confiscation des pièces d'artifice saisies doit être ordonnée (C. pén., art. 472); le juge de police ne peut refuser de la prononcer, sous prétexte de circonstances atténuantes et par application de l'art. 463, C. pén.

572. La peine d'emprisonnement pendant trois jours au plus, *peut*, en outre, être prononcée, selon les circonstances, contre ceux qui ont tiré des pièces d'artifice (C. pén., art. 473).

573. Mais elle a toujours lieu, en cas de récidive, pendant trois jours au plus, sauf modération facultative, s'il y a des circonstances atténuantes reconnues par le juge.

§ 3. — Éclairage, balayage, nettoyage des rues ou passages.

574. « Seront punis d'amende, depuis un franc jusqu'à cinq francs inclusivement, les aubergistes et autres qui, obligés à l'éclairage, l'auront négligé ; ceux qui auront négligé de nettoyer les rues ou passages, dans les communes où ce soin est laissé à la charge des habitants » (C. pén., art. 471, § 3).

575. Ce paragraphe comprend deux dispositions distinctes : le défaut d'éclairage et le défaut de balayage et nettoyage. La première ne spécifie ni les personnes (à part les aubergistes) qui sont obligées à l'éclairage, ni l'étendue de cette obligation ; c'est à l'autorité municipale de faire cette spécification ; les règlements qu'elle prend à cet effet sont de plein droit exécutoires, et les infractions qui y sont commises sont passibles de l'application de l'art. 471.

Ainsi, lorsqu'un arrêté municipal enjoint aux cabaretiers, aubergistes, cafetiers, de tenir une lanterne allumée à leur porte depuis le coucher du soleil jusqu'à minuit, cette prescription doit être exécutée à la lettre, et le contrevenant ne saurait être excusé sous le prétexte qu'il n'était pas encore nuit, qu'il faisait clair de lune et que le ciel était sans nuages (Cass., 12 juill. 1838 et 16 sept. 1853, *Bull. crim.*).

576. Le règlement de police qui prescrit d'éclairer les voitures mises en circulation *pendant la nuit*, rend l'éclairage obligatoire depuis le coucher du soleil jusqu'à son lever : la nuit, dans ce cas, ne doit pas s'entendre seulement des intervalles de temps durant lesquels l'art. 1037, C. proc. civ., défend de, faire des significations ou actes d'exécution (Cass., 2 juin 1848, S.-V.48.1.522).

577. Le tribunal de police ne pourrait suspendre l'exécution d'un règlement qui impose l'obligation et règle les conditions de l'éclairage, sous le prétexte qu'il y a lieu de renvoyer devant l'autorité administrative pour l'interprétation du règlement. Dès que la contravention est constatée, il doit appliquer la peine de l'art. 471. Mais la pénalité de cet article n'oblige qu'autant qu'un règlement émané de l'autorité municipale a contraint d'éclairer (Cass., 14 janv. 1853, *Bull. crim.*).

578. Quoique la disposition de l'art. 471 paraisse avoir plus particulièrement en vue certaines professions, les *habitants*, quels qu'ils soient, peuvent y être assujettis (Nicias Gaillard et Dalloz, n° 96).

579. Le terme *habitants* doit s'entendre des personnes demeurant d'une manière fixe dans la commune, c'est-à-dire des personnes qui y sont domiciliées, non point dans l'acception civile du mot, mais dans l'acception naturelle. Ainsi, tous ceux qui paient la contribution mobilière et qui font un séjour appelé *passager*, doivent être compris sous le nom d'habitants (Rauter, t. 2, n° 597 ; P. Gilbert, art. 471, § 3, p. 575, n° 10).

580. Lorsque, par un acte passé avec le maire, l'entrepreneur d'éclairage s'est subrogé aux obligations des habitants et s'est soumis aux peines qu'ils auraient eux-mêmes encourues en négligeant d'exécuter les lois et règlements relatifs à l'éclairage, les contraventions par lui commises rentrent sous l'application de l'art. 471.

Mais lorsqu'aucune stipulation de cette nature n'a été faite, l'entrepreneur n'est passible d'aucune peine en cas de contravention, et le tribunal de police est incompétent pour connaître de l'inexécution du contrat (Cass., 26 juill. 1827, *Bull. crim.*).

581. [Cette jurisprudence a été modifiée par des arrêts plus récents, en ce sens que l'entrepreneur est passible des peines portées par le Code. Voir Blanche, *Etudes sur les contraventions de police*, n° 48.]

582. L'obligation imposée par l'art. 15 du décret du 10 août 1852, sur la police du roulage, à toutes voitures marchant pendant la nuit, isolément ou en tête d'un convoi, d'être pourvues d'un falot ou d'une lanterne allumée, embrasse les voitures qui, par leur nature et leur destination, sont disposées pour le transport des marchandises, sans distinguer entre les voitures de commerçant et les voitures de roulage proprement dites, chargées ou non chargées de marchandises, et alors même qu'elles seraient établies sur des ressorts et munies d'une banquette (Cass., 11 août 1853, 1er mai 1855, *Bull. crim.*); mais elle n'est applicable qu'aux voitures circulant sur les *routes nationales, départementales, et chemins vicinaux de grande communication.*

Lorsque plusieurs voitures marchant à la suite les unes des autres ne constituent pas un convoi régulièrement formé, elles doivent être toutes éclairées.

583. Les dispositions de l'art. 15 du décret susvisé de 1852, ne sont pas applicables aux voitures *particulières* servant au transport des personnes (Cass., 27 août 1853, 8 fév. 1856, *Bull. crim.*).

Les voitures d'agriculture ne sont astreintes à l'éclairage qu'autant qu'un arrêté administratif prescrit cette mesure. A défaut de constatation suffisante du procès-verbal sur la nature de la voiture, l'appréciation en appartient souverainement au juge de police (Cass., 2 août 1855, *Bull. crim.*). Mais ne sont pas affranchies de l'éclairage les voitures d'agriculture dans lesquelles le cultivateur conduit à la ville les produits de sa propriété ou de sa ferme (Cass., 1er mars 1856, *Bull. crim.*).

Toutes contraventions à l'art. 15 du décret du 10 août

1852, est punie, non plus par l'art. 471, C. pén., mais par l'art. 5 de la loi du 30 mai 1851, sur la police du roulage et des messageries publiques, d'une amende de six à dix francs et d'un emprisonnement d'un à trois jours. En cas de récidive, l'amende peut être portée à quinze francs et l'emprisonnement à cinq jours. Les dispositions de l'art. 463, C. pén., sont applicables.

584. La seconde disposition du § 2 de l'art. 471, C. pén., est relative au *balayage* ou nettoyage des rues ou passages. L'application de cet article est subordonnée à l'existence d'un règlement ou arrêté local ayant pour objet de réprimer et punir les faits qu'il prévoit; à défaut de règlement imposant formellement le balayage et la propreté de la voie publique, il n'y a pas de contravention, et l'art. 471 est inapplicable (Nicias Gaillard et Dalloz, n° 103; Rauter, n° 597; Carnot, t. 2, p. 496; Carré, *Des juges de paix*, t. 4, p. 430. — [*Contrà*, Blanche, n° 50]).

585. D'après l'art. 3, § 1er, tit. 2, de la loi des 16-24 août 1790, l'autorité municipale est chargée du soin de prendre toutes les mesures nécessaires pour assurer le *nettoiement, l'enlèvement des encombrements* dans les rues, quais, places et voies publiques, en un mot, la propreté de la *voie publique*. Son droit à cet égard s'étend à tout ce qui sert à la circulation publique, quand même cette circulation aurait lieu sur une propriété privée, pourvu toutefois qu'elle soit livrée, pendant le jour, au passage du public, et serve de communication à un certain nombre d'habitants, comme une impasse, un cul-de-sac, ou encore une cour commune qui n'est point close et séparée de la voie publique (Cass., 6 fév. 1822, 2 juin 1837, 21 juill. 1838, 22 avril 1842, *Bull. crim.*).

586. L'art. 471, § 3, C. pén., a sanctionné cette disposition en prononçant une amende de un franc à cinq francs inclusivement, contre ceux qui auront négligé le *balayage, la propreté de la voie publique et l'enlèvement des immondices* dans les lieux où l'autorité municipale a chargé les habitants de cette obligation.

587. Le balayage et l'enlèvement des immondices doit avoir lieu aux jours, aux heures et de la manière voulues par le règlement municipal. Dès lors, le tribunal de police commet un excès de pouvoir en renvoyant celui qui ne s'y est pas conformé, sous prétexte qu'il se trouvait alors absent de la commune (Cass., 31 mars 1848, *Bull. crim.*).

588. C'est faire une saine application du règlement, qui

oblige les habitants à balayer le devant de leurs maisons, que de ne pas l'étendre à un jardin éloigné qui ne fait partie d'aucune habitation (Cass., 17 juin 1847, *Bull. crim.*). Le juge de police doit toujours se renfermer dans les termes et l'esprit du règlement et ne pas aller au delà. Ainsi, lorsque l'arrêté municipal enjoint à toutes les personnes dont les habitations sont riveraines de la grande route de balayer le pavé une fois par semaine, le tribunal de police ne peut condamner un prévenu par le seul motif que tel dimanche du mois le devant de la maison n'était pas balayé ; il suffirait, en effet, que le balayage eût été effectué un jour quelconque de la semaine pour que l'arrêté du maire fût réputé avoir reçu son exécution.

589. La charge du balayage incombe à la propriété ; le propriétaire est donc responsable avant tout de la contravention (Arrêt du règlement, 16 déc. 1650, art. 5 ; Cass., 12 fév. 1834, 25 juill. 1845 et 11 sept. 1847, *Bull. crim.*). Ainsi, le propriétaire est personnellement passible de la peine encourue, lorsqu'il n'exécute pas le balayage à défaut de ses locataires (Cass., 4 mai 1848, 24 mai 1855, *Bull. crim.*) ; et ce serait à tort que le tribunal saisi de l'action dirigée contre le propriétaire, ordonnerait, contre la demande de celui-ci, la mise en cause du locataire, ou même de son propre domestique, l'inculpé prétendrait-il avoir chargé ce locataire ou domestique du balayage ; ce serait, en effet, aller contre l'esprit aussi bien que la lettre de la loi, que d'en appliquer la disposition aux locataires ou individus en état de domesticité (Cass., 17 mars 1842 et 15 juill. 1859, *Bull. crim.*).

590. Un propriétaire contrevenant ne peut être excusé par le motif qu'il n'habite pas la maison, ou qu'il l'a louée et que c'est contre le locataire que des poursuites devraient être exercées (Cass., 19 fév. 1858, *Bull. crim.*), alors que l'obligation est imposée aux propriétaires comme aux locataires (Cass., 28 mars 1857, *Bull. crim.*), ou que le locataire est disparu et que la maison est inhabitée (Cass., 25 juill. 1845 et 6 nov. 1857, *Bull. crim.*)

591. A défaut de locataire habitant le rez-de-chaussée, le propriétaire est tenu de balayer, bien qu'il n'habite pas lui-même sa maison (Cass., 25 juill. 1845, *Bull. crim.*) ; en ce cas, le locataire ne peut en être tenu solidairement, encore que l'arrêté municipal décide que les *propriétaires* ou *locataires* seront tenus de cette obligation (Cass., 25 mai 1855, *Bull. crim.*).

592. Les gardiens des établissements publics et de maisons

domaniales se trouvent virtuellement, en leur qualité, substitués au propriétaire, quant aux obligations de police de la nature dont il s'agit au § 3 de l'art. 471, C. pén.; dès lors, ils sont tenus de se conformer aux règlements de police rendus en conformité de cet article, sous les peines qui y sont portées (Cass., 30 mai 1846, *Bull. crim.*)

593. L'adjudicataire ou entrepreneur du balayage qui, volontairement et pour en tirer un profit personnel, s'est soumise aux mêmes obligations que les habitants auxquels il a été substitué afin de les en exonérer pleinement, est passible, lorsqu'il néglige de les remplir, de la peine prononcée pour défaut de balayage (Arrêté du conseil du roi, 21 nov. 1577; Cass., 27 juin 1856 et 29 déc. 1860, *Bull. crim.*).

594. Mais si l'adjudicataire ou entrepreneur du balayage n'était pas soumis, par une clause expresse, aux peines de police, l'administration municipale ne peut invoquer que les règles ordinaires des contrats, et dès lors le juge de police est incompétent pour en connaître (V. *suprà*, n°ˢ 580 et 581).

595. Du reste, la responsabilité pénale ne peut, dans aucun cas, exister à l'égard des tiers avec lesquels l'adjudicataire a passé des traités particuliers et transitoires pour le nettoiement des rues (Cass., 24 avr. 1845, J.P.45.2.698. — [*Contrà*, Cass., 21 juin 1866, cité par Blanche, n° 58]).

596. [Lorsque, dans une commune où les habitants sont chargés du soin de nettoyer les rues, il a été constaté des contraventions par plusieurs habitants, le juge de police doit prononcer autant d'amendes qu'il existe de contrevenants. Il ne peut se borner à infliger une seule amende pour tous (Cass., 23 janv. 1874, *Gaz. des trib.*, 24 janv. 1874)].

597. L'autorité municipale n'a pas seulement le droit d'ordonner le balayage, elle peut ordonner l'enlèvement de tout ce qui nuit à la propreté de la voie publique, comme l'herbe croissant devant les maisons bordant les rues, ruelles et remparts et même devant les murs, jardins et autres dépendances des habitations, le balayage et l'enlèvement des neiges et des glaces, et l'arrosage, chaque jour, pendant les grandes chaleurs, devant leurs maisons, en un mot toutes les mesures de propreté et de salubrité quelconques (Jurisprudence constante sur tous ces points).

[Toutefois, un arrêté du Conseil d'Etat du 20 déc. 1872, rapporté par le *Droit*, 12 janv. 1873, déclare entachée d'excès de pouvoir la disposition de l'arrêté municipal qui prescrit d'arracher l'herbe dans l'interstice des pavés].

598. La peine d'emprisonnement doit toujours être prononcée, en cas de récidive, pendant trois jours au plus, dans les deux cas prévus par le § 3 de l'art. 471, sauf modération facultative s'il y a des circonstances atténuantes reconnues par le juge, en faveur des contrevenants (C. pén., art. 474 et 463).

§ 4. — Embarras de la voie publique. — Éclairage des matériaux ou excavations.

599. « Seront punis d'amende depuis 1 fr. jusqu'à 5 fr. inclusivement, ceux qui auront embarrassé la voie publique, en y déposant ou en y laissant sans nécessité des matériaux ou des choses quelconques qui empêchent ou diminuent la liberté ou la sûreté du passage ; ceux qui, en contravention aux lois et règlements, auront négligé d'éclairer les matériaux par eux entreposés ou les excavations par eux faites dans les rues et places » (C. pén., art. 471, § 4).

600. Ce paragraphe prévoit deux contraventions différentes : l'embarras sans nécessité de la voie publique, et le défaut d'éclairage des matériaux déposés ou des excavations faites sur la voie publique.

La première de ces contraventions est clairement définie par la loi, et n'a besoin de l'appui d'aucun règlement pour être punissable ; elle existe par la réunion de trois conditions : il faut 1° que des matériaux ou des choses quelconques, de nature à empêcher ou à diminuer la liberté ou la sûreté du passage, aient été déposés ; 2° que ce dépôt ait été fait sur la voie publique ; 3° qu'il ait été fait *sans nécessité*.

601. En général, il y a dépôt dans le sens de la loi, lorsque la chose est destinée, par la volonté du déposant, à demeurer et séjourner un certain temps sur la voie publique.

La disposition de ce paragraphe, quant aux choses dont l'abandon ou le dépôt est la matière de la contravention, est générale ; elle s'applique à tous les objets qui peuvent diminuer ou empêcher la liberté et la sûreté du passage.

Ainsi elle s'applique aux décombres provenant de l'écroulement d'un édifice ; au maréchal ferrant qui ferre ou saigne des chevaux devant sa boutique ; au dépôt de fumiers gênant la circulation ; au stationnement des voitures, de chevaux et de bestiaux ; au carrossier qui laisse des voitures en réparation sur la rue, des voitures non attelées ; à l'épicier qui brûle du café sur la voie publique ; au charcutier qui brûle un porc sur un terrain dépendant de l'un des quais d'une ville, quels que soient d'ailleurs les usages locaux, et lors même que ce terrain serait obstrué par des dépôts de pierres et de débris; aux boulangers qui étalent leurs pains en vente sur des bancs ou des tables placés en dehors de la voie publique; au dépôt de tonneaux sur le trottoir d'une rue; à des bois, quoique le dépôt n'ait pas eu lieu pour cause de construction; à l'abandon d'une échelle qui avance sur la rue, etc., etc. Ces différentes espèces ont été visées par des arrêts de cassation.

602. Celui qui s'oppose à l'enlèvement d'un objet quelconque embarrassant la voie publique, commet une contravention punissable, alors même que cet objet n'a été ni amené ni déposé par lui sur la voie publique ; spécialement, celui qui refuse de livrer du bois chargé sur une voiture à sa destination, et qui s'oppose cependant à l'enlèvement de la voiture ou des choses quelconques (Cass., 6 fév. 1845, 28 janv. 1837, J.P.40.2.54).

603. L'art. 471, § 4, C. pén., ne s'entend que de l'embarras causé par le dépôt des choses *matérielles et inanimées*, et non, par exemple, du fait d'un voiturier qui a momentanément abandonné sur la voie publique sa voiture *attelée*. Ce fait constitue la contravention punie par l'art. 475, § 3, et non celle réprimée par l'art. 471, § 4 (Cass., 28 déc. 1843, *Bull. crim.*, n° 333).

604. La seconde condition constitutive de la contravention est que la chose ait été *abandonnée* ou *déposée sur la voie publique*, c'est-à-dire dans *toute rue, place publique* ou *carrefour* dans *l'intérieur et dans les faubourgs des villes et bourgs*.

[De ces expressions on pourrait penser qu'il ne s'agit que des voies *urbaines;* telle avait été, pendant longtemps, la jurisprudence de la Cour suprême. On admet généralement aujourd'hui que l'art. 471, § 4, s'applique également aux voies *rurales*].

605. On ne peut assimiler à la voie publique un terrain qui n'a pas cessé d'être une propriété privée : ainsi, le dépôt de matériaux sur un terrain disposé en forme de rue et livré à la circulation ne constitue pas une contravention dans le sens de notre article, du moment que ce terrain n'a pas cessé d'être une propriété privée.

Les halles ne peuvent être considérées non plus comme voies publiques (Cass., 20 mars 1858, *Bull. crim.*).

606. Les dispositions du § 4 de notre article sont applicables, soit qu'il existe ou non un règlement municipal sur

le même objet (Cass., 25 oct. 1852 et 19 fév. 1858, *Bull. crim.*).

607. Les dépôts de matériaux faits sur les grandes routes rentrent dans les prévisions de la loi du 29 flor. an x, art. 1er, et sont de la compétence des conseils de préfecture.

608. Toutefois, si le même terrain situé dans l'intérieur d'une ville, d'un bourg ou d'un village, sert tout à la fois de rue et de grande route, les contraventions aux règlements de police qui s'y réfèrent peuvent être poursuivies concurremment devant l'autorité administrative et devant l'autorité judiciaire.

Ainsi, le tribunal de police devant lequel un individu est poursuivi pour avoir laissé un amas de fumier devant la porte de sa maison située sur une rue, ne peut se déclarer incompétent sous le prétexte que la rue embarrassée fait partie de la grande route (Cass., 13 juin 1811, S.12.1.65).

609. Il est, au surplus, constant en principe et reconnu par la jurisprudence que les dispositions de la loi qui attribuent à l'autorité administrative la poursuite et la répression des contraventions commises sur les grandes routes ne s'appliquent pas à la partie de celles qui traversent les villes, faubourgs et villages et qui peuvent, en ce qui touche leur commodité, sûreté et salubrité, devenir l'objet de règlements municipaux : les contraventions à ces règlements sont de la compétence exclusive des tribunaux de simple police.

610. Cette règle ne souffre exception que lorsque les dépôts de matériaux ont été opérés pour l'entretien de ces routes par un entrepreneur de travaux publics à ce autorisé par l'administration ou par un de ses préposés; dans ce cas, le conseil de préfecture est seul compétent à l'exclusion du tribunal de simple police (Cons. d'Etat, 14 fév. 1842; Cass., 21 fév. 1841 ; Trib. des conflits, août 1850, *Bull. crim.*).

611. Il en serait de même d'un dépôt, d'un tas de pierres hors les limites fixées par le règlement de police d'un port, ainsi que des dépôts de matériaux ou de choses quelconques, de nature à empêcher ou à diminuer la liberté ou la sûreté du passage, faits dans les rivières même non navigables ni flottables, qui sont des *chemins par eau*, et que notre législation assimile en beaucoup de choses aux chemins communaux ou vicinaux.

612. Lorsqu'un chemin est à l'usage du public et qu'il en est en possession, le tribunal de police ne peut renvoyer le prévenu de la contravention d'embarras de la voie publique,

commise sur ce chemin, par le motif qu'il n'a été déclaré chemin vicinal par aucun arrêté de classement pris par l'autorité compétente. La publicité d'un chemin peut exister sans qu'elle ait été déclarée par un arrêté de classement lorsqu'il est notoirement à l'usage du public, et le tribunal de police ne peut se dispenser de statuer sur la contravention qu'autant que l'exception de propriété serait régulièrement proposée, auquel cas il se borne à surseoir (Cass., 6 déc. 1851, *Bull. crim.*).

613. Mais le prévenu doit être relaxé lorsqu'il n'est pas contesté que le terrain sur lequel il avait fait le dépôt est sa propriété, ainsi qu'il a été reconnu par une délibération du conseil municipal. Peu importe que ce terrain touche à la voie publique (Cas. 19 av. 1861, *Bull. crim.*).

614. Le troisième élément de la contravention réprimée par le § 4, c'est que les matériaux aient été déposés *sans nécessité;* et c'est au juge de police qu'il appartient d'apprécier si les dépôts effectués ont eu lieu avec ou sans nécessité, et s'ils ont embarrassé la voie publique [Cass., 21 avril 1870, *Ann. des J. de P.*, 1872, p. 33].

615. Mais il ne suffit pas que la *nécessité* existe, il faut qu'elle soit constatée dans le jugement. Ainsi, lorsqu'il est établi qu'un individu a fait déposer des décombres dans une rue, et que ces décombres embarrassaient la voie publique, le tribunal de police ne peut prononcer son acquittement sans une déclaration explicite de la nécessité de ce dépôt (Cass., 27 déc. 1856, *Bull. crim.*).

616. Le cas de nécessité doit s'entendre seulement d'un dépôt momentané occasionné par un événement accidentel, imprévu ou de force majeure, mais ne peut résulter d'un embarras journalier et successif ayant pour objet de faciliter l'exercice d'un métier ou d'une profession quelconque [Cass., 7 mai 1874, *Gaz. des trib.*, 8 mai 1874].

617. Lorsqu'il est établi par un procès-verbal régulier que le prévenu a obstrué la voie publique sans nécessité, le tribunal de police ne peut déclarer sans preuve, soit écrite, soit testimoniale, et en se fondant sur l'allégation du prévenu, qu'il y avait nécessité.

618. En général, il y a nécessité lorsque le propriétaire des matériaux n'a pas été à même de prendre les dispositions nécessaires pour l'enlèvement des matériaux ou des choses déposées.

619. En cette matière, un prétendu usage et un consente-

ment tacite des agents préposés à la surveillance des rues et places publiques ne peuvent être une excuse (Cass., 6 sept. 1844, *Bull. crim.*).

620. L'excuse ne peut être tirée d'une possession prétendue immémoriale, ni de la permission du maire, ni du motif que la contravention était déjà ancienne, permanente, et dès lors éteinte par la prescription, un acte de tolérance de la part de l'autorité municipale ne pouvant jamais conférer aucun droit irrévocable, ni enfin du motif que le procès-verbal ne constaterait pas que les objets déposés fussent restés un temps plus que suffisant pour qu'ils pussent être enlevés (Cass., 19 août 1847, *Bull. crim.*).

621. L'art. 471, § 4, n'ayant attaché au dépôt de matériaux dans les rues le caractère de contravention que lorsqu'il a lieu sans nécessité, l'arrêté municipal qui remplacerait la disposition de la loi par la défense de laisser séjourner des dépôts sur la voie publique pendant plus de vingt-quatre heures ajoute aux dispositions de la loi et n'est point obligatoire pour le tribunal (Cass., 14 mai 1853, *Bull. crim.*).

622. De même, l'arrêté par lequel un maire astreint les citoyens à se munir de son autorisation préalable est illégal ; et, en pareil cas, le juge de police doit faire aux contrevenants l'application du § 4 de l'article 471 (Cass., 17 sept. 1857, *Bull. crim.*).

623. Mais le règlement de police qui défend à tous marchands non propriétaires ou locataires de magasins dans la ville, d'étaler des marchandises dans les rues, ou aux propriétaires et locataires de boutiques de faire sur la voie publique des étalages dépassant en saillie une dimension déterminée, lors même que ces étalages ne dépasseraient pas l'auvent de la boutique, et que le sol sur lequel ils auraient lieu appartiendrait au propriétaire, est pris dans le cercle des attributions municipales, et comme tel est obligatoire ; il suffit que le sol soit livré à la circulation.

624. Le pouvoir municipal a le droit de subordonner à son autorisation préalable le stationnement, dans les lieux ouverts et attenant à la voie publique, de voitures marchant à l'heure ou à la course, de même que le stationnement sur la voie publique elle-même.

625. Le dépôt fait par un individu, devant son habitation ou dépendances, sur la voie publique, de fumiers gênant la circulation et répandant une odeur insalubre, constitue la double infraction aux §§ 4 et 6 de l'art. 471, C. pén., qu'au-

cun motif ne peut excuser, notamment celui que, dans la ville où ce fait a lieu, le nettoiement n'est pas à la charge des habitants, et est passible de deux peines, que le tribunal de police ne peut se dispenser d'appliquer.

626. L'obligation d'éclairage n'existe, ainsi que nous l'avons vu *supra*, § 3, pour les personnes autres que les aubergistes, qu'autant qu'elle leur a été formellement imposée par des règlements ou arrêtés municipaux.

627. Mais il n'en est pas de même de l'obligation imposée par le § 4 du même article à toutes personnes d'éclairer, pendant la nuit, les matériaux par elles entreposés, ou les excavations par elles faites sur la voie publique : cette obligation, fondée sur les motifs les plus impérieux de sûreté publique et d'humanité, est d'ordre public, et doit être remplie, alors même que l'autorité municipale ne l'aurait pas prescrite ; son omission ne peut être excusée sous aucun prétexte (Jurisp. const.).

628. Cette obligation est personnelle et spéciale : aucune circonstance accidentelle et étrangère à celui à qui la loi l'impose ne peut l'en dégager ni l'affranchir de la peine attachée à sa négligence. Elle ne se borne pas à l'éclairage dès la fin du jour, elle s'étend encore à sa *conservation* pendant *toute la nuit*, et contraint à la rétablir dès qu'un événement quelconque l'a fait cesser ; s'il n'en était pas ainsi, le but du législateur serait manqué.

629. Ainsi, le défaut d'éclairage, à une certaine heure de la nuit, des dépôts de matériaux et des excavations, ne peut être excusé sur le motif que la clarté produite par la lune rendait l'éclairage inutile, ou que cet éclairage avait eu lieu pendant une partie de la nuit, ou que la lumière a été éteinte par le mauvais temps, ou qu'une lanterne de la rue éclairait suffisamment (Cass., 19 août 1847, *Bull. crim.*), ou que dans les longs jours de l'été l'éclairage était inutile (Cass., 21 sept. 1849, *Bull. crim.*), ou que la largeur de la rue rendait tout accident impossible, ou que le maire a jugé que l'éclairage n'était pas nécessaire (Cass., 27 avril 1843, *Bull. crim.*), ou que les objets déposés n'embarrassaient pas réellement la voie publique (Cass., 6 mars 1845, *Bull. crim.*), ou que le contrevenant n'avait pas eu l'intention de les laisser pendant la nuit, etc.

630. Le défaut d'éclairage d'un dépôt de matériaux fait sur la voie publique à l'occasion de travaux publics, comme tout autre, constitue la contravention prévue et réprimée par le § 4

de l'art. 471. L'entrepreneur est, en conséquence, justiciable du tribunal de police.

631. L'arrêté municipal qui prescrit aux habitants d'éclairer, depuis le coucher du soleil jusqu'au point du jour, les dépôts de matériaux et les excavations, se bornant à rappeler la disposition du § 4 de l'art. 471, C. pén., n'a pas besoin, pour devenir exécutoire immédiatement après sa publication, d'avoir été soumis à l'approbation du préfet, conformément à l'art. 11 de la loi du 18 juillet 1837 : cette exception au principe consacré par cet article s'applique à tous les règlements qui se bornent à rappeler un des articles 471, 475 et 479, C. pén.

632. Si le défaut d'éclairage des dépôts de matériaux ou des excavations sur la voie publique a occasionné la mort ou la blessure d'animaux appartenant à autrui, le contrevenant doit être puni d'une amende de 11 à 15 fr. inclusivement, en vertu de l'art. 479, § 4, C. pén.

633. Il est évident aussi que si du défaut d'éclairage il résulte, soit un homicide, soit des blessures, soit un dommage quelconque, le contrevenant en est responsable aux yeux de la loi criminelle et civile (C. pén., art. 319, 320 ; C. civ., art. 1381 et suiv.).

634. La peine d'emprisonnement doit toujours être prononcée, en cas de récidive, pendant trois jours au plus, contre les contrevenants aux deux dispositions du § 4 de l'art. 471, C. pén., sauf modération facultative, s'il y a des circonstances atténuantes en leur faveur, déclarées par le jugement (C. pén., art. 474 et 463).

§ 5. — Règlement sur la petite voirie. — Édifices menaçant ruine.

635. La *petite voirie* se divise en *voirie urbaine* et *voirie rurale :* la *voirie urbaine* comprend les rues, quais, places, passages, ruelles et impasses des villes et bourgs ; la *voirie rurale*, les rues des villages et toutes les voies publiques extérieures qui ne dépendent ni de la *grande voirie* ni de la *voirie vicinale*. Les rues et les quais qui sont le prolongement des routes nationales ou départementales, quoique faisant partie de la grande voirie, sont assujettis aux règlements locaux qui prescrivent des mesures de sûreté, de propreté et de salubrité (Jurisprudence constante).

636. Seront punis d'amende, depuis un franc jusqu'à cinq francs inclusivement, ceux qui auront négligé ou refusé d'exécuter les règlements ou arrêtés concernant la *petite voirie*,

ou d'obéir à la sommation émanée de l'autorité administrative, de réparer ou démolir les édifices menaçant ruine (C. pén., art. 471, § 5).

637. La première disposition de ce paragraphe est réglée par les art. 4 et 5 de l'édit de déc. 1607, rendu par le roi Henri IV, et par un arrêt du conseil du 27 fév. 1765, ainsi que par une déclaration du roi du 16 juin 1693 :

« Deffendons à nostre *dit grand voyer ou à ses commis* (aujourd'hui les préfets pour la grande voirie et les chemins vicinaux de grande communication, les maires pour la petite voirie), porte l'art. 4 de l'édit de déc. 1607, de permettre qu'il soit fait aucunes saillies, avances et pans de bois ès bâtiments neufs et mesme à ceux où il y en a à présent, de contraindre les réédifier, n'y faire ouvrages qui les puissent conforter, conserver et soutenir, n'y faire aucun encorbellement en avance pour porter aucun mur, pan de bois ou autres choses en saillie, et porter à faux sur lesdites rues ; ainsi faire le tout continuer à plomb, depuis le rez-de-chaussée tout contremont, et pourvoir à ce que les rues s'embellissent et élargissent au mieux que faire se pourra, et en baillant par lui les alignements, redressera le mur où il y aura ply ou coude, et de tout sera tenu de donner par écrit son procès-verbal de luy signé, ou de son greffier, portant l'allignement desdits édifices de deux toises en deux toises, à ce qu'il n'y soit contrevenu.

« Comme aussi nous deffendons, ajoute l'art. 5, à tous nosdits sujets de la dite ville, faubourgs, prévôté et vicomté de Paris *et autres villes de ce royaume*, faire aucun édifice, pan de mur, jambe estrière, encoigneures, caves ni caval, forme ronde en saille, siéges, barrières, contre-fenestre, huis de cave, bornes, pas, marche, siége, montoirs à cheval, auvents, enseignes establies, cage de menuiserie, châssis à verre et autres avances sur ladite voyrie, *sans le congé et alignement* de nostre dit grand voyer ou desdits commis....

« Et après la perfection d'iceux, seront tenus lesdits particuliers d'en avertir ledit grand voyer ou son commis, afin qu'il récolle lesdits allignements, et reconnaisse si lesdits ouvrages auront travaillé suivant iceux, sans toutefois payer aucune chose pour ledit récollement et confrontation ; et où il se trouveroit qu'ils auraient contrevenu auxdits allignements, seront lesdits particuliers assignés par-devant *le prévost de Paris ou son lieutenant*, pour voir ordonner que la *besongne mal plantée sera abattue*, et condamnez à telle amende que de raison.... »

638. La substance des dispositions principales d'un dernier article se retrouve dans l'arrêt du conseil du 27 fév. 1765; mais l'arrêt diffère de l'édit, en ce qu'il étend l'application des prescriptions et défenses qu'il contient aux *bourgs et villages* traversés par des routes et qu'il prononce une peine contre les *maçons, charpentiers, artistes et ouvriers* qui auront construit ou réparé des édifices, sans en avoir obtenu les *alignements ou permissions*, aussi bien que contre les propriétaires.

« Faisons défenses, porte la déclaration du roi du 16 juin 1693, à tous particuliers, maçons et ouvriers de faire démolir, construire ou réédifier aucuns édifices ou bâtiments, élever aucuns pans de bois, balcons ou auvents cintrés, étables, travaux de maréchaux, poser pieux et barrières, étais ou étrésillons, sans avoir pris les *alignements* et permissions de nos trésoreries de France (aujourd'hui les préfets et les maires), à peine, contre les contrevenants, de 20 livres d'amende. »

639. Ces règles ont été sanctionnées de même qu'étendues à toutes les communes de la France par les lois des 16-24 août 1790, tit. 2, § 1, 19-22 juill. 1791, tit. 1, art. 29 et 46, et le Code pénal, art. 484 et 471, § 5 : aussi doit-on réputer subsistante, générale et absolue, avec la sanction pénale qui appartient à tous les règlements ou arrêtés locaux, l'ancienne règle qu'*aucune construction ou reconstruction* confinant une voie publique, dépendant, soit de la grande, soit de la petite voirie, fleuve, rivière, canal, route ou chemin, ne peut être entreprise, sans qu'on ait préalablement demandé et obtenu *par écrit*, à cet effet, l'autorisation préfectorale ou municipale, suivant les cas, substituées aux anciens voyers des villes par les lois des 14 déc. 1789, 16-24 août 1790, 19-22 juill. 1791, 16 fruct. an II, 21 mai 1836, 28 pluv. an VIII, 16 sept. 1807, décr. 27 juill. 1808 et 25 mars 1852.

640. Des dispositions ci-dessus, il résulte qu'aujourd'hui les maires ont le droit de régler tout ce qui concerne la petite voirie, sans autres limites que l'utilité générale de la commune et le respect de la propriété, et sans que les tribunaux chargés de sanctionner leurs arrêtés puissent aucunement les modifier (Jurisprudence constante).

641. Ainsi, ceux qui veulent construire, réédifier, exhausser, embellir ou réparer des murs de face ou de clôture donnant sur la voie publique, ou qui désirent établir des saillies à une façade, doivent demander et obtenir préalablement

l'autorisation municipale, autorisation qui doit être accompagnée de l'alignement, lorsqu'il s'agit de construction. En aucun cas, une autorisation verbale ne saurait suffire : elle doit être demandée et donnée par écrit (Jurisprudence constante).

642. Il appartient aux maires de donner ou faire exécuter les alignements dans les rues des *villes, bourgs et villages* qui ne sont pas routes nationales ou départementales (Arr. Cons. d'Etat, 8 juin 1818 et 16 juin 1824).

643. Les adjoints aux maires ont, à cet égard, le même droit que les maires, en cas d'absence ou d'empêchement de ceux-ci (Cons. d'Etat, 7 mai 1823).

644. Les alignements dans les rues qui font partie des chemins vicinaux *ordinaires* doivent toujours être donnés par les maires; mais il n'appartient qu'au préfet de régler les constructions dans les rues formant le prolongement d'un chemin vicinal *de grande ou de moyenne communication*.

645. Les règles relatives aux alignements sont obligatoires dans *les bourgs et villages*, aussi bien que dans *les villes*.

Ainsi, tout propriétaire qui veut construire dans un bourg ou village, doit se conformer à l'alignement donné par l'autorité municipale.

646. Aucune autorisation quelconque ne peut tenir lieu de la permission de l'autorité municipale. Ainsi, la circonstance que, postérieurement à la demande de cette permission, l'inspecteur voyer s'est transporté sur les lieux, y a tracé l'alignement sur lequel les constructions ont été élevées, et a déclaré au propriétaire qu'il était autorisé à bâtir sur ledit alignement, n'a pas pour effet de remplacer la permission exigée par la loi. Le mode de procéder est irrégulier, car l'alignement ne peut être donné que par l'autorité municipale elle-même, au moyen d'un arrêté en bonne forme ; c'est ce qui résulte de plusieurs décisions de la Cour suprême et du Conseil d'Etat, notamment d'un arrêt rendu par la Cour de cassation le 30 juin 1853, et portant que l'alignement doit être fixé par un arrêté, qu'une indication verbale ne suffit pas, etc. (Cass., 27 juill. 1855, 26 janv. et 28 mars 1856, 17 juill. 1857, 4 déc. 1857, *Bull. crim.*).

647. Il y a lieu d'ordonner la démolition de la *besogne mal plantée*, qu'elle ait été élevée en avant ou en retrait de l'alignement fixé par un plan régulièrement dressé et dûment approuvé, puisque, dans les deux hypothèses, elle est préjudiciable à la voie publique sous le rapport de la propreté, de la salubrité et de la sûreté de cette voie. En conséquence, le juge-

ment qui refuse d'ordonner la démolition, par le motif que les ouvrages ont été faits sur la propriété du prévenu et de manière à ne pas empiéter sur la voie publique, ou que ces travaux sont sans importance et insignifiants au point de vue de la solidité et de la plus-value dudit mur, admet des excuses non reconnues par la loi, et viole les art. 4 et 5 de l'édit de décembre 1607 (Cass., 30 août 1855, 12 juill. et 29 août 1856, *Bull. crim.*).

648. Egalement, l'exhaussement, sans autorisation préalable de l'autorité municipale, d'un édifice sujet à reculement, constitue par lui-même une œuvre nouvelle dont la démolition doit être ordonnée, aux termes desdits art. 4 et 5 de l'édit de décembre 1607 et de l'art. 161, C. instr. crim. (Cass., 12 juill. 1855, *Bull. crim.*).

649. Le propriétaire d'une maison située en saillie sur l'alignement proposé, qui fait exécuter, sans autorisation, des travaux confortatifs, commet une contravention à l'art. 7 de l'édit de décembre 1607, et le tribunal de police doit, non-seulement condamner le délinquant à l'amende portée par l'art. 471, § 5, C. pén., mais encore ordonner la destruction de *l'œuvre indûment faite* (Cass., 6 avril 1854, *Bull. crim.* [Cass., 15 janv. 1874, *Gaz. des trib.*, 6 mars 1874]).

650. La question de savoir si l'ouvrage indûment fait est ou n'est pas confortatif de sa nature, ne peut être décidée que par l'autorité administrative, et le tribunal de police qui statue sur cette question, commet un excès de pouvoir (Cass., 12 juill. 1855, 2 mai 1856, *Bull. crim.*).

651. Ainsi le juge de la prévention est tenu d'ordonner la destruction de l'ouvrage illégalement opéré, lors même que le contrevenant prétendrait que ce qu'il a fait ne conforte point la partie retranchable de la propriété, puisqu'il ne saurait apprécier le moyen de défense qu'en empiétant sur les attributions de l'autorité administrative, qui est seule compétente pour laisser subsister tout ce qu'elle a exclusivement le droit de permettre ou d'interdire (Cass., 14 mars 1833, 12 juill. 1855, *Bull. crim.*).

652. [Et lors même que l'autorisation de construire a été donnée par le maire. Cass., 3 janv. 1874, *Gaz. des trib.*, 18 janv. 1874].

653. A défaut de vérification régulière par l'autorité municipale, le tribunal de police peut seulement surseoir jusqu'à ce que l'autorité administrative ait décidé cette question préjudicielle (Cass., 17 janv. 1840, *Bull. crim.*).

654. L'omission dans le jugement d'une disposition ordonnant la démolition des travaux illégalement faits, démolition qui n'a point été requise par le ministère public, ne
peut servir de base à un arrêté administratif tendant à faire
revivre une action repoussée par l'autorité de la chose jugée.
Il est de principe, en effet, que la juridiction répressive ne
peut être saisie d'une demande en démolition de travaux indûment exécutés à un bâtiment joignant la voie publique, par
une action principale, mais seulement accessoirement à la
poursuite d'une contravention à titre de réparation civile, et
comme conséquence de la condamnation (Cass., 1er août 1856,
Bull crim.).

655. La jurisprudence de la Cour de cassation, à l'égard
des cas où la démolition est obligatoire pour les tribunaux de
simple police, a varié plusieurs fois, mais elle paraît mainte-
nant fixée, en ce qui concerne les bâtiments qui ne sont point
en retraite sur l'alignement, par l'arrêt du 12 juill. 1855,
susvisé. Dans cet arrêt, la doctrine de la Cour régulatrice est
développée en ces termes :

« Il suit de la combinaison des art. 4 et 5 de l'édit du mois
de décembre 1607, et de l'art. 52 de la loi du 16 sept. 1807,
que leur infraction doit être réprimée différemment, suivant
que le bâtiment réédifié ou réparé se trouve déjà entièrement
établi dans l'alignement, ou grevé, en totalité ou en partie,
de la servitude de retranchement.

« Dans la première hypothèse, le travail opéré sans autorisation expresse et préalable de l'autorité municipale, ne
présente qu'une simple contravention à la règle d'ordre public qu'exige cette autorisation ; la viabilité locale n'en éprouve
aucun dommage ; il ne doit point être abattu, quoiqu'il n'ait
pas été régulièrement établi, quand le maître ne pourrait
s'abstenir d'accorder ensuite la permission de le rétablir ; il
n'entraîne donc contre le contrevenant que l'application de
l'amende édictée par l'art. 471, § 5, C. pén.

« Mais, dans la seconde hypothèse, la contravention qui
provient de ce travail a nécessairement pour objet et pour résultat de retarder l'exécution de l'alignement prescrit ; dès
lors, le tribunal devant lequel sa répression est poursuivie,
doit, en prononçant l'amende, ordonner, conformément à
l'art. 161, C. instr. crim., la démolition immédiate de tout
ce qui le constitue.

« Le nouvel œuvre, quel qu'il soit, est dans ce cas si le règlement local ne dispose pas en termes formels que le maire

l'autorisera sur la demande des impétrants, *la besogne mal plantée* que prescrit l'édit susdaté ; sa destruction peut seule faire cesser, en le réparant, le préjudice qu'il cause à l'intérêt général et exonérer la somme du surcroît de dépense qu'entraînerait pour elle, aux termes de l'art. 50 de la loi du 18 sept. 1807, l'expropriation du sol dont cet intérêt réclame la jouissance. »

656. Lorsqu'il y a exhaussement, sans autorisation, d'un mur déjà sujet à reculement, le tribunal de police doit ordonner la démolition de la partie exhaussée, et non celle de l'ancien mur. (Cass., 4 déc. 1856, *Bull. crim.*).

657. La démolition des constructions faites sans autorisation, le long d'une voie publique, ne doit, aux termes de l'art. 161, C. instr. crim., être ordonnée par le jugement qui punit l'inobservation de cette formalité, qu'à titre de réparation civile et qu'autant que les constructions présentent un empiétement sur la largeur de la voie ; par conséquent, lorsque le fait d'empiétement est douteux, le tribunal de police doit surseoir à statuer sur la prévention jusqu'à ce que la largeur de la rue et l'alignement des constructions à élever le long de cette rue aient été fixés par qui de droit (Cass., 27 déc. 1856, 14 août 1858, *Bull. crim.*).

658. Quant aux constructions élevées en arrière de l'alignement, elles doivent être également démolies (Cass., 30 août 1805, 17 juill. 1857, *Bull. crim.*). Cette solution se justifie parfaitement par cette considération que la contravention consistant à bâtir hors de l'alignement, soit en avant, soit en arrière, a *nécessairement pour objet et pour résultat de retarder l'exécution de l'alignement prescrit, et que le nouvel œuvre est, dans ce cas, une besogne mal plantée.*

659. L'art. 52 de la loi du 16 sept. 1807 suppose un plan arrêté ; mais qu'un plan existe ou n'existe pas, le maire a également le droit de fixer par des règlements, l'alignement des rues, d'autoriser les constructions qui y sont élevées. Cet article n'a point dérogé aux anciens règlements, qui ont été maintenus par l'art. 29 de la loi des 19-22 juill. 1791 et par l'art. 484, C. pén., et d'après lesquels les propriétaires, architectes ou autres ouvriers constructeurs, sont tenus lorsqu'il s'agit de constructions ou de reconstructions sur la voie publique, ou de toute autre espèce d'ouvrage à faire aux murs de face sur routes ou sur rues, d'en demander l'autorisation avant d'entreprendre ou commencer les travaux. Assujettir, n effet, les maires à donner des alignements conformes aux

plans généraux des villes, qui doivent être faits et arrêtés conformément à cet article, ce n'est nullement les dépouiller, tant que ces plans n'existent pas, du pouvoir dont ils ont été formellement investis, en matière de petite voirie, par les anciens règlements précités, et par les lois des 4 déc. 1739, art. 50, 16-24 août 1790, tit. 2, art. 3, § 1er, 19-22 juill. 1791, tit. 1er, art. 16, et 18 juill. 1837. tit. 2, art. 10.

660. Les règlements que l'autorité municipale fait légalement d'après ces dispositions, concernant les maisons et bâtiments qui confinent la voie publique actuelle, et les murs de face sur route ou sur rue, sont, par conséquent, obligatoires pour les tribunaux de simple police, dans les lieux dont les plans n'ont pas été arrêtés en Conseil d'Etat; ces règlements trouvent leur sanction dans l'art. 471, § 5, C. pén. (Cass., 18 juil. 1840, *Bull. crim.*).

661. Ainsi, même en l'absence d'un plan arrêté, le fait d'avoir construit, au mépris du refus d'autorisation, ou contrairement à l'alignement qu'on était tenu d'observer, emporte l'application de la peine prononcée par l'art. 471, § 5, C. pén., et la destruction immédiate du nouvel œuvre (Cass., 30 janv. 1847, *Bull. crim.*).

662. Mais lorsqu'un propriétaire s'est conformé à l'alignement qui lui a été donné par un arrêté du maire, l'autorité supérieure ne peut, en réformant cet arrêté, le rendre comme non avenu après qu'il a produit son effet, et obliger celui qui l'a obtenu à démolir les constructions par lui élevées en s'y conformant, ni, par conséquent, le tribunal de police condamner le prévenu à l'amende et à opérer ladite démolition, l'arrêté du maire étant, dans l'espèce, définitif pour celui qui l'a obtenu avant sa réformation.

663. L'existence des saillies et avances faites contrairement à l'art. 4 de l'édit de décembre 1607, dont la prohibition est d'ordre public, au *vu des murs de face* riverains de la voie publique, doit, quelque ancienne qu'elle soit, être réputée précaire et de simple tolérance.

664. Ce ne sont pas seulement les constructions sur la voie publique, pour lesquelles les propriétaires, architectes et autres ouvriers constructeurs sont tenus d'obtenir l'autorisation; la même autorisation leur est imposée relativement à *toute espèce d'ouvrage* à faire aux murs de face. Les travaux confortatifs des murs de face peuvent donner lieu à des poursuites de simple police lorsqu'ils ont ce caractère. C'est à l'autorité administrative seule qu'il appartient, dans ce cas, de

décider si des travaux faits à une maison sont confortatifs, et non au juge de police, comme l'avait décidé à tort la Cour de cassation, par arrêt du 10 avril 1841. Le tribunal de police est incompétent pour prononcer à cet égard (Cass., 6 janv. 1843 et 14 août 1845, *Bull. crim.*).

665. L'incompétence du tribunal de police, pour apprécier la matière des travaux, existe aussi bien pour le cas où une autorisation ayant été donnée pour certains travaux, il s'agit de savoir si les travaux exécutés sont dans les limites de l'autorisation administrative, que pour le cas où il n'y aurait pas eu d'autorisation (Cass., 7 mars 1857, *Bull. crim.*).

666. Sont considérés comme confortatifs du mur de face : la diminution de la hauteur de ce mur, le fait de rentrer un angle de la maison, celui de repiquer et enduire à neuf, le récrépissage du bas du mur, lorsque l'autorisation est seulement de gratter, blanchir et badigeonner.

Sont, à plus forte raison, considérés comme confortatifs : la confection en pierres de travaux qui ne doivent être faits qu'en bauge, l'agrandissement d'une ouverture, le percement de jours en forme de meurtrière, l'établissement sur un balcon d'une banne soutenue par des châssis, malgré le refus d'autorisation.

667. Des principes ci-dessus développés, il suit que toutes les propriétés riveraines de la voie publique étant soumises aux règles de la petite voirie, qu'il y ait ou qu'il n'y ait pas encore de plan général ou qu'il ne soit pas encore exécutoire, toute construction ou reconstruction, faite sans autorisation préalable et écrite, constitue une contravention à l'art. 471, § 5, C. pén.

668. Les tribunaux de police chargés d'appliquer la sanction pénale aux règlements de petite voirie, ne sont pas juges de la nature ou de l'innocuité des travaux exécutés ; ils doivent tenir pour constants les faits matériels constatés par des procès-verbaux ou autres actes probants, examiner en droit s'ils constituent une contravention punissable, et, dans ce cas, prononcer la peine encourue.

669. Ainsi, s'il s'agit de saillies non autorisées ou dont la tolérance se trouve rétractée, et dans tous les cas où aucun droit ne peut être invoqué, le refus d'obéir à l'injonction administrative étant nécessairement une contravention, le juge de police doit reconnaître et déclarer le fait et le refus ou le retard, condamner à l'amende et à la suppression de l'œuvre interdite, sans pouvoir s'en abstenir ou affranchir sous aucun

prétexte (Cass., 12 août 1853, 12 juill. 1855, *Bull. crim.*).

670. L'alignement devant nécessairement être donné par écrit, la contravention résultant d'une anticipation quelconque sur la voie publique, n'est excusable ni à raison de la bonne foi du contrevenant, ni même à raison de ce qu'il aurait été trompé par des opérations mal faites sur les lieux par des agents ou préposés de l'administration municipale : son erreur, dans ce cas, ne devant pas être considérée comme occasionnée par un fait de force majeure (Cass., 26 janv. et 28 mars 1856, *Bull. crim.*).

671. Le principe sur la non-rétroactivité des lois est inapplicable lorsqu'il s'agit de l'exécution de mesures prescrites par des règlements de police. Ainsi, l'arrêté d'un maire qui interdit des bornes placées le long des maisons sur la voie publique est applicable à celles qui existaient avant l'arrêté, comme à celles qui n'ont été placées que depuis.

672. Les règlements de petite voirie ne peuvent prononcer d'autres peines que celles qui sont portées par l'art. 471. Ceux qui porteraient des peines plus fortes ne doivent pas être appliqués; et le tribunal de police compétent, malgré ces dispositions pénales, ne doit prononcer qu'une peine de police (Cass., 17 janv. 1829, 17 déc. 1840, *Bull. crim.*).

673. L'accessoire obligé de la peine pour contravention aux règlements d'alignement est la démolition des constructions élevées au mépris de ces règlements (Cass., 30 janv. 1847, *Bull. crim.*).

674. Lorsque le prévenu soutient que ses travaux ne sont pas contraires aux règlements, qu'il a construit dans son fonds, ou que l'alignement, à lui donné par le maire, et non observé par lui, n'est pas conforme au plan général d'alignement qu'il a suivi, le tribunal de police est tenu de surseoir jusqu'après décision par l'autorité administrative (Cass., 7 fév. et 2 oct. 1852, *Bull. crim.*).

675. Mais il ne peut y avoir lieu à renvoi avec sursis, par cela que l'exception de propriété est soulevée, si les travaux, objets de la poursuite, ont eu lieu sur un terrain affecté à la voie publique par un plan dûment approuvé (Cass., 10 sept. 1840, *Bull. crim.*).

676. Lorsque l'exception du prévenu porte sur le caractère *confortatif*, le juge de police doit examiner si la contravention résulte de travaux faits sans autorisation sur ou joignant la voie publique *actuelle*, ou s'il existe une décision administrative, compétemment et contradictoirement rendue, qui

déclare les travaux confortatifs, ou enfin si le caractère *confortatif* des travaux est reconnu, encore bien qu'ils eussent été autorisés, s'il y avait prohibition légale résultant d'un plan approuvé qui oblige au reculement, ou si l'action est entière et décisive.

Dans les trois premiers cas, il doit rejeter l'exception comme inefficace, et, dans le quatrième cas, en renvoyer la décision à l'autorité administrative, seule compétente pour apprécier le caractère des travaux, et prononcer un sursis, en fixant un délai qui peut être prolongé au besoin (Jurispr. const.).

677. Le juge de la prévention est tenu d'ordonner la destruction de l'ouvrage illégalement opéré, lors même que le contrevenant prétendrait que ce qu'il a fait ne conforte point la partie retranchable de sa propriété, puisqu'il ne saurait apprécier ce moyen de défense qu'en empiétant sur les attributions de l'autorité administrative, qui est seule compétente pour laisser subsister tout ce qu'elle a exclusivement le droit de permettre ou d'interdire (Cass., 12 juill. 1853, *Bull. crim.*).

678. Mais de ce que le tribunal de police doit, aux termes de l'art. 161, C. instr. crim., statuer en même temps sur la contravention et sur la réparation civile, *la démolition*, s'ensuit-il qu'il doive toujours ordonner la démolition requise, et même celle qui n'aurait point été formellement demandée?

La démolition obligatoire, comme nous venons de le dire, toutes les fois qu'il y a eu empiétement sur la voie publique, obligatoire aussi pour les travaux faits sur un terrain retranchable, ne doit pas l'être également lorsque la contravention résulte du seul défaut d'obtention préalable d'une autorisation qui pourrait être accordée pour reconstruire après démolition. La jurisprudence du Conseil d'Etat est fixée en ce sens, en matière de *grande voirie*, et la Cour de cassation, après hésitation, a également admis cette distinction relativement aux constructions faites le long des chemins soit ruraux, soit vicinaux, *sans anticipation* (30 juin 1850, *Bull. crim.*). Cette Cour, relativement à la voirie *urbaine*, après avoir présenté beaucoup de variations, a, par arrêts des 8 oct. 1849 et 30 juin 1853, (*Bull. crim.*), décidé nettement que la démolition ne doit pas être ordonnée, lorsqu'il ne résulte *aucun préjudice*, pour la voie publique, des travaux exécutés sans autorisation préalable de l'autorité municipale; mais seulement lorsqu'ils constituent *besogne mal plantée*, c'est-à-dire que, démolis, ils ne pourraient pas être réédifiés sur le même alignement : cette dernière solution est, à notre avis, aussi équitable que rationnelle, et dès lors la seule bonne à suivre.

679. [L'édit de 1607, qui défend de construire sans une permission de l'autorité administrative le long des voies publiques, ne concerne que la voirie urbaine ; il ne saurait être étendu aux constructions ou barrières placées le long des chemins ruraux. (Cass., 7 fév. 1873, *le Droit*, 9 fév. 1873)].

680. Le tribunal de police qui reconnaît l'existence d'une contravention à un règlement de voirie, et prononce les peines établies par la loi, ne peut suspendre l'exécution de ce règlement en accordant au prévenu un délai pour se conformer à ses dispositions (Cass., 18 déc. 1840, *Bull. crim.*).

681. L'entrepreneur ou le maçon qui exécute, par les ordres d'un propriétaire, des travaux de construction sur la voie publique contraires à l'autorisation accordée par le maire ou sans que l'autorisation nécessaire ait été accordée, est passible, comme le propriétaire lui-même, de l'amende portée au § 2 de l'art. 471, C. pén. (Cass., 17 juill. 1857 et 14 août 1858, *Bull. crim.*).

682. Quant aux contraventions de *grande voirie*, qui comprend tout ce qui concerne la confection, l'entretien et l'alignement des chemins et des rues, les travaux des ponts et chaussées, la police des bâtiments sur les routes et dans l'intérieur des villes, celle de toutes les voies publiques, des fleuves, rivières et canaux navigables ou flottables avec leurs chemins de halage et francs-bords, et enfin celle des chemins de fer, les conseils de préfecture sont seuls compétents pour en connaître, à l'exclusion des tribunaux de simple police (LL. 28 pluv. an VIII, 29 flor. an IX ; ordonn. 9 nov. 1837).

Ainsi, c'est aux conseils de préfecture qu'il appartient de réprimer les contraventions résultant de la vitesse excessive imprimée à un chemin de fer, à un bateau à vapeur, etc., contrairement aux prescriptions d'un règlement émané de l'autorité administrative (Cass., 18 mars 1853, *Bull. crim.*).

683. Celui qui veut élever une construction ou faire une plantation le long d'un chemin *rural* ou *communal* n'est pas tenu de demander à l'autorité municipale l'alignement, ainsi qu'il est prescrit par l'édit de 1607 et les lois de 1790, 1791 et 1837 ; à moins qu'il n'existe un arrêté spécial du pouvoir municipal prescrivant un alignement, et, par suite, la nécessité d'une autorisation préalable.

684. Le caractère de publicité d'un chemin ne pouvant s'appliquer qu'aux voies auxquelles ce caractère a été légalement donné, il en résulte que le juge de police ne viole pas les règles de sa compétence en déclarant non public le chemin sur lequel la construction, objet de la contravention, a eu lieu, alors qu'aucun acte administratif antérieur aux faits ne l'a classé parmi les chemins ruraux de la commune et quand bien même le procès-verbal le déclarerait public.

Mais il faudrait décider autrement, s'il s'agissait, non pas d'un chemin rural qu'on soutiendrait n'avoir jamais été classé comme chemin public, mais d'un chemin qui aurait reçu de l'autorité administrative le caractère public et que l'on prétendrait l'avoir perdu depuis. Dans ce cas, en effet, le tribunal aurait à décider une question dépendant de l'existence légale ou de l'instruction d'une solution administrative, ce qui ressort des attributions de l'autorité judiciaire.

685. La seconde disposition du § 5 de l'art. 471, C. pén., intéresse au plus haut degré la sûreté publique : le législateur a donc dû adopter, pour l'exécuter, les formes les plus brèves.

Dès qu'un bâtiment menace ruine, l'autorité municipale est autorisée à en prescrire la *réparation* ou la *démolition*, selon les cas, soit d'après la déclaration du roi du 8 juill. 1783, soit d'après les lois fondamentales de 1790, 1791 et 1837 sur la police municipale.

686. Le tribunal de simple police saisi des poursuites exercées contre le propriétaire qui ne s'est pas conformé à l'arrêté municipal qui lui enjoignait de démolir un bâtiment ou édifice menaçant ruine, doit le condamner à l'amende édictée par l'art. 471, § 5, C. pén., et, en outre, ordonner, par mesure de réparation civile, la démolition du bâtiment ou édifice, quelle qu'en soit la valeur, en vertu de l'art. 161, C. instr. crim. (Jurisp. const.).

687. C'est à l'autorité administrative seule qu'il appartient d'apprécier les causes qui rendent la démolition nécessaire ; le juge de police n'est compétent que pour réprimer l'*exécution* et *la faire cesser ;* il ne peut déterminer les travaux qui pourraient être faits pour écarter le péril.

688. Mais le propriétaire d'un bâtiment ou édifice menaçant ruine ne peut être condamné, à raison de son refus de le démolir, qu'autant que la sommation administrative lui a été régulièrement notifiée.

689. Cette sommation n'est pas soumise aux formalités

des notifications judiciaires ; une simple lettre transcrite sur les registres de la mairie, et remise par le garde champêtre, suffit pour constater l'obligation de réparer ou de démolir.

690. Le juge de police ne peut accorder un délai pour l'exécution de l'injonction administrative de détruire un bâtiment compromettant la sûreté publique, car en mesurant ce délai il apprécierait l'urgence de la démolition, le danger de la ruine ; il se mettrait à la place de l'administration et usurperait son pouvoir ; il ne peut accorder un délai pour effectuer cette démolition, ni différer de statuer sur l'action publique, lors même qu'il serait justifié que l'arrêté de démolition est l'objet d'un recours de la part des intéressés [(Cass., 25 janv. 1873, le Droit, 21 mars 1873)].

691. Lorsque la police de voirie a ordonné la démolition d'un mur comme menaçant ruine, le propriétaire qui ne démolit qu'une partie du mur voué à la démolition, est passible de la peine portée en l'art. 471, § 5. Il n'appartient pas au tribunal de décider ni d'examiner si la partie restant du mur est ou n'est pas solide, pour en conclure qu'il n'y a pas lieu à appliquer la peine ; il doit prononcer la peine alors même qu'il y a eu démolition pendant la poursuite, si c'est postérieurement au procès-verbal.

692. L'autorité administrative peut elle-même faire exécuter la démolition dont elle reconnaît et déclare l'urgente nécessité, ou procéder judiciairement par action civile ou de simple police, pour obtenir un jugement exécutoire nonobstant toute opposition. L'art. 471, § 5, C. pén., qui considère et punit comme contravention de police le refus de réparer ou de démolir les édifices menaçant ruine, ne s'oppose nullement à ce que la démolition soit poursuivie par la voie civile.

693. Le maire qui prescrit, par un arrêté, la démolition ou la réparation d'un bâtiment menaçant ruine, ne fait qu'un acte de pure administration, qui ne peut être déféré à l'autorité judiciaire.

694. Mais, hors le cas spécial où les arrêtés concernant la petite voirie portent sommation, dans l'intérêt imminent de la sécurité publique, de réparer ou démolir les édifices menaçant ruine, l'autorité municipale ne peut la faire exécuter elle-même aux frais des contrevenants ; il n'appartient qu'aux tribunaux de leur ordonner de faire disparaître le fait constitutif de la contravention. C'est, du reste, ce qu'a décidé la

Cour de cassation par arrêt du 26 avril 1834, confirmatif d'un jugement que nous avions rendu en ce sens et qu'avait réformé, sur l'appel, le tribunal civil de Dreux.

695. La peine d'emprisonnement doit toujours être prononcée, en cas de récidive, dans les deux cas prévus par le § 5 de l'art. 471, C. pén., pendant trois jours au plus, sauf modération facultative, s'il existe des circonstances atténuantes reconnues par le juge en faveur du contrevenant (C. pén., art. 474 et 463).

§ 6. — Jet ou exposition de choses nuisibles.

696. « Seront punis d'amende, depuis un franc jusqu'à cinq francs inclusivement, ceux qui auront jeté ou exposé au-devant de leurs édifices des choses de nature à nuire par leur chute ou par des exhalaisons insalubres » (C. pén., art. 471, § 6).

697. Cette disposition suppose *la chute* ou même simplement la possibilité de la *chute de choses de nature* à nuire, sans qu'elles aient atteint personne; autrement ce serait le cas du § 12, s'il n'y avait que simple imprudence, et celui du § 8 de l'art. 475, s'il y avait *jet volontaire*.

698. Le mot *nuire*, employé dans le § 6 de notre article, est général, et s'applique à tout tort, à tout dommage, et même au dommage causé aux choses, comme vêtements, etc.

699. Ce paragraphe est applicable, quoiqu'il n'y ait pas mauvaise intention (Cass., 13 mars 1852, *Bull. crim.*), ou quoiqu'on invoque des usages locaux (Cass., 30 mars 1861, *Bull. crim.*).

700. Ainsi il est applicable à l'écoulement sur la voie publique d'eaux insalubres provenant du fait du propriétaire riverain de cette voie; au fait de jeter par la fenêtre de l'eau sale; et même de l'eau propre et claire en violation d'un arrêté municipal; au fait d'avoir laissé écouler sur la voie publique des eaux d'égout d'une écurie, alors même qu'il n'existe pas d'arrêté local qui interdise cet écoulement; ou d'avoir vidé des vases de nuit dans un ruisseau pendant une gelée, ou d'y avoir déposé des fumiers ou des matières insalubres contrairement à un arrêté de police; au fait d'avoir exposé des vases de fleurs sur les fenêtres, contrairement à un arrêté de police qui le défend; au fait d'un corroyeur d'avoir appendu aux fenêtres de sa maison des peaux tannées, susceptibles tout à la fois de blesser par leur chute et d'incommoder par leur odeur; au fait de la part d'un mégissier,

d'avoir laissé écouler dans le ruisseau une eau jaunâtre et répandant une exhalaison infecte ; du boucher ou du charcutier, d'avoir laissé couler du sang ou de l'eau simplement sanguinolente ; au fait d'avoir jeté du bois ou du foin par la fenêtre, alors même qu'une personne aurait été préposée par le prévenu pour écarter les passants, etc. Ces espèces diverses ont été visées par des arrêts de cassation.

701. L'art. 471, § 6, ne s'applique qu'au *jet* ou à *l'exposition* sur *la voie publique.* Aussi, doit-on décider que si des exhalaisons nuisibles étaient produites par la stagnation d'immondices ou autres objets hors de la voie publique, ou par la stagnation d'eaux insalubres, le dépôt d'un tas de fumier, par exemple, fait par un individu dans sa cour cernée de maisons ou dans tous autres lieux privés, le § 6 de l'art 471 ne serait plus applicable. Ce serait le cas d'appliquer le § 15 du même article, si des mesures convenables, dont l'observation est garantie par ce dernier paragraphe, avaient été prises par l'administration municipale. A défaut de règlement, ces faits ne pourraient donc être l'objet d'aucune poursuite utile (Cass., 9 janv. 1857, *Bull. crim.*).

702. La contravention prévue par le § 6 de l'art. 471 se distingue du *jet* d'immondices prévu par le § 12 dudit art. 471. Dans le § 6, en effet, *l'exposition* ne menace et *le jet* n'est supposé atteindre personne ; seulement, les choses *exposées* ou *jetées* sont de nature à nuire par leur chute et par leurs exhalaisons insalubres.

703. La même distinction doit être faite entre la contravention commise par imprudence et le jet volontaire. Dans le premier cas, elle est régie par le § 8 de l'art. 475, C. pén.; dans le second, elle trouve sa règle et sa peine dans le § 3 de l'art. 479.

704. Le § 6 de l'art. 471 ne serait pas non plus applicable si le jet provenait de travaux de démolition opérés conformément aux prescriptions de l'autorité ; dans ce cas, il n'y aurait lieu à l'application d'aucune peine.

705. Si la chute des choses jetées ou exposées a causé la mort ou même de simples blessures, les art. 319 et 328, C. pén. [modifiés par la loi du 13 mai 1863], sont seuls applicables.

706. La peine d'emprisonnement a toujours lieu, en cas de récidive, pendant trois jours au plus, contre les contrevenants, sauf modération facultative, s'il y a des circonstances

atténuantes reconnues par le juge en leur faveur (C. pén.,
art. 474 et 463).

**§ 7. — Abandon, sur la voie publique ou dans les champs, d'armes
ou d'instruments dont puissent abuser les voleurs ou malfaiteurs.**

707. « Seront punis d'amende, depuis un franc jusqu'à
cinq francs inclusivement, ceux qui auront laissé dans les rues,
chemins, places, lieux publics, ou dans les champs, des coutres de charrue, pinces, barres, barreaux, ou autres machines,
ou instruments, ou armes dont puissent abuser les voleurs et
autres malfaiteurs » (C. pén., art. 471, § 7).

708. La précaution que consacre le § 7 de l'art. 471 est une
mesure de police et de sûreté publique, qui a pour but de
retirer des mains des malfaiteurs des instruments dont ils auraient pu se servir pour accomplir leurs méfaits : d'où il suit
que cette disposition ne doit être appliquée qu'aux instruments
et aux machines qui seraient de nature à servir à la perpétration de délits et de crimes, et que la prudence commandait
dès lors de ne pas laisser exposés à la foi publique.

709. Cette disposition est générale, absolue et d'ordre public ; elle n'admet aucune excuse, elle est puisée dans une
ancienne ordonnance du 22 mars 1777, portant : « Le roi a
ordonné et ordonne à tous les laboureurs, fermiers et cultivateurs ayant des charrues, d'en retirer le soir les coutres et de
les enfermer chez eux, à peine de telle amende qui sera arbitrée ; leur enjoint, sous pareille peine, d'y faire mettre leurs
noms, afin qu'on puisse en reconnaître les propriétaires ; » elle
n'est applicable qu'autant qu'il y a eu simple faute ou négligence dans l'abandon. Si le fait de l'abandon était le résultat
d'une connivence avec les malfaiteurs, la contravention s'ag-
graverait et constituerait la complicité du fait dont l'auteur se
serait rendu coupable aux termes de l'art. 69, C. pén. (CHAU-
VEAU et HÉLIE, t. 6, p. 327).

710. D'après Carnot, art. 471, n° 17, la loi punit l'abandon fait de jour comme de nuit ; mais cette décision, contraire
à l'ordonnance du 22 mars 1777, l'est également à l'usage à
peu près universel suivi dans nos campagnes. Il y a donc prudence au ministère public à ne pas poursuivre l'abandon des
instruments de culture et de labourage dans les champs pendant le jour, quand il n'en est résulté aucun dommage, et au
juge de police, s'il était saisi d'un pareil fait, à bien peser les
circonstances avant de prononcer une condamnation.

711. Il ne faut pas conclure de ces mots *instruments et*

machines qu'emploie notre article, que l'abandon des machines et instruments de fer puisse seul donner lieu à l'application de la loi. En cela aussi la disposition de cet article est générale et absolue (Cass., 17 janv. 1845, *Bull. crim.*).

712. Aussi est-ce avec raison qu'il a été jugé qu'il y a contravention au § 7 de l'art. 471, C. pén., lorsqu'une *échelle*, qui peut devenir un *instrument* de vol, a été laissée sur la voie publique, *urbaine ou rurale, pendant la nuit*, ou même dans une cour non close donnant sur la voie publique (Cass., 24 nov. 1855, *Bull. crim. — Contrà*, CARNOT, *loc. cit.*), et que cette contravention ne peut être excusée sur le motif que le contrevenant étant entrepreneur de bâtiments, cette échelle lui était nécessaire pour le travail qu'il exécutait alors (Cass., 24 sept. 1857, *Bull. crim.*).

Il en est de même des bêches, des fourches, etc.

713. Le serrurier qui a laissé des barres de fer dans la rue ne peut être excusé sous prétexte qu'à raison de leur poids et de leur longueur une seule personne n'aurait pu en faire un criminel usage (Cass., 14 janv. 1859, *Bull. crim.*), ni sous prétexte qu'il était dix heures du soir et qu'à cette heure la circulation n'avait pas cessé (Cass., 29 juill. 1858, *Bull. crim.*).

714. [Le dépôt de coutres ou autres instruments dans une cour ouverte ne constitue pas de contravention. Carnot, sur l'art. 471. — *Contrà*, Cass., 24 nov. 1855, cité par Blanche, *Etudes sur les contraventions de police*, n° 133].

715. Les coutres, les instruments et les armes mentionnés dans le § 7 de l'art. 471 doivent être confisqués, lorsqu'ils ont été saisis sur le lieu même de la contravention, ou mis d'une manière quelconque sous la main de la justice (C. pén., art. 472). Autrement, le juge de police ne pourrait ordonner la représentation ou le dépôt au greffe, sous peine de telle somme de dommages-intérêts pour en tenir lieu, sans aller au delà des prescriptions de la loi. Mais la confiscation n'étant pas une peine, seulement une précaution prise par la loi pour retirer de la circulation l'instrument d'une contravention ou d'une fraude, il ne peut refuser de la prononcer, sous prétexte de circonstances atténuantes.

716. Du reste, le juge de police ne peut, aux termes de l'art. 161, C. instr. crim., maintenir la saisie des objets qui en ont été frappés, et prononcer leur confiscation, que lorsqu'il réprime la contravention imputée au prévenu (Cass., 10 fév. 1854, *Bull. crim.*).

717. La peine d'emprisonnement a toujours lieu en cas de récidive, pendant trois jours au plus, contre les contrevenants, sauf modération facultative, s'il y a des circonstances atténuantes reconnues par le juge en leur faveur (C. pén., art. 474 et 463).

§ 8. — Échenillage.

718. « Seront punis d'amende depuis un franc jusqu'à cinq francs inclusivement, ceux qui auront négligé d'écheniller dans les campagnes ou jardins où ce soin est prescrit par la loi ou les règlements » (C. pén., art. 471, § 8).

719. Cette disposition, reproduite de la loi du 26 vent. an IV, qui n'était elle-même que la reproduction d'un arrêt du parlement de Paris, du 4 fév. 1732, s'applique aux *campagnes ou jardins*, clos ou non clos, quelque part que les jardins soient situés, à la ville ou à la campagne; à ceux qui n'échenillent pas, comme à ceux qui, après avoir échenillé, ne détruisent pas les bourses et toiles qu'ils tirent des arbres. Elle ne s'applique pas aux bois et forêts, ni à leur lisière.

720. L'obligation d'écheniller, telle qu'elle résulte de la loi du 26 vent. an IV, est toujours en vigueur et constitue toute la législation sur la matière ; seulement l'art. 471, § 8, qui lui sert de sanction, a changé la peine, et par suite la compétence. L'amende édictée par la loi de l'an IV élevait l'infraction au rang des délits correctionnels; ce n'est plus aujourd'hui qu'une contravention de simple police.

721. La loi de ventôse est générale pour toute la France ; indépendamment de tout arrêté, de toute sommation préalable de l'autorité administrative, pour les propriétaires, fermiers, locataires ou autres faisant valoir leurs propres héritages ou ceux d'autrui, en un mot pour tout possesseur négligent, quel que soit le titre de sa possession.

722. Ce n'est pas seulement, comme on voit, celui qui cultive ou qui fait valoir qui est tenu de l'obligation d'écheniller : le propriétaire y reste soumis, quoiqu'il ne cultive pas, eût-il donné son héritage à ferme depuis plusieurs années.

723. La loi a également réglé elle-même le mode d'exécution. Les *bourses et toiles* doivent être brûlées sur-le-champ, dans un lieu où il n'y ait aucun danger de communication du feu, soit pour les bois, arbres et bruyères, soit pour les maisons et bâtiments (L. 26 vent. an IV, art. 2).

Les maires et adjoints des communes sont tenus de surveiller l'exécution de l'échenillage, dans leurs communes respectives, à peine de responsabilité en cas de négligence, et de publier chaque année la loi qui l'ordonne sur la réquisition du préfet du département (Art. 4, 5 et 8).

Ils sont chargés, en outre, dans le cas où l'échenillage n'aurait pas été effectué en temps utile, de le faire faire par des ouvriers de leur choix, aux dépens des contrevenants : l'exécutoire est délivré par le juge de paix sur la quittance des ouvriers (Art. 7).

724. L'obligation d'écheniller ou faire écheniller, chaque année, avant le 1er ventôse (20 février), avec sanction pénale, existe indépendamment de toute publication et de tout règlement local (L. 26 vent. an IV, art. 6).

La règle posée dans cet article est de celles qui doivent nécessairement varier selon les lieux et le temps. Pour accommoder la loi à ces besoins variables, il y a dans tous les départements des règlements particuliers dont parle le § 8 de l'art. 471. Nous pensons toutefois que ces règlements ne peuvent reculer l'exécution de la loi après le 20 février de chaque année. Si cette époque avait dépassé celle fixée par l'arrêté municipal ou préfectoral, antérieure, bien entendu, au 20 février, terme fatal, le contrevenant ne pourrait invoquer aucune excuse, même la rigueur de la saison, qui aurait, suivant lui, rendu impraticable et même dangereuse la fréquentation des héritages ruraux, et d'un autre côté retardé le développement des nids de chenilles et les travaux nécessaires pour les détruire (Arg. Cass., 21 mai 1829, D.P. 29.1.248).

725. Les préfets sont chargés, par l'art. 3 de la loi du 26 vent. an IV, de faire écheniller, chaque année, dans le délai prescrit, les arbres étant sur les domaines de l'État. La même obligation est imposée aux maires et adjoints pour les arbres qui existent sur les terrains communaux, sur les places et promenades publiques (Arg. LL. 26 vent. an IV, art. 4, 18 juill. 1837, art. 10, §§ 1 et 2).

726. Les gardes champêtres ont naturellement qualité pour verbaliser en cette matière, dans les conditions de l'art. 16, C. instr. crim.

Mais les gendarmes sont particulièrement chargés de dénoncer à l'autorité locale ceux qui, dans le temps prescrit, auraient négliger d'écheniller (Ordonn. 29 oct. 1820, art. 79, décr. 1er mars 1854, art. 327). Ils peuvent, à cet effet, s'ils n'éprouvent *aucune opposition* dans l'accomplissement de leur mission, s'introduire dans les propriétés, même closes, sans être accompagnés d'un officier de police judiciaire; leurs procès-verbaux, en pareil cas, font foi jusqu'à preuve contraire (Cass., 19 juill. 1838, S.-V.39.1.126).

727. Le fait d'avoir brûlé les bourses et toiles, plus près que cinquante toises des maisons, bois, bruyères, vergers, haies, meules de grain, de paille ou de farine, dans l'intérieur et plus près de 200 mètres des bois et forêts, rentre dans les dispositions de l'art. 10, tit. 2, C. rural de 1791, ou de l'art. 148, C. forest., suivant le cas, si le feu n'a pas occasionné d'incendie, ou de l'art. 458, C. pén., au cas contraire.

728. La peine d'emprisonnement a toujours lieu, en cas de récidive, pendant trois jours au plus, contre les contrevenants, sauf modération facultative, s'il existe des circonstances atténuantes en leur faveur (C. pén., art. 474 et 463).

§ 9. — Fruits d'autrui cueillis et mangés sur place.

729. « Seront punis d'amende, depuis un franc jusqu'à cinq francs inclusivement, ceux qui, sans autre circonstance prévue par les lois, auront cueilli ou mangé, sur le lieu même, des fruits appartenant à autrui » (C. pén., art. 471, § 9).

730. Cette disposition est spéciale aux productions pouvant servir à la nourriture de l'homme, et plus particulièrement aux produits des arbres et arbustes fruitiers, ou à certaines plantes pouvant offrir à l'homme des fruits de nature à être mangés sur le lieu même (CARNOT, n° 20; NICIAS GAILLARD et DALLOZ, n° 186).

731. Elle ne concerne que ceux qui ont cueilli des fruits d'arbres appartenant à autrui, ou en ont mangé sur le lieu même. Dans le premier cas, le fait de les avoir *cueillis* suffit, quelle que soit l'intention du contrevenant; la contravention est dès lors complète. Dans le second cas, le fait d'en avoir mangé sur le lieu même complète également la contravention, peu importe par qui ils ont été cueillis ou même s'ils ont été cueillis, ou s'ils sont tombés, soit naturellement, soit accidentellement. Pour qu'il y ait contravention, dans un cas comme dans l'autre, il faut non-seulement que les fruits appartiennent à autrui, mais il faut encore que le prévenu ait connu cette circonstance, caractéristique de la contravention (NICIAS GAILLARD et DALLOZ, n° 190).

732. Le simple fait d'avoir cueilli des raisins et des pêches dans une vigne ouverte constitue la contravention prévue par l'art. 471, § 9, C. pén. Le tribunal de simple police doit pro-

noncer l'amende contre les délinquants, lors même que le propriétaire ne se plaint pas (Cass., 29 déc. 1837, S.-V.38. 1,952).

733. L'enlèvement hors du lieu donne à l'acte un caractère qui le rapproche du larcin. Si donc, au lieu de manger les fruits sur le lieu même, le contrevenant les emporte, soit qu'il les ait cueillis de sa main, soit qu'il les ait trouvés tombés à terre ou déjà cueillis par un autre, alors le fait sort des termes du § 9 de l'art. 471, pour rentrer dans la disposition plus générale et plus sévère du § 15 de l'art. 475 (Chauveau et Hélie, p. 329 ; Nicias Gaillard et Dalloz, n° 188).

734. De même, si l'enlèvement des fruits avait lieu à l'aide de paniers, de sacs, de voitures ou d'animaux de charge, ou si cet enlèvement avait eu lieu pendant la nuit, l'art. 471 et même l'art. 475 ne seraient plus applicables : ce serait le § 2 de l'art. 388.

735. Néanmoins l'art. 471, § 9, serait applicable au cas où une femme, auteur de la contravention, se serait servie d'un tablier pour la commettre, le tablier, qui fait partie de son vêtement, ne pouvant être assimilé aux paniers, sacs et autres objets équivalents à l'aide desquels le vol commis dans les champs devient un délit.

736. L'article est même applicable à celui qui ramasse des pommes dans un clos et est surpris sortant dudit clos emportant plusieurs de ces fruits et en *mangeant un* (Cass., 17 déc. 1857, *Bull. crim.*).

737. La peine d'emprisonnement a toujours lieu, en cas de récidive, pendant trois jours au plus, contre les contrevenants, sauf modération facultative, en cas de circonstances atténuantes reconnues par le juge en leur faveur (C. pén., art. 474 et 463).

§ 10. — Glanage, râtelage ou grappillage.

738. « Seront punis d'amende, depuis un franc jusqu'à cinq francs inclusivement, ceux qui, sans autre circonstance, auront glané, râtelé ou grappillé dans les champs non encore entièrement dépouillés et vidés de leurs récoltes, ou avant le moment du lever ou après celui du coucher du soleil » (C. pén., art. 471, § 10).

739. Le glanage est le droit maintenu encore aujourd'hui par l'usage en certains lieux, de ramasser dans les champs ouverts, appartenant à autrui, les épis ou autres récoltes, comme olives, oubliés par les moissonneurs ; le grappillage

est le même droit par rapport aux vignes, aux noix ; le râtelage, par rapport aux prés en général et aux prairies artificielles en particulier.

Ce droit, fondé sur la bienveillance et la charité, remonte à
la plus haute antiquité. Les lois, édits, ordonnances et arrêts
des parlements qui le permettaient et en réglaient l'usage,
s'accordaient généralement à défendre de glaner aux personnes qui ont assez de force pour travailler à la moisson,
et à le permettre seulement « aux gens vieils et débilités de
membres, aux petits enfants ou autres personnes qui n'ont
force de seyer, après toutefois que le seigneur ou laboureur
aura prins et enlevé ses gerbes » (Edit du mois de nov. 1554,
art. 10).

Ces lois, édits, ordonnances et arrêts des parlements pro-
hibaient l'entrée des champs avant l'entier enlèvement de la
récolte, avant le lever et après le coucher du soleil ; fixaient
les époques où pouvait commencer le glanage ; interdisaient
aux propriétaires et à tous autres de mener leurs bestiaux
dans les champs soumis à cette servitude, dans les trois jours
qui suivaient la récolte.

Un arrêt du 4 juillet 1782 interdisait aux propriétaires et
aux fermiers de vendre la permission de glaner, de la restreindre aux femmes et aux enfants des moissonneurs et de
s'opposer à l'exercice de cet usage.

Le Code rural de 1791, art. 21 et 22, a maintenu le glanage dans les pays où il est en usage. L'art. 21 est ainsi
conçu : « Les glaneurs, les râteleurs et les grappilleurs, dans
les lieux où les usages de glaner, de râteler ou de grappiller
sont reçus, n'entreront dans les champs, prés ou vignes, ré-
côltés et ouverts, qu'après l'enlèvement entier des fruits ; en
cas de contravention, les produits du glanage, du râtelage
et du grappillage seront confisqués, et, suivant les circonstances, il pourra y avoir lieu à la détention de police municipale ; le glanage, le râtelage et le grappillage sont interdits
dans tout enclos rural, tel qu'il est défini à l'art. 6 de la
4° section du 1er titre du présent décret. »

L'infraction de cette prohibition n'étant point réprimée par
le Code pénal, reste sous l'application de l'une des peines
édictées par l'art. 2 de la loi du 23 therm. an IV.

740. Quant à la confiscation des produits du glanage, du
râtelage ou grappillage illicites, prononcée par cet article,
elle se trouve abolie par le silence des art. 471 et 473, C. pén.

741. L'autorité municipale peut, par des règlements locaux,

régler l'exercice du droit du glanage, du râtelage ou du grappillage, pourvu qu'elle ne modifie d'aucune manière les limites que ce droit a reçues de la loi. Ainsi est valable et doit être exécuté l'arrêté du maire qui défend de glaner dans sa commune, sans être porteur d'une carte de lui.

742. Il en est de même de l'arrêté du maire, portant que nul ne pourra se livrer au glanage des olives, sans une autorisation préalable, qui ne sera délivrée qu'aux personnes indigentes (Cass., 10 juin 1843, S.V.44.1.176).

743. Est aussi légal et obligatoire l'arrêté municipal qui ne permet le grappillage dans les vignes d'autrui, soit après le coucher, soit avant le lever du soleil; que lorsque toutes les vignes de la commune ou du territoire seront entièrement dépouillées de leurs fruits (Cass., 26 déc. 1845, D.P.46.4. 149).

744. De même encore, est obligatoire l'arrêté du maire qui défend la chasse à une certaine distance des vignes, jusqu'à la fin du ban de vendange et de grappillage (Cass., 10 janv. et 3 mai 1834. S.-V.34.1.264 et 587).

Mais l'arrêté défendant aux propriétaires de vignes d'entrer sans autorisation dans leurs vignes avant l'ouverture des vendanges n'est pas obligatoire (Cass., 28 nov. 1839, S.-V.40. 1.556).

745. L'art. 22, tit. 2, C. rural de 1791, qui a pour objet l'usage du glanage en défendant de mener paître des bestiaux quelconques sur les champs moissonnés et ouverts, dans les deux jours *francs*, non compris celui où il a été procédé à l'enlèvement de la récolte est encore en vigueur; et la défense qu'il contient comprend nécessairement le propriétaire, comme les autres individus (Cass., 28 nov. 1844, *Bull. crim.;* CHAUVEAU et HÉLIE, t. 6, p. 330; BOURGUIGNON, sur l'art. 471, n° 10). En conséquence, le propriétaire d'un champ moissonné et ouvert, qui contrevient à cette défense, encourt, comme tout autre, la peine d'une amende de la valeur de trois journées de travail ou de trois jours d'emprisonnement (L. 23 therm. an IV, art. 2). Ces peines ne peuvent être réduites en vertu de l'art. 463, C. pén., qui n'est applicable qu'aux contraventions régies par le livre 4 du même Code.

746. La prohibition portée par ledit art. 22 de la loi du 6 oct. 1791 s'applique à la fois aux lieux de parcours et de vaine pâture et à ceux où ces usages ne sont pas établis (Cass., 17 janv. 1845, *Bull. crim.*).

747. La peine étant doublée par la seconde disposition dudit art. 22, pour le cas d'introduction des bestiaux dans un enclos, l'application n'en peut être faite que par le tribunal correctionnel.

748. La défense de mener des troupeaux dans les champs moissonnés et ouverts, avant les deux jours qui suivent l'enlèvement *entier* des récoltes, ne doit pas être prise dans un sens restreint ; elle doit s'entendre des prés cultivés en fourrage, comme des champs proprement dits, là où l'usage de râteler est reçu.

749. Le droit de glanage est si respectable que le propriétaire ne peut en gêner par avance l'exercice, en accordant à certains individus la faculté de glaner avant l'enlèvement entier de la récolte.

De même, une fois la récolte enlevée, ce qui est resté sur le champ par l'abandon du propriétaire cesse de lui appartenir ; il ne peut même y mener paître ses bestiaux avant les deux jours qui suivent l'enlèvement de la récolte entière : la défense faite à cet égard par l'art. 22, tit. 2, C. rural de 1791, s'applique aussi bien au propriétaire qu'à tous autres individus.

750. Le Code rural de 1791 et l'art. 471, § 10, C. pén., supposent le glanage isolé de toute intention frauduleuse et de toute circonstance aggravante ; s'il dégénérait en un vol de récoltes, il serait soumis aux peines ordinaires.

751. Le mari n'est pas civilement responsable des contraventions commises en matière de glanage : la disposition exceptionnelle de l'art. 7, tit. 2, C. rural de 1790, a cessé de régir ces contraventions (Cass., 14 nov. 1840, S.-V.41.1. 656).

752. La peine d'emprisonnement pendant trois jours au plus peut, en outre, être prononcée, selon les circonstances, contre ceux qui ont glané, râtelé ou grappillé en contravention au § 10 de l'art. 471, C. pén. (C. pén., art. 473).

Mais elle est toujours encourue, en cas de récidive, pendant trois jours au plus, sauf modération facultative, en cas de circonstances atténuantes, reconnues par le juge, en faveur des contrevenants (C. pén., 474 et 463).

§ 11.—Injures simples.

753. « Seront punis d'amende depuis un franc jusqu'à cinq francs inclusivement, ceux qui, sans avoir été provoqués, auront proféré contre quelqu'un des injures, autres que celles

prévues depuis l'art. 367 jusques et y compris l'art. 378 »
(C. pén., art. 471, § 11).

754. On distingue aujourd'hui, comme dans l'ancien droit,
l'injure simple et l'injure *qualifiée* ou *atroce*, à raison de la
gravité et de la publicité des imputations ; mais l'injure ne
comprend plus les diverses voies de fait ni les violences : la
signification de ce mot est restreinte aux paroles, aux gestes
et aux écrits.

755. Toute injure verbale ou par écrit, qui n'est qu'une
invective, qu'un propos outrageant et gratuit, ou qui ne présente point la double gravité de *publicité* et d'imputation d'un
fait *précis* ou d'un vice *déterminé*, est passible des peines édictées par le § 11 de l'art. 471, C. pén. Il faut donc rechercher
avec soin si les injures ont été *publiques* ou non *publiques*, et
si elles renferment ou non *l'imputation d'un fait précis* ou
d'un *vice déterminé :* celles qui réunissent ce double caractère entraînent des peines correctionnelles ; mais la publicité
de l'injure ne suffit pas pour emporter l'application des peines
correctionnelles, il faut en outre qu'elle contienne l'imputation d'un *fait ou d'un vice déterminé.* Et réciproquement,
l'injure qui renferme *l'imputation d'un fait ou d'un vice
déterminé*, n'est punissable que des peines de simple police,
si elle n'a pas été proférée *publiquement.*

Ainsi l'injure envers les particuliers constitue une simple
contravention de police prévue par le § 11 de l'art. 471 :
1° lorsqu'elle n'est pas publique ; 2° lorsque, étant publique,
elle ne renferme pas l'imputation d'un vice ou d'un fait déterminé. Elle n'est un délit correctionnel qu'autant qu'il y a co-
existence de ces deux éléments.

756. Toute expression outrageante, qui ne renferme l'imputation d'aucun fait, est une injure (L. 17 mai 1819,
art. 13).

757. *Imputer* une chose à quelqu'un, c'est affirmer qu'il a
fait *telle* chose, suivant l'explication qui fut donnée dans la
discussion de la loi de 1819 par l'organe de la commission
de la Chambre des députés ; mais c'est surtout pour le délit
de diffamation que l'imputation doit être positive.

Un vice *déterminé*, c'est une habitude vicieuse qui, sans
constituer une action coupable, peut faire encourir à une personne le mépris public : l'ivrognerie, la luxure, voilà des vices
déterminés ; accuser d'incontinence une femme honnête, alléguer que *telle* personne entretient habituellemet des relations illicites, c'est l'imputation d'un certain vice.

758. Appeler quelqu'un *gueux, voleur, fripon,* sans arti-culer aucun fait de friponnerie, c'est imputer de mauvais penchants qui sont des vices.

Traiter de *menteur* ou de *lâche* un avocat, à l'occasion d'une de ses plaidoiries, ou lui dire qu'il s'est *écarté de la ligne d'un honnête homme,* sans préciser aucun fait d'indélicatesse, c'est l'injurier gravement, sans diffamation caractérisée (Cass., 8 juill. 1843, *Bull. crim.*).

Traiter un notaire de *voleur, brigand, scélérat, faussaire,* en s'abstenant d'articuler aucun fait précis, c'est lui imputer des vices déterminés et commettre le délit d'injure, dès qu'il y a publicité, l'imputation n'étant pas précisément diffamatoire (Riom, 12 nov. 1846, *Bull. crim.*).

Mais dire à une dame d'un certain rang, dans un débat de locataire à propriétaire, qu'elle est *une marchande de chansons, qu'il y a un long cahier sur son compte,* c'est l'injurier, sans lui imputer aucun vice déterminé (Cass., 10 juill. 1840, *Bull. crim.*).

Il n'y a pas non plus imputation d'un vice déterminé dans les expressions injurieuses de *polisson, gamin, drôle, canaille, voilà la plus grande canaille du pays, brigand, sorcier,* ou autres analogues (Cass., 16 avr. 1841, 20 août 1842, *Bull. crim.*).

759. [Les injures adressées à un conseiller municipal par l'un de ses collègues, pendant une séance, ne constituent pas le délit prévu par l'art. 224, C. pén.; elles tombent sous l'application de l'art. 471, § 11. Trib. Versailles, 9 juin 1874, *le Droit,* 11 juin 1874].

760. La publicité peut exister, aux termes de l'art. 1er de la loi du 1er mai 1819, de deux manières différentes : soit par des discours, des cris ou des menaces *proférées* dans des lieux ou réunions publics, soit par des écrits, des imprimés, des dessins, des gravures, des peintures ou emblèmes vendus ou distribués, mis en vente ou exposés dans des lieux ou réunions publics, placards et affiches exposés aux regards du public.

761. L'expression *proférés,* plus énergique que celle *tenus,* rapprochée des mots *cris* et *menaces,* indique suffisamment que la publicité habituelle du lieu, telle qu'une rue, une place, s'il était désert au moment où a eu lieu l'injure verbale, ne suffit pas pour rendre cette injure publique, dans le sens de la loi de 1819.

En sens inverse, un lieu qui n'est pas habituellement fréquenté, peut être considéré, relativement à l'injure verbale, comme lieu de réunion publique lorsqu'il y a concours de personnes réunies là dans un but quelconque, parce que l'injure proférée en ce lieu, dans une telle réunion, ne permet pas de douter qu'il y ait eu, de fait, une certaine publicité. C'est là un point de doctrine et de jurisprudence admis aujourd'hui, en conformité des explications données à cet égard dans la discussion de la loi de 1819 : ce qui constitue surtout la publicité, c'est la possibilité pour le public d'être témoin des faits, actes et gestes, ou d'entendre les paroles incriminées.

Ainsi la circonstance de publicité n'existe pas, relativement aux injures faites dans une prison ; dans le lieu où se tiennent habituellement les séances du conseil municipal ; dans la salle d'audience d'un tribunal, mais à voix basse ; dans la cuisine d'un cabaret ou dans toute autre dépendance d'un lieu public, lorsqu'elle est réservée, etc.

762. Mais il y a publicité dans le sens de la loi du 17 juin 1819 relativement aux injures proférées dans un dépôt de mendicité ; dans un hôpital ; dans une auberge occupée par plusieurs convives, en présence de quelqu'un ; dans la salle des délibérations d'un conseil municipal, en présence de plusieurs membres du conseil et des plus imposés ; dans la salle des délibérations des commissions administratives ; dans l'allée d'une cour, donnant sur la voie publique, en présence de plusieurs ouvriers ; dans le bureau de la station d'un chemin de fer, qui est accessible au public pour objet de service, quoiqu'il soit spécialement destiné au travail des employés ; dans les boutiques ou magasins, aux heures où ils sont accessibles aux acheteurs ; dans les études de notaire, d'avoué, d'huissier, etc., en cas d'une vente à l'encan, d'une exposition annoncée au public avant la vente, etc. ; tous ces points sont consacrés par une jurisprudence constante.

763. La diffamation est toute imputation ou allégation d'un fait qui porte atteinte à l'honneur ou à la considération d'une personne.

764. L'outrage par paroles et l'outrage par gestes ou menaces envers les magistrats de l'ordre administratif ou judiciaire, tendant à inculper leur honneur et leur délicatesse, font l'objet des art. 222 et suiv., C. pén. ; et les voies de fait, des art. 228, 229, 231 à 233 du même Code. Il est de l'essence de l'outrage d'être fait directement à la personne qui en est l'objet ; c'est ce qui résulte clairement des expressions

reçu quelque outrage, outrage fait à..., dont se servent les art. 222 à 233, C. pén.

765. L'injure diffamatoire, ainsi que toute autre injure, quand il n'y a pas de publicité (L. 17 mai 1819, art. 13, § 2, et art. 29, § 2), est punissable d'après le § 11 de l'art. 471, C. pén.

766. Une lettre injurieuse pour celui à qui elle est écrite constitue une offense qui peut servir de base à une action en injure de la compétence du tribunal de simple police; et cela, bien qu'elle n'ait pas reçu de publicité.

767. La loi ne fait aucune distinction, quant à la compétence du tribunal de police et à la peine, entre les injures verbales et les injures écrites, quand l'écrit n'a pas été publié; l'art. 471, auquel renvoie l'art. 376, est en effet destiné à réprimer toutes les injures autres que celles prévues par les art. 367 et 368, aujourd'hui modifiés par les lois de 1819 et 1822, c'est-à-dire toutes celles qui n'ont pas le double caractère de gravité et de publicité constituant le délit.

768. L'injure ne peut être poursuivie qu'à la requête de la personne offensée ou sur sa plainte; le ministère public ne peut agir d'office (Cass., 15 juill. 1849, *Bull. crim.*).

769. L'action en répression d'injures non publiques est soumise seulement à la prescription d'un an, établie par l'art. 640, C. instr. crim., à l'égard des contraventions de police; l'article 29 de la loi du 26 mai 1819, qui déclare prescrite par six mois l'action en répression des délits commis par tous moyens de publicité, est, dans ce cas, sans application.

770. L'action civile se prescrit par le laps d'un an, comme l'action publique à laquelle elle peut donner lieu, encore bien qu'aucune action n'ait été intentée à raison de la contravention devant les tribunaux de répression (Cass., 29 avril 1846, *Bull. crim.*).

771. La *provocation* détruit la contravention réprimée par le § 11 de l'art. 471, C. pén. Ainsi, les injures verbales adressées à un agent de l'autorité dans l'exercice de ses fonctions, comme celles entre particuliers, ne sont point punissables si cet agent les a provoquées, en se permettant, *le premier*, des injures semblables.

772. Mais les injures ou propos diffamatoires ne cessent pas d'être punissables, par cela seul que le prévenu les aurait tenus en répondant à une interpellation qui lui était faite

III.   11

ou que d'autres individus les auraient tenus devant lui (Cass., 4 nov. 1831, D.p.31.1.355).

773. Lorsque deux individus sont poursuivis pour des injures qu'ils se sont respectivement adressées, le juge de police, qui ne peut reconnaître celle des parties qui, *sans provocation*, a proféré des injures contre l'autre, doit s'abstenir de prononcer une peine (Cass., 1er sept. 1826, S.-V. 27.1.259; Chauveau et Hélie, t. 6, p. 335; Carnot, art. 471, n° 15; F. Hélie, *Instr. crim.*, t. 7, p. 355; P. Gilbert, n° 29).

Mais si le *provocateur* était régulièrement inculpé, l'injure par lui proférée devrait être punie suivant le § 11 de l'art. 471, qui excuse seulement le *provoqué*.

Du reste, la provocation peut ne pas être admise comme un motif d'excuse qui empêche la condamnation de l'une des parties envers l'autre : le juge de police a, à cet égard, un pouvoir discrétionnaire (Cass., 3 déc. 1836, J.P.38.1.37).

774. Le préjudice causé par une injure, quelle que soit sa gravité relative, autorise une condamnation en dommages-intérêts (Cass., 23 nov. 1843, *Bull. crim.*).

775. Lorsque les injures proférées de part et d'autre troublent la tranquillité d'une partie des habitants de la localité, elles prennent le caractère de tapage injurieux et entraînent, contre tous ceux qui s'y sont livrés, l'application de l'art. 479, § 8, C. pén.

776. Le tribunal de police ne peut condamner un prévenu d'injures à faire réparation d'honneur, ni à rétracter à l'audience les propos injurieux qu'il a tenus et à en demander excuse, ni à faire des réparations publiques.

Mais il peut ordonner, sur la demande du plaignant, que le jugement sera imprimé, publié et affiché.

777. La peine d'emprisonnement est toujours encourue, en cas de récidive, pendant trois jours au plus, contre les contrevenants, sauf modération facultative au cas de circonstances atténuantes reconnues par le juge en leur faveur (C. pén., art. 474 et art. 463).

§ 12. — Jet par imprudence d'immondices sur quelqu'un.

778. « Seront punis d'amende, depuis un franc jusqu'à cinq francs inclusivement, ceux qui, imprudemment, auront jeté des immondices sur quelque personne » (C. pén., art. 471, § 12).

779. Le § 12 de l'art. 471 est beaucoup moins large que

le § 6 du même article et le § 8 de l'art. 475, quant aux choses jetées, puisqu'il ne parle que d'immondices. Il exige que les choses jetées, c'est-à-dire les immondices, l'aient été sur quelque personne, en quoi il diffère du § 6 de l'art. 471; et que le jet n'ait eu lieu que par imprudence, ce qui le distingue du § 8 de l'art. 475. Quelque part qu'une personne ait été atteinte par des immondices jetées imprudemment, à la ville ou à la campagne, dans une rue ou dans un chemin, dans un lieu public ou non public, la contravention existe également, parce que c'est pour garantir les personnes qu'a été faite la disposition qui se trouve enfreinte, et non dans un intérêt général de liberté de circulation. Il en est de même du § 8 de l'art. 475 et du § 3 de l'art. 479. En cela, ces trois dispositions s'accordent entre elles, et diffèrent toutes également du § 6 de l'art. 471. Il peut même y avoir lieu à l'application des peines édictées, soit par l'art. 456, C. pén., soit par les art. 319 et 330 du même Code, en cas de dégradation volontaire ou de violences ou voies de fait envers les personnes, et dans ces différents cas, le tribunal de simple police cesse d'être compétent.

780. Le jet, par un évier, d'eaux sales qui atteignent un passant, constitue une contravention dans le sens de l'art. 471, § 12. La vétusté de l'évier n'est pas une excuse valable (Cass., 10 fév. 1848, *Bull. crim.*).

781. La peine d'emprisonnement contre les contrevenants est toujours encourue, en cas de récidive, pendant trois jours au plus, sauf modération facultative s'il y a des circonstances atténuantes reconnues par le juge en leur faveur (C. pén., art. 474 et 463).

§ 13. — Passage des hommes sur un terrain préparé et ensemencé appartenant à autrui.

782. « Seront punis d'amende, depuis un franc jusqu'à cinq francs inclusivement, ceux qui, n'étant ni propriétaires ni usufruitiers, ni locataires, ni fermiers, ni jouissant d'un terrain ou d'un droit de passage, ou qui, n'étant agents ni préposés d'aucune de ces personnes, seront entrés et auront passé sur ce terrain ou sur partie de ce terrain, s'il est préparé ou ensemencé » (C. pén., art. 471, § 13).

783. En règle générale, nul ne peut passer sur le terrain d'autrui, clos ou non clos, sans le consentement du propriétaire; c'est une conséquence du principe que le droit de propriété est sacré et ne peut être en vain méconnu.

Néanmoins, cette règle subit quelques exceptions dans certains cas, comme nous le verrons ci-après et dans les paragraphes suivants.

784. Le § 13 de l'art. 471 ne distingue point si le passage a eu lieu à cheval ou en voiture ; ses termes sont généraux et absolus, mais ils s'appliquent surtout au passage à pied ; le passage à cheval ou en voiture est spécialement prévu par le § 14 de l'art. 471.

Toutefois, toute entrée quelconque, tout passage, constitue la contravention au § 13 ; le mode de passage ne produit de différence que relativement à la quotité des dommages-intérêts, suivant la gravité des dégradations.

785. Les caractères de la contravention prévue ici sont faciles à reconnaître : il faut d'abord le fait principal de *l'entrée et du passage sur le terrain d'autrui*, il faut que ce fait ait eu lieu sans droit, il faut enfin que le terrain ait été *préparé* ou *ensemencé* (Nicias Gaillard et Dalloz, n° 216).

786. Les prairies naturelles étant dans un état de production permanente, doivent être considérées en tout temps comme des terrains préparés et ensemencés, encore bien que l'herbe fût alors récoltée et qu'aucun dommage n'ait été causé (Jurisp. const.).

787. Si le terrain est chargé de récoltes, le fait rentre dans la disposition de l'art. 475, § 9, C. pén.

788. Si le terrain n'est ni *préparé* ni *ensemencé*, le fait du passage peut donner lieu à des dommages-intérêts, mais non à l'application d'une peine (Cass., 29 messid. an VIII, D.A.4.784, 28 mars 1844, *Bull. crim.*, n° 121 ; Carnot, n° 40 ; Chauveau et Hélie, p. 338).

789. Lorsque le prévenu soutient pour sa défense qu'il est propriétaire du lieu où a été exercé le passage, le juge de police ne peut retenir la cause et la juger sans méconnaître les règles de sa compétence et violer l'art. 182, C. forest. ; il doit surseoir et renvoyer devant qui de droit pour faire statuer sur la question de propriété dans un délai qu'il détermine.

790. Aucune peine n'est applicable à celui qui est entré dans un champ, de l'aveu du propriétaire, ou qui est reconnu par celui-ci comme son agent. Mais le juge de police doit examiner avec soin la véracité de la déclaration et en exiger une preuve légale.

791. Le fait de l'enclave donne au propriétaire du fonds enclavé et à celui qui le représente le droit de passer sur le fonds voisin pour l'exploitation de son héritage (Arg. C. civ.,

art. 682) : le passage pratiqué dans de telles circonstances peut servir de base à une action civile pour le règlement de l'indemnité, mais non donner lieu à des poursuites devant le tribunal de police (Jurisp. const.); que l'indemnité ait été proposée ou même réglée, ou non, peu importe.

792. L'impraticabilité de la voie publique peut encore être admise comme excuse du fait de passage sur le terrain d'autrui, longeant cette voie, conformément à l'art. 41, tit. 2 de la loi des 28 sept.-6 oct. 1791, alors même que le passage a lieu avec chevaux et voitures (Jurisprudence constante).

793. Toutefois, si le voyageur avait la possibilité de passer sur un terrain limitrophe, l'impraticabilité du chemin ne suffit pas pour effacer la contravention : c'est un point que le tribunal de simple police est tenu de vérifier, parties présentes ou elles dûment appelées, avant de statuer.

794. Le droit consacré par la loi de 1791 en faveur des voyageurs qui suivent un chemin public, de se faire un passage sur les champs riverains si ce chemin est impraticable, n'est pas restreint aux voyageurs étrangers, il profite aux habitants de la commune ; il n'est pas non plus restreint aux chemins vicinaux proprement dits, il doit être étendu à tous les chemins publics, même aux chemins ruraux (Cass., 20 juin 1857, *Bull. crim.*).

795. Cette exception ne forme point une question préjudicielle, et le tribunal de police est compétent pour statuer sur le fait allégué (F. HÉLIE, t. 7, p. 401); il est souverain pour déclarer qu'un chemin est praticable (Cass., 14 févr. 1856, *Bull. crim.*).

796. La contravention qui résulte du fait de passage sur un terrain préparé ou ensemencé ne perd point le caractère que lui attribue le § 13 de l'art. 471, C. pén., de ce qu'elle est accompagnée d'un fait de chasse, lorsque d'ailleurs le prévenu n'a pas été autorisé à chasser sur ce terrain ; elle existe par cela qu'il y a eu passage sur le fonds d'autrui, quoique la récolte fût enlevée et nonobstant la vétusté de la clôture (Cass., 4 déc. 1847, *Bull. crim.*).

797. La descente forcée d'un aéronaute dont le ballon, en tombant, a endommagé des terrains préparés ou ensemencés, ne constitue, comme fait de force majeure, aucune contravention (Cass., 14 août 1852, *Bull. crim.*).

798. Le droit conféré par le cahier des charges à l'adjudicataire de l'entretien d'une route de ramasser des cailloux

sur les champs voisins, emporte nécessairement le droit de passer à pied et avec chevaux et voitures sur les champs, même ensemencés, pour opérer l'extraction et l'enlèvement des cailloux.

799. S'il existe un sentier que le prévenu n'ait fait que suivre, que ce sentier ne soit fermé ni par une barrière, ni par un fossé, ni d'aucune autre manière, et qu'aucun signe, brandon ou autre, adopté par l'usage, n'indique que le sentier ait été ouvert et soit pratiqué contre le gré du propriétaire, il n'y a pas de contravention : cette observation peut être utile dans plusieurs contrées de la France, notamment dans le Perche, le Maine et la Bretagne.

800. [Blanche, *Etudes sur les contraventions de police*, cite, toutefois, deux arrêts de cassation, 21 nov. 1861 et 16 mars 1867, qui décident qu'il y a contravention dans le fait de passer au travers d'une prairie par un sentier que le passage constant du public avait rendu improductif].

801. La peine d'emprisonnement doit toujours être prononcée contre les contrevenants, en cas de récidive, pendant trois jours au plus, à moins de circonstances atténuantes, reconnues par le juge en leur faveur (C. pén., art. 474 et 463).

§ 14.— Passage des bestiaux sur le terrain d'autrui, avant l'enlèvement de la récolte.

802. « Seront punis d'amende depuis un franc jusqu'à cinq francs inclusivement, ceux qui auront laissé passer leurs bestiaux ou leurs bêtes de trait, de charge ou de monture, sur le terrain d'autrui avant l'enlèvement de la récolte » (C. pén., art. 471, § 14).

803. Cette disposition ne prévoit qu'un seul cas, celui où le passage des bestiaux, bêtes de trait, de charge ou de monture a lieu après la récolte, mais avant son enlèvement ; elle protége les jardins comme les autres propriétés productives, les prés naturels comme les prairies artificielles (MERLIN, *Rép.*; v° *Abandon d'animaux;* NICIAS GAILLARD et DALLOZ, n° 237; ROLLAND DE VILLARGUES, § 14, n° 2).

804. L'application du § 14 de notre article a donné lieu à une grande confusion dans la jurisprudence. Ce qui constitue la contravention, c'est le fait du simple passage des bestiaux, peu importe de quelle manière et pour quelle cause ils ont passé; qu'ils fussent seuls ou attelés, ou conduits : il suffit qu'il y ait eu passage.

805. Mais il faut qu'il n'y ait que passage. S'il s'y mêle un fait de pacage non autorisé, il y a, selon les cas, le délit prévu par l'art. 25, tit. 2, C. rural de 1791 ; ou le délit prévu par l'art. 26, même tit. 2 et même loi de 1791 ; ou la contravention prévue par l'art. 479, § 10, C. pén.

806. Le fait de faire passer un troupeau de moutons sur des prairies naturelles constitue une contravention, bien qu'à l'époque où a eu lieu le passage, le peu d'herbe qui restait dans le pré fût destiné à périr ou à être consommé par le bétail. Mais c'est l'art. 475, § 10, qui doit être appliqué (Cass., 18 mai 1849, S.-V. 50.1.230).

807. La contravention existe, lors même que les bestiaux n'auraient causé, en passant, aucun dommage, et qu'ils auraient suivi un chemin frayé (Cass., 4 déc. 1847, S.-V.48. 1.95).

808. Mais la contravention s'efface, lorsqu'il est établi que le passage des animaux n'a eu lieu que par suite d'un cas de force majeure, qui n'a pu être ni prévu ni empêché par le prévenu ; ainsi celui qui aurait renfermé ses animaux dans un pâturage clos par une barrière, est excusé, si, par exemple, la barrière étant enlevée par suite d'un vol, les animaux qui se trouvaient sur ce pâturage ont vagué sur le terrain d'autrui. Il n'y a lieu, en pareil cas, qu'à une action civile en dommages-intérêts (Cass., 12 oct. 1850, S.-V.53.1.464).

809. Lorsque des animaux mis en pâturage dans un champ clos s'en échappent, et courent à l'abandon dans les champs ensemencés, le propriétaire de ces animaux ne peut être réputé passible de la peine portée par le § 14 de notre art. 471 : ce fait tombe sous l'application du Code rural de 1791 (Cass., 20 nov. 1845 et 4 oct. 1851, D.P.46.4.148 et 54.5.169).

810. Nos diverses observations sur le § 13 ci-dessus, notamment celles relatives à la question préjudicielle de propriété, aux droits de propriété ou de jouissance qui autorisent et légitiment le passage au cas d'enclave, au privilége des entrepreneurs publics et au cas où le chemin public est impraticable, s'appliquent à notre § 14.

811. La peine d'emprisonnement doit toujours être prononcée, en cas de récidive, pendant trois jours, à moins de circonstances reconnues et constatées par le juge en faveur du prévenu (C. pén., art. 474 et 463).

§ 15. — Règlements administratifs, municipaux ou de police.

812. « Seront punis d'amende, depuis un franc jusqu'à cinq francs inclusivement, ceux qui auront contrevenu aux règlements légalement faits par l'autorité administrative, et ceux qui ne se seront pas conformés aux règlements ou arrêtés publiés par l'autorité municipale en vertu des art. 3 et 4, tit. 11, de la loi des 16-24 août 1790, et de l'art. 46, tit. 1er, de la loi des 19-22 juill. 1791 » (C. pén., art. 471, § 15).

813. La loi distingue les règlements faits par l'autorité centrale ou départementale, c'est-à-dire ceux faits soit par le chef du pouvoir exécutif, soit par les ministres, soit par les préfets, et les règlements faits par l'autorité municipale, c'est-à-dire par les maires.

On distingue aussi les arrêtés de police des règlements de police proprement dits ; mais les premiers, quoique renfermant la prescription de simples mesures individuelles, n'en sont pas moins obligatoires que les secondes, dont le caractère est d'être généraux.

814. Quant aux anciens règlements, il faut distinguer entre les règlements généraux, émanant d'une autorité souveraine, tels que les édits, les ordonnances, les arrêts de règlement, et les règlements locaux, émanant d'une autorité subalterne, tels que les arrêtés des lieutenants de police, des juges, des prévôts, des sénéchaux : les règlements de cette dernière classe n'ont plus aucune puissance ; ils ne disposaient que sur des matières de police municipale, à l'égard desquelles les maires peuvent seuls aujourd'hui prendre des arrêtés (Chauveau et Hélie, t. 6, p. 341).

Les règlements généraux eux-mêmes ne conservent d'autorité qu'autant qu'ils statuent sur des objets qui n'ont été réglés ni par le Code pénal, ni par aucune loi postérieure à 1789, et que leurs dispositions ne sont contraires à aucune disposition de la législation générale (Chauveau et Hélie, loc. cit.).

Ainsi, lorsqu'un arrêté municipal fixant l'heure de la fermeture des cabarets n'a rien statué relativement aux individus qui y seraient trouvés à une heure indue, le tribunal de police ne peut, sur le fondement d'un ancien arrêt de règlement, prononcer contre eux aucune peine (Cass., 2 juin 1835, S.26.2.117).

Comme aussi, lorsqu'un règlement municipal contient des

pénalités différentes dè celles que portaient d'anciennes ordonnances sur la matière, c'est la pénalité nouvelle qui est
seule applicable (Cass., 12 nov. 1830, S.20.1.392).

815. Le Code pénal, par son art. 484, n'a abrogé que les
anciennes lois pénales relatives à des matières sur lesquelles
ii contient un système complet de législation, et non celles
sur les matières desquelles il ne renferme que des dispositions
particulières et éparses (Cass., 20 fév. 1829, S.301.1.59).

816. Ainsi, le règlement ancien qui déclare punissables
des scènes de débauche et des tapages habituels dans certaines maisons particulières, est maintenu par l'art. 484, peu
importe que ce soit un règlement local et policier ou circonstanciel. Il suffit que le Code pénal ne contienne aucune disposition sur des faits de cette nature (Cass., 3 oct. 1823, S.
24.1.148.

817. Si les peines portées par les règlements nouveaux excèdent les peines de simple police, le juge ne doit pas pour
cela s'abstenir de prononcer une peine, mais il doit réduire
la condamnation à une peine de simple police (Cass., 1er déc.
1866, Gaz. des trib., 16 déc. 1866).

818. Les arrêtés administratifs sont généralement pris dans
le but de régler les choses de détail qui ne peuvent être prévues par les lois à cause de la diversité des circonstances de
de lieu et de temps auxquelles elles s'appliquent (Dufour,
Dr. adm., n° 10).

819. Les règlements municipaux n'ont effet devant les
tribunaux que lorsqu'ils sont relatifs aux objets de police indiqués par les art. 3 et 4, tit. 2, de la loi des 16-24 août 1790,
et par l'art. 46, tit. 1er de la loi des 19-22 juill. 1791.

820. Le § 15 de l'art 471, C. pén., a pour but de donner
aux règlements administratifs et aux arrêtés municipaux une
sanction qu'il fallait péniblement et infructueusement chercher antérieurement dans les art. 605 et 606, C. du 3 brum.
an IV. Aujourd'hui l'art. 471, § 15, est la sanction pénale de
tous les arrêtés légalement faits, à défaut de peines spéciales
ou plus fortes.

Sous tous les régimes, l'autorité municipale a eu le droit
et le devoir d'assurer autant que possible dans la cité, dans les
lieux publics notamment, le maintien de l'ordre et la jouissance des droits communs : de là ces mesures de précaution
prises, sous forme de règlements, par les édiles des Romains,
par les magistrats municipaux d'origines diverses, qui ont
successivement existé en France.

821. La loi des 14-22 déc. 1789, après avoir dit, art. 49, que les corps municipaux auraient des fonctions propres, les unes au pouvoir municipal et les autres aux délégués de l'administration générale de l'Etat, porte, art. 50 : « Les fonctions propres au pouvoir municipal, sous la surveillance et l'inspection des assemblées administratives (*aujourd'hui les préfets*), sont.... de faire jouir des avantages d'une bonne police, notamment de la propreté, de la salubrité, de la sûreté et de la tranquillité dans les rues, lieux et édifices publics. »

Ces principes constitutifs de la police municipale ont été développés ultérieurement dans les lois des 16-24 août 1790, 19-22 juill. 1791, 18 juil. 1837, 5 mai 1855, dont l'art. 471, § 15, C. pén., contient la sanction.

822. Les objets de police, confiés à la vigilance et à l'autorité des corps municipaux (*aujourd'hui les maires*) sont, d'après la loi des 16-24 août 1790, art. 3 et 4 :

« 1° Tout ce qui intéresse la sûreté et la commodité du passage dans les rues, quais, places et voies publiques ; ce qui comprend le nettoiement, l'illumination et l'enlèvement des décombres, la démolition ou la réparation des bâtiments menaçant ruine ; l'interdiction de rien exposer aux fenêtres ou autres parties des bâtiments, qui puisse nuire par sa chute, et celle de rien jeter qui puisse blesser ou endommager les passants, ou causer des exhalaisons insalubres (V. l'art. 471, C. pén., §§ 3, 4, 5, 6 et 12) ;

« 2° Le soin de réprimer et de punir les délits contre la tranquillité publique, tels que les rixes et disputes accompagnées d'ameutements dans les rues, le tumulte excité dans les lieux d'assemblées publiques, les bruits et attroupements nocturnes qui troublent le repos des citoyens (V. les art. 600 et 605, § 8 du Code du 3 brumaire an IV, et l'art. 479, § 8, C. pén.) ;

« 3° Le maintien du bon ordre dans les lieux où il se fait de grands rassemblements d'hommes, tels que les foires, marchés, réjouissances et cérémonies publiques, spectacles, jeux, cafés, églises et autres lieux publics ;

« 4° L'inspection sur la fidélité du débit des denrées qui se vendent au poids, à l'aune ou à la mesure, et sur la salubrité des comestibles exposés en vente publique » (V. l'art. 475, C. pén., § 14 ; la loi du 27 mars 1851, art. 9) ;

« 5° Le soin de prévenir par des précautions convenables, et celui de faire cesser par la distribution des secours nécessaires, les accidents et fléaux calamiteux, tels que les incendies, les épidémies, les épizooties, en provoquant aussi dans ces deux derniers cas l'autorité des administrations de département ou de district;

« 6° Le soin d'obvier ou de remédier aux événements fâcheux qui pourraient être occasionnés par les insensés ou les furieux laissés en liberté et par la divagation des animaux malfaisants ou féroces (L. 16-24 août 1790, tit. 2, art. 3 ; C. pén., art. 479, §§ 2, 3 et 4).

« Les spectacles publics ne pourront être permis et autorisés que par les officiers municipaux. »

823. Les lois des 19-22 juill. 1791, 18-22 juill. 1837 et 1er mai 1855, ajoutent à cette énumération ou la confirment.

La première, par son art. 30, confie à l'autorité municipale le soin de taxer la viande de boucherie, et de désigner, par conséquent, les espèces de viande que les bouchers doivent offrir à la consommation publique; de leur prescrire d'être constamment approvisionnés en quantités et qualités suffisantes pour satisfaire aux besoins journaliers de la consommation (Cass., 11 sept. 1840, 18 mars 1841, 12 juin 1855, *Bull. crim.*).

Elle lui confie le même soin à l'égard des boulangers, et ceux-ci ne peuvent être relaxés de la poursuite dirigée contre eux pour infraction à l'arrêté municipal, sur le motif qu'il avait fallu satisfaire aux besoins de la banlieue et qu'ils avaient livré au public la même quantité de pain que par le passé (Cass., 17 fév. 1855, *Bull. crim.*), ni sous le prétexte que le prévenu faisait cuire une nouvelle fournée et qu'il avait offert à l'acheteur d'attendre quelques minutes, le pain mis au four étant sur le point d'être cuit (Cass., 21 janv. 1853, *Bull. crim.*). Ces solutions sont bien rigoureuses : aussi la Cour suprême a-t-elle reconnu, par arrêts du 9 nov. 1855 et 22 août 1856, *Bull. crim.*, au juge de police le droit de décider souverainement s'il y a eu ou non approvisionnement suffisant.

La loi de 1837 charge le corps municipal d'ordonner les précautions locales sur les objets confiés à sa vigilance par les art. 3 et 4, tit. 2 de la loi des 16-24 août 1790, et de publier de nouveau les lois et règlements de police, ou de rappeler les citoyens à leur observation.

Elle le charge de la publication et de l'exécution des lois et règlements ; des fonctions spéciales qui lui sont attribuées par les lois; de l'exécution des mesures de sûreté générale;

De la police municipale, de la police rurale et de la voirie municipale; de pourvoir à l'exécution des actes de l'autorité supérieure qui y sont relatifs;

D'ordonner les mesures locales sur les objets confiés par les lois à sa vigilance et à son autorité.

L'art 19 de la même loi charge le conseil municipal de délibérer sur l'ouverture des rues et places publiques et les projets d'alignement de la voirie municipale; le parcours et la vaine pâture.

Cette attribution avait déjà été conférée aux conseils municipaux par l'art. 13, sect. 4, tit. 1er de la loi des 28 sept.-6 oct. 1791 (Code rural) et par l'art. 15 de la loi du 28 pluv. an viii, portant que le conseil municipal « réglera le partage des affouages, pâturages et fruits communs ».

Mais s'il appartient aux conseils municipaux de délibérer sur l'exercice du droit de vaine pâture, et d'en déterminer le mode et la durée, il entre dans les attributions des maires de prendre des arrêtés pour porter à la connaissance des habitants de leurs communes les décisions prises à cet égard et d'en assurer l'exécution (Cass., 30 déc. 1853, *Bull. crim.*).

La loi de 1855 porte, art. 50, que les maires restent chargés, sous la surveillance du préfet, et sans préjudice des attributions tant générales que spéciales qui leur sont conférées par les lois :

De la police municipale, en tout ce qui a rapport à la sûreté et à la liberté du passage sur la voie publique, à l'éclairage, au balayage, aux arrosements, à la solidité et à la salubrité des constructions privées; aux mesures propres à prévenir et à arrêter les accidents et fléaux calamiteux, tels que les incendies, les épidémies, les épizooties, les débordements; aux secours à donner aux noyés; à l'inspection de la salubrité des denrées, boissons, comestibles et autres marchandises mises en vente publique, et de la fidélité de leur débit.

824. Sous l'empire des lois de 1789, 1790, 1791 et autres sur la police municipale, rurale et de voirie municipale, les règlements ou arrêtés de police étaient tous et sans distinction exécutoires *de plano*, par leur publication, sans approbation préalable du préfet, et jusqu'à leur infirmation partielle et entière, à moins qu'une loi spéciale n'exigeât l'approbation préalable.

Mais la loi du 18 juillet 1837 a modifié complétement ces divers points :

L'art. 11 de cette loi confirme aux maires la surveillance

et l'autorité sur la police urbaine et rurale, le droit de publier
de nouveau les lois et les règlements de police, et l'initiative
de ces règlements ou arrêtés.

Cet article est ainsi conçu :

« Les arrêtés pris par les maires sont immédiatement adressés au sous-préfet.

« Le préfet peut les annuler ou en suspendre l'exécution.

« Ceux de ces arrêtés qui portent règlement permanent ne
seront exécutoires qu'un mois après la remise de l'ampliation,
constatée par les récépissés donnés par le sous-préfet. »

825. En principe, les arrêtés des maires ont force et autorité par eux-mêmes et n'ont besoin pour être exécutés d'aucune approbation du préfet. Mais si ce magistrat n'use pas
du droit de les annuler ou d'en suspendre l'exécution, que lui
reconnaît la loi, les arrêtés des maires sont exécutoires de
plein droit, sans qu'il soit besoin du visa approbatif du préfet,
la loi ne l'exige pas, savoir : ceux qui statuent sur un intérêt
individuel, du moment où le récépissé en a été délivré par le
sous-préfet, et ceux qui portent règlement permanent, un
mois après la remise de l'ampliation constatée par le récépissé
du sous-préfet. Le tribunal de police doit donc se refuser
à appliquer une peine à raison d'une contravention qui aurait
été commise le surlendemain de la date d'un arrêté contenant
des dispositions permanentes (Cass., 15 mai 1856, *Bull.
crim.*).

Mais le préfet peut toujours, à quelque époque que ce soit,
annuler les arrêtés qui ne portent pas règlement permanent,
ces arrêtés n'étant soumis par la loi à aucun délai pour leur
mise à exécution et l'attribution de leur annulation étant conférée au préfet d'une manière générale, absolue et sans restriction de temps. Il est entendu, toutefois, que les faits accomplis
pendant que ces arrêtés étaient exécutoires sont légalement
accomplis, et que l'annulation de l'arrêté n'entraîne pas la
nullité de ce qui a été fait précédemment en vertu de cet acte.

826. Les règlements de police, préfectoraux ou municipaux,
sont pleinement obligatoires par le seul fait de leur publication ou affiche dans les communes auxquelles ils s'appliquent,
même quand les dispositions d'intérêt général par eux édictées
ne concernent que les individus exerçant certaines professions
industrielles.

Il n'est nécessaire de notifier les règlements aux personnes
qu'ils ont en vue que dans le cas où ils n'ont été portés à la
connaissance du public, ni par affiches ni par publication.

827. Les règlements préfectoraux qui ordonnent leur impression en placard et leur publication et affiche doivent être présumés avoir reçu cette publicité, tant que le contraire n'est pas prouvé (Cass., 24 juill. 1852, J.P).

828. Mais l'insertion d'un arrêté préfectoral au recueil des actes administratifs de la préfecture ne constitue pas une publication légale et suffisante de cet arrêté (Circ. min., 19 déc. 1846).

829. Les préfets mandataires du pouvoir exécutif sont, par cela même, investis du droit de faire des règlements de police d'intérêt général, pour toute l'étendue de leur département, sur toutes les matières qui rentrent dans les attributions de l'autorité municipale ; mais il n'ont pas celui de prendre des arrêtés de police prescrivant des mesures locales pour une commune déterminée, même dans le cas où le maire négligerait ou refuserait de faire un des actes qui lui sont prescrits par la loi : le droit que l'art. 15 de la loi du 18 juill. 1837 leur confère ne concerne que les actes administratifs, et non les actes du pouvoir réglementaire : ce droit n'appartient qu'au maire seul, à l'exclusion du préfet (Cass., 23 sept. 1853, et 27 janv. 1854, *Bull. crim.*).

830. Le droit du pouvoir municipal ne peut, en effet, être confondu avec celui que le Gouvernement exerce dans l'intérêt du pays. Le chef de l'Etat pourvoit, par des décrets, aux mesures générales qui ont pour objet la sécurité, le repos de tous les citoyens. Les préfets exercent le même pouvoir dans leurs départements respectifs. Leurs arrêtés régissent les communes de leurs territoires considérés collectivement. Lorsqu'il s'agit de l'exécution de ces mesures, le maire remplit les fonctions de délégué de l'administration supérieure. Mais, quand les objets de police à régler ne s'appliquent qu'au territoire de la commune, c'est à lui seul, nous le répétons, de prendre les mesures nécessaires, de faire les règlements que comportent les circonstances et d'en ordonner l'exécution. Cette autorité lui est expressément attribuée par les lois des 16-24 août 1790, 22 juill. 1791 et 18 juill. 1837, art. 11.

831. Si le Gouvernement ou les préfets pouvaient se mettre à la place de l'autorité municipale et faire, dans la commune des règlements de police, le pouvoir municipal serait anéanti et disparaîtrait devant le pouvoir administratif proprement dit (Rapp. de M. Vivien à la Chambre des députés).

832. Si les préfets ont le pouvoir de faire des règlements d'intérêt général, ils ne peuvent les modifier ni en suspendre

l'exécution par une simple instruction administrative, une circulaire, lors même qu'elle serait rendue publique ; un nouvel arrêté, pris et publié dans les mêmes formes que celui qu'il a pour but de modifier est nécessaire. Ainsi doit être réformé le jugement de police qui se fonderait sur un tel acte administratif pour suspendre l'application d'un arrêté légal (Cass., 23 sept. 1853, *Bull. crim.*).

En tous cas, l'art. 3 de la loi du 28 pluv. an VIII, chargeant les préfets seuls de l'administration, il en résulte que l'exercice du pouvoir réglementaire ne saurait appartenir aux sous-préfets et que même les arrêtés par lesquels ces derniers se l'attribueraient, ne sauraient recevoir aucune force de l'approbation des préfets (Cass., 27 avril 1854, *Bull. crim.*).

Les maires ne peuvent non plus, sous aucun prétexte, dispenser de l'exécution des arrêtés préfectoraux, ni de leurs propres arrêtés, que par un autre arrêté légal (Cass., 6 janv. 1854, *Bull. crim.*).

833. Les arrêtés des préfets ne peuvent, du reste, être déférés directement au Conseil d'Etat que pour incompétence et excès de pouvoirs.

834. Si la police municipale ne dépend plus directement des préfets, ces magistrats, comme mandataires de la puissance souveraine, ont le droit cependant, chacun dans sa circonscription administrative, de faire des règlements sur certaines matières, à la condition de faire approuver par le Gouvernement ceux qui intéressent le régime de l'administration générale.

C'est ainsi qu'ils sont chargés d'autoriser l'ouverture et d'ordonner la fermeture des cafés, cabarets ou autres débits de boissons à consommer sur place ; de la police des théâtres et autres spectacles ; de l'exécution des lois et règlements sur les fêtes publiques ; de la police des maisons publiques, en ce qui concerne les mœurs et les mesures sanitaires ; de réglementer les cours d'eau et rivières sans distinction entre leur plus ou moins d'importance ; de statuer sur les plans d'alignement des villes, sur les établissements de trottoirs dans les villes, enfin sur tous les objets d'administration départementale et communale ; de réglementer la hauteur des eaux qui font mouvoir les moulins et les usines ; la police des bacs et bateaux sur les fleuves, rivières et canaux navigables ; l'établissement et la conservation des chemins vicinaux ; l'alignement des constructions et plantations sur les routes ; le minerai de fer d'alluvion ; et différents objets relatifs à la destruction des animaux nuisibles ; à la police de la chasse ; l'assortisse-

ment et la vérification des poids et mesures ; les règles de
police à observer sur les bateaux à vapeur ; la durée et les
heures du travail des apprentis ; l'éclairage des voitures d'a-
griculture circulant sur des routes nationales, départementales ou chemins vicinaux de grande communication ; en un
mot, tout ce qui concerne la grande voirie ; la police sani-
taire ; la police de sûreté ; l'ouverture, la clôture et l'exercice
de la chasse, etc.

835. Tous les citoyens étant égaux devant la loi, les règlements doivent être généraux, s'appliquer ou à tous les habitants ou à certaines industries : c'est un point constant en
doctrine et en jurisprudence. Cependant les maires peuvent
prendre des arrêtés individuels, lorsqu'il s'agit d'actes qui ne
concernent que certains individus, par exemple, en cas de
ruine imminente d'un édifice, et autres cas analogues ; mais
ils ne peuvent dispenser certains individus de l'exécution des
arrêtés, et les juges de répression doivent faire bonne justice
de ces sortes de faveurs.

836. La loi n'ayant autorisé le pouvoir municipal à faire
des règlements de police que pour faciliter l'exécution de la
loi et son application, on doit en conclure naturellement que
les règlements ou arrêtés illégaux ne sont pas obligatoires
pour les tribunaux chargés d'en assurer l'exécution. L'illégalité résulte de l'incompétence, de l'excès de pouvoir, à raison de la nature des choses, de leur situation hors de la commune, de la violation d'une loi ou des principes du droit
public dans l'esprit ou dans la lettre, ou de la création d'une
peine non établie par les lois, ou de l'attribution d'une juridiction.

Ainsi, si l'administration, en même temps qu'elle confère à certaines compagnies le droit exclusif d'éclairer une
ville par le gaz, et stipule, en faveur des abonnés, un taux
déterminé, les conséquences légales d'une disposition prise
en ce sens et insérée au cahier des charges accepté par les
compagnies, ne peuvent être appréciées que par les tribunaux civils et non par les tribunaux de répression. En effet,
une stipulation de cette nature ne rentre pas dans l'exercice
réglementaire de police confié par les lois des 16-24 août
1790 et 19-22 juill. 1791 à l'autorité municipale, et par
l'arrêté des Consuls, du 12 messid. an VIII, au préfet de
police de la Seine, et ne peut par conséquent trouver une
sanction dans l'art. 471, § 15, C. pén. (Cass., 24 janv. 1852,
Bull. crim.).

837. Du principe de la séparation des pouvoirs et de la mission donnée aux tribunaux de veiller aux libertés publiques et d'examiner la constitutionnalité des actes de l'administration préfectorale et municipale, il suit que le juge de police peut interpréter le règlement pour en connaître l'esprit et la portée, apprécier ses dispositions au point de vue légal, pour décider si elles sont conformes aux lois fondamentales, et non contraires à quelque principe qu'il faille respecter ; par suite, il doit accorder la sanction pénale à toute mesure impérative ou prohibitive qu'il reconnaît légale, la refuser absolument à celle dont l'illégalité lui est démontrée. Le juge de police, dans cet examen, doit non-seulement s'assurer si les règlements ont été pris dans ou hors du cercle des attributions municipales ou préfectorales, mais encore combiner la loi de police avec la loi protectrice, remonter aux principes à l'effet de décider si celle-ci permet ce qu'on réclame de celle-là (Cass., 12 juill. et 1er déc. 1849, *Bull. crim.*).

838. Mais le juge de police ne peut défendre l'obéissance à un règlement de police, ni en ordonner la suppression, par exemple, en annulant un arrêté qui interdit les bals publics le dimanche, sous prétexte qu'il nuit à une industrie licite, ni le modifier, ni l'interpréter ou en rechercher les motifs.

839. Les arrêtés municipaux sont, comme nous l'avons dit plus haut, permanents ou temporaires : les premiers ne sont exécutoires qu'un mois après le récépissé du sous-préfet ou du préfet ; les seconds, au contraire, sont immédiatement obligatoires.

840. Lorsqu'un maire fait exécuter un règlement permanent, il y a présomption que l'ampliation en a été remise à l'autorité supérieure (Cass., 19 oct. 1842, *Bull. crim.*).

841. Les arrêtés temporaires obligent pleinement les individus qu'ils concernent, aussitôt qu'ils en ont connaissance légale (Cass., 16 et 17 nov. 1849, *Bull. crim.*).

842. Le recours à l'autorité supérieure n'est pas suspensif (Jurisprudence constante).

843. Doit être considéré comme légal et obligatoire pour le tribunal de simple police, l'arrêté :

Qui prescrit aux marchands forains et colporteurs de soumettre les marchandises qu'ils veulent mettre en vente à une vérification préalable, à l'effet de constater les défectuosités et les tares de ces marchandises ; et exige que chaque objet mis

III.   12

en vente portera, en caractères lisibles, l'indication de ces défectuosités et tares, du bon ou du faux teint des marchandises (Cass., 7 mai 1841 et 21 mars 1846) (1);

Qui établit un privilége ou monopole, soit en conférant à certaines personnes le droit exclusif de faire tel ou tel travail, soit en interdisant aux uns tel acte de leur métier, permis cependant aux autres (Cass., 3 juin 1847);

Qui défend à des marchands forains et colporteurs de vendre et étaler dans la ville, excepté les jours de foire (Cass., 22 déc. 1818);

Qui fixe les emplacements pour la vente de diverses denrées; défend aux marchands forains de vendre ailleurs qu'aux marchés publics; interdit aux revendeurs de s'approvisionner avant telle heure de la durée du marché (Jurisprudence constante);

Qui assujettit les portefaix à se faire inscrire, et qui réserve aux commissionnés le droit exclusif de faire les transports et débarquements de marchandises, lorsqu'ils ne sont pas opérés par les propriétaires de ces marchandises, leurs intermédiaires ou gens de service (Cass., 18 oct. 1847);

Qui défend aux habitants de jeter les résidus et détritus provenant du balayage, et tous autres, dans la rivière qui traverse la ville (Cass., 17 fév. 1855);

Qui détermine les jours et les heures où la coupe du goëmon ou varech de rive doit être effectué; mais serait illégal et non obligatoire l'arrêté qui restreindrait les droits accordés à toute personne sur le *goëmon épave* par l'art. 101 du décret du 4 juillet 1853, ou en soumettrait l'exercice à des mesures quelconques [Voir décrets 6 fév. 1868 et 31 mars 1873];

Qui enjoint aux directeurs et régisseurs de théâtres declore le spectacle à une heure déterminée (Cass., 6 juin 1856);

Qui interdit à tout aubergiste ou voiturier de se trouver à l'arrivée des voitures ou diligences, ou d'y envoyer dans leur intérêt quelque personne que ce soit, dans le but de solliciter les voyageurs à descendre chez eux ou à faire usage de leurs voitures. Il y a contravention à cet arrêté par le fait seul de s'être trouvé à l'arrivée des voitures, encore qu'il n'y ait eu aucune sollicitation (Cass., 3 avril 1856);

Qui prescrit aux brocanteurs et fripiers d'avoir un registre

---

(1) Tous les arrêts ci-après se trouvent dans le *Journal du Palais* et dans le *Bulletin criminel.*

et d'y inscrire tous leurs achats, à moins que l'arrêté ne se rattache à un règlement ancien, antérieur aux lois de 1790 et 1791 (Cass., 7 sept. 1851);

Qui interdit de couvrir les toits avec de la paille, des roseaux et autres matières combustibles (Cass., 14 déc. 1844, 17 janv. et 16 sept. 1846);

Qui détermine le nombre des chevaux qui peuvent être conduits par une seule personne à l'abreuvoir, et le mode de conduite même de la part des postillons (Cass., 26 mars 1842);

Qui fixe les heures auxquelles seront fermées, chaque soir, les portes extérieures des maisons de la ville (Cass., 9 mars 1838, 18 déc. 1840, 27 août 1842);

Qui interdit tout jet d'immondices et d'eau le jour et la nuit par les fenêtres (Cass., 3 janv. 1835), même dans les cours des maisons (Cass., 31 janv. 1838);

Qui interdit la circulation, dans les rues, des chiens non muselés ou non tenus en laisse (Cass., 22 oct. 1829), et même à certaines époques, exige que tous les chiens soient renfermés ou attachés (Cass., 24 juin 1843), lors même qu'ils veillent à la garde d'un troupeau (Cass., 1er juill. 1842);

Qui ordonne la démolition des cheminées, d'après l'avis de l'agent voyer (Cass., 16 nov. 1837);

Qui défend aux ouvriers appartenant à des corporations rivales de se rassembler dans les rues avec des armes et certaines couleurs (Cass., 5 août 1836 et 14 mai 1844);

Qui interdit accidentellement un passage qui serait dangereux (Cass., 16 oct. 1835);

Qui défend ou limite les approvisionnements de combustion en certains lieux (Cass., 7 sept. 1848);

Qui prescrit des rondes de nuit aux contribuables pour prévenir les incendies (Cass., 30 avril 1830);

Qui défend de placer à une certaine distance des habitations, des meules de fourrages ou autres matières inflammables, même dans un enclos (Cass., 17 sept. 1848);

Qui exige que toutes voitures circulant la nuit soient pourvues de lanternes allumées (Cass., 2 juin 1848);

Qui exige l'éclairage de tous matériaux et de toutes excavations déposés ou faites sur la voie publique (Cass., 2 sept. 1825);

Qui interdit d'allumer du feu sur les bateaux, même pour détruire les rats;

Qui interdit le dépôt et ordonne l'enlèvement de toutes

matières qui produiraient des exhalaisons insalubres (Cass., 2 juill. 1841, 21 déc. 1848 et 18 mai 1850) ;

Qui défend aux bouchers de tuer ailleurs qu'à l'abattoir public (Cass., 1er juin 1832) ;

Qui enjoint aux bouchers de faire fondre leurs suifs dans l'abattoir public et non ailleurs (Cass., 12 mars 1847) ;

Qui défend à tous bouchers et charcutiers d'égorger aucuns bestiaux affectés de maladie (Cass., 24 juin 1843), et de jeter ou laisser couler du sang dans la rue (Cass., 18 fév. 1831) ;

Qui interdit les dépôts de fumier sur la voie publique (Cass., 4 oct. 1834 et 8 sept. 1837) ;

Qui impose aux vidangeurs toute mesure de précaution jugée nécessaire (Cass., 31 déc. 1846 et 13 août 1847) ;

Qui défend de faire des ordures sur la voie publique le long d'un mur particulier (Cass., 8 sept. 1837) ;

Qui interdit les inhumations dans un cimetière de famille (Cass., 24 janv. 1840), et qui subordonne l'autorisation de les faire aux mesures que comporte la circonstance (Cass., 14 déc. 1838 et 4 déc. 1847) ;

Qui ordonne le nettoyage des abreuvoirs et prescrit aux conducteurs d'animaux d'enlever leurs ordures (Cass., 18 juin 1836) ;

Qui interdit le rouissage du chanvre dans certaines eaux (Cass., 4 août 1837) ;

Qui interdit en certains lieux l'entretien d'animaux immondes, l'amas d immondices, l'équarrissage des bestiaux morts, etc. (Cass., 6 fév. 1823, 9 mai 1838, 6 oct. 1832, 7 juin et 26 sept. 1839) ;

Qui prescrit l'enfouissement à telle profondeur des animaux morts et des matières corrompues, et même exige une déclaration du lieu de l'enfouissement (Cass., 26 sept. 1829) ;

Qui interdit les pièces d'artifice ou pétards, les chants ou charivaris, dans tels lieux ou à telles heures (Cass., 8 août 1834 et 25 sept. 1836) ;

Qui défend de faire claquer les fouets en certains lieux, de sonner du cor de chasse pendant les heures de repos, dans l'intérieur des villes (Cass. 18 nov. 1824 et 24 avril 1834) ;

Qui interdit aux logeurs, cabaretiers, cafetiers, aubergistes, de loger des filles publiques ou de débauche ; de les recevoir ou établir des communications intérieures avec leur demeure (Cass., 3 juillet 1835, 7 juillet 1838 et 11 sept. 1840) ;

Qui répartit, d'après les lois des 25 janv.-7 avril 1790 et 23 mai 1792, et l'avis du Conseil d'Etat du 29 mars 1811, la charge des logements militaires (Cass., 23 avril 1842);

Qui interdit de tirer des armes à feu dans un jardin, même sur les pigeons qui le ravagent (Cass., 8 août 1834); de teiller, dans la ville, le chanvre ou le lin, après sept heures du soir et avant cinq heures du matin (Cass., 12 nov. 1812);

Qui défend aux boulangers de pousser la nuit des cris bizarres en pétrissant (Cass., 21 nov. 1828), et fixe le temps pendant lequel cesseront tels travaux bruyants (Cass., 16 avril 1825, 14 fév. 1833, 3 mars 1842 et 18 mars 1847);

Qui réglemente les mascarades, les travestissements publics, etc. (Cass., 5 août 1836, 9 mars 1838 et 18 mai 1844);

Qui défend aux femmes prostituées de stationner sur la voie publique ou de sortir après certaines heures (Cass., 23 avril 1842 et 29 mars 1844);

Qui prescrit, à l'égard des maisons de tolérance, tout ce qui est commandé par l'intérêt de la sécurité et de l'ordre, etc. (Cass., 28 sept. 1849);

Qui interdit de passer dans certaines rues aux omnibus et autres voitures de transport en commun, de s'arrêter, de ralentir le pas pour prendre ou déposer des voyageurs (Cass., 17 sept. et 2 déc. 1841, et 7 juin 1849);

Qui réglemente le mode de stationnement des voitures dans les rues et places (Cass., 23 mars 1832 et 21 mai 1835);

Qui fixe l'intervalle entre chaque départ de voiture (Cass., 2 déc. 1841);

Qui prescrit aux voituriers de marcher à côté de leurs chevaux (Cass., 8 janv. 1830); de ne pas s'asseoir sur eux (Cass., 25 ventôse an xii); de conduire dans les auberges ou dans les lieux fermés leurs voitures et leurs bêtes de somme aussitôt le déchargement opéré (Cass., 4 nov. 1841); qui défend aux conducteurs de donner à manger à leurs chevaux sur la voie publique (Cass., 17 sept. 1841);

Qui interdit aux cochers de place de circuler à vide et d'offrir leurs voitures (Cass., 3 sept. 1831); de les remiser près de la voie publique sans autorisation (Cass., 21 déc. 1838);

Qui fixe l'alignement des rues et voies publiques dans la ville (Cass., 6 sept. 1828);

Qui prescrit l'entretien des rues non pavées, par les propriétaires riverains, sauf la question du pavage (Cass., 17 mars 1838);

Qui prescrit l'établissement de gouttières sur la rue et de descentes pour en conduire les eaux sur le pavé (Cass., 21 nov. 1834 et 3 mai 1840);

Qui enjoint ou défend le nettoiement de la voie publique (Cass., 31 mars et 1er avril 1848);

Qui ordonne la clôture d'un terrain bordant la voie publique, si la sûreté publique l'exige (Cass., 19 août 1836);

Qui impose le balayage quotidien soit à l'entrepreneur, soit au propriétaire ou au locataire;

Qui ordonne l'enlèvement des terres éboulées sur un chemin (Cass., 7 juill. 1836);

Qui défend de creuser, relever ou gazonner aucun fossé le long des chemins (Cass., 16 juin 1833);

Qui ordonne l'extirpation d'herbes croissant devant les maisons, dans les rues et ruelles (Cass., 17 nov. 1824). [V. toutefois un avis du conseil d'Etat, *suprà*, sect. 1, § 3];

Qui ordonne le curage et l'entretien des fossés existant sur le bord des chemins (Cass., 24 juill. 1835);

Qui défend les bornes et autres saillies, en ordonne l'extraction ou la démolition (Cass., 12 fév. et 11 sept. 1847);

Qui ordonne le curage d'une rivière, l'enlèvement de tout ce qui peut embarrasser son cours (Cass., 8 oct. 1816);

Qui prescrit tout ce qui est jugé nécessaire pour la sûreté et la commodité du passage dans une rue ou sur une rivière (Cass., 16 oct. 1835, 19 mars 1836 et 18 avril 1837);

Qui défend aux maîtres ou conducteurs de navires ou barques, de voitures ou chevaux, de les amarrer ou attacher aux arbres de la promenade publique (Cass., 24 mars 1836);

Qui règle le balayage des rues (Cass., 31 mars 1848);

Qui interdit le passage en bateau sur un point de la rivière (Cass., 19 mars 1836);

Qui fixe le lieu d'arrivage, de relâche des bateaux à vapeur qui veulent toucher à terre (Cass., 30 juin 1842);

Qui prescrit la suppression des entrées de caves situées sur la voie publique, lorsqu'elles deviendront en mauvais état ou qu'elles auront besoin de réparations (Cass., 20 fév. 1847);

Qui interdit de réparer les seuils, de reconstruire les aqueducs sans autorisation (Cass., 27 juin 1823); de faire un dépôt d'immondices sur la commune (Cass., 6 oct. 1832), ou de matériaux, de décombres sur les bords des canaux, des rivières, ou dans les rues adjacentes (Cass., 18 juin 1836);

Qui fixe l'enceinte et les emplacements pour la vente des diverses denrées (Cass., 10 juin 1810 et 10 oct. 1823) ;

Qui crée une compagnie de crocheteurs chargés d'exercer exclusivement cette profession dans les ports de la commune, afin d'éviter les contestations qui existeraient entre les négociants et les crocheteurs relativement à leurs salaires (Cass., 1er mai 1823), lorsque les intéressés n'agissent pas eux-mêmes ou par leurs domestiques ou gens de service (Cass., 8 mars et 8 nov. 1851);

Qui défend aux marchands forains de faire leurs ventes ailleurs qu'aux marchés publics (Cass., 6 mars 1840, 12 mars et 25 sept. 1847) ; aux cultivateurs et marchands de fourrages, d'acheter et vendre ailleurs qu'au lieu désigné ;

Qui exige que les ventes à l'encan se fassent en plein jour, et non à la lumière (Cass., 18 oct. 1847) ;

Qui prescrit le pesage gratuit des marchandises (Cass., 6 et 12 mars 1847) ;

Qui interdit la profession de peseur ou mesureur dans les marchés à toutes personnes autres que celles instituées à cet effet par l'administration (Cass., 7 déc. 1849 et 4 nov. 1850);

Qui fixe le poids des paquets de chandelles et la forme de l'enveloppe (Cass., 12 juin 1828 et 15 juin 1839), la contenance des sacs sur le marché (Cass., 1er avril 1826) ;

Qui défend à tous particuliers, autres que les amodiataires des jeux de la fête patronale d'une commune, de donner des bals et divertissements publics (Cass., 25 sept. 1841) ;

Qui défend aux revendeurs de poisson et autres comestibles de s'approvisionner soit au marché, soit ailleurs, avant les habitants, pendant telle heure de la durée du marché (Cass., 27 sept. 1841);

Qui règle l'exercice de la boucherie en désignant les animaux qui doivent être abattus, l'approvisionnement de chaque étal (Cass., 11 sept. 1840 et 17 mars 1841) ;

Qui ordonne que les cabarets, cafés et salles de billards seront vidés et fermés à une heure fixe (Cass., 17 juin 1825, 27 déc., 19 juill., 10 août 1833) ;

Qui interdit aux cabaretiers, et même aux autres habitants, de souffrir le dépôt, l'exposition ou la vente, chez eux, de certaines choses, par exemple : des œufs, du beurre, des volailles, toiles, chevaux, grains, etc. (Cass., 18 juill. 1839);

Qui interdit la vente de la viande ailleurs qu'à la boucherie ou à la halle (Cass., 3 mai 1811 et 7 déc. 1826); de conserver des morceaux découpés, inférieurs en poids au quart de la pièce entière (Cass., 3 mai 1811), et de donner pour surpoids ni foie, ni tête, ni jambe, ni pied, ni fressure, et fixe le surpoids à un hectogramme au plus par kilogramme (Cass., 10 janv. 1836) ;

Qui attribue aux fermiers du marché les pailles, fumiers et autres débris qui y tombent, même à l'exclusion des propriétaires (Cass.. 7 juin 1842) ;

Qui règle la dimension d'un étal (Cass., 24 juin 1831) ;

Qui fixe les lieux où les forains peuvent exposer leurs denrées (Cass., 17, 23 déc. 1841, 16 juin 1842 et 11 janv. 1850) ;

Qui interdit la vente des comestibles près et à la porte de la halle, ou dans les rues adjacentes (Cass., 12 avril 1834) ;

Qui donne le monopole du ramonage à une compagnie (Cass., 24 août 1815) ; celui du service des ports à certains portefaix, lorsque les intéressés n'agissent pas eux-mêmes ou par leurs domestiques ou gens de service (Cass., 11 sept. 1840, 27 nov. 1841, 8 mars et 8 nov. 1851) ;

Qui affecte certaines parties de la rivière distinctement aux bains des hommes et des femmes, ou qui règle la construction des bains, ou prend des mesures nécessaires à l'ordre et à la décence (Cass., 15 déc. 1824 et 18 sept. 1828) ;

Qui interdit l'ouverture des salles de jeu, sans autorisation (Cass., 6 déc. 1833 et 22 avril 1837), par exemple, un billard public (Cass., 13 déc. 1834 et 23 avril 1835) ; tous jeux de mail sur un chemin public (Cass., 5 mars 1838) ; tous bals publics sans autorisation (Cass., 13 avril et 7 nov. 1833) ;

Qui fixe l'heure de la fermeture des théâtres (Cass., 8 août 1841) ;

Qui restreint l'autorisation aux fermiers des jeux de la fête patronale (Cass., 19 janv. 1837 et 25 sept. 1841) ;

Qui prescrit à tous marchands brocanteurs, même aux libraires, d'inscrire sur un livre les noms et adresses des vendeurs d'objets d'occasion (Cass., 8 mars 1848) ;

Qui enjoint aux propriétaires de tenir les portes extérieures de leur maison fermées depuis dix heures du soir jusqu'au jour (Cass., 2 fév. 1837, 9 mars 1838 et 18 déc. 1840) ;

Qui prohibe, dans les cafés et autres lieux publics, toute espèce de jeux de cartes, sans distinction (Cass., 5 déc. 1826) ;

Qui prescrit aux boulangers et débitants de pain de représenter à telle époque leur marque (Cass., 23 fév. 1841) ;

Qui défend toute apposition d'affiches par une autre personne que par l'afficheur public (Cass., 26 fév. 1842 et 12

nov. 1847); mais le maire excède ses pouvoirs en les soumettant à son autorisation (Cass., 11 janv. 1834);

Qui défend au concessionnaire de terrains dans un cimetière, de les entourer autrement qu'avec de simples balus-
trades (Cass., 14 oct. 1843);

Qui exige que les passe-ports des voyageurs arrivant dans
un hôtel soient portés aux commissaires de police, à telle
heure (Cass., 10 avril 1841);

Qui, pour assurer l'exécution de la loi du 4 août 1789,
prescrit de renfermer les pigeons à certaines époques de l'année (Cass., 5 fév. 1844);

Qui prescrit d'attacher un bâton au cou des chiens pour
les empêcher d'entrer dans les vignes (Cass., 10 janv. 1834);

Qui interdit la chasse dans un certain rayon des vignes
durant les vendanges (Cass., 3 mai 1834);

Qui défend d'être à la fois boulanger et fourgonnier (Cass.,
1er avril 1830);

Qui prescrit un certain approvisionnement de farine de
première qualité, fixe le prix et le poids de chaque pain, la
tolérance sur le poids (Cass., 24 avril 1835, 1er avril 1841 et
1er juill. 1842);

Qui ordonne de vendre le pain au poids et de le peser, même
sans réquisition de l'acheteur (Ord. 2 nov. 1840; Cass.,
25-26 fév. 1842), et prescrit de remettre des balances aux
porteurs à domicile, sans néanmoins répondre de la négligence de ces derniers (Cass., 25 fév. 1842), de marquer
chaque pain (Cass., 20 janv. 1837);

Qui ordonne le dépôt d'un exemplaire et le visa de toutes
affiches (Cass., 9 août 1838), même de celles apposées par
un particulier pour annoncer la vente ou la location de sa
propriété (Cass., 13 fév. 1834), à l'exception toutefois de
celles de ventes poursuivies en justice ou devant un notaire
commis (Cass., 9 août 1838);

Qui interdit à toute personne d'aller au-devant des forains,
aux revendeurs de pénétrer dans le marché par eux-mêmes ou
par des affidés, avant une certaine heure (Cass., 19 avril
1834, 18 juill. 1840, 11 mai, 6 oct. 1832, 17 mai et 5 déc.
1833), même lorsqu'ils n'achèteraient pas (Cass., 12 mai
1832);

Qui règle le cours d'une fontaine publique aux différents
jours de la semaine (Cass., 5 nov. 1825);

Qui interdit d'en détourner les eaux ou celles d'un canal,
nonobstant toute possession;

Qui ordonne que les objets vendus par des marchands forains devront être mesurés au mètre, et interdit toute vente
de coupons sans indication d'ouvrage (Cass., 7 mai 1841);

Qui prescrit de combler les mares où les eaux croupissent
(Cass., 2 juin 1838); mais l'arrêté ne pourrait imposer l'obligation d'entretenir et couvrir le canal, ni régler, d'une manière
permanente, les cours d'eau de la commune, les travaux et
barrages à y faire (Cass., 15 déc. 1838);

Qui fixe la hauteur des maisons à construire dans une ville,
avec défense d'y établir, sans permission, de grands balcons
sur les places et dans les rues (Cass., 20 mars 1847);

Qui impose à ceux qui veulent ouvrir un café la nécessité
d'obtenir du préfet un permis préalable d'ouverture ;

Qui défend à un propriétaire de faire des réparations à un
soupirail de cave avançant sur la voie publique (Cass., 19 et
24 juin 1852);

Qui interdit une réunion nombreuse et accidentelle de citoyens devant avoir lieu dans un endroit public, tel qu'un café
ou une auberge (Cass., 28 juin 1852);

Qui assujettit les propriétaires ou locataires de maisons
qu'ils louent avec intention de sous-louer en garni à tout venant aux obligations des logeurs (Cass., 2 oct. 1851);

Qui oblige les approvisionneurs des halles et marchés à déposer dans une resserre publique les denrées non vendues au
marché du jour, pour être mises en vente à celui du lendemain (Cass., 31 mars 1838);

Qui interdit de mener dans les prés, vignes, bois, en toute
saison, les moutons, oies, oisons (Cass., 31 mars 1836);

Qui interdit la circulation des chèvres, non munies de mu-
selières et de clochettes, des oies, poules, canards et autres
animaux (Cass. 2 juin 1821, 20 fév. et 27 août 1825);

Qui fixe le temps de défensabilité des prairies naturelles
(Cass., 16 nov. 1841) ou d'une prairie commune (Cass., 22
déc. 1837);

Qui fixe le nombre des bestiaux que chaque propriétaire,
même de la commune voisine, peut envoyer au parcours
(Cass., 5 juill. 1821);

Qui assigne certains cantonnements aux diverses espèces
de bestiaux (Cass., 14 nov. 1834);

Qui interdit d'avoir des troupeaux et pâtres séparés (Cass.,
9 fév. 1838 et 20 juill. 1839).

844. Mais est illégal et non obligatoire pour le tribunal de
police le règlement qui n'est l'exécution d'aucune loi, soit gé-

nérale, soit spéciale, s'il ne réglemente que des intérêts privés; si, disposant sur une matière réglée par une loi, il en étend ou restreint les dispositions; s'il porte atteinte à des droits garantis par la Constitution ou par une loi fondamentale, en les restreignant au delà des limites légales;

Ainsi est illégal le règlement : Qui soumet certains ateliers à des conditions que n'impose point la législation qui les régit (Cass., 3 mars 1842 et 18 mars 1847);

Qui interdit le dépôt de matériaux, en cas de nécessité, sans autorisation préalable (Cass., 10 déc. 1824, 16 fév. 1833 et 10 avril 1841. — *Contrà*, Cass., 24 janv. 1835), ou au delà de vingt-quatre heures (Cass., 26 mars 1825), ou le placement de poteaux nécessaires à l'établissement d'une devanture de boutique (Cass., 19 juill. 1835);

Qui réglemente la profession de mesureur et de peseur en dehors des halles, marchés, foires et ports (Cass., 15 oct. 1840, 29 août 1850 et 24 nov. 1851, 4 fév. 1853);

Qui transforme en mesure de police un acte d'administration communale qui exige le concours d'un conseil municipal (Cass., 22 déc. 1838), qui établit une taxe pour son exécution (Cass., 22 fév. 1825);

Qui établit des droits d'octroi de pesage, de mesurage, à l'entrée de la ville, ou de péage sur les comestibles vendus au marché (Cass., 24 fév. 1820, 1er déc. 1830);

Qui défend de se réunir au nombre de plus de vingt personnes dans une maison particulière pour former un bal (Cass., 16 août 1834); de faire des quêtes à domicile sans la permission de l'autorité municipale (Cass., 1er août 1830);

Qui défend la divagation des chiens lévriers en toutes saisons de l'année (Cass., 16 déc. 1826);

Qui étend les prohibitions établies par une loi qui, par exemple, défend aux bouchers d'étaler un jour de dimanche, pendant le temps de l'office, attendu que la loi en prescrivant l'étalage, loin de l'appliquer aux bouchers, en dispense les *marchands de comestibles*, autres que les cabaretiers, cafetiers, etc. (Cass., 29 janv. 1829), et les astreint, dans les abattoirs, à recourir, moyennant rétribution, à certains préposés, quand ils n'opéreront pas leurs abats par eux-mêmes ou par leurs agents (Cass., 1er déc. 1849);

Qui enjoint à deux particuliers de s'entendre avec les autres propriétaires d'une rue ouverte par eux sur leur terrain, sans autorisation, ou pour la fermer, ou pour la paver; l'irrégularité provenant, ou de ce que l'injonction de fermer n'a point été collectivement et personnellement notifiée à tous ceux qui ont établi la rue, ou de ce que l'injonction de paver se réfère à une propriété (Cass., 11 mai 1844);

Qui impose une retenue sur le salaire des ouvriers pour certains secours (Cass., 24 juill. 1838);

Qui, sous prétexte de veiller à la salubrité du commerce de la boucherie, soumet les bouchers au paiement d'une taxe pour la rétribution des individus chargés de l'inspection (Cass., 22 fév. 1825);

Qui interdit aux maîtres de poste de faire conduire à l'abreuvoir quatre chevaux par un seul postillon, cette faculté leur étant donnée par la déclaration du 28 avril 1782 (Cass., 3 sept. 1808);

Qui défend à tous propriétaires de blanchir la facade de leurs maisons, ou de leur donner toute autre couleur dont l'éclat pourrait blesser ou fatiguer la vue (Cass., 25 août 1832);

Qui, d'une part, enjoint à tout individu venant fixer son domicile dans la commune, d'en faire la déclaration à la mairie dans la huitaine, ou, quittant la commune, d'en faire la déclaration trois jours avant son départ, ou, changeant de logement, d'en faire la déclaration dans la huitaine; et, d'autre part, déclare les propriétaires responsables du défaut de déclaration par leurs locataires (Cass., 1er août 1845 et 8 oct. 1846);

Qui ordonne aux propriétaires d'une maison d'accouchement de tenir un registre sur lequel seront inscrites toutes les femmes ou filles qui y séjourneront pendant leur grossesse, ou pour y faire leurs couches (Cass., 18 juin 1846);

Qui prescrit d'arborer des drapeaux aux fenêtres un jour de fête publique (Cass., 7 janv. 1820), ou de tapisser au-devant de leurs maisons pour la procession de la Fête-Dieu (Cass., 26 nov. 1819);

Qui prescrit aux propriétaires ou laboureurs de délaisser aux pauvres telle partie de leurs récoltes (Cas., 29 therm. an XI);

Qui prescrit aux maîtres et chefs d'ateliers de refuser d'occuper un ouvrier non muni d'un livret, ou d'une carte de sûreté (Cass., 4 nov. 1840);

Qui interdit aux forains de vendre hors le temps des marchés (Cass., 27 févr. 1858), ou qui prescrit une exposition préalable des marchandises (Cass., 3 déc. 1840); et aux entrepreneurs de voitures publiques, de remettre chaque jour, au commissaire de police, un bulletin indicatif des voyageurs transportés par leurs voitures (Cass., 7 avril 1848) ;

Qui, sous prétexte de pourvoir à la sûreté et à l'ordre publics, crée en faveur d'un établissement public un privilége, en lui conférant l'usage d'un terrain dépendant d'un domaine public (Cass., 18 sept. 1828) ;

Qui détermine un mode particulier d'architecture, que ne prescrit en aucune sorte la sûreté de la voie publique (Cass., 14 août 1830) ;

Qui enjoint aux posseseurs d'un objet mobilier de le déposer dans un lieu public (Cass., 2 août 1836) ;

Qui défend aux propriétaires d'un cours d'eau d'y avoir des bateaux et de détourner les eaux réclamées dans l'intérêt des habitants (Cass., 8 avril 1848) ;

Qui défend de louer appartement, chambre ou boutique à des étrangers non munis d'une carte de sûreté (Cass., 6 août 1845) ;

Qui défend à des marchands d'exercer leur profession sans telle patente (Cass., 21 mars 1831); aux fripiers et brocanteurs de trafiquer d'autres objets que ceux qu'ils auront indiqués dans une déclaration au maire (Cass., 15 oct. 1842 ;

Qui interdit aux bouchers et charcutiers, opérant dans un abattoir public, de s'entr'aider pour leurs abats, quand ils ne veulent pas employer le concours salarié d'un préposé (Cass., 1er déc. 1849 et 25 juin 1850) ;

Qui défend à tels marchands d'avoir leurs boutiques ouvertes pendant la tenue des marchés (Cass., 12 juill. 1849) ;

Qui adjuge à un ou plusieurs le droit exclusif d'opérer la vidange des fosses d'aisances de la ville, avec défenses à tous autres individus d'exercer cette profession, avec ordre aux propriétaires de maisons de n'employer que les adjudicataires (Cass., 18 janv. 1838) ;

Qui interdit aux habitants de s'approvisionner au dehors de la commune (Cass., 11 août 1842, 26 et 27 fév. 1858) ;

Qui prescrit aux bateaux à vapeur de venir et de s'arrêter au rivage (Cass., 30 juin 1842), ou aux riverains de couvrir et d'entretenir un canal urbain (Cass., 2 juin 1838) ; aux boulangers forains de ne pas porter le pain à domicile (Cass., 5 janv. 1836).

845. La peine d'emprisonnement contre les contrevenants au § 15 de l'art. 471, C. pén., a toujours lieu en cas de récidive, pendant trois jours au plus, sauf modération facultative

s'il existe des circonstances atténuantes, reconnues par le juge en leur faveur (C. pén., art. 474 et 463).

SECT. II. — DEUXIÈME CLASSE (ART. 475 A 478).

§ 1er. — Bans de vendange et autres.

846. « Seront punis d'amende depuis six francs jusqu'à dix francs inclusivement, ceux qui auront contrevenu aux bans de vendange ou autres bans autorisés par les règlements » (C. pén., art. 475, § 1er).

847. Les lois romaines connaissaient l'usage des bans de vendange et de moisson : *Præsides provinciarum ex consuetudine cujusque loci, solent messis vendemiarumque causâ tempus statuere* (L. 4, *ff. de præs.*).

En France, il y avait des bans de moisson, de vendange, de fauchaison, les bans de mars et d'août et les bans généraux, le ban de pâturage, etc.

Ces divers bans avaient pour objet d'empêcher la récolte des fruits avant leur maturité, les anticipations ou les dévastations qui auraient pu se commettre sur les terres à cette occasion, et enfin de faciliter aux seigneurs et aux décimateurs la perception des droits qui leur appartenaient sur les fruits : tous ces bans, que réglementaient les seigneurs hauts justiciers de préférence aux seigneurs de fiefs, ont été abolis par les lois des 4 août 1789 et 7 sept. 1790, qui ont supprimé les justices seigneuriales.

848. La loi des 28 sept.-6 oct. 1791, tit. 1, sect. 5, art. 1, en déclarant que chaque propriétaire sera libre de faire sa récolte, de quelque nature qu'elle soit, au moment qu'il lui conviendra, pourvu qu'il ne cause aucun dommage aux propriétaires voisins, est venue à son tour sanctionner implicitement l'abolition de toutes espèces de bans, sauf les bans de vendange, maintenus dans les pays où ils sont en usage par l'art. 2 de cette loi. Mais un arrêté du gouvernement consulaire, en date du 14 germ. an x, qui impose aux administrations municipales des cantons ruraux où l'ouverture des fauchaisons, des moissons et des vendanges est fixée par l'autorité publique, de veiller à ce que les époques n'en fussent désignées que dans les termes du calendrier républicain, a évidemment rétabli les bans de fauchaison, de moisson et de vendange, dans les pays où l'usage en était reçu. D'un autre côté, l'art. 475, § 1, C. pén., punit l'infraction non seulement aux bans de vendange, mais encore aux autres bans autorisés

par les règlements, d'où l'on doit conclure que l'autorité municipale a recouvré le droit de déterminer, par des arrêtés, l'époque des bans sans exception qu'un usage immémorial a consacrés dans chaque localité. C'est, du reste, en ce sens que s'est prononcée la Cour de cassation dans deux arrêts, l'un du 6 mars 1834 et l'autre du 13 févr. 1845.

849. Ainsi, un maire qui par un arrêté proclame un ban de fauchaison, de moisson, de vendange, de pâturage, etc., selon les anciens usages du pays, agit dans le cercle de ses attributions, et les infractions à un tel arrêté doivent être punies par le § 1er de l'art. 475, C. pén. (Chauveau et Hélie, t. 6, p. 367 ; Rolland de Villargues, art. 475, n° 20).

850. Quant aux bans de vendange, il n'y a d'infraction punissable qu'autant qu'ils sont en usage dans le pays et qu'autant que l'arrêté ne les applique qu'aux vignes *non closes :* hors de ces conditions, le règlement ne serait pas légal (Merlin, v° *Ban de vendange*, n° 14 ; Chauveau et Hélie, p. 367 ; Carnot, art. 475).

851. Mais, dès que ces deux conditions existent, le maire, sans avoir besoin d'en référer au conseil municipal, a tout pouvoir pour les modifier dans le détail de leurs dispositions. Ainsi, lorsqu'il a été fait un règlement portant que la vendange s'ouvrira pour toutes espèces de vignes, basses et hautes, à partir d'un certain jour, la contravention à ce règlement ne peut être excusée, sous prétexte que l'usage du pays était de vendanger les hauteurs et les vignes basses à des époques différentes (Cass., 13 fév. 1845. D.P.46,4.31).

852. Une vigne ne doit être réputée close, et comme telle non assujettie aux règlements sur les bans de vendange, qu'autant que les murs, palissades, treillages, haies vives ou sèches et les fossés entourant cette vigne ont les hauteurs, dimensions fixées par l'art. 6, tit. 1er de la loi des 28 sept.-6 oct. 1791.

853. La clôture doit, du reste, être spéciale à chaque propriété de vignes qui, bien qu'entourées d'une clôture générale, se subdivisant en diverses portions sans clôture, ne peuvent pas être réputées closes.

Mais les propriétaires de vignes dont la clôture est conforme à l'un des modes énoncés dans l'art. 6 de la loi de 1791, sont affranchis de l'observation des bans de vendange, quand même cette clôture ne serait pas conforme à celle déterminée par une délibération du conseil municipal (Cass., 11 sept. 1847.S.-V.47.1.761).

854. Il était autrefois d'usage, en certains lieux, d'interdire même aux propriétaires la faculté d'entrer dans leurs
vignes à l'approche des vendanges ; mais aujourd'hui un arrêté qui contiendrait une pareille interdiction, ou qui interdirait le passage, jusqu'après la vendange, de sentiers publics traversant les vignes, serait illégal, et dès lors non obligatoire pour le tribunal de simple police (Cass., 14 janv.
1848, *Bull. crim.*).

855. Les contraventions à un arrêté qui fixe l'ouverture
des vendanges doivent être punies par autant d'amendes qu'il
existe de contraventions.

856. Dans les pays où les bans de vendange sont en usage,
nul ne peut vendanger avant la publication, sous les peines
portées par l'art. 475 (Cass., 24 janv. 1861, *Bull. crim.*).

857. Le ban de vendange doit être annoncé par affiches
ou par publications, à son de caisse ou de trompe, suivant
l'usage (Cass., 24 janv. 1861, *Bull. crim.*). L'arrêté qui en
fixe l'ouverture, étant temporaire, n'a pas besoin d'être approuvé par le préfet (Cass., 24 janv. 1861, *Bull. crim.*).

858. Le maire ne peut interdire de vendanger le dimanche, cette faculté étant accordée par la loi du 18 nov. 1814
(Cass., 19 juin 1857, *Bull. crim.*).

859. La prohibition de vendanger avant le jour fixé par le
règlement exi-te de plein droit dans les communes où les bans
de vendanges sont en usage. C'est une défense permanente
et qui constitue en contravention celui qui vendangerait avant
même la publication du ban.

860. Il suffit d'être propriétaire de vignes dans la commune, pour être soumis au ban de vendange, bien qu'on n'y
réside pas.

861. Celui qui coupe dans sa vigne non close les raisins
destinés aux besoins de sa famille, ne commet pas une infraction au ban de vendange (Cass., 7 déc. 1855 et 9 fév. 1856,
Bull. crim.).

862. Le contrevenant à un ban de vendange ne peut être
excusé sous prétexte d'une autorisation du maire de vendanger avant l'époque fixée (Cass., 6 fév. 1858, *Bull. crim.*),
ou sous prétexte que ses vignes étaient isolées et éloignées
du tènement de la commune (Cass., 24 fév. 1861, *Bull.
crim.*).

863. Le tribunal ne peut relaxer un contrevenant au ban
de vendange, par le motif qu'il n'était pas constant que le

ban fût en usage dans la localité ; il n'appartient qu'à l'autorité préfectorale d'apprécier la légalité de l'arrêté sur la réclamation des intéressés (Cass. , 24 avril 1848, *Bull. crim.*).

Le tribunal de police doit, lorsque cette exception est soulevée, surseoir au fond jusqu'à la décision du préfet. Il ne peut s'arrêter à l'aveu fait par le commissaire de police (Cass., 19 nov. 1859, *Bull. crim.*).

864. La peine d'emprisonnement contre tous contrevenants a toujours lieu, en cas de récidive, pendant cinq jours au plus, sauf modération facultative, s'il y a des circonstances atténuantes, reconnues par le juge en leur faveur (C. pén., art. 478 et 463).

§ 2. — Registre des aubergistes, logeurs ou loueurs de maisons garnies.

865. « Seront punis d'amende, depuis six francs jusqu'à dix francs inclusivement, les aubergistes, hôteliers, logeurs ou loueurs de maisons garnies, qui auront négligé d'inscrire de suite et sans aucun blanc, sur un registre tenu régulièrement, les noms, qualités, domicile habituel, dates d'entrée et de sortie de toute personne qui aurait couché ou passé une nuit dans leurs maisons ; ceux d'entre eux qui auraient manqué à représenter ce registre aux époques déterminées par les règlements, ou lorsqu'ils en auraient été requis, aux maires, adjoints, officiers ou commissaires de police, ou aux citoyens commis à cet effet : le tout sans préjudice des cas de responsabilité mentionnés en l'art. 73 du présent Code, relativement aux crimes ou aux délits de ceux qui, ayant logé ou séjourné chez eux, n'auraient pas été régulièrement inscrits » (C. pén., art. 475, § 2).

866. Cette disposition a deux parties distinctes : l'une concernant la nécessité de l'inscription sur un registre tenu conformément aux prescriptions de la loi; l'autre relative à l'obligation de représenter ce registre aux fonctionnaires ou agents qu'elle a commis à cet effet.

867. L'ordre et la sécurité ont nécessité de tout temps que l'autorité chargée d'en assurer le maintien fût informée le plus exactement, et le plus promptement possible, de la présence des personnes de toutes conditions étrangères à la localité et descendues dans les hôtelleries de toute nature.

868. On ne doit pas toutefois confondre avec les personnes désignées dans le § 2 de l'art. 475, C. pén., les propriétaires et

III.   13

locataires de *certaines localités* qui, pendant la belle saison, ou pendant les foires, louent et même sous-louent en garni une partie de leur appartement, et qui, n'en faisant pas une spéculation, ne peuvent évidemment être assimilés aux logeurs de profession, ni par suite assujettis aux lois de police (Cass., 4 juin 1858 et 8 janv. 1859, *Bull. crim.*) ; à moins qu'il n'existe, comme à Paris, des règlements spéciaux, restés en vigueur, en vertu de l'art. 484, C. pén.

869. [Le propriétaire qui loue en garni l'excédant de sa maison n'est pas soumis aux obligations des logeurs, et spécialement à la tenue d'un registre de police. Cass., 10 août 1874, *Gaz. des trib.*, 17 août 1874].

870. [L'art 475, § 2, ne doit pas être interprété en ce sens que l'inscription dont il s'agit ne serait exigible qu'après la sortie du voyageurs. Mais l'obligation de l'inscription comporte un délai moral, et la contravention à l'article précité ne saurait résulter de ce que des voyageur arrivés dans un hôtel pendant la nuit n'ont pas été inscrits au moment de leur entrée et ne l'étaient pas encore dans la matinée qui a suivi, alors surtout que les voyageurs n'avaient pas quitté l'hôtel au moment où le procès-verbal de contravention a été dressé. Cass., 18 juill. 1874, *le Droit*, 3 sept. 1874].

871. Le § 2 de l'art. 475 punit isolément, le *défaut : 1° de registre* de police ; 2° *d'inscription* des voyageurs sur ce registre ; 3° de représentation du livre à *l'autorité* ou aux *citoyens* qu'elle aurait commis à cet effet : ce registre doit être paraphé par le commissaire de police.

872. L'obligation imposée aux aubergistes et logeurs par le § 2 de notre article est générale et comprend sous ces mots : *toute personne*, non-seulement les voyageurs, mais encore les personnes qui ont leur domicile habituel dans le lieu même où est située l'auberge ou la maison garnie qu'elles ont momentanément habitée, ne fût-ce qu'une nuit, même sans coucher. Le logeur ou l'hôtelier contrevenant ne peut donc s'excuser sur son ignorance, lors même qu'il ne saurait pas écrire; ni sur ce qu'il ne loge que des ouvriers sédentaires ; ni sur ce que la personne qu'il a logée quelques jours, même une nuit, lui avait promis de lui faire un bail ; ni sur le motif qu'elle avait été introduite par un autre locataire à son insu ; ni enfin sous aucun prétexte (Jurisprudence constante).

873. Les aubergistes ou logeurs ne sont pas tenus d'inscrire sur leurs registres les personnes qu'ils reçoivent chez

eux comme domestiques; ni, *à fortiori*, les membres de leur famille.

874. L'autorité municipale prescrit souvent, dans l'intérêt de la sûreté publique, des mesures analogues à celles que le § 2 de notre article impose de plein droit : ainsi, elle exige que les aubergistes et logeurs se fassent représenter les passe-ports, cartes de sûreté, permis de séjour, et même elle les oblige à déposer ces pièces, dans un bref délai, à la mairie ou au bureau du commissaire de police, afin qu'elles y soient visées; mais les contrevenants à ces arrêtés ou règlements ne sont passibles que des peines de police prévues par l'art. 471, § 15, C. pén.

875. Du reste, le commissaire de police, auquel la loi reconnaît le droit de requérir la représentation actuelle, instantanée et transitoire des registres, des personnes dénommées au § 2 de l'art. 475, n'a pas par cela même le droit de leur enjoindre par mesure générale, à peine de contravention, que ces registres lui soient représentés à son bureau. Au maire seul appartient ce droit.

876. La double obligation imposée par le § 2 de notre article ne peut être étendue à tous les habitants d'une ville, aux cabaretiers qui ne donnent pas à coucher, aux propriétaires ou locataires qui louent des chambres garnies sans en faire leur profession, à ceux qui louent un appartement garni pendant les foires qui se tiennent annuellement dans une ville, aux médecins et sages-femmes tenant des maisons de santé et d'accouchement, ni à d'autres personnes enfin que celles spécifiées dans le § 2 de notre article, par exemple, à des personnes qui, exerçant la profession de lingère ou de couturière à la journée, louent en chambre garnie, même à des ouvriers étrangers (Cass., 20 déc. 1849, 28 janv. et 9 sept. 1853, *Bull. crim.*).

877. L'autorité municipale ne saurait, sans excès de pouvoir, défendre aux logeurs de recevoir chez eux certaines classes de personnes, par exemple, les mendiants.

878. Une maison de tolérance où les filles publiques sont logées et nourries, est assimilée à une maison de logeur, et la personne qui la tient est obligée de se pourvoir du registre des logeurs.

879. L'obligation de l'inscription existe à l'égard de toutes personnes qui ont couché ou passé une nuit dans la maison. Ainsi, le fait que des individus ont été trouvés le soir chez un logeur, ne suffit pas pour établir la contravention résul-

tant du défaut d'inscription, il faut qu'ils y aient passé la nuit (Arg. Cass., 15 nov. 1839, 5 août 1853, *Bull. crim.*).

880. Le logeur qui omet d'inscrire sur son registre un voyageur ne commet pas autant de contraventions que le voyageur a couché de nuits dans son hôtel (Cass., 4 fév. 1859, *Bull. crim.*). Mais il commet autant de contraventions qu'il y a de voyageurs non inscrits : chaque omission constitue une contravention.

881. Les gendarmes sont au nombre des agents de l'autorité auxquels la loi a confié le soin de se faire représenter les registres des hôteliers ou logeurs (Décret 1er mars 1854, art. 290).

882. L'art. 19 de l'ord. du 20 janv. 1563, qui défendait aux hôteliers de se refuser, *sans cause légitime*, à recevoir les voyageurs¹, a été abrogé par les lois de 1791, qui ont proclamé la liberté du commerce.

883. La peine d'emprisonnement contre les contrevenants a toujours lieu, en cas de récidive, pendant cinq jours au plus, sauf modération facultative, s'il y a des circonstances atténuantes, déclarées par le juge, en leur faveur (C. pén., art. 478 et 463).

§ 3. — Rouliers, charretiers et conducteurs de voitures quelconques.

884. « Seront punis d'amende, depuis six francs jusqu'à dix francs inclusivement, les rouliers, charretiers, conducteurs de voitures quelconques ou de bêtes de charge, qui auraient contrevenu aux règlements par lesquels ils sont obligés de se tenir constamment à portée de leurs chevaux, bêtes de trait ou de charge et de leurs voitures, et en état de les guider et conduire ; d'occuper un seul côté des rues, chemins ou voies publiques ; de se détourner ou ranger devant toutes autres voitures, et à leur approche, de leur laisser libre au moins la moitié des rues, chaussées, routes et chemins » (C. pén., art. 475, § 3).

885. Cette disposition a été abrogée, en ce qui concerne les contraventions commises sur les routes *nationales, départementales* et sur les *chemins vicinaux de grande communication*, par la loi du 30 mai 1851 sur la police du roulage et des messageries, art. 2, § 1er, n° 4 ; § 2, n°s 4 et 5 , art. 3, 5, 7, 12 ; § 1er, 13, 14, 29, et par le décret réglementaire sur le même objet, du 10 août 1852, art. 9, 10, 13, 14, 15, 16, 29, 34, 35, 44, 45.

Ces articles sont ainsi conçus :

Loi, 30 mai 1851 :

Art. 2. Des règlements d'administration publique déterminent : ...
§ 2. Pour les voitures ne servant pas au transport des personnes...
4° Le nombre des voitures qui peuvent être réunies en un même convoi, l'intervalle qui doit rester libre d'un convoi à un autre, et le nombre de conducteurs exigé pour la conduite de chaque convoi (V. ci-après le décret de 1852, art. 13 et 14, 2° et 3° alinéa). 5° Les autres mesures de police à observer par les conducteurs, notamment en ce qui concerne le stationnement sur les routes, et les règles à suivre pour éviter ou dépasser d'autres voitures (V. ci-après le décret de 1852, art. 9, 10, 14, 1er alinéa, 15 et 34).

Art. 3. Toute voiture circulant sur les routes nationales, départementales et chemins vicinaux de grande communication, doit être munie d'une plaque conforme au modèle prescrit par le règlement d'administration publique rendu en vertu du n° 4 du § 1er de l'art. 2.

Sont exceptées de cette disposition :

1° Les voitures particulières destinées au transport des personnes, mais étrangères à un service public de messageries;

2° Les malles-postes et autres voitures appartenant à l'administration des postes;

3° Les voitures d'artillerie, chariots et fourgons appartenant aux départements de la guerre et de la marine.

Des décrets du président de la République déterminent les marques distinctives que doivent porter les voitures désignées aux paragraphes 2 et 3, et les titres dont leurs conducteurs doivent être munis.

4° Les voitures employées à la culture des terres, au transport des récoltes, à l'exploitation des fermes, qui se rendent de la ferme aux champs ou des champs à la ferme, ou qui servent au transport des objets récoltés du lieu où ils ont été recueillis jusqu'à celui où, pour les conserver ou les manipuler, le cultivateur les dépose ou les rassemble.

Art. 5. Toute contravention aux règlements rendus en exécution des dispositions des n°s 4 et 5 du § 2 de l'art. 2 est punie d'une amende de six à dix francs et d'un emprisonnement de un à trois jours.

En cas de récidive, l'amende pourra être portée à quinze francs et l'emprisonnement à cinq jours.

Art. 7. Tout propriétaire d'une voiture circulant sur des voies publiques sans qu'elle soit munie de la plaque prescrite par l'art. 3 et par les règlements en exécution du n° 4 du § 1er de l'art. 2, sera puni d'une amende de six à quinze francs, et le conducteur d'une amende de un à cinq francs.

Art. 12. Lorsqu'une même contravention ou un même délit, prévu aux art. 4, 7 et 8, a été constaté à plusieurs reprises, il n'est prononcé qu'une seule condamnation, pourvu qu'il ne se soit pas écoulé plus de vingt-quatre heures entre la première et la dernière constatation.....; sauf les exceptions mentionnées au présent article, lorsqu'il aura été dressé plusieurs procès-verbaux de contravention, il sera prononcé autant de condamnation qu'il y aura eu de contraventions constatées.

Art. 13. Tout propriétaire de voiture est responsable des amendes, des dommages-intérêts et des frais de réparation prononcés, en vertu des articles du présent titre (tit. 2 de la loi), contre toute personne préposée par lui à la conduite de sa voiture.

Si la voiture n'a pas été conduite par ordre et pour le compte du propriétaire, la responsabilité est encourue par celui qui a proposé le conducteur.

Art. 14. Les dispositions de l'art. 463, C. pén., sont applicables dans tous les cas où les tribunaux correctionnels ou de simple police prononcent en vertu de la présente loi.

Décret réglementaire, 10 août 1852 :

Art. 9. Tout roulier ou conducteur de voiture doit se tenir à la droite, à l'approche de toute autre voiture, de manière à lui laisser libre au moins la moitié de la chaussée.

Art. 10. Il est interdit de laisser stationner sans nécessité sur la voie publique aucune voiture attelée ou non attelée.

Art. 13. Lorsque plusieurs voitures marchent à la suite les unes des autres, elles doivent être distribuées en convois de quatre voitures au plus si elles sont à quatre roues et attelées d'un seul cheval; de trois voitures au plus si elles sont à deux roues et attelées d'un seul cheval; et de deux voitures au plus si l'une d'elles est attelée de plus d'un cheval. L'intervalle d'un convoi à l'autre ne peut être moindre de cinquante mètres.

Art. 14. Tout voiturier ou conducteur doit se tenir constamment à portée de ses chevaux ou bêtes de trait et en position de les guider.

Il est interdit de faire conduire par un seul conducteur plus de quatre voitures à un cheval si elles sont à quatre roues, et plus de trois voitures à un cheval si elles sont à deux roues.

Chaque voiture attelée de plus d'un cheval doit avoir un conducteur. Toutefois, une voiture dont le cheval est attaché derrière une voiture attelée de quatre chevaux au plus, n'a pas besoin d'un conducteur particulier.

Les règlements de police municipale détermineront, en ce qui concerne la traversée des villes, bourgs et villages, les restrictions qui peuvent être apportées aux dispositions du présent article et de celui qui précède.

Art. 15. Aucune voiture marchant isolément ou en tête d'un convoi ne pourra circuler pendant la nuit sans être pourvue d'un falot ou d'une lanterne allumée.

Cette disposition pourra être appliquée aux voitures d'agriculture par des arrêtés des préfets ou des maires.

Art. 16. Tout propriétaire de voiture ne servant pas au transport des personnes est tenu de faire placer, en avant des roues et au côté gauche de sa voiture, une plaque métallique portant en caractères apparents et lisibles, ayant au moins cinq millimètres ($0^m,005$) de hauteur, ses nom, prénoms et profession, le nom de la commune, du canton, du département de son domicile.

Sont exceptées de cette disposition.... (le surplus de ce paragraphe reproduit textuellement les n°ˢ 1, 2, 3 et 4 du § 2 de l'art. 3 de la loi du 30 mai 1851).

Art. 29. Chaque voiture (de messageries) porte à l'extérieur, dans un endroit apparent, indépendamment de l'estampille délivrée par l'administration des contributions indirectes, le nom et le domicile de l'entrepreneur, et l'indication du nombre de places de chaque compartiment.

Art. 34. ...... Il est enjoint aux postillons ou cochers d'observer, dans les traversées des villes et des villages, les règlements de police concernant la circulation des rues.

Art. 35. Lorsque, contrairement à l'art. 9 du présent décret, un roulier ou conducteur de voiture n'aura pas cédé la moitié de la chaussée à une voiture publique, le conducteur ou postillon qui aurait à se plaindre de cette contravention devra en faire la déclaration à l'officier de police du lieu le plus rapproché, en faisant connaître le nom du voiturier d'après la plaque de sa voiture.

Les procès-verbaux de contravention seront sur-le-champ transmis au procureur impérial, qui fera poursuivre les délinquants.

Art. 44. Les contraventions au présent décret seront constatées, poursuivies et réprimées conformément aux art. 2 et 3 de la loi du 30 mai 1851, sans préjudice des mesures spéciales prescrites par les règlements locaux.

Art. 45. Les ordonnances des 23 déc. 1816 et 16 juill. 1828 sont et demeurent rapportées.

886. Toutefois, la loi du 30 mai 1851 et le décret du 10 août 1852, qui réglementent la police du roulage et des messageries et voitures circulant sur les routes nationales, départementales et les chemins vicinaux de grande communication, ne contenant aucune disposition relative aux *bêtes de charge* ou chevaux non attelés, les contraventions qui peuvent être commises sur *quelques routes ou chemins que ce soit*, restent, à cet égard, placées sous l'application du § 3 de l'art. 475, comme l'est encore également la police du roulage et des messageries sur *toute autre route* que les routes nationales, départementales et les chemins vicinaux de grande communication (Cass., 5 janv. et avril 1859, *Bull. crim.*).

887. Ainsi, l'art. 475, § 3, C. pén., est resté applicable, depuis les loi et décret précités :

1° Au fait de láisser sans conducteur, même sur une route nationale, départementale ou un chemin vicinal de grande communication, *des bêtes de charge ou chevaux non attelés* (Cass., 1er juin 1855, *Bull. crim.*);

2° Au fait de laisser à l'*abandon* et stationner une charrette attelée de plus d'un cheval sur une voie publique quelconque autre qu'une route nationale, départementale ou un chemin vicinal de grande communication, spécialement dans l'intérieur d'une ville (Cass., 7 janv. 1859, *Bull. crim.*);

3° Au fait d'avoir laissé, la nuit, un fourgon de marchandises non attelé ou toute autre voiture (Cass., 15 mai 1854, *Bull. crim.*).

888. Les dispositions des art. 3 de la loi du 30 mai 1851 et 16 du décret du 10 août 1852 sont expressément limitées à la circulation des voitures sur les routes et chemins y désignés, et il n'y a pas lieu d'en faire l'application à une voiture circulant dans l'intérieur d'une ville et dans les rues qui ne

sont pas le prolongement d'une de ces grandes voies de communication (Cass., 21 déc. 1855, *Bull. crim.*).

889. Le conducteur d'une voiture poursuivi pour stationnement de cette voiture sur la voie publique et abandon des chevaux, peut être condamné à raison de cette seconde contravention, quoique sur la première il soit acquitté par le motif qu'il y avait nécessité : cette excuse ne s'applique pas à l'abandon des chevaux (Cass., 27 avril 1860, *Bull. crim.*).

890. L'omission sur la plaque d'une seule des indications prescrites par l'art. 16 du décret réglementaire du 10 août 1852, suffit pour donner lieu, contre le propriétaire et le conducteur de la voiture, à l'application des amendes prononcées par l'art. 7 de la loi du 30 mai 1851 (Cass., 25 août 1854, *Bull. crim.*).

891. Si le conducteur était autre que le propriétaire lui-même, il ne doit être condamné qu'à une seule amende, celle de 6 à 15 fr. (Cass., 14 janv. 1854, *Bull. crim.*).

892. [La loi affranchit de l'obligation de la plaque les voitures employées à la culture des terres et se rendant de la ferme aux champs et des champs à la ferme. Elle n'affranchit pas celles qui se rendent au marché au blé (Cass., 1er mars 1856, *Bull. crim.*)].

893. Aux termes de l'art. 8 de la loi de 1851, l'usage d'une plaque portant un nom ou domicile supposé, et toute fausse déclaration du conducteur d'une voiture dépourvue de plaque, sont des *délits* passibles d'une amende de 50 à 200 fr., et d'un emprisonnement de 6 jours à 6 mois; et dès lors le tribunal de simple police est incompétent pour en connaître.

894. D'après l'art. 13 du décret de 1852, les voitures marchant à la suite les unes des autres doivent être distribuées en convois d'après les règles qu'il indique; elles doivent, notamment, être distribuées en convois de deux voitures au plus si l'une d'elles est attelée de plus d'un cheval; d'où l'on doit induire que, dans le cas d'un convoi formé seulement de deux voitures, chacune d'elles peut être attelée de plus d'un cheval (Cass., 21 juill. 1854, *Bull. crim.*).

Le même article exige, § 2, une distance d'au moins cinquante mètres entre chaque convoi. Cette disposition s'applique aussi bien aux voitures voyageant isolément qu'à celles qui voyagent en convoi, pourvu qu'elles marchent à la suite les unes des autres; il en résulte l'obligation, pour chaque conducteur, de se tenir à la distance susindiquée, dès l'instant où les voitures qui précèdent la sienne forment le nombre nécessaire pour constituer un convoi (Cass., 7 juin 1855, *Bull. crim.*).

895. Le conducteur d'une voiture attelée de trois chevaux, qui se tient assis sur le cheval du milieu, ou couché dans sa voiture ou sur la civière, se trouve ainsi hors d'état de les diriger tous avec une égale sûreté pour lui-même et pour la sécurité publique; dès lors il contrevient à l'art. 14 du décret du 10 août 1852, et encourt les peines prononcées par l'art. 5 de la loi du 30 mai 1851 (Cass., 25 avril et 5 oct. 1854, 6 mars et 13 oct. 1856, *Bull. crim.*).

Il ne peut être acquitté sous prétexte qu'il n'était alors ni dans le voisinage d'habitations, ni en présence d'aucun embarras.

896. Le voiturier qui a abandonné sa voiture et ses chevaux ne peut être acquitté sous prétexte qu'il n'aurait abandonné sa voiture que quelques instants (Cass., 21 sept. 1850, *Bull. crim.*); qu'il surveillait ses chevaux de la porte du cabaret où il était entré (Cass., 27 avril 1860, *Bull. crim.*); qu'il n'était pas constant qu'il eût stationné un temps plus que suffisant pour entrer dans une maison et pour en sortir (Cass., 4 mai 1861, *Bull. crim.*); sous le prétexte de la nécessité (Cass., 7 déc. 1855, *Bull. crim.*).

897. Mais il en serait autrement si le voiturier avait pris soin d'attacher, soit à un mur, soit à un trottoir, son cheval, attelé, avant d'entrer dans une maison (Cass., 31 janv. 1856, *Bull. crim.*).

898. L'obligation d'éclairage imposée par l'art. 15 du décret précité est applicable :

1° A une voiture marchant à la suite d'une autre, bien que celle-ci fût éclairée, si elles ne font pas, l'une et l'autre, partie d'un même convoi régulièrement formé d'après les prescriptions de l'art. 13 du même décret (Cass., 12 mai 1854, *Bull. crim.*);

2° Aux voitures de commerçants aussi bien qu'aux voitures de roulage;

3° Aux voitures qui, par leur nature et leur destination, sont disposées pour le transport des marchandises, sans distinguer entre celles chargées ou non chargées, et alors même qu'elles seraient établies sur des ressorts et munies d'une banquette destinée aux conducteurs et autres personnes accompagnant les marchandises (Cass., 1er mars 1855, *Bull. crim.*); mais l'éclairage n'est obligatoire que pour les voitures circulant sur les routes nationales, départementales et chemins vicinaux de grande communication (Cass., 17 fév. 1855, *Bull. crim.*).

899. Le contrevenant est suffisamment désigné par la transcription, dans le procès-verbal, des nom, prénoms et domicile portés sur la plaque de la voiture, sans qu'il soit nécessaire de décrire la voiture et le cheval. C'est au prévenu à prouver l'inexactitude de ces énonciations ou le défaut d'identité.

900. C'est contre le propriétaire de la voiture, dont le nom se trouve indiqué sur la plaque, que les poursuites doivent être dirigées pour la répression de la contravention.

901. Le propriétaire d'une voiture trouvée à l'abandon sur la voie publique, sans conducteur, et dont le nom est inscrit sur la plaque, ne peut être renvoyé de la poursuite sous le prétexte qu'il n'est pas personnellement l'auteur de la contravention, alors surtout qu'il n'a pas fait connaître celui auquel il avait confié sa voiture.

Mais il peut se mettre à l'abri de toutes poursuites personnelles en faisant connaître le conducteur et en demandant sa mise en cause. Il ne peut être passible, comme civilement responsable, que de la réparation civile de cette contravention, non de l'amende (Cass., 21 janv. 1853, *Bull. crim.*).

Il en est autrement en cas d'infraction à la loi du 30 mai 1851 et au décret du 10 août 1852, sur la police du roulage.

902. Quant aux voitures particulières et aux voitures d'agriculture, elles ne sont astreintes à l'éclairage qu'autant qu'un arrêté administratif prescrit cette mesure. A défaut de constatation suffisante du procès-verbal sur la nature de la voiture, l'appréciation en appartient souverainement au juge de police (Cass., 2 août 1855, *Bull. crim.*).

903. Mais sont astreintes à l'éclairage les voitures d'agriculture dans lesquelles un cultivateur conduit à la ville les produits de sa propriété ou de sa ferme (Cass., 1er mars 1856, *Bull. crim.*).

904. Lorsque plusieurs infractions *diverses* ont été constatées par un seul procès-verbal, le tribunal de police doit appliquer autant de peines qu'il y a de contraventions commises. L'exception au principe du cumul des peines, écrite dans l'art. 12 de la loi de 1851, n'est applicable qu'au cas où une même contravention a été plusieurs fois constatée à la charge du même individu, sans qu'il fût en son pouvoir de la

faire cesser immédiatement (Cass., 27 juill. 1854, *Bull. crim.*).

905. En principe, les infractions aux dispositions sustranscrites du décret du 10 août 1852 tombent sous l'application de l'art. 5 ou de l'art. 7 de la loi du 30 mai 1851, et rentrent par conséquent dans la compétence du tribunal de simple police, à l'exception toutefois de celles signalées dans les art. 9 et 10 dudit décret, dont il ne peut connaître qu'autant qu'elles ont été commises par des conducteurs de voitures de messageries.

906. En vertu des dispositions combinées des art. 2, § 1er, nos 3, 4 et 7 de la loi du 30 mai 1851, le tribunal de police a le droit de connaître de la contravention résultant de la non-indication, à l'extérieur de la voiture, du nom et du domicile de l'entrepreneur; mais à l'égard des autres prescriptions du titre 3 du règlement, hormis celles que contient le § 2 de l'art. 34, ce tribunal est certainement incompétent.

907. Les règlements auxquels se réfère la disposition du § 3 de l'art. 475, C. pén., toujours en vigueur, en ce qui concerne la police du roulage et des messageries sur toutes autres routes que les routes nationales, départementales et les chemins vicinaux de grande communication, sont le décret du 28 août 1808, et les ordonnances des 14 fév. 1820 et 15 mai 1822, non abrogés par la loi de 1851 et le décret de 1852; mais ces règlements n'existeraient pas, que le juge trouverait dans le seul texte du § 3 de notre art. 475 une base suffisante de condamnation. Ainsi, la décision qui relaxe un contrevenant aux dispositions du § 3, sous le prétexte qu'il n'a pas été établi que la contravention fût prévue par un règlement quelconque, viole ces dispositions (Cass., 21 sept. 1850, *Bull. crim.*).

908. L'arrêté d'un maire prescrivant aux rouliers, charretiers, conducteurs de voitures, y compris les laitiers, d'être et de marcher toujours à côté de leurs chevaux, ou qui fixe la route qu'ils doivent seulement occuper, est obligatoire, et dès lors passible de la peine édictée par le § 3 de l'art. 475, C. pén., et non de celle de l'art. 471, § 15 du même Code (Cass., 5 juill. 1843, 4 nov. 1848, *Bull. crim.*).

909. Les prescriptions de l'art. 475 sont absolues et d'ordre public, elles tiennent aux principes de la police générale, et un règlement local ne pourrait y déroger. Ainsi, l'autorisation accordée aux voituriers, par un règlement de police, de laisser stationner leurs voitures sur la voie publique, pen-

dant le temps du déchargement, ne saurait les dispenser de se tenir, même pendant ce temps, à portée de leurs chevaux et en état de les guider et conduire (Cass., 16 mai et 19 sept. 1846, *Bull. crim.*).

910. L'obligation, pour les conducteurs de voitures ou de bêtes de charge, de se tenir à portée de leurs chevaux et en état de les guider, est tellement impérative, que l'abandon des chevaux, même pendant le plus *court instant*, constitue la contravention.

911. Le fait par un seul voiturier de conduire plusieurs voitures constitue la contravention, ce voiturier se trouvant, en ce cas, dans l'impossibilité de se tenir constamment à portée de ses chevaux, et de remplir les autres obligations que lui impose le § 3 de l'art. 475 (Cass., 5 août 1847, *Bull. crim.*).

912. L'art. 14 du décret du 10 août 1852 a dérogé à cette disposition, comme on l'a vu plus haut ; mais cette dérogation ne concerne que les voitures circulant sur les routes nationales, départementales et les chemins vicinaux de grande communication, et dès lors laisse entière la disposition du § 3 de l'art. 475, à cet égard, sur toutes autres routes que celles qui font l'objet de la loi de 1851 et du décret de 1852.

913. La contravention à un règlement qui oblige les charretiers de se tenir à la tête de leurs chevaux ne peut être excusée sous prétexte que l'infraction, au moment où elle a été commise, ne pouvait, à raison des circonstances, présenter aucun danger (Cass., 15 oct. 1846, *Bull. crim.*).

914. Quant à la pénalité, le § 3 de l'art. 475 a été abrogé par celle des art. 5 et 7 de la loi du 30 mai 1851, pour toutes celles de ses dispositions se rapportant à la conduite des voitures, à la plaque et à l'éclairage que comprend cette loi, c'est-à-dire pour celles relatives à la police du roulage et des messageries circulant sur les routes nationales, départementales, et les chemins vicinaux de grande communication ; mais elle est toujours applicable, comme avant cette loi, à toutes autres routes, chemins, rues et voies publiques.

915. Le principe général qui veut que le maître ne soit pas personnellement, mais seulement civilement responsable des faits de son domestique, souffre exception au cas prévu par le § 3 de l'art. 475, C. pén. Dès lors, la répression de la contravention résultant de l'abandon d'une voiture attelée sur la voie publique peut être poursuivie directement contre le maître de la voiture, si le conducteur est inconnu, sauf au

maître à se mettre à l'abri de toute condamnation personnelle, en faisant connaître ce conducteur.

916. Ce n'est plus aujourd'hui dans le seul cas où le conducteur n'est pas connu que le propriétaire est responsable de l'amende. La loi du 30 mai 1851, art. 10, l'en rend responsable, aussi bien que des dommages-intérêts et des frais, dès que la voiture a été conduite par son ordre et pour son compte. Si c'était par ordre et pour le compte d'un tiers, la responsabilité serait encourue par celui qui aurait préposé le conducteur; mais cette responsabilité du maître ne s'étend pas au delà des infractions prévues par la loi de 1851.

917. Le conducteur à la charge duquel est constatée par procès-verbal régulier la contravention à l'une des dispositions du § 3 de l'art. 475, C. pén., ou de la loi du 30 mai 1851, ne peut être relaxé s'il ne prouve pas positivement qu'il était étranger à cette contravention. Le tribunal de simple police violerait la foi due au procès-verbal si, sans preuve contraire, soit verbale, soit écrite, il refusait de statuer ou de prononcer une condamnation, sous un prétexte quelconque (Jurisprudence const.).

918. Aux termes de l'art. 476, C. pén., peut, suivant les circonstances, être prononcée, outre l'amende portée en cet article, la peine d'emprisonnement pendant trois jours au plus, contre les rouliers, charretiers, voituriers et conducteurs en contravention.

919. La peine d'emprisonnement pendant cinq jours au plus doit toujours être prononcée, en cas de récidive, contre les contrevenants aux dispositions du § 3 de l'art. 475, sauf modération facultative, s'il y a des circonstances atténuantes reconnues par le juge en leur faveur (C. pén., art. 478 et 463).

§ 4. – Animaux courant dans les lieux habités.—Police des voitures.

920. « Seront punis d'amende, depuis six francs jusqu'à dix francs inclusivement, ceux qui auront fait ou laissé courir les chevaux, bêtes de trait, de charge ou de monture, dans l'intérieur d'un lieu habité, ou violé les règlements contre le chargement, la rapidité ou la mauvaise direction des voitures; ceux qui auront contrevenu aux dispositions des ordonnances et règlements ayant pour objet : la solidité des voitures publiques; leur poids; le mode de leur chargement; le nombre et la sûreté des voyageurs; l'indication, dans l'intérieur des voitures, des places qu'elles contiennent et du prix des places;

l'indication, à l'extérieur, du nom du propriétaire » (C. pén., art. 475, § 4).

921. Ce paragraphe renferme trois dispositions bien distinctes : la première défend en principe général *de faire* ou *laisser courir* les chevaux, bêtes de trait, de charge ou de monture dans l'intérieur d'un *lieu habité*, ce qui comprend non-seulement les villes et les bourgs, mais aussi les villages et les hameaux. Le législateur n'a point limité à telle ou telle allure des chevaux, bêtes de trait, de charge ou de monture, la prohibition qu'il édictait; il s'est, au contraire, appliqué, en se servant d'une expression générique, à y comprendre *tout mouvement rapide* qui pourrait produire des accidents. En conséquence, le jugement qui se fonde, pour relaxer les inculpés, sur ce que leurs chevaux couraient seulement au trot ou *au grand trot*, interprète faussement le § 4 de l'art. 475, C. pén. (Cass., 1er juin 1855, *Bull. crim.*);

Sans distinction entre les chevaux attelés ou non attelés (Cass., 26 mars 1858, *Bull. crim.*);

Encore qu'il n'existe aucun règlement local (Cass., 1er juin 1855, *Bull. crim.*).

Le trot du cheval n'est néanmoins pas toujours et nécessairement un train de vitesse; il ne constitue pas la contravention prévue par cet article s'il est régulier et modéré (Cass., 23 nov. 1860, *Bull. crim.*).

922. Cette disposition prévoit, comme celle du § 3 ci-dessus, la simple imprudence non suivie d'accidents; car si cette imprudence avait occasionné la mort ou la blessure des animaux appartenant à autrui, ce serait le cas le plus grave du § 2 de l'art. 479, C. pén.; et, s'il y avait eu homicide ou blessures faites à une ou plusieurs personnes, les art. 319 et 320 du même Code deviendraient seuls applicables.

923. Quant à la disposition relative au chargement et à la mauvaise direction des · voitures, elle a été abrogée par les §§ 2 et 3 de l'art. 2 de la loi du 30 mai 1851, à l'égard des voitures circulant sur les routes nationales, départementales et les chemins vicinaux de grande communication; mais elle est toujours applicable, comme avant cette dernière loi, à toutes autres routes, chemins et voies publiques, ainsi que dans les rues qui font partie des trois sortes de routes dénommées dans cette loi (Jurispr. const.).

924. Il appartient à l'autorité municipale de faire des règlements sur la conduite des voitures, dans l'intérêt de l'ordre et de la sûreté de la circulation dans les rues; les infrac-

tions à ces règlements sont passibles des peines édictées par l'art. 475, § 4, et non de celles portées dans l'art. 471, § 15, (Cass., 21 fév. 1856, *Bull. crim.*).

925. L'arrêté par lequel un maire règle la marche des chevaux dans sa commune est inapplicable aux malles-postes (Cass., 4 mai 1848, *Bull. crim.*).

926. Lorsqu'une voiture publique a été conduite au galop, c'est le postillon et non le conducteur qui est responsable de la contravention, encore bien que celui-ci déclare en avoir donné l'ordre (Cass., 26 août 1841, *Bull. crim.*).

927. La troisième disposition du § 4 de l'art. 475, C. pén., a été incontestablement abrogée par le § 3 de l'art. 2 de la loi du 30 mai 1851, mais *seulement* en ce qui concerne les voitures qui circulent sur les routes nationales ou départementales, ou sur les chemins de grande communication, mais elle n'a pas cessé d'être applicable, en ce qui concerne les voitures circulant sur toutes autres routes et même dans les rues qui font partie des trois sortes de routes dénommées dans la loi du 30 mai 1851. Il résulte, en effet, d'un arrêt de la Cour de cassation, du 21 juin 1855, *Bull. crim.*, que malgré l'abrogation formelle du décret du 23 juin 1806, les dispositions de l'art. 34 de ce décret, autres que la disposition *pénale*, ont été maintenues par l'art. 29 de la loi du 30 mai 1851, et que leur infraction constitue la contravention prévue et punie par le § 4 de l'art. 475, C. pén., lorsqu'elle est commise sur une route qui n'est ni un chemin vicinal de grande communication, ni une route nationale ou départementale (Cass., 13 mars et 9 mai 1856 et 16 juill. 1857, *Bull. crim.*).

928. En résumé, les dispositions de la loi du 30 mai 1851 et du décret du 10 août 1852, sur la police du roulage, sont expressément limitées à la circulation des voitures sur les routes nationales, départementales et chemins vicinaux de grande communication. L'art. 475, § 3 et 4, reste applicable aux voitures circulant dans l'intérieur d'une ville et dans des rues qui ne sont pas le prolongement d'une de ces grandes voies de communication, ou sur les chemins autres que ceux qui sont désignés par la loi précitée (Cass., 13 mai 1856, *Bull. crim.*).

929. Ainsi, cet article reste applicable aux entrepreneurs d'omnibus destinés à ne circuler que dans l'enceinte d'une ville ou le territoire d'une commune.

930. Aux termes de l'art. 476, C. pén., peut, suivant les

circonstances, être prononcée, outre l'amende portée en cet
article, la peine de l'emprisonnement pendant trois jours au
plus, contre ceux qui ont contrevenu aux règlements ayant
pour objet la rapidité, la mauvaise direction des voitures
ou des animaux.

931. La peine de l'emprisonnement pendant cinq jours au
plus doit toujours être prononcée, en cas de récidive, contre
les contrevenants, sauf modération facultative s'il y a des
circonstances atténuantes reconnues par le juge en leur faveur
(C. pén., art. 478 et 463).

§ 5. — Jeux de hasard et loteries dans les lieux publics.

932. « Seront punis d'amende, depuis six francs jusqu'à
dix francs inclusivement, ceux qui auront établi ou tenu dans
les rues, chemins, places ou lieux publics, des jeux de loterie
ou d'autres jeux de hasard » (C. pén., art. 475, § 5).

933. Cette disposition reçoit son application, quelque minime que soit la mise des joueurs, et alors même que ceux-ci
recevraient toujours, en retour de leur mise, un objet désigné
par le sort (Cass., 2 août 1855, *Bull. crim.*).

Elle ne s'applique qu'à ceux qui ont *établi* ou tenu des jeux
de hasard, et non à ceux qui ont simplement pris part à ces
jeux.

934. Les mots lieux publics, employés par le § 5 de l'art.
475, comprennent non-seulement les *voies publiques* en général, mais encore tous les *établissements* et tous les *lieux*
qui sont *publics*, et par conséquent les *auberges, cafés, cabarets*, aussi bien que les *rues* et *chemins* (Cass., 12 nov.
1852, *Bull. crim.*).

935. Le contrevenant ne peut être excusé par le motif que
le maire l'aurait autorisé à tenir un jeu de hasard (Cass.,
27 août 1852, *Bull. crim.*).

936. Le fait par un cabaretier de donner à jouer à l'écarté
dans son cabaret constitue la contravention prévue par § 5
de l'art. 475 (Cass., 3 juill. 1852, *Journ. du droit crim.*,
1852, p. 287).

937. Ne sont pas considérés comme jeux de hasard : le
jeu de piquet (Cass., 8 janv. 1857, *Bull. crim.*); le jeu de
cartes dit le bezi (Cass., 2 avril 1853, *Bull. crim.*); la mouche
(Cass., 18 fév. 1858, *Bull. crim.*); le jeu de quilles, le jeu
de billard.

938. [Sont considérés comme jeux de hasard : le pharaon,
la bouillotte, l'écarté, la roulette, le creps].

[Un jugement du tribunal de police de Fronsac, en date du 17 janv. 1874, recueilli par le *Bulletin des décisions des juges de paix* 1874, p. 166, a déclaré le loto jeu de hasard].

939. Bien que la prohibition de la loi ne porte que sur les jeux de hasard, il entre dans les attributions de l'autorité municipale de prendre, dans l'intérêt du bon ordre, relativement aux jeux, tels arrêtés qu'elle juge convenable. Ainsi, un arrêté peut défendre dans les lieux publics tous les jeux de cartes indistinctement. Les infractions à ces règlements ou arrêtés sont passibles des peines édictées par l'art. 475, § 5, et non de celles portées dans l'art. 471, § 15.

940. La tenue d'une maison de jeux de hasard et les grosses loteries constituent des délits réprimés par l'art. 410, C. pén., et la loi du 21 mai 1836.

941. L'art. 477, C. pén., ordonne la confiscation des tables, instruments, appareils des jeux établis dans les rues, chemins et voies publiques, ainsi que les enjeux, denrées, objets ou lots proposés aux joueurs, dans le cas du § 5 de l'art. 475.

La confiscation spéciale ordonnée par cet article n'étant pas une amende, ne peut par conséquent être remise par application de l'art. 463, C. pén. ; elle doit être ordonnée toutes les fois qu'il y a condamnation.

942. Les individus mentionnés au § 5 de l'art. 475, C. pén., qui seraient repris pour le *même fait* en état de récidive, doivent être traduits devant le tribunal de police correctionnelle (C. pén., art. 478, § 2).

§ 6. — Vente de boissons falsifiées.

943. « Seront punis d'amende, depuis six jusqu'à dix francs inclusivement, ceux qui ont vendu ou débité des boissons falsifiées ; sans préjudice des peines plus sévères qui seront prononcées par les tribunaux de police correctionnelle, dans le cas où elles contiendraient des mixtions nuisibles à la santé » (C. pén., art. 475, § 6).

Cette disposition a été abrogée par la loi du 5 mai 1855, art. 2.

§ 7. — Divagation des fous ou des animaux malfaisants. — Excitation des chiens.

944. « Seront punis d'amende, depuis six francs jusqu'à dix francs inclusivement, ceux qui auraient laissé divaguer des fous ou des furieux étant sous leur garde, ou des animaux

III.   14

malfaisants ou féroces; ceux qui auront excité ou n'auront pas
retenu leurs chiens, lorsqu'ils attaquent ou poursuivent les
passants, quand même il n'en serait résulté aucun mal ni
dommage » (C. pén., art. 475, § 7).

945. Ce paragraphe prévoit et réunit dans une même disposition trois sortes de contraventions :

1° La divagation des fous ou furieux par le fait ou la négligence de ceux qui les ont sous leur garde;

2° La divagation des animaux malfaisants ou féroces;

3° L'excitation ou le fait de ne pas retenir les chiens qui
attaquent ou poursuivent les passants, alors même qu'il n'en
est résulté aucun mal ni dommage : la seule existence du
fait qui aurait pu causer le mal ou dommage suffit pour constituer la contravention.

946. La divagation existe lorsque les fous ou furieux et les
animaux malfaisants ou féroces sont laissés abandonnés à
eux-mêmes sur la voie publique sans garde ni surveillance.

947. La divagation des fous ou des furieux ne constitue
toutefois une contravention punissable que de la part de ceux
auxquels la loi en impose la garde, comme une conséquence
de leurs fonctions, ou comme un devoir de famille : cette circonstance constitutive doit être déclarée au jugement de condamnation : tels sont, pour ceux placés dans les établissements publics ou privés, les chefs ou directeurs, les préposés
ou gardiens de ces établissements; et, pour ceux vis-à-vis desquels l'autorité publique n'a pas pris les mesures ordonnées
par les art. 18 et 19 de la loi du 30 juin 1838, ou qui n'ont
pas été placés volontairement dans ces établissements, les
père et mère, tuteur ou curateur de l'aliéné, ses enfants, son
époux ou son épouse, c'est-à-dire tous ceux qui ont sur l'aliéné
une autorité légale.

Ainsi, le directeur ou chef d'une maison de santé, publique
ou privée, et le préposé ou gardien chargé de veiller un fou
ou un furieux régulièrement détenu, ainsi que celui qui,
étranger ou non à la famille, a accepté le devoir de veiller sur
l'aliéné non frappé d'interdiction ni en état régulier de détention, et a été mis à même d'exercer cette surveillance, l'a,
par sa négligence, laissé divaguer, est passible des peines
prononcées par le § 7 de l'art. 475, C. pén. (CARNOT, sur
l'art. 475 ; NICIAS GAILLARD et DALLOZ, n°s 328 et 329 ; MORIN,
Rép., v° *Abandon d'aliénés;* CHAUVEAU et HÉLIE, t. 6, p. 381 ;
ROLLAND DE VILLARGUES, art. 475, § 7).

Mais il en doit être autrement s'il rend des soins à cet insensé, sans charge ni autorité et de pure obligeance, ou si la divagation a été l'effet d'une force majeure. Il est, en effet, de principe, que la force majeure exclut la culpabilité des contraventions aussi bien que celle des crimes et délits (CARNOT, *doc. cit.;* NICIAS GAILLARD et DALLOZ, n° 332 ; CHAUVEAU et HÉLIE, t. 6, p. 381).

948. Quant aux infractions aux dispositions rappelées et sanctionnées dans l'art. 41 de la loi du 30 juin 1838, notamment à celles des art. 17 et 21, relatives aux sorties irrégulières des aliénés, elles sont étrangères à notre article, qui n'a trait qu'à la divagation des fous ou des furieux, qui peut n'être pas une suite de leur sortie.

949. Les peines que l'art. 41 de cette loi prononce, dans les différents cas qu'il prévoit, contre les directeurs ou préposés responsables et contre les médecins employés dans ces établissements, sont un emprisonnement de cinq jours à un an, et une amende de 50 fr. à 1,000 fr., ou l'une ou l'autre de ces peines.

950. Par animaux malfaisants ou féroces, il ne faut pas entendre exclusivement ceux qui sont tels par la nature de leur espèce, comme les lions, les tigres, etc., mais aussi ceux qui le sont par leur organisation particulière ou leur mauvaise éducation, quoique leur espèce ne soit pas malfaisante, comme les chiens (Cass., 16 juin 1848, *Bull. crim.*), les taureaux (Cass., 17 oct. 1822, *Bull. crim.*).

Mais le porc ne peut être rangé parmi les animaux malfaisants. La divagation de cet animal sur les chemins publics ne peut, à défaut d'arrêté municipal qui la prohibe, constituer une contravention (Cass., 9 déc. 1854 et 21 sept. 1855, *Bull. crim.* — *Contrà*, NICIAS GAILLARD et DALLOZ, n° 337).

Quant aux pigeons, voués par instinct à la divagation, ces animaux n'étant pas susceptibles d'être gardés à vue, ne peuvent dès lors être considérés comme laissés à l'abandon (NICIAS GAILLARD et DALLOZ, n° 342).

L'ordonnance du 24 juin 1764, qui répute les volailles animaux malfaisants, est spéciale pour Paris, et ne peut être étendue au delà du département de la Seine. Partout ailleurs, ces animaux ne sont pas réputés animaux malfaisants dans le sens du § 7 de l'art. 475 (Cass., 10 juin 1843, *Bull. crim.;* NICIAS GAILLARD et DALLOZ, n° 343).

951. L'autorité municipale peut toutefois interdire de laisser des volailles à l'abandon dans les rues; l'infraction à ces sortes d'arrêtés est réprimée par l'art. 471, § 15, C. pén.

Mais le droit de l'autorité municipale étant uniquement fondé sur le danger permanent ou accidentel que la divagation des animaux peut faire courir aux hommes ou aux récoltes, elle ne peut interdire absolument en toute saison, même pendant le temps où la chasse est ouverte, l'usage des chiens lévriers, qui ne peuvent être, par leur nature, rangés dans la classe des animaux malfaisants ou féroces (Cass., 16 déc. 1826, 30 juin 1842, *Bull. crim.*).

952. La première et la deuxième disposition du § 7 de l'art. 475 embrassent, comme on voit, les fous ou les furieux, les animaux malfaisants ou féroces dont la divagation est l'élément essentiel. La troisième, au contraire, suppose que les animaux auxquels elle s'applique, les chiens, sont sous les yeux et la main de leurs maîtres. L'élément essentiel de cette dernière disposition, c'est le fait d'exciter son chien ou celui d'autrui qu'on a sous sa garde, ou le tort de ne pas le retenir. Ainsi, le maître d'un chien qui a mordu un passant en se précipitant vivement hors de la demeure de son maître dans la rue, ou en passant avec son maître dans un chemin ou une rue, est passible de l'amende prononcée par l'art. 475, § 7, C. pén., bien qu'il n'ait pas excité cet animal, par cela seul qu'il ne l'a pas retenu enfermé ou enchaîné (Cass., 9 déc. 1856, *Bull. crim.*; Chauveau et Hélie, t. 6, p. 382; Bourguignon, Carnot et Rolland de Villargues, sur l'art. 475, n° 7).

953. Du reste, il n'y a contravention, dans le sens du § 7, qu'autant que le chien était en divagation; elle n'existe pas s'il était retenu dans une cour close.

Mais il y a divagation si le chien est libre dans une cour non close ou servant de passage, ou s'il a été trouvé près de la porte de son maître, bien qu'il n'ait pas été excité à mordre, ou qu'il n'ait mordu que des animaux, ou que sa fureur ait été causée par leur rencontre (Cass., 6 avril 1849, 6 juin et 19 déc. 1856, *Bull. crim.*).

Il en est encore ainsi, alors même que le chien serait attaché sous une voiture dans une rue ou sur une place publique, si la chaîne était assez longue pour qu'il pût atteindre les passants (Arg. Cass., 11 nov. 1843, *Bull. crim.*).

954. Dans les trois hypothèses du § 7 de notre article, la contravention qu'il prévoit s'aggrave en cas de mort ou de blessures de l'homme ou des animaux, et peut être passible, suivant les circonstances, des peines de l'art. 479, ou des art. 319 et 320, C. pén.

Il en est de même des morsures d'un chien excité par son maître qui ont produit les mêmes accidents.

Mais, si le chien excité contre le passant n'a pas répondu à l'appel, il n'y a pas contravention (CHAUVEAU et HÉLIE, t. 6, p. 381 ; NICIAS GAILLARD et DALLOZ, n° 347).

955. La contravention à l'arrêté du maire qui prohibe la circulation des chiens non muselés ne peut tomber sous l'application du § 7 de notre article, mais seulement sous celle du § 15 de l'art. 471 (Cass., 19 janv. 1844, *Bull. crim.*).

956. La deuxième partie de ce paragraphe est inapplicable lorsque le prévenu ne se trouvait pas avec son chien, quand celui-ci a attaqué un passant (Cass., 19 déc. 1856, *Bull. crim.*).

957. Le fait d'exciter ou de ne pas retenir est un élément essentiel de la contravention. Ainsi, le fait d'un chien qui, s'étant placé fortuitement entre les jambes d'un passant, a occasionné sa chute, ne peut donner lieu contre le maître du chien à l'application d'une peine (Paris, 16 janvier 1829, S.29.2.51).

958. La peine d'emprisonnement pendant cinq jours au plus doit toujours être prononcée, en cas de récidive, contre les contrevenants au § 7 de l'art. 475, C. pén., sauf modération facultative s'il y a des circonstances atténuantes, reconnues par le juge, en leur faveur (C. pén., art. 478 et 463).

§ 8. — Jet de pierres ou d'autres corps durs ou immondices contre les choses ou contre les personnes.

959. « Seront punis d'amende, depuis six francs jusqu'à dix francs inclusivement, ceux qui auraient jeté des pierres ou d'autres corps durs ou immondices contre les maisons, édifices et clôtures d'autrui, ou dans les jardins ou enclos, et ceux aussi qui auraient volontairement jeté des corps durs ou des immondices sur quelqu'un » (C. pén., art. 475, § 8).

960. Cette disposition comprend deux contraventions : l'une contre la chose d'autrui, l'autre contre les personnes. La volonté *de nuire* par méchanceté ou à toute autre intention, par plaisanterie de mauvais goût, par jeu grossier, il n'importe, en est l'élément essentiel : c'est ce concours nécessaire de la volonté, opposée à l'imprudence ou à la négligence, qui la distingue de celle prévue par les §§ 6 et 12 de l'art. 471 du Code pénal, et qui la rapproche de certains délits dont elle n'est plus séparée désormais que par la différence des effets et l'inégalité des résultats, comme on le verra ci-après.

Elle suppose que les corps durs ou immondices ont atteint les personnes, les édifices ou clôtures; autrement, il n'y a que tentative, et la tentative n'est pas punie en matière de contravention. Ainsi, *le simple jet* dans la rue ou le jet par *imprudence d'immondices* sur les personnes, sans aucune volonté d'atteindre ou de salir quelqu'un, n'est punie que d'une peine d'un à cinq francs (C. pén., art. 471, §§ 6 et 12), tandis que s'il y a *jet volontaire*, l'infraction est punie de six à dix francs inclusivement, en vertu de l'art. 475, § 8, C. pén., et peut même être punie d'emprisonnement, pendant trois jours au plus, conformément à l'art. 476 du même Code.

961. Le jet d'immondices contre les maisons ne doit pas être entendu dans un sens restrictif; il comprend le fait d'avoir barbouillé d'ordures la porte d'une maison, et celui d'avoir barbouillé d'immondices l'intérieur d'une maison. C'est moins le moyen que le résulat que la loi a entendu punir (Cass., 16 mars 1846, 14 août 1852, *Bull. crim.*).

Le jet volontaire de boulettes de mastic contre les fenêtres des maisons habitées constitue également la contravention prévue et punie par le § 8 de notre article, ces boulettes devant être considérées comme des corps durs.

Le fait d'avoir jeté des boules de mail dans les enclos bordant un chemin public, en jouant au mail, constitue même la contravention de corps durs dans les enclos, prévue par le § 8 de l'art. 475, C. pén.; et cette contravention ne peut être excusée sous le prétexte, soit qu'à l'époque où elle a été commise le jeu de mail était autorisé par un règlement municipal, soit qu'il n'existe aucune plainte de la part des propriétaires riverains du chemin où se tenait le jeu de mail.

962. Le § 8 de l'art. 475 suppose que le corps qui a été lancé ou jeté a atteint l'édifice ou la clôture, sans y causer aucune dégradation ou altération; car, là où il y a bris ou destruction de clôture, même partielle, ce n'est plus le cas de ce paragraphe, qui ne parle que du jet qui est la cause, et nullement des effets que ce jet peut produire, du dommage qu'il peut occasionner, c'est le fait même de l'art. 456 du même Code (CARNOT et ROLLAND DE VILLARGUES, sur l'art. 475. — *Contrà*, CHAUVEAU et HÉLIE, t. 6, p. 384).

963. Si le jet de pierres ou de corps durs, ou de tous corps qui, par leur composition, sont susceptibles d'avoir ou de produire les effets des corps durs, a occasionné la mort ou la blessure d'animaux appartenant à autrui, ce fait rentre sous l'application des art. 479, § 3, et 480, C. pén.; s'il a occa-

sionné la mort ou la blessure de quelqu'un, le tribunal de police est incompétent, par le motif que le fait constitue un délit punissable en vertu des art. 319 et 320 du même Code.

964. Si le jet de pierres ou d'immondices prenait le caractère de voies de fait et de violence, il y aurait lieu d'appli-, quer l'art. 605, n° 8, C. du 3 brum. an IV (Chauveau et Hélie, t. 6, p. 585; Rolland de Villargues, n° 8).

965. [La peine de l'emprisonnement pendant trois jours au plus, peut, en outre de l'amende, être prononcée contre les contrevenants, en vertu de l'art. 476, C. pén.].

966. La peine de l'emprisonnement pendant cinq jours au plus doit toujours être prononcée, en cas de récidive, contre tous contrevenants au § 8 de l'art. 475, C. pén., sauf modération facultative, s'il y a des circonstances atténuantes, reconnues par le juge, en leur faveur (C. pén., art. 478 et 463).

§ 9. — Passage sur un terrain chargé de récoltes.

967. « Seront punis d'amende, depuis six francs jusqu'à dix francs inclusivement, ceux qui, n'étant pas propriétaires, usufruitiers, ni jouissant d'un terrain ou d'un droit de passage, y sont entrés et y ont passé dans le temps où ce terrain était chargé de grains en tuyaux, de raisins ou autres fruits mûrs ou voisins de la maturité » (C. pén., art. 475, § 9).

968. Ce paragraphe correspond exactement au § 13 de l'art. 471, C. pén. Ce sont les mêmes contraventions, si ce n'est que, dans le § 13 de cet article, il s'agit d'un terrain simplement préparé et ensemencé, tandis qu'il s'agit ici d'un terrain chargé de grains en tuyaux, de raisins ou autres fruits mûrs ou près de l'être. Il s'applique aux terrains ouverts et aux passants qui tracent des sentiers ou qui suivent des sentiers déjà tracés. C'est ce qui résulte clairement du procès-verbal du Conseil d'Etat, séance du 21 janv. 1809.

969. Ce paragraphe, ne punissant ceux qui sont entrés et ont passé sur un terrain chargé de fruits en tuyaux, de raisins ou autres fruits mûrs ou près de l'être que lorsqu'ils ne sont pas propriétaires, usufruitiers, ni jouissant de ce terrain, ou d'un droit de passage, a évidemment aboli, partout où il existait lors de sa promulgation, l'usage qui autorisait l'autorité municipale à interdire aux propriétaires de vignes d'y entrer sans son autorisation depuis la publication de cette défense jusqu'à l'ouverture des vendanges. Aussi doit-on n'avoir aucun égard à un arrêté qui tendrait à aire revivre cet usage, et lui refuser la sanction de l'art. 471, § 15.

970. Si c'est le propriétaire d'un fonds enclavé qui a passé
sur les héritages voisins pour la culture et l'enlèvement de ses
récoltes, même avant la fixation du lieu [de passage, et le
paiement de l'indemnité due, il n'y a pas contravention, mais
seulement lieu à indemnité par la voie civile (Cass., 21 avril
1860, 2 mai 1861, *Bull. crim.*).

971. Le fait d'enclave peut être reconnu par le juge de
police (Cass., 4 juill. 1854, *Bull. crim. — Contrà*, Cass.,
24 juin 1837, *Bull. crim.*, qui enseigne, à tort, suivant nous,
que le juge de police doit se borner à surseoir pour faire
statuer par le tribunal civil sur cette question de propriété).

972. Notre art. 475-9° n'est pas applicable aux entrepreneurs de travaux publics qui sont autorisés, moyennant indemnité, à fouiller le terrain d'autrui pour l'extraction des
matériaux nécessaires à l'entretien des routes.

973. L'emprisonnement pendant cinq jours au plus doit
toujours être prononcé, en cas de récidive, contre les contrevenants, sauf modération facultative, s'il y a des circonstances atténuantes, déclarées par le juge, en leur faveur (C.
pén., art. 478 et 463).

§ 10. — Passage de bestiaux sur le terrain d'autrui ensemencé ou chargé d'une récolte, en quelque saison que ce soit, ou dans un bois taillis.

974. « Seront punis d'amende, depuis six francs jusqu'à
dix francs inclusivement, ceux qui auraient fait ou laissé passer des bestiaux, animaux de trait, de charge ou de monture,
sur le terrain d'autrui ensemencé ou chargé d'une récolte, en
quelque saison que ce soit, ou dans un bois taillis appartenant à autrui » (C. pén., art. 475, § 10).

975. Ce paragraphe correspond exactement au § 14 de
l'art. 471. Ce sont les mêmes contraventions, si ce n'est que,
dans le cas de ce dernier paragraphe, il s'agit d'un terrain
chargé d'une *récolte coupée, mais non encore enlevée*, tandis
qu'ici il s'agit de *terrains ensemencés ou chargés* d'une récolte encore sur pied, ou couverts d'un bois taillis.

976. Il comprend tout passage, sur le terrain d'autrui, de
bestiaux, de bêtes de trait, de charge ou de monture, *provoqué* ou *souffert*, et punit leur simple passage lors même qu'ils
n'auraient causé aucun dommage et qu'ils auraient suivi un
chemin frayé (Cass., 16 oct. 1835, 4 déc. 1847, *Bull. crim.*);
même dans les bois soumis au régime forestier, l'ord. de 1669
et le Code forestier ne s'appliquant qu'aux animaux trouvés en

délit dans les bois, c'est-à-dire en état de divagation ou de dépaissance. Du reste, il ne donne lieu à l'application de la
peine qu'il prononce, qu'autant que le passage a été effectué
sans droit (Cass., 7 juill. 1854, *Bull. crim.*).

977. Ainsi, le fait de passage à cheval sur le terrain d'autrui chargé de récoltes, ne constitue pas la contravention réprimée par le § 10 de notre article, lorsque ce passage a eu
lieu dans l'exercice du droit de chasse autorisé par le propriétaire du terrain. Il en est de même, au cas d'enclave, ou de
force majeure (Cass., 12 oct. 1850, 7 juill. 1854 et 2 mai
1861, *Bull. crim.*).

978. Mais le fait par un individu d'avoir, en labourant son
champ, et, pour plus de facilité dans sa culture, tourné avec
ses chevaux sur le terrain d'autrui chargé de récoltes, et d'y
avoir causé du dégât, tombe sous l'application du § 10 de
l'art. 475, et ne donne pas seulement lieu à une action civile,
de la compétence exclusive des tribunaux civils (Cass., 15
avril 1853, *Bull. crim.*).

979. Le § 10 de l'art. 475 n'est applicable qu'au délit *de
faire ou laisser* passer des bestiaux sur le terrain d'autrui;
ce qui suppose, d'une part, la présence du maître ou du gardien des bestiaux, et, d'autre part, qu'il s'agit d'un simple
passage *sans station ni pâturage;* il ne s'applique pas au délit de *faire ou laisser paître*, prévu et puni par le § 10 de
l'art. 479 du même Code; ni au délit de garde à vue prévu et
puni par l'art. 26 du Code rural de 1791.

Ainsi, lorsque des animaux confiés à un gardien se
sont échappés et ont parcouru à l'abandon des terrains ensemencés, il n'y a pas infraction à l'art 479, C. pén., ni à l'art.
26, tit. 2 du Code rural de 1791, mais simple fait de passage
d'animaux sur des terres chargées de récoltes, prévu par le
§ 10 de l'art. 475, (Cass., 17 fév. 1855, *Bull. crim.*).

980. Les prairies, étant dans un état de production permanente, doivent être considérées en tout temps, comme des
terrains ensemencés ou chargés de récoltes (Cass., 18 mai
1849, 30 déc. 1853, *Bull. crim.;* CHAUVEAU et HÉLIE, t. 6,
p. 387; CARNOT, BOURGUIGNON et ROLLAND DE VILLARGUES, sur
l'art. 475-10°).

Ainsi, notre article est applicable, au passage, en tout
temps, d'un troupeau sur des prairies naturelles; au passage d'une voiture dans un pré en regain non fauché (Cass.,
1er déc. 1855, *Bull. crim.*);

Au passage des bestiaux sur un champ ensemencé de pommes de terre.

981. La peine de l'emprisonnement pendant cinq jours au plus doit toujours être prononcée, en cas de récidive, contre les contrevenants, sauf modération facultative, s'il y a des circonstances atténuantes, reconnues par le juge, en leur faveur (C. pén., art. 478 et 463).

§ 11. — Refus de recevoir les espèces et monnaies nationales ayant cours légal en France.

982. « Seront punis d'amende, depuis six francs jusqu'à dix francs inclusivement, ceux qui auraient refusé de recevoir les espèces et monnaies nationales, non fausses ni altérées, selon la valeur pour laquelle elles ont cours » (C. pén., art. 475, § 11).

983. La contravention punie par ce paragraphe se compose de deux éléments distincts : le refus de recevoir les espèces, et la nature des espèces refusées. Le refus doit être exclusivement fondé sur la nature des monnaies; il faut ensuite que les monnaies aient cours légal en France, qu'elles ne soient ni fausses, ni altérées, enfin qu'elles soient proposées pour la valeur pour laquelle elles ont cours (CHAUVEAU et HÉLIE, p. 389; NICIAS GAILLARD et DALLOZ, n° 366).

984. Le refus de recevoir des pièces de monnaies qui ont cours légal en France ne peut être excusé par le motif que son auteur craignait que ces pièces ne fussent fausses.

985. La pénalité du § 11 de notre article est applicable au percepteur qui refuse des pièces de monnaies ayant cours légal.

Mais le fait par un percepteur de s'être refusé à recevoir d'un contribuable des pièces de monnaie de billon, sur le motif que la plupart de ces pièces étaient fausses, ne constitue pas la contravention prévue par notre article, alors que le contribuable n'a pas offert de donner isolément celles qui étaient bonnes, ni de remplacer celles qui étaient fausses (NICIAS GAILLARD et DALLOZ, n° 384).

986. Le refus d'une pièce rognée, même pour sa valeur actuelle, ne constitue pas une contravention; une telle pièce n'est plus qu'une marchandise et n'est pas une véritable monnaie. Il n'y a pas non plus contravention dans le fait de refuser une pièce de monnaie dont l'empreinte est entièrement effacée; une telle pièce est, en quelque sorte, démonétisée et n'a plus cours; elle n'est réputée monnaie qu'autant

qu'elle porte le coin ou l'empreinte, soit en tout, soit en partie, du souverain dont elle émane (Arg., Bruxelles, 28 nov. 1817, C. N. 5 ; Nicias Gaillard et Dalloz, n.° 379).

987. [La loi du 12 août 1870 a donné cours forcé aux billets de la Banque de France.

[Cette loi est une mesure de police générale et d'ordre public à laquelle il ne peut être dérogé par des conventions particulières. Cass., 11 février 1873, *Gaz. des trib.*, 8 mars 1873].

988. [Le refus de changer un billet de banque et de rendre la différence ne constitue pas une contravention à l'art. 475, § 11. Cass., 6 janvier 1872, *Ann. Justice de paix* 1872, p. 306].

989. [La monnaie étrangère doit être acceptée lorsqu'une loi ou des traités l'assimilent à la monnaie française.]

990. La peine de l'emprisonnement pendant cinq jours au plus doit toujours être prononcée, en cas de récidive, contre tout contrevenant, sauf modération facultative, s'il existe des circonstances atténuantes, reconnues par le juge, en sa faveur (C. pén., art. 478 et 463).

§ 12.— Refus de secours, de service ou de travaux.

991. « Seront punis d'amende, depuis six francs jusqu'à dix francs, ceux qui, le pouvant, auront refusé ou négligé de faire les travaux, le service, ou de prêter le secours dont ils auront été requis dans les circonstances d'accidents, tumultes, naufrage, inondation, incendie ou autres calamités, ainsi que dans les cas de brigandages, pillages, flagrant délit, clameur publique ou d'exécution judiciaire» (C. pén., art. 475, § 12).

992. Cette disposition est spéciale aux simples citoyens. Les obligations des fonctionnaires sont réglées par les art. 234 et 236, C. pén. ; celles des ouvriers, requis pour l'exécution des jugements criminels, par la loi du 22 germ. an IV, maintenue par le décret du 11 juin 1811, art. 114 : le concours qu'elle exige ici étant basé sur l'urgence et l'imprévu, s'applique à un concours intellectuel et moral comme à un concours matériel (Cass., 7 avr. 1853, *Bull. crim.*).

993. Pour l'existence de la contravention prévue par cette disposition, il faut la réunion de ces quatre circonstances :

1° Réquisition régulière de l'autorité compétente ;

2° Que le cas qui y donne lieu soit urgent ;

3° Possibilité de prêter le secours ou le service requis ;

4° Refus de le prêter.

La loi ne dit pas par qui la réquisition doit être faite, ni dans quelle forme ; mais il faut qu'elle émane d'une autorité compétente, eu égard à l'ordre des fonctions et aux limites du territoire. Dans l'ordre administratif, un préfet, un maire, un commissaire de police ; dans l'ordre judiciaire, un procureur général, un procureur de la République, un juge de paix, ont pouvoir de requérir.

994. [La Cour de cassation reconnaît encore le droit de réquisition aux gendarmes, aux pompiers, aux gardes champêtres et aux appariteurs.]

995. La réquisition, qui peut n'être que verbale, vu l'urgence, s'applique à tous les genres de secours qui peuvent être requis et qu'un cas urgent et accidentel nécessite. L'obligation d'y déférer est absolue, nul ne peut s'y soustraire, à moins d'impossibilité réelle, dont l'appréciation appartient souverainement au juge de police, sur la preuve qu'en fournit le prévenu. Ainsi, le refus par un loueur de chevaux d'obtempérer à la réquisition d'un maire de conduire des pompes dans une commune voisine où un incendie a éclaté, encourt les peines du § 12 de notre article 475 ; il en est de même du refus par un individu d'aller chercher la gendarmerie à l'effet de dissiper un rassemblement tumultueux (Cass., 20 mars 1851, *Bull. crim.*) ; du refus de se mettre à la chaîne, en cas d'incendie (Cass., 8 oct. 1842, *Bull. crim.*) ; du refus d'un médecin de constater un crime, lorsqu'il en est requis par un officier de police judiciaire (Cass., 20 février 1857, *Bull. crim.*).

996. Mais le refus par un individu de son concours pour transporter le cadavre d'un homme tué, par accident, sur la voie publique, ne rentre pas dans les dispositions du § 12 de notre article (Cass., 13 mai 1854, *Bull. crim.*). Il en est de même du médecin qui a refusé d'obtempérer à la réquisition de venir constater un décès accidentel (Cass., 18 mai 1855, *Bull. crim.*) ; ou de recevoir un homme blessé qu'on lui avait amené pendant la nuit ; d'une sage-femme qui a refusé de se rendre auprès d'une femme indigente sur le point d'accoucher (Cass., 4 juin 1830, *Bull. crim.*) ; d'un aubergiste qui a refusé d'ouvrir la porte et de recevoir un voyageur blessé, lorsqu'il en était requis par la gendarmerie (Cass., 2 juill. 1857, *Bull. crim.*).

997. Le refus n'est pas punissable lorsque l'agent de l'autorité publique qui a fait la réquisition a négligé de faire connaître sa qualité soit par des paroles, soit par l'exhibition

de ses insignes (Cass., 8 avril 1854, *Bull. crim.*), ni lorsqu'il s'agit de malheurs privés et non point d'un cas de calamité publique (Cass., 17 juill. 1853, *Bull. crim.*).

998. La circonstance que, sur le refus fait par un individu de prêter le secours dont il était légalement requis, il a été arrêté et détenu, ne peut l'affranchir des peines portées par le § 12 de l'art. 475 : ici ne s'applique pas la maxime *Non bis in idem* (Cass., 8 oct. 1842, *Bull. crim.*).

999. Le ministère public est autorisé par la loi du 22 germ. an IV, encore en vigueur, à désigner, selon les circonstances et les localités, les ouvriers qu'il juge devoir être employés aux travaux nécessaires à l'exécution des jugements (Cass., 13 mars 1835, *Bull. crim.*).

1000. Tout ouvrier ne peut refuser d'obéir sous prétexte que ces travaux ne rentreraient pas dans l'exercice de sa profession habituelle (Cass., 13 mars 1835, *Bull. crim.*).

1001. C'est par la voie correctionnelle et non par la voie civile que le ministère public peut contraindre un particulier à donner un logement dans sa maison à l'exécuteur des arrêts criminels (Décret 18 juin 1811, art. 114 ; ROLLAND DE VILLARGUES, n° 24).

1002. La peine de l'emprisonnement pendant cinq jours au plus doit toujours être prononcée, en cas de récidive, contre tous contrevenants, sauf modération facultative s'il existe des circonstances atténuantes, reconnues par le juge, en leur faveur (C. pén., art. 478 et 463).

§ 13.— Crieurs, afficheurs, distributeurs d'écrits ou de gravures.

1003. « Seront punies d'amende, depuis six francs jusqu'à dix francs inclusivement, les personnes désignées aux art. 284 et 288 du présent Code » (C. pén., art. 475, § 13).

1004. Ce paragraphe a été tellement modifié par les lois diverses qui ont régi la presse, que les tribunaux de simple police ne sont plus compétents pour connaître des contraventions aux art. 284 et 288, C. pén., relatifs à la distribution ou à la vente d'écrits ou de gravures contraires aux bonnes mœurs et sans nom d'auteur ou d'imprimeur, etc.

1005. Mais s'il existe un règlement municipal qui défende la publication ou l'affichage de tous placards ou annonces quelconques sur la voie publique, d'écrits à la main ou lithographiés, étrangers à la politique, par toutes autres personnes que les crieurs ou afficheurs, commissionnés par l'autorité municipale, l'infraction à un tel règlement est passible d'une peine de simple police, prévue et punie par l'art. 471, § 15, C. pén., alors même qu'il y aurait poursuite correctionnelle contre l'auteur des affiches pour défaut de timbre.

§ 14. — Vente de comestibles gâtés, corrompus ou nuisibles.

1006. « Seront punis d'amende, depuis six francs jusqu'à dix francs inclusivement, ceux qui exposent en vente des comestibles gâtés, corrompus ou nuisibles » (C. pén., art. 475, § 14).

Ce paragraphe a été abrogé par la loi du 27 mars 1851.

1007. La loi de 1851, en abrogeant dans toutes ses dispositions le § 14 de l'art. 475, C. pén., dans le but sans doute d'être plus sévère, laisse malheureusement aujourd'hui sans répression une disposition fort importante que prévoyait ce paragraphe, et ouvre en outre une large porte à l'impunité. En effet, l'art. 1er, § 2 de la loi nouvelle ne punit la mise en vente que des substances ou denrées alimentaires, falsifiées ou corrompues, ce qui ne comprend pas les comestibles qui, sans être gâtés ou corrompus, peuvent être nuisibles, par exemple les melons, les raisins ou autres fruits non mûrs, auxquels s'applique le § 14 de l'art. 475, C. pén. De plus, la loi nouvelle, en exigeant, pour qu'il y ait infraction punissable dans la vente ou mise en vente des substances ou denrées alimentaires, que les auteurs du fait aient su que les substances ou denrées étaient falsifiées ou corrompues, ce que n'exigeait pas le § 14 de notre article, rend en quelque sorte la mesure illusoire, car il sera souvent difficile au ministère public de prouver que le prévenu avait connaissance de la falsification ou qu'il savait que la denrée était corrompue. Un règlement municipal peut seul aujourd'hui combler la lacune que nous venons de signaler. [Voir VUATINÉ, *Code annoté des tribunaux de simple police*, p. 275, no 4].

1008. Ainsi, le tribunal de simple police reste compétent pour statuer, comme avant la loi du 27 mars 1851, sur la prévention d'exposition en vente de denrées ou de comestibles, corrompus, gâtés ou nuisibles, en contravention à un arrêté municipal, lorsqu'il n'est pas établi ni même allégué par le ministère public que le prévenu connaissait l'état de corruption de ces denrées. Dans ce cas, c'est la peine prononcée par l'art. 471, § 15, C. pén., qui est applicable (Cass., 18 avril 1856, *Bull. crim.*).

§ 15. — Maraudage simple de récoltes ou autres productions utiles de la terre.

1009. « Seront punis d'amende, depuis six francs jusqu'à dix francs inclusivement, ceux qui déroberont, sans aucune des circonstances prévues en l'art. 388, des récoltes ou autres productions utiles de la terre, qui, avant d'être soustraites, n'étaient pas encore détachées du sol » (C. pén., art. 475, § 15).

1010. Cette disposition prévoit un fait plus grave que le § 9 de l'art. 471 ; mais bien différent du vol puni par l'art. 388, dont les §§ 3 et 4 sont ainsi conçus : § 3. « Quiconque aura volé ou tenté de voler dans les champs, des récoltes ou autres productions utiles de la terre, *déjà détachées du sol*, ou des meules de grains faisant partie de récoltes, sera puni d'un emprisonnement de quinze jours à deux ans et d'une amende de 16 francs à 200 francs. » § 4. « Si le vol a été commis, soit la nuit, soit par plusieurs personnes, soit à l'aide de voitures ou d'animaux de charge, l'emprisonnement sera d'un à cinq ans et l'amende de 16 francs à 500 francs. »

Ainsi, le vol de récoltes *non encore détachées du sol* n'est un fait correctionnel qu'autant qu'il a été commis dans les circonstances énumérées en l'art. 388, C. pén. ; autrement, il ne constitue qu'une simple contravention, prévue et punie par le § 15 de l'art. 475.

1011. Le § 9 de l'art. 471, C. pén., ne s'applique qu'aux *fruits*, tandis que le § 15 de l'art. 475 s'étend à toutes les productions destinées à la nourriture de l'homme et à celles destinées aux animaux, et même aux produits alimentaires et aux autres productions de la terre. Il suffit que les productions soient *utiles ;* l'un ne prévoit que le fait de *cueillir* et *manger sur le lieu*, tandis que l'autre prévoit le *vol*, c'est-à-dire la *soustraction frauduleuse*, l'enlèvement *hors du lieu :* dans le premier cas, le fait ne change pas de nature, lors même que les fruits seraient mangés par plusieurs personnes : mais si ces fruits sont enlevés à l'aide de paniers, de sacs, de voitures ou d'animaux de charge, ou si cet enlèvement a lieu pendant la nuit, les art. 471 et 475 ne sont plus applicables; le fait prend, dans un cas comme dans l'autre, le caractère de délit et rentre dans les termes de l'art. 388, C. pén.

1012. La contravention définie par le § 15 de notre article existe de la part de celui qui emporte dans ses vêtements des raisins qu'il vient de cueillir dans une vigne, des poires, des pommes et autres fruits (Cass., 7 janv. 1858, *Bull. crim.*);

De celui qui arrache à l'aide d'un râteau et emporte une certaine quantité de chaume : le chaume est une production utile de la terre (Cass., 18 nov. 1859, *Bull. crim.*) ;

De celui qui coupe dans le fonds d'autrui, pour se les approprier, des productions utiles adhérentes au sol, par exemple de l'herbe ou du foin (Cass., 27 avril 1860, *Bull. crim.*) ; les pousses d'une luzerne défrichée.

Elle peut être poursuivie soit sur la poursuite du propriétaire lésé, soit même d'office, aucune loi n'ayant dérogé pour le fait aux principes ordinaires (Cass., 22 fév. 1844, *Bull. crim.*).

1013. Mais si l'enlèvement de ces productions utiles avait eu lieu soit avec des paniers ou des sacs ou d'autres objets équivalents, soit la nuit, soit à l'aide de voitures ou d'animaux de charge ou par plusieurs personnes, soit à charge d'homme s'il s'agit de branches d'arbres, le § 15 de l'art. 475 cesserait d'être applicable aux termes des art. 388, 401 et 456, C. pén., 36, tit. 2, C. rural de 1791 et 144, C. for. Ces articles sont seuls applicables en pareils cas, et dès lors les tribunaux correctionnels sont seuls compétents.

1014. Le mot *récolte* ne pouvant s'entendre que de la dépouille des biens de la terre, le sol, qui ne se forme que par des moyens artificiels, ne peut être compris dans cette classification.

Il en est de même d'un vol de miel ou de gâteaux de miel.

1015. La peine de l'emprisonnement pendant cinq jours au plus doit toujours être prononcée, en cas de récidive, contre tous contrevenants au § 15 de l'art. 475, sauf modération facultative, s'il y a des circonstances atténuantes, reconnues par le juge, en leur faveur (C. pén., art. 478 et 463).

SECT. III. — TROISIÈME CLASSE (ART. 479 A 482).

§ 1er. —Dommages aux propriétés mobilières d'autrui.

1016. « Seront punis d'une amende de onze à quinze francs inclusivement, ceux qui, hors les cas prévus depuis l'art. 434 jusques et y compris l'art. 462, auront volontairement causé du dommage aux propriétés mobilières d'autrui » (C. pén., art. 479, § 1er).

1017. Cette disposition, qui embrasse les animaux sauvages ou domestiques comme toute autre propriété mobilière, exige quatre conditions pour son application :

1° Qu'il y ait dommage causé ;

2° Que le dommage soit volontaire ;

3° Que le dommage volontaire ait été causé aux propriétés mobilières d'autrui ;

4° Enfin, que le fait ne se trouve pas littéralement compris dans les destructions, dégradations et dommages prévus par les art. 434 et suiv., jusques et y compris l'art. 462, C. pén.

1018. Elle n'exclut aucune espèce de dommage et s'applique à tous les actes volontairement dommageables aux propriétés mobilières d'autrui, si, le fait restant d'ailleurs le même par sa nature et son objet, il y manque une ou plusieurs des circonstances qui lui impriment, dans la classification de la loi, le caractère de délit ou de crime.

Ainsi, le fait d'avoir sans nécessité mutilé et même tué volontairement le chien d'autrui, hors le cas de légitime défense, ou empoisonné une volaille sur un terrain dont le maître de l'animal n'est ni propriétaire, ni locataire, colon ou fermier, rentre dans la disposition du § 1er, de l'art. 479 (Cass., 18 août 1853, *Bull. crim.*).

1019. Mais il en serait autrement s'il s'agissait d'un des animaux désignés dans la nomenclature que contiennent les art. 452 et suiv., C. pén.

1020. Le § 2 de l'art. 479 exige le concours et la preuve de la volonté intentionnelle de nuire, de porter un dommage quelconque aux propriétés mobilières d'autrui. La négligence, l'imprudence ou le défaut de précaution, sans intention, ne donnerait lieu qu'à une action civile en réparation du dommage, sauf l'application des art. 479, §§ 2, 3 et 4, 419 et 420, C. pén., suivant les cas et circonstances.

Ainsi, le fait d'avoir, au nombre de trois individus, causé du dommage aux propriétés mobilières d'autrui, en brisant des tuiles dans une briqueterie, ne constitue que la contravention punie par l'art. 479, si le délit n'a pas été commis en réunion ou bande et à force ouverte.

1021. L'habitant d'une ville qui tue une poule qui s'est introduite dans son jardin, commet la contravention prévue par le § 1er de notre article, attendu que la disposition de l'art. 11, tit. 2 de la loi des 28 sept.-6 oct. 1791, qui permet à tout propriétaire ou détenteur de tuer les volailles causant des dommages à ses propriétés, est étrangère à la police urbaine et contient une dérogation au droit commun qui doit être réservée aux cas spécifiés par la loi (Cass., 28 juill. 1855, *Bull. crim.*).

1022. Les mauvais traitements qui ont lieu envers les animaux domestiques, et qui sont exercés *publiquement*, rentrent dans les termes de la loi du 9 juill. 1850.

1023. Les mauvais traitements, non publics, sur l'animal d'autrui, s'il en est résulté des blessures, sont passibles des peines de l'art. 479, § 3.

1024. La peine d'emprisonnement pendant cinq jours doit toujours être prononcée, pour récidive, contre tous contrevenants au § 1er de l'art. 479, sauf modération facultative, s'il y a des circonstances atténuantes, reconnues par le juge, en leur faveur (C. pén., art. 482 et 463).

§§ 2, 3 et 4. — Mort ou blessures des animaux d'autrui.

1025. « Seront punis d'une amende de onze à quinze francs inclusivement, ceux qui auront occasionné la mort ou la blessure des animaux ou bestiaux appartenant à autrui, par l'effet de la divagation des fous ou furieux, ou d'animaux malfaisants ou féroces, ou par la rapidité ou la mauvaise direction ou le chargement excessif des voitures, chevaux, bêtes de trait, de charge ou de monture » (C. pén., art. 479, § 2);

« Ceux qui auront occasionné les mêmes dommages par l'emploi ou l'usage d'armes sans précaution ou avec maladresse, ou par jets de pierres ou d'autres corps durs » (Art. 479, § 3);

« Ceux qui auront causé les mêmes accidents par la vétusté, la dégradation, le défaut de réparation ou d'entretien des maisons ou édifices, ou par l'encombrement ou l'excavation, ou telles autres œuvres, dans ou près les rues, places ou voies publiques, sans les précautions ou signaux ordonnés ou d'usage » (Art. 479, § 4).

1026. Les §§ 2, 3 et 4 de l'art. 479, à la différence du § 1er du même article et des art. 434 et suiv., notamment des art. 452, 453, 454, dont celui-ci n'est que le complément, excluent tout concours de volonté, toute intention de nuire, de causer dommage.

1027. Si toutefois l'application des §§ 2, 3 et 4 de notre article est exclusive de la volonté de tuer ou de blesser, il n'en est pas de même quant au fait occasionné, c'est-à-dire quant au résultat qui peut être volontaire. Aussi, celui qui, s'opposant avec un bâton ou par tout autre moyen, au passage d'un troupeau de bêtes à laine ou de tous autres animaux sur un chemin vicinal ou dans les rues d'une ville, d'un vil-

lage ou hameau, est la cause involontaire de la fracture de la
cuisse ou de toutes autres blessures d'un ou de plusieurs
agneaux ou de tous autres animaux domestiques, doit être
puni des peines que prononcent les art. 479, § 3 et 480,
C. pén.; mais il y aurait lieu seulement à une action civile
si le dommage était purement accidentel ou de force majeure.

1028. L'art. 479 est général quant à l'objet auquel il s'applique : ainsi il embrasse les animaux de toute espèce, sauvages ou domestiques, bestiaux ou bêtes de somme, quadru-
pèdes et oiseaux de basse-cour (NICIAS GAILLARD et DALLOZ,
n° 432 ; P. GILBERT, art. 479, n° 6).

Mais il n'en est point ainsi quant aux causes qu'il énumère.
Si la mort ou les blessures avaient une autre cause, les §§ 2,
3 et 4 de notre article seraient inapplicables. Ainsi, le fait de
l'individu qui a donné la mort à des volailles en les empoi-
sonnant ne rentre pas dans l'application de l'art. 452, C.
pén.; il rentrerait dans celle de l'art. 454, s'il était reconnu
que les volailles se fussent, au moment où elles ont été empoisonnées, trouvées dans un lieu appartenant au propriétaire de
ces animaux; hors ce cas, c'est l'art. 479, § 1er, du même
Code, relatif au dommage causé aux propriétés mobilières
d'autrui, qui doit être appliqué (Cass., 17 août 1822, S.23.
1.38).

1029. [L'art. 479, § 1er, s'applique au propriétaire d'un
bois qui a fait périr plusieurs chiens de chasse ou autres, en
semant dans ce bois des boulettes empoisonnées, ayant pour
but de détruire ces chiens aussi bien que les bêtes fauves
pouvant inquiéter le gibier. Trib. Compiègne, 3 juin 1873,
le Droit, 5 juin 1873].

1030. Si les animaux avaient péri dans un incendie causé
par la vétusté ou le défaut de réparation de maisons ou usines
existant dans le voisinage, c'est l'art. 458 qui serait applicable (NICIAS GAILLARD et DALLOZ, n° 442).

1031. Le mot édifice comprend, en général, tout ce qui est
bâti et édifié de main d'homme; il embrasse dans son acception juridique les ponts aussi bien que les maisons et autres
constructions quelconques; en conséquence, le dommage causé
à des animaux par la chute d'un pont établi sur une route
départementale donne lieu à l'application de la peine édictée
par le § 4 de l'art. 479, et à une condamnation à des dommages-intérêts contre l'adjudicataire qui a négligé l'entretien de ce pont, laissé à sa charge (Cass., 16 fév. 1855, Bull.

crim.; F. Hélie, *Ins. crim.*, t. 7, p. 195; Rolland de Villargues, n° 9).

1032. L'art. 479, § 2, n'exige point expressément, pour
punir l'effet causé par la divagation des fous ou furieux,
qu'ils fussent placés sous la garde de ceux qui les ont laissés
divaguer; néanmoins, le gardien seul est responsable, et il
en est de même pour la responsabilité des animaux malfaisants ou féroces : la responsabilité découle de la même source,
le devoir particulier de garder (V. *suprà*, sect. 2, § 7).

1033. Le même article, dans sa disposition relative à la
rapidité ou à la mauvaise direction ou au chargement excessif
des voitures, chevaux, bêtes de trait, de charge ou de monture, ne parle pas de lieux habités, à la différence du § 4 de
l'art. 475 : cette restriction ne peut être suppléée, et, dans
quelque lieu que le dommage ait été causé à autrui, par l'un
des moyens exprimés en ce paragraphe, il devient une circonstance aggravante de la contravention qui la fait sortir de la
disposition de l'art. 475 pour rentrer dans celle de l'art. 479
(Carnot, sur l'art. 479, n° 9; Nicias Gaillard et Dalloz,
n° 433. V° *suprà*, sect. 2, § 4).

1034. La disposition du § 3 n'est pas limitée aux armes à
feu. Le mot *armes* est pris ici dans le sens général déterminé
par l'art. 101, C. pén. Ainsi les bâtons dont on fait usage
pour frapper y sont compris. C'est, d'ailleurs, au tribunal
saisi qu'il appartient d'apprécier le fait de l'emploi ou de
l'usage des armes, sans précaution ou par maladresse.

1035. Le dommage par suite de jets de pierres ou corps
durs rentre sous l'application de l'art. 475, § 8, ou de l'art.
479, selon l'effet ou le résultat; s'il y a eu dégradation ou
dommage, c'est l'art. 479; dans le cas contraire, c'est l'art.
475 (Cass., 9 juill. 1853, *Bull. crim.*).

1036. La peine d'emprisonnement peut, selon les circonstances, être prononcée, pendant cinq jours au plus, contre
ceux qui ont occasionné la mort ou la blessure des animaux
ou bestiaux appartenant à autrui (C. pén., art. 480, § 1er).

Mais elle doit toujours être prononcée pour récidive, contre
les contrevenants aux §§ 2, 3 et 4 de l'art. 479, C. pén., sauf
modération facultative s'il y a des circonstances atténuantes,
reconnues par le juge, en leur faveur (C. pén., art. 482 et 463).

§ 5. — Faux poids ou fausses mesures.

1037. « Seront punis d'une amende de onze à quinze francs
inclusivement, ceux qui auront de faux poids ou de fausses

mesures dans leurs magasins, boutiques, ateliers, ou maisons de commerce, ou dans les halles, foires ou marchés, sans préjudice des peines qui seront prononcées par les tribunaux de police correctionnelle contre ceux qui auraient fait usage de ces faux poids ou de ces fausses mesures » (C. pén., art. 479, § 5).

1038. Cette disposition a été abrogée par l'art. 9 de la loi du 27 mars 1851.

1039. Toutefois, la possession de signes de pesage ou mesurage *irréguliers*, et non *faux*, *exacts* et non conformes au système décimal, reste dans le domaine de la loi du 4 juill. 1837, qui renvoie aux peines de simple police (Rapp. de M. Riché, séance du 25 mai 1851 (V. *infrà*, § 6).

§ 6. — Poids illégaux. — Vente au-dessus de la taxe.

1040. « Seront punis d'une amende de onze à quinze francs inclusivement, ceux qui emploieront des poids ou des mesures différents de ceux qui sont établis par les lois en vigueur ;

« Les boulangers et les bouchers qui vendront le pain ou la viande au delà du prix fixé par la taxe légalement faite et publiée » (C. pén., art. 479, § 6).

1041. La première disposition du § 6 de l'art. 479 punit l'usage matériel et même la simple détention des poids et mesures différents de ceux établis par les lois constitutives du système décimal métrique, interdits par les art. 3 et 4 de la loi du 4 juill. 1837; elle exclut toute intention de tromper, comme on le verra dans les numéros suivants.

1042. Avant la loi du 27 mars 1851 sur les fausses mesures ou faux poids, la détention de poids ou mesures non revêtus du poinçon de vérification annuelle, qu'ils fussent anciens ou non, tombait sous l'application de l'art. 479, § 5, C. pén. Telle était la jurisprudence de la Cour de cassation.

Ce paragraphe ayant été abrogé par l'art. 9 de la loi du 27 mars 1851, et cette loi rangeant la détention de mesures fausses ou faux poids dans la classe des délits correctionnels, doit-on aujourd'hui considérer comme tels, ainsi que cela avait lieu avant la loi de 1851, les *mesures* ou *poids non poinçonnés* ou *non conformes au système décimal?* La Cour de cassation, par arrêts des 11 déc. 1851, 23 janv. et 29 mai 1852, S.-V.52.1.276. et 53.1.64, et la Cour d'appel d'Orléans, par arrêt du 10 nov. 1852, D.P.53.2.89, ont, avec raison, selon nous, résolu la question négativement ; toute autre solution eût dépassé le but de la loi de 1851. Il résulte, en effet, du texte de l'art. 3 de cette loi, que le législateur n'a entendu punir des peines qui y sont édictées que la possession des poids et mesures faux de leur nature, c'est-à-dire ceux qui n'ont point la contenance ou la pesanteur prescrites et dont l'usage matériel aurait pour effet de tromper les acheteurs, et non la détention de ceux qui, comme les mesures non décimales ou les mesures décimales non poinçonnées, sont simplement illégaux ou irréguliers. C'est ce qui ressort encore de l'art. 9 de la même loi, qui, en abrogeant les §§ 14 de l'art. 475 et 5 de l'art. 479, maintient par cela même le § 6 de ce dernier article avec les interprétations ou applications de la jurisprudence (Cass., 11 mars 1852, 12 et 24 mai 1854, *Bull. crim.*).

Ainsi le marchand qui, pour toute mesure, possède un bâton sur lequel se trouve une entaille ou une mesure ancienne assimilée aux fausses mesures, ou une mesure décimale non poinçonnée, doit être condamné aux peines et amendes de l'art. 479, § 6, et ne peut être excusé par le motif qu'il n'en fait pas usage ; nulle excuse n'étant admise en cette matière. La jurisprudence, à cet égard, est constante.

1043. La défense faite à toutes personnes par le § 6 de l'art. 479 de faire usage de poids ou de mesures autres que ceux établis par les lois, est absolue et n'admet aucune exception, et le fait qu'il prévoit est indépendant de la qualité de non-commerçant, du lieu et des circonstances dans lesquels il a été fait usage des poids et mesures non autorisés ou illégaux.

1044. On doit réputer illégaux tous poids ou mesures anciens, ou en désaccord avec le système décimal établi, ou non revêtus du poinçon général de l'Etat (Cass., 12 mai 1854, *Bull. crim.*).

1045. En général, la loi présume frauduleuse la vente faite à faux poids, altérés avant ou après la vérification ; mais elle suppose la bonne foi, lorsque des poids et mesures exacts, mais non reconnus par la loi, ont été employés, du consentement de l'acheteur, par le vendeur. Dans ce cas, elle punit le vendeur des peines des art. 479, § 6, et 480, § 1er, L. 4 juill. 1837, art. 4, et même l'acheteur, si la livraison ayant eu lieu à son domicile, il a fourni les poids ou les mesures irréguliers : dans ces deux cas, l'acheteur n'a pas d'action civile en réparation du préjudice qu'il a éprouvé par l'emploi des mesures illégales (Exposé des motifs de la loi de 1837).

Toutefois, si le vendeur a agi frauduleusement, c'est-à-dire a trompé ou même simplement tenté de tromper, il est passible des peines édictées en l'art. 423, C. pén., et en l'art. 1ᵉʳ de la loi du 27 mars 1851 (Orléans, 10 nov. 1852, *Bull. crim.*).

1046. Quant à la contravention résultant de l'emploi d'anciennes dénominations de poids et mesures dans les annonces, elle ne peut être poursuivie par voie d'action devant le tribunal de simple police ; l'amende encourue pour ce fait, dont le *quantum*, 10 fr., est fixé par la loi du 4 juill. 1837, art. 5, doit être recouvrée par voie de contrainte, comme en matière d'enregistrement (Ordonn. 17 avril 1839, art. 45 ; Cass., 20 mai 1844, 1ᵉʳ avril 1848, *Bull. crim.*).

1047. La saisie et la confiscation des poids et mesures différents de ceux établis par les lois en vigueur, doivent être prononcées conformément à l'art. 481, C. pén.

1048. La seconde disposition du § 6 de l'art. 479, C. pén., qui punit les boulangers ou bouchers qui vendent le pain ou la viande au delà du prix fixé par la taxe légalement faite et publiée, présente de sérieuses difficultés dans l'application depuis la loi du 27 mars 1851.

1049. Avant la loi de 1851, la vente faite par un boulanger, au prix de la taxe, de pains n'ayant pas le poids prescrit par l'arrêté local, constituait la contravention de vente en surtaxe prévue et punie par l'art. 479, § 6 (Cass., 12 mai 1849, *Bull. crim.*). Il en était de même de la vente, au prix de la taxe, de pains n'ayant pas, même indépendamment de tout règlement local, le poids présumé par l'acheteur. Mais depuis cette loi, qui range parmi les délits correctionnels « le fait d'avoir *trompé ou tenté de tromper* sur la qualité des choses livrées, soit par des indications frauduleuses tendant à faire croire au pesage ou mesurage antérieur et exact », la solution de cette grave question varie, d'après la jurisprudence, selon que les arrêtés municipaux règlent de telle ou telle manière les conditions de la vente. Ainsi, ou l'arrêté municipal prescrit la vente du pain au poids et fixe le prix par kilogramme, ou il détermine la forme et le poids des pains qui doivent être fabriqués, c'est-à-dire le prix des pains entiers : dans le premier cas, la vente sans pesage du pain présentant, quoique à tort, les apparences de tel ou tel poids, ne constitue par elle-même, et isolée de toute circonstance de

fraude, que la contravention prévue et punie par le § 6, de
l'art. 479, C. pén.; la fraude dans le pesage ou dans l'indication du poids du pain pourrait seule constituer le délit prévu
et puni par le § 3 de l'art. 1er de la loi du 27 mars 1851.
C'est ce que décide un arrêt de la Cour d'appel de Paris,
du 15 juill. 1851, remarquable par la saine doctrine qu'il
consacre. Cet arrêt, rendu sur l'appel contre un jugement du tribunal de police correctionnel de Paris, est ainsi
conçu :

« La Cour ; — Considérant que l'ordonnance du 2 nov.
1840, pour remédier aux abus qui existaient sur la vente et la
taxe du pain, a prescrit dans la ville de Paris la vente du pain
au poids constaté entre le vendeur et l'acheteur; — Qu'en
effet, la taxe municipale a fixé, depuis cette époque, le prix du
kilogramme de pain, au lieu de déterminer le prix de deux,
trois, quatre ou six kilogrammes ; — Qu'enfin l'art. 4 de
ladite ordonnance a imposé aux boulangers l'obligation de
peser, en le livrant, le pain qu'ils vendent, sans qu'il soit besoin d'aucune réquisition de la part des acheteurs ; qu'en
exécution de l'art. 11 de la même ordonnance, une jurisprudence constante a soumis aux tribunaux de simple police les
contraventions aux prescriptions ci-dessus énoncées, en dehors de toute fraude constatée ; — Considérant que la loi du
27 mars 1851, en étendant l'application de l'art. 423, C.
pén., à des cas qui y sont énoncés, n'a rien innové quant à la
juridiction et à la pénalité applicable aux simples contraventions relatives à la vente et à la taxe du pain ; — Qu'en effet,
du moment où la taxe municipale fixe le prix du kilogramme
de pain au lieu de déterminer, comme par le passé, le prix
des pains, la fraude dans le pesage ou dans l'indication du
poids du pain peut seule constituer le délit prévu par la loi de
mars 1851 et l'art. 423, C. pén.; — Que les expériences qui
ont été faites par le commerce et par la science ont démontré
l'impossibilité de fabriquer des pains d'un poids exactement
et invariablement déterminé à l'avance; — Que les pains sujets à la taxe, ne portant aucun signe indicatif de leur poids
exact, et devant être soumis au pesage lors de la livraison, ne
peuvent être réputés, d'après leur forme seule, avoir un poids
déterminé; — Considérant, en fait, que, par procès-verbaux
réguliers, en date des 2, 5, 7, 8, 9, 12, 18 et 19 avril dernier, il a été constaté que Bontemp et les autres appelants
ont vendu et livré des pains dont le poids ne représentait pas
la quantité dont néanmoins ils ont reçu le prix ; — Qu'il est

établi que ces pains n'ont pas été pesés en présence des acheteurs, qu'ils ne portaient aucune indication de leur poids, et qu'aucune déclaration d'un pesage antérieur n'a été faite par les vendeurs ; — Que, d'après les ordonnances qui régissent la boulangerie et qui imposent l'obligation du pesage au moment de la livraison, les acheteurs n'ont pas été fondés suffisamment à croire que les pains qu'ils achetaient devaient avoir le poids représentant le prix qu'ils payaient ; — Que, dès lors, aucun moyen frauduleux n'ayant été employé, les faits relevés à la charge des appelants ne constituent qu'une simple contravention, et non le délit prévu par la loi du 27 mars 1851 ; — Emendant, déclare les appelants coupables de contravention à l'art. 4 de l'ordonnance du 2 nov. 1840 et à l'art. 479, n° 6, C. pén., etc. »

1050. Dans le second cas, d'après un arrêt de la Cour d'Orléans, du 11 nov. 1851 (1), la forme des pains, faisant néces-

(1) « La Cour ; — Attendu qu'un règlement du 23 janv. 1815, lequel est encore en vigueur, astreint les boulangers de la ville et des faubourgs d'Orléans à fabriquer et débiter des pains de trois qualités ; — Qu'après avoir déterminé la forme de ces pains, il exige que leurs poids soient de 1, 2 et 4 kilog.; — Attendu, dès lors, que, la forme devenant l'indication du poids, les boulangers, quand ils exposent dans leurs boutiques des pains du volume ci-dessus, sont censés, au regard des consommateurs, s'être assurés préalablement de l'exactitude de leurs poids ; — Que, par suite, si ces pains, qui doivent peser 1, 2 et 4 kilog., ont un poids inférieur, il y a, de la part des boulangers qui les exposent et les vendent, indication frauduleuse tendant à faire croire à un pesage antérieur exact, ce qui les soumet à l'application du troisième paragraphe de l'art. 1er de la loi du 27 mars 1851 ; — Attendu qu'à la vérité on objecte que, malgré ses connaissances spéciales et sa surveillance continue, le boulanger peut être trompé dans les résultats de la panification par une foule de circonstances imprévues, lesquelles excluraient toute idée de mauvaise foi ; — Mais que, d'abord, le règlement de 1815 lui interdit d'invoquer pour excuse le déchet qu'opèrent la cuisson et la garde du pain pendant plusieurs jours ; qu'en second lieu, nonobstant cette prohibition, on tolère toujours un léger déficit, et procès-verbal n'est dressé qu'autant que la différence signalée, comme dans l'espèce, est telle qu'elle ne laisse aucun doute sur la fraude ; — Attendu que de ces mots : *Marchandises livrées*, on induit sans plus de succès que la loi du 27 mars suppose la réalisation du fait, ce qui, au procès à juger, n'existe relativement à aucun des prévenus ; que cette interprétation conduirait fréquemment à l'impunité, puisqu'il faudrait surprendre le marchand en flagrant délit, et que les preuves du délit disparaissent le plus souvent après la vente consommée; — Qu'en assimilant la tentative de tromperie à la tromperie même, le législateur révèle suffisamment son intention de surprendre les félonies mercantiles avant qu'elles aient produit leur effet, mais quand la volonté préméditée et manifeste de les commettre n'attend

sairement supposer l'existence du poids prescrit, devient une indication frauduleuse, dans le sens de l'art. 1 de la loi du 27 mars 1851, alors même que les pains ayant la forme indicative d'un poids déterminé, ont été simplement exposés et mis en vente.

1051. La Cour d'Orléans nous paraît avoir tiré une conséquence bien rigoureuse du § 3 de l'art. 1 de la loi du 27 mars 1851, et peu en harmonie avec l'esprit dudit paragraphe qui, contrairement au § 2 de la même loi, ne punit ceux qui ont trompé ou tenté de tromper sur la quantité des choses vendues, notamment par des indications frauduleuses tendant à faire croire à un pesage ou mesurage antérieur, qu'autant que ces choses ont été *livrées*. Or, cet arrêt constate, en fait, que les prévenus n'avaient encore *livré* aucun des pains qu'ils avaient exposés en vente, quoique ces pains n'eussent pas le poids prescrit par le règlement de police. Ils n'avaient donc encore ici trompé, ni même tenté de tromper personne, dans le sens du § 3 précité; car ils pouvaient en vérifier le poids avant de les livrer aux consommateurs, et, dès lors, il semble, dit avec beaucoup de sens et de raison l'annotateur de cet arrêt (J.P.42.1.61), que leur infraction à l'arrêté municipal ne tombait pas sous l'application de la loi du 27 mars 1851, alors même que la vente des pains aurait été effectuée; la fraude dans le pesage ou dans l'indication du poids du pain pouvant seule constituer le délit prévu par cette dernière, dans l'hypothèse de l'arrêt de la Cour d'Orléans, comme dans celui de la Cour de Paris, une distinction n'étant pas possible d'après les termes du § 3 précité. L'infraction, dans le cas de simple exposition des pains, ne constituerait qu'une contravention de police qui rendrait le contrevenant passible des peines prononcées par le § 15 de l'art. 471, C. pén., et, dans le cas de vente, de celles prévues et punies par le § 6 de l'art. 479 du même Code.

---

que l'occasion, et la provoque ostensiblement; — Attendu que l'exposition dans les boutiques d'un objet nécessairement destiné à la vente, et même à une vente immédiate ou prochaine, avec connaissance que cet objet n'a pas le poids indiqué par sa forme, dès lors avec intention frauduleuse, doit être assimilée aux tentatives que prévoit l'art. 401, C. pén., tentatives dont la loi n'a pas défini les éléments constitutifs, et pour l'appréciation desquelles elle s'en remet entièrement à la prudence des magistrats;

« Par ces motifs, met l'appellation au néant, et ordonne que le jugement attaqué sortira effet ».

1052. La Cour de Bourges, par arrêt du 18 juill. 1851, avait jugé dans le même sens que la Cour d'Orléans (1).

1053. Le règlement qui prescrit aux boulangers de confectionner des pains d'un poids déterminé, leur interdit, par cela même, d'en avoir d'un poids supérieur ou inférieur. Les contrevenants à un tel arrêté ne peuvent être excusés par le motif que le pain, objet de la poursuite, serait un pain de de fantaisie (Cass., 30 mai 1846 et 13 nov. 1847, *Bull. crim.*);

Ou que dans la localité on ne peut se procurer de centimes pour rendre de la monnaie (Cass., 16 août 1855 (*Bull. crim.*);

Ou que l'arrêté aurait été publié à son de caisse au lieu d'être affiché, suivant l'usage, dans l'intérieur de sa boulangerie (Cass., 23 nov. 1854, *Bull. crim.*).

1054. Mais le boulanger auquel l'administration municipale a oublié de faire remettre un exemplaire de la taxe en vigueur, ne peut être en contravention pour n'avoir pas affiché cette taxe dans sa boutique.

1055. L'arrêté qui enjoint aux boulangers de donner à leurs pains l'intégralité du poids que leur conformation annonce, est aussi bien applicable aux pains fabriqués dans les communes voisines, mais apportés au marché de la ville, qu'aux pains fabriqués dans la ville même, et le tribunal de simple police

---

(1) « La Cour ; — Considérant que la loi du 27 mars 1851 a agrandi le cercle de la pénalité, et permis, dans l'intérêt surtout de la classe laborieuse, d'appliquer l'art. 423, C. pén., au cas de tromperie sur les denrées alimentaires ; — Que le n° 3 de l'art. 1 a voulu atteindre « ceux qui trompent ou tentent de tromper sur la quantité des choses livrées... par des indications frauduleuses tendant à faire croire à un pesage antérieur et exact ; » — Considérant, en fait, qu'il est établi que le pain acheté dans la boutique du boulanger R..., pour un pain de 3 kilog., pesait un vingtième de moins, et était dépourvu de marque, quoique soumis à la taxe ; — Que la fille Q... n'a point exigé le pesage, et que sa bonne foi a été surprise, parce que, d'après les indications extérieures du lieu et de la montre où les pains soumis à la taxe et à la marque étaient exposés au public, et d'après la forme, la dimension, la grosseur communes à tous les pains de 3 kilog., elle devait croire que le pain à elle livré avait déjà été pesé, et était d'un poids exact ; — D'où il suit que la tromperie dépasse la limite de la contravention, prend le caractère de délit, et devient punissable, aux termes de l'art. 1, de manière à permettre aux juges d'apprécier la moralité du fait et les circonstances frauduleuses ; — Qu'ainsi, le tribunal, qui a reconnu implicitement sa compétence, était bien saisi » ;

du lieu du débit de ces pains ne peut se déclarer incompétent pour appliquer le règlement (Cass., 7 mars 1845, *Bull. crim.*).

1056. La taxe du pain, arrêtée par le règlement administratif, soumet le boulanger, non-seulement à ne pas vendre au-dessus du tarif, mais encore l'oblige à vendre au prix déterminé, de telle sorte que le boulanger qui, ayant du pain dans sa boutique, refuse d'en vendre à la taxe arrêtée par l'autorité municipale, doit être condamné à la peine portée par le § 6 de l'art. 479 (Cass., 12 et 26 mai 1854, *Bull. crim.*). Cette jurisprudence a été appliquée avec raison, suivant nous, à plusieurs bouchers de Paris, par le tribunal de simple police de Paris, en son audience du 25 oct. 1855 : il y a identité de motifs.

1057. Mais le § 6 de notre art. 479 n'est pas applicable à un boulanger qui, s'étant conformé aux différentes prescriptions exigées par l'autorité, a, dans l'intérêt de la population, vendu son pain au-dessous de la taxe, alors même qu'un règlement municipal le lui interdirait, un tel règlement n'étant pas obligatoire (Cass., 28 juin 1851, 11 mars 1852, S.-V.52.1.44 et 683).

1058. Quant au boulanger qui cumule avec cette profession celle d'aubergiste, il peut, sans contravention, vendre, au-dessus de la taxe, le pain qu'il livre avec d'autres aliments aux consommateurs qui s'attablent chez lui.

1059. De même, le marchand d'objets de consommation soumis au tarif, n'est point assujetti à la taxe pour les fournitures qu'il fait en vertu d'un traité consenti avec le consommateur, et, par suite, n'encourt pas la peine prononcée par le § 6 de l'article 479 (Cass., 8 mars 1845, *Bull. crim.*).

1060. L'autorité municipale, investie du droit de taxer la viande de boucherie, comme de celui de taxer le pain, a par cela même celui de désigner les espèces de viandes et de pains que les bouchers et les boulangers doivent offrir à la consommation publique ; elle peut prescrire aux bouchers et aux boulangers d'être constamment approvisionnés en quantités et qualités suffisantes pour satisfaire aux besoins journaliers de la consommation (Cass., 17 fév. 1855, 12 juin 1856, *Bull. crim.*); sauf, toutefois, au juge de police à décider souverainement s'il y a eu ou non approvisionnement suffisant, eu égard aux circonstances (Cass., 9 nov. 1855 et 22 août 1856, *Bull. crim.*).

1061. L'arrêté qui fixe le prix du pain ou de la viande est obligatoire ; les prescriptions qu'il renferme étant d'ordre public, il ne peut y être dérogé par des conventions particulières (Cass., 18 mai 1855, *Bull. crim.*).

1062. Un boulanger, comme un boucher, est passible d'amende pour vente de pain ou de viande au-dessus de la taxe, bien que cette vente ait été faite non par lui, mais par ses préposés, notamment par sa femme (Cass., 27 sept. 1839 ; Bourges, 18 juill. 1851, *Bull. crim.*).

1063. L'infraction au règlement de police qui impose aux boulangers l'obligation d'appliquer une marque sur tout pain taxé ou non taxé, est passible d'autant d'amendes distinctes qu'il a été saisi sur le boulanger contrevenant de pains dépourvus de cette marque ; c'est donc à tort que le tribunal de police, seul compétent dans ce cas, quel que soit le nombre des contraventions, ne prononcerait qu'une amende unique, sous prétexte que l'apposition de la marque est une opération complexe dont l'omission sur plusieurs pains ne constitue qu'une seule contravention (Cass., 22 juill. 1852, *Bull. crim.*). La règle prohibitive du cumul des peines est, en effet, inapplicable en matière de contraventions (Jurisp. constante).

De même, les contraventions d'un porteur de pain, commises un même jour, à des heures différentes, lorsqu'il y a procès-verbal séparé pour chacune, comportent des amendes cumulées (Cass., 18 août 1853, *Bull. crim.*).

1064. Les dispositions du § 6 de notre article sont applicables au boucher qui exige un prix supérieur au poids de la pièce vendue (Cass., 16 nov. 1850, *Bull. crim.*), ou qui refuse de vendre au prix de la taxe la quantité de viande réclamée par l'acheteur ; ce refus doit être assimilé à la vente en surtaxe prévue par cet article (Cass., 26 avr. 1861, *Bull. crim.*).

Mais il n'y a pas refus de vendre, de la part du boucher qui se refuse à dépecer un morceau de viande dont le consommateur veut le milieu, mais qui lui offre un autre morceau déjà dépecé (Cass., 26 avr. 1861, *Bull. crim.*).

1065. Il ne peut être dérogé par des conventions particulières à un arrêté municipal qui taxe le prix de la viande de boucherie. Le contrevenant ne peut être excusé par le motif que l'acheteur a consenti à payer plus cher, pour avoir un morceau de son choix (Cass., 18 mai 1855, *Bull. crim.*); ou un morceau sans os (Cass., 25 mai 1855, *Bull. crim.*).

1066. [Le décret du 22 juin 1863, qui abroge les décrets et ordonnances ou règlements généraux relatifs au commerce de la boulangerie, n'a porté aucune atteinte aux pouvoirs qui appartiennent à l'autorité municipale, en vertu des lois des 16-24 août 1790 et 19-22 juill. 1791, de taxer la viande de boucherie et le pain. Voir Blanche, n° 458, qui cite, en ce sens, un arrêt de cassation du 29 nov. 1867].

1067. La peine d'emprisonnement peut, selon les circonstances, être prononcée, pendant cinq jours au plus, contre ceux qui emploient des poids ou des mesures différents de ceux que la loi en vigueur a établis, contre les boulangers et bouchers (C. pén., art. 480, § 3).

Mais elle doit toujours avoir lieu, pour récidive, contre les contrevenants audit § 6, sauf modération facultative, s'il y a des circonstances atténuantes reconnues par le juge en leur faveur (C. pén., art. 482 et 463).

§ 7. — Devins. — Explications de songes.

1068. « Seront punis d'une amende de onze à quinze francs inclusivement les gens qui font métier de deviner et pronostiquer ou d'expliquer les songes » (C. pén., art. 479, § 7).

1069. Les mots, *qui font métier*, employés par ce paragraphe, indiquent clairement qu'ils ne s'appliquent qu'à ceux qui exercent habituellement ou moyennant salaire l'art mensonger de deviner et pronostiquer ou d'expliquer les songes, en quelque lieu que ce soit, public ou privé. Ainsi, pour qu'il y ait contravention dans le sens de notre paragraphe, il faut non-seulement prouver que le prévenu a expliqué les songes et fait des prédictions, mais aussi qu'il se livrait par métier, moyennant salaire, à ce genre d'exercice. Ici la fraude n'est pas nécessaire, le pur fait suffit (CHAUVEAU et HÉLIE, t. 6, p. 400 ; NICIAS GAILLARD et DALLOZ, n° 458 ; CARNOT et ROLLAND DE VILLARGUES, sur l'art. 479-7° ; P. GILBERT, § 7, n° 2).

1070. La loi est générale dans ses prohibitions ; elle atteint les diseurs et diseuses de bonne aventure, les prétendus sorciers, les tireurs et tireuses de cartes ; l'exercice du somnambulisme ou du magnétisme, comme métier intéressé, peu importe qu'il y ait eu ou non, dans ce cas, assistance d'un médecin, et même la simple annonce de cette profession; tous ceux enfin qui font métier de prétendre découvrir les choses cachées, de prétendre connaître l'avenir, et cela au moyen de pratiques superstitieuses.

1071. Mais elle n'atteint pas le fait accidentel et privé ; elle n'a en vue que ceux qui exercent habituellement la profession et qui en retirent un lucre.

1072. Tant que les devins se bornent à satisfaire la vaine et puérile curiosité de ceux qui les emploient, le § 7 de notre art. 479 est seul applicable, quel que soit le prix qu'ils mettent à ces prétendues révélations ; mais s'ils se servent de ce moyen pour se faire remettre, sous divers prétextes, des sommes ou des valeurs appartenant à autrui, le fait rentre dans les prévisions de l'art. 405, C. pén. (MERLIN, v° *Escroquerie*, n° 5 ; CHAUVEAU et HÉLIE, t. 6, p. 481 ; NICIAS GAILLARD et DALLOZ, n° 405 ; P. GILBERT, n° 5).

1073. Doivent être saisis et confisqués les instruments, ustensiles et costumes servant ou destinés à l'exercice du métier de devin, pronostiqueur ou interprète de songes (C. pén., art. 481).

1074. La peine d'emprisonnement peut, selon les circonstances, être prononcée, pendant cinq jours au plus, contre les *interprètes de songes* (C. pén., art. 480, § 4).

Mais elle doit toujours avoir lieu pendant cinq jours, pour récidive contre les contrevenants au § 7 de l'art. 479, à moins de circonstances atténuantes, reconnues par le juge, en leur faveur (C. pén., art. 482 et 463).

§ 8. — Bruits et tapages injurieux ou nocturnes troublant la tranquillité des habitants.

1075. « Seront punis d'une amende de onze à quinze francs inclusivement, les auteurs ou complices de bruits ou tapages injurieux ou nocturnes troublant la tranquillité des habitants » (C. pén., art. 479, § 8).

1076. La loi comprend dans ces termes : *bruits et tapages injurieux ou nocturnes,* tous les bruits ou tapages en général de quelque nature qu'ils soient, et de quelque manière qu'ils soient produits.

Mais elle ne punit que les bruits ou tapages injurieux ou nocturnes qui *troublent la tranquillité des habitants,* et ne s'applique point à ceux qui ne présentent aucun de ces trois caractères. Ainsi, les injures proférées contre quelqu'un, sans que la tranquillité publique en ait été troublée, constituent seulement la contravention réprimée par l'art. 471, § 11, C. pén., et les autres espèces de bruits ou tapages qui ne causent aucun trouble n'entraînent l'application d'aucune peine.

1077. Mais dès que les bruits ou tapages portent atteinte à la *tranquillité publique*, il y a lieu de prononcer contre leurs auteurs les peines édictées par les art. 479, § 8 et 480, § 5, C. pén., quelle que soit la nature des bruits et quand bien même ils ne seraient pas injurieux. Ce que la loi a voulu défendre, c'est le fait matériel des bruits et tapages injurieux ou nocturnes ; ce qu'elle a voulu protéger contre tout trouble, c'est la tranquillité des habitants. La tranquillité de la cité est troublée quand des bruits injurieux ou nocturnes y éclatent. Donner au mot *troublant* du § 8 de notre art. 479 un autre sens, ce serait soumettre indirectement l'action du ministère public à la plainte des habitants, et les auteurs s'accordent avec la jurisprudence pour reconnaître qu'en matière de bruits et tapages injurieux ou nocturnes, le ministère public peut poursuivre d'office, bien que personne n'ait porté plainte (Cass., 25 janv. 1842 et 30 nov. 1854, *Bull. crim.*).

1078. Toutefois, et quelle que soit la présomption établie par la jurisprudence relativement au trouble porté à la tranquillité des habitants, cette présomption doit s'effacer devant la preuve contraire ; et s'il est établi que, soit par l'isolement du lieu, soit par la faiblesse du bruit, la tranquillité n'a nullement été troublée, on ne saurait punir un fait qui n'est répréhensible, aux termes de la loi, qu'à raison du trouble qu'il apporte aux habitants. Aussi la Cour de cassation a-t-elle jugé, par arrêt du 1er sept. 1826, qu'il n'y a pas lieu à l'application du § 8 de l'art. 479, C. pén., lorsqu'il résulte des faits déclarés constants par le jugement que ni l'ordre public ni la tranquillité des habitants n'ont été troublés par les discussions accompagnées d'injures qui se sont élevées entre les prévenus. Les tribunaux doivent en préciser la nature, l'espèce ; autrement la Cour de cassation se trouverait dans l'impossibilité de vérifier si ces bruits rentrent dans la classe de ceux que la loi a entendu punir.

1079. Dans tous les cas, pour que les bruits soient punissables, il faut qu'il soient *volontaires* et *personnels* aux prévenus (Cass., 28 juin 1839, 15 avril 1859, *Bull. crim.*).

1080. Le caractère *injurieux* des bruits ou tapages suffit, eussent-ils eu lieu en plein jour. Le mot *ou*, en effet, n'est point ici une expression copulative (Cass., 5 sept. 1835 et 4 fév. 1858, *Bull. crim.*).

1081. Le caractère *injurieux* dont il s'agit ici consiste non-seulement en injures par paroles ou par l'un des moyens de publicité énumérés dans l'art. 1er de la loi du 16 mai 1819, mais aussi, en faits et manifestations, tels que *cris, chants, sifflets, instruments discordants*, danses bruyantes, etc. (Cass., 29 août 1857, 8 janv. 1859, *Bull. crim.*).

1082. L'injure la moins grave suffit pour constituer la contravention de bruits et tapages injurieux (Cass., 4 oct. 1851, *Bull. crim.*); mais si à la contravention se joint le délit d'injure contenant l'imputation d'un vice déterminé ou d'outrages de la nature de ceux prévus par l'art. 222 et suiv., C. pén., ou si des coups ont été portés avec effusion de sang et même sans effusion de sang, la contravention prend le caractère plus grave de délit correctionnel, et le tribunal de police doit par conséquent se déclarer incompétent (Cass., 13 oct. 1849, *Bull. crim.*).

1083. Toutefois il devrait en être autrement si, dans ces hypothèses, la partie lésée qui imprime un moyen d'action au ministère public n'a pas porté plainte, ou si le ministère public, légalement saisi, n'a pas cru devoir y donner suite.

1084. Du reste, les bruits ou tapages ne constituent une contravention punissable qu'autant qu'ils sont *injurieux* ou *nocturnes*, mais il n'est pas nécessaire qu'ils soient à la fois nocturnes et injurieux (Jurisp. const.).

1085. Les bruits ou tapages doivent être considérés comme nocturnes dès qu'ils ont lieu après le coucher du soleil, le temps légal de la nuit commençant après le coucher du soleil (Cass., 26 nov. 1854, *Bull. crim.*). Des chants ou des cris poussés à tue-tête la nuit, par une seule personne, tombent sous l'application du § 8 de notre article 479, même en l'absence d'un règlement local qui le défende (Cass., 13 sept. 1849, *Bull. crim.*).

Mais les bruits ou tapages qui sont l'exercice d'un droit légitime ne peuvent constituer une contravention : tels sont ceux qui peuvent résulter des réunions privées ou des bals que peuvent donner de simples particuliers (Cass., 28 avril 1859, *Bull. crim.*).

1086. Les bruits qui ont lieu dans l'intérieur des habitations ne peuvent être protégés par la liberté du domicile, lorsqu'ils sont entendus du dehors (Cass., 24 fév. 1859, *Bull. crim.*).

1087. Les bruits et tapages ne peuvent s'entendre des bruits qui sont produits par les travaux de certaines professions : ces bruits ne peuvent donner lieu qu'à une action civile, à moins qu'ils n'aient été défendus à certaines heures par des règlements de police (Cass., 26 mai 1854, *Bull. crim.*).

Les infractions à ces règlements donnent lieu à l'application, non de l'art. 471, § 15, C. pén., mais de l'art. 479, §8, par la raison que l'autorité municipale n'a fait que prescrire l'exécution d'une loi préexistante (Jurisp. const.).

1088. Les bruits ou tapages nocturnes, appelés *charivaris*, sont essentiellement un trouble à la tranquillité publique; en conséquence, les auteurs de ces bruits ou tapages ne peuvent être excusés, sous prétexte que la tranquillité publique n'en aurait pas souffert, et que les voisins ne se sont pas plaints (Cass., 30 nov. 1854, *Bull. crim.*); ils ne peuvent non plus être excusés, sous prétexte que le charivari avait été autorisé par le maire, une telle autorisation n'ayant aucune valeur, ou toléré par l'usage (Cass., 8 janv. 24 fév. et 3 nov. 1859, *Bull. crim.*).

1089. On doit entendre par *complices* non-seulement ceux qui prennent une *part active* aux bruits et tapages, mais encore tous ceux qui par leur présence et par leur fait ont favorisé ou facilité la perpétration de la contravention (Cass., 8 nov. 1855, *Bull. crim.*).

1090. Ainsi, il n'est pas nécessaire d'avoir poussé des cris ou fait usage d'instruments; il suffit d'être saisi porteur d'un instrument au milieu du rassemblement; la seule circonstance d'en avoir fait partie et d'avoir été spectateur du trouble suffit même pour constituer la complicité prévue par le § 8 de notre art. 479 (Cass., 24 nov. 1855, 25 juin 1858, *Bull. crim.*).

1091. Toutefois, la présence d'un individu dans un rassemblement peut être déclarée insuffisante pour faire déclarer cet individu auteur ou complice de la contravention, alors que, loin de prendre part au tumulte, il l'a blâmé, au contraire, et s'est retiré avant l'intervention des agents de l'autorité.

1092. Les *charivaris* ont toujours un caractère injurieux lorsqu'ils s'adressent à des personnes déterminées, et doivent toujours être punis, quelle que soit l'heure du jour ou de la nuit à laquelle ils ont été exécutés (Jurisprudence constante).

1093. Celui qui donne du cor pendant la nuit (Cass., 30 août 1860, *Bull. crim.*), dans un parc (Cass., 24 déc. 1858, *Bull. crim.*), encore bien que l'usage de cet instrument n'ait été prohibé par aucun règlement (Cass., 16 nov. 1854,

Bull. crim.}, est passible de la peine édictée par notre art. 479, § 8.

1094. Il en est de même de celui qui tire d'un instrument, à toutes les heures de la nuit, des sons aigus et perçants, de nature à troubler le repos des habitants (Cass., 8 janv. 1859, *Bull. crim.*).

1095. Le fait de battre du tambour pendant la nuit sur une promenade publique, constitue également un tapage nocturne dont l'auteur est passible des peines établies par l'art. 479, encore qu'il n'ait fait entendre que quelques roulements (Cass., 21 sept. 1854, 28 janv. 1858, *Bull. crim.*).

1096. La nature du fait constitutif de la contravention suppose assez qu'il s'est passé en un lieu public, et ici il ne faut pas seulement entendre par lieu public les rues et les places des villes, bourgs et villages; il faut prendre cette expression dans le sens le plus large. Ainsi, des violences commises la nuit dans une cour commune, violences accompagnées de cris, bruits et tapages ayant troublé la tranquillité des particuliers demeurant dans la même cour, constituent la contravention.

1097. Le tapage dans l'intérieur d'une maison particulière n'en est pas moins punissable s'il a été entendu au dehors et a troublé la tranquillité des habitants, notamment celle des voisins; mais il faut que les scènes de désordre aient eu lieu la nuit. Si c'est pendant le jour que les bruits et tapages se sont fait entendre, dans une maison de débauche, par exemple, le fait n'est point prévu par le Code pénal (NICIAS GAILLARD et DALLOZ, n° 476).

1098. La participation à des désordres dans une salle de spectacle peut constituer la contravention à l'art. 471, § 15, C. pén., mais non le tapage injurieux et nocturne. Il en serait de même en cas d'altercations dans une église.

1099. Le cabaretier qui laisse se perpétrer dans son établissement un tapage nocturne, doit être puni comme complice de cette contravention, indépendamment de la peine par lui encourue pour avoir ouvert son cabaret après l'heure réglementaire (Cass., 25 juin 1858, *Bull. crim.*).

1100. La peine d'emprisonnement peut, selon les circonstances, être prononcée, pendant cinq jours au plus, contre les auteurs ou complices de bruits ou tapages injurieux ou nocturnes (C. pén., art. 480); mais si l'emprisonnement est facultatif, l'amende est obligatoire. Ainsi, le tribunal de police ne peut, en prononçant l'emprisonnement, dispenser le prévenu de l'amende.

1101. Du reste, la peine est individuelle ; quand la contravention a été commise par plusieurs, l'amende doit être prononcée contre chacun des prévenus déclarés coupables. Le tribunal de police ne peut se borner à les condamner solidairement à une seule amende (Jurisprudence constante).

1102. L'emprisonnement doit toujours être prononcé pendant cinq jours, pour récidive, contre les contrevenants au § 8 de l'art. 479, à moins de circonstances atténuantes, reconnues par le juge, en leur faveur (C. pén., art. 482 et 463).

§ 9. — Enlèvement ou lacération d'affiches.

1103. « Seront punis d'une amende de onze à quinze francs inclusivement, ceux qui auront méchamment enlevé ou déchiré les affiches apposées par ordre de l'administration » (C. pén., art. 479, § 9).

1104. Cette disposition prévoit une contravention qui diffère de la plupart des autres en ce que la matérialité du fait ne suffit pas pour la constituer, et qu'il faut que le prévenu ait agi *méchamment*, c'est-à-dire dant le but d'empêcher le public de connaître le contenu des affiches. Toute circonstance en dehors de cette intention, dont l'appréciation morale appartient souverainement au juge du fait, est exclusive de la contravention. Ainsi, le fait d'avoir enlevé une affiche placardée par ordre de l'autorité, sans intention *méchante*, n'est passible d'aucune peine (Cass., 9 fév. 1856, *Bull. crim.*; Chauveau et Hélie, p. 407 ; Nicias Gaillard et Dalloz, n° 492 ; Rolland de Villargues, art. 479, § 9).

1105. Elle protège les affiches ordonnées par la loi ou par la justice, aussi bien que celles apposées par ordre de l'administration : il y a même motif de décider, par la raison que, dans l'un comme dans l'autre cas, il s'agit de l'exécution d'une loi ou d'une disposition prescrite par une loi à peine de nullité ; peu importe de quelle forme et en quelle matière soit l'affiche : la loi ne distingue pas (Nicias Gaillard et Dalloz, n° 493 ; Morin, *Rép.*, v° *Affich.* n° 11 ; P. Gilbert, § 9).

1106. Mais le même fait, à l'égard des affiches apposées dans l'intérêt des particuliers, ne peut donner lieu qu'à une action civile.

1107. Pour que la contravention existe, il faut avoir *enlevé ou déchiré l'affiche avec une intention malveillante*. La salir en y jetant de la boue ou des immondices, ce ne serait pas le fait prévu par notre article ; il en serait de même du fait de la recouvrir par une autre affiche ou de replacer *presque* immédiatement l'affiche qu'on aurait détachée (Arg. Cass., 6 oct. 1832, J.P. ; Nicias Gaillard et Dalloz, n° 489 ; Chauveau et Hélie, p. 407 ; Rolland de Villargues et P. Gilbert, § 9. — *Contrà*, Carré, *Code annoté des juges de paix*, p. 305, n°° 79 et 80).

1108. La peine d'emprisonnement, pendant cinq jours, doit toujours être prononcée, pour récidive, contre les contrevenants, à moins de circonstances atténuantes, reconnues par le juge, en leur faveur (C. pén., art. 482 et 463).

§ 10. — Conduite de bestiaux de toute espèce sur le terrain d'autrui.

1109. « Seront punis d'une amende de onze à quinze francs inclusivement, ceux qui mèneront sur le terrain d'autrui des bestiaux, de quelque nature qu'ils soient, et notamment dans les prairies artificielles, dans les vignes, oseraies, dans les plans de câpriers, dans ceux d'oliviers, de mûriers, de grenadiers, d'orangers, et d'arbres du même genre, dans tous les plants ou pépinières d'arbres fruitiers ou autres, faits de main d'homme » (C. pén., art. 479, § 10).

1110. La contravention résultant de l'introduction volontaire des bestiaux dans l'un des terrains désignés par le § 10 de l'art. 479, n'est point aggravée par la durée du séjour qu'ils y font, quand même ils y auraient été attachés par l'auteur de l'introduction, pourvu qu'il ne soit pas resté pour pour les *garder à vue* (Cass., 6 janv. et 7 sept. 1842, *Bull. crim.*).

1111. Le fait de garder à vue des bestiaux dans les récoltes d'autrui est, en effet, plus grave en ce qu'il brave le droit du propriétaire, et peut amener des conflits violents : aussi le fait *de garder à vue* des bestiaux sur un terrain chargé de récoltes, dans le sens des art. 471, § 14 et 475, § 10, est-il puni par l'art. 26, tit. 2 de la loi des 28 sept.-6 oct. 1791, d'une amende égale à la valeur du dommage, et, suivant les circonstances, d'une détention qui peut s'élever jusqu'à une année. Mais le § 10 de l'art. 479 reste seul applicable par les autres cas.

1112. Ainsi, *la garde à vue* des bestiaux, dans l'un des terrains désignés par le § 10 de l'art. 479, dans une pièce de jeune trèfle, par exemple, on la garde à la corde d'une vache dans une prairie artificielle, constituent un délit justiciable du tribunal de police correctionnelle (Cass., 16 fév. 1850, *Bull. crim.*).

De même, le fait par un berger d'avoir fait entrer les moutons confiés à sa garde dans une pièce de terre ensemencée en blé, appartenant à autrui, ou chargée d'une récolte quelconque, préparée par le travail de l'homme pour ses besoins actuels et futurs et ceux de ses animaux, et de les y avoir fait ou laissé pacager, constitue le délit de garde à vue des bestiaux, de la compétence du tribunal de police correctionnelle (Cass., 16 fév. et 14 mars 1850, 16 fév. et 26 mai 1859, *Bull. crim.*).

1113. Mais le fait de garder à vue des bestiaux dans des pâturages dont les produits sont consommés sur place, et qui, par suite, ne constituent pas des récoltes proprement dites, rentre dans les dispositions du § 10 de l'art. 479 (Cass., 9 mai et 12 août 1840 et 12 mai 1858, *Bull. crim.*).

1114. La contravention dans le cas du § 10 existe par le seul fait matériel de l'introduction illicite des bestiaux sur le terrain d'autrui, et doit entraîner la condamnation du prévenu, alors même qu'ils n'auraient causé aucun dommage; elle suppose le fait de l'homme, un fait positif, et non pas une simple négligence : *ceux qui mèneront*, dit l'article ; si donc des animaux laissés à l'abandon s'introduisent d'eux-mêmes dans les récoltes d'autrui, ce n'est pas le cas de l'art. 479, § 10, C. pén., mais le délit prévu par les art. 3 et 12, tit. 2 de la loi des 28 sept.-6 oct. 1791, combinés avec l'art. 2 de la loi du 20 therm. an IV (Cass., 17 fév. 1855, 31 janv. 1856, 24 sept. 1857, *Bull. crim.*).

1115. Les dégâts causés sur la propriété d'autrui par des bestiaux laissés à l'abandon constituent un délit dont le ministère public peut poursuivre d'office la répression, sans qu'une plainte du propriétaire lésé soit nécessaire; alors même que les animaux abandonnés n'auraient en réalité commis aucun dommage appréciable (Cass., 17 oct. 1837, S.-V. 58.1.172, 9 fév. 1856 et 26 nov. 1858, *Bull. crim.*).

1116. La vaine pâture, non autorisée, sur la deuxième herbe d'un pré naturel, est passible des peines prononcées par l'art. 479, § 10, C. pén. (Cass., 6 janv. 1842, S.-V. 42.1. 867).

1117. La peine d'emprisonnement pendant cinq jours doit toujours être prononcée, pour récidive, contre les contrevenants, à moins de circonstances atténuantes, reconnues par le juge, en leur faveur (C. pén., art. 482 et 463).

§ 11. — Dégradation et usurpation des chemins publics.

1118. « Seront punis d'une amende, de onze à quinze francs inclusivement, ceux qui auront dégradé ou détérioré, de quelque manière que ce soit, les chemins publics, ou usurpé sur leur largeur » (C. pén., art. 479, § 11).

1119. Cette disposition s'applique aussi bien aux voies publiques intérieures, ou rues des bourgs et villages, qu'aux chemins publics proprement dits, classés ou non classés comme chemins vicinaux. Avant la loi du 29 vent. an XIII, dont l'art. 8 dispose, sans distinguer les chemins vicinaux des grandes routes, « les poursuites en contravention aux dispositions de la présente loi seront portées devant les conseils de préfecture, sauf recours au Conseil d'Etat, » et même après cette loi, le Conseil d'Etat s'est accordé plusieurs fois avec la Cour de cassation pour reconnaître la compétence des tribunaux ordinaires en cette matière. Mais, à dater de 1821 jusqu'à 1832, de nombreux arrêts ont jugé que la juridiction répressive des conseils de préfecture, d'après la loi de l'an XIII, s'étendait à toutes espèces de contraventions commises sur les chemins vicinaux, soit par *plantation d'arbres*, soit par *dégradation, détérioration, usurpation* ou *anticipation quelconque*. La Cour de cassation, au contraire, a persisté à juger que la compétence des conseils de préfecture, d'après la loi de l'an XIII, était restreinte aux discussions que pouvait faire naître l'exécution des règlements des préfets sur la largeur des chemins vicinaux, leur direction et la plantation des arbres qui les bordent; que le pouvoir judiciaire demeurait investi de la connaissance, à lui attribuée par les lois de 1790 et de 1791, *de toutes contraventions* commises sur les *chemins publics par dégradation, détérioration ou usurpation sur leur largeur* (Cass., 2 mars 1857, 8 fév. et 10 sept. 1840, 27 août et 3 déc. 1858, *Bull. crim.*).

1120. L'art. 479, § 11, C. pén., semblait avoir tranché la question dans le sens de la Cour de cassation; cependant les conseils de préfecture ont continué de connaître des contraventions énumérées audit paragraphe, et le Conseil d'Etat a constamment maintenu leur compétence à cet égard.

Est venue ensuite la loi du 21 mai 1836, relative aux chemins vicinaux, laquelle est restée muette sur la compétence pour la répression de ces sortes de contraventions; mais l'opinion émise, lors de la discussion de cette loi, dans les deux chambres législatives, fut conforme à la jurisprudence constante du Conseil d'Etat.

Mais comme on était obligé de reconnaître que le Code pénal de 1832 avait introduit un changement dans la législation, avec laquelle la jurisprudence administrative n'était plus en harmonie, on jugea que le § 11 de l'art. 479, C. pén., devait se combiner avec la loi du 9 vent. an xiii, en ce sens que les conseils de préfecture ordonneraient la suppression de l'empiétement et que les tribunaux de police prononceraient sur l'application de la peine encourue. Ce système mixte est devenu la règle du Conseil d'Etat, qui l'a consacré par plusieurs décisions (1er mars et 17 mai 1833, 28 mai et 23 déc. 1835, 23 avril, 13 mai et 5 sept. 1836, 6 fév., 16 mars et 14 août 1837, 26 juill. 1838, 30 juin 1839, J.P., 2 sept. 1840 et 10 août 1845, *Bull. crim.;* tribunal des conflits, 21 mars 1850, 19 juin 1851, 2 janv. 1854, 22 août 1856, 10 mars et 30 déc. 1850, *Bull. crim.*).

La Cour de cassation, de son côté, ayant eu de nouveau occasion de se prononcer sur la question, a également persisté dans sa jurisprudence (Cass., 26 juin et 13 nov. 1841, 8 déc. 1843, 12 déc. 1846, *Bull. crim.*).

Entre ces deux jurisprudences, également fermes et persévérantes, les jurisconsultes ont aussi pris part à la controverse : MM. Garnier, *Tr. des chemins*, p. 185, et *Comm. de la loi du* 21 *mai* 1836, sur l'art. 21 ; Curasson, *Comp. des juges de paix*, t. 1, p. 57, n° 25; de Molènes, t. 2, p. 128 ; Devilleneuve, 37.1.772, se sont rangés à l'opinion de la Cour de cassation. — MM. Cotelle, *Dr. adm.*, t. 2, p. 433, et de Cormenin, v° *App.*, p. 34, ont, au contraire, adopté celle du Conseil d'Etat.

Il est vraiment étrange que la répression d'une même contravention soit ainsi scindée, par suite d'une sorte de transaction qui ne rappelle que trop la sentence remarquable du grand roi Salomon, et que les tribunaux de simple police soient contraints de faire l'application d'une peine à un fait dont ils n'ont pas vérifié et ne peuvent pas vérifier l'exactitude.

1121. Le tribunal des conflits a irrévocablement consacré la doctrine du Conseil d'Etat, en se fondant sur ce que la loi de l'an xiii divise les attributions et n'a point été modifiée par les lois postérieures (Décis. 21 mars 1850, 7 nov. et 21 déc. 1851, *Bull. crim.*). Une telle autorité ne permet plus aux tribunaux de simple police de dépasser la compétence restreinte et anormale qui leur est aujourd'hui assignée. Ainsi, le conseil de préfecture doit reconnaître et *déclarer le fait illicite et en ordonner la suppression ;* le tribunal de simple police auquel la poursuite est renvoyée ne peut remettre en question l'existence de la contravention, et doit nécessairement *prononcer sans examen* l'amende édictée par le § 11 de l'art. 479, C. pén., sans qu'il en résulte aucune violation du principe *Non bis in idem.*

1122. Il en est de même lorsque le tribunal de police est saisi directement d'une contravention commise sur un chemin vicinal; il doit se borner à prononcer l'amende portée par la loi, et se déclarer imcompétent pour statuer sur la réparation des dégradations et usurpations; c'est au conseil de préfecture seul qu'il appartient de statuer sur ce point.

1123. Le tribunal de simple police, incompétent pour reconnaître et déclarer le fait illicite et en ordonner la suppression d'après les principes consacrés par le Conseil d'Etat et le tribunal des conflits, l'est aussi pour statuer sur une question préjudicielle. Ainsi, il ne peut admettre aucune exception de propriété, ni surseoir à statuer, lorsqu'il s'agit : soit de dégradations par dépôt d'objets nuisibles, par éboulement des terres ou par enlèvement de pierres sur un chemin vicinal, une grande route ; soit de constructions faites le long d'un chemin vicinal, sans l'autorisation exigée par l'arrêté du préfet, qu'il y ait ou non empiétement (Cass., 12 août 1841, 17 janv. 1845, 15 fév. et 5 juin 1856, *Bull. crim.*) ; soit d'usurpation d'un chemin public, classé ou non classé, ou bien de reprise de possession par le propriétaire d'un chemin qu'un arrêté préfectoral avait classé parmi les chemins vicinaux (Arg. Cass., 2 avril et 8 mai 1841; Trib. des conflits, 21 mars et 7 nov. 1850, 18 oct. 1851, 5 août 1858, *Bull. crim.*).

1124. Mais s'il s'agit de chemins ruraux qui, n'ayant pas été classés comme chemins vicinaux, sont sujets à la prescription, et peuvent dès lors donner lieu à l'action possessoire comme à l'action pétitoire suivant les circonstances, il en est autrement, ces chemins n'étant pas régis par la loi du 21 mai 1836, concernant seulement les chemins vicinaux classés, et le tribunal de simple police doit surseoir jusqu'à ce qu'il ait été statué sur l'exception préjudicielle de propriété ou de possession, et déterminer le délai dans lequel l'inculpé sera tenu de faire décider cette question par l'autorité compétente (Cass., 27 juill. 1854 et 5 janv. 1855, 12 janv. 1856 et 5 août 1858, *Bull. crim.*).

1125. Les conseils de préfecture sont restés compétents pour connaître de l'usurpation ou dégradation des chemins de halage, notamment du fait du dépôt de matériaux sur ces chemins (Cons. d'Etat, 22 juill. 1840).

1126. Inonder un chemin vicinal, c'est le dégrader ou le détériorer dans le sens de l'art. 479, § 11, C. pén.

Mais l'inondation des chemins ou propriétés d'autrui est un délit prévu par l'art. 457 du même Code, dont le tribunal de simple police ne peut connaître sans excès de pouvoir.

1127. [Lorsqu'il est reconnu en fait, que le propriétaire riverain d'un chemin public n'a fait que combler de terre un fossé pratiqué à son insu sur son terrain pour servir à l'écoulement des eaux du chemin, il ne peut être condamné pour détérioration de ce chemin public, à moins qu'un arrêté du maire ne lui ait enjoint d'entretenir sur son terrain les travaux utiles à l'écoulement des eaux du chemin. Cass., 3 janv. 1874, *Gaz. des trib.*, 17 janv. 1874].

1128. [La loi punissant toute entreprise ou voie de fait sur un chemin public, il ne suffit pas au juge, pour décider qu'il n'existe pas de contravention, de déclarer qu'une rigole établie sur le chemin, et le barrage établi à la suite de cette rigole dans le fossé dudit chemin n'a gêné ni embarrassé la circulation. Cass., 28 août 1874, *Gaz. des trib.*, 29 août 1874].

1129. Le tribunal de simple police ne doit pas se borner à infliger au contrevenant l'amende édictée par le § 11 de l'art. 479 ; il doit, en outre, ordonner par mesures de dédommagement, la suppression des ouvrages ou travaux qui ont produit l'usurpation, mais seulement en ce qui concerne les chemins vicinaux non classés et les chemins ruraux.

1130. La peine d'emprisonnement pendant cinq jours a toujours lieu, pour récidive, contre les contrevenants, à moins de circonstances atténuantes, reconnues par le juge, en leur faveur (C. pén., art. 482 et 463).

§ 12. — Enlèvement de gazons, terres ou pierres, des chemins publics.

1131. « Seront punis d'une amende de onze à quinze francs inclusivement, ceux qui, sans y être dûment autorisés, auront enlevé des chemins publics, les gazons, terres ou pierres, ou qui, dans les lieux appartenant aux communes, auraient enlevé les terres ou matériaux, à moins qu'il n'existe un usage général qui l'autorise » (C. pén, art. 479, § 12).

1132. Cette disposition prévoit deux cas : 1° l'enlèvement des gazons, pierres ou terres sur les chemins publics ; 2° l'enlèvement des terres ou matériaux appartenant aux communes, en quelques lieux qu'ils soient.

1133. L'enlèvement non autorisé des gazons, terres ou pierres, est punissable, non-seulement quand il a lieu sur les chemins publics proprement dits, mais encore lorsqu'il est exécuté sur les voies publiques intérieures des bourgs ou villages.

1134. La contravention n'existe, toutefois, qu'autant qu'il n'existe pas un usage général qui autorise l'enlèvement, et que cet enlèvement n'a pas été dûment autorisé en conformité de cet usage, savoir, s'il s'agit de chemins vicinaux, par le préfet, aux termes de l'art. 21 de la loi du 21 mai 1836 ; et s'il s'agit d'un terrain commun, par le maire (Cass., 3 août 1849, *Bull. crim.*).

1135. En dehors de l'excuse tirée de l'autorisation légale en conformité de l'usage, la contravention ne peut être excusée sous aucun prétexte, pas même sous le prétexte d'avoir amélioré plutôt que dégradé la voie publique, ou d'avoir remplacé les terres ou matériaux enlevés par d'autres plus avantageux.

1136. L'enlèvement abusif de gazons, pierres ou autres parties du sol dans les bois ou forêts, n'est plus une contravention ordinaire passible des peines de simple police, mais un délit forestier réprimé par l'art. 114 du Code forestier, dont connaissent, à l'exclusion des tribunaux de police, les tribunaux correctionnels. Cependant, s'il était commis sur un chemin public traversant le bois ou la forêt, l'art. 479, § 12, lui serait applicable.

1137. L'art. 479, § 12, est applicable au curage des fossés d'un chemin et au transport sur un champ des terres qui en proviennent (Cass., 2 mai 1843, *Bull. crim.*).

Il en est de même du fait d'enlever, contrairement à la défense d'un arrêté municipal, la boue des rues et chemins ; et la contravention ne peut être excusée sous prétexte qu'il n'y aurait eu enlèvement que d'une pelletée de boue (Cass., 24 et 31 mars 1848, S.-V.48.1.58).

1138. Mais il n'est pas applicable à l'enlèvement des gazons sur les propriétés communales (Cass., 25 juin 1856, *Bull. crim.*).

1139. Lorsque des extractions ont été faites dans un bois communal par un entrepreneur de travaux publics qui prétend s'être conformé à son cahier des charges, il y a lieu de surseoir et de renvoyer les parties devant l'autorité administrative pour expliquer la portée et l'étendue de ce cahier des charges, sauf à vérifier ensuite s'il y a contravention (Cass., 25 fév. 1847, *Bull. crim.*).

1140. La peine d'emprisonnement pendant cinq jours a toujours lieu, pour récidive, contre les contrevenants au § 12 de l'art. 479, sauf modération facultative s'il y a des circonstances atténuantes, reconnues par le juge, en leur faveur (C. pén., art. 482 et 463).

SECT. IV.— DE LA RÉCIDIVE.

1141. La récidive entraînant la peine de l'emprisonnement, il est essentiel de bien établir dans quel cas elle existe pour les contraventions de police.

1142. D'après les art. 607 et 608 du Code du 3 brum. an IV, pour qu'il y ait augmentation de peines en cas de récidive, il fallait qu'il y eût un premier jugement rendu contre le prévenu pour *pareil délit*, dans les douze mois précédents, et dans le ressort du même tribunal de police.

Aux termes de l'art. 483, C. pén. : « Il y a récidive lorsqu'il a été rendu contre le contrevenant, dans les douze mois précédents, un premier jugement pour contravention de police commise dans le ressort du même tribunal. » Ainsi il faut, qu'il ait été rendu un premier jugement contre le prévenu pour contravention de police, qu'une seconde contravention prévue par le 4e livre du Code ait été commise par lui dans le ressort du *même tribunal* qui a prononcé la première condamnation, et enfin que le premier jugement ait été rendu dans les douze mois précédents. Il faut aussi qu'elle soit devenue irrévocable, c'est-à-dire qu'elle ne soit plus susceptible d'être réformée par suite d'une opposition, ou d'un appel, ou d'un pourvoi.

1143. Quand le premier jugement peut encore être attaqué par une voie légale au moment où se commet la seconde contravention, il n'y a pas récidive, mais seulement appréciation possible de la gravité pour la gradation de la peine. Ainsi, une contravention commise le 26 mars ne constitue pas récidive par suite d'un jugement contradictoire et en dernier ressort du 22 mars, puisque le 26 est le troisième jour pendant lequel un pourvoi en cassation pouvait encore être formé (Cass., 2 août 1856, *Bull. crim.*).

La récidive s'établissant de la date du jugement définitif à la date de la nouvelle contravention, et non à la date du jugement à intervenir, les faits peuvent être séparés par un inter-

valle de plus d'une année, si le second a été commis dans les
douze mois qui ont suivi la première condamnation (Cass.,
24 avril 1845, *Bull. crim.* ; CHAUVEAU et HÉLIE, t. 6, p. 293 ;
CARNOT et ROLLAND DE VILLARGUES, sur l'art. 483).

1144. La récidive suppose une condamnation dans les
douze mois précédents ; il ne suffit pas qu'il y ait habitude
antérieure de la contravention reprochée, parce que la répétition de la même contravention, avant tout jugement, ne peut
constituer la récidive qui ne résulte pas de ce qu'il y a eu contravention commise plusieurs fois, mais bien de ce qu'il y a
eu *condamnation irrévocable* avant la contravention actuellement dénoncée. Cette répétition donne seulement lieu au
cumul des peines, chaque contravention devant être réprimée
(Cass., 4 juill. 1857, *Bull. crim.*).

1145. En cas de double récidive, le juge de police ne doit
voir que la contravention qu'il punit et celle qui l'a précédée ;
la loi ne s'est pas occupée des autres contraventions réprimées ; les autres contraventions ne sont, en effet, appré-
ciables que pour rendre plus circonspect dans l'admission des
circonstances atténuantes.

1146. Lorsqu'un jugement a statué sur une contravention
qui n'a pas cessé, qui est restée permanente après la décision,
la nouvelle constatation de cette même contravention ne peut
donner lieu à une seconde condamnation, car il n'y a pas récidive ; c'est au ministère public à poursuivre l'exécution du
jugement qui a condamné pour cette contravention. Il arrive
souvent qu'un jugement qui a ordonné une exécution, par
exemple l'exécution de certains travaux, soit signifié et de-
vienne définitif sans que le condamné y obéisse ; il peut être
nécessaire dans ce cas de charger un architecte de faire d'office les travaux au nom du ministère public, et de lui prêter
même l'appui de la force publique, sauf à réclamer ultérieurement contre le condamné, par la voie civile ordinaire, le recouvrement de ces dépenses faites pour l'exécution du jugement du tribunal de police ; mais il n'y a pas, dans la
résistance à faire cesser une contravention punie, un nouveau fait établissant la récidive telle qu'elle est définie par la
loi pénale. C'est ce qu'a décidé la Cour de cassation : « Attendu qu'il s'agissait, dans la cause, d'une contravention permanente et non d'une nouvelle contravention ; que cette contravention avait déjà été poursuivie et qu'elle avait été réprimée par un jugement du tribunal de police du 29 avril 1843 ;
que si l'exécution de ce jugement n'a point eu lieu, parce que

le condamné a interjeté appel, il était loisible au ministère·
public de poursuivre le jugement de cet appel, au lieu d'intenter une poursuite pour la contravention déjà jugée par le
tribunal de simple police ; qu'il ne pouvait y avoir lieu d'ailleurs, dans l'espèce, à l'application des principes de la récidive : 1° parce qu'il n'y avait pas nouvelle contravention ;
2° parce que le jugement du 29 avril 1843 n'avait pas encore
acquis la force de chose jugée, puisqu'il se trouvait frappé
d'un appel qui n'était pas encore vidé » (Cass., 30 mai 1844,
Bull. crim.).

1147. Au contraire, s'il se fait un acte renouvelant la contravention réprimée, il y a récidive. Ainsi, un individu condamné pour usurpation de la voie publique avait, postérieurement, ensemencé les terrains envahis, le jugement qui le
renvoyait de la prévention par le motif que les nouveaux actes
ne faisaient que continuer l'usurpation déjà réprimée, a été
cassé pour violation de l'art. 479, § 11, C. pén. : « Attendu,
dit l'arrêt, qu'il importe peu que les nouvelles entreprises ne
fassent que continuer l'état de choses déjà réprimé par des
décisions antérieures, puisque ce n'est pas l'effet et les conséquences de cette entreprise, mais bien les nouvelles voies de
fait elles-mêmes qui constituent la contravention » (Cass.,
13 mai 1852, *Bull. crim.*).

1148. Le jugement qui n'applique pas la peine de la récidive, sans s'expliquer sur les réquisitions signalant une précédente contravention, viole les art. 474 et 483, C. pén. (Cass.,
3 mars 1853, *Bull. crim.*).

1149. Quand la preuve de la récidive est acquise, le tribunal de simple police ne peut attendre que l'application de la
peine aggravante soit requise par le ministère public ; il doit
la prononcer d'office. En conséquence, à moins d'admettre
l'existence de circonstances atténuantes, le tribunal ne
peut se dispenser d'appliquer la peine de l'emprisonnement (Cass. , 18 mai 1849 , *Bull. crim.*). « Attendu ,
porte un second arrêt, que si l'art. 474, C. pén., exige qu'en
cas de récidive la peine de l'emprisonnement soit prononcée, ce n'est qu'autant que les juges, ne trouvant point
dans la cause des circonstances atténuantes, n'auront point
appliqué les dispositions de l'art. 463, C. pén. » (Cass.,
31 mars 1855, *Bull. crim.*).

1150. Il est indispensable que le ministère public apporte
au tribunal la preuve légale de la première condamnation :
le juge n'est pas tenu de suppléer par la mémoire aux

preuves qu'on doit lui fournir (Cass., 19 juin 1840, *Bull. crim.*; CHAUVEAU et HÉLIE, p. 294; NICIAS GAILLARD et DALLOZ, n° 57).

1151. Il n'est pas nécessaire que le fait qui a donné lieu au premier jugement soit analogue et de même nature que celui qui emporte le second jugement, sauf le cas prévu par l'art. 478, C. pén. (Cass., 6 mars 1857, *Bull. crim.*; CHAUVEAU et HÉLIE, p. 293; CARNOT, BOURGUIGNON et ROLLAND DE VILLARGUES, sur l'art. 483).

1152. L'art. 483, C. pén., ne parlant de la récidive que pour les contraventions prévues par le livre 4 du Code pénal, il reste à s'occuper de la récidive pour quelques contraventions non prévues par ce livre, et qui le sont par des lois spéciales dont nous allons indiquer les principales.

D'abord le Code de brum. an IV, qui ne s'applique plus guère qu'aux voies de fait et violences légères non réprimées par le Code pénal, porte, art. 607, que la peine de la récidive, pour *pareil fait*, ne pourra être prononcée que par le tribunal correctionnel, parce qu'elle excède la compétence des tribunaux de police.

Il en est de même pour la récidive des contraventions prévues par :

La loi du 6 frim. an VII, sur les bacs et bateaux qui prononce, outre l'amende, la peine d'emprisonnement et l'affiche du jugement en cas de récidive;

Celle du 18 déc. 1814, sur la célébration des fêtes et dimanches, qui dit : « En cas de récidive les contrevenants pourront être condamnés au *maximum* des peines de police;

Celle du 7 mars 1850, sur les contraventions en matière de tissage et bobinage, loi également applicable aux contraventions prévues par la loi du 21 juill. 1856 sur les velours, qui décide que la récidive dans les douze mois peut entraîner l'insertion du nouveau jugement dans un journal ;

Celle du 2 juill. 1850, sur les mauvais traitements envers les animaux, qui rend obligatoire, en cas de récidive la peine de la prison facultative pour la première contravention;

Celle du 30 mai 1851, sur la police du roulage, et le décret du 6 avril 1852, sur les bureaux de placement, qui indiquent un *maximum* d'amende et d'emprisonnement pour le cas de récidive des contraventions de la compétence des tribunaux de police;

Enfin, la loi du 22 juin 1854, sur les livrets d'ouvriers, qui ne parle pas de la récidive, mais qui, dans l'art. 11, dit :

« qu'il pourra être prononcé, suivant les circonstances, un emprisonnement de un à cinq jours » ; et la pensée exprimée dans la discussion de cette loi a été que la récidive serait l'une des circonstances soumises à l'appréciation du tribunal.

1153. Parmi les lois que nous venons de citer, qui ont prévu le cas de récidive, il n'y a que celle du 7 mars 1850 qui rappelle le délai de douze mois au plus pour la condamnation précédente établissant la récidive ; mais on doit y suppléer pour les autres en ce qui concerne l'observation de ce délai, par analogie avec la disposition de l'art. 483, C. pén., applicable aux contraventions du ressort du tribunal de police, à moins de disposition spéciale. Il n'en est pas de même pour les lois qui n'ont pas prévu la récidive, car on ne peut jamais suppléer à l'absence d'une pénalité.

1154. Ces questions, du reste, ont été traitées par M. le procureur du roi de la Seine, dans une circulaire du 28 mai 1827, adressée aux juges de paix de son ressort, et que nous rapportons ici, non-seulement parce qu'elle contient une définition exacte de la récidive, mais aussi parce qu'elle indique nettement les règles à appliquer aux différents cas de récidive.

« D'après les dispositions générales du Code pénal de 1810, il y a récidive toutes les fois qu'un individu déjà condamné pour crime, délit ou contravention, se rend coupable d'un nouveau crime, d'un nouveau délit ou d'une nouvelle contravention, dans les cas et avec les circonstances qui sont déterminés par le Code, mais sans avoir aucun égard au rapport qui peut exister dans la nature des divers crimes, délits ou contraventions : c'est-à-dire que l'individu condamné pour blessures est en état de récidive si, plus tard, il commet un vol ; et que celui qui a été condamné en simple police pour bruit ou tapage nocturne, est puni également comme étant en récidive, si, plus tard, et avant l'expiration de l'année, il est poursuivi pour possession de faux poids ou de fausses mesures, pour jet d'immondices contre les maisons ou pour injures contre les personnes.

« Les expressions de l'art. 483, C. pén., ne permettent guère de doute à cet égard, puisque la seule condition qu'il exige pour constituer la récidive, c'est que la première contravention, quelle qu'elle soit, ait été commise dans l'année et dans le ressort du même tribunal. Cependant cette disposition n'est pas générale, et elle doit se renfermer dans les limites que la loi elle-même lui a assignées ; elle ne peut donc être appliquée que dans les cas prévus dans le livre 4 du Code pénal de 1810, ainsi que l'énonce formellement l'art. 483, c'est-à-dire lorsque la deuxième contravention est prévue par les art. 471 et suivants.

« Un autre principe doit être adopté à l'égard des contraventions de police prévues, soit par le Code du 3 brum. an iv, soit par les lois qui lui sont antérieures. C'est évidemment dans les dispositions de l'art. 608 de ce Code qu'il faut chercher la règle à suivre ; il a formellement disposé que, pour qu'il y ait lieu à augmentation de peine pour cause de récidive, il faut qu'il y ait un premier jugement rendu contre le prévenu pour *pareil délit,* dans les douze mois précédents, et dans le ressort du même tribunal de police.

« Enfin,..... à l'égard des contraventions prévues par les lois postérieures au Code du 3 brum. an iv, mais antérieures au Code pénal de 1810, il n'y a lieu d'appliquer la peine de récidive qu'autant que ces lois l'ont déterminée ; et, dans ce cas, ce sont encore leurs dispositions particulières qui doivent servir de règle ; d'où il suit que la circonstance de récidive n'aggravera pas la peine à laquelle la contravention donne lieu, si ce fait de récidive n'est pas prévu, et si cette aggravation n'est pas spécialement ordonnée.

« En résumé, il faut distinguer :

« 1° Les contraventions antérieures au Code du 3 brum. an iv, ou prévues par ce Code, dont la récidive ne peut être punie que lorsque la première contravention était de même nature que la seconde ;

« 2° Les contraventions postérieures, mais antérieures au Code pénal de 1810, dont la récidive n'est punie d'une augmentation de peine qu'en cas d'une disposition pénale de la loi qui les prévoit ;

« 3° Et, enfin, les contraventions prévues par le Code pénal de 1810, qui donnent lieu aux peines de la récidive, quelle que soit la nature de la contravention précédente. »

SECT. V. — Circonstances atténuantes. — Confiscations.

1155. La dernière disposition de l'article 483 n'est ni limitative ni restrictive ; elle est générale et absolue et par conséquent applicable à tous les cas, qu'il y ait ou non récidive.

1156. Ainsi, les circonstances atténuantes permettent au juge de police de réduire la peine à une amende, malgré la récidive (Cass., 31 mars 1855, *Bull. crim.*).

1157. Mais la peine ne peut descendre au-dessous du *minimum* des amendes de police, c'est-à-dire d'un franc (Cass., 7 oct. et 12 nov. 1852, *Bull. crim.*).

1158. Ce n'est pas seulement aux contraventions énumérées et qualifiées dans les art. 471, 475 et 479, que l'art. 483, § 2, a rendu l'art. 463 applicable, mais aussi bien aux contraventions aux règlements ou arrêtés légalement faits ou publiés par l'autorité administrative. On ne peut toutefois étendre l'art. 463 aux contraventions régies par des lois spéciales, soit antérieures, soit postérieures au Code pénal, à moins que ces lois spéciales ne le décident expressément.

1159. Au surplus, la faculté de réduire la peine ne peut être confondue avec le droit que s'arrogerait le juge de ne prononcer aucune peine. Si atténuantes que soient les circonstances, il doit rester une peine, puisqu'il reste une contravention.

1160. Si, dans le concours de la récidive légale et des circonstances atténuantes, le juge est autorisé à substituer l'amende à l'emprisonnement, il ne peut, en usant de cette faculté, dépasser le *maximum* des amendes applicables aux contraventions constatées (Cass., 11 août 1860, *Bull. crim.*).

1161. Le tribunal de police ne peut, sans donner aucun motif, réduire à *un franc* une amende encourue en vertu de l'art. 479.

1162. La déclaration qu'il existe des circonstances atténuantes ne peut être remplacée par cette énonciation que les contrevenants se sont montrés repentants de leur conduite, ou qu'il y a lieu d'espérer qu'ils se conformeront à l'avenir aux arrêtés (Cass., 9 sept. 1841, *Bull. crim.*).

1163. Mais elle résulte suffisamment des motifs de la sentence dans laquelle le juge relève plusieurs faits auxquels il a pu attribuer ce caractère, et s'il est déclaré qu'il était fait application de l'art. 463, C. pén.

1164. Le tribunal de police qui modère l'amende, et ne peut la réduire au-dessous d'un franc, parce qu'il a reconnu l'existence de circonstances atténuantes, n'en est pas moins tenu d'ordonner la confiscation des objets placés, par la saisie qui en a été opérée, sous la main de justice. Le jugement qui s'abstient de la prononcer, à raison des circonstances atténuantes, fait une fausse application de l'art. 483, C. pén. (Cass., 7 juill. 1854, *Bull. crim.*).

1165. Le tribunal de police n'a le droit d'ordonner la confiscation que dans les cas spécifiés par les art. 472, 477 et

481, C. pén., si une disposition législative ne l'y autorise pas spécialement et en termes formels (Cass., 10 fév. 1854, *Bull. crim.*).

1166. La confiscation n'étant pas une peine, mais une précaution prise par la loi pour retirer de la circulation l'instrument d'une contravention ou d'une fraude, les juges ne peuvent refuser de la prononcer, sous prétexte de circonstances atténuantes et par application de l'art. 463, C. pén. (Jurisprudence constante).

CHAP. III. — DES CONTRAVENTIONS PRÉVUES ET PUNIES PAR DES LOIS SPÉCIALES, ANTÉRIEURES OU POSTÉRIEURES AU CODE PÉNAL.

SECT. Iʳᵉ. — DISPOSITIONS PRÉLIMINAIRES.

1167. En principe, les lois *spéciales* ne dérogent au droit commun qu'autant que la dérogation y est clairement exprimée, et elles ne sont abrogées, à leur tour, par une loi générale postérieure, qu'autant qu'il n'y a pas dans celle-ci dérogation spéciale à cet égard, ou qu'elle contient un système complet de législation sur la même matière : tel est le principe rappelé dans l'art. 484, C. pén., ainsi conçu : « Dans toutes les matières qui n'ont pas été réglées par le présent Code, et qui sont régies par des lois et règlements particuliers, les Cours et tribunaux continueront de les observer. »

La disposition de l'art. 484, disait l'orateur du Gouvernement, est d'absolue nécessité (1) ; elle maintient les dispositions pénales, sans lesquelles quelques lois, des Codes entiers, des règlements généraux d'une utilité commune, resteraient sans exécution. Ainsi elle maintient les lois et règlements actuellement en vigueur, relatifs aux dispositions du Code rural, qui ne sont point retracées dans le Code pénal, etc.

Ainsi, sont encore en vigueur la loi du 23 therm. an IV, l'édit de 1607, sur la voirie ; la loi du 4 août 1789, sur les

---

(1) Nous disons, nous, qu'il serait d'une *absolue nécessité,* dans l'intérêt de la justice et des plaideurs, qu'au lieu de ce protocole usuel, sans lequel une loi ne serait pas parfaite, on fît des lois générales qui comprendraient dans leurs dispositions un système complet de législation sur la matière qu'elles concerneraient, et qu'on ne fût pas obligé, pour la solution d'une question souvent minime, d'avoir recours à des recherches très-souvent impossibles à défaut d'une bibliothèque suffisante, etc.

fuies et colombiers; la loi du 9 germ. an I, concernant les voyageurs marchant en poste; le Code du 3 brum. an IV; la loi du 26 vent. an IV, sur l'échenillage des arbres; la loi du 22 germinal an IV, autorisant la réquisition des ouvriers pour les travaux nécessaires à l'exécution des jugements; la loi du 6 frim. an VII, sur les bacs et bateaux; le décret du 11 juin 1811, art. 12, sur les théâtres; la loi du 28 nov. 1814, sur la célébration des fêtes et dimanches; le décret du 25 mars 1852, sur les bureaux de placement, etc., etc.

1168. Les tribunaux de simple police sont compétents pour connaître des faits punissables prévus par ces lois, comme de tous faits prévus par toutes autres lois et règlements relatifs aux matières de police, soit antérieurs, soit postérieurs au Code pénal, en tant qu'ils prononceront des peines inférieures à la limite déterminée par l'art. 137 dudit Code, c'est-à dire *quinze* francs d'amende au *maximum* ou au-dessous, et *cinq* jours d'emprisonnement au *maximum* ou au-dessous. Mais ils sont incompétents pour connaître d'un délit rural, lorsque ce délit est passible d'une amende *égale au dédommagement*, et que le *dédommagement* n'a pas été *déterminé*. C'est, en effet, un principe général que le juge de police n'a compétence pour juger un fait coupable, qu'autant qu'il a le droit de prononcer le *maximum* des peines réservées à ce fait; que, dès lors, il doit se déclarer incompétent si ce *maximum* n'a pas été déterminé, puisqu'il pourrait arriver qu'il le dépassât (Jurisp. const.).

1169. Quant aux anciens règlements administratifs ou de police statuant sur des objets à l'égard desquels le Code pénal ou la législation moderne ne renferment pas de dispositions, ils conservent encore aujourd'hui leur force et vigueur, sauf en certains cas la réduction des peines qu'ils édictent.

1170. [C'est une des questions les plus délicates que celle de savoir quelles sont les matières non réglées par le Code pénal et qui, régies par des lois et règlements particuliers, peuvent être soumises au juge de police. Consulter Berriat-Saint-Prix, n°s 59 à 67; Blanche, n° 532; Chauveau et Hélie, p. 341; Carré, p. 308, n°s 1 à 14].

SECT. II. — CONTRAVENTIONS PRÉVUES ET PUNIES PAR DES LOIS SPÉCIALES ANTÉRIEURES ET POSTÉRIEURES AU CODE PÉNAL.

§ 1er. — Contravention à l'édit de 1607 sur la voirie.

1171. Les infractions aux dispositions de l'édit de 1607 sont punies d'une amende de un à cinq francs inclusivement, et en outre d'un emprisonnement de trois jours en cas de récidive (C. pén., art. 471, §§ 5 ou 15, et art. 474. V. *suprà*, chap. II, sect. II, §§ 5 et 15).

§ 2. — Infractions à l'arrêté d'un maire qui prescrit la fermeture des fuies et colombiers (L. 4 août 1789).

1172. Aux termes de la loi du 4 août 1789, portant, art. 2, « le droit exclusif des fuies et colombiers est aboli. Les pigeons seront enfermés aux époques fixées par les communautés ; et, durant ce temps, ils seront regardés comme gibier, et chacun aura le droit de les tuer sur son terrain. » L'infraction à l'arrêté d'un maire qui prescrit la fermeture des colombiers est passible, à défaut de toute autre sanction pénale portée par cette loi, de la peine de police prononcée par le § 15 de l'art. 471, C. pén., indépendamment de la faculté accordée à chacun de tuer les pigeons sur son terrain (Cass., 5 déc. 1834, 5 janv. 1836, ch. réun., 28 sept. 1837 et 5 fév. 1844, *Bull. crim.*).

1173. A défaut de règlement ordonnant la fermeture des colombiers, le propriétaire qui laisserait vaguer ses pigeons dans les temps où les terres sont ensemencées, et dans celui où elles sont chargées de récoltes, n'encourrait aucune peine, quelque blâmable que fût sa conduite ; il devrait donc, en cas de poursuite, en être renvoyé sans amende ni dépens.

Mais il est permis à ceux dont les pigeons ravagent les semailles ou les récoltes, de les abattre sur le lieu du dégât, même lorsque leur sortie n'a pas été prohibée par un arrêté, mais sans pouvoir s'en emparer. Les pigeons sont, en effet, des oiseaux plus malfaisants que les volailles ou oiseaux domestiques qui peuvent être tués impunément, en vertu de l'art. 12, tit. 2 du Code rural de 1791, *sans préjudice* de l'indemnité due pour le dommage causé par le propriétaire des pigeons (Arg. Cass., 28 mai 1841 et 4 mars 1842, *Bull. crim.*).

1174. La peine d'emprisonnement pendant trois jours a toujours lieu, en cas de récidive, contre les contrevenants à l'arrêté de police, sauf modération facultative s'il existe des circonstances atténuantes, reconnues par le juge, en leur faveur (C. pén., art. 474 et 463).

§ 3. — Infractions à la police rurale (L. 28 sept.-6 oct. 1791).

1° Troupeaux, clôtures, parcours, vaine pâture.

1175. « Tout propriétaire est libre d'avoir chez lui telle quantité et telle espèce de troupeaux qu'il croit utiles à la culture et à l'exploitation de ses terres, et de les y faire pâturer exclusivement, sauf ce qui sera réglé ci-après, relativement au parcours et à la vaine pâture » (L. 28 sept.-6 oct. 1791, tit. 1er, sect. 4, art. 1er).

1176. L'autorité municipale ne peut ni supprimer ni restreindre le droit si formellement consacré par cet article, qu'a chaque habitant de posséder chez lui la quantité de bétail qui lui convient; par conséquent, est illégal et non obligatoire le règlement qui porte que tout propriétaire ne pourra garder chez lui qu'une seule bête à laine par tant d'ares de terre (Cass., 10 mars 1854, *Bull. crim.*).

1177. « La servitude réciproque de paroisse à paroisse, connue sous le nom de *parcours*, et qui entraîne avec elle le droit de vaine pâture, continuera provisoirement d'avoir lieu avec les restrictions déterminées à la présente section, lorsque cette servitude sera fondée sur un titre ou sur une possession autorisée par les lois et les coutumes; à tous autres égards elle est abolie » (L. 1791, art. 2).

« Le droit de vaine pâture dans une paroisse, accompagnée ou non de la servitude du parcours, ne pourra exister que dans les lieux où il est fondé sur un titre particulier, ou autorisé par la loi ou par un usage local immémorial, et à la charge que la vaine pâture n'y sera exercée que conformément aux règles et usages locaux, qui ne contrarieront point les réserves portées dans les articles suivants de la présente section » (Art. 3).

1178. L'autorité municipale a le droit de défendre d'envoyer paître les oies dans les champs sujets au parcours des bestiaux, et de mener paître les bêtes à laine et les oies dans les prés et les vignes. L'infraction à un tel arrêté donne lieu à l'application des peines de simple police. Elle a également le droit de fixer le temps de défensabilité des prairies naturelles, ainsi que d'assigner certains cantonnements aux diverses espèces de bestiaux.

1179. « Le droit de parcours et le droit simple de vaine pâture ne pourront, en aucun cas, empêcher les propriétaires de clore leurs héritages ; et, tout le temps qu'un héritage sera clos de la manière qui sera déterminée par l'article suivant, il ne pourra être assujetti ni à l'un ni à l'autre droit ci-dessus » (L. 1791, art. 5).

La faculté pour tout propriétaire de clore son héritage a été maintenue par l'art. 647, C. civ., sous la réserve du droit que possède celui dont le fonds est enclavé, de réclamer un passage sur le fonds voisin, en vertu de l'art. 682 du même Code.

1180. « L'héritage sera réputé clos lorsqu'il sera entouré d'un mur de quatre pieds de hauteur avec barrière ou porte, ou lorsqu'il sera exactement fermé et entouré de palissades, ou de treillages, ou d'une haie vive, ou d'une haie sèche, faite avec des pieux, ou cordelée avec des branches, ou de toute autre manière de faire les haies en usage dans chaque localité ; ou enfin, d'un fossé de quatre pieds au moins à l'ouverture, et de deux pieds de profondeur » (L. 1791, art. 6).

1181. Si, parmi les prairies naturelles ou les terres assujetties à la vaine pâture, il se trouve un héritage que l'on ait voulu affranchir de cette servitude à l'aide d'une clôture, et que, par suite du mauvais état ou de l'insuffisance de la clôture, les bestiaux qui paissent sur les champs voisins viennent à s'y introduire, le propriétaire de l'héritage imparfaitement clos n'a aucune action contre ceux à qui appartiennent les bestiaux, et le paçage effectué par ces animaux ne peut donner lieu ni à l'application des dispositions combinées de l'art. 12, tit. 2, C. rural, et de l'art. 2 de la loi du 23 therm. an IV, ni à celle de l'art. 479, § 10, C. pén., par la raison que la propriété mal close reste soumise à la vaine pâture.

Si, au contraire, ce sont les bestiaux parqués dans le prétendu enclos qui s'introduisent dans les propriétés voisines et se mettent à y pacager sans que leur maître y ait un droit de vaine pâture, celui-ci devient passible, selon les circonstances, ou de l'une des peines édictées par la loi du 23 therm. an IV, comme ayant commis la contravention prévue par l'art. 12, tit. 2, ou de celle que prononce l'art. 479, § 10, C. pén.

C'est dans ce sens que nous avons interprété, dans plusieurs décisions qui n'ont pas été attaquées, les dispositions des divers articles de la loi précitée, ainsi que celles des art. 5, 6, 7, 10, 11 et 16 de la présente section.

1182 « La clôture affranchira de même du droit de vaine pâture, réciproque ou non réciproque, entre particuliers, si ce droit n'est pas fondé sur un titre. Toutes lois et tous usages contraires sont abolis » (L. 1791, art. 7).

« Dans aucun cas et dans aucun temps, le droit de parcours ni celui de vaine pâture ne pourront s'exercer sur les prairies artificielles, et ne pourront avoir lieu sur aucune terre ensemencée ou couverte de quelques productions que ce soit, qu'après la récolte » (Art. 9).

1183. Mais ne doivent pas être considérés comme prairies artificielles les produits de quelques graines de minette, sainfoin, trèfle rouge, jetées dans les blés, avoines, guérets, pour se soustraire au parcours ; il faut que les prairies artificielles soient bien et dûment plantées pour être récoltées : nous avons eu plusieurs fois occasion de déjouer ces fourberies.

1184. « Partout où les prairies naturelles sont sujettes au parcours ou à la vaine pâture, ils n'auront lieu provisoirement que dans le temps autorisé par les lois et coutumes, et jamais tant que la première herbe ne sera pas récoltée » (L. 1791, art. 10).

1185. Le parlement de Paris, par arrêts de règlement rendus les 23 janv. 1779, 28 déc. 1780 et 30 nov. 1785, avait interdit le pacage des moutons et brebis dans les prairies autres que celles appartenant aux propriétaires de ces animaux et closes de murs ou de haies, par le motif, portait le dernier de ces arrêts, que les *moutons mangent jusqu'à la racine de l'herbe et en détruisent une partie :* ces arrêts de règlement, qui avaient force de loi, sont encore en vigueur, conformément à l'art. 484, C. pén., dans tous les lieux sur lesquels s'étendait la juridiction du parlement de Paris, ce que la Cour de cassation a reconnu par plusieurs arrêts.

1186. « Le droit dont jouit tout propriétaire de clore ses héritages a lieu même par rapport aux prairies, dans les paroisses où, sans titres de propriété, et seulement par l'usage, elles deviennent communes à tous les habitants, soit immédiatement après la récolte de la première herbe, soit dans tout autre temps déterminé » (L. 1791, art. 11).

« Dans les pays de parcours ou de vaine pâture soumis à l'usage de troupeaux en commun, tout propriétaire ou fermier peut renoncer à cette communauté et faire garder par troupeau séparé un nombre de têtes de bétail proportionné à l'étendue des terres qu'il exploite dans la paroisse » (Art. 12).

« La quantité de bétail, proportionnellement à l'étendue du terrain, sera fixée dans chaque paroisse à tant de bêtes par arpent, d'après les règlements et usages locaux ; et, à défaut de documents positifs à cet égard, il y sera pourvu par le conseil général de la commune» (Art. 13).

1187. Le conseil municipal a le droit de réglementer le parcours et la vaine pâture, mais il n'a pas celui de les interdire, de les restreindre, ni même d'en suspendre l'exercice d'une manière indéterminée et arbitraire (Arg. Cass., 10 mars 1854, *Bull. crim.*).

1188. Lorsqu'un arrêté municipal a fixé la quantité de bétail que chaque propriétaire ou fermier pourra envoyer à la vaine pâture, l'habitant qui y envoie un nombre de bêtes supérieur à celui que lui assigne le règlement commet une contravention, quand même le nombre total ne serait pas dépassé (Cass., 23 fév. 1855, *Bull. crim.*).

1189. « Néanmoins, tout chef de famille domicilié, qui ne sera ni propriétaire ni fermier d'aucuns des terrains sujets au parcours ou à la vaine pâture, et le propriétaire ou fermier à qui la modicité de son exploitation n'assurerait pas l'avantage qui va être déterminé, pourront mettre sur lesdits terrains, soit par troupeau séparé, soit en troupeau commun, jusqu'au nombre de six bêtes à laine et d'une vache avec son veau, sans préjudicier aux droits desdites personnes sur les terres communales, s'il y en a dans la paroisse, et sans entendre rien innover aux lois, coutumes et usages locaux, et de temps immémorial, qui leur accorderaient un plus grand avantage » (L. 1791, art. 14).

« Les propriétaires ou fermiers exploitant des terres sur les paroisses sujettes au parcours et à la vaine pâture, et dans lesquelles ils ne seraient pas domiciliés, auront le même droit de mettre dans le troupeau commun, ou de faire garder par troupeau séparé, une quantité de têtes de bétail proportionnée à l'étendue de leur exploitation, et suivant les dispositions de l'art. 13 de la présente section ; mais, dans aucun cas, ces propriétaires ou fermiers ne pourront céder leurs droits à d'autres » (Art. 15).

1190. L'exercice du droit de parcours est indivisible de l'exploitation des terres qui le confèrent ; il ne peut, en conséquence, être *cédé* à un cultivateur forain qui n'a pas cette exploitation (Jurisprudence constante).

1191. « Quand un propriétaire d'un pays de parcours ou de vaine pâture aura clos une partie de sa propriété, le nombre de têtes de bétail qu'il pourra continuer d'envoyer dans le troupeau commun, ou par troupeau séparé, sur les terres particulières des habitants de la communauté, sera restreint proportionnellement et suivant les dispositions de l'art. 13 de la présente section » (L. 1791, art. 16).

Ces dispositions ont été confirmées par l'art. 648, C. civ.

2° Délits ruraux. — Répression.

1192. « Tout délit rural ci-après mentionné sera punissable d'une amende ou d'une détention, soit municipale, soit correctionnelle, ou de détention et d'amendes réunies, suivant les circonstances et la gravité du délit, sans préjudice de l'indemnité qui pourra être due à celui qui aura souffert le dommage. Dans tous les cas, cette indemnité sera payable par préférence à l'amende. L'indemnité et l'amende sont dues solidairement par les délinquants » (L. 28 sept.-6 oct. 1791, tit. 2, art. 3).

1193. La solidarité appliquée à l'amende par notre article ne peut avoir lieu que pour les délits ruraux réprimés par le Code rural de 1791, et non mentionnés dans le Code pénal (V. suprà, tit. III, chap. x, sect. v, nos observations sur l'art. 55, C. pén.).

1194. « Les moindres amendes seront de la valeur d'une journée de travail au taux du pays, déterminée par le directoire du département (aujourd'hui par le conseil général). Toutes les amendes ordinaires, qui n'excéderont pas la somme de trois journées de travail, seront doubles en cas de récidive dans l'espace d'une année, ou si le délit a été commis avant le lever ou après le coucher du soleil ; elles seront triples, quand les deux circonstances précédentes se trouveront réunies » (L. 1791, art. 4).

1195. Le Code des délits et des peines, du 3 brum. an IV, en disposant par ses art. 600 et 606 que les peines de simple police seraient l'amende de la valeur d'une journée de travail au moins et trois jours au plus, et l'emprisonnement d'un jour au moins et trois jours au plus, ne modifia en rien les pénalités générales appliquées aux délits ruraux par la loie des 28 sept.-6 oct. 1791 : ce Code créa seulement les tribunaux de simple police, dans la compétence desquels furent placés les délits dont connaissaient antérieurement les officiers municipaux ; mais ces peines furent aggravées par la loi du 23 thermid. an IV, sur la répression des délits ruraux et forestiers. L'art. 2 de cette loi porte : « La peine d'une amende de la valeur d'une journée de travail ou d'un jour d'emprisonnement, fixée comme la moindre par l'art. 606 du Code des délits et des peines, ne pourra, pour tout délit rural et forestier, être au-dessous de trois journées de travail ou de trois jours d'emprisonnement ; » ces peines ne peuvent être réduites en vertu de l'art. 463, C. pén., qui n'est applicable qu'aux contraventions régies par le liv. 4 du même Code.

1196. « Les délits mentionnés au présent décret, qui entraîneraient une détention de plus de trois jours dans les campagnes, et de plus de huit jours dans les villes, seront jugés par voie de police correctionnelle; les autres le seront par voie de police municipale » (L. 1791, art. 6).

« Les maris, pères, mères, tuteurs, maîtres, entrepreneurs de toute espèce, seront civilement responsables des délits commis par leurs femmes et enfants, pupilles, mineurs, n'ayant pas plus de vingt ans et non mariés, domestiques ouvriers, voituriers et autres subordonnés. L'estimation du dommage sera toujours faite par le juge de paix ou ses assesseurs, ou par des experts par eux nommés » (Art. 7).

1197. La responsabilité des maris et des tuteurs autres que le père ou la mère, n'ayant pas été admise par les art. 1384 et suiv., C. civ., auxquels se réfère l'art. 74, C. pén., n'est applicable qu'aux délits et contraventions prévus uniquement par le Code rural. La seconde disposition de l'art. 7 a été maintenue par l'art. 148, C. instr. crim.

1198. « Les domestiques, ouvriers, voituriers et autres subordonnés, seront, à leur tour, responsables de leurs délits envers ceux qui les emploient » (L. 1791, art. 8).

1199. « Toute personne qui aura allumé du feu dans les champs, plus près que cinquante toises des maisons, bois, bruyères, vergers, haies, meules de grains, de paille ou de foin, sera condamnée à une amende égale à la valeur de douze journées de travail, et paiera en outre le dommage que le feu a occasionné. Le délinquant pourra de plus, suivant les circonstances, être condamné à la détention de la police municipale » (Art. 10).

1200. Le tribunal de police devient incompétent dans les trois cas suivants :

1° Lorsque la valeur de douze journées de travail, dans le lieu où le délit a été commis, excède 15 fr. ;

2° Lorsque le feu a occasionné un incendie, circonstance qui rend le délinquant passible de la peine prononcée par l'art. 458, C. pén. ;

3° Quand le feu a été allumé dans l'intérieur ou près des bois et forêts, fait punissable en vertu de l'art. 148, C. for.

1201. « Les dégâts que les bestiaux de toute espèce, laissés à l'abandon, feront sur les propriétés d'autrui, soit dans l'enceinte des habitations, soit dans un enclos rural, soit dans les champs ouverts, seront payés par les personnes qui ont la jouissance des bestiaux : si elles sont insolvables, ces dégâts seront payés par celles qui en ont la propriété. Le propriétaire qui éprouvera les dommages aura le droit de saisir les bestiaux, sous l'obligation de les faire conduire, dans les vingt-quatre heures, au lieu du dépôt qui sera désigné, à cet effet, par la municipalité. Il sera satisfait aux dégâts par la vente des bestiaux, s'ils ne sont pas réclamés, ou si le dommage n'a point été payé dans la huitaine du jour du délit. Si ce sont des volailles, de quelque espèce que ce soit, qui causent le dommage, le propriétaire, le détenteur ou le fermier qui l'éprouvera pourra les tuer, mais seulement sur le lieu, au moment du dégât » (L. 1791, art. 12).

1202. Dans le silence de cet article sur la pénalité applicable à l'abandon des bestiaux ou des volailles, cette contravention doit être punie de l'amende ou de l'emprisonnement prononcés par l'art. 2 de la loi du 23 therm. an IV [(Contrà CARRÉ, Code annoté des juges de paix, p. 317, n° 2)].

1203. Lorsque les bestiaux n'ont pénétré dans un champ qu'en franchissant de vive force les haies en très-bon état qui entouraient le pré parfaitement clos dans lequel ils étaient enfermés, ce fait constitue un cas de force majeure qui permet au juge de police de renvoyer des fins de la prévention le propriétaire de ces bestiaux (Cass., 10 mars 1855, Bull. crim.).

1204. S'il est constaté par des procès-verbaux distincts que les volailles se sont introduites au même moment dans plusieurs héritages appartenant à différents propriétaires, le tribunal de simple police doit infliger autant de fois la peine édictée par l'art. 2 de la loi du 23 therm. an IV qu'il y a eu de procès-verbaux rédigés. La prononciation d'une seule peine constitue une fausse application de la règle non bis in idem (Cass., 26 mai 1854, Bull. crim.).

1205. « Les bestiaux morts seront enfouis, dans la journée, à quatre pieds de profondeur par le propriétaire, et dans son terrain, ou voiturés à l'endroit désigné par la municipalité (le maire), pour y être également enfouis, sous peine par le délinquant de payer une amende de la valeur d'une journée de travail, et les frais de transport et d'enfouissement » (L. 1791, art. 13).

1206. Le défaut d'exécution des mesures prescrites par cet article entraîne aujourd'hui la condamnation à une amende de la valeur de trois journées de travail ou à un emprisonnement de trois jours (L. 23 therm. an IV, art. 2).

1207. « Personne ne pourra inonder l'héritage de son voisin, ni lui transmettre volontairement les eaux d'une manière nuisible, sous peine de payer le dommage, et une amende qui ne peut excéder la somme du dédommagement » (L. 1791, art. 15).

1208. Le curage d'un cours d'eau opéré d'*aval en amont* et qui a pour effet d'aggraver les incommodités inhérentes à cette opération pour les établissements industriels placés plus bas, constitue une contravention à l'art. 15.

1209. « Les propriétaires ou fermiers de moulins et usines, construits ou à construire, seront garants de tous les dommages que les eaux pourraient causer aux chemins ou aux propriétés voisines par la trop grande élévation du déversoir ou autrement. Ils seront forcés de tenir les eaux à une hauteur qui ne nuise à personne, et qui sera fixée par le directoire du département (le préfet), d'après l'avis du directoire du district ; en cas de contravention, la peine sera une amende qui ne pourra excéder la somme du dédommagement » (L. 1791, art. 16).

1210. Cette disposition a été remplacée par celle de l'article 457, C. pén., dont l'application appartient aux tribunaux correctionnels.

Néanmoins, lorsque les eaux ont été tenues à un niveau plus élevé que celui fixé par l'arrêté du préfet, et qu'il n'en est résulté qu'une privation d'eau momentanée pour les usines inférieures, cas qui n'est pas prévu par le Code pénal, le tribunal de police peut connaître de l'infraction à l'arrêté préfectoral, si le dommage causé n'excède pas 15 fr. : il constituerait un délit de grande voirie de la compétence du conseil de préfecture, s'il avait lieu sur un cours d'eau navigable ou flottable.

1211. « Dans les lieux qui ne sont sujets ni au parcours ni à la vaine pâture, pour toute chèvre qui sera trouvée sur l'héritage d'autrui contre le gré du propriétaire de l'héritage, il sera payé une amende de la valeur d'une journée de travail par le propriétaire de la chèvre.

« Dans les pays de parcours ou de vaine pâture, où les chèvres ne sont pas rassemblées et conduites en troupeau commun, celui qui aura des animaux de cette espèce ne pourra les mener aux champs qu'attachées, sous peine d'une amende de la valeur d'une journée de travail par tête d'animal.

« En quelque circonstance que ce soit, lorsqu'elles auront fait du dommage aux arbres fruitiers ou autres, haies, vignes, jardins, l'amende sera double, sans préjudice du dédommagement dû au propriétaire » (L. 1791, art. 18).

1212. La première disposition de cet article a été évidemment abrogée par le § 10 de l'art. 479, C. pén., les chèvres étant nécessairement comprises dans l'expression générale de bestiaux dont se sert cet article.

Mais il n'en est pas de même des deux autres dispositions, car elles prévoient des cas dont le Code pénal ne fait nullement mention.

1213. « Les propriétaires ou les fermiers d'un même canton ne pourront se coaliser pour faire baisser ou fixer à vil prix la journée des ouvriers ou les gages des domestiques, sous peine d'une amende du quart de la contribution mobilière des délinquants, et même de la détention de police municipale, s'il y a lieu » (L. 1791, art. 19).

« Les moissonneurs, les domestiques et ouvriers de la campagne ne pourront se liguer entre eux pour faire hausser et déterminer le prix des gages ou les salaires, sous peine d'une amende qui ne pourra excéder la valeur de douze journées de travail, et, en outre, de la détention municipale » (Article 20).

1214. Les dispositions de ces deux derniers articles ne concernant que les travaux de l'agriculture sont toujours en vigueur. Elles ne peuvent, en effet, avoir été abrogées par les art. 415 et 416, C. pén., qui ne concernent nullement les travaux de l'agriculture, et ne s'appliquent qu'aux travaux et salaires en matière d'industrie manufacturière, commerciale u artistique.

[Mais elles ont été abrogées par la loi du 25 mai 1864, qui porte, art. 2, *in fine :* les art. 19 et 20 du tit. 2 de la loi des 28 sept.-6 oct. 1791 sont abrogés].

1215. « Dans les lieux de parcours ou de vaine pâture, comme dans ceux où ces usages ne sont point établis, les pâtres et les bergers ne pourront mener les troupeaux d'aucune espèce dans les champs moissonnés et ouverts, que deux jours après la récolte entière, sous peine d'une amende de la valeur d'une journée de travail. L'amende sera double, si les bestiaux ont pénétré dans un enclos rural » (L. 1791, art. 22).

Cette disposition renferme une défense générale et absolue, qui comprend nécessairement les propriétaires et, à plus forte raison, leurs pâtres et leurs bergers, comme tous autres individus.

En conséquence, le propriétaire d'un champ moissonné et

ouvert, qui contrevient à cette défense, encourt, comme tout autre, la peine d'une amende de la valeur de trois journées de travail ou de trois journées d'emprisonnement, en vertu de l'art. 2 de la loi du 23 therm. an IV. Si la contravention est commise par des individus à son service, ceux-ci deviennent passibles de l'amende ou de l'emprisonnement; mais leur maître est civilement responsable, conformément à l'art. 7, tit. 2, C. rural de 1791 et à l'art. 1384, C. civ.

1216. Mais cette disposition ne s'applique pas aux prairies artificielles, sur lesquelles les propriétaires peuvent, en tout temps, faire paître leurs bestiaux ; ni aux prairies naturelles sur lesquelles les propriétaires ou fermiers peuvent envoyer pacager, la veille du jour fixé pour l'ouverture du parcours, des bestiaux qui en sont exclus par les règlements ou par la coutume, les droits des propriétaires sur la chose ne pouvant être restreints que dans les limites mêmes déterminées par l'autorité municipale.

1217. « Quiconque sera trouvé gardant à vue ses bestiaux dans les récoltes d'autrui sera condamné, en outre du paiement du dommage, à une amende égale à la somme du dédommagement et pourra l'être, suivant les circonstances, à une détention qui n'excédera pas une année » (L. 1791, article 26).

Le tribunal de simple police est incompétent pour connaître de ce délit.

1218. « Tout voyageur qui déclora un champ pour se faire un passage dans sa route, paiera le dommage fait au propriétaire, et de plus, une amende de la valeur de trois journées de travail, à moins que le juge de paix du canton ne décide que le chemin était impraticable, et alors les dommages et les frais de clôture seront à la charge de la communauté » (L. 1791, art. 41).

1219. La loi du 23 therm. an IV est encore en vigueur quant aux délits ruraux, et elle doit être appliquée à la répression de tous ceux de ces délits qui ont été prévus par les articles ci-dessus de la loi des 28 sept.-6 oct. 1791, et qui n'ont pas été reproduits par le Code pénal.

Il est à remarquer, toutefois, que l'art. 2 de cette loi n'a pas établi une pénalité *unique* pour tous les délits ruraux, mais qu'il s'est borné à fixer le *minimum* des peines applicables à ces délits et à laisser subsister, par conséquent, les peines plus fortes édictées par les lois antérieures. D'après l'art. 3 de la loi de thermidor, les lois rendues sur la police rurale doivent, en effet, être exécutées.

1220. [En terminant ce paragraphe nous croyons devoir noter que les dispositions encore en vigueur de la loi des 28 sept.-6 oct. 1791 ne tarderont pas à disparaître. Un projet de *Code rural* a été, en effet, présenté en 1870 au Corps législatif; et les modifications qu'il apporte à l'ancienne législation et que réclament impérieusement les besoins de l'agriculture, seront bientôt, il faut l'espérer du moins, adoptées et converties en loi. Voir le texte de ce projet, Carré, *Code annoté*, p. 322].

§ 4. — Infractions au tarif concernant les voyageurs marchant en poste (L. 9 germ. an I).

1221. « Ceux qui auraient exigé des voyageurs en poste, au delà du prix fixé, seront tenus de restituer le trop-perçu. La connaissance en est attribuée aux municipalités et aux juges de paix concurremment » (L. 9 germ. an I, art. 4).

1222. La connaissance des contraventions de simple police ayant été retirée aux municipalités, toute infraction à l'art. 4 de cette loi doit être poursuivie exclusivement devant le tribunal de police et punie de l'amende portée par l'art. 471, § 15, C. pén., à défaut de peines prononcées par cette loi.

§ 5. — Voies de fait et violences légères (L. 3 brum. an IV).

1223. « Les peines de simple police sont celles qui consistent dans une amende de la valeur de trois journées de travail ou au-dessous, ou dans un emprisonnement qui n'excède pas trois jours. Elles se prononcent par les tribunaux de police » (L. 3 brum. an IV, art. 600).

« Seront punis des amendes de simple police.... 8° les auteurs de rixes, attroupements injurieux ou nocturnes, voies de fait et violences légères, pourvu qu'ils n'aient blessé ni frappé personne » (Art. 605).

« Le tribunal de police gradue, selon les circonstances et le plus ou moins de gravité du délit, les peines qu'il est chargé de prononcer, sans néanmoins qu'elles puissent, en aucun cas, ni être au-dessous d'une amende d'une journée de travail ou d'un jour d'emprisonnement, ni s'élever au-dessus de la valeur de trois journées de travail ou de trois jours d'emprisonnement » (Art. 606).

« En cas de récidive, les peines suivent la proportion réglée par les lois des 19 juill. et 28 sept. 1791, et ne peuvent, en conséquence, être prononcées que par le tribunal correctionnel » (Art. 607).

« Pour qu'il y ait lieu à une augmentation de peines pour récidive, il faut qu'il y ait eu un premier jugement rendu contre le prévenu pour pareil délit, dans les douze mois précédents, et dans le ressort du même tribunal de police » (Art. 608).

1224. [L'art. 605 de la loi du 3 brum. an IV, connue sous le nom de *Code des délits et des peines*, paraît, à quelques auteurs, abrogé par les art. 309 et 311, C. pén., que la loi du 13 mai 1863 a modifiés. D'après ces nouveaux articles, en effet, le tribunal correctionnel est saisi de toute violence ou voie de fait ayant ou n'ayant pas occasionné de maladie ou d'incapacité de travail. (Guibal, *Nomenclature des contraventions*, p. 216; Carré, *Code annoté*, p. 311, nᵒˢ 4 et suiv.). Cependant la Cour de cassation considère encore comme applicable aux voies de fait et violences légères, l'art. 605 précité].

1225. Les voies de fait sont *réelles*, c'est-à-dire exercées sur les propriétés, les choses; ou *personnelles*, lorsqu'elles s'adressent aux personnes. La voie de fait diffère de la violence en ce que celle-ci suppose de la résistance, ce que ne suppose pas la voie de fait. En général, la loi pénale n'incrimine et ne punit les voies de fait *réelles* qu'autant qu'elles intéressent l'ordre public.

On appelle *voies de fait et violences légères* contre les personnes, celles qui ne constituent ni *coups* ni *blessures*, ni *injures verbales*. Ainsi, le crachement à la figure de quelqu'un constitue l'une des voies de fait légères prévues par l'art. 605 du Code du 3 brum. an IV.(Amiens, 9 fév. 1835 ; Douai, 15 fév. 1844 ; Cass., 9 mars 1854, *Bull. crim.*). Il en est de même du fait de pousser quelqu'un, lorsqu'il ne résulte pas de blessures de la chute; de le tirer par ses vêtements ou de lancer sur lui de l'eau claire, ou toute autre action analogue;

Du fait d'avoir arraché quelqu'un de la place qu'il occupait à l'église, et de l'avoir, sans aucun droit, expulsé de l'église (Colmar, 21 mars 1855, *Bull. crim.*).

1226. Mais il y a coup porté, toutes les fois qu'un individu est frappé avec la main, le pied, ou bien avec un objet quelconque : c'est ainsi qu'on doit entendre les expressions génériques *frapper, coups*, dont s'est servi le Code pénal dans ses art. 228, 232, 309 et suiv., 321 et 321, sans donner aucune explication limitative.

III.   18

1227. Toutes les fois que les mauvais traitements sortent de la classe des voies de fait et violences légères pour rentrer, comme blessures ou coups, dans les prévisions du Code pénal, le tribunal de simple police doit se déclarer incompétent et renvoyer les parties devant le procureur de la République, conformément à l'art. 160, C. instr. crim. Ainsi, le tribunal de simple, police doit se déclarer incompétent pour statuer, lorsque prévenu a frappé le plaignant à coups de poing ou de pied, ou qu'il l'a traîné par les cheveux et frappé avec ou sans effusion de sang, etc.

§ 6. — Répression des délits ruraux (L. 23 therm. an IV).

1228. « La peine d'une amende de la valeur d'une journée de travail ou d'un jour d'emprisonnement, fixée comme la moindre, par l'art. 606 du Code des délits et des peines, ne pourra, pour tout délit rural et forestier, être au-dessous de trois journées de travail ou de trois jours d'emprisonnement » (L. 23 therm. an IV, art. 2).

Mais elle peut être au-dessus et être portée, comme celle de l'amende, à quinze francs et celle de l'emprisonnement à cinq jours, suivant les cas (Arg. C. instr. crim., art. 137).

§ 7. — Refus d'ouvriers de déférer à la réquisition du ministère public de faire les travaux nécessaires à l'exécution des jugements (L. 22 germ. an IV).

1229. [« Les commissaires du Directoire exécutif près les tribunaux requerront les ouvriers, chacun à leur tour, de faire les travaux nécessaires pour l'exécution des jugements, à la charge de leur en faire compter le prix ordinaire » (L. 22 germ. an IV, art. 1)].

1230. « Tout ouvrier qui refuserait de déférer à la réquisition desdits commissaires sera condamné la première fois, par voie de police simple, à un emprisonnement de trois jours; et, en cas de récidive, par voie de police correctionnelle, à un emprisonnement qui ne pourra être moindre d'une décade, ni excéder trente jours » (Art. 2).

Cette disposition s'applique à tous les ouvriers, charpentiers, voituriers et autres dont les travaux seraient jugés nécessaires pour parvenir à l'exécution des jugements, et les tribunaux de simple police doivent condamner les contrevenants à la peine édictée par l'art. 2 de cette loi, restée en vigueur.

Elle est également applicable à ceux qui refuseraient de

fournir un logement aux exécuteurs, d'après l'art. 144 du décret du 18 juin 1811.

1231. La réquisition dont il s'agit ici doit être donnée par écrit aux ouvriers ou aux aubergistes de la localité, avec mention de leur faire compter le prix ordinaire.

1232. Les délais de poursuite dans ce cas peuvent être abrégés et les contrevenants cités à comparaître sur l'heure, en vertu d'une cédule délivrée par le juge de police, conformément à l'art. 146, C. instr. crim.

§ 8. — Péage des bacs et bateaux (L. 6 frim. au vii, maintenue par l'art. 234 de celle sur les finances du 28 avril 1816).

1233. « Il est enjoint aux adjudicataires, mariniers et autres personnes employées au service des bacs, de se conformer aux dispositions de police administrative et de sûreté contenues dans la présente loi, ou qui pourraient leur être imposées par le directoire et les administrations pour son exécution, à peine d'être responsables, en leur propre et privé nom, des suites de leur négligence, et, en outre, être condamnés, pour chaque contravention, en une amende de la valeur de trois journées de travail : le tout à la diligence des commissaires du directoire exécutif près les administrations centrales et municipales » (L. 6 frim. an vii, art. 51).

« Il est expressément défendu aux adjudicataires, mariniers et autres personnes employées au service des bacs et bateaux, d'exiger, dans aucun temps, autres et plus fortes sommes que celles portées aux tarifs, à peine d'être condamnés par le juge de paix du canton, soit sur la réquisition des parties plaignantes, soit sur celle des commissaires du directoire, à la restitution des sommes indûment perçues ; et, en outre, par forme de simple police, à une amende qui ne pourra être moindre de la valeur d'une journée de travail et d'un jour d'emprisonnement, ni excéder la valeur de trois journées de travail et trois jours d'emprisonnement ; le jugement de condamnation sera imprimé et affiché aux frais du contrevenant. En cas de récidive, la condamnation sera prononcée par le tribunal de police correctionnelle » (Art. 52).

« Si l'exaction est accompagnée d'injures, menaces, violences ou voies de fait, les prévenus seront traduits devant le tribunal de police correctionnelle, et, en cas de conviction, condamnés, outre les réparations civiles et dommages-intérêts, à une amende qui pourra être de cent francs, et à un emprisonnement qui ne pourra excéder trois mois » (Art. 53).

« Les adjudicataires seront, dans tous les cas, civilement responsables des restitutions, dommages et intérêts, amendes et condamnations pécuniaires prononcés contre leurs préposés et mariniers » (Art. 54).

« Toute personne qui se soustrairait au paiement des sommes portées auxdits tarifs (tarifs des bacs et bateaux sur les fleuves, rivières et canaux navigables), sera condamnée par le juge de paix du canton, outre la restitution des droits, à une amende qui ne pourra être moindre de la valeur d'une journée de travail, ni excéder trois jours » (Art. 55).

« En cas de récidive, le juge de paix prononcera, outre l'amende, un emprisonnement qui ne pourra être moindre d'un jour, ni être de plus de trois jours, et l'affiche du jugement sera aux frais du contrevenant » (Art. 56).

« Toute personne qui aura aidé ou favorisé la fraude, ou concouru à des contraventions aux lois sur la police des bacs, sera condamnée aux mêmes peines que les auteurs des fraudes ou contraventions » (Art. 58).

« Toute personne qui aurait encouru quelques-unes des condamnations prononcées par les articles précédents, sera tenue d'en consigner le montant au greffe du juge de paix du canton, ou de donner caution solvable, laquelle sera reçue par le juge de paix ou l'un de ses assesseurs.

« Sinon, seront ses voitures et chevaux mis en fourrière, et les marchandises déposées à ses frais, jusqu'au paiement, jusqu'à la consignation, ou jusqu'à la réception de la caution » (Art. 59).

« Toute consignation ou dépôt sera restitué immédiatement après l'exécution du jugement qui aura été prononcé sur le délit pour raison duquel les consignations ou dépôts auront été faits » (Art. 60).

1234. La contravention prévue par les art. 56 et 58 ci-dessus existe lorsque des ouvriers sont transportés d'un bord à l'autre d'une rivière navigable par un véhicule autre que le bateau dont la conservation a été autorisée en faveur du propriétaire pour lequel travaillent les ouvriers, alors surtout que l'intention de frauder le péage est constatée (Cass., 4 déc. 1852, *Bull. crim.*).

1235. Le péage sur les routes ou leurs rampes et le péage sur les ponts étant assimilés au péage sur les bacs et bateaux, on doit appliquer par analogie les règles ci-dessus, que trace la loi du 6 frim. an VII, pour les infractions et leur répression.

Ainsi, le refus de payer la taxe, de la part de celui qui passe, est une contravention de police, d'autant plus qu'il implique infraction au règlement de l'administration publique, ayant établi la taxe ou le tarif, passible d'une amende de la valeur d'une journée de travail au moins et de trois au plus, et, outre l'amende, en cas de récidive, d'un emprisonnement d'un à trois jours avec affiche du jugement aux frais du contrevenant.

1236. Mais il n'y a pas contravention punissable si le prévenu n'a point usé du droit de passer ou s'il avait droit à une exception reconnue par l'autorité compétente, si l'impôt n'a pas été légalement établi ou si le tarif n'est pas régulièrement émis (Cass., 14 juin 1848 et 18 fév. 1845, *Bull. crim.*).

1237. Le juge de police, compétent pour statuer sur la contravention poursuivie et sur la légalité de la perception, ne l'est pas à l'égard des questions préjudicielles qui appellent un débat civil ou administratif. Il ne lui appartient point, par exemple, en cas de contestation sur le droit même, de décider s'il est dû et quelle en est la quotité, s'il y a exception ou non en faveur du prévenu à raison de sa qualité, s'il n'est spécialement dénommé dans les exceptions (Cass., 26 août 1846, *Bull. crim.*).

1238. Mais, l'impôt n'étant exigible qu'autant qu'il a été établi par une loi ou un règlement d'administration publique qui participe de la nature des lois, le juge de police est compétent pour interpréter ce règlement, comme il l'est pour interpréter une loi, soit qu'il s'agisse d'une contravention pour perception illégale du droit de péage ou d'une contravention pour refus de paiement (Cass., 26 août 1841 et 8 fév. 1845, *Bull. crim.*), soit même d'une exception d'un droit de propriété privée. Il ne peut donc surseoir, même dans ce dernier cas, au jugement de la contravention sans excès de pouvoir, en ce qu'il paralyserait par là l'effet de l'acte administratif.

§ 9. — **Contraventions relatives aux octrois** (L. 2 vendémiaire an VIII).

1239. D'après la loi du 2 vendémiaire an VIII, et l'ordonnance du 9 déc. 1814, les amendes encourues en vertu des lois d'octroi devaient être prononcées par les tribunaux de simple police ou de police correctionnelle, suivant la quotité de la somme.

Mais, aujourd'hui, ces contraventions donnent lieu à une

amende de 100 à 200 fr., indépendamment de la confiscation ; il n'appartient donc plus qu'aux tribunaux correctionnels d'en connaître (L. 28 avril 1816, art. 27, 46 ; 29 mars 1832, art. 8 ; 24 mai 1834, art. 9).

[§ 10.— Etablissements dangereux, insalubres ou incommodes
(D. 15 octob. 1810, Ord. 14 janv. 1815).

1240. [Le décret de 1810 et l'ordonnance de 1815 régissent les établissements dangereux, insalubres ou incommodes.

Nul doute, depuis la révision du Code pénal en 1832 et l'introduction, dans l'article 471, du paragraphe 15, que les infractions aux dispositions desdits décret et ordonnance ne soient justiciables du tribunal de simple police.

Elles seront donc frappées d'une amende de un à cinq francs, et, en cas de récidive, d'un emprisonnement pendant trois jours au plus.

La suppression de l'établissement peut même être ordonnée par le juge de police. Telle est la jurisprudence de la Cour suprême, confirmée par un arrêt du 26 mars 1868, dont les motifs sont reproduits dans le *Code annoté* de Carré, p. 364, n° 8].

§ 11. — Célébration des fêtes et dimanches (L. 18 novembre 1814).

1241. « Les travaux ordinaires seront interrompus les dimanches et jours de fêtes reconnues par l'Etat » (L. 14 nov. 1814, art. 1er).

Ces fêtes sont : Noël, l'Ascension, l'Assomption et la Toussaint (Arr. du Gouv. cons., 29 germ. an x).

1242. « En conséquence, il est défendu lesdits jours : 1° aux marchands, d'étaler et de vendre, les ais et volets des boutiques ouverts ; 2° aux colporteurs et étalagistes, de colporter et d'exposer en vente leurs marchandises dans les rues et places publiques ; 3° aux artisans et ouvriers, de travailler extérieurement et d'ouvrir leurs ateliers ; 4° aux charretiers et voituriers employés à des services locaux, de faire des chargements dans les lieux publics de leur domicile » (Art. 2).

« Dans les villes dont la population est au-dessous de cinq mille âmes, ainsi que dans les bourgs et villages, il est défendu aux cabaretiers, marchands de vin, débitants de boissons, traiteurs, limonadiers, maîtres de paume et de billard, de tenir leurs maisons ouvertes et d'y donner à boire et à jouer lesdits jours, pendant le temps de l'office » (Art. 3).

« Les contraventions aux dispositions ci-dessus seront con-statées par procès-verbaux des maires et adjoints, ou des com-missaires de police » (Art. 4).

« Elles seront jugées par les tribunaux de police simple, et punies d'une amende qui, la première fois, ne pourra pas excéder cinq francs » (Art. 5).

« En cas de récidive, les contrevenants pourront être con-damnés *au maximum* des peines de police » (Art. 6).

« Les défenses précédentes ne sont pas applicables :

« 1° Aux marchands de comestibles de toute nature, sauf cependant l'exécution de l'art. 3 ;

« 2° A tout ce qui tient au service de santé ;

« 3° Aux postes, messageries et voitures publiques ;

« 4° Aux voituriers de commerce, par terre et par eau, et aux voyageurs ;

« 5° Aux usines dont le service ne pourrait être interrompu sans dommage ;

« 6° Aux ventes usitées dans les foires et fêtes dites *patro-nales*, et au débit des mêmes marchandises dans les com-munes rurales, hors le temps du service divin ;

« 7° Aux chargements des navires marchands et autres bâtiments du commerce maritime » (Art. 7).

« Sont également exceptés des défenses ci-dessus les meu-niers et ouvriers employés :

« 1° A la moisson et aux récoltes ;

« 2° Aux travaux urgents de l'agriculture ;

« 3° Aux constructions et réparations motivées par péril imminent, à la charge, dans ces derniers cas, d'en demander la permission à l'autorité supérieure » (Art. 8).

« L'autorité administrative pourra étendre les exceptions ci-dessus aux usages locaux » (Art. 9).

La loi du 18 nov. 1814, dont nous venons de transcrire les dispositions, n'a été abrogée ni expressément, ni tacitement, par aucune disposition constitutionnelle ou législative, et son abrogation ne saurait se déduire légalement, malgré tout ce qu'on a pu dire et écrire à ce sujet, de ce que son exécution aurait été plus ou moins négligée dans une localité quel-conque. Ses dispositions sont générales et obligatoires par elles-mêmes, sans qu'il soit besoin que des arrêtés adminis-tratifs viennent en rappeler l'exécution (Cass., 2 juin et 15 sept. 1854 ; 20 juill. 1855, *Bull. crim.*).

1243. L'expression *office*, qu'emploie l'art. 3 de la loi, l'est d'une manière générique, et embrasse tous les offices du culte, spécialement les *vêpres* qui se célèbrent publiquement les dimanches et jours de fêtes reconnues par l'État (Cass., 16 fév. 1854, et 6 déc. 1861, *Bull. crim.*).

1244. En cas de nullité d'un procès-verbal constatant une contravention à la loi du 18 nov. 1814, la preuve testimoniale, offerte par le ministère public, doit être admise comme s'il s'agissait de toute autre contravention.

1245. Les bouchers et autres marchands de comestibles, qui ne sont pas en même temps cabaretiers, marchands de vins, débitants de boissons ou traiteurs, peuvent étaler et vendre leurs marchandises les jours de dimanches et de fêtes, pendant le temps de l'office. L'arrêté municipal qui le leur défendrait ne serait pas obligatoire.

§ 12. — **Des délits et conventions commis dans les bois des particuliers** (C. forest. 27 mai 1847 et L. 18 juin 1859).

1246. Le mot *délit*, en langage forestier, n'est pas toujours pris dans le sens légal du mot, mais est employé comme terme générique comprenant des faits qualifiés de contraventions par le droit pénal et punis d'une amende n'excédant pas 15 fr.

Il résulte de l'exposé des motifs, du rapport et de la discussion de la loi, que tous les bois, sans distinction aucune, doivent être aujourd'hui l'objet d'une protection également efficace, et que l'intérêt vraiment supérieur en cette matière n'est pas seulement la conservation du domaine de l'État ou des communes, mais la défense de la propriété boisée en général. La loi nouvelle de 1859 a fortifié et complété les moyens de la poursuite.

Aux termes de l'art. 188 du Code forestier, modifié par la loi de 1859, les délits et contraventions commis dans les bois non soumis au régime forestier sont recherchés et constatés tant par les gardes des bois et forêts des particuliers que par les gardes champêtres des communes, les gendarmes, et, en général, par tous les officiers de police judiciaire chargés de rechercher et de constater les délits ruraux.

Les procès-verbaux font foi jusqu'à preuve contraire. Ces procès-verbaux, à l'exception de ceux dressés par les gardes particuliers, sont enregistrés *en débet* (C. for., art. 188).

1247. Les dispositions contenues aux art. 161, 162, 163, 167, 168, 169 et 170, § 1er, 182, 185 et 187, C. for., sont applicables à la poursuite des délits et contraventions commis dans les bois non soumis au régime forestier.

Toutefois, dans les cas prévus par l'art. 169, lorsqu'il y aura lieu à effectuer la vente des bestiaux saisis, le produit net de la vente sera versé à la caisse des dépôts et consignations.

Les dispositions de l'art. 165 sont applicables à la rédaction des procès-verbaux dressés par les gardes des bois et forêts des particuliers (C. for., art. 189): l'ancien article renvoyait en outre aux art. 172 et 175.

Ainsi, les gardes particuliers restent soumis aux prescriptions des art. 165 et 191 du Code forestier ; les autres préposés doivent suivre la loi de leur institution, tant pour la rédaction et l'affirmation des procès-verbaux que pour les délais de clôture et de remise qui leur sont impartis. Cela a été formellement déclaré dans l'exposé des motifs.

1248. « Il n'est rien changé aux dispositions du Code d'instruction criminelle, relativement à la compétence des tribunaux, pour statuer sur les délits et contraventions commis dans les bois et forêts qui appartiennent aux particuliers » (C. for., art. 190).

« Les procès-verbaux dressés par les gardes des bois des particuliers doivent être, dans le délai d'un mois, à dater de l'affirmation, remis au procureur de la République ou au juge de paix, suivant leur compétence respective » (Art. 191).

1249. « La coupe ou l'enlèvement d'arbres ayant deux décimètres de tour et au-dessus donnera lieu à des amendes qui seront déterminées dans les proportions suivantes, d'après l'essence et la circonférence des arbres.

« Les arbres sont divisés en deux classes :

« La première comprend les chênes, hêtres, charmes, ormes, frênes, érables, platanes, pins, sapins, mélèzes, châtaigniers, noyers, alisiers, sorbiers, cormiers, merisiers et autres arbres fruitiers.

« La seconde se compose des aunes, tilleuls, bouleaux, trembles, peupliers, saules, et de toutes les espèces non comprises dans la première classe.

« Si les arbres de la première classe ont deux décimètres de tour, l'amende sera d'un franc par chacun de ces deux décimètres, et s'accroîtra ensuite progressivement de dix centimes par chacun des autres décimètres.

« Si les arbres de la seconde classe ont deux décimètres de tour, l'amende sera de cinquante centimes par chacun de ces deux décimètres, et s'accroîtra ensuite progressivement de cinq centimes par chacun des autres décimètres.

« Le tout conformément au tableau ci-après » (Art. 192) :

Tarif des amendes à prononcer par arbre, d'après sa grosseur et son essence (art. 192).

ARBRES DE PREMIÈRE CLASSE.			ABBRES DE SECONDE CLASSE.		
Cir-conférence.	Amende par décimètre.	Amende par arbre.	Cir-conférence.	Amende par décimètre.	Amende par arbre.
décimèt.	fr. c.	fr. c.	décimèt.	fr. c.	fr. c.
1	» »	» »	1	» »	» »
2	1 00	2 00	2	0 50	1 00
3	1 10	3 30	3	0 55	1 65
4	1 20	4 80	4	0 60	2 40
5	1 30	6 50	5	0 65	3 25
6	1 40	8 40	6	0 70	4 20
7	1 50	10 50	7	0 75	5 25
8	1 60	12 80	8	0 80	6 40
9	1 70	15 30	9	0 85	7 65
10	1 80	18 00	10	0 90	9 00
11	1 90	20 90	11	0 95	10 45
12	2 00	24 00	12	1 00	12 00
13	2 10	27 30	13	1 05	13 65
14	2 20	30 80	14	1 10	15 40
15	2 30	34 50	15	1 15	17 25
16	2 40	38 40	16	1 20	19 20
17	2 50	42 50	17	1 25	21 25
18	2 60	46 80	18	1 30	23 40
19	2 70	51 30	19	1 35	25 65
20	2 80	56 00	20	1 40	28 00
21	2 90	60 90	21	1 45	30 45
22	3 00	66 00	22	1 50	33 00
23	3 10	71 30	23	1 55	35 65
24	3 20	76 80	24	1 60	38 40
25	3 30	82 50	25	1 65	41 25
26	3 40	88 40	26	1 70	44 20
27	3 50	94 50	27	1 75	47 25
28	3 60	100 80	28	1 80	50 40
29	3 70	107 30	29	1 85	53 65
30	3 80	114 00	30	1 90	57 00
31	3 90	120 90	31	1 95	60 45
32	4 00	128 00	32	2 00	64 00

Dans ce tableau sont rectifiées deux fautes de calcul que renferme l'édition officielle (V. MEAUME, t. 2, p. 808; P. GILBERT, p. 728).

1250. « La circonférence sera mesurée à un mètre du sol.

« Il pourra, en outre, être prononcé un emprisonnement de cinq jours au plus, si l'amende n'excède pas quinze francs, et de deux mois au plus, si l'amende est supérieure à cette somme » (Art. 192).

1251. Les contraventions forestières commises au préjudice des particuliers, et dont la peine n'excède pas cinq jours d'emprisonnement ou quinze francs d'amende, sont de la compétence des tribunaux de simple police, et non des tribunaux correctionnels, alors même qu'elles sont poursuivies à la requête du ministère public (Cass., 16 avril 1835, *Bull. crim.*, n° 140 ; 29 juill. 1853, S.-V.53.1.786 ; MEAUME, t. 2, n° 1342 ; CH. BERRIAT-SAINT-PRIX, *Proc. des trib. crim.*, t. 1, n° 45).

1252. Mais les contraventions qui excèdent ces limites sont de la compétence des tribunaux correctionnels (Cass., 16 août 1811, S.11.1.250).

1253. Ainsi, le tribunal de simple police est incompétent pour connaître d'un délit de dépaissance commis dans un bois particulier, lorsque l'amende excède les limites de ses attributions (Cass., 17 janv. 1812, S.16.1.305) ; du délit de pâturage d'un troupeau de moutons (Cass., 29 fruct. an II, S.7.2.808).

1254. De même, l'enlèvement d'un arbre est essentiellement un délit correctionnel, qui ne peut être jugé par le tribunal de simple police, quand même ce tribunal n'appliquerait que des peines de simple police (Cass., 30 août 1810, S.11.1.144).

De même encore, la contravention à l'art. 445, C. pén., pour abatage d'arbres appartenant à autrui, donne lieu à une action correctionnelle (Cass., 16 août 1811, S.11.1.350 et 21.1.358 ; P. GILBERT, n°ˢ 3-6).

1255. « L'amende, pour coupe ou enlèvement de bois qui n'auront pas deux décimètres de tour sera, pour chaque charretée, de dix francs par bête attelée, de cinq francs par chaque charge de bête de somme, et de deux francs par fagot, fouée ou charge d'homme.

« Il pourra, en outre, être prononcé un emprisonnement de cinq jours au plus.

« S'il s'agit d'arbres semés ou plantés dans les forêts depuis moins de cinq ans, la peine sera d'une amende de trois francs par chaque arbre, quelle qu'en soit la grosseur, et, en outre, d'un emprisonnement d'un mois au plus » (Art. 194).

1256. L'art. 194, C. forest., qui, dans le cas de coupe ou enlèvement de bois, prononce une amende de 2 fr. par fagot, fouée ou charge d'homme, doit être entendu en ce sens que l'amende de 2 fr. est due pour chaque fagot enlevé, alors même qu'il en faudrait plusieurs pour composer une charge d'homme (Cass., 20 mars 1828, 29 janv. 1829, 15 mars 1832, 17 fév. 1849, S.28.1.426, 29.1.154, 32.1.683 et 50.1.232, *Bull. crim.* — *Contrà*, MEAUME, t. 2, n° 1358).

1257. L'enlèvement de bois au moyen d'un traîneau tiré par un homme est justement assimilé à l'enlèvement par charge à dos d'homme, passible d'une amende de 2 fr., calculée d'après le nombre de charges qui étaient enlevées. Il ne doit pas être assimilé à l'enlèvement par charretée, passible d'une amende de 10 fr. (Cass., 1ᵉʳ août 1844, *Bull. crim.*).

1258. Lorsque le procès-verbal constatant un délit de coupe d'arbres énonce que tous les arbres avaient vingt centimètres de circuit, sans dire si ce sont les arbres pris en totalité, ou chacun séparément, et ajoute qu'ils composaient une charge d'homme, le juge peut en un tel cas ne prononcer contre le délinquant qu'une seule amende de 2 fr., aux termes de l'art. 194, C. for., et non une amende de 2 fr. à raison de chaque arbre, conformément à l'art. 192 du même Code (Cass., 10 mars 1837, J.P.38.1.89).

1259. L'individu trouvé coupant du bois avec une serpe dans une forêt, pour en faire un fagot, ne doit être puni que de la peine portée par l'art. 194, C. for. (2 fr. par fagot). On ne peut voir dans un tel fait, outre le délit de *coupe ou enlèvement de bois*, le délit de *rencontre en forêt* hors des chemins ordinaires, avec *serpes, cognées et autres instruments de même nature*, puni par l'art. 146 (Cass., 21 nov. 1828, 22 déc. 1837, S.29.1.116 et 38.1.920; J.P.40.1.227; DUVERGIER, *Collect. des lois*, t. 27, p. 254; CURASSON, t. 2, p. 398; MEAUME, t. 2, n° 1003).

1260. La peine d'emprisonnement portée par le § 2 de l'art. 194, C. for., n'est point applicable aux délits prévus par le premier paragraphe (DUVERGIER, *loc. cit.*, p. 254; MEAUME, t. 2, n° 1364, *in fine*).

1261. Nul ne peut (les indigents comme tous autres) disposer pour son usage du bois mort dans les forêts (Cass., 7 mars 1845, J.P.45.2.33).

1262. Le fait d'arracher des branches mortes dans un bois, même coupé depuis plusieurs années, est punissable des peines portées par l'art. 192, C. for., contre la coupe ou l'enlèvement de bois (Cass., 7 mars 1845, J.P.45.2.33).

1263. Le prévenu de coupe de bois doit toujours être condamné à la restitution du bois coupé ou de sa valeur, alors même qu'il ne serait pas justifié que le bois eût été enlevé, ainsi qu'à la confiscation de l'instrument du délit (Cass., 17 fév. 1849, S.-V.50.1.232).

1264. La restitution doit être prononcée, alors même qu'elle n'est pas demandée par l'administration forestière, ni requise par le ministère public (Cass., 28 janv. 1808, S.9.1.165 et 20.1.483).

Même au cas où il y a lieu d'appliquer une loi d'amnistie, le bois coupé en délit doit être restitué : l'amnistie ne s'applique qu'aux peines (Cass., 8 mars 1811, S.11.1.372). Toutefois le juge ne peut, à défaut de représentation des instruments du délit, condamner le prévenu à en payer la valeur par lui arbitrée (Cass., 13 fév. 1847 et 11 juin 1840, J.P. 47.1.587 et 41.1.621).

1265. Enlever le bois d'un arbre déjà abattu, appartenant à autrui, ou abattre cet arbre pour s'en emparer, sont deux faits punissables des mêmes peines. Peu importe d'ailleurs que l'arbre déjà abattu eût été renversé par l'orage, ou méchamment par des malfaiteurs (Cass., 2 sept. 1829, S.29.1. 426 ; Meaume, t. 2, n° 1373).

1266. « Les propriétaires d'animaux trouvés de jour en délit dans les bois de dix ans et au-dessus doivent être condamnés à une amende de :

« Un franc pour un cochon ;

« Deux francs pour une bête à laine ;

« Trois francs pour un cheval ou autre bête de somme ;

« Quatre francs pour une chèvre ;

« Cinq francs pour un bœuf, une vache ou un veau.

« L'amende sera double si les bois ont moins de dix ans, sans préjudice, s'il y a lieu, des dommages-intérêts » (C. for., art. 199).

1267. Des animaux trouvés à l'abandon dans une forêt sont réputés en délit par le seul fait de leur introduction, et alors même qu'ils n'auraient pas été rencontrés hors des routes désignées (Nancy, 22 mai 1839, J.P.39.2.607).

1268. L'art. 199, C. for., est limitatif ; ainsi sa disposition ne peut être étendue, par exemple, aux oies, aux dindons, aux poules ou autres animaux non désignés par cet article. L'introduction de ces animaux dans les bois ne peut donner lieu qu'à une action en dommages-intérêts (Coin-Delisle et Frédérich, t. 2, p. 217 ; Baudrillart, *Dict.*, v° *Bestiaux*, n° 15 ; Meaume, t. 2, n° 1385, à la note).

1269. Le pacage sur un terrain semé en bois, dans un

but de reboisement, est punissable des peines portées par l'art. 199, et non pas seulement de celle prononcée par l'art. 479, n° 10, C. pén., lequel, en le supposant applicable au cas de plantations d'essences forestières, ne le serait du moins qu'autant que ces plantations seraient faites comme pépinières (Cass., 31 janv. 1846, J.P.46.1.430).

1270. Mais l'introduction de bestiaux dans un plant récent d'essence forestière, exécuté de main d'homme, et qui n'a encore donné aucun signe de végétation, est punissable des peines portées par l'art. 479, C. pén., encore bien qu'il soit constant que la plantation a été faite avec l'intention de former un bois et non une pépinière (Bourges, 22 fév. 1839, J.P.39.2.96).

1271. Le délit de pacage dans la partie dépeuplée d'une forêt, dans les terrains y *contigus*, doit être puni des mêmes peines que s'il eût été commis dans les parties de ce bois qui sont plantées d'arbres, alors même que ces terrains se trouvent accidentellement employés à un autre genre de culture (Arg. Cass., 26 avril 1816 et 31 janv. 1846, S.-V.20.501 et 6.1.257, J.P.46.2.48).

1272. Ainsi encore, l'introduction de bestiaux dans l'un des vides d'une forêt, en nature de pré, constitue la contravention punie par l'art. 199, C. forest., alors même que cette partie de terrain aurait été amodiée par bail, et bien qu'elle ne soit pas enclavée dans la forêt : ces circonstances n'empêchent pas qu'elle ne reste soumise au régime forestier. (Cass., 16 mars 1833, S.-V.33.1.637).

1273. L'introduction de bestiaux dans un bois, de la part de l'adjudicataire d'une coupe de bois, pour l'exploitation et la vidange de sa coupe, constitue le délit prévu par notre art. 199, si cette introduction n'a pas lieu d'après les règles tracées par le cahier des charges (Cass., 20 août 1829 et 9 mars 1830, S.29.1.380 et 30.1.269).

1274. Les propriétaires de bestiaux, trouvés en délit dans les bois, sont *personnellement* passibles de l'amende prononcée contre ce délit, non-seulement au cas où les bestiaux se trouvaient sans gardien, ou étaient gardés par les propriétaires eux-mêmes, mais encore au cas où ils étaient placés sous la garde d'un berger; et en un tel cas, la défense qui aurait été faite au berger, ou au pâtre de la commune s'il s'agit d'un bois communal, par les propriétaires, d'introduire leurs bestiaux ou animaux dans la partie du bois mise en défense, ne saurait les décharger de la peine par eux encourue (Arg.

Cass., 3 nov. 1832, 15 mai 1835, 30 avril 1836, 4 janv. 1849 et 26 nov. 1851, S.-V.33.1.502, 35.1.735, 36.1.425, 50.1.231 et 52.1.382).

1275. Du reste, le délit d'introduction de bestiaux hors cantons défensables d'une forêt grevée de droits d'usage, donne lieu contre le propriétaire des animaux à l'application des peines portées par l'art. 199, C. forest., indépendamment de celles encourues par le pâtre qui a conduit les bestiaux dans la partie du bois mise en réserve (Cass., 4 janv. 1849, S.-V.50.1.231).

Et les poursuites peuvent être dirigées indifféremment contre le propriétaire des animaux (passible de l'amende), ou contre le pâtre (véritable auteur du délit) (Cass., 13 juin et 11 sept. 1840, J.P. 41.1.92 et 93, S.-V. 40.1.983).

1276. « Dans le cas de récidive, la peine sera toujours doublée. Il y a récidive lorsque, dans les douze mois précédents, il a été rendu contre le délinquant ou contrevenant un premier jugement pour délit ou contravention en matière forestière » (C. forest., art. 201).

1277. Pour déterminer s'il y a récidive en matière forestière, il faut avoir égard au temps écoulé entre la date du premier jugement et le jour de la *perpétration* du second fait, et non au temps écoulé entre le premier jugement et le second jugement (Cass., 17 juin 1830, S.38.1.379).

1278. Lorsque la première condamnation a été prononcée par défaut, il faut qu'elle ait été notifiée au prévenu, et qu'il ait été mis en demeure de la faire annuler : en d'autres termes, il faut que la condamnation première soit définitive et ait acquis l'autorité de la chose jugée (Cass., 6 mai 1826 et 6 mai 1837, S.27.1.160 et 38.1.263, J.P.38.1.172).

1279. Le prévenu d'un délit forestier, commis de concert avec d'autres individus en état de récidive, ne doit être condamné personnellement qu'à l'amende simple, s'il n'est pas, lui, en état de récidive ; mais il est néanmions tenu solidairement des amendes doubles encourues par ses codélinquants (Cass., 12 juin 1834, S.-V. 35.2.300).

1280. « Dans tous les cas où il y aura lieu à adjuger des dommages-intérêts, ils ne pourront être inférieurs à l'amende simple prononcée par le jugement » (C. forest., art. 202).

1281. Des dommages-intérêts ne doivent être accordés en matière de délits forestiers qu'autant qu'il y a eu dommage réellement causé (Cass., 28 sept. 1810, S.-V.40.1.928 ; MEAUME, t. 2, nº 1414).

1282. Mais le fait seul de *pacage* dans une forêt établit nécessairement un dommage ; en conséquence, il y a lieu de
prononcer des dommages-intérêts contre le propriétaire de
l'animal trouvé pacageant, bien que le procès-verbal ne constate pas l'existence d'un dommage (Orléans, 19 avril et 16
août 1828, S.28.2.152 et 29.2.126).

1283. « Les tribunaux ne pourront appliquer aux matières
réglées par le présent Code les dispositions de l'art. 463,
C. pén. » (C. forest., art. 203, tit. 12).

1284. Le délit forestier commis par un fils, fût-ce de l'ordre de son père, ne saurait être excusé sous prétexte que le
fils doit obéissance à son père (Cass., 5 mai 1837, J.P.40.2.
314).

1285. L'exception de bonne foi ne peut être admise par les
tribunaux comme excuse des délits forestiers (Cass., 12 mai
1843, S.-V.44.1.168 ; Meaume, n° 1418).

1286. A l'administration seule appartient d'apprécier une
telle exception, pour accorder, d'après cette appréciation, les
remises ou modérations de peine que l'équité peut faire admettre (Cass., 2 mai 1833, S.-V.33.1.792).

1287. Mais les tribunaux peuvent prendre en considération, en matière forestière, comme en toute autre, l'âge et le
défaut de discernement des délinquants (Cass., 26 déc. 1845,
Bull. crim., n° 371, 18 juin 1846, S.-V.46.1.646, *Bull. crim.*,
n° 79).

1288. L'art. 203, C. forest., qui défend d'appliquer aux
matières réglées par le Code forestier les dispositions de l'art.
463, C. pén., ne doit s'entendre que des délits ou contraventions dont la peine est textuellement écrite dans le Code forestier. Ainsi, il n'est pas applicable au délit d'association
secrète ou de manœuvres entre les marchands de bois, ou
autres tendant à nuire ou entraver les enchères lors des ad-
judications de coupes, délits que l'art. 22, C. forest., déclare
punissable des peines portées par l'art. 442, C. pén.; ce renvoi au Code pénal autorise l'admission des circonstances atténuantes (Nancy, 12 fév. 1840, D.p.41.2.136 ; Meaume, t. 1,
n° 124 ; P. Gilbert, art. 203, n° 8).

1289. « Les restitutions et dommages-intérêts appartiennent au propriétaire ; les amendes et confiscations appartiennent toujours à l'Etat » (C. forest., art. 204).

1290. La disposition de l'art. 204 est une règle d'ordre public,
contre laquelle ne saurait prévaloir une concession que l'Etat

aurait fait anciennement à des usagers, du droit à ces sortes de profits (Metz, 26 fév. 1850, S.-V.51.2.257).

1291. « Les maris, pères, mères et tuteurs, et en général tous maîtres et commettants, sont civilement responsables des délits et contraventions commis par leurs femmes, enfants mineurs et pupilles, demeurant avec eux et non mariés, ouvriers, voituriers et autres subordonnés, sauf tout recours de droit.

« Cette responsabilité sera réglée conformément au paragraphe dernier de l'art. 1384, C. civ., et s'étendra aux restitutions, dommages-intérêts et frais, sans pouvoir toutefois donner lieu à la contrainte par corps, si ce n'est dans le cas prévu par l'art. 46 » (C. forest., art. 206).

1292. La responsabilité civile, établie par l'art. 206, ne s'étend pas aux amendes (Discuss. à la Chambre des députés, séance du 7 avril 1827), sauf, toutefois, les exceptions à cette règle, dans les art. 28, 46, 72 et 199, C. forest.

1293. La loi ne met aucune différence, dans la punition des délits forestiers, entre ceux commis par de simples particuliers et ceux dont les agents forestiers se rendent coupables (Arg. Cass., 12 janv. 1809, S.17.1.89; CHAUVEAU et HÉLIE, *Théorie du Code pénal*, t. 2, p. 53, 3e édit.; DEVILLE-NEUVE et CARETTE, C.N.3.1.7.— *Contrà*, Cass., 24 juin 1813, S.19.1.321; MEAUME, n° 1428; CURASSON, *Code forestier*, t. 2, p. 433).

Voir, quant à l'exécution des jugements concernant les délits et contraventions dans les bois soumis au régime forestiers, les art. 209 à 217, C. forest.

§ 13. — Attroupements. — Répression. — Peines (L. 10 avril 1831).

1294. « Toutes personnes qui formeront des attroupements sur les places ou sur la voie publique, seront tenues de se disperser à la première sommation des préfets, sous-préfets, maires, adjoints de maire, ou de tous magistrats et officiers civils chargés de la police judiciaire, autres que les gardes champêtres et les gardes forestiers.

« Si l'attroupement ne se disperse pas, les sommations seront renouvelées trois fois....

« Les magistrats chargés de faire lesdites sommations seront décorés d'une écharpe tricolore » (L. 10 avril 1831, art. 1er).

« Les personnes qui, après la première des sommations prescrites par le second paragraphe de l'article précédent,

III.   19

continueront à faire partie d'un attroupement, pourront être arrêtées et seront traduites sans délai devant les tribunaux de simple police, pour y être punies des peines portées au chap. 1er du livre IV » C. pén., art. 2).

Ces peines sont celles fixées par les art 465 et 466 ; le tribunal de police peut donc condamner tout à la fois les délinquants à l'amende et à la prison, et même prononcer le *maximum* des deux peines.

1295. [Vuatiné, Guibal et les auteurs du *Dictionnaire général des justices de paix*, pensent, comme M. Allain, que le juge de police connaît de la contravention prévue par la loi du 10 avril 1831. Carré, *Code annoté*, p. 346, nos 2, 11 et suiv.. est d'une opinion contraire; il soutient que le fait d'attroupement ressortit aux tribunaux correctionnels, et il s'appuie sur la loi du 7 juin 1848, qui, suivant lui, a complétement abrogé celle de 1831].

§ 14. — Poids et mesures. — Vérification (L. 4 juillet 1837, Ord. 17 avril 1839).

1296. Aucun poids ou aucune mesure ne peut être mis dans le commerce sans avoir été vérifié et revêtu du poinçon dans les formes prescrites (L. 4 juill. 1837 ; ordon. 17 avril 1839).

1297. La simple détention de mesures non poinçonnées par l'administration, assimilée à leur emploi, quant à la pénalité par l'art. 4 de la loi du 4 juill. 1837, rentre dans l'application de l'art. 479, § 6, C. pén.

1298. L'art. 3 de la loi du 27 mars 1851, qui range parmi les délits passibles de peines correctionnelles la détention *de poids* ou *mesures faux*, dans les magasins, boutiques, ateliers ou maisons de commerce, ou dans les halles, foires ou marchés, ne s'applique qu'aux poids ou mesures qui n'ont point la pesanteur, la longueur ou la contenance prescrite ; la détention de mesures non décimales ou de mesures décimales non poinçonnées, conserve le caractère d'une simple contravention tombant sous l'application de l'art. 479, § 6, C. pén. (Cass., 11 déc. 1851 et 23 janv. 1852, *Bull. crim.*).

1299. L'existence, dans une voiture appartenant à une maison de commerce et circulant sur la voie publique, des mesures dont l'emploi est interdit par la loi, doit être assimilée à la détention prévue en l'art. 4 de la loi du 4 juill. 1837.

1300. Les vérificateurs des poids et mesures constateront,

dit l'art. 7 de la loi de 1837, les contraventions prévues par les lois et règlements concernant le système métrique des poids et mesures.

Les maires, adjoints, commissaires et inspecteurs de police ont aussi caractère pour faire les recherches et dresser procès-verbal des contraventions en matière de poids et mesures (Ordon. 17 avril 1839, art. 29, 30 et 34).

1301. Les vérificateurs des poids et mesures peuvent procéder à la saisie de tous les poids et mesures autres que ceux maintenus par la loi du 4 juill. 1837, ainsi que de tous les poids et mesures, instruments de pesage et mesurage altérés ou défectueux, ou qui ne seraient pas revêtus des marques légales de la vérification. Les procès-verbaux font foi en justice jusqu'à preuve du contraire (L. 4 juill. 1837, art. 7, §§ 2 et 3).

1302. L'assujetti chez lequel il a été trouvé des poids et mesures non revêtus du poinçon de l'année, après la vérification périodique faite à son domicile, ne peut se justifier par le motif qu'il les avait achetés depuis cette vérification (Cass., 24 mai 1855, *Bull. crim.*).

1303. Les commerçants qui négligent de se munir de l'assortiment déterminé par le règlement, en vertu des art. 15, 16 et 17 de l'ordonn. du 17 avril 1839, contreviennent tant aux dispositions de ces articles qu'à l'arrêté du préfet, et se rendent passibles des peines prononcées par l'art. 471, § 15, C. pén.

1304. Si, après que la vérification a eu lieu dans la commune, il est interdit aux commerçants, entrepreneurs et industriels d'employer et de garder en leur possession des poids, mesures et instruments de pesage qui n'auraient pas été soumis à la vérification périodique et au poinçon, leur possession et leur usage ne peuvent cependant entraîner l'application des art. 479, § 6, et 481, C. pén., qu'autant qu'ils auront été précédés de la vérification prescrite dans leur domicile (Cass., 3 août 1854, *Bull. crim.*).

1305. Les assujettis sont tenus d'ouvrir leurs magasins, boutiques et ateliers, et de ne pas quitter leur domicile après que, par un ban publié dans la forme ordinaire, le maire aura fait connaître, au moins deux jours à l'avance, le jour de la vérification; ils sont tenus de se prêter aux exercices toutes les fois qu'ont lieu les visites prévues par les art. 19 et 20 de l'ordonn. du 17 avril 1839.

1306. « Dans le cas de refus d'exercice, et toutes les fois que les vérificateurs procèdent chez les débitants, avant le lever et après le coucher du soleil, aux visites autorisées par l'art. 26, ils ne peuvent s'introduire dans les maisons, bâtiments ou magasins, qu'en présence, soit du juge de paix ou de son suppléant, soit du maire, de l'adjoint ou du commissaire de police » (O. 1839,, art. 39).

Ces fonctionnaires, d'après l'art. 40, ne peuvent se refuser à accompagner sur-le-champ les vérificateurs ; ils signent leurs procès-verbaux.

1307. Les vérificateurs dressent leurs procès-verbaux dans les vingt-quatre heures de la contravention par eux constatée, même les jours fériés ; ils les écrivent eux-mêmes, ils les signent, les affirment au plus tard le lendemain de la clôture desdits procès-verbaux, par-devant le maire ou l'adjoint, soit de la commune de leur résidence, soit de celle où l'infraction a été commise ; l'affirmation est signée tant par les maires ou adjoints que par les vérificateurs » (Art. 41).

1308. « Leurs procès-verbaux sont enregistrés dans les quatre jours qui suivent celui de l'affirmation, et, conformément à l'art. 74 de la loi du 25 mars 1817, ils sont visés pour timbre et enregistrés en débet, sauf à suivre le recouvrement des droits contre le condamné » (Art. 42).

1309. « Dans le même délai, les procès-verbaux sont remis au juge de paix, qui se conforme aux règles établies par les art. 20, 21 et 139, C. instr. crim. » (Art. 43).

1310. « Les contraventions aux arrêtés des préfets, à ceux des maires et à la présente ordonnance, sont poursuivies conformément aux lois » (Art. 55).

Ces contraventions rentrent sous l'application de l'art. 471, § 15, C. pén.

1311. [Un décret du 29 fév. 1873 a modifié en quelques points l'ordonnance de 1839. Voir ce décret, *Journal officiel*, 1er mars 1873, p. 1435 et suiv.].

§ 15. — Travail des enfants dans les manufactures (L. 22 mars 1841).

1312. [La loi du 22 mars 1841 a été complétement abrogée par la loi du 19 mai 1874 sur le travail des enfants et des filles mineures employés dans l'industrie.

[Toute contravention à la loi nouvelle est punie de peines correctionnelles].

§ 16. — Infractions aux conventions entre patrons et ouvriers, en matière de tissage et bobinage (L. 7 mars 1850).

1313. « Tout fabricant, commissionnaire ou intermédiaire

qui livrera des fils pour être tissés, sera tenu d'inscrire, au moment de la livraison, sur un livret spécial, appartenant à l'ouvrier et laissé entre ses mains :

« 1° Le poids et la longueur de la chaîne ;

« 2° Le poids de la trame et le nombre de fils de trame à introduire par unité de surface de tissu ;

« 3° Les longueur et largeur de la pièce à fabriquer ;

« 4° Le prix de façon, soit au mètre de tissu fabriqué, soit au mètre de longueur ou au kilogramme de la trame introduite dans le tissu » (L. 7 mars 1850, art. 1er).

« Tout fabricant, commissionnaire ou intermédiaire qui livrera des fils pour être bobinés, sera tenu d'inscrire sur un livret spécial, appartenant à l'ouvrier et laissé entre ses mains :

« 1° Le poids brut et le poids net de la matière à travailler ;

« 2° Le numéro du fil ;

« 3° Le prix de façon, soit au kilogramme de matière travaillée, soit au mètre de longueur de cette même matière » (Art. 2).

« Le prix de façon sera indiqué en monnaie légale, sur le livret, par le fabricant, commissionnaire ou intermédiaire.

« Toute convention contraire sera mentionnée par lui sur le livret » (Art. 3).

« L'ouvrage exécuté sera remis au fabricant, commissionnaire ou intermédiaire de qui l'ouvrier aura directement reçu la matière première.

« Le compte de façon sera arrêté au moment de cette remise.

« Toute convention contraire aux deux paragraphes précédents sera mentionnée sur le livret, par le fabricant, commissionnaire ou intermédiaire » (Art. 4).

« Le fabricant, commissionnaire ou intermédiaire, inscrira sur un registre d'ordre toutes les mentions portées au livret spécial de l'ouvrier » (Art. 5).

« Le fabricant, commissionnaire ou intermédiaire tiendra constamment exposés aux regards, dans le lieu où se règlent habituellement les comptes entre lui et l'ouvrier :

« 1° Les instruments nécessaires à la vérification des poids et mesures ;

« 2° Un exemplaire de la présente loi en forme de placard (Art. 6).

« A l'égard des industries spéciales auxquelles serait inapplicable la fixation du prix de façon, soit au mètre de tissu fabriqué, soit au mètre de longueur, de la trame introduite dans le tissu, ou bien soit au kilogramme de matière travaillée, soit au mètre de longueur de cette même matière, le pouvoir exécutif pourra déterminer un autre mode, par des arrêtés en forme de règlement d'administration publique, après avoir pris l'avis des chambres de commerce, des chambres consultatives et des conseils de prud'hommes, et, à leur défaut, des conseils de préfecture.

« Il pourra pareillement, par des arrêtés rendus en la même forme, étendre les dispositions de la présente loi aux industries qui se rattachent au tissage et au bobinage.

« En l'un et l'autre cas, ces arrêtés seront soumis à l'approbation de l'Assemblée législative dans les trois ans qui suivront leur promulgation » (Art. 7).

« Sont punies d'une amende de onze à quinze francs :

« 1° Les contraventions aux articles 1, 2, 3, 5 et 6 ;

« 2° Les contraventions à la disposition finale de l'art. 4 et aux arrêtés pris en exécution de l'art. 7.

« Il sera prononcé autant d'amendes qu'il aura été commis de contraventions distinctes » (Art. 8).

« Si, dans les douze mois qui ont précédé la contravention, le contrevenant a encouru une condamnation pour infraction à la présente loi ou aux arrêtés pris en exécution de l'article 7 de cette loi, le tribunal peut ordonner l'insertion du nouveau jugement dans un journal de la localité, aux frais du condamné » (Art. 9).

§ 17. — Mauvais traitements exercés envers les animaux domestiques (L. 2 juillet 1850).

1314. « Seront punis d'une amende de cinq à quinze francs, et pourront l'être d'un à cinq jours de prison, ceux qui auront exercé publiquement et abusivement de mauvais traitements envers les animaux domestiques.

« La peine de la prison sera toujours appliquée en cas de récidive.

« L'art. 483 sera toujours applicable (L. 2 juill. 1850, article unique).

1315. Cette disposition s'entend des mauvais traitements exercés envers ses propres animaux comme envers ceux d'autrui, qu'ils soient ou non sous la conduite ou sous la garde de celui qui, *publiquement*, c'est-à-dire en présence, à la vue de plusieurs personnes, et *abusivement*, c'est-à-dire avec excès, outre mesure, exerce de mauvais traitements envers eux.

1316. Le tribunal qui déclare qu'ils n'ont pas été exercés *publiquement, avec excès*, fait une appréciation qui échappe à la censure de la Cour de cassation (Cass., 9 juill. 1853, *Bull. crim.*).

1317. Si les animaux sont dans le domaine de l'homme, c'est pour qu'il en fasse un usage utile ; il doit en être le maître et non le tyran ; telle est la moralité de la loi du 2 juill. 1850, dans un intérêt d'ordre social.

· 1318. Sont réputés mauvais traitements :

1° Les blessures volontaires ;

2° Les coups violents et répétés ;

3° Le chargement excessif ;

4° La privation abusive de nourriture ;

5° Les tentatives brutales, pour faire relever les animaux abattus sous leurs fardeaux sans les dételer ou les décharger ;

6° Enfin, l'action de causer sur la voie publique des douleurs et des tourments aux animaux pour leur faire faire des efforts au-dessus de leurs moyens.

1319. On entend par animaux domestiques ceux qui, domptés ou apprivoisés par l'homme, lui restent volontairement et partout soumis, ou sont élevés par lui pour son usage et vivent autour de lui dans son habitation : tels sont les chevaux, les ânes, les mulets, les bœufs, les taureaux, les vaches, les veaux, les chèvres, les moutons, les porcs, les chiens, les chats, les lapins et les volailles de basse-cour.

1320. La blessure faite à un chien rentre dans l'application de l'art. 479, § 3, C. pén. (Cass., 9 juill. 1853, *Bull. crim.*).

§ 18. — Infractions aux conditions des contrats d'apprentissage et aux devoirs des maîtres et des apprentis (L. 22 février 1851).

1321. [Les contraventions diverses à la loi du 22 février 1851 sur l'apprentissage et dont le juge de paix connaissait comme juge de police, ont été déférées aux tribunaux correctionnels par la loi du 19 mai 1874, art. 30].

§ 19. — Police du roulage et des messageries publiques (L. 30 mai 1851).

V. *suprà*, chap. II, sect. 1ʳᵉ, § 4, et sect. 2, §§ 3 et 4.

§ 20. — Bureaux de placement (D. 25 mars 1852).

1322. « A l'avenir nul ne pourra tenir un bureau de placement, sous quelque titre et pour quelques professions, places ou emplois que ce soit, sans une permission spéciale délivrée par l'autorité municipale, et qui ne pourra être accordée qu'à des personnes d'une moralité reconnue » (Décr. 25 mars 1852, art. 1er).

« La demande à fin de permission doit contenir les conditions auxquelles le requérant se propose d'exercer son industrie. Il est tenu de se conformer à ces conditions et aux dispositions réglementaires qui seraient prises en vertu de l'art. 3 » (Art. 2).

« L'autorité municipale surveille les bureaux de placement pour y assurer le maintien de l'ordre et la loyauté de la gestion. Elle prend les arrêtés nécessaires à cet effet, et règle le tarif des droits qui pourront être perçus par le gérant » (Art. 3).

« Toute contravention à l'art. 1er, au second paragraphe de l'art. 2, ou aux règlements faits en vertu de l'art. 3, sera punie d'une amende de un à quinze francs et d'un emprisonnement de cinq jours au plus, ou de l'une de ces deux peines seulement.

« Le maximum des deux peines sera toujours appliqué au contrevenant, lorsqu'il aura été prononcé contre lui, dans les douze mois précédents, une première condamnation pour contravention au présent décret ou aux règlements de police précités.

« Ces peines sont indépendantes des restitutions et dommages-intérêts auxquels pourraient donner lieu les faits imputables au gérant.

« L'art. 463, C. pén., est applicable aux contraventions indiquées ci-dessus » (Art. 4).

« L'autorité municipale peut retirer la permission » (Art. 5).

« Le retrait de permission et les règlements émanés de l'autorité municipale, en vertu des dispositions qui précèdent, ne sont exécutoires qu'après l'approbation du préfet » (Art. 7).

§ 21. — Livrets d'ouvriers (L. 22 juin 1854).

1323. « Les ouvriers de l'un et de l'autre sexe attachés aux manufactures, fabriques, usines, mines, minières, carrières, chantiers, ateliers et autres établissements industriels, ou travaillant chez eux pour un ou plusieurs patrons, sont tenus de se munir d'un livret » (L. 22 juin 1854, art. 1er).

Ces mots : *et autres établissements industriels* donnent à la loi son véritable caractère et généralisent son application.

« Les livrets sont délivrés par les maires ; ils sont délivrés par le préfet de police à Paris et dans le ressort de sa préfecture ; par le préfet du Rhône à Lyon et dans les autres communes dans lesquelles il remplit les fonctions qui lui sont attribuées par la loi du 19 juin 1851 » (L. 1854, art. 2).

« Les chefs ou directeurs d'établissements spécifiés en l'art. 1ᵉʳ ne peuvent employer un ouvrier soumis à l'obligation prescrite par cet article, s'il n'est porteur d'un livret en règle » (Art. 3).

« Si l'ouvrier est attaché à l'établissement, le chef ou directeur doit, au moment où il le reçoit, inscrire sur son livret la date de son entrée.

« Il transcrit sur un registre non timbré, qu'il doit tenir à cet effet, les nom et prénoms de l'ouvrier, le nom et le domicile du chef de l'établissement qui l'aura employé précédemment, et le montant des avances dont l'ouvrier serait resté débiteur envers celui-ci » (Art. 4, §§ 1 et 2).

1324. Cette disposition concerne exclusivement les ouvriers et n'est point applicable aux simples apprentis ; elle n'est pas obligatoire pour l'individu que rien ne constate être chef d'un atelier industriel et employer habituellement des ouvriers soumis à l'obligation d'être munis d'un livret en règle (Cass., 9 fév. 1856, *Bull. crim.*).

1325. « Il inscrit sur le livret, à la sortie de celui-ci, la date de cette sortie et l'acquit des engagements.

« Il y ajoute, s'il y a lieu, le montant des avances dont l'ouvrier resterait débiteur envers lui, dans les limites fixées par la loi du 14 mai 1851 » (L. 1854, art. 4, §§ 3 et 4).

1326. Cette loi porte, art. 4 : « Les avances faites par le patron à l'ouvrier ne peuvent être inscrites sur le livret de celui-ci, et ne sont remboursables, au moyen de la retenue, que jusqu'à concurrence de trente francs. » Cette limitation est la disposition la plus importante de la loi de 1851 : par là les avances reçues par l'ouvrier, au delà de la somme fixée de 30 francs, reprennent leur caractère de simple prêt, soumis aux règles du droit commun, et l'ouvrier se trouve ainsi affranchi au delà de cette limite d'un privilége exorbitant qui l'enchaînait en quelque sorte au patron.

1327. « Si l'ouvrier travaille habituellement pour plusieurs patrons, chaque patron inscrit sur le livret le jour où il lui confie de l'ouvrage, et transcrit, sur le registre mentionné en l'article précédent, les nom et prénoms de l'ouvrier et son domicile. Lorsqu'il cesse d'employer l'ouvrier, il inscrit sur le

livret l'acquit des engagements sans aucune autre énonciation » (L. 1854, art. 5).

« Dans tous les cas, il n'est fait sur le livret aucune anno-
tation favorable ou défavorable à l'ouvrier » (Art. 8).

« Des règlements d'administration publique déterminent
tout ce qui concerne la forme, la délivrance, la tenue et le
renouvellement des livrets. Ils règlent la forme du registre
prescrit par l'art. 4 et les indications qu'il doit contenir »
(Art. 10).

« Les contraventions aux art. 1, 3, 4, 5 et 8 de la présente
loi sont poursuivies devant le tribunal de simple police, et punies d'une amende d'un à quinze francs, sans préjudice des
dommages-intérêts s'il y a lieu.

« Il peut, de plus, être prononcé, suivant les circonstances,
un emprisonnement d'un à cinq jours » (Art. 11).

« La présente loi aura son effet à partir du 1er janv. 1855;
il n'est pas dérogé, par ses dispositions, à l'art. 12 du décret
du 26 mars 1852, relatif aux sociétés de secours mutuels »
(Art. 16).

1328. « Le livret rempli ou hors d'état de servir est remplacé par un nouveau, sur lequel sont reportés :

« 1° La date et le lieu de la délivrance de l'ancien livret;

« 2° Le nom et la demeure du chef de l'établissement chez
lequel l'ouvrier travaille ou a travaillé en dernier lieu ;

« 3° Le montant des avances dont l'ouvrier resterait débiteur » (Décr. régl., 30 avril 1855, art. 4).

« L'ouvrier est tenu de représenter son livret à toute réquisition des agents de l'autorité » (Art. 6).

« L'ouvrier ne travaillant que pour un seul établissement
doit, avant de le quitter et d'être admis dans un autre, faire
inscrire sur son livret l'acquit des engagements.

« L'ouvrier travaillant habituellement pour plusieurs patrons peut, sans cet acquit, obtenir du travail d'un ou de
plusieurs autres patrons » (Art. 7).

« Le registre spécial que les chefs d'établissement doivent
tenir, conformément aux art. 4 et 5 de la loi du 22 juin 1854,
est dressé d'après le modèle annexé au présent décret »
(Art. 8, § 1er).

1329. Cette disposition complémentaire de l'art. 4 de la
loi de 1854 rentre évidemment dans l'application de l'art. 11
de la même loi, qui punit expressément les contraventions
audit art. 4 de cette loi.

1330. « Ce registre est coté et paraphé, sans frais, par les fonctionnaires chargés de la délivrance des livrets, et communiqué, sur leur demande, au maire et au commissaire de police » (Décr. 1855, art. 8, § 2).

« Le chef d'établissement indique, tant sur son registre que sur le livret, si l'ouvrier travaille pour un seul établissement ou pour plusieurs patrons.

« A l'égard de l'ouvrier travaillant pour plusieurs patrons, le chef d'établissement n'est tenu de remplir les formalités du paragraphe précédent que lorsqu'il l'emploie pour la première fois » (Art. 9).

« Si l'ouvrier est quitte envers le chef d'établissement, celui-ci, lorsqu'il cesse de l'employer, doit inscrire sur le livret l'acquit des engagements » (Art. 10).

1331. [De ce décret rapproché de la loi de 1854, il résulte qu'il peut y avoir des contraventions punies de peines différentes. Celles prévues par la loi de 1854 seront réprimées par l'art. 11 de ladite loi ; et les infractions non visées par la loi, mais prévues par le décret de 1855, tomberont sous l'application de l'art. 471, § 15, C. pén. CARRÉ, p. 401, n° 2].

§ 22. — **Infractions aux dispositions de la loi du 21 juillet 1856, qui étend à la coupe du velours de coton, ainsi qu'à la teinture, au blanchiment et à l'apprêt des étoffes, les dispositions de la loi du 7 mars 1850, concernant le tissage et le bobinage.**

1332. « Tout fabricant, commissionnaire ou intermédiaire qui livre à un ouvrier une pièce de velours de coton pour être coupée, est tenu d'inscrire, au moment de la livraison, sur un registre spécial appartenant à l'ouvrier, et laissé entre ses mains :

« 1° Les longueur, largeur et poids de la pièce à couper ;

« 2° Le prix de façon, au mètre de longueur » (L. 21 juill. 1856, art. 1er).

« Tout fabricant, commissionnaire ou intermédiaire qui livre à un ouvrier une pièce d'étoffe pour être teinte, blanchie ou apprêtée, est tenu d'inscrire, au moment de la livraison, sur un livre spécial appartenant à l'ouvrier, et laissé entre ses mains :

« 1° Les longueur, largeur et poids de la pièce à teindre, blanchir ou apprêter ;

« 2° Le prix de façon, soit au mètre de longueur de la pièce, soit au kilogramme de son poids » (Art. 2).

« Les art. 3, 4, 5, 6, 8 et 9 de la loi du 7 mars 1850, sont applicables à la coupe du velours de coton, ainsi qu'à la tein-ture, au blanchiment et à l'apprêt des étoffes » (Art. 3).

[§ 23. — Ivresse manifeste (L. 23 janvier 1873).

1333. [« Seront punis d'une amende de un à cinq francs inclusivement ceux qui seront trouvés en état d'ivresse mani-feste dans les rues, chemins, places, cafés, cabarets ou autres lieux publics.

« Les art. 474 et 483 du Code pénal seront applicables à la contravention indiquée au paragraphe précédent » (L. 23 janv. 1873, art. 1).

[Pour que l'ivresse tombe sous l'application de cet article, il faut qu'elle soit *manifeste*, c'est-à-dire évidente pour tous les yeux. Au cours de la discussion, un député demanda qu'on ajoutât *et faisant scandale;* cette addition n'a pas été adop-tée. Il n'est donc pas nécessaire que l'ivresse cause un scandale pour être réprimée; il suffit qu'elle soit manifeste.

Elle est manifeste quand elle est susceptible d'être consta-tée non-seulement par la publicité du lieu où elle se pro-duit, mais par le caractère extérieur des actes qui la signalent (Cass., 14 nov. 1874, *le Droit*, 15 nov. 1874).

Il faut encore que l'ivresse manifeste se trahisse dans un lieu public, rue, chemin, place, café, cabaret, auberge, res-taurant, brasserie, salle de spectacle, etc.

Ne saurait être considéré comme lieu public un wagon de chemin de fer quand le train est en marche. Trib. Brest, 10 sept. 1872, cité par Carré, *Code annoté*, p. 380, n° 4;

Ni une caserne, Cons. de guerre de Rouen, 14 juill. 1873, *Gaz. des trib.*, 3 août 1873; ni le front de bandière d'un camp. Cons. de guerre de Paris, 16 août 1873, *Gaz. des trib.*, 19 août 1873;

Ni le cabinet d'un juge d'instruction, Cass., 14 nov. 1874, *le Droit*, 15 nov. 1874.

L'amende, pour la première contravention, est de un franc à cinq francs.

En cas de récidive, l'emprisonnement doit être prononcé pendant trois jours au plus.

Il y a récidive, suivant nous, lorsque le contrevenant a, dans les douze mois et par le même tribunal de police, été condamné pour *ivresse manifeste.*

Une circulaire du garde des sceaux, en date du 23 fév. 1874, et reproduite par les *Annales des justices de paix*, 1874, p. 183, règle plusieurs points relatifs à la récidive.

1334. [« En cas de nouvelle récidive, conformément à l'art. 483, dans les douze mois qui auront suivi la deuxième condamnation, l'inculpé sera traduit devant le tribunal de police correctionnelle et puni d'un emprisonnement de six jours à un mois et d'une amende de seize francs à trois cents francs.

« Quiconque ayant été condamné en police correctionnelle pour ivresse, depuis moins d'un an, se sera rendu de nouveau coupable du même délit, sera condamné au maximum des peines indiquées au paragraphe précédent, lesquelles pourront être élevées jusqu'au double » (L. 23 janv. 1873, art. 2).

[Si, par erreur, le délinquant avait été cité en simple police, il devrait être renvoyé devant le tribunal correctionnel ; le tribunal de police devra, d'office, ordonner ce renvoi.

1335. [« Toute personne qui aura été condamnée deux fois en police correctionnelle pour délit d'ivresse manifeste, conformément à l'article précédent, sera déclarée, par le second jugement, incapable d'exercer les droits suivants : 1° de vote et d'élection ; 2° d'éligibilité ; 3° d'être appelée ou nommée aux fonctions de juré ou autres fonctions publiques, ou aux emplois de l'administration, ou d'exercer ces fonctions ou emplois ; 4° du port d'armes, pendant deux ans, à partir du jour où la condamnation sera devenue irrévocable » (L. 23 janv. 1873, art. 3).

[La rédaction de cet article, dit Carré, *Code annoté*, p. 384, n° 1, est défectueuse ; elle laisse supposer que la privation du droit de vote et d'élection, d'éligibilité, d'être juré ou de remplir des fonctions publiques est indéfinie, et que la privation du droit de port d'armes n'aura qu'une durée de deux ans. Nous croyons que ces mots, *pendant deux ans*, mal placés ou mal ponctués, s'appliquent à tous les paragraphes de l'article.

1336. [« Seront punis d'une amende de un à cinq francs inclusivement, les cafetiers, cabaretiers et autres débitants qui auront donné à boire à des gens manifestement ivres, ou qui les auront reçus dans leurs établissements, ou auront servi des liqueurs alcooliques à des mineurs âgés de moins de seize ans accomplis.

« Toutefois, dans le cas où le débitant sera prévenu d'avoir servi des liqueurs alcooliques à un mineur âgé de moins de seize ans accomplis, il pourra prouver qu'il a été induit en erreur sur l'âge du mineur ; s'il fait cette preuve, aucune peine ne lui sera applicable de ce chef.

« Les art. 474 et 483, C. pén., seront applicables aux contraventions indiquées aux paragraphes précédents » (L. 23 janv. 1873, art. 4).

[Le cabaretier n'est passible des peines de la contravention que si l'individu auquel il a donné à boire était manifestement en état d'ivresse au moment où il lui a donné à boire. C'est une condition nécessaire de la contravention à l'art. 4, et que le juge de police est souverain pour apprécier et décider (Cass., 7 nov. 1873, *Gaz. des trib.*, 9 nov. 1873, et *Ann. des just. de paix*, 1874, p. 103).

Les prescriptions de l'art. 4 relatives aux mineurs de seize ans sont absolues. C'est donc à tort que le juge de police acquitte le cabaretier prévenu d'avoir servi un punch à une société dans laquelle se trouvaient plusieurs mineurs, par le motif que ces mineurs étaient accompagnés du chef de cette société qui était leur maître de musique, et que, d'ailleurs, ce n'était pas à eux personnellement qu'avait été servi ce punch dont ils avaient bu (Cass., 7 nov. 1873, *Gaz. des trib.*, 9 nov. 1873, et *Ann. des just. de paix*, 1874, p. 104).

Le cabaretier ne peut point être déclaré pénalement responsable de l'état d'ivresse manifeste dans lequel un buveur est trouvé chez lui, quand ce buveur ne s'est point enivré dans son établissement (Cass., 7 déc. 1873, *Ann. just. de paix*, 1874, p. 105).

C'est au cabaretier qu'incombe l'obligation de s'assurer de l'état des consommateurs se présentant dans son établissement pour y boire. Le juge de police saisi d'un procès-verbal constatant qu'un cabaretier a reçu, dans son établissement, un individu déjà en état complet d'ivresse et lui a donné à boire, ne peut acquitter ce cabaretier par le motif qu'il n'est pas prouvé qu'il ait pu s'apercevoir de l'état de cet individu. Le juge doit explicitement se prononcer et déclarer que l'état d'ivresse n'était pas manifeste, soit pour le cabaretier, soit pour tous autres. (Cass., 15 janv. 1874, *Gaz. des trib.*, 6 mars 1874).

1337. [« Seront punis d'un emprisonnement de six jours à un mois et d'une amende de seize francs à trois cents francs, les cafetiers, cabaretiers et autres débitants qui, dans les douze mois qui auront suivi la deuxième condamnation prononcée en vertu de l'article précédent, auront commis un des faits prévus audit article.

« Quiconque, ayant été condamné en police correctionnelle pour l'un ou l'autre des mêmes faits, depuis moins d'un an, se rendra, de nouveau, coupable de l'un ou l'autre de ces faits, sera condamné au maximum des peines indiquées au paragraphe précédent, lesquelles pourront être portées au double » (L., 23 janv. 1873, art. 5).

« Toute personne qui aura subi deux condamnations en police correctionnelle pour l'un ou l'autre des délits prévus en l'article précédent pourra être déclarée par le second jugement incapable d'exercer tout ou partie des droits indiqués en l'art. 3.

« Dans le même cas, le tribunal pourra ordonner la fermeture de l'établissement pour un temps qui ne saurait excéder un mois, sous les peines portées par l'art. 3 du décret du 29 déc. 1851.

« Il pourra aussi, sous les mêmes peines, interdire seulement au débitant la faculté de livrer des boissons à consommer sur place » (Art. 6).

[L'art. 3 du décret du 29 déc. 1851, auquel il est renvoyé par le § 2 de l'art. 6, porte : Tout individu qui ouvrira un café, cabaret ou débit de boissons à consommer sur place, sans autorisation préalable ou contrairement à un arrêté de fermeture, sera poursuivi devant les tribunaux correctionnels et puni d'une amende de vingt-cinq francs à cinq cents francs et d'un emprisonnement de six jours à six mois. L'établissement sera fermé immédiatement.

1338. [« Sera puni d'un emprisonnement de six jours à un mois et d'une amende de seize francs à trois cents francs quiconque aura fait boire, jusqu'à l'ivresse, un mineur âgé de moins de seize ans accomplis.

« Sera puni des peines portées aux art. 5 et 6, tout cafetier, cabaretier ou autre débitant de boissons qui, ayant subi une condamnation en vertu du paragraphe précédent, se sera de nouveau rendu coupable, soit du même fait, soit de l'un ou de l'autre des faits prévus en l'art. 4 1°, dans le délai indiqué en l'art. 5 2° » (L. 23 janvier 1873, art. 7).

Les faits visés par l'art. 7 n'intéressent pas le tribunal de simple police.

1339. [« Le tribunal correctionnel, dans les cas prévus par la présente loi, pourra ordonner que son jugement soit affiché à tel nombre d'exemplaires et en tels lieux qu'il indiquera » (L. 23 janv. 1873, art. 8).

« L'art. 463 du Code pénal sera applicable aux peines d'emprisonnement et d'amende portées par la présente loi.

« L'art. 59 du même Code ne sera pas applicable aux délits prévus par la présente loi » (Art. 9).

« Les procès-verbaux constatant les infractions prévues dans les articles précédents seront transmis au procureur de la République dans les trois jours au plus tard, y compris celui où aura été reconnu le fait sur lequel ils sont dressés » (Art. 10).

« Toute personne trouvée en état d'ivresse dans les rues, chemins, places, cafés, cabarets, ou autres lieux publics, pourra être, par mesure de police, conduite, à ses frais, au poste le plus voisin, pour y être retenue jusqu'à ce qu'elle ait recouvré sa raison » (Art. 11).

« Le texte de la présente loi sera affiché à la porte de toutes les mairies et dans la salle principale de tous cabarets, cafés et autres débits de boissons. Un exemplaire en sera adressé, à cet effet, à tous les maires et à tous les cabaretiers, cafetiers et autres débitants de boissons.

« Toute personne qui aura détruit ou lacéré le texte affiché sera condamnée à une amende de un à cinq francs et aux frais du rétablissement de l'affiche.

« Sera puni de même, tout cabaretier, cafetier ou débitant chez lequel ledit texte ne sera pas trouvé affiché » (Art. 12).

1340. [L'art. 12 est inapplicable aux cafés maures, établissements exclusivement en usage en Algérie. Cette exception se justifie parce que ces cafés ne débitent ni vins, ni liqueurs, ni aucune substance alcoolique, mais uniquement du café et du thé (Cass., 29 janv. 1874, *Gaz. des trib.*, 7 mars 1874).

1341. « [Les gardes champêtres sont chargés de rechercher, concurremment avec les autres officiers de police judiciaire, chacun sur le territoire sur lequel il est assermenté, les infractions à la présente loi. Ils dressent des procès-verbaux pour constater ces infractions » (L. 23 janv. 1873, art. 13).

1342. [D'une circulaire émanée du garde des sceaux, en date du 6 juin 1874, nous extrayons ce qui suit : « J'ai été consulté sur la rétribution qu'il y aurait lieu d'accorder aux greffiers des tribunaux de police pour la rédaction et l'envoi, après chaque condamnation pour ivresse, du bulletin de jugement qui doit être classé au parquet du procureur de la République, pour faciliter la constatation des récidives. J'ai décidé que ces greffiers seraient autorisés à réclamer vingt-cinq centimes par bulletin »].

1343. Un décret du 11 fév. 1873 a rendu applicable à l'Algérie la loi du 23 janvier.

§ 24. — [Protection des enfants du premier âge et des nourrissons
(L. 23 décembre 1874).

1344. [L'Assemblée nationale, dans ses séances des 9, 14 et 23 déc. 1874, a adopté la loi relative à la protection des enfants du premier âge, et en particulier des nourrissons.

L'infraction à plusieurs de ses dispositions et des règlements d'administration qui s'y rattachent, est déférée aux tribunaux de simple police.

Cette loi récente encore n'a donné lieu à aucune discussion doctrinale, et n'a suscité aucune solution judiciaire; aussi, nous nous bornons à reproduire, sans commentaires, ceux de ses articles qui intéressent les juges de paix comme juges de police.

Art. 1er. « Tout enfant, âgé de moins de deux ans, qui est placé, moyennant salaire, en nourrice, en sevrage ou en garde, hors du domicile de ses parents, devient, par ce fait, l'objet d'une surveillance de l'autorité publique, ayant pour but de protéger sa vie et sa santé. »

Art. 6. « Sont soumis à la surveillance instituée par la présente loi : toute personne ayant un nourrisson ou un ou plusieurs enfants en sevrage ou en garde, placés chez elle, moyennant salaire ; les bureaux de placement et tous les intermédiaires qui s'emploient au placement des enfants en nourrice, en sevrage ou en garde.

« Le refus de recevoir la visite du médecin inspecteur, du maire de la commune ou de toutes autres personnes déléguées ou autorisées par la présente loi, est puni d'une amende de cinq à quinze francs.

« Un emprisonnement de un à cinq jours peut être prononcé si le refus dont il s'agit est accompagné d'injures ou de violences. »

Art. 7. « Toute personne qui place un enfant en nourrice, en sevrage ou en garde, moyennant salaire, est tenue, sous les peines portées par l'article 346 du Code pénal, d'en faire la déclaration à la mairie de la commune où a été faite la déclaration de la naissance de l'enfant, ou à la mairie de la résidence actuelle du déclarant, en indiquant, dans ce cas, le lieu de la naissance de l'enfant, et de remettre à la nourrice ou à la gardeuse un bulletin contenant un extrait de l'acte de naissance de l'enfant qui lui est confié. »

Art. 9. « Toute personne qui a reçu chez elle, moyennant

salaire, un nourrisson ou un enfant en sevrage ou en garde, est tenue, sous les peines portées à l'art. 346, C. pén. :

« 1° D'en faire la déclaration à la mairie de la commune de son domicile dans les trois jours de l'arrivée de l'enfant et de remettre le bulletin mentionné en l'art. 7 ;

« 2° De faire, en cas de changement de résidence, la même déclaration à la mairie de sa nouvelle résidence ;

« 3° De déclarer, dans le même délai, le retrait de l'enfant par ses parents ou la remise de cet enfant à une autre personne, pour quelque cause que cette remise ait lieu ;

« 4° En cas de décès de l'enfant, de déclarer ce décès dans les vingt-quatre heures.

« Après avoir inscrit ces déclarations au registre mentionné à l'article suivant, le maire en donne avis, dans le délai de trois jours, au maire de la commune où a été faite la déclaration prescrite par l'art. 7.

« Le maire de cette dernière commune donne avis, dans le même délai, des déclarations prescrites par les nos 2, 3, 4, ci-dessus, aux auteurs de la déclaration de mise en nourrice, en sevrage ou en garde. »

Art. 10. « Il est ouvert, dans les mairies, un registre spécial pour les déclarations ci-dessus prescrites.

« Ce registre est coté, paraphé et vérifié tous les ans par le juge de paix. Ce magistrat fait un rapport annuel au procureur de la République, qui le transmet au préfet, sur les résultats de cette vérification.

« En cas d'absence ou de tenue irrégulière du registre, le maire est passible de la peine édictée en l'art. 50, C. civ. »

Art. 13. « En dehors des pénalités spécifiées dans les articles précédents, toute infraction aux dispositions de la présente loi et des règlements d'administration publique qui s'y rattachent, est punie d'une amende de cinq à quinze francs.

« Sont applicables à tous les cas prévus par la présente loi le dernier paragraphe de l'art. 463, C. pén. et les art. 482, 483 du même Code. »].

CHAP. IV. — FORMULES.

SECT. Ire. — AVERTISSEMENT DU MINISTÈRE PUBLIC A PRÉVENU.

Le commissaire de police d..., (ou) le maire, (ou) adjoint au maire, (ou) le juge suppléant de..., remplissant les fonctions du ministère public près

le tribunal de simple police d..., invite M..., cultivateur, demeurant à...,
à comparaître, le... de ce mois..., heure de..., à l'audience dudit tribunal,
pour être entendu et jugé sur la plainte portée contre lui au sujet de...,
(ou) sur la contravention qui lui est reprochée, constatée par procès-verbal de..., en date du..., enregistré et affirmé, duquel il résulte que..., et
le prévient que, faute de comparaître, il sera cité dans la forme ordinaire, avec frais, et jugé absent comme présent.

Fait à..., le...   (*Signature*).
(*Sceau*).

SECT. II. — RÉQUISITOIRE. — LETTRE D'ENVOI. — CÉDULE DE CITATION EN CAS D'URGENCE.

§ 1er. — Réquisition pour faire citer un prévenu.

Nous..., remplissant les fonctions du ministère public près le tribunal
de simple police du canton de;

Vu les art. 145 et 146, C instr. crim., requérons l'un des huissiers
du canton de..., département de..., de citer, à notre requête, pour comparaître, en personne ou par fond de procuration spéciale, enregistrée,
à l'audience publique du tribunal de simple police d..., séant à..., le...,
à..., heure...

1° Le sieur..., profession de..., demeurant à..., prévenu de..., fait
constaté par un..., en date du..., et constituant une contravention prévue
par l'art...

2° Le sieur..., profession de..., demeurant à..., canton de..., civilement responsable des faits de son...

Afin de répondre aux interpellations qui leur seront adressées, se
justifier ou se voir condamner aux peines prononcées par la loi.

Fait à..., le...
(*Sceau*).   (*Signature*).

§ 2. — Lettre d'envoi d'un réquisitoire.

Monsieur le juge de paix,

J'ai l'honneur de vous adresser un..., et de vous prier de faire donner
citation au prévenu, y dénommé, demeurant dans votre ressort. Je vous
prie de m'envoyer en temps utile l'original d'assignation.

(S'il y a eu procès-verbal, on ajoute) : et de me retourner le procès-
verbal ci-joint.

Agréez, etc.   (*Signature*).

§ 3. — Réquisitoire pour faire amener, en vertu d'un jugement, un témoin défaillant.

Nous..., remplissant les fonctions du ministère public près le tribunal
de police du canton de...;

Vu le jugement de ce tribunal en date du..., lequel ordonne que le
sieur..., demeurant à..., sera contraint de venir à l'audience du..., donner son témoignage dans le procès d'entre..., et...,

Requérons tous huissiers ou agents de la force publique d'appréhender
au corps ledit sieur, et de le conduire à l'audience, conformément au jugement sus-énoncé;

Requérons tous dépositaires de la force publique de prêter main-forte
en cas de nécessité pour l'exécution du présent.

Fait à..., le...
(*Sceau*).   (*Signature*).

§ 4. — Cédule de citation en cas d'urgence.

Nous.. , juge de paix, président du tribunal de simple police du canton de... ou de la ville de...; Vu le réquisitoire du ministère public près ledit tribunal, et en vertu de l'art. 146, C. instr. crim.;

Attendu l'urgence,

Mandons et ordonnons à tous huissiers sur ce requis, de citer, à la requête du ministère public, à comparaître aujourd'hui même, heure d..., en l'audience publique de ce tribunal, sis à...

1°. . . . 2° . . . .

Fait à..., le...   (*Signature*).

N. B. L'huissier fait mention de cette cédule dans la citation, qui en est donnée en conséquence dans l'une des formes indiquées *infrà*, sect. III.

SECT. III. — CITATIONS.

§ 1er. — Citation à la requête du ministère public contre un prévenu et une personne civilement responsable.

L'an..., le...;

A la requête de M. le..., de..., remplissant les fonctions du ministère public près le tribunal de simple police, j'ai... (immatricule de l'huissier), soussigné, cité le sieur... (le prévenu), et le sieur... (la personne responsable, s'il y a lieu), en leur domicile, distant de ma demeure de... myriamètres, où je me suis transporté, et où étant et parlant à..., à comparaître le..., heure du..., devant le tribunal de simple police du canton de... ou de la ville de..., présidé par Monsieur le juge de paix dudit canton, en son prétoire ordinaire, sis à..., rue..., pour, attendu..., s'entendre condamner ledit sieur...: voir déclarer communes avec lui les condamnations pécuniaires qui pourront être prononcées contre ledit prévenu, son..., dont il est civilement responsable, et solidairement aux dépens;

Et à ce qu'ils n'en ignorent, je leur ai en leurs domiciles susdits, étant et parlant comme ci-dessus, laissé, sous toutes réserves, à chacun d'eux, copie du présent, dont le coût est de...   (*Signature de l'huissier*).

§ 2. — Citation à la requête d'une partie civile.

L'an..., le..., à la requête de..., j'ai (immatricule de l'huissier) soussigné..., donné citation à comparaître le... de ce mois, heure du..., devant le tribunal de simple police du canton de... ou de la ville de..., présidé par M. le juge de paix dudit canton, en son prétoire ordinaire, sis à..., rue..., n°..., pour, attendu... (libellé de la citation),

S'entendre condamner, par forme de réparation civile, à payer la somme de..., pour dommages-intérêts envers le requérant, et aux dépens, sauf la jonction du ministère public pour l'application de la peine encourue;

Et à ce qu'il n'en ignore..., etc.   (*Signature de l'huissier*).

§ 3. — Citation à la requête du ministère public, pour répression d'une contravention qui emporte confiscation, amende et emprisonnement.

L'an..., le..., à la requête de..., j'ai soussigné..., donné citation (comme ci-dessus § 1ᵉʳ), pour, attendu que... est prévenu d'avoir le..., suivant qu'il est constaté par procès-verbal de..., en date du..., dûment affirmé et enregistré,

S'entendre, ledit sieur..., condamner aux peines et amendes prononcées par les art..., C. pén., et en outre, voir dire que... sera (ou seront) déclaré confisqué pour..., ainsi qu'il est prescrit par l'art... du même Code ;

Et pour enfin s'entendre condamner aux dépens. Et à ce qu'il n'en ignore...   (*Signature de l'huissier*).

§ 4. — Citation d'appel d'un jugement de simple police.

L'an..., le..., à la requête de..., lequel constitue pour son avoué M..., qui occupera sur l'appel interjeté ci-après : je..., soussigné, ai signifié et déclaré au sieur.... propriétaire, demeurant à..., en son domicile, en parlant à..., que ledit sieur... est appelant d'un jugement rendu contradictoirement entre les parties par le tribunal de simple police d..., le..., dûment enregistré et signifié le. ., par exploit de...

En conséquence, j'ai donné assignation audit sieur. . , en son domicile, en parlant comme ci-dessus, à comparaître, d'aujourd'hui à la huitaine franche de la loi, à l'audience de la chambre correctionnelle du tribunal de première instance de..., séant à..., pour voir dire, attendu... (énoncer les motifs sur lesquels on fonde l'appel), il a été mal jugé par le jugement ci-dessus énoncé ; qu'en conséquence ledit jugement sera mis à néant, et le requérant déchargé des condamnations contre lui prononcées ; comme aussi que l'amende consignée sera rendue, et ledit sieur... condamné aux dépens des causes principale et d'appel.

Et je lui ai, en son domicile, et parlant comme ci-dessus, laissé copie du présent exploit, dont le coût est de...   (*Signature de l'huissier*).

§ 5. — Exploit de signification d'un arrêt de la Cour de cassation qui casse un jugement de simple police.

L'an..., le..., à la requête de..., M. le procureur général près la Cour d'appel de..., je... soussigné, ai signifié et en tête des présentes donné 1°, 2°. . . . . de l'expédition en bonne forme d'un arrêt rendu par la Cour de cassation, le..., enregistré sur le pourvoi de... en cassation d'un jugement du tribunal de simple police du canton de..., du..., à l'occasion de..., lequel arrêt casse et annule ledit jugement. et renvoie pour statuer devant le tribunal de police du canton de...

A ce que le... (ou les) susnommé n'en ignore, et j'ai à domicile et parlant comme ci-dessus, remis en outre de l'arrêt copie du présent, dont le coût est de...   (*Signature de l'huissier*).

SECT. IV. — ACTES RELATIFS A LA RÉCUSATION DU JUGE DE POLICE

§ 1ᵉʳ. — Acte de récusation.

L'an..., le..., à la requête du sieur..., demeurant à..., où il fait élection de domicile, et encore en l'étude de moi, huissier, j'ai (immatricule), soussigné, signifié et déclaré à Mᵉ..., au nom et en sa qualité de greffier du tribunal de simple police du canton de..., demeurant à... en son greffe, en parlant à..., que le requérant récuse la personne de M. le juge de paix du canton de..., dans la cause d'entre ledit requérant et le sieur..., dont il est appelé à connaître comme président du tribunal de simple police, et ce, attendu que... (consigner les motifs de la récusation) ; à ce que le susnommé n'en ignore et ait en conséquence à communiquer la présente récusation à mondit sieur le juge de paix, afin qu'il ait à donner sa réponse dans deux jours, conformément à la loi, et je lui-ai, en parlant comme dessus, laissé copie du présent exploit, dont le coût est de...

> (*Signature de l'huissier et de sa partie, ou de son fondé de pouvoir spécial*).

N. B. Cet exploit doit être visé par le greffier.

§ 2. — Déclaration du juge récusé au bas de l'exploit.

Nous, juge de paix du canton de..., déclarons acquiescer purement et simplement à la récusation ci-dessus.

(Ou bien) Nous..., attendu que les motifs qui servent de base à la récusation ci-dessus sont complétement faux, déclarons n'y avoir aucun égard.

Fait à..., le...   (*Signature*).

§ 3. — Acte de réquisition d'envoi au procureur de la République de l'acte de récusation.

L'an..., le..., à la requête du sieur.., lequel fait élection de domicile en sa demeure, etc.; j'ai... (immatricule de l'huissier), soussigné, sommé et requis Me..., en sa qualité de greffier du tribunal de simple police du canton de .., en son greffe, sis à..., en parlant à..., d'envoyer dans le plus bref délai, à M. le procureur de la République près le tribunal de première instance de..., l'expédition de l'acte contenant récusation par le requérant de la personne de M. le juge de paix du canton de..., dans la cause pendante au tribunal de simple police dudit canton, entre le sieur... et le...; lequel acte a été signifié à mondit sieur..., greffier, par exploit de mon ministère, en date du..., enregistré et visé, et d'envoyer également la déclaration qu'a dû faire M. le juge de paix, président.

A ce que du tout le susnommé n'ignore, lui déclarant que, faute par lui de satisfaire à la présente réquisition, le sieur... se pourvoira ainsi que de droit ; et je lui ai en son greffe, et parlant comme dessus, laissé copie du présent exploit, dont le coût est de...   (*Signature de l'huissier*).

SECT. V. — ORDONNANCES ET PROCÈS-VERBAUX DU JUGE DE POLICE.

§ 1er. — Ordonnance pour estimer un dommage avant l'audience et pour citer le prévenu, suivie de l'acte de notification et d'assignation à la prochaine audience.

Nous, juge de paix du canton de.... président du tribunal de police de... ;

Sur la plainte verbale qui nous a été faite par..., propriétaire, demeurant à..., que... (expliquer ici le fait du dommage et dire par qui il a été fait) ; ce qui a causé un dégât assez considérable, dont il demande l'estimation avant l'audience du..., à laquelle il entend faire appeler l'auteur de la contravention ;

Ordonnons, sans rien préjuger, que demain, à dix heures du matin, visite et estimation seront faites par nous du dommage dont il s'agit, parties présentes ou appelées. ce qui sera exécutoire par provision, non-obstant appel ou opposition.

Fait à.... le...   (*Signature du juge*).

(Au pied de cette ordonnance, on met la citation suivante) :

Notifié et laissé copie de la présente ordonnance, à la requête de..., demeurant à..., où il élit domicile, au sieur..., demeurant à..., en son domicile, en parlant à..., avec sommation de comparaître, demain à dix heures du matin, sur la pièce de terre désignée en ladite ordonnance, pour assister à l'estimation dont il s'agit; sinon il sera procédé tant en sa présence qu'en son absence; et, de plus, j'ai, audit, en parlant comme ci-dessus, donné citation à comparaître, le... de ce mois, ... heure du matin, devant le tribunal de simple police, présidé par M. le juge de paix du canton de..., en son prétoire ordinaire, sis à..., pour s'entendre déclarer convaincu de contravention à raison du fait mentionné en ladite ordonnance, et condamner à payer, pour réparation du dommage, la somme à laquelle il sera estimé, sauf la jonction du ministère public, pour l'application de la peine,

Et à ce qu'il n'en ignore, etc.   (*Signature de l'huissier*).

§ 2. — Procès-verbal d'estimation par le juge de police en conséquence de son ordonnance ci-dessus.

L'an, etc.;

Nous, juge de paix du canton de..., président du tribunal de simple police dudit canton, assisté de Me..., greffier;

En vertu de notre ordonnance du..., enregistrée et notifiée le..., par.... huissier à...;

Et à la requête de..., propriétaire, demeurant à...,

Nous sommes transporté sur une pièce de terre (la désigner), aux fins d'estimer le dommage prétendu fait sur cette pièce de terre par...; où étant arrivé, le requérant étant présent, ainsi que... (le prévenu), nous avons procédé ainsi qu'il suit :

Le sieur A..., demandeur, en persistant dans sa plainte, a dit que...; etc.;

Le sieur B..., prévenu, a répondu que...; etc.

(Si le défendeur ne comparaît pas, on dit) :

Et, après avoir attendu une heure au delà de celle indiquée, sans que ledit sieur B... ait comparu, ni personne pour lui, nous avons donné défaut contre lui, et pour le profit passé outre à l'estimation ordonnée;

A laquelle procédant, nous avons remarqué que... (spécifier ici avec détail l'état des lieux, le dommage causé..., etc.).

Cette visite faite, nous estimons le dommage ci-dessus constaté à la somme de...

Fait et clos le présent procès-verbal, à... heures de relevée, et ont les parties signé avec nous et le greffier, après lecture faite.

(*Signatures*).

§ 3. — Nomination d'un ou trois experts par le juge de police pour estimer un dommage avant l'audience et notification par huissier de son ordonnance.

Nous, juge de paix du canton de..., président du tribunal de police dudit canton;

Sur l'exposé qui nous a été fait par..., cultivateur, demeurant à..., que... (expliquer le fait qui a occasionné le dommage),

Ordonnons que visite et estimation seront faites du dégât dont il s'agit

par... (des noms et demeures d'un ou de trois experts), que nous nom-
mons à cet effet, et qui opéreront le..., à... heures du matin, parties présentes (dûment intimées); lesquels experts seront tenus de déposer leur
rapport au greffe du tribunal, et d'en affirmer la sincérité à l'audience
qui suivra leur estimation : ce qui sera exécuté par provision, nonobstant
appel ou opposition.

Fait à..., le...

(Au pied de cette ordonnance, on écrit la notification suivante) :

L'an..., le..., à la requête de..., demeurant à..., où il élit domicile, j'ai
(immatricule de l'huissier), soussigné, à chacun séparément... (le prévenu), demeurant à..., en son domicile, en parlant à...; et à..., demeurant à..., expert, ci-devant nommé, en son domicile, en parlant à...,
signifié et donné copie de l'ordonnance ci-dessus, et, de l'autre part, à
ce qu'ils n'en ignorent, avec sommation de se trouver le... de ce mois,
dix heures du matin sur... (lieu du dommage), pour, de la part dudit...
(le prévenu), assister à l'opération de l'expert pour les visite et estimation
ordonnées, et de la part dudit... (l'expert), procéder en son honneur et
conscience auxdites visite et estimation. Au surplus, et à la même requête
que dessus, j'ai audit... (le prévenu) donné citation à comparaitre... etc.

(Signature de l'huissier).

§ 4. — Procès-verbal d'arrestation de personnes qui troublent l'ordre, en excitant du tumulte à l'audience de simple police.

Nous..., juge de paix du canton de..., président du tribunal de simple
police, assisté de Me..., greffier, tenant l'audience dudit tribunal et procédant à l'instruction de l'affaire pendante entre... et...;

Attestons que le sieur D..., a troublé l'ordre et la tranquillité en donnant des signes d'approbation ou d'improbation, ou en excitant du tumulte
(dire comment l'audience a été troublée);

Après avoir inutilement cherché à plusieurs reprises, à rappeler D...
au respect dû à la justice, nous avons donné ordre à l'huissier de service
de l'expulser de l'audience. Ledit sieur D... ayant résisté à nos ordres,
(ou) étant rentré, nous l'avons fait arrêter à l'instant, en vertu de l'art.
504, C. instr. crim., et ordonné qu'il serait conduit à la maison d'arrêt
pour y être détenu 24 heures, en enjoignant au gardien de ladite maison
de le recevoir sur le vu du présent procès-verbal, qui a été de suite rédigé en présence dudit sieur D..., auquel lecture en a été faite par...,
huissier de service, chargé de la mise à exécution de notre ordonnance.

De tout quoi, nous avons dressé le présent procès-verbal, en audience
publique de simple police, au lieu ordinaire de ses séances, à..., le...

(Signatures du juge et du greffier).

(Si le tumulte a été accompagné d'injures ou voies de fait
donnant lieu à l'application ultérieure de peines correctionnelles ou de police, le tribunal, après avoir entendu le ministère public, peut les prononcer séance tenante et immédiatement après que les faits auront été constatés comme ci-dessus
(C. instr. crim., art. 505), ou se borner à dresser procès-
verbal des faits et à l'adresser au procureur de la République).

SECT. VI. — JUGEMENTS DIVERS.

§ 1er. — Jugement contradictoire sur la poursuite du ministère public.

Tribunal de simple police du canton de..., arrondissement de..., département de..., (*ou*) de la ville de..., etc. Audience publique tenue le..., à l'heure accoutumée, au lieu ordinaire de ses séances par M. Adolphe A..., juge de paix dudit canton, assisté de Me..., greffier dudit tribunal, en présence de M..., remplissant les fonctions du ministère public.

(Cet intitulé, mis en tête de la feuille d'audience, sert pour tous les jugements qui y sont portés. On le transcrit dans l'expédition de chaque jugement).

Entre M. le commissaire de police de..., (*ou*) M. le maire, (*ou*) M. l'adjoint du maire de la commune de..., (*ou*) le juge suppléant exerçant les fonctions du ministère public près ce tribunal, demandeur, d'une part ;

Et le sieur Louis-André A..., âgé de..., vigneron, demeurant à..., prévenu, comparant en personne, d'autre part.

(S'il y a une partie civilement responsable, on ajoute) :

En présence du sieur B... (nom, prénoms, profession), demeurant à..., comme civilement responsable des faits du prévenu, comparant aussi en personne, d'autre part ;

La cause appelée, le greffier donne lecture du rapport fait le..., par..., (*ou*) du procès-verbal dressé le..., par..., affirmé et enregistré dans les délais, lequel constate que... (exposer très-sommairement les faits).

Le ministère public expose que, par un avertissement en date du..., (*ou*) par exploit de..., huissier à..., en date du..., il a appelé (ou a fait citer à comparaître) devant ce tribunal, à ces lieu, jour et heure, le sieur A..., prévenu de contravention à l'art. 471, § 4, C. pén. (ou tout autre article de loi).

(S'il y a partie civilement responsable, on ajoute) :

Et ledit sieur B... comme civilement responsable des faits de... (son préposé).

Le président demande au prévenu ses nom, prénoms, âge, profession, domicile et lieu de naissance.

Le prévenu répond : Je me nomme A..., né à..., âgé de... ans, vigneron, domicilié à...

Le président interroge A... sur la contravention dont il est prévenu.

A... répond que... (transcrire sommairement sa réponse).

Le ministère public résume l'affaire et conclut à...

Le sieur A..., prévenu, est entendu dans sa défense et ses observations.

(S'il y a partie civilement responsable, on ajoute) :

Le sieur B..., appelé comme civilement responsable, est entendu et conclut à...

Le tribunal, après avoir entendu lecture du procès-verbal dressé le..., par... :

Ouï le prévenu en ses dires, moyens de défense et observations (s'il y a partie civilement responsable, on ajoute :) Le sieur B... appelé comme civilement responsable en ses conclusions;

Ensemble le ministère public dans le résumé de l'affaire et en son réquisitoire,

Statuant par jugement contradictoire en dernier (ou en premier)
ressort ;

Attendu qu'il est établi, par le procès-verbal, que A... a embarrassé
la voie publique, en déposant ou laissant sans nécessité, pendant plus de
deux heures, sa voiture, attelée d'un cheval, dans la rue de...; que ledit
procès-verbal est régulier et fait foi de son contenu jusqu'à preuve contraire ;

Attendu que les allégations de A... ne sont appuyées sur aucune
preuve.

(S'il y a partie civilement responsable, on ajoute) :

Et attendu que la contravention commise par A... a eu lieu dans les
fonctions auxquelles il était préposé par B...;

Vu les art. 471, § 4, C. pén., et 162, C. instr. crim., ainsi conçus :
« Seront punis d'amende, depuis 1 fr. jusqu'à 5 fr. inclusivement, ceux
qui auront embarrassé la voie publique, en y déposant ou y laissant,
sans nécessité, des matériaux ou des choses quelconques, qui empêchent
ou diminuent la liberté ou la sûreté du passage. »

« La partie qui succombera sera condamnée aux frais même envers la
la partie publique. Les dépens seront liquidés par le jugement. »

Condamne par corps le sieur A... à une amende de... francs, et, en
outre, solidairement avec ledit sieur B..., son maître, aux dépens liquidés
à la somme de..., etc.

Ainsi jugé et prononcé en audience publique, les jour, mois et an
susdits; et nous, juge de paix, président, avons signé avec le greffier.

(Signatures).

§ 2. — Jugement contradictoire sur la poursuite d'une partie civile.

Tribunal de simple police, etc. (suivre la formule, § 1er).

Entre le sieur Louis M..., propriétaire, demeurant à..., demandeur,
comparant en personne, d'une part ;

Et 1° le sieur Henri A..., berger, demeurant à..., demandeur, comparant aussi en personne, d'autre part;

2° Le sieur Noël D..., cultivateur, demeurant à..., civilement responsable, comparant en personne, aussi d'autre part;

En présence de M..., exerçant les fonctions du ministère public près
ce tribunal, encore d'autre part.

(Si la partie lésée se rend partie civile à l'audience, on éta-
blit les qualités des parties, ainsi qu'il suit) :

Entre 1° M..., exerçant les fonctions du ministère public près ce tribunal, demandeur ;

2° Le sieur M..., propriétaire, demeurant à..., partie civile et demandeur d'une part,

Et 1° Le sieur A..., berger, demeurant à..., prévenu, comparant en
personne d'autre part;

2° Le sieur B..., cultivateur, demeurant à..., comme civilement responsable, comparant en personne, aussi d'autre part.

Le sieur M... expose que par exploit de..., huissier à..., en date du...,
dûment enregistré, il a fait citer : 1° le sieur A..., pour avoir réparation
de la contravention par lui commise à l'article...;

2° Et le sieur B.., comme civilement responsable de cette contravention, sauf au ministère public, dont la jonction est requise, à prendre pour la vindicte publique telles conclusions qu'il appartiendra.

Le président demande au prévenu ses nom, prénoms, âge, profession, domicile et lieu de naissance.

Le prévenu répond : Je me nomme..

Le président interroge A... sur la contravention dont il est prévenu.

A... répond... (recueillir sommairement sa réponse).

Le sieur M..., partie civile, est entendu, et conclut à...

Le sieur A..., prévenu, propose sa défense, et conclut à...

Le sieur B..., appelé comme civilement responsable, est entendu et conclut à...

Le ministère public résume l'affaire et requiert...

Le prévenu présente ses observations.

Le Tribunal, après avoir entendu la lecture de la plainte,

Ouï le prévenu dans ses défenses, conclusions et observations, B..., appelé comme civilement responsable. et M..., partie civile en leurs conclusions respectives, ensemble le ministère public dans le résumé de l'affaire et en son réquisitoire,

Statuant par jugement contradictoire en premier ressort :

Attendu que la demande est justifiée,

(Ou) : Attendu qu'il résulte du procès-verbal susénoncé et des débats (ou) de l'instruction et des débats (suivant le cas), la preuve que...:

Que cette infraction constitue une contravention prévue par l'article. . du Code pénal;

Déclare A... convaincu de la contravention qui lui est reprochée, et lui faisant, en conséquence, l'application dudit article, n°..., et de l'art. 162 du Code d'instr. crim., lesquels sont ainsi conçus (les transcrire textuellement);

Condamne A... par corps à une amende de...

Faisant droit sur les conclusions de la partie civile;

Attendu que...,

Condamne A... à payer au sieur M... la somme de... pour dédommagement du préjudice résultant des faits, objet de l'action, et en outre aux dépens;

Le condamne, en outre, par corps, au remboursement des frais du procès, tant envers la partie civile qu'envers l'Etat (aut vice versâ), et, néanmoins, conformément à l'art. 157 du décret du 18 juin 1811, ainsi conçu : (le transcrire textuellement); déclare M..., partie civile, personnellement responsable des frais faits par l'Etat, sauf son recours contre A..., prévenu, et contre B.., civilement responsable.

Et attendu que la contravention commise par A... a eu lieu dans les fonctions auxquelles il était préposé par B...;

(Ou) : Vu l'article... ainsi conçu : (le transcrire textuellement).

Attendu que par cet article B... est déclaré civilement responsable de la contravention commise par A...;

Condamne B... comme civilement responsable du fait dudit A..., solidairement avec lui en tous les dommages-intérêts, indemnités (restitutions, s'il y a lieu) et frais auxquels A... a été condamné, tant envers la partie civile qu'envers l'Etat (aut vice versâ).

Ainsi jugé et prononcé, etc.   (Signatures).

§ 3. — Jugement qui déclare une partie non civilement responsable.

Tribunal de simple police du canton de..., etc. (comme au § 1er ci-, dessus).

Le tribunal... (comme aux §§ 1 et 2, ci-dessus, suivant le cas);

Attendu que la contravention commise par A... n'a pas eu lieu dans les fonctions auxquelles il était préposé par B..., (ou) que B... n'est pas déclaré par la loi responsable de la contravention commise par A...;

Renvoie B... de l'action à fin de responsabilité civile contre lui intentée, et condamne M..., partie civile, aux frais envers ledit B...

Ordonne qu'en ce qui concerne la vindicte publique, le présent jugement sera exécuté à la diligence du ministère public.

Ainsi jugé et prononcé..., etc.   (Signatures).

§ 4. — Jugement qui prononce la nullité de la citation.

Le Tribunal, etc.

Attendu que B... soutient que, n'ayant été cité que le..., pour cette audience, la citation est nulle, et qu'il en demande la nullité avant toute défense au fond;

Attendu que la seule lecture de la citation prouve que le délai ordinaire n'a pas été observé; que cette inobservation emporte nullité, aux termes de l'art. 146 du C. d'instr. crim.;

Déclare nulle la citation donnée par H..., huissier à..., le... de ce mois, et condamne A.... demandeur, aux dépens, sauf son recours contre qui de droit.

Ainsi jugé et prononcé..., etc.   (Signatures).

§ 5. — Jugement qui renvoie la cause et les parties devant le procureur de la République.

Le tribunal, etc.

Attendu que le fait, objet de l'action, est un délit qui emporte une peine correctionnelle, (ou) un crime prévu par...;

Statuant par jugement contradictoire, en premier ressort, conformément à l'art. 160 du Code d'instr. crim., renvoie les parties devant M. le procureur de la République près le tribunal de première instance de l'arrondissement de..., auquel, à cet effet, expédition du présent jugement sera adressée par le ministère public, chargé de son exécution.

Ainsi jugé et prononcé en audience publique, etc.   (Signatures).

§ 6. — Jugement qui annule la procédure pour un fait qui ne présente ni délit ni contravention, ou quand la demande n'est pas justifiée.

Le Tribunal, etc.

Attendu que le fait imputé à B... ne constitue aucune infraction à la loi;

(Ou) : Attendu que le fait, objet des poursuites du ministère public, (ou) de l'action intentée par A... contre B..., ne tombe sous l'application d'aucune loi pénale.

(Ou) : N'est pas justifiée..., qu'en effet...;

Statuant par jugement contradictoire, en premier ressort, conformément à l'art. 159 du Code d'instr. crim., ainsi conçu (copier l'article) :

Annule la citation, ensemble tous les actes d'instruction qui en ont été la suite, et renvoie B... des poursuites du ministère public sans amende ni dépens.

(Ou quand il y a partie civile en cause) :

Annule la citation, ensemble tous les actes d'instruction qui en ont été la suite, et condamne A... aux dépens liquidés à...

(On ajoute de suite, suivant le cas) :

Et faisant droit sur la demande en dommages-intérêts, formée par B... contre A..., partie civile ;

Attendu... (cause du préjudice),

Condamne A... à payer à B... la somme de..., pour indemnité, à raison du préjudice que lui a causé l'action dudit A...; condamne en outre, A... aux frais et dépens, tant envers l'Etat qu'envers B..., lesquels sont liquidés à.., etc.

Ainsi jugé et prononcé... etc.   (*Signatures*).

§ 7. — Jugement sur une question préjudicielle rejetée.

Le Tribunal, etc.,

Attendu, en droit, que les tribunaux de simple police ne sont tenus, d'après le principe consacré par l'art. 182 du Code forestier, d'admettre une question préjudicielle de propriété ou autre droit réel, et de surseoir à statuer sur l'action dont ils sont saisis, qu'autant que le titre produit ou les faits articulés sont de nature, dans le cas où ils seraient reconnus par l'autorité compétente, à ôter au fait qui sert de base aux poursuites tout caractère de délit ou de contravention ;

Attendu, en fait, que B... est traduit devant le tribunal pour avoir fermé en deux endroits différents, le chemin du..., et intercepté le passage sur ledit chemin, par le dépôt de...;

Que ledit B..., qui n'a formé, en temps utile, aucune opposition à l'arrêté de classement dudit chemin, n'est point fondé à exciper aujourd'hui d'un prétendu droit de propriété sur ce chemin, afin d'échapper à la poursuite dirigée contre lui, puisque ce droit, fût-il reconnu certain par la juridiction compétente, il n'en aurait pas moins commis la voie de fait répréhensible qui lui est reprochée ; sans avoir égard à l'exception préjudicielle de B..., et dont il est débouté, ordonne qu'il défendra au fond, audience tenante ;

Au fond.

Le Tribunal, etc...:

Attendu...;

Ainsi jugé et prononcé en audience publique, les...   (*Signatures*).

§8. — Jugement sur une question préjudicielle admise et ordonnant un sursis.

Le Tribunal, etc...,

Attendu que B... soutient que, s'il a passé avec sa voiture sur la pièce de terre dont il s'agit, c'est en vertu d'un droit de passage, fondé sur titre, fait dont il offre de rapporter la preuve en cas de dénégation ;

Attendu que l'exception du défendeur est préjudicielle ; qu'elle est de nature, dans le cas où les titres produits ou les faits articulés seraient reconnus par l'autorité compétente, à ôter au fait qui sert de base aux poursuites, tout caractère de délit ou de contravention; qu'elle doit, dès lors, faire suspendre la décision à rendre sur la contravention poursuivie; mais que cette suspension doit être, toutefois, limitée, afin que le cours de la justice ne soit pas interrompu;

Sans rien préjuger, dit qu'il sera sursis à faire droit sur l'action du ministère public (ou du demandeur), pendant deux mois, pendant lequel temps le défendeur sera tenu (ou les parties seront tenues) de poursuivre devant le tribunal compétent l'exception dont il argumente, et d'en rapporter la décision à l'audience qui suivra l'expiration dudit sursis, sinon sera fait droit, dépens réservés.

Ainsi jugé et prononcé..., etc.   (*Signatures*).

§ 9. — Jugement qui admet la preuve testimoniale contre un procès-verbal de garde champêtre.

Le Tribunal, etc...,

Attendu que tout procès-verbal de garde champêtre est susceptible d'être débattu par la preuve contraire ;

Attendu que les faits allégués par B... sont pertinents et admissibles pour parvenir à cette preuve, s'il y a lieu :

Sans rien préjuger, ordonne qu'à la première audience, B... fera preuve, par témoins ou par écrit, des faits par lui articulés, pour être ensuite statué ce que de droit, dépens réservés.

Ainsi jugé et prononcé..., etc.   (*Signatures*).

§ 10. — Formule des notes à tenir par le greffier, des dépositions des témoins.

Nous... (nom et prénoms), greffier du tribunal de simple police du canton de..., conformément à l'art. 155, C. instr. crim., avons rédigé séance tenante, les notes ci-après de l'enquête faite à l'audience de ce jour, entre M..., exerçant les fonctions du ministère public près le tribunal de police du canton de..., (*ou*) le sieur..., demandeur, et le sieur..., prévenu.

Premier témoin (dire s'il a été cité ou simplement produit, transcrire les nom, prénoms et demeure du témoin au fur et à mesure qu'il les déclare), lequel, *après avoir fait serment de dire toute la vérité, rien que la vérité*, a déposé (transcrire le sommaire de sa déposition).

Deuxième témoin (comme ci-dessus).

Certifié véritable, le...   (*Signature du greffier*).

§ 11. — Jugement après enquête.

Entre..., d'une part;

Et..., d'autre part ;

Par exploit de..., etc.;

(*Ou*) : La cause appelée, le greffier..., etc.

L'huissier de service fait l'appel des témoins et les fait retirer dans la chambre qui leur est destinée.

Le président demanda au prévenu ses nom et prénoms, âge, profession et demeure.

Le prévenu répond : Je me nomme..., âgé de..., demeurant à...

D. Vous êtes prévenu de...

R...

N.B. Les témoins sont ensuite introduits et entendus en leurs dépositions, successivement et séparément les uns des autres, après avoir individuellement fait le serment de dire *toute la vérité, rien que la vérité*, et déclaré qu'ils ne sont ni parents ni alliés du prévenu, si ce n'est le sieur..., qui a déclaré être son beau-frère, et qui n'a été entendu que parce que ni le ministère public ni la partie civile ne se sont opposés à son audition. Le greffier en tient notes sommaires, ainsi que de leurs noms, prénoms, âge, professions et demeures, et de leurs principales déclarations.

(S'il y a opposition, on statue ainsi) :

Le ministère public, (ou) la partie civile, (ou) le prévenu, s'oppose à ce que le sieur D... soit entendu...

Le Tribunal, etc ;

Attendu qu'il est reconnu que D... est beau-frère de... ;

Attendu qu'aux termes de l'art. 156, C. instr. crim., les frères et sœurs, (ou) alliés en pareil degré..., ne seront ni appelés ni reçus en témoignage,

Ordonne que D... ne sera point entendu.

Le Tribunal, après avoir entendu les témoins en leurs déclarations, les parties en leurs dires et moyens, ensemble le ministère public dans son résumé et dans ses conclusions tendantes aux fins ci-après :

Attendu qu'il résulte du procès-verbal et de l'instruction la preuve que... ;

Que cette infraction constitue une contravention prévue par l'art... ;

Faisant à B... l'application tant dudit article que de l'art. 162, C. instr. crim., ainsi conçus ;

Condamne B...., etc.

(S'il y a confiscation d'un objet, on ajoute) :

Vu l'art. 470, C. pén., ainsi conçu (transcrire l'article) :

Ordonne que... (l'objet qui forme le corps de la condamnation, (ou) qui est produit par la contravention, (ou) qui a servi, (ou) qui était destiné à la commettre), sera saisi et confisqué.

(Si le condamné détient l'objet confisqué, on ajoute) :

Enjoint, à cet effet, à B... de le représenter et déposer au greffe du tribunal, dans les quarante-huit heures de la prononciation du présent jugement, sinon et faute par lui de ce faire, le condamne, dès à présent, par corps, pour tenir lieu de ladite confiscation, à payer la somme de..., entre les mains du receveur de la régie des domaines et de l'enregistrement, au bureau de...

(Si l'objet doit être détruit) :

Ordonne que, conformément à l'art..., les... déposés au greffe, (ou) étant entre les mains du sieur..., séquestre, (ou) qui sont ou seront représentés par le prévenu, seront répandus (ou) mis sous le pilon, détruits par M..., huissier à..., qui en dressera procès-verbal, lequel vaudra bonne et valable décharge au dépositaire.

(S'il y a partie civile) :

Faisant droit sur les conclusions de la partie civile,

Condamne B... à payer à..., la somme de..., pour réparation de la contravention dont il est déclaré coupable, et ce suivant l'estimation du dommage contenu au procès-verbal qui constate le délit, (ou) d'après l'estimation du dommage que, conformément à l'art. 148, C. instr. crim., le tribunal a fait faire par le sieur..., expert, (ou) que le tribunal a faite d'office.

(S'il y a acquittement du prévenu) :

Ordonne que... (l'objet saisi et déposé) sera restitué à B..., à quoi faire le séquestre sera contraint, et quoi faisant valablement quitte et déchargé.

Ainsi jugé et prononcé, etc.   (*Signatures*).

§ 12. — Jugement par défaut.

Le tribunal de simple police du canton de... (Comme aux §§ 1 et 2 ci-dessus, suivant les cas, en changeant ces mots : *comparant en personne*, en ceux-ci : *défaillant*, ou : *non comparant en personne ni par fondé de pouvoir*).

Le Tribunal, après avoir, etc. (Comme aux §§ 1 et 2).

Donne défaut contre A..., prévenu (*ou*) contre D..., civilement responsable (*ou*) contre M..., partie civile non comparant, quoique dûment cité et appelé ; et pour le profit :

Statuant par jugement par défaut en premier ressort (ou en dernier ressort) ;

Attendu.... etc. (le reste, comme dans les jugements contradictoires, §§ 1 et 2 ci-dessus, selon les cas).

Ainsi jugé et prononcé, etc.   (*Signatures*).

§ 13. — Jugement sur opposition.

Entre le sieur Louis-Armand B..., cultivateur, demeurant à..., prévenu et opposant, d'une part ;

Et M... exerçant les fonctions du ministère public près le tribunal de police, défendeur à ladite opposition, d'autre part ;

La cause appelée, le prévenu expose qu'un jugement contre lui rendu par défaut par le tribunal, le..., condamne l'opposant à..., comme coupable de contravention à l'art... ; qu'il s'est rendu opposant à l'exécution de ce jugement, par exploit de..., en date du..., enregistré, notifié au ministère public.

Le ministère public conclut à...

Le Tribunal, etc...

Attendu que le jugement par défaut, rendu par le tribunal, le..., contre B..., lui a été signifié par exploit de..., huissier à..., en date du..., enregistré..., et qu'il n'y a formé opposition que le..., suivant exploit de..., huissier à..., en date du..., enregistré, c'est-à-dire plus de trois jours après la signification ;

Vu l'art. 150, C. instr. crim., ainsi conçu (transcrire l'article) ;

Statuant par jugement contradictoire en... ressort ;

Déclare B... non recevable dans son opposition, et le condamne aux frais de l'opposition, tant envers l'État qu'envers A..., partie civile.

. Ainsi jugé et prononcé..., etc.   (*Signatures*).

§ 14. — Jugement sur opposition déclarée non avenue.

Le Tribunal, etc...,

Attendu qu'aux termes de l'art. 151, C. instr. crim., l'opposition formée à un jugement du tribunal de police, rendu par défaut, emporte de droit citation à la première audience, après l'expiration des délais, et qu'elle est réputée non avenue, si l'opposant ne comparaît pas ;

Attendu que la présente audience est la première après l'expiration des délais, et que B... n'a pas comparu, quoique dûment appelé ;

Statuant par jugement par défaut en ... ressort, conformément à l'art. 151, C. instr. crim., donne défaut contre lui ; et pour le profit, déclare l'opposition de B... non avenue, et le condamne aux frais de l'opposition envers l'Etat.

Ainsi jugé, etc.   (*Signatures*).

§ 15. — Jugement sur opposition déclarée nulle.

Le Tribunal, etc.;

Attendu que l'exploit contenant l'opposition de B... n'est pas régulier ; qu'en effet, la formalité prescrite par l'art. 146, C. instr. crim., à peine de nullité, n'a pas été observée ;

Statuant, etc.,

Déclare ladite opposition nulle et de nul effet, et condamne B... aux frais de l'opposition, etc.   (*Signatures*).

§ 16. — Jugement sur opposition déclarée valable.

Le Tribunal, etc.,

Attendu que l'opposition formée par B..., suivant exploit du ministère de..., huissier à..., en date du..., enregistré, au jugement rendu contre lui par défaut le..., est régulière, (*ou*) que le prévenu est comparant après la première audience après l'expiration des délais ;

Statuant au fond par..., etc.,

Sans s'arrêter à la fin de non-recevoir, (ou) à la nullité proposée par le ministère public, dans laquelle il est déclaré mal fondé, ordonne que, pour être statué sur ladite opposition, il sera passé outre aux débats.

Le greffier fait lecture du procès-verbal dressé par..., duquel il résulte que... ;

Le Tribunal, parties entendues, ensemble le ministère public, reçoit B... opposant au jugement par défaut contre lui rendu par le tribunal, le... ;

Faisant droit sur ladite opposition ;

Statuant par jugement contradictoire en premier ressort, etc.

(Dans le cas où le jugement est maintenu, on dit) :

Par les motifs exprimés au jugement du... et s'y référant,

Déboute B... de son opposition ; ordonne que ledit jugement sera exécuté selon sa forme et teneur, et condamne B... aux frais de l'opposition, tant envers l'Etat qu'envers la partie civile.

(Dans le cas où le tribunal reconnaîtrait une contravention moins grave, on dit) :

Attendu que, par jugement, en date du..., B... a été déclaré coupable de contravention à..., et que, par le résultat des débats, il n'est coupable que de contravention à...,

Réformant ledit jugement et prononçant par jugement nouveau ;

Et faisant audit prévenu l'application de l'art. ... et de l'art. ..., lesquels sont ainsi conçus : etc.

Le condamne par corps à une amende de... et aux dépens, etc.

Ainsi jugé, etc.

(Dans le cas où la peine est réduite, on dit) :

Par les motifs exprimés au jugement du..., et s'y référant, déboute B... de son opposition ; ordonne que ledit jugement sera exécuté selon sa forme et teneur ; et néanmoins, attendu l'existence de circonstances atténuantes résultantes de la défense du prévenu et des nouveaux débats, réduit l'emprisonnement de trois jours à vingt-quatre heures, et l'amende de 15 francs à celle de 5 francs.

(Dans le cas où il n'existe pas de contravention) :

Attendu que le fait imputé à B... ne constitue aucune infraction à la loi ;

Statuant conformément à l'art. 159, C. instr. crim., ainsi conçu : etc.

Décharge B... des condamnations prononcées contre lui par jugement du... ;

Statuant au principal,

Annule la citation et tous les actes qui en ont été la suite, et renvoie B... des poursuites du ministère public sans amende ni dépens.

Ainsi jugé, etc.   (*Signatures*).

§ 17. — Jugement qui décide que le droit d'opposition appartient à la partie civile comme au prévenu.

Le Tribunal, etc.,

Attendu que le droit de former opposition aux jugements par défaut appartient à la partie civile comme au prévenu ;

Attendu que le tribunal de simple police, qui a rendu le jugement par défaut, est seul compétent pour statuer sur l'opposition ;

Attendu, en outre, que les faits contenus dans la plainte formée par A... constituent une contravention de la compétence du tribunal; que dès lors il est compétent pour connaître de l'opposition formée par...,

Déclare... etc.

Ainsi jugé, etc.   (*Signatures*).

§ 18. — Jugement contre un témoin défaillant.

L'huissier fait l'appel des témoins.

Le sieur D..., témoin, cité à la requête de..., ne répond pas à l'appel.

Le ministère public conclut à l'égard de ce témoin, à...

Le Tribunal : ouï le ministère public en ses conclusions, tendantes aux fins ci-après ;

Attendu que D..., témoin régulièrement cité, n'a ni comparu ni justifié d'aucun empêchement ;

Statuant conformément à l'art. 157, C. instr. crim., ainsi conçu : etc.

Condamne D... à... d'amende et aux frais de l'incident;

Et attendu que sa déposition est indispensable, continue la cause à..., jour auquel il sera cité de nouveau.

(Si le même témoin fait défaut une deuxième fois, on ajoute) :

Ordonne, en outre, qu'il sera contraint par corps à venir faire sa déposition à l'audience du..., jour auquel le tribunal continue la cause.

Ainsi jugé, etc.   (*Signatures*).

§ 19. — Jugement sur l'excuse justifiée d'un témoin défaillant.

Le sieur D..., témoin cité à la requête de ..., comparait, (*ou*) est amené en vertu du jugement, etc.

(Ou bien) :

Est comparu le sieur D..., au nom et comme fondé de procuration

spéciale passée devant M*... et son collègue, notaires à..., le..., représentée et déposée sur le bureau du greffier,

Lequel audit nom expose que... et demande en conséquence que ledit
sieur D... soit déchargé des condamnations contre lui prononcées par le
jugement du...

Le ministère public conclut à...

Le Tribunal : ouï le témoin (ou) le fondé de procuration du témoin;

Vu l'art. 158 du Code d'instr. crim., ainsi conçu : etc.

Attendu que...; qu'ainsi D... justifie d'un empêchement légitime;

Jugeant en... ressort,

Le décharge purement et simplement des condamnations contre lui
prononcées par le jugement du..., lequel demeurera comme non avenu,
en ce qui le concerne...

Ainsi jugé, etc.   (*Signatures*).

§ 20.— Jugement sur l'excuse non justifiée d'un témoin défaillant.

(Comparution et dires comme ci-dessus).

Le Tribunal, etc.,

Attendu que...; qu'ainsi D... ne justifie pas d'un empêchement légitime;

Sans s'arrêter ni avoir égard aux moyens d'excuse par lui proposés,

Statuant, etc.,

Ordonne que le jugement rendu contre lui, le..., sera exécuté purement et simplement selon sa forme et teneur.

(S'il existe néanmoins des circonstances atténuantes, on ajoute) :

Et néanmoins, attendu les circonstances atténuantes qui résultent de
la justification de D...;

Réduit l'amende prononcée par ledit jugement, à...

Ainsi jugé, etc.   (*Signatures*).

§ 21. — Jugement qui rejette la preuve testimoniale offerte contre
le procès-verbal qui mérite foi jusqu'à inscription de faux.

Le Tribunal, etc.,

Attendu que le procès-verbal est fait par un fonctionnaire auquel la
loi donne le droit d'en être cru jusqu'à inscription de faux; que la preuve
testimoniale ne peut être admise contre un tel acte, à peine de nullité;

Sans s'arrêter ni avoir égard à l'exception du prévenu, dont il est
débouté, ordonne qu'il défendra au fond à la première audience, dépens
réservés.

Ainsi jugé, etc.   (*Signatures*).

§ 22. — Jugement sur inscription de faux contre le procès-verbal
qui sert de base à la citation de police.

Entre...,

Par procès-verbal du..., rapporté par..., affirmé le..., enregistré le...,
il est constaté que...;

Le demandeur conclut à...

Le défendeur dit et soutient que le procès-verbal est faux, (ou) contient
un faux, en ce que (les motifs); qu'ainsi il entend s'inscrire en faux

contre cette pièce, si le demandeur persiste à s'en servir; requérant acte de sa déclaration, laquelle il réitérera sur les registres du greffe dans le jour, ou à l'instant même, s'il en est ainsi ordonné par le tribunal, se réservant de fournir les moyens de faux et les preuves propres à les justifier, et a signé.   (*Signature*).

Le demandeur soutient la sincérité dudit procès-verbal et déclare entendre s'en prévaloir, pour établir la preuve de la contravention dont il poursuit la répression.

Parties entendues en leurs dires et moyens respectifs, ensemble le ministère public dans ses conclusions;

Attendu qu'aux termes de l'art. 218, C. proc. civ., celui qui veut s'inscrire incidemment en faux doit faire un acte spécial et séparé de sa déclaration;

Attendu qu'aux termes de l'art. 219 du même Code, toute pièce arguée de faux doit être déposée au greffe, signée et paraphée par qui de droit;

Attendu que, suivant l'art. 459, § 2, C. instr. crim., le tribunal est compétent pour recevoir ces différents actes et autres pour l'instruction du faux incident;

Attendu enfin que, d'après l'art. 460, § 3, même Code, le tribunal doit statuer s'il y a lieu ou non à surseoir au jugement de la contravention;

Par ces motifs;

Le Tribunal, sans rien préjuger, donne acte au sieur B... de sa déclaration en faux contre le procès-verbal ci-devant énoncé, ordonne qu'il réitérera ladite déclaration au greffe, dans les vingt-quatre heures, en personne ou par un fondé de pouvoir spécial et authentique; ordonne, en outre, que le procès-verbal sera déposé au greffe par..., dans le délai de trois jours au plus tard; ordonne, enfin, que, dans le même délai, à compter du dépôt dudit procès-verbal, le défendeur fournira ses moyens de faux, pour en venir à l'audience du..., à laquelle il sera statué, s'il y a lieu, à surseoir au jugement de la contravention, auquel jour les parties comparaîtront sans nouvelle citation, dépens réservés.

Ainsi jugé, etc.   (*Signatures*).

§ 23. — Déclaration de faux réitérée au greffe.

L'an..., le..., heure d...,

Est comparu au greffe du tribunal de simple police du canton de..., le sieur..., cultivateur, demeurant à...; lequel a déclaré que pour satisfaire aux dispositions de la loi et se conformer au jugement rendu par ledit tribunal entre lui et le sieur..., enregistré, il réitérait autant que de besoin la déclaration faite par lui lors dudit jugement, par laquelle il s'inscrit incidemment en faux contre un procès-verbal dressé contre lui par... le...;

Attendu (dire sommairement en quoi consiste le faux);

Et, à l'appui de sa déclaration, il a déposé un mémoire contenant ses moyens (en faire la désignation), avec les pièces justificatives, consistant... (dresser un état sommaire des pièces déposées), et a signé, (*ou*): et a déclaré ne savoir signer, (*ou*): ne pouvoir signer (dire la cause).

                                    (*Signature*).

De laquelle déclaration ledit sieur... a requis acte.

Fait à..., les jour, mois et an que dessus.   (*Signature du greffier*).

§ 24. — Acte de remise au greffe de la pièce arguée de faux, par le dépositaire.

L'an..., le..., heure de...,

Est comparu au greffe du tribunal de simple police du canton de..., le sieur...;

Lequel, en exécution du jugement rendu par ledit tribunal, le..., portant que... (consigner sommairement le dispositif du jugement en cette partie), a déposé (la pièce déposée), après avoir été signée et paraphée dudit et de nous, greffier soussigné (décrire l'état de la pièce pour qu'on ne puisse imputer au greffier les faux et altérations qui s'y trouvent lorsque le dépôt en est fait).

Duquel dépôt ledit sieur... a requis acte, se réservant ledit... de répéter des frais de voyage, séjour et retour, contre qui de droit, et a signé avec nous, greffier, les jour, mois et an que dessus, après lecture faite. *(Signatures).*

§ 25. — Autre jugement qui admet les moyens de faux et sursoit à faire droit sur la contravention.

Entre le sieur A..., demeurant à..., où il fait élection de domicile, demandeur au principal et défendeur à l'inscription de faux incidemment formée par le sieur A..., d'une part;

Et le sieur B..., défendeur au principal, et incidemment demandeur sur l'inscription de faux par lui formée, d'autre part;

(Point de fait et dires des parties).

Attendu que les faits articulés par B... sont graves, et que, s'ils étaient justifiés, il en résulterait que le procès-verbal dont il s'agit contient plusieurs faux matériels : que, dans cet état, il y a lieu de surseoir au jugement, jusqu'à ce qu'il ait été statué sur l'inscription de faux incidemment formée par ledit sieur B...;

Le Tribunal sursoit à faire droit sur la demande principale du sieur A..., et renvoie devant les juges ordinaires le jugement de l'inscription de faux, dépens réservés.

Ainsi jugé, etc. *(Signatures).*

§ 26. — Jugement d'incompétence. — Chemins de fer.

Le Tribunal, etc. ;

Attendu que le fait reproché au prévenu est d'avoir..., etc. ;

Attendu que l'art. 471, § 15, C. pén., ne sanctionne, par les dispositions pénales qu'il contient, que les règlements faits par l'autorité administrative, et non tous les arrêtés qu'elle prend; que la décision prise le..., par le préfet de ..., pour ordonner la suppression de la station de..., n'est qu'un acte tendant à l'exécution des clauses du cahier des charges, et ne présente aucun des caractères d'un règlement ; que la compagnie concessionnaire, pour sa résistance à cette décision, ne peut être poursuivie que par voie administrative, et n'est nullement passible des peines de police invoquées contre elle;

Statuant par jugement contradictoire en dernier ressort, conformément à l'art. 159, C. instr. crim. ;

Annule la citation, ensemble tous les actes d'instruction qui en ont été la suite, et renvoie B... des poursuites du ministère public, sans amende ni dépens.

Ainsi jugé, etc.

(Signatures).

§ 27. — **Jugement d'incompétence.** — **Dépôt de matériaux par un entrepreneur de travaux publics sur une place publique communale.**

Le Tribunal, etc.;

Attendu qu'il résulte de l'instruction et des débats que le dépôt de cinq tombereaux de gravier faisant l'objet des poursuites du ministère public a été fait d'après l'ordre de l'ingénieur des ponts et chaussées, sur une place publique, traversée par la route départementale n° 47, par un entrepreneur de travaux publics, chargé de l'entretien de cette route; qu'une telle contravention, aux termes de la loi du 28 pluv. an VIII, art. 4, du décret du 29 flor. an X, art. 1er, et des règlements relatifs à la grande voirie, rentre exclusivement dans les attributions des conseils de préfecture;

Statuant par jugement contradictoire en dernier ressort, se déclare incompétent.

Ainsi jugé, etc.   (*Signatures*).

Nota. Le pourvoi contre ce jugement a été rejeté par arrêt de la Cour de cassation du 26 août 1843.

§ 28. — **Jugement d'incompétence.** — **Délit rural.** — **Garde à vue de bestiaux.**

Le Tribunal, etc.;

Attendu, en fait, qu'il résulte du procès-verbal...:

Attendu, en droit, que le fait par un individu d'avoir été trouvé gardant à vue un troupeau dans un champ chargé de récoltes, qui ont été mangées en partie, constitue un délit passible d'une amende indéterminée, et qui, par suite, est de la compétence des tribunaux correctionnels, l'art. 479, C. pén., n'ayant pas dérogé, en ce point, à l'art. 26, tit. 2, de la loi du 6 oct. 1791, et non des tribunaux de simple police, qui, d'après l'art. 137, C. instr. crim., ne connaissent que des contraventions pouvant donner lieu, soit à quinze francs d'amende ou au-dessous, soit à cinq jours d'emprisonnement ou au-dessous;

Statuant par jugement, etc.;

Conformément à l'art. 160, C. instr. crim., renvoie les parties devant M. le procureur de la République près le tribunal de première instance de l'arrondissement de..., auquel, à cet effet, expédition du présent jugement sera adressée par le ministère public, chargé de son exécution.

Ainsi jugé, etc.   (*Signatures*).

§ 29. — **Jugement d'incompétence.** — **Contravention commise par un militaire en activité de service.**

Le Tribunal, etc.:

Attendu, en fait, qu'il s'agit dans la cause d'une contravention à un arrêté municipal de cette ville, commise par un militaire sous les drapeaux, dans le lieu de sa garnison;

Attendu, en droit, qu'il résulte de la combinaison de la loi du 22 mess. an IV, et de l'avis du Conseil d'Etat des 30 thermid.-7 fructid. an XII, que les militaires ne sont justiciables que des tribunaux militaires, à raison des contraventions par eux commises dans le lieu de leur garnison: qu'il n'y a aucune distinction à faire entre les délits et les simples contraventions, si ce n'est pour les infractions dont la connaissance est attribuée par une disposition de loi spéciale à la juridiction commune, quelle que soit la position exceptionnelle dans laquelle se trouve le contrevenant;

Attendu, en outre, qu'il résulte de l'instruction et des débats que la contravention dont est prévenu V... est connexe à un délit soumis en ce moment à l'autorité militaire;

Attendu que le principe de l'indivisibilité des procédures veut que les infractions punissables, qui sont ainsi unies entre elles, soient soumises à la même juridiction; que c'est le tribunal pour connaître du délit le plus grave qui doit juger en même temps la simple contravention qui s'y rattache;

Statuant par jugement contradictoire en dernier ressort, se déclare incompétent.

Ainsi jugé, etc.   (*Signatures*).

§ 30. — Jugement en matière de poids et mesures.

Le Tribunal, etc.;

Vu la loi du 1er vend. an IV, et les arrêtés rendus pour son exécution les 27 pluv. an IV, 19 germ. et 11 thermid. an VII, les art. 471, § 15, et 479, § 5, C. pén.;

Vu l'art. 481 du même Code;

En ce qui touche les paquets de fléaux de balance non poinçonnés trouvés chez D... :

Attendu que la loi du 1er vend. an IV, et les arrêtés rendus pour son exécution, ainsi que le § 5 de l'art. 479, C. pén., dans les dispositions qui statuent sur les faux poids et les fausses mesures, ne peuvent être applicables qu'aux instruments de pesage et de mesurage complets et en état de fonctionner; qu'en effet, en ce qui touche particulièrement les balances, on ne saurait admettre que 'les règles relatives à la nécessité du poinçonnage puissent, quant à ces sortes d'instruments, s'appliquer à chacune des parties qui doivent le composer; que si les fléaux concourent à la régularité de la balance, leur bonne confection ne suffit pas pour l'assurer; que cette régularité ne peut provenir que d'un équilibre parfait existant entre les fléaux, les chaînes et les bassins; que l'examen de la sincérité de la balance ne peut être efficace et utile que lorsque toutes les parties réunies permettent d'apprécier l'instrument dans son ensemble, tel qu'il doit être employé; que, dès lors, le poinçonnage seul des balances montées et complètes a pu être exigé par la loi, et que l'existence, dans des magasins ou boutiques, de quelqu'une des parties destinées à composer la balance, sans que ces objets fussent poinçonnés, ne peut être assimilée à l'existence, dans lesdits magasins, de faux poids et de fausses mesures;

En ce qui touche les mesures anciennes. trouvées dans le magasin de D... :

Attendu que ces mesures n'étaient pas poinçonnées;

Attendu que, par l'art. 4 de la loi ci-dessus rappelée, et les règlements rendus pour son exécution, ces sortes de mesures, qui ne peuvent offrir aucun caractère d'authenticité, sont réputées fausses et illégales; que, dès lors, D... s'est rendu passible de l'application du § 5 de l'art. 479, C. pén., qui prévoit le cas où de faux poids ou de fausses mesures seraient trouvés dans les magasins, boutiques, ateliers, etc.;

Statuant par..., etc. :

Sur le premier chef, conformément à l'art. 159, C. instr. crim.,

Renvoie D... des poursuites du ministère public sans dépens;

Sur le second chef,

Vu le § 3 de l'art. 479, C. pén., et l'art. 162, C. instr. crim., ainsi conçus :...

Condamne, etc.

Ainsi jugé, etc.   (*Signatures*).

§ 31. — **Jugement qui constate qu'un chemin est impraticable, et acquitte le prévenu d'avoir fait passer sa voiture sur un terrain préparé ou ensemencé, longeant ce chemin.**

Le Tribunal, etc. ;

Attendu qu'il résulte de l'instruction que le chemin communal longeant la pièce de terre ensemencée en blé, sur laquelle B... a fait passer sa voiture, attelée de deux chevaux, était impraticable, et que B... n'eût pu, sans danger, y passer;

Attendu que, si le § 10 de l'art. 475, C. pén., ne contient pas d'exception au délit qu'il a prévu, il ne déroge pas non plus à l'art. 41 de la loi du 6 oct. 1791, qui n'a pas cessé d'être en vigueur, et qui a établi, à titre d'exception, un fait qui peut être considéré comme une sorte de force majeure opposant un obstacle insurmontable pour le voyageur dont la voiture, comme dans l'espèce, ne peut continuer sa route sans sortir du chemin impraticable dans lequel il se trouve engagé, et sans traverser une terre ensemencée;

Attendu qu'il n'y a pas de partie civile en cause ;

Statuant par jugement contradictoire en dernier ressort,

Annule la citation et tous les actes d'instruction qui en ont été la suite, et renvoie B... des poursuites du ministère public sans amende ni dépens.

Ainsi jugé, etc.   (*Signatures*).

§ 32. — **Jugement de condamnation pour infraction à un arrêté municipal concernant les fuies et colombiers.**

Le Tribunal, etc. ;

Vu l'art. 2 la loi du 4 août 1789, et l'art. 471, § 15, C. pén.;

Attendu, en droit, que tout règlement légalement fait par l'autorité compétente, en vertu d'une loi et pour en assurer l'exécution, est légal et obligatoire;

Attendu que le § 15, ajouté par la loi du 28 avril 1832 à l'art. 471, C. pén., a eu pour objet de réprimer les infractions à ces règlements, dans tous les cas où la loi spéciale ne prononçait aucune peine;

Attendu que l'art. 2 de la loi du 4 août 1789, en abolissant le droit exclusif des fuies et colombiers, a prescrit de tenir les pigeons enfermés aux époques qui seront fixées par les communautés; que, de cette disposition, résulte, pour l'autorité administrative, le droit de fixer par des règlements les époques où les pigeons seront enfermés;

Et attendu que la loi du 4 août 1789 n'ayant prononcé aucune peine contre ceux qui contreviendraient à ces règlements, l'art. 471, § 15, doit leur être appliqué;

Attendu, en fait, qu'il résulte d'un procès-verbal régulier et non contesté, que la fermeture des colombiers a été ordonnée dans tout le département de..., par un arrêté du préfet, en date du..., et que B... a, malgré les prohibitions de cet arrêté, laissé sortir ses pigeons, fait qu'il s'empresse de reconnaître; que, dès lors, les faits, objet des poursuites du ministère public, constituent une véritable contravention, prévue et punie par l'art. 471, § 15, C. pén.;

Vu ledit article et l'art. 162, C. instr. crim., ainsi conçus :...
Statuant par..., etc.
Ainsi jugé..., etc. *(Signatures)*.

§ 33. — Jugement qui décide que le refus d'un cafetier d'ouvrir son café à un agent de police, après l'heure fixée pour la fermeture de ces sortes d'établissements, ne constitue point une infraction à la loi.

Le Tribunal..., etc. ;

Attendu que du procès-verbal, objet des poursuites du ministère public, il ne résulte pas que le café de B... fût encore ouvert après onze heures du soir, terme fixé par l'arrêté municipal pour la fermeture de ces sortes d'établissements; que, dès lors, B... n'a, sous ce rapport, commis aucune contravention;

Attendu que ce même procès-verbal n'établit, à l'égard des consommateurs qui pouvaient être encore dans le café, lors du passage des agents de police devant cet établissement, quoiqu'il fût fermé, qu'une présomption de contravention qui n'est ni constatée ni prouvée;

Attendu, enfin, que le refus de B... d'ouvrir son café, après onze heures et demie du soir, à un officier de police, et de répondre à son appel de l'extérieur, ne constitue aucune contravention, puisqu'aux termes des art. 9 du décret des 19-22 juill. 1791 et de la Constitution du 22 frim. an VIII, les officiers de police n'ont le droit d'entrer dans les lieux où tout le monde est admis indistinctement, tels que cafés, cabarets, boutiques et autres, que pendant le temps qu'ils sont ouverts au public, sauf les cas déterminés par la Constitution de l'an VIII;

Statuant par jugement contradictoire en dernier ressort, conformément à l'art. 159, C. instr. crim., ainsi conçu :...,

Annule la citation ensemble tout ce qui a suivi, et renvoie B... des poursuites du ministère public, sans amende ni dépens.
Ainsi jugé..., etc. *(Signatures)*.

§ 34. — Jugement qui, en matière de poids et mesures, établit une distinction entre les marchands et fabricants de ces sortes de marchandises.

Le Tribunal, etc. ;

Vu l'art. 2 de l'arrêté des consuls du 29 prair. an IX, et les art. 5, 10 et 17 de l'ordonnance du 18 déc. 1825;

Attendu que, de la combinaison de ces articles, il résulte clairement qu'il y a deux sortes de vérification des poids et mesures, applicables à deux classes de personnes différentes : la vérification primitive à laquelle les fabricants et rajusteurs sont tenus de soumettre les poids et mesures nouvellement fabriqués et rajustés, et la vérification périodique à laquelle sont assujettis les marchands, commerçants et entrepreneurs, pour les poids qu'ils emploient dans leur commerce, et qui servent de règle entre le public et eux; qu'aucune disposition des lois ou règlements ne soumet les fabricants de poids et mesures à cette dernière vérification;

Que ceux qui achètent des poids et mesures pour les revendre doivent, en l'absence de dispositions formelles à leur égard, être assimilés aux fabricants, puisque les poids et les mesures sont dans leurs mains, comme dans celles des fabricants, une véritable marchandise, et non le moyen avec lequel se règlent l'achat et la vente des marchandises;

Attendu, d'un autre côté, qu'un poids ne peut être soumis à la vérification et au poinçonnage que lorsqu'il est plombé et revêtu de sa chape et de son anneau ; que, jusque-là, toute vérification est même impossible, puisque l'on ne peut savoir ce que pèse un poids complet, tel qu'il est employé dans le commerce, que lorsque toutes les parties qui le composent sont réunies ;

Attendu, en fait, que le sieur A... a été poursuivi par le ministère public comme ayant, dans ses magasins, des poids revêtus seulement du poinçon de la vérification primitive et des poids non poinçonnés ; qu'il est constant et reconnu par le ministère public qu'à l'égard des premiers, ils existent dans ses mains comme marchandises, dont il fait un commerce habituel, et qu'à l'égard des seconds, ce ne sont pas des poids, mais simplement des fontes ayant besoin de l'addition de certaines parties pour devenir poids ; que, dans cet état, l'inculpé n'a commis aucune contravention ;

Par tous ces motifs, etc.
Ainsi jugé, etc.   (Signatures).

§ 35. — Jugement de condamnation. — Délit rural. — Vaine pâture.

Le Tribunal..., etc. ;
Vu le procès-verbal rapporté ;
Attendu qu'il n'est point allégué que B... ait introduit son âne et sa vache dans la pièce de terre ensemencée en luzerne de A...; que, dès lors, le fait, objet des poursuites du ministère public, ne rentrant dans aucune des dispositions du Code pénal, continue, selon l'avis du Conseil d'État, du 8 févr. 1812, d'être régi par la loi des 28 sept.-6 oct. 1791, et entraîne l'application des peines que prononcent la loi du 10 août 1796, et la loi du 23 therm. an IV, art. 2, ainsi conçu :...;

Statuant par..., etc.,
Condamne B... à..., etc.
Ainsi jugé... etc.   (Signatures).

§ 36. — Jugement de condamnation pour voies de fait légères.

Le Tribunal..., etc. ;
Attendu que les faits imputés à B... sont d'avoir, sur la voie publique de..., exercé, sur la personne de A..., des voies de fait légères et injurieuses pour celui-ci ;

Que ces faits, n'ayant été accompagnés ni de blessures ni de coups, ne peuvent se rattacher à la disposition de l'art. 311, C. pén. ; qu'ils sont également étrangers au jet de corps durs ou d'immondices dont parle l'art. 475, § 8, du même Code, et ne rentrent conséquemment pas dans l'application de cet article ; mais qu'ils ont le caractère de voies de fait et de violences légères, mentionnées dans l'art. 19, § 2, tit. 1, de la loi du 22 juill. 1791, et de l'art. 605, § 8, du Code du 3 brum. an IV ;

Que les voies de fait et violences légères n'étant l'objet d'aucune disposition du Code pénal, ni d'aucune autre loi postérieure à celles des 22 juill. 1791 et 3 brum. an IV, les dispositions qui s'y rapportent dans cesdites lois, et qui étaient en vigueur à l'époque de la promulgation du Code pénal, sont formellement maintenues par l'art. 484 de ce Code, et que les Cours et tribunaux sont tenus de les observer et de les faire exécuter ;

Statuant par jugement contradictoire en dernier ressort,
Déclare B... convaincu de contravention à l'art. 605, § 8, C. pén., et à l'art. 2 de la loi du 3 brum. an IV ; lui faisant en conséquence l'applica-

tion desdits articles de loi et de l'art. 162, C. instr. crim., ainsi conçus :...
Ainsi jugé, etc. *(Signatures)*.

§ 37. — **Jugement qui décide que le ministère public est sans qualité pour poursuivre les contraventions à l'art. 12 de la loi du 22 germinal an XI.**

Le Tribunal, etc.;
Attendu que le fait dont il s'agit dans l'espèce constitue une contravention à l'art. 12 de la loi du 22 germ. an XII, mais que l'action purement civile qui en résulte n'appartient qu'à la partie lésée ; que, dès lors, le ministère public est sans caractère et sans qualité, tant pour en poursuivre la répression que pour attaquer les décisions rendues sur la plainte par l'autorité administrative;
Statuant par jugement, etc...,
Déclare l'action du ministère public mal fondée :
En conséquence, renvoie B... des poursuites exercées contre lui, sans amende ni dépens.
Ainsi jugé, etc. *(Signatures)*.

§ 38. — **Jugement qui décide qu'un maire a qualité pour interdire des bornes existantes depuis un temps immémorial le long des propriétés attenantes à la voie publique, sans violer le principe de la non-rétroactivité des lois.**

Le Tribunal..., etc...;
Attendu que le principe de la non-rétroactivité des lois ne peut s'appliquer aux règlements de simple police, l'autorité municipale ayant le droit et le devoir de veiller en tout temps à tout ce qui peut intéresser l'ordre et la sûreté publique; que, dès lors, le maire de... a pu, dans l'intérêt général, ainsi qu'il l'a fait par son arrêté du..., interdire les bornes déjà existantes le long de..., dans le but d'assurer la commodité du passage;
Attendu que B... s'est, jusqu'à ce jour, refusé à se conformer à cet arrêté; que, par sa résistance à s'y conformer, il s'est rendu passible des peines prévues par l'art. 471, § 5, C. pén. ;
Vu ledit article, ensemble l'art.... du même Code et l'art. 162, C. instr. crim., lesquels sont ainsi conçus :...
Statuant..., etc.;
Ainsi jugé, etc. *(Signatures)*.

§ 39. — **Jugement qui décide que la prescription, en matière de police, étant absolue et d'ordre public, doit être suppléée d'office.**

Le Tribunal, etc....;
Attendu, en fait, qu'il s'agit...;
Attendu, en droit, qu'en matière criminelle, correctionnelle et de simple police, la prescription est absolue et d'ordre public, et que, lorsqu'elle est acquise, elle élève un obstacle insurmontable contre l'application de la peine ; que, dès lors, elle doit être suppléée d'office par les Cours et tribunaux;
Attendu qu'aux termes de l'art.... (l'article applicable) ;
Statuant par jugement contradictoire en dernier ressort, déclare la poursuite éteinte par la prescription; en conséquence, renvoie B... des poursuites dont il est l'objet, sans amende ni dépens.
Ainsi jugé..., etc. *(Signatures)*.

§ 40. — Jugement qui rejette la tierce-opposition à un jugement de simple police.

Le Tribunal..., etc.;

Attendu, en fait, que...;

Attendu, en droit, que les tribunaux de simple police ne sont compétents que pour réprimer les contraventions dont la connaissance leur est dévolue, soit par le ministère public, soit par la partie civile, et qu'ils ne peuvent s'occuper des intérêts civils, qui s'y rattachent, qu'accessoirement à l'action publique et en même temps qu'ils prononcent sur celle-ci;

Que les art. 172 et 177, C. instr. crim., n'autorisent contre leurs jugements contradictoires que l'appel et le recours en cassation : que la tierce opposition contre ces jugements ne saurait, sous le prétexte du préjudice qu'ils pourraient leur causer, appartenir à des tiers, puisque, d'une part, les condamnations sont personnelles aux prévenus qui les ont encourues, et que, de l'autre, les tribunaux ont consommé leur juridiction en les prononçant;

Statuant par jugement contradictoire en dernier ressort, déclare B... mal fondé dans son action, dont il est débouté, et le condamne aux dépens.

Ainsi jugé..., etc.   (*Signatures*).

§ 41. — Jugement qui annule la procédure. — Règlement préfectoral. — Arrêté municipal. — Validité. — Publication.

Le Tribunal, etc.,

Vu l'art. 471, § 15, C. pén.; les art. 11 et 15 de la loi du 18 juill. 1837;

Attendu que la loi du 18 juill. 1837, par son art. 11, ne confère qu'au maire le pouvoir de prendre des arrêtés à l'effet d'ordonner des mesures locales sur les objets conférés par les lois à sa vigilance et à son autorité ;

Que, si le préfet a le droit, aux termes du même article, soit d'annuler les mêmes arrêtés, soit d'en suspendre l'exécution, il ne lui appartient pas d'en prendre l'initiative et d'ordonner des mesures qui ne doivent émaner que du pouvoir municipal;

Que, si la même loi dispose que dans le cas où un maire négligerait ou refuserait de faire un des actes qui lui sont prescrits par la loi, le préfet, après l'en avoir requis, peut y procéder lui-même, ce droit du préfet n'est applicable qu'aux actes administratifs et ne peut s'étendre aux actes du pouvoir réglementaire;

Que, dès lors, l'arrêté du..., pris par le préfet d..., pour la seule commune de..., pour suppléer un arrêté du maire de cette commune, a été pris en contravention aux art. 11 et 15 de la loi précitée, et qu'il n'y a pas lieu, par conséquent, d'en invoquer l'application dans la cause soumise au tribunal;

Par ces motifs, etc.;

Statuant par...,

Annule ... (comme au § 6 ci-dessus).

Ainsi jugé, etc.   (*Signatures*).

§ 42. — Jugement de condamnation. — Arrêté préfectoral. — Validité. — Modification. — Circulaire préfectorale. — Validité.

Le Tribunal, etc.,

Vu l'arrêté du préfet d..., en date du..., portant défense dans toute l'étendue du département de couvrir les bâtiments neufs ou reconstruits à neuf en chaume ou toute autre matière combustible ;

Attendu que cet arrêté, qui a pour objet une mesure de sûreté générale et s'étend à toutes les communes du département, pris par le préfet, mandataire du pouvoir exécutif, dans le cercle de ses attributions, est légalement obligatoire ;

Que le préfet, après l'avoir rendu public, avait le droit, s'il le jugeait convenable, d'en modifier les dispositions par un nouvel arrêté pris et publié suivant les mêmes formes ;

Attendu que la circulaire émanée du préfet, le..., n'a pu modifier l'arrêté auquel elle se réfère ;

Qu'un arrêté de police, en effet, est, lorsqu'il est légalement pris dans le cercle du pouvoir réglementaire, une véritable loi locale ; qu'il a l'autorité et les effets de la loi, puisqu'il oblige tous les citoyens ; qu'il doit être, en conséquence, accompagné des formes et des solennités qui sont le caractère extérieur de la loi ;

Qu'une simple instruction administrative, lors même qu'elle serait rendue publique, ne peut avoir aucun effet obligatoire ;

Attendu, en fait, qu'il est constant et reconnu d'ailleurs par B... qu'il a..., en contravention à l'arrêté :

(*Ou*)...

Vu l'art. 471, § 15, C. pén.; vu les art. 161 et 162, C. instr. crim., lesquels sont ainsi conçus : etc ;

Condamne B... par corps à l'amende de...; ordonne la démolition des travaux par lui faits en contravention à l'art. ... de l'arrêté du..., dans le délai de... jours; sinon et faute par lui de ce faire, il y sera procédé d'office, poursuite et diligence du ministère public, aux frais du condamné ;

Condamne, en outre, B... en tous les dépens..., etc.;

Ainsi jugé..., etc. (*Signatures*).

SECT. VII. — DÉCLARATION D'APPEL OU RECOURS EN CASSATION.

L'an...; le..., heure d...,

Par-devant nous (nom et prénoms), greffier du tribunal de simple police du canton de...,

Est comparu au greffe dudit tribunal, le sieur..., demeurant à..., où il fait élection de domicile ;

Lequel a déclaré interjeter appel du jugement rendu par le tribunal de simple police de..., le..., enregistré, qui le condamne à..., (*ou*) se pourvoir en cassation; et ce, pour les torts et griefs que lui fait ledit jugement ;

De laquelle déclaration, nous avons rédigé le présent acte, et a le déclarant signé avec nous, (*ou*) a déclaré ne le savoir. (*Signatures*).

SECT. VIII. — Extrait, en forme de grosse, d'un jugement de police rendu sur la poursuite du ministère public, et portant condamnation a l'emprisonnement.

Détail des dépens prononcés dans le jugement dont est extrait.

—

Enregistrement. .
Timbre . . . .
Frais de citation. .
Taxe des témoins.

—

Total. . . .
Coût de l'extrait. .

République française, au nom du peuple français.

Par jugement du tribunal de simple police du canton de..., rendu le... de ce mois, sur la poursuite du ministère public, et enregistré en débet le... du même mois, au bureau de..., le sieur M..., âgé de vingt-sept ans, journalier, demeurant à..., a été condamné à un emprisonnement de deux jours et à une amende de 5 francs, en vertu des art.... du Code pénal, transcrits dans ledit jugement, pour avoir... (rappeler le fait de la contravention); ledit sieur M... a été condamné, en outre, aux dépens taxés à la somme de..., suivant le détail ci-contre, non compris les frais du présent et ceux de mise à exécution.

En conséquence, le président de la République mande et ordonne à tous huissiers, sur ce requis, de mettre ledit jugement à exécution; aux procureurs généraux et aux procureurs de la République près les tribunaux de première instance d'y tenir la main; à tous commandants et officiers de la force publique de prêter main-forte lorsqu'ils en seront légalement requis. En foi de quoi la minute du présent jugement a été signée par le juge de paix, président du tribunal, et par le greffier.

Pour extrait.

(*Sceau du tribunal*).   (*Signature du greffier*).

SECT. IX.—Extrait des jugements portant peine d'emprisonnement.

§ 1er. — **Extrait des jugements portant peine d'emprisonnement, qui ont été rendus pendant le ... trimestre de l'année... par le tribunal de police du canton de...**

NUMÉROS d'ordre	NOMS, prénoms, profession ou qualité, âge, domicile et lieu de naissance des condamnés.	NOM, prénoms, profession ou qualité et demeure de la personne lésée.	NATURE de la contravention.	LIEU où elle a été commise.	LOIS appliquées.	CONDAMNATIONS prononcées

Pour extrait délivré par nous, greffier du tribunal de simple police du canton, (*ou*) de la ville de..., pour être transmis à M. le procureur de la République, conformément à l'art. 178, C. instr. crim.

Fait à..., le...   (*Signature du greffier.*)

Vu par nous, juge de paix du canton de...   (*Signature du juge*).

§ 2. — Certificat négatif.

Nous, juge de paix du canton de...,

Certifions que, pendant le... trimestre de l'année..., il n'a été rendu, par le tribunal de simple police de ce canton, aucun jugement portant peine d'emprisonnement.

En foi de quoi nous avons délivré le présent certificat pour être transmis à M. le procureur de la République, conformément à l'art. 178, C. instr. crim.

Fait à..., le....   (*Signature du juge*).

SECT. X. — VISA DE L'EXTRAIT OU EXPÉDITION D'UN JUGEMENT DE POLICE DÉLIVRÉ A LA PARTIE PUBLIQUE.

Vu par nous..., remplissant les fonctions du ministère public près le tribunal de police de...., l'extrait ci-dessus, contenant... rôles, et délivré sur notre réquisition, pour être signifié à la partie condamnée.

A...

(*Sceau*).   (*Signature*)..

LIVRE QUATRIÈME

DE LA POLICE JUDICIAIRE.

CHAP. Iᵉʳ. — DISPOSITIONS GÉNÉRALES.

1346. La police est instituée pour maintenir l'ordre public, la liberté, la propriété, la sûreté individuelle : son caractère principal est la vigilance; la société, considérée en masse, est l'objet de sa sollicitude.

Elle se divise en police administrative ou préventive et en police judiciaire ou répressive (C. 3 brum. an IV, art. 16, 17, 18).

1347. La police administrative a pour objet le maintien habituel de l'ordre public dans chaque lieu et dans chaque partie de l'administration générale. Son but principal est de prévenir les délits, de faire exécuter les lois, ordonnances et règlements d'ordre public (C. 3 brum. an IV, art. 19).

La police administrative se divise elle-même en police générale et police municipale.

1348. La police générale embrasse dans sa prévoyance l'universalité des citoyens (C. 3 brum. an IV, art. 17). Elle s'occupe de tous les intérêts moraux et physiques de la société, tels que la presse, l'imprimerie, la librairie et les publications de toutes natures, les théâtres, les cultes, l'instruction publique, la voirie, les passe-ports, la mendicité et le vagabondage, les prisons, les maisons publiques, les associations politiques et industrielles, les sociétés secrètes, les attroupements, la contrebande, les désertions, les subsistances, les épidémies, les cris séditieux, la provocation publique aux crimes et délits, la diffamation des autorités, les poids et mesures, la haute police, etc. (Décr. 5 brum. an IX, 23 therm. an XIII; 25 mars 1811, 22 et 30 janv. 1852).

1349. Elle est exercée sous l'autorité immédiate du ministre de l'intérieur, par les préfets et sous-préfets, les maires, sous la surveillance des préfets, et à Paris et dans le département de la Seine, par le préfet de police. Chacune de ces autorités est chargée de faire exécuter les lois relatives à la police générale, à la sûreté et à la tranquillité intérieure de l'État dans la mesure de sa compétence et de ses attributions.

1350. La police municipale s'occupe exclusivement des intérêts de la commune; sa compétence et ses attributions sont déterminées par les lois des 4 août 1789, 16-24 août 1790, art. 1, 2, 3, 4, 5 et 6; 19-22 juill. 1791, tit. 1, art. 5, 8, 9, 10, 13, 30, 46, 18 juill. 1839 et par le décret du 4 juill. 1853, sur la police de la pêche maritime.

1351. Elle est exercée dans les communes par les maires, et à Paris et dans le département de la Seine par le préfet de police.

1352. La police rurale, qui rentre dans la police municipale, a pour objet la tranquillité, la salubrité et la sûreté des campagnes (L. 6 oct. 1791, tit. 2, art. 9; L. 18-22 juil. 1837, art. 10 et 11).

1353. La force obligatoire des règlements des maires faits en vertu des lois de 1790, 1791 et 1837, ou de quelque loi spéciale, survit aux événements qui en ont été l'occasion par cela qu'ils continuent d'intéresser l'un des ojets de la police municipale; elle ne serait pas anéantie par un acte ne valant pas réformation, par exemple, par un avis publié dans le bulletin administratif du préfet (Arg. Cass., 23 sept. 1853, J.P. 54, p. 592).

1354. « La police judiciaire recherche les crimes, les délits et les contraventions, en rassemble les preuves et en livre les auteurs aux tribunaux chargés de les punir » (C. inst. crim., art. 8.)

1355. Tant qu'un projet reste enseveli dans le cœur de celui qui l'a formé, tant qu'aucun acte extérieur, aucun écrit, aucune parole, ne le manifeste au dehors, il n'est encore qu'une pensée, et personne n'a le droit d'en demander compte.

« Il est cependant vrai que des hommes exercés de longue main à surveiller les méchants, et à pénétrer leurs intentions les plus secrètes, préviennent souvent bien des crimes, par une prévoyance utile et par des mesures salutaires. C'est là un des premiers objets de la police administrative, police en quelque sorte invisible, mais d'autant plus parfaite qu'elle est plus ignorée, et dont nous jouissons sans songer combien elle coûte de soins et de peines. La vigilance d'une bonne police ne laisse souvent ni l'espoir du succès, ni la possibilité d'agir, aux méchants, qui la trouvent partout sans la voir nulle part, et qui rugissent des obstacles que le hasard semble leur offrir, sans jamais se douter que ce hasard prétendu est dirigé par une profonde sagesse.

« Un autre résultat d'une bonne police administrative est que l'homme se trouve enveloppé dès le premier pas qu'il fait pour consommer son crime.

« Au moment où un crime se commet ou vient de se commettre, l'action de la justice commence. C'est alors que la police judiciaire peut et doit se montrer ; il n'y a pas un moment à perdre, le moindre retard ferait disparaître le coupable et les traces du crime. Il faut donc que les officiers de police judiciaire veillent sans cesse et agissent avec célérité, activité, zèle et impartialité, prudence, fermeté et légalité, à la première annonce du crime » (Locré, Exposé des motifs du Code d'instruction criminelle, p. 223).

1356. La police judiciaire ne doit se produire que lorsqu'elle est informée par des voies légales. Son immixtion prématurée souillerait la justice et dégénérerait en espionnage et en inquisition. Les voies légales, à cet égard, sont : la clameur publique, l'avis donné par un fonctionnaire, la plainte ou la dénonciation (Schenck, Tr. du min. publ., t. 2, p. 48).

1357. Dès qu'un fait dénoncé par une de ces voies a les apparences d'un crime ou d'un délit, la police judiciaire doit s'en saisir et commencer immédiatement ses investigations.

1358. Si la justice ne peut condamner que pour une infraction prouvée, il suffit à la police judiciaire qu'une infraction soit probable, ou seulement possible, dans le fait dénoncé, pour exciter sa sollicitude et son action.

1359. En matière criminelle, le scandale d'un fait vrai ou faux produit entre les citoyens une fermentation contraire à leur repos; il faut la détruire, soit en rendant constant à leurs yeux que l'ordre n'a point été troublé, soit en mettant sur-le champ la justice à portée de prononcer la punition du méfait suivant la rigueur des lois (Instr. du parquet de Paris, du 28 fév. 1811).

1360. La police judiciaire enregistre les faits punissables, à quelque juridiction qu'ils appartiennent, ordinaire ou extraordinaire, sauf à transmettre immédiatement les procédures à qui de droit ; elle doit, en opérant dans le cercle de ses attributions, connaître, prévoir et constater tout ce qu'il importera de savoir aux juges qui prononceront sur la réalité et la moralité des faits incriminés. Elle doit donc envisager ces faits sous toutes leurs faces et dans tous leurs rapports ; rien de ce qui est utile à découvrir, à consigner dans l'instruction ne doit échapper à sa vigilance et à sa sagacité : les détails les plus minutieux, s'ils ont la moindre importance, et les circonstances en apparence les plus futiles, si elles peuvent jeter quelques lumières sur le procès ou exercer une influence quelconque sur le jugement, doivent être par elle relevés et constatés avec soin.

1361. Exempt de passion comme la loi, l'officier de police judiciaire ne doit écouter ni les excitations de la haine, ni les séductions de l'amitié, ni l'esprit de parti; impassible dans l'accomplissement de ses devoirs, inaccessible à la crainte comme à la faveur, sans dureté comme sans faiblesse, il ne doit jamais dévier de la ligne qu'une conscience droite lui aura tracée (Circ. min. just. des 6 frim. an x et 11 mai 1815).

1362. « La police judiciaire sera exercée sous l'autorité des Cours d'appel, et suivant les distinctions qui vont être établies :

« Par les gardes champêtres et les gardes forestiers,

« Par les commissaires de police,

« Par les maires et les adjoints de maire,

« Par les procureurs de la République et leurs substituts,

« Par les juges de paix,

« Par les officiers de gendarmerie,

« Par les commissaires généraux de police,

« Et par les juges d'instruction » (C. instr. crim., art. 9).

1363. La loi a placé la police judiciaire sous la surveillance des procureurs généraux (C. instr. crim., art. 279).

Les procureurs généraux ne peuvent exercer par eux-mêmes les fonctions de la police judiciaire, sauf dans quelques cas prévus par la loi (C. instr. crim., art. 464 ; HELIE, *Inst. crim.*, t. 4, p. 190 ; CARNOT, sur l'art. 22, C. instr. crim. ; ROLLAND DE VILLARGUES, *C. crim.*, art. 9, note 1).

1364. Les gardes champêtres et les gardes forestiers sont officiers de police judiciaire ; ils ne sont point officiers auxiliaires du ministère public ; leurs attributions sont indiquées sous l'art. 16, C. inst. crim.

1365. Les commissaires de police, qui sont à la fois officiers de police judiciaire, officiers auxiliaires du ministère public, et chargés du ministère public en matière de police, ont des attributions diverses, énumérées sous les art. 11, 50 et 144, C. instr. crim.

1366. Les maires et les adjoints de maire exercent, en matière de police judiciaire, les mêmes fonctions que les commissaires de police ; leurs attributions sont établies sous les art. 11, 50 et 144, C. inst. crim.

1367. Les procureurs de la République et leurs substituts ont, en matière de police judiciaire, des fonctions distinctes, suivant que le délit est flagrant ou non flagrant.

Si le délit est flagrant, le ministère public exerce temporairement les pouvoirs de l'instruction ; il supplée le juge d'instruction dans les actes de son ministère (C. inst. crim., art. 32 et suiv.).

Si le délit n'est pas flagrant, il se borne aux actes de poursuite (C. inst. crim., art. 22).

1368. Les juges de paix participent à la police judiciaire comme officiers de police, comme auxiliaires du procureur de la République et comme délégués du juge d'instruction. Leurs attributions sont indiquées sous les art. 29, 48 et 83, C. inst. crim.

Ils président, en outre, les tribunaux de police.

D'où il suit qu'ils n'ont pas, comme les maires et les commissaires de police, le droit de constater les simples contraventions (F. HELIE, t. 4, p. 88 et 109).

1369. Les officiers de gendarmerie sont à la fois officiers

de police judiciaire et officiers auxiliaires du ministère public. Leurs attributions résultant de ce double titre sont réglées par les art. 29 et 48, C. inst. crim. Elles ont été développées par la loi du 28 germ. an VI, et le décret du 1er mars 1854, sur l'organisation et le service de la gendarmerie.

1370. Les commissaires généraux de police, institués par la loi du 28 pluv. an VIII et le décret du 25 mars 1811, ont été supprimés par le décret du 28 mars 1815.

1371. [Les décrets du 28 mars 1852 et 17 janv. 1853 avaient créé des commissaires de police dans tous les cantons. Ces décrets ont été abrogés par le décret du 10 sept. 1870, qui supprime les commissaires de police cantonaux].

1372. Le juge d'instruction a la plénitude des pouvoirs de la police judiciaire, car les pouvoirs sont tous contenus dans le droit du juge. Les autres officiers ne les exercent que dans de certains cas et dans de certaines limites ; le juge d'instruction les exerce en vertu de l'autorité qui lui est propre, en vertu de sa fonction même. Mais, en matière de flagrant délit, il réunit au droit d'instruction dont il est investi le droit de poursuivre les délits ; il supplée temporairement le ministère public, comme le ministère public le supplée lui-même ; il instruit d'office, il fait acte de poursuite (C. inst. crim., art. 59 et 60 ; F. Hélie, t. 4, p. 82).

1373. Les officiers de police énumérés en l'art. 9, C. inst. crim., ne sont pas tous, comme on le voit, auxiliaires du procureur de la République. Cette qualité n'appartient qu'aux juges de paix, aux officiers de gendarmerie, aux maires et adjoints et aux commissaires de police (C. inst. crim., art. 48 et suiv.).

1374. Mais, en dehors du Code, plusieurs lois spéciales ont attribué à différents agents le pouvoir de rechercher et de constater diverses classes de délits et de contravention. On peut distinguer, parmi ces agents secondaires de la police judiciaire, trois catégories distinctes : les agents spéciaux qui ont pouvoir de constater certaines infractions, les agents de police et autres qui ont mission de rechercher et non de constater, enfin les agents de la force publique.

CHAP. II. — Des procureurs de la république et de leurs substituts.

—

1375. « Les procureurs de la République sont chargés de la recherche et de la poursuite de tous les délits dont la connaissance appartient aux tribunaux de police correctionnelle ou aux Cours d'assises » (C. inst. crim., art. 22).

1376. La recherche des délits constitue la police judiciaire; la poursuite est l'exercice de l'action publique. Le premier de ces pouvoirs n'appartient pas exclusivement au ministère public; le second n'appartient qu'à lui (F. Helie, t. 4, p. 90).

1377. Les procureurs de la République ont, comme les procureurs généraux, le plein et entier exercice de l'action publique; ils sont les agents du pouvoir exécutif et les agents de la société, puisque l'action publique leur a été directement déléguée (F. Helie, p. 221).

1378. Le principe posé par l'art. 22 a pour conséquence toutes les attributions que les art. 29, 30, 31, 53, 63, 182, 202 et 274, C. instr. crim., confèrent au procureur de la République, chargé de l'action publique; tous les actes de cet exercice lui sont nécessairement attribués.

1379. La compétence du procureur de la République n'a point de limites en ce qui concerne la poursuite des crimes et des délits; elle s'étend indistinctement à toutes les infractions auxquelles la loi a donné cette double qualification. Le législateur lui a attribué la plénitude du droit de poursuite.

1380. Lorsque les crimes ou délits appartiennent, à raison de leur nature spéciale, à des juges exceptionnels, les procureurs de la République ne peuvent faire aucun acte d'instruction. Mais s'il s'agit de crimes ou délits de droit commun dont la connaissance a été transportée à d'autres juges, par une loi d'exception, les procureurs de la République peuvent procéder à leur recherche et requérir même les actes d'instruction. Tels sont les cas où il s'agit d'un crime ou d'un délit commun, justiciable soit de la haute Cour, soit d'un conseil de guerre, soit du tribunal maritime (Helie, *Inst. crim.*, t. 5, p. 231; Mangin, *Inst. écr.*, n° 41; Rolland de Villargues, *C. crim.*, art. 22, notes 2 et 3).

1381. L'art. 22, C. instr. crim., ne s'applique pas aux simples contraventions dont la recherche est confiée aux agents désignés aux art. 11 et 16 du même Code (CARNOT, art. 22 ; ROLLAND DE VILLARGUES, art. 22, n° 1).

1382. Le droit accordé au ministère public de poursuivre directement et d'office tous les faits auxquels la loi a attribué le caractère de crime ou de délit, est général et absolu, et il ne peut recevoir de restriction que par les dispositions formelles de lois qui en modifient l'exercice ou les soumettent à des conditions.

Du reste, les Cours et tribunaux ne peuvent en aucune sorte s'immiscer dans la recherche et la poursuite des délits et des crimes ; ils ne sauraient régler, activer ou contrarier l'exercice de l'action, uniquement réservée au ministère public (Cass., 6 août 1836, J.P.37.1.563).

1383. « Sont également compétents pour remplir les fonctions déléguées par l'art. 22, le procureur de la République du lieu du crime ou du délit, celui de la résidence du prévenu et celui du lieu où le prévenu pourra être trouvé » (C. instr. crim., art. 23).

La règle de compétence établie par cet article a été étendue au juge d'instruction par l'art. 63, C. instr. crim.

1384. « Ces fonctions, lorsqu'il s'agira de crimes ou de délits commis hors du territoire français, dans les cas énoncés aux art. 5, 6 et 7, seront remplies par le procureur de la République du lieu où résidera le prévenu, ou par celui du lieu où il pourra être trouvé, ou par celui de sa dernière résidence connue » (C. inst. crim., art. 24).

1385. Il résulte de l'examen des procès-verbaux du Conseil d'État que c'est par erreur que le mot *délits* est resté dans le texte de l'art. 24, après avoir été effacé de l'art. 7. C'est dans ce sens que la Cour de Douai, par arrêt du 18 mai 1837, et la Cour de cassation, par un autre arrêt du 26 sept. 1839 (S.-V.37.2.410 et 40.1.64), ont jugé que l'art. 24, qui n'est destiné qu'à réglementer l'action du ministère public, n'a pu modifier et altérer le sens de la disposition de l'art. 7 (F. HÉLIE, t. 2, p. 627 ; CARNOT, sur l'art. 24 ; ROLLAND DE VILLARGUES, sur l'art. 24).

1386. « Les procureurs de la République et tous autres officiers de police judiciaire auront, dans l'exercice de leurs fonctions, le droit de requérir directement la force publique » (C. inst. crim., art. 25).

Aux termes de cet article, tous les officiers de police judiciaire ont le droit de requérir directement la force publique; il faut remarquer, toutefois, que, suivant l'art. 16, les gardes champêtres et les gardes forestiers, qui sont aussi des officiers de police judiciaire, doivent, lorsqu'ils ont besoin de se faire donner main-forte, s'adresser, pour cet objet, au maire ou à l'adjoint, qui ne peuvent refuser leur assistance.

1387. La réquisition de la force armée doit être rédigée par *écrit*, sauf dans le cas des art. 99 et 108, C. inst. crim.; elle doit être adressée au commandant de la gendarmerie du lieu où elle doit recevoir son exécution, et, en cas de refus, à l'officier sous les ordres duquel est immédiatement placé celui qui n'a pas obtempéré à cette réquisition (Décr. 1er mars 1854, art. 92).

1388. « Le procureur de la République sera, en cas d'empêchement, remplacé par son substitut, ou, s'il y a plusieurs substituts, par le plus ancien. S'il n'a pas de substitut, il est remplacé par un juge commis à cet effet par le président » (C. inst. crim., art. 26).

1389. Les substituts du procureur de la République sont placés sous la direction de ce magistrat, qui leur délègue les différentes portions du service du ministère public qu'ils doivent remplir, et qui reste toujours le maître, comme chef du parquet, de changer la destination qu'il leur a donnée (Décr. 18 août 1810, art. 17, 18 et 19).

1390. Toutefois, ils sont investis des mêmes fonctions : l'art. 9, C. instr. crim., et l'art. 43 de la loi du 20 avril 1810 leur délèguent directement les fonctions de la police judiciaire et du ministère public.

Il suit de là que les substituts tiennent leur pouvoir de la loi et non de la délégation de leur chef, et qu'ils peuvent en son absence, sans qu'il soit besoin d'une autorisation spéciale, remplir toutes les fonctions du ministère public. La Cour de cassation a consacré cette interprétation ; elle a jugé en conséquence que le substitut a qualité, comme le procureur de la République lui-même, pour faire une déclaration d'appel dans une affaire correctionnelle lors de laquelle il occupait le siège du ministère public (Cass., 29 mars 1822, S.22.1.369; 14 mai 1825, D.p.25.1.275; Merlin, *Quest.*, v° *Appel*, § 2, n° 8; F. Hélie, t. 2, p. 222; Carnot, sur l'art. 202, C. inst. crim.).

Et même au cas où le substitut qui a formé l'appel n'aurait point porté la parole à l'audience, et où, par conséquent, ancune délégation tacite ne pouvait être présumée. Les motifs sont que les attributions données aux substituts sont les mêmes que celles qui sont données au procureur de la République, et que les substituts peuvent exercer toutes celles qu'exerce le procureur de la République lui-même, sans qu'ils aient besoin d'aucun mandat (Cass., 19 fév. et 3 sept. 1829, S.29.1.414);

1391. Cette théorie est, suivant nous, subversive de la hiérarchie que la loi a entendu établir dans les parquets. Il ne saurait, en effet, y avoir entre le chef du parquet et ses substituts une communauté de droits et d'obligations. Chaque parquet n'a qu'un chef qui ordonne ; les substituts ne sont et ne peuvent être, en bonne administration, que les organes de celui-ci, les agents de ses déterminations.

1392. Lorsque les besoins du service exigent l'appel d'un juge suppléant aux fonctions du ministère public, non pour une cause ou pour une audience, mais pour un service permanent ou au moins d'une durée indéterminée, c'est au procureur de la République, et non au tribunal, qu'il appartient de faire la désignation reconnue nécessaire. Doit être annulée, pour excès de pouvoir, la délibération par laquelle un tribunal appelle un juge suppléant au parquet (L. 10 déc. 1830, art. 3 ; ord. 19 nov. 1823, art. 3 ; Cass., 31 juill. 1837, S.-V.37.1.727 ; J.P.37.2.111).

1393. « Les procureurs de la République seront tenus, aussitôt que les délits parviendront à leur connaissance, d'en donner avis au procureur général près la Cour d'appel, et d'exécuter ses ordres relativement à tous actes de police judiciaire » (C. inst. crim., art. 27).

1394. La règle posée par cet article, et qui était déjà écrite dans l'art. 264 du Code du 3 brum. an iv et dans l'art. 22 de la loi du 7 pluv. an ix, est reproduite dans les art. 72 et 122, C. inst. crim.

1395. « Ils pourvoieront à l'envoi, à la notification et à l'exécution des ordonnances qui seront rendues par le juge d'instruction, d'après les règles qui seront établies au chapitre *des Juges d'instruction* » (C. instr. crim., art. 28).

SECT. II. — MODE DE PROCÉDER DES PROCUREURS DE LA RÉPUBLIQUE DANS L'EXERCICE DE LEURS FONCTIONS.

1396. « Toute autorité constituée, tout fonctionnaire ou officier public, qui, dans l'exercice de ses fonctions, acquerra la connaissance d'un crime ou d'un délit, sera tenu d'en donner avis sur-le-champ au procureur de la République près le tribunal dans le ressort duquel ce crime ou délit aura été commis ou dans lequel le prévenu pourrait être trouvé, et de transmettre à ce magistrat tous les renseignements, procès-verbaux et actes qui y sont relatifs » (C. inst. crim., art. 29).

1397. L'injonction formulée par cet article, qui reproduit l'art. 83 du Code du 3 brum. an IV, s'adresse, non point aux officiers de police judiciaire, dont la mission spéciale est la recherche des crimes et des délits, mais à tous les officiers publics qui sont étrangers par leurs fonctions habituelles à cette recherche, mais qui doivent y concourir lorsque, dans leur service, ils découvrent un crime ou un délit (F. Hélie, t. 5, p. 312; P. Gilbert, art. 29).

1398. Les fonctionnaires, les officiers publics, qui, dans l'exercice de leurs fonctions, découvrent un crime ou un délit, ne peuvent être poursuivis à raison des *avis* par eux donnés en exécution de notre article, qu'autant que ces avis ont les caractères d'une dénonciation calomnieuse (Cass., 22 mai 1827 et 22 déc. 1847, arr. cités par F. Hélie, t. 5, p. 393; Voir, C. pén., art. 373).

1399. « Toute personne qui aura été témoin d'un attentat, soit contre la sûreté publique, soit contre la vie ou la propriété d'un individu, sera pareillement tenue d'en donner avis au procureur de la République, soit du lieu du crime ou du délit, soit du lieu où le prévenu pourra être trouvé » (C. inst. crim., art. 30).

Cet article n'impose aux citoyens, comme l'art. 29 aux fonctionnaires publics, qu'une obligation toute morale et dépourvue de sanction. Du reste, il ne l'impose qu'à ceux qui ont été *témoins* des crimes : ceux-là seuls, en effet, peuvent fournir à la justice un élément direct de la poursuite (F. Hélie, t. 5, p. 312).

1400. « Les dénonciations seront rédigées par les dénonciateurs, ou par leurs fondés de procuration spéciale, ou par le procureur de la République s'il en est requis; elles seront signées par le procureur de la République à chaque feuillet, et par les dénonciateurs ou par leurs fondés de pouvoir.

« Si les dénonciateurs ou leurs fondés de pouvoir ne savent ou ne veulent pas signer, il en sera fait mention.

« La procuration sera toujours annexée à la dénonciation; et le dénonciateur pourra se faire délivrer, mais à ses frais, une copie de sa dénonciation » (C. inst. crim., art. 31).

1401. Les formalités établies par cet article s'appliquent

aux plaintes aussi bien qu'aux dénonciations (Arg. C. inst. crim., art. 65).

Elles sont obligatoires et ne sont pas purement réglementaires.

1402. Les dénonciations et les plaintes doivent énoncer d'une manière claire et précise : 1° la nature et les circonstances des contraventions ; 2° le temps et le lieu où elles ont été commises ; 3° les preuves et indices à la charge des prévenus ; 4° les noms, professions et demeures des plaignants, des témoins, s'il en existe, et des prévenus, s'ils sont connus (Instr. du parquet de la Seine, p. 47).

1403. La loi n'a pas déterminé la forme extérieure des dénonciations et des plaintes ; elles peuvent prendre celle d'un rapport, d'une enquête, d'un procès-verbal et même d'une simple lettre, pourvu qu'elles portent, comme garantie de leur sincérité, la signature des dénonciateurs ou des plaignants (F. HÉLIE, t. 5, p. 343).

1404. L'officier public doit donner lecture de l'acte à la partie (Arg., par analogie, C. inst. crim., art. 76) ; quant à la mention de l'affirmation de la partie que les faits contenus dans l'acte sont sincères, aucune disposition de la loi ne l'exige ; mais cela se fait néanmoins assez généralement dans la pratique. Quant à nous, nous l'avons toujours fait, pendant notre long exercice, et nous avons souvent reconnu l'utilité de la mesure.

1405. Les formes de l'art. 31 ne sont pas substantielles, et n'ont pour objet que d'offrir à la justice la garantie que la dénonciation est l'œuvre de celui qui la forme ; mais une condition nécessaire pour la caractériser est qu'elle soit faite aux officiers de police (Cass., 29 juin 1838, S.-V.39.1.697).

1406. Au reste, notre article ne s'applique qu'à la forme des dénonciations faites au procureur de la République ou à ses auxiliaires, et cette forme ne concerne nullement celles qui sont adressées aux autorités administratives.

1407. Toutefois, en matière de délits qui ne peuvent être poursuivis que sur la plainte de la partie lésée, les formes prescrites par l'art. 31 doivent être plus rigoureusement observées ; il appartient, du reste, aux magistrats saisis de la poursuite, de juger si l'action du ministère public a été suffisamment provoquée (Arg. cass., 25 fév. 1832, S.-V.32.1. 622).

1408. « Dans tous les cas de flagrant délit, lorsque le fait sera de nature à entraîner une peine afflictive ou infamante, le

procureur de la République se transportera sur le lieu, sans
aucun retard, pour y dresser les procès-verbaux nécessaires à
l'effet de constater le corps du délit, son état, l'état des lieux,
et pour recevoir les déclarations des personnes qui auraient
été présentes ou qui auraient des renseignements à donner.

« Le procureur de la République donnera avis de son
transport au juge d'instruction, sans être toutefois tenu de
l'attendre pour procéder, ainsi qu'il est dit au présent chapitre » (C. inst. crim., art. 32).

1409. Lorsque le délit est flagrant, les attributions du procureur de la République s'étendent : aux pouvoirs de la poursuite, il réunit temporairement ceux de l'instruction ; il
supplée le juge dans les actes de son ministère : il peut donc
se transporter sur les lieux, entendre les parents et les voisins, dresser des procès-verbaux, faire saisir les inculpés et
procéder sommairement aux actes les plus urgents de l'information préparatoire, qu'il s'agisse d'un crime ou d'un délit
(V. *inf.*, chap. IV, sect. III).

1410. En ordonnant aux officiers de police judiciaire de
constater le corps du délit aussitôt qu'ils en sont informés, la
loi n'a pas prononcé la nullité de la procédure soit à défaut de
procès-verbal (Cass., 19 juin 1817 ; 16 mars 1837, J.P.38.
1.90) ; soit lorsque le procès-verbal a été dressé longtemps
après la perpétration du délit, si la preuve peut en être acquise de toute autre manière.

1411. Hors le cas de flagrant délit, le procureur de la République n'a pas le droit de se transporter sur les lieux sans
être accompagné du juge d'instruction (Cass., 30 sept. 1826,
S.-V.27.1.222).

1412. Hors les cas de flagrant délit, d'incendie ou de secours réclamés de l'intérieur des lycées, collèges ou autres
écoles de l'université, aucun officier de police ou de justice ne
peut s'y introduire pour constater un corps de délit ou pour
l'exécution d'un mandat d'amener ou d'arrêt dirigé contre les
membres ou élèves de ces établissements, s'il n'en a l'autorisation spéciale et par écrit des procureurs généraux, de leurs
substituts et des procureurs de la République (D. 15 nov.
1811, art. 150).

1413. Les officiers du ministère public n'ayant, hors le cas
de flagrant délit et ceux qui y sont assimilés, que le droit de
réquisition, ne peuvent, sans violer les règles de la compétence et intervertir l'ordre des juridictions, faire d'actes
d'instruction, ni par conséquent user de délégation pour faire

faire ces actes par aucun magistrat ou officier de police judiciaire (Cass., 27 août 1840, 12 sept. 1847 et 19 avril 1855, J.P.41.1.480, 48.1.390 et 56.1.26).

1414. « Le procureur de la République pourra aussi, dans le cas de l'art. 32, appeler à son procès-verbal les parents, voisins ou domestiques présumés en état de donner des éclaircissements sur le fait ; il recevra leurs déclarations, qu'ils signeront ; les déclarations reçues en conséquence du présent article et de l'article précédent seront signées par les parties, ou, en cas de refus, il en sera fait mention » (C. inst. crim., art. 33).

1415. L'information sommaire autorisée par cet article a pour objet de recueillir les déclarations des témoins dans le premier moment du délit, et l'avantage, par conséquent, de fixer immédiatement les souvenirs de ces témoins et le vrai caractère des faits (F. Hélie, t. 4, p. 698).

Mais les déclarations ainsi reçues ne sont point de véritables dépositions, parce que la loi n'exige aucune prestation de serment ; elles ne peuvent, en conséquence, servir que de simples renseignements, utiles à la manifestation de la vérité (Arg. Cass., 19 avril 1855, J.P.56.1.29 ; Bourguignon, *Manuel*, t. 1, p. 110 ; Carnot, *Inst. crim.*, t. 1, p. 234 ; Morin, *Inst. crim.*, n° 21).

1416. Les parents de l'accusé, même au degré prohibé, peuvent être entendus (Carnot, art. 33 ; Rolland de Villargues, art. 33, n° 2).

1417. « Il pourra défendre que qui que ce soit sorte de la maison, ou s'éloigne du lieu, jusqu'après la clôture de son procès-verbal.

« Tout contrevenant à cette défense sera, s'il peut être saisi, déposé dans la maison d'arrêt : la peine encourue pour la contravention sera prononcée par le juge d'instruction, sur les conclusions du procureur de la République, après que le contrevenant aura été cité et entendu, ou par défaut s'il ne comparaît pas, sans autre formalité ni délai, et sans opposition ni appel.

« La peine ne pourra excéder dix jours d'emprisonnement et cent francs d'amende » (C. inst. crim., art. 34).

1418. Il y a lieu de remarquer : 1° que l'officier de police n'a d'autre droit que celui d'ordonner l'arrestation : le juge d'instruction est seul compétent pour prononcer la peine, après avoir entendu le procureur de la République dans ses conclusions ; 2° que cette mesure, quoique la loi ait employé une forme impérative, est purement facultative (F. Hélie, t. 4, p. 699).

1419. En ordonnant le dépôt, le procureur de la République décerne un mandat de dépôt (Carnot, art. 32). La peine ne peut descendre au-dessous des peines de police (Carnot, art. 34; Helie, t, 5, p. 198), ni être réduite à l'amende seule, l'art. 463, C. pén., étant ici inapplicable (Carnot, id.; Mangin, *Inst. crim.*, n° 218; Rolland de Villargues, art. 34. — *Contrà*, Helie, t. 4, p. 699).

1420. « Le procureur de la République se saisira des armes et de tout ce qui paraîtra avoir servi ou avoir été destiné à commettre le crime ou le délit, ainsi que tout ce qui paraîtra en avoir été le produit ; enfin, de tout ce qui pourra servir à la manifestation de la vérité : il interpellera le prévenu de s'expliquer sur les choses saisies qui lui seront représentées ; il dressera du tout un procès-verbal, qui sera signé par le prévenu, ou mention sera faite de son refus » (C. inst. crim., art. 35).

1421. La saisie prescrite par cet article n'est qu'un moyen d'instruction ; elle ne s'empare des objets qui ont servi à commettre le crime ou le délit, ainsi que de tout ce qui paraît en avoir été le produit, que pour en faire des pièces de conviction. De là, les précautions prises par la loi pour constater leur identité. Les formalités de l'art. 35, ne sont point prescrites à peine de nullité (Cass., 17 sept. 1840, J.P. 43.2.538; S.-V. 41.1.608).

1422. « Si la nature du crime ou du délit est telle, que la preuve puisse vraisemblablement être acquise par les papiers ou autres pièces et effets en la possession du prévenu, le procureur de la République se transportera de suite dans le domicile du prévenu, pour y faire la perquisition des objets qu'il jugera utiles à la manifestation de la vérité » (C. inst. crim., art. 36).

1423. Le procureur de la République, procédant en conformité de l'art. 32, C. instr. crim., ne peut pas, sans excéder ses pouvoirs, se permettre une perquisition dans un domicile *étranger au prévenu ou à ses complices*, s'il en a : cette faculté est réservée, par l'art. 88, C. inst. crim., au juge d'instruction ou à ses délégués. » Les visites domiciliaires, dit Legraverend, ch. 5, sect. 1re, § 2, que le procureur de la République et ses auxiliaires sont autorisés à faire sur-le-champ dans les deux cas de *flagrant délit* et de *réquisition* d'un chef de maison, ne doivent être faites que dans les lieux mêmes où a

été commis le crime ou le délit, ou dans le domicile du prévenu, à moins que ce ne soit une auberge, un cabaret ou tout
autre logis ouvert au public, où ils sont autorisés à se transporter, même pendant la nuit, jusqu'à l'heure où ces lieux
doivent être fermés par les règlements de police. » Cette
interprétation a été consacrée par les art. 155, 157 et 162 des
ord. du 29 oct. 1820, et par les art. 255, 256, décr. du 1er mars
1854, portant règlement sur l'organisation et le service de la
gendarmerie (*Conf.*, CARNOT, sur l'art. 36; F. |HELIE, t. 5,
p. 511; BOURGUIGNON, sur l'art. 36, § 3; MANGIN, n° 224).

1424. Toutefois, les préfets des départements, et le préfet
de police à Paris, ont, comme les juges d'instruction, et dans
le cercle de la police judiciaire, tel qu'il est tracé par l'art. 8,
C. inst. crim., le droit de faire, tant au domicile des prévenus
que partout ailleurs, par conséquent dans les bureaux de la
poste, et à l'égard de toutes lettres ou paquets y déposés, les
perquisitions et saisies qu'ils jugent indispensables à la manifestation de la vérité, et de charger des commissaires de
police ou tous autres officiers de police judiciaire, des perquisitions qu'ils ont ordonnées (Arg. C. inst. crim., art. 8, 10,
88, 89 et 154; circ. 12 mess. an VIII).

1425. Aux termes de l'art. 76 de la Constitution du 22 frim.
an VIII, « la maison de toute personne habitant le territoire
français étant un asile inviolable *pendant la nuit,* nul n'a le
droit d'y entrer que dans le cas d'incendie, d'inondation ou
de réclamation faite dans l'intérieur de la maison. » Notre
art. 36 n'a pas dérogé à ce principe d'ordre public et de liberté civile (Circ. min. just., 24 germ. an IV, reproduite dans
la disposition de l'art. 185 de l'ord. du 29 oct. 1820 et de celle
de l'art. 253 du décr. du 1er mars 1854, précités). Le temps
de nuit est ainsi réglé : du 1er oct. au 31 mars, depuis six
heures du soir jusqu'à six heures du matin ; du 1er avril au
30 sept., depuis neuf heures du soir jusqu'à quatre heures du
matin (Même ord., art. 184, et décr., art. 291 ; arg. C. proc.
civ., art. 1037, et décr. 4 août 1806).

1426. Mais la perquisition peut être continuée la nuit, si
elle a été commencée le jour (BOURGUIGNON, art. 36; MANGIN,
n° 221 ; HELIE, t. 5, p. 496; ROLLAND DE VILLARGUES, art. 36,
note 8).

1427. Si la perquisition devrait être faite hors de l'arrondissement, le procureur de la République pourrait requérir
un officier de police judiciaire de cet arrondissement d'y pro-

céder. Mais il pourrait y procéder lui-même, dans les cas prévus par l'art. 464, C. inst. crim.

1428. « S'il existe, dans le domicile du prévenu, des papiers ou effets qui puissent servir à conviction ou à décharge, le procureur de la République en dressera procès-verbal et se saisira desdits effets ou papiers » (C. inst. crim., art. 37).

1429. Cette disposition est générale et n'admet aucune exception : conséquemment, elle s'applique même aux lettres missives adressées par un fils à son père, par une femme à son mari, et *vice versâ* (Arg. Cass., 28 mars 1833, J.P. 33. 1.327).

1430. « Les objets saisis seront clos et cachetés, si faire se peut; ou s'ils ne sont pas susceptibles de recevoir des caractères d'écriture, ils seront mis dans un vase ou dans un sac, sur lequel le procureur de la République attachera une bande de papier qu'il scellera de son sceau. » (C. inst. crim., art. 38).

« Les opérations prescrites par les articles précédents seront faites en présence du prévenu, s'il a été arrêté ; et s'il ne veut ou ne peut y assister, en présence d'un fondé de pouvoir qu'il pourra nommer. Les objets lui seront présentés à l'effet de les reconnaître et de les parapher, s'il y a lieu ; et, en cas de refus, il en sera fait mention au procès-verbal » (Art. 39).

L'inobservation de ces formalités n'est pas exigée à peine de nullité ; mais le prévenu peut en tirer un argument efficace pour sa défense (Arg. Cass., 17 sept. 1840, S.5.2.140 et 41.1.608).

1431. Le juge d'instruction ne doit briser les scellés mis sur les papiers qu'en présence du prévenu, qui doit parapher chaque papier (HÉLIE, t. 5, p. 522 ; ROLLAND DE VILLARGUES, art. 39, n° 5).

1432. « Le procureur de la République, audit cas de flagrant délit, et lorsque le fait sera de nature à entraîner une peine afflictive ou infamante, fera saisir les prévenus présents contre lesquels il existerait des indices graves.

« Si le prévenu n'est pas présent, le procureur de la République rendra une ordonnance à l'effet de le faire comparaître : cette ordonnance s'appelle *mandat d'amener*.

« La dénonciation seule ne constitue pas une présomption suffisante pour décerner cette ordonnance contre un individu ayant domicile.

« Le procureur de la République interrogera sur-le-champ le prévenu amené devant lui » (C. inst. crim., art. 40).

1433. La première condition de l'application de notre article est qu'il y ait *flagrant délit*. Hors ce cas, le procureur de la République doit requérir le juge d'instruction d'informer ; la seconde est que le fait soit passible d'une peine afflictive ou infamante. Il suffit, toutefois, pour régulariser l'action de la police judiciaire, que le fait ait les caractères d'un crime au moment où il est flagrant, lors même qu'il se réduirait, après avoir été constaté, aux proportions d'un simple délit. Car ce n'est point par le fait que le ministère public a découvert, mais par celui qu'il a cherché, qu'il faut apprécier son droit (Arg. Cass., 1er sept. 1831, S.-V.31.1.353 ; Mangin, n°s 211 et 212 ; F. Helie, t. 4, p. 691).

1434. Le cas de flagrant délit fait trêve à tous les priviléges admis par la loi, au moins quant au pouvoir de constater les faits, de recueillir les premiers renseignements qui conduisent à en connaître les auteurs, et d'arrêter les inculpés, pour les garder sous la main de justice, sauf, après avoir assuré ces garanties à la société, à renvoyer les procès-verbaux et informations, ainsi que les individus capturés, pardevant la juridiction à laquelle ils ressortissent. C'est là une règle absolue (Duverger, n°s 90 et 91 ; Legraverend, t. 1, p. 189 ; Bourguignon, *Jurisp.*, t. 1, p. 148 ; Carnot, t. 1, p. 249 ; — *Contrà*, Rauter, t. 2, p. 218).

1435. Hors les cas déterminés par l'art. 40, C. inst. crim., le pouvoir de décerner *mandat d'amener* appartient au juge d'instruction seul (Bourguignon et Carnot, art. 40 ; Helie, t. 4, p. 705 ; Rolland de Villargues, art. 40, n° 2).

1436. Le procureur de la République n'a pas le pouvoir de décerner ce mandat, encore bien qu'il se soit transporté sur l'avis d'un crime, s'il reconnaît ensuite que le fait n'est passible que de peines correctionnelles. Il ne peut que s'assurer de la personne du prévenu, s'il est présent. Mais, dans ce cas, les procès-verbaux n'en sont pas moins réguliers.

1437. Il n'est pas autorisé, si l'inculpé s'est disculpé, à révoquer l'ordre d'arrêter qu'il a donné et à ordonner sa mise en liberté (Carnot, art. 40 ; Helie, t. 4, p. 707 ; Mangin, n° 219 ; Rolland de Villargues, art. 40, n° 5. — *Contrà*, Bourguignon, art. 40).

1438. « Le délit qui se commet actuellement, ou qui vient de se commmettre, est un flagrant délit.

« Sont aussi réputés flagrant délit, le cas où le prévenu est pouruivi par la clameur publique, et celui où le prévenu est trouvé saisi d'instruments, d'armes, d'effets ou papiers faisant présumer qu'il est auteur ou complice, pourvu que ce soit dans un temps voisin du délit ». (C. inst. crim., art. 44).

1439. Il résulte de cet article, dont le texte doit être combiné avec les art. 32, 46 et 106 du C. d'inst. crim., qu'il y a *flagrant délit* dans les cinq cas suivants :

1° *Lorsque le crime se commet actuellement.* Cette première hypothèse exprime la véritable phase du *flagrant délit* : l'officier de police judiciaire, averti de la perpétration d'un crime, arrive immédiatement sur les lieux et surprend le prévenu dans les actes mêmes de l'exécution, Aucune difficulté n'existe sur ce point (F. HÉLIE, t. 4, p. 679).

2° *Lorsque le crime vient de se commettre.* La loi n'a pas fixé le délai après lequel le fait cesse d'être *flagrant ;* mais ce délai se trouve implicitement défini par cette condition que le fait *vient de se commettre* : ce sont donc les instants qui suivent la consommation du crime que la loi a voulu désigner. Il faut toutefois ajouter le temps strictement nécessaire pour avertir l'officier de police judiciaire le plus voisin et pour son transport sur les lieux (F. HÉLIE, t. 4, p. 680 ; MERLIN, *Rép.,* v° *Flagrant délit ;* LEGRAVEREND, t. 1, p. 178 ; CARNOT, t. 1, p. 251 ; BOURGUIGNON, *Inst. crim.,* t. 1, p. 151 ; DE MOLÈNES, *Fonct. d'off. de pol. jud.,* p. 64 et 66).

3° *Lorsque le prévenu est poursuivi par la clameur publique.* Ces expressions, qui ne doivent pas être prises trop strictement, s'appliquent au cas où l'agent, sans être matériellement poursuivi dans sa fuite, est hautement accusé par le cri public d'être l'auteur d'un crime qui vient d'être commis. Mais il ne faut pas confondre cette clameur, qui consiste dans une sorte d'acclamation précise et énergique, soit avec la *rumeur publique*, qui n'est qu'un bruit sourd qui se répand vaguement et sans preuves, soit avec la *notoriété publique*, qui vient plus tard donner à la rumeur une certaine consistance (F. HÉLIE, t. 4, p. 681).

4° *Lorsque le prévenu est trouvé saisi d'effets, armes, instruments ou papiers faisant présumer qu'il est auteur ou complice, pourvu que ce soit dans un temps voisin du délit.* Ces derniers mots ont été ajoutés pour restreindre la disposition trop générale de la loi. La possession n'est, en effet, une preuve contre le prévenu que lorsqu'un intervalle très-court sépare le crime et l'arrestation. Il faut d'ailleurs que cette présomption se rattache à un crime dont la perpétration récente provoquerait les recherches de la police judiciaire (MAN-

III.   23

ɢɪɴ, n° 212 ; Dᴜᴠᴇʀɢᴇʀ, n° 113 ; Lᴇɢʀᴀᴠᴇʀᴇɴᴅ, t. 1, p. 179 ; Bᴏᴜʀɢᴜɪɢɴᴏɴ, t. 1, p. 150, n° 1).

5° *Lorsque le chef d'une maison, dans laquelle un crime ou un délit a été commis, requiert la police judiciaire de le constater.* Il faut entendre par chef de maison le chef de la famille, c'est-à-dire le propriétaire, le principal locataire, le chef de chaque appartement, *lésé*, bien entendu ; car la réquisition d'un propriétaire ou d'un principal locataire n'autoriserait pas l'officier de police judiciaire à faire une perquisition dans le domicile d'un locataire particulier, sous le prétexte qu'un délit y a été commis.

1440. La *découverte d'un cadavre* constituant une sorte de flagrant délit doit exciter la sollicitude, la vigilance de tous les officiers de police judiciaire, et fait naître les mêmes droits et les mêmes devoirs que si la certitude du crime était acquise (Dᴜᴠᴇʀɢᴇʀ, n° 114 ; Oʀᴛᴏʟᴀɴ et Lᴇᴅᴇᴀᴜ, *Min. public*, t. 2, p. 47 et 63. — *Contrà*, F. Hᴇ́ʟɪᴇ, t. 4, p. 683 ; Rᴏᴜssᴇᴀᴜ ᴅᴇ Lᴀᴄᴏᴍʙᴇ, *Mat. crim.*, p. 80 ; P. Gɪʟʙᴇʀᴛ, n° 8).

1441. Il ne suffit pas, pour qu'il y ait flagrant délit, que le fait se produise avec les circonstances qui viennent d'être énumérées ; il faut encore, aux termes des art. 32, 40 et 106, C. inst. crim., qu'il soit de nature à entraîner une peine *afflictive* ou *infamante*. Il n'y a d'exception à cette règle qu'au cas prévu par l'art. 46, C. inst. crim. (F. Hᴇ́ʟɪᴇ, t. 4, p. 684 ; Rᴏʟʟᴀɴᴅ ᴅᴇ Vɪʟʟᴀʀɢᴜᴇs, art. 41, n° 1).

1442. « Les procès-verbaux du procureur de la République, en exécution des articles précédents, seront faits et rédigés en la présence et revêtus de la signature du commissaire de police de la commune dans laquelle le crime ou le délit aura été commis, ou du maire, ou de l'adjoint du maire, ou de deux citoyens domiciliés dans la même commune.

« Peut néanmoins le procureur de la République dresser les procès-verbaux sans assistance de témoins, lorsqu'il n'y aura pas possibilité de s'en procurer tout de suite.

« Chaque feuillet du procès-verbal doit être signé par le procureur de la République et par les personnes qui y auront assisté : en cas de refus ou d'impossibilité de signer de la part de celles-ci, il en sera fait mention » (C. inst. crim., art. 42).

1443. L'omission des formes prescrites par notre article peut affaiblir la foi due aux énonciations du procès-verbal, mais n'entraîne pas sa nullité, car il n'a que la valeur d'un simple renseignement (Locré, *Lég. civ. et crim.*, t. 25, p. 165; Legraverend, t. 1, p. 239).

1444. L'art. 32, C. inst. crim., suppose que l'officier de police judiciaire rédige lui-même le procès-verbal, et telle est la raison des témoins adjoints à cette rédaction par notre art. 42. Cependant rien ne s'oppose à ce qu'il se fasse assister d'un greffier qui écrirait les procès-verbaux sous sa dictée : c'est ce qui arrive dans la pratique lorsque c'est le juge de paix qui procède.

1445. L'art. 42, comme l'art. 31, C. inst. crim., n'exige la signature des procès-verbaux qu'à chaque feuillet ; mais le procureur de la République ferait plus sagement de les signer à chaque page, ainsi qu'il est ordonné pour le cahier d'information. C'est ce que nous n'avons jamais omis de faire pendant notre long exercice de juge de paix.

1446. « Le procureur de la République se fait accompagner, au besoin, d'une ou de deux personnes présumées, par leur art ou profession, capables d'apprécier la nature et les circonstances du crime ou délit » (C. inst. crim., art. 43).

1447. Le droit conféré au procureur de la République par l'art. 43 s'applique aux officiers de police judiciaire. Ces derniers peuvent donc, s'ils le jugent nécessaire, se faire accompagner, comme lui, d'une ou de deux personnes présumées, par leur art ou leur profession, capables d'apprécier la nature et les circonstances du crime ou du délit à constater (Arg. Cass., 6 août 1836, J.P.37.1.510).

L'expert ou l'officier de santé qui refuse de déférer à l'avertissement ou d'obtempérer à une réquisition écrite, encourt la peine prononcée par l'art. 475, § 12, C. pén. ; il ne lui suffirait point, pour échapper à cette condamnation, d'alléguer qu'il n'a pu obéir ; il doit justifier de ce fait devant le tribunal saisi de la prévention (Cass., 6 août 1836, J.P. 37.1.510 ; Duverger, t. 1, n° 149, p. 432. — *Contrà*, F. Hélie, t. 5, chap. 2).

1448. Hors le cas de flagrant délit, le procureur de la République ne peut ordonner une expertise (Cass., 2 sept. 1847, *Bull. crim.*).

1449. « S'il s'agit d'une mort violente, ou d'une mort dont la cause soit inconnue et suspecte, le procureur de la République se fera assister d'un ou de deux officiers de santé, qui feront leur rapport sur les causes de la mort et sur l'état du cadavre.

« Les personnes appelées, dans le cas du présent article et de l'article précédent, prêteront devant le procureur de la République le serment de faire leur rapport et de donner leur avis en leur honneur et leur conscience » (C. inst. crim., art. 44).

1450. Cette formule n'est pas sacramentelle, et peut être remplacée par des équipollents (Cass., 20 déc. 1855 et 1er sept. 1859, *Bull. crim.*).

1451. Le procureur de la République ou le juge d'instruction, ou tout autre officier de police judiciaire, qui se fait assister d'un officier de santé pour constater l'état du cadavre en cas de mort violente, n'est pas tenu d'appeler concurremment un docteur. L'art. 29 de la loi du 19 ventôse an II s'applique à des opérations chirurgicales, qui n'ont rien de commun avec les cas d'autopsie (Cass., 2 av. 1842, S.-V.42.1.887; D.P.42.1.368; LEGRAVEREND, p. 208; HÉLIE, t. 5, p. 654; P. GILBERT, art. 44, n° 2.—*Contrà*, MANGIN, n° 84).

1452. Le même serment doit être fait par les experts chargés d'opérer dans une affaire de simple police. Le juge de police ne peut les exempter du serment.

1453. En général, il est nécessaire qu'un serment ait été prêté : les opérations faites par un expert non assermenté seraient privées d'authenticité ; elles n'émaneraient pas d'une personne revêtue momentanément d'un caractère public. Toutefois, l'irrégularité ou l'omission de cette formalité dans l'instruction préalable ne peut vicier la procédure.

La raison en est que le rapport des experts, surtout dans notre législation criminelle actuelle, n'est autre chose qu'un simple document destiné à éclairer la religion du juge, et que ce rapport, de même que toutes les autres pièces du procès, doit être soumis à son examen et apprécié par lui (Cass., 2 av. 1831, S.31.1.365). Une autre raison tirée de l'art. 408, C. inst. crim., c'est que les irrégularités antérieures à l'arrêt de renvoi aux assises, ne peuvent être invoquées comme moyens de nullité de l'arrêt de condamnation (Cass., 19 janv. 1833, 17 sept. 1840 et 20 janv. 1848, S.-V.33.1.503, 41.1. 608 ; J.P. 49.1.43).

1454. Dès lors, il faut décider, *a fortiori*, que si le procès-verbal constate que l'expert a prêté le serment *en tel cas requis*, ou voulu par la loi, ce serment doit être considéré comme régulier (Cass., 1er sept. 1859, *Bull. crim.*).

1455. Mais il n'en est plus ainsi quand les experts qui ont été appelés dans le cours d'une instruction, viennent déposer à l'audience. Le serment que l'art. 44 leur impose est alors une formalité *substantielle*, et l'omission de ce serment entraîne la nullité des débats (Cass., 19 janv. et 14 av. 1827, S.28.1.57).

En effet, les opérations ordonnées par la Cour d'assises font partie du débat oral, et ne peuvent pas être assimilées à de simples renseignements comme les actes de l'instruction (Ch. Berriat-Saint-Prix, t. 1, n° 275).

1456. Le serment des experts dans l'instruction orale est une formalité tellement importante, que le consentement des parties ne suffit pas pour couvrir la nullité résultant de son omission (Cass., 23 janv. 1841, J.P.42.1.83).

Il ne suffirait pas que le médecin appelé comme expert devant la Cour d'assises prêtât le serment des témoins (Cass., 27 sept. 1834, S.-V.35.1.309).

Cependant, si l'expert, qui a déjà prêté dans l'instruction le serment prescrit par notre article, est appelé aux débats, pour expliquer son expertise, il suffit de lui faire prêter le serment des témoins (Cass., 10 octob. 1839, J.P.40.1.14).

Alors, d'ailleurs, qu'il n'a point été commis par la Cour pour une nouvelle expertise (Cass., 5 nov. 1846, J.P.49.2. 451).

Nous allons plus loin que la Cour de cassation dans ses décisions ci-dessus. Nous pensons que l'expert, dans ces différents cas, n'est plus appelé comme tel, mais bien comme témoin, et qu'il doit, dès lors, prêter le serment exigé par la loi des autres témoins, à peine de nullité. — Si bien que si l'expert dépose comme témoin et comme expert, il y a lieu de le soumettre au double serment (Cass., 15 août 1835, S.-V. 38.1.148).

1457. Toutefois, l'expert qui, sans être chargé d'aucune vérification par la Cour d'assises, et sans apporter son témoignage au débat, reçoit une mission du président de la Cour, peut être entendu à titre de simples renseignements sans prestation de serment, lorsque d'ailleurs le président a pris soin d'en avertir expressément le jury (Cass., 18 mai 1849, J.P.50.2.442).

1458. Du reste, si dans ce cas il prêtait serment, cette formalité, quoique non exigée, ne pourrait être considérée que comme une garantie de plus de la manifestation de la vérité, et n'entraînerait pas nullité, si d'ailleurs, ni l'accusé, ni le ministère public ne s'y sont pas opposés (Cass., 28 août 1847, J.P. 49.2.274).

1459. « Le procureur de la République transmettra sans délai au juge d'instruction les procès-verbaux, actes, pièces et instruments dressés ou saisis en conséquence des articles précédents, pour être procédé ainsi qu'il sera dit au chapitre *des Juges d'instruction;* et cependant le prévenu restera sous la main de justice en état de mandat d'amener » (C. inst. crim., art. 45).

1460. Cet article indique la deuxième époque de la procédure, c'est-à-dire l'instant où le procureur de la République, n'étant plus que partie poursuivante, doit s'abstenir de tout acte personnel de constatation ou d'instruction, et se borner à requérir en qualité d'officier du ministère public, pour se conformer à la règle qui veut que les fonctions de police judiciaire cessent au moment où l'action de la justice criminelle commence. Les actes et procès-verbaux que le procureur de la République ferait ultérieurement pour constater et pour instruire seraient nuls, et pourraient même vicier toute la procédure si on les mettait ensuite sous les yeux des jurés (BOURGUIGNON, sur l'art. 45; ROLLAND DE VILLARGUES, art. 45, nº 1 ; P. GILBERT, art. 45).

1461. « Les attributions faites ci-dessus au procureur de la République pour les cas de flagrant délit auront lieu aussi toutes les fois que, s'agissant d'un crime ou délit, même non flagrant, commis dans l'intérieur d'une maison, le chef de cette maison requerra le procureur de la République de le constater » (C. inst. crim., art. 46).

1462. Le cas prévu par cet article est assimilé au flagrant délit, en ce sens qu'il transporte au juge d'instruction le droit d'initiative des poursuites, comme il communique au procureur de la République la faculté de procéder à une instruction provisoire par lui-même, en l'absence du juge d'instruction (DUVERGER, t. 1, p. 115 ; CARNOT, t. 2, p. 251 et 362 ; RAUTER, t. 2, p. 338 ; ORTOLAN et LEDEAU, t. 2, p. 47. — *Contrà*, BOURGUIGNON, *Manuel d'instr. crim.*, t. 1, p. 130, et *Jur. des C. crim.*, t. 1, p. 115 ; LEGRAVEREND, t. 1, p. 130).

1463. « Hors les cas énoncés dans les art. 32 et 46, le procureur de la République instruit, soit par une dénonciation, soit par toute autre voie, qu'il a été commis dans son arrondissement un crime ou un délit, ou qu'une personne qui en est prévenue se trouve dans son arrondissement, sera tenu de requérir le juge d'instruction d'ordonner qu'il en soit informé, même de se transporter, s'il est besoin, sur les lieux, à l'effet d'y dresser tous les procès-verbaux nécessaires, ainsi qu'il sera dit au chapitre *des Juges d'instruction* » (C. inst. crim., art. 47).

1464. Les officiers du ministère public ne sont point astreints à diriger des poursuites d'office, et sans l'intervention des parties civiles, sur toutes les plaintes, même les plus légères, sur des plaintes qui n'intéressent point directement l'ordre public et sans aucune utilité pour l'ordre social. Le but de notre article a été de prescrire la communication, non pour qu'il y eût nécessairement poursuite, mais pour que le ministère public ne procédât pas lui-même à leur instruction (MANGIN, *Act. publ.*, t. 1, p. 25 ; F. HÉLIE, t. 2, p. 556). Il n'en est autrement qu'autant que les plaignants se sont constitués parties civiles.

1465. En résumé le procureur de la République et ses auxiliaires ne peuvent, hors le cas de flagrant délit et de ceux qui lui sont assimilés, faire aucun acte d'instruction ni dresser des procès-verbaux.

CHAP. III. — DES OFFICIERS DE POLICE AUXILIAIRES DU PROCUREUR DE LA RÉPUBLIQUE.

1466. Sont officiers de police auxiliaires, les juges de paix, les maires, adjoints de maire, les officiers de gendarmerie, les commissaires de police (C. inst. crim., art. 48 et 50).

SECT. Iʳᵉ. — COMPÉTENCE, DROITS, ATTRIBUTIONS ET DEVOIRS DES OFFICIERS DE POLICE AUXILIAIRES DU PROCUREUR DE LA RÉPUBLIQUE.

1467. La police judiciaire, comme nous l'avons vu ci-dessus, a pour mission de rechercher les délits et les crimes que la police administrative n'a pu empêcher de commettre, d'en rassembler les preuves et d'en livrer les auteurs et complices aux tribunaux chargés de les réprimer.

A la première annonce du crime, elle doit manifester son action avec zèle, célérité, énergie et discrétion. Une prompte justice déconcerte le crime, effraye le coupable, que la lenteur encourage.

1468. Les juges de paix, suivant le Code criminel de 1791, étaient spécialement chargés de la police judiciaire. Leurs attributions en cette matière furent successivement modifiées par le Code du 3 brum. an IV et par la loi du 7 pluv. an IX. Le Code d'instruction criminelle les a classés au nombre des officiers de police judiciaire (art. 9) et les a rangés parmi les auxiliaires du procureur de la République (art. 48) ; enfin, il

les a chargés de recevoir les délégations du juge d'instruction
et d'autres magistrats (Art. 83, 84 et 283).

1469. Des divers fonctionnaires dont l'art. 9, C. inst.
crim., contient l'énumération, le procureur de la République
et ses substituts ont seuls, aux termes de l'art. 22 du même
Code, qualité pour la recherche de tous les crimes, délits et
contraventions. Les autres ne sont investis des attributions
d'officiers de police judiciaire que dans certaines limites que
nous avons établies, *suprà*, chap. Ier.

1470. Toutefois, ces distinctions n'empêchent pas que tous
les officiers de police judiciaire, et chacun d'eux en particulier, ne puissent constater toutes les infractions dont ils ont
acquis la connaissance, de quelque nature qu'elles soient, mais
leurs procès-verbaux n'ont en justice la force que la loi leur
accorde, qu'autant qu'ils ont pour objet des matières qui
rentrent dans les attributions spéciales du fonctionnaire rédacteur.

D'un autre côté, on ne doit pas oublier que même pour les
crimes, délits et contraventions de leur compétence, les officiers de police judiciaire n'ont qualité que dans l'étendue du
territoire assigné à leurs fonctions; toutefois, le juge d'instruction, les membres du ministère public, les juges de paix,
en cas de fabrication, d'introduction, de distribution de faux
papiers nationaux, de faux billets de la Banque de France ou
des banques de département, de fausse monnaie, ou de con-
trefaçons du sceau de l'Etat, peuvent continuer hors de leur
ressort les visites nécessaires chez les personnes soupçonnées
d'en avoir fabriqué, introduit ou distribué (C. inst. crim.,
art. 464).

1471. Les attributions des officiers de police auxiliaires
sont différentes suivant qu'ils agissent en matière ordinaire
ou en matière de flagrant délit.

Si le délit n'est pas flagrant, leurs attributions sont limitées
comme il suit : 1° ils reçoivent les dénonciations de crimes
ou délits dans les lieux où ils exercent leurs fonctions habituelles (art. 48); 2° ils transmettent sans délai ces dénonciations au procureur de la République (art. 54); 3° ils lui donnent en outre avis de tous les crimes et délits dont ils acquiè-
rent la connaissance dans l'exercice de leurs fonctions, et lui
transmettent tous les renseignements, procès-verbaux et actes
qui y sont relatifs (art. 29).

1472. L'obligation que la loi impose aux officiers de police
auxiliaires, de recevoir les dénonciations et plaintes, est im-

pérative, et, à moins qu'il ne soit très-évident que le fait qu'on leur dénonce ou dont on se plaint ne constitue ni un crime ni un délit, ils ne peuvent s'en dispenser sous peine de commettre un déni de justice.

1473. « Les officiers de police judiciaire renverront sans délai les dénonciations, procès-verbaux et autres actes par eux faits dans les cas de leur compétence, au procureur de la République de leur ressort » (C. inst. crim., art. 53).

« Dans les cas de dénonciations de crimes ou délits, autres que ceux qu'ils sont directement chargés de constater, les officiers de police judiciaire transmettront aussi sans délai au procureur de la République les dénonciations qui leur auront été faites » (Art. 54).

1474. L'obligation imposée aux officiers de police auxiliaires par les art. 53, 54, est commune à toute autorité constituée, à tout fonctionnaire ou officier public qui, dans l'exercice de ses fonctions, acquiert la connaissance d'un crime ou d'un délit.

Cette obligation est tellement impérative pour les uns comme pour les autres, que l'art. 30, C. inst. crim., l'a étendue aux simples particuliers qui auraient été témoins d'un attentat, soit contre la sûreté publique, soit contre la vie ou la propriété d'un individu.

Si aucun honnête homme ne doit reculer devant l'accomplissement de cette obligation, qui est une des garanties de l'ordre social, avec quel zèle, quelle activité, les fonctionnaires ou officiers publics, et surtout les officiers de police auxiliaires, ne doivent-ils pas s'en acquitter !

Autant la dénonciation est odieuse quand elle est dictée par la haine, autant elle est honorable quand elle n'est dirigée que par l'amour du bien public et de la vérité.

Du reste, l'art. 30, C. inst. crim., n'impose aux citoyens, comme l'art. 29 du même Code, aux fonctionnaires publics, qu'une obligation toute morale et dépourvue de toute sanction (LEGRAVEREND, t. 1, p. 188 ; CARNOT, t. 1, p. 217 ; BOURGUIGNON, *Man.*, t. 1, n° 5).

1475. La loi n'impose cette obligation qu'à ceux qui ont été *témoins* des crimes ; ce sont ceux-là, en effet, dont il importe de recueillir les déclarations, parce qu'elles fournissent à la justice un élément direct de la poursuite (F. HÉLIE, t. 5, p. 312 ; P. GILBERT, art. 30, n° 2).

1476. Si les crimes ou délits dénoncés n'ont pas beaucoup de gravité, le procureur de la République est suffisamment averti par l'envoi des procès-verbaux et des prévenus, lorsqu'ils ont été arrêtés. Mais, lorsqu'il s'agit de faits très-graves, de crimes capitaux, tels qu'un assassinat, un meurtre, un infanticide, un empoisonnement, un viol, un incendie d'une maison habitée ou d'une de ses dépendances, un vol à main armée par plusieurs, une rébellion à main armée par trois personnes au plus, un pillage en réunion ou bande, un attroupement illégal ou une émeute, l'officier de police auxiliaire doit, sans délai, avertir le procureur de la République par une ordonnance, à quelque heure du jour ou de la nuit que ce soit, et se rendre de suite sur les lieux du crime : la gendarmerie, sur sa réquisition *écrite*, *signée* et datée, doit lui fournir cette ordonnance.

1477. Les avis de crimes ou délits que l'officier de police auxiliaire adresse au procureur de la République, dans ces hypothèses, doivent nécessairement contenir la nature, l'importance et, autant que possible, les circonstances du crime ou du délit, de quelle manière et à quelle heure la connaissance en a été acquise; le jour, l'heure, le lieu où il a été commis ; les noms, prénoms, professions et demeures des personnes lésées, des prévenus et des complices, s'ils sont connus et arrêtés ; et, dans le cas contraire, leurs signalements, si leurs noms et domiciles sont inconnus, pour faciliter leur arrestation ; la mention expresse de l'arrestation ou de la non-arrestation des auteurs ou complices du crime ou délit; la nomenclature des pièces de conviction qui auraient été saisies ; les noms, prénoms, professions, lieux d'habitation et communes des témoins, et, s'il est possible, l'indication des faits sur lesquels chacun d'eux doit déposer ; tous autres renseignements qui auraient été recueillis ; les dispositions qu'il aura prises et les recherches qu'il aurait commencées, etc. Ces données, qui supposent la présence de l'officier de police auxiliaire sur les lieux, sont nécessaires au procureur de la République pour qu'il puisse se faire une idée exacte des faits et pour rédiger son réquisitoire au juge d'instruction, qui sera, par ce moyen, mis en demeure de commencer immédiatement une information et de lancer tels mandats qu'il appartiendra, suivant les circonstances. Ce serait donc, de la part de l'officier de police auxiliaire, ne pas remplir complétement ses obligations, que de se borner à écrire, comme cela arrive quelquefois : « Je suis averti qu'un *tel* a commis un vol ou tout autre crime, chez..., à tel endroit, pendant son absence, mais dont les voisins pourront donner des détails, » ou toutes autres généralités aussi vagues. Si l'officier de police était dans l'impossibilité de fournir tous les renseignements dont nous venons de parler, ce qui arrive lorsqu'il donne avis au procureur de la République avant de s'être transporté sur les lieux, il n'en doit pas moins instruire le parquet et expliquer la cause de l'insuffisance des documents par lui transmis, et faire connaître tous les faits à sa connaissance.

1478. Les lettres d'avis de l'officier de police auxiliaire devant rester annexées aux dossiers des affaires qu'elles concernent, ce magistrat doit joindre une lettre spéciale à chaque affaire et ne jamais confondre dans une même lettre des objets différents.

1479. En thèse générale, le procureur de la République et ses auxiliaires n'ont que le droit de rechercher les crimes et délits, et d'en poursuivre les auteurs ou complices; le juge d'instruction seul a mission de les constater (C. inst. crim., art. 8, 22, 32, 46, 47, 59, 60, 61).

1480. Néanmoins, dans des circonstances graves et urgentes, comme le plus léger retard pourrait faire disparaître des indices souvent fugitifs du crime ou du délit, que le juge d'instruction éloigné ou empêché dans les premiers moments, s'efforcerait vainement de reproduire dans la suite, les officiers de police auxiliaires doivent, sans délai, se transporter sur les lieux pour y recueillir, le plus activement possible, des renseignements sur le crime ou le délit, ses auteurs et complices, et procéder à une instruction qui, bien que sommaire, n'en doit pas moins réunir tous les éléments de la preuve judiciaire; en un mot, faire tous les actes qui compètent au juge d'instruction (Arg. C. inst. crim., 8 et 9 combinés; COURTIN et JACQUINOT-PAMPELUNE, *Inst. aux off. de pol. jud. auxil. de Paris;* MASSABIAU, t. 2, p. 232; LEGRAVEREND, *Lég. crim.,* t. 1, p. 184; DE MOLÈNES, p. 7. — *Contrà*, F. HÉLIE, t. 4, p. 98 et suiv.; CARNOT, sur l'art. 22; BOURGUIGNON, t. 1, p. 140).

C'est, en effet, dans un moment rapproché de l'événement, que les témoins, touchés de ce qui vient de se passer, sont mieux disposés à faire des révélations. Les traces que le meurtrier, le voleur ou l'incendiaire a pu laisser sur son passage, sont encore fraîches et dès lors faciles à constater; les instruments dont il s'est servi, les objets dont il s'est emparé, et qui sont, à eux seuls, une charge accablante, n'ont pas encore eu le temps de disparaître. Quelques heures, quelques instants plus tard, le temps nécessaire au juge d'instruction pour se rendre sur les lieux du crime ou du délit, la justice peut être désarmée et le forfait demeurer impuni.

Du reste, ce droit dérive, pour l'officier de police auxiliaire, de l'art. 49, C. inst. crim.

Les art. 29, 32 et 46 du même Code semblent exiger, pour que l'officier de police auxiliaire puisse agir dans ces circonstances, que l'infraction ait été commise dans le territoire de sa juridiction, ou que le prévenu y ait sa résidence soit habituelle, soit momentanée, ou qu'il y ait été trouvé; que le fait soit, en cas de flagrant délit, de nature à emporter une peine afflictive ou infamante, et, s'il s'agit d'un crime non flagrant ou d'un simple délit, qu'il ait été requis de le constater par le chef de la maison dans l'intérieur de laquelle le crime ou le délit a été commis.

Mais circonscrire ainsi la compétence de l'officier de police auxiliaire, dans le sens étroit de ces articles, ce serait ôter à la société toute sécurité, toute garantie contre le crime et à la justice tout moyen de répression : ces articles doivent donc être plus largement interprétés, d'après le véritable esprit de la loi, notamment des art. 8, 16, 22, 23, 29 et 36, C. inst. crim., et d'un arrêt de la Cour de cassation du 30 mai 1823 ; et, lorsqu'il y a urgence, péril dans la demeure, impossibilité d'obtenir à temps une délégation du juge d'instruction, l'officier de police auxiliaire, en l'absence de ce magistrat ou du procureur de la République, légalement informés conformément aux art. 29 et 53, C. inst. crim., doit constater par procès-verbal les crimes et délits correctionnels dont il acquiert la connaissance, qu'il s'agisse d'un délit flagrant ou non flagrant; entendre les personnes présentes sur les lieux, parentes ou non des parties lésées, qui auraient des déclarations à faire, interroger le prévenu s'il est présent, saisir les instruments du crime ou du délit, sans s'occuper de la valeur que ses actes pourront avoir, suivant qu'ils auront été dressés dans telle ou telle circonstance. Il doit, toutefois, dans ces cas exceptionnels, s'abstenir de visites domiciliaires autant que possible, et surtout de lancer des mandats d'aucune espèce; si cependant le prévenu était un repris de justice, un homme mal famé, dont la présence serait redoutée ou dangereuse dans la localité; si, s'agissant d'un crime non flagrant ou d'un délit flagrant, il avait à présumer que le prévenu, fortement chargé, tentât de se soustraire par la fuite à un juste châtiment; ou encore si le prévenu étant un vagabond, un homme sans resssources, sans aveu et sans domicile, il y avait lieu de craindre qu'il ne disparût avant qu'un mandat du juge d'instruction pût l'atteindre ; dans ces différents cas, l'officier de police judiciaire pourrait assurément faire arrêter le prévenu par la gendarmerie et le faire conduire devant le juge d'instruction, en même temps qu'il enverrait les pièces de la procédure au procureur de la République (Inst. de M. Jacquinot-Pampelune, procureur du roi au tribunal de la Seine, aux officiers auxiliaires de son ressort ; Massabiau, t. 2, p. 232 ; De Molènes, p. 70. — *Contrà*, F. Hélie, t. 4, p. 98 et suiv. ; Carnot, sur l'art. 22 ; Bourguignon, *Jur. crim.*, t. 1, p. 140).

1481. « Dans le cas de concurrence entre les procureurs de la République et les officiers de police énoncés aux art. 48 et 50, le procureur fera les actes attribués à la police judiciaire ; s'il a été prévenu, il pourra continuer la procédure et autoriser l'officier qu'il l'aura commencée à la suivre » (C. inst. crim., art. 51).

Il suit de cet article que les officiers auxiliaires doivent s'abstenir ou se retirer lorsque le procureur de la République, dont ils ne sont que les auxiliaires, procède par lui-même aux actes de la police judiciaire, à moins qu'il ne les délègue pour les continuer et le remplacer.

Par suite du même principe, le juge d'instruction, aussitôt qu'il est présent sur les lieux, frappe d'incompétence tous les officiers de police judiciaire, même le procureur de la République ; nulle concurrence ne peut s'établir entre eux : le juge agit en vertu du pouvoir qui lui est propre, les autres en vertu d'une délégation exceptionnelle et pour suppléer le juge d'instruction ; le procureur de la République ne conserve plus que le droit de requérir. Toutes les fois, en effet, que le juge d'instruction, investi de la plénitude du pouvoir afin de constater les délits ou crimes, et d'en rassembler les preuves, se trouve à portée d'agir, le motif de l'exception faite par rapport au procureur de la République et à ses auxiliaires cesse, et, par conséquent, il est naturel qu'il procède lui-même.

Mais tous les auxiliaires du procureur de la République ayant à ce titre un droit égal en vertu de la loi, le premier d'entre eux qui procède doit continuer, lors même qu'il surviendrait un autre officier auxiliaire : le procureur et le juge d'instruction ont seuls le droit d'interrompre pour continuer eux-mêmes la procédure (Bourguignon, t. 1, p. 161 ; Legraverend, t. 1, p. 179 et 181).

Cependant le juge de paix étant, en général, le plus expérimenté des officiers de police auxiliaires d'une localité, le plus versé dans les opérations judiciaires et dans la rédaction des procès-verbaux, comme il est le plus élevé en dignité pour ses fonctions ordinaires, il serait convenable, ce nous semble, que la direction des recherches lui fût abandonnée, quand bien même il ne serait pas en droit de l'exiger (CARNOT, *de l'Inst. crim.*, t. 1, p. 273, qui avait d'abord enseigné le contraire ; DUVERGER, *Manuel crimin. des juges de paix,* p. 73).

Les commissaires de police doivent aux juges de paix tout leur concours, toute leur déférence ; ils doivent leur donner tous les renseignements qu'ils peuvent leur demander dans l'intérêt du service, et s'éclairer souvent de leurs conseils (Circ. minist. just., 21 juill. 1858). D'où nous concluons que nulle concurrence ne peut s'établir entre eux.

1482. Etant appelés à remplir toutes les fonctions décrites au chapitre *des Procureurs de la République,* les officiers auxiliaires ont qualité, au cas de l'art. 44, C. inst. crim., pour constater, à part toutes plaintes ou dénonciations de crimes, les morts violentes dont la cause est suspecte, et les morts accidentelles ou subites dont la cause est inconnue, ce que l'on appelle, dans la pratique, *faire les levées de corps :* un crime étant présumable ou possible, il y a, dans ce cas, flagrant délit.

1483. L'officier de police auxiliaire dans le ressort duquel le cadavre est trouvé, doit immédiatement se transporter sur les lieux, assisté d'un ou de deux officiers de santé, pour constater l'état de la personne décédée, et prendre tous les renseignements ; et cela, quand bien même il y aurait quelque raison de soupçonner que la personne dont le corps est trouvé aurait été homicidée dans un autre canton, ou dans un autre arrondissement ; car, dans cette occurrence, la connaissance de l'homicide appartient au juge du lieu où le cadavre a été relevé.

1484. Les officiers de police judiciaire, auxiliaires du procureur de la République, ont le droit de requérir directement la force publique (C. instr. crim., art. 25, 99, 106, 108).

1485. La force publique se compose de la gendarmerie, des gardes champêtres et forestiers, des employés des régies, tels que les préposés de la partie active des douanes, de la troupe de ligne et de la garde nationale, de la gendarmerie.

1486. Les réquisitions sont toujours adressées au commandant de la gendarmerie du lieu où elles doivent recevoir leur exécution, et, en cas de refus, à l'officier sous les ordres duquel est immédiatement placé celui qui n'a pas obtempéré à ces réquisitions.

Elles ne peuvent être données ni exécutées que dans l'arrondissement de celui qui les donne et de celui qui les exécute (Décr. portant règlement sur l'organisation et la surveillance de la gendarmerie, 1er mars 1854).

1487. Les réquisitions doivent être faites par écrit, signées et datées, à moins qu'il n'y ait urgence, et sauf le cas des art. 99 et 108, C. inst. crim. ; elles doivent énoncer la loi qui les autorise, le motif, l'ordre, le jugement ou l'acte en vertu duquel elles sont faites. Les officiers de police judiciaire rempliront cette formalité, en citant, dans leurs réquisitions, l'art. 25, C. instr. crim. (V. Décr. 1er mars 1854, art. 95, 96).

Les réquisitions sont faites dans la forme ci-après:

« Nous (qualité), agissant comme officier de police judiciaire auxiliaire de M. le procureur de la République, requérons, en vertu de l'art. 25, C. instr. crim., le... (grade et lieu de résidence) de commander, faire..., se transporter..., arrêter, etc., et qu'il nous fasse part (si c'est un officier), et qu'il nous rende compte (si c'est un sous-officier) de l'exécution de ce qui est par nous requis ».

Les réquisitions ne doivent contenir aucun terme impératif, tel que *ordonnons, voulons, enjoignons, mandons*, etc., aucune expression ou formule pouvant porter atteinte à la considération de l'arme, et au rang qu'elle occupe parmi les corps de l'armée (Décr. 1er mars 1854, art. 97).

1488. Lorsque la gendarmerie est légalement requise pour assister l'autorité dans l'exécution d'un acte ou d'une mesure quelconque, elle ne doit être employée que pour assurer l'effet de la réquisition, et pour faire cesser, au besoin, les obstacles ou empêchements (Décr. 1er mars 1854, art. 98).

1489. La loi charge, en quelque sorte exclusivement, les juges d'instruction de donner des mandats *d'amener et de dépôt*. Néanmoins, dans les cas prévus par les art. 40, 41 et 46, C. instr. crim., le procureur de la République et les officiers de police auxiliaires peuvent faire saisir le prévenu présent, ou décerner contre lui un *mandat d'amener*, s'il est absent. Dans le cas de l'art. 24 du même Code, ils peuvent décerner le mandat de dépôt. Mais ce serait, de leur part, commettre un excès de pouvoir, et s'exposer à être considérés comme coupables de détention arbitraire, que de lancer des mandats *d'amener ou de dépôt,* hors les cas ci-dessus, d'après les plaintes, dénonciations ou procès-verbaux qui leur sont remis.

1490. Lorsque les officiers de police auxiliaires se sont dessaisis, par l'envoi des pièces au procureur de la République, ils ne peuvent plus entendre de témoins, ni faire aucun acte d'instruction, s'ils n'en sont expressément chargés par une commission du juge d'instruction, par la raison que les fonctions de la police judiciaire doivent cesser au moment où l'action de la justice commence.

1491. Sous le Code du 3 brum. an ɪv, les commissaires de police pouvaient faire, sur la délégation du juge de paix, pour les délits de sa compétence, perquisitions nécessaires pour la découverte des objets volés. Aujourd'hui ce droit de délégation n'est plus conféré qu'au ministère public.

Toutefois, le juge d'instruction peut, comme le procureur de la République, au cas de flagrant délit, mais dans ce cas seulement, déléguer aux officiers de police auxiliaires les actes de la police judiciaire énumérés art. 32 et suiv., C. instr. crim. (Cass., 6 mai 1841, *Bull. crim.,* n° 50 ; F. Hé-lie, t. 5, p. 480).

1492. Outre les pouvoirs dont la loi leur a expressément conféré l'exercice, les juges de paix participent encore à l'instruction des procédures criminelles, en ce qu'ils peuvent recevoir et doivent exécuter les commissions *rogatoires* qui leur sont adressées ou déférées par le juge d'instruction, ou de la part d'autres officiers ou magistrats remplissant des fonctions analogues, et, dans ce cas, ils peuvent faire, en se conformant à l'acte qui les délègue, tout ce qui serait de la compétence du juge d'instruction, sans pouvoir néanmoins prononcer de condamnations, ni décerner de mandats, comme nous l'expliquerons *infrà,* sect. v.

SECT. II. — DES DÉNONCIATIONS ET PLAINTES.

1493. La dénonciation est la déclaration faite à la justice d'un crime ou d'un délit dont le dénonciateur n'a point eu à souffrir personnellement, mais dont il a été témoin, soit en désignant, soit en ne désignant pas ceux qui en sont les auteurs (Legraverend, t. 1, p. 192 ; Jousse, *Tr. de la just. crim.,* t. 2, p. 56 et suiv. ; Merlin, *Rép.,* v° *Dénonciation,* t. 3, p. 525 ; Duverger, p. 124, n° 74).

1494. La plainte est la déclaration de celui qui a souffert d'un crime ou d'un délit dans sa personne ou sa propriété.

1495. Il y a, entre la dénonciation et la plainte, cette différence que le droit de dénonciation appartient à tout citoyen qui a été témoin d'un attentat, soit contre la sûreté publique, soit contre la vie ou la propriété d'un individu, et devient pour lui un droit civique, tandis que pour être admis à rendre plainte, il faut avoir tout à la fois un intérêt, un droit réel et actuel à la constatation du crime ou du délit, lorsqu'il existe, et à en poursuivre la réparation.

1496. Tout citoyen est obligé de dénoncer le crime ou le délit dont il a eu connaissance ; mais c'est surtout pour les autorités constituées, pour tous les fonctionnaires et officiers publics, que le droit de dénonciation est plus rigoureux et a dû se convertir en une obligation étroite (Arg., C. instr. crim., art. 29 et 30).

Le Code des 16-20 sept. 1791, à l'exemple de l'ordonnance de 1670, ne s'était pas occupé cependant de ce point essentiel; mais le Code du 3 brum. an IV a réparé cette omission ; il a divisé en deux parties le droit de dénoncer les crimes et les délits : 1° le droit, qui appartient à tout fonctionnaire public, qualifié de dénonciation *officielle* par les art. 83 et suiv. ; 2° et l'obligation imposée à tous les citoyens, autrement dit dénonciation officieuse ou *civique* par les art. 87 et suiv.

Aujourd'hui, le Code d'instruction criminelle, sans reproduire les qualifications de dénonciation *officielle* et de dénonciation *civique* du Code du 3 brum. an IV, a conservé le principe dans les art. 29 et 30, tant pour les fonctionnaires publics que pour tous les citoyens à qui la connaissance d'un crime ou d'un délit est parvenue. A la vérité, l'exécution de ces prescriptions de la loi étant dépourvue de sanction pénale, ne présente pas de garantie, si ce n'est à l'égard des fonctionnaires publics, pour lesquels il y a une sanction indirecte dans la position particulière où ils se trouvent vis-à-vis de l'autorité, à laquelle ils doivent compte de tous leurs actes, et qui peut les poursuivre disciplinairement, ou les frapper de suspension ou de destitution.

1497. Avant 1832, pour certains crimes, ceux qui sont de nature à compromettre la sûreté intérieure ou extérieure de l'Etat, ou pour les crimes de contrefaçon des monnaies ayant cours, l'obligation de la révélation était un devoir rigoureux imposé à tous les citoyens, et dont l'inaccomplissement constituait un crime puni par les art. 106 et suiv., 136 et 137, C. pén. Mais, lors de la révision du Code pénal, les dispositions sur la révélation et la non-révélation ont été abrogées,

III.   24

soit comme incompatibles avec nos mœurs et notre caractère national, soit comme pouvant entraver l'exercice même de l'action de la justice répressive.

1498. La dénonciation, lorsqu'elle porte sur des crimes et délits qui ont été réellement commis, est un devoir, tandis que, lorsqu'elle est calomnieuse, elle constitue un délit prévu par l'art. 373, C. pén.

1499. En principe, les dénonciations doivent, aux termes des art. 29 et 30, C. instr. crim., être adressées au procureur de la République ; les plaintes peuvent l'être, selon les art. 63 et 64 du même Code, soit au procureur de la République, soit au juge d'instruction.

Cependant, pour faciliter l'action de la justice, le législateur a, par l'art, 48, C. instr. crim., donné également le droit de les recevoir aux officiers de police auxiliaires, dans les lieux où ils exercent leurs fonctions habituelles, c'est-à-dire aux juges de paix, aux officiers de gendarmerie. Ce droit est étendu même aux maires, aux adjoints de maire et aux commissaires de police par l'art. 50 du même Code ; et c'est, en effet, à ces fonctionnaires, spécialement chargés, par l'art. 11 du même Code, de recevoir les plaintes et dénonciations qui ont pour objet des contraventions de simple police, quelle que soit du reste la nature de ces contraventions, que sont faites le plus souvent les déclarations dans les communes où il n'existe ni procureur de la République, ni juge de paix, ni officier de gendarmerie.

1500. Aucuns fonctionnaires autres que ceux dénommés dans les art. 31, 48, 50, 63 et 64, C. instr. crim., n'ont qualité pour recevoir les plaintes et dénonciations : tels sont notamment les gardes champêtres, les gardes forestiers, les gardes-pêche, etc. On doit en dire autant des sous-officiers de gendarmerie et des simples gendarmes, qui doivent se borner à transmettre l'avis qui leur est donné aux autorités compétentes. Toutefois, le décret du 1er mars 1854 leur fait, avec raison, une obligation de faire eux-mêmes, et dans les limites de leurs attributions, les recherches susceptibles d'éclairer la justice et d'en constater le résultat par des notes qui, sans avoir la force légale de procès-verbaux, présentent toujours une certaine utilité pour l'instruction de l'affaire. C'est également ce que doit faire tout officier de police auxiliaire auquel est dénoncé un délit commis hors du lieu où il exerce ses fonctions. L'art. 54, C. instr. crim., lui enjoint, dans ce cas, de transmettre sans délai au procureur de la République les dénonciations qui lui ont été faites.

1501. Les dénonciations et plaintes sont rédigées par les dénonciateurs et les plaignants, ou par leurs fondés de procuration *spéciale*, ou par le procureur de la République, s'il en est requis, ou par l'un de ses auxiliaires. Elles doivent être signées par le magistrat qui les aura reçues, à chaque feuillet, et par les dénonciateurs ou plaignants, s'ils savent signer. Si les dénonciateurs, les plaignants ou leurs fondés de pouvoirs ne savent ou ne veulent pas signer, il doit en être fait mention (C. instr. crim., art. 31 et 65).

1502. La procuration privée, dont la signature est régulièrement légalisée, est suffisante et remplit les intentions de la loi, mais elle doit être *spéciale*. Toute procuration générale, même authentique, en quelques termes qu'elle soit conçue, serait insuffisante. L'art. 31, C. instr. crim., est formel à cet égard. Elle doit demeurer annexée à la dénonciation, et le dénonciateur peut s'en faire délivrer une copie, mais à ses frais.

1503. « Les plaignants ne seront réputés parties civiles s'ils ne le déclarent formellement, soit par la plainte, soit par acte subséquent, ou s'ils ne prennent, par l'un ou par l'autre, des conclusions en dommages-intérêts : ils pourront se départir dans les vingt-quatre heures ; dans le cas de désistement, ils ne sont pas tenus des frais depuis qu'il aura été signifié, sans préjudice néanmoins des dommages-intérêts des prévenus, s'il y a lieu » (C. instr. crim., art. 66).

1504. L'art. 160 du décret du 18 juin 1811 porte qu'en matière de police simple ou correctionnelle, la partie civile qui n'aura pas justifié de son indigence sera tenue, avant toutes poursuites, de déposer au greffe, ou entre les mains du receveur de l'enregistrement, la somme présumée nécessaire pour les frais de la procédure.

Si la partie civile refuse ou néglige de faire l'avance des frais, et qu'elle ne justifie pas de son indigence, il n'y a pas lieu, en général, de commencer la poursuite, à moins que le délit ne soit grave et n'intéresse essentiellement l'ordre public.

La quotité de la somme à déposer est laissée à l'appréciation du juge (Cass., 13 mai 1824, D.a.11.216).

Toutefois, l'obligation imposée à la partie civile de consigner préalablement les frais ne s'applique qu'au cas où le ministère public exerce une poursuite sur la plainte de la partie civile, et non au cas où cette partie agit directement à sa requête (Cass., 11 juill. 1828, S.29.1.48 ; 4 mai 1833 (ch. réun.), S.-V.33.1.433 ; et 3 mai 1838, J.P.38.1.616. — *Contrà*, Cass., 7 août 1829, S.29.1.369 ; V. Circ. min. just., 30 août 1833 ; Ch. Berriat-Saint-Prix, t. 1, n° 107). Dans tous les cas, la consignation n'a lieu qu'en matière correctionnelle et de police, et jamais au grand criminel (Instr. gén. du 30 sept. 1826 sur le tarif crim., n° 132).

1505. « Les plaignants pourront se porter partie civile en tout état de cause, jusqu'à la clôture des débats : mais en aucun cas leur désistement après le jugement ne peut être valable, quoiqu'il ait été donné dans les vingt-quatre heures de leur déclaration qu'ils se portent partie civile » (C. instr. crim., art. 67).

1506. La partie lésée peut se porter partie civile jusqu'à la clôture des débats, quoiqu'elle n'ait pas rendu plainte, même après avoir été entendue comme témoin aux débats.

Ces mots de notre art. 67 : *En tout état de cause jusqu'à la clôture des débats*, ne doivent s'entendre que de la cause instruite en première instance ; l'exercice de ce droit ne peut être étendu à la cause d'appel (Cass., 5 fév. 1853, *Bull. crim.*), et *à fortiori*, devant la Cour de cassation (Carnot, art. 63 ; Rolland de Villargues, art. 67, n°ˢ 2 à 23).

1507. Le désistement régulier a pour effet d'effacer la qualité de partie civile et de décharger le plaignant de la responsabilité des frais de la procédure, à compter de la signification du désistement ; mais il continue d'être responsable des frais antérieurs à cette signification, et même du coût de la décision qui donne acte du désistement (Cass., 4 fév. 1848, S.-V. 49.1.372).

1508. Le plaignant peut, sans être tenu de se porter partie civile, demander la restitution des effets qui lui ont été pris (Hélie, t. 5, p. 319 ; Carnot, art. 67).

1509. Cette restitution peut même être ordonnée d'office, encore que le propriétaire des objets volés ne soit pas présent (Cass., 31 fév. 1852, *Bull. crim.* ; Rolland de Villargues, n° 33).

1510. Le désistement, quelle que soit la forme de sa rédaction, doit constater la déclaration de la partie civile qu'elle se déporte de la qualité qu'elle avait prise, et être signifié au ministère public et au prévenu (Cass., 3 fév. 1813, S.16.1. 259) ; il peut être signifié un jour férié, si le jour utile se trouve un jour férié, par la raison que les fêtes et dimanches ne forment aucun obstacle à l'expédition des affaires criminelles (L. 27 therm. an VI, art. 2).

1511. Les 24 heures accordées par la loi pour se désister doivent se compter *de momento ad momentum*, si l'heure a été déclarée dans la plainte ou dans l'acte par lequel le plaignant s'est constitué partie civile; dans le cas contraire, le désistement donné dans toute la journée du lendemain est régulier.

1512. Le demandeur qui s'est désisté de sa demande, sans aucune réserve, est censé s'être désisté, non-seulement de la procédure, mais encore de l'action.

L'action privée, ainsi anéantie, ne peut revivre après l'exercice d'une action publique, qui la ferait présumer bien fondée (Arg. Paris, 22 juill. 1813, S.14.2.354; MERLIN, *Rép.*, v° *Plainte*, n° 9, et v° *Part. civ.*, n° 3; P. GILBERT, n° 19).

1513. « Toute partie civile qui ne demeure pas dans l'arrondissement communal où se fait l'instruction, sera tenue d'y élire domicile, par acte passé au greffe du tribunal.

« A défaut d'élection de domicile par la partie civile, elle ne pourra opposer le défaut de signification contre les actes qui auraient dû lui être signifiés aux termes de la loi » (C. inst. crim., art. 68).

L'officier de police judiciaire doit apporter la plus grande attention à remplir exactement les formes que la loi a prescrites pour la rédaction de la dénonciation ou de la plainte; autrement il pourrait, suivant les circonstances, s'exposer à une action en prise à partie ou en dommages-intérêts.

1514. La dénonciation ou la plainte doit énoncer, avec le plus de précision qu'il est possible, tous les renseignements nécessaires sur le fait et ses circonstances, sur le lieu et le moment où il a été commis : si le dénonciateur agit d'après le ouï-dire ou d'après sa propre connaissance sur les noms, prénoms, professions et demeures des témoins et des parties, afin que le procureur de la République puisse de suite avoir une idée exacte du plus ou moins de confiance qu'elle mérite, et juger la compétence du tribunal qui en doit être saisi.

1515. L'obligation que la loi impose aux officiers de police judiciaire de recevoir les dénonciations et plaintes est impérative; et, à moins qu'il ne soit très-évident que le fait dénoncé ou dont on se plaint ne constitue ni un crime, ni un délit, ils doivent déférer à la réquisition qui leur est faite.

Ils ne peuvent s'en dispenser, sous peine de commettre un véritable déni de justice, lors même qu'on ne leur présente-

rait ni preuves, ni témoins du fait dénoncé, que les auteurs
seraient totalement inconnus, ou que le délit ne leur paraîtrait pas d'une gravité suffisante pour être poursuivi ; ils doivent les transmettre sans délai au procureur de la République,
avec tous les renseignements qu'ils ont reçus ou recueillis,
et les pièces de conviction qui leur ont été remises.

1516. Lorsqu'une dénonciation ou plainte est remise toute
rédigée à l'officier de police judiciaire, ce magistrat doit la
signer et la faire signer, à toutes les pages, *ne varietur;* car la
loi a voulu assurément, ici comme dans le cas d'information,
prévenir les additions, suppressions, ou substitutions de
feuillets, et les interpositions d'écritures. Cependant, comme
l'art. 31 du C. inst. crim. n'exige que la signature à chaque
feuillet, il est évident qu'une plainte ou une dénonciation,
signée ainsi, au lieu de l'être à toutes les pages, ne saurait
être arguée d'irrégularité avec succès. Il doit en outre annexer
à l'acte de réception, s'il y a lieu, la procuration et les pièces
déposées relatives à cette plainte ou dénonciation, après les
avoir signées et paraphées, fait signer et parapher par le dé-
nonçant ou le plaignant, ou son fondé de procuration, pour
garantie d'identité (Arg. C. inst. crim., art. 448 et suiv.,
453, 457).

L'acte de réception doit toujours rappeler la date du jour
et de l'heure du dépôt. Cette précaution est de la plus haute
importance pour le plaignant comme pour l'officier de police
judiciaire : en effet, la dénonciation ou la plainte pourrait porter
une date ancienne, et l'officier de police judiciaire qui l'aurait
reçue paraîtrait, malgré sa diligence à en faire l'envoi au
magistrat compétent, avoir manqué d'exactitude ; d'un autre
côté, le dénonciateur ou le plaignant, qui s'est constitué partie
civile, peut se départir dans le délai de 24 heures ; il faut
donc constater, fixer irrévocablement et avec une scrupuleuse
exactitude *l'heure même* où l'acte de dépôt a été reçu, afin
de pouvoir apprécier si le désistement a été donné en temps
utile, et éviter à l'officier de police judiciaire un reproche im-
mérité de négligence à en faire l'envoi au procureur de la
République (LEGRAVEREND, t. 2, p. 210 ; DUVERGER, p. 153,
n° 110).

1517. La plainte ou la dénonciation non signée n'oblige
pas le ministère public à poursuivre ; elle doit être regardée
comme un simple avis ; néanmoins, il peut agir d'office pour
en constater l'existence et poursuivre les auteurs du crime
ou du délit mentionné dans l'acte demeuré imparfait ; il est

même de son devoir de le faire ; de sorte que si un tel acte est adressé à un officier de police judiciaire, ce magistrat doit l'adresser au procureur de la République avec les renseignements qu'il a pu se procurer sur cet acte informe.

1518. Les art. 31 et 65 du C. d'inst. crim. n'exigent pas, comme les art. 90 et 97 du C. du 3 brum. an IV, que la plainte ou la dénonciation soit *affirmée*. Cependant, il est d'usage généralement suivi, de requérir l'affirmation de la dénonciation et de la plainte, comme mesure propre à écarter des dénonciations ou des plaintes téméraires (Inst. du parquet de la Seine, p. 158, 176).

1519. Tous les actes de vindicte publique étant exemptés de la formalité du timbre et de l'enregistrement par la loi du 13 brum. an VII, les dénonciations ou plaintes d'un crime ou délit faites dans le seul intérêt de l'ordre social, et dont les poursuites se font d'office, en sont nécessairement exemptes, comme rentrant dans la classe de ces actes (Même loi, art. 16; Circ. min. just., 24 sept. 1823).

1520. L'élection de domicile prescrite par l'art. 68 est importante pour la partie, puisque son omission ne lui permet plus d'opposer le défaut de signification des actes qui doivent lui être notifiés, aux termes des art. 16, 135, 187 et 535, C. inst. crim. Mais il n'en résulte aucune déchéance de la qualité de partie civile (F. HÉLIE, t. 5, p. 340; CARNOT, art. 68).

1521. Il suffit, pour obéir au vœu de notre article, que la partie civile qui n'est pas domiciliée au lieu où siége le tribunal y constitue avoué (F. HÉLIE, p. 340).

SECT. III. — DU FLAGRANT DÉLIT.

§ 1er.— Ce qu'on entend par le mot « flagrant délit ».—Cas où il y a lieu à flagrant délit. — Attributions et devoirs des officiers de police auxiliaires.

1522. Le mot « flagrant délit », conservé du vieux langage français et dérivé du mot latin *flagrans, ardent, brûlant,* est une expression figurée qui désigne un crime ou un délit dont l'auteur est pris sur le fait, ou qui vient de se commettre, ou dont le corps du délit est encore exposé à tous les regards.

1523. Le cas de flagrant délit, d'après Jousse, *Tr. de la just. crim.*, t. 2, p. 15, est lorsqu'un crime vient de se commettre et que le corps du délit est exposé à la vue de tout le monde : comme lorsqu'une maison vient d'être incendiée, un mur percé, ou qu'un homme vient d'être tué ou blessé, une fille violée, etc....., tous les témoins sont encore sur les lieux.

Le flagrant délit, d'après Serpillon, *C. crim.*, p. 553, c'est quand le cas est notoire, que le crime a été commis en présence du peuple : par exemple, un voleur qui a été surpris en dérobant, ou saisi de la chose volée ; un assassin qui a été vu une épée ensanglantée à la main, dans le lieu où le crime a été commis.

1524. L'art. 41, C. inst. crim., a renfermé les mêmes idées dans cette définition concise : « Le délit qui se commet actuellement, ou qui vient de se commettre, est un *flagrant délit.* »

Qui se commet actuellement : c'est-à-dire au moment même où l'officier de police judiciaire a l'oreille frappée de la tentative qui s'exécute, et peut prendre l'auteur sur le fait : *dum fit deprehenditur;* ce qui suppose que le délit se commet encore quand le magistrat survient, en sorte qu'il trouve le prévenu occupé soit à commencer, soit à consommer la perpétration du crime : cela doit se présenter très-rarement, assurément, car le moment du crime n'est pas permanent comme son effet. L'assassinat, par exemple, se commet par le coup mortel qui est porté à la victime, quand même la mort serait tardive ; l'incendie se commet en mettant le feu, quand même l'effet s'en prolongerait pendant plusieurs heures, ou pendant quelques jours (Schenck, *Tr. du min. publ.*, t. 2, p. 235 ; Duverger, p. 160).

Ou qui vient de se commettre : la loi, à la différence du premier cas, suppose ici que le délit est consommé ; mais elle ne détermine aucun temps, passé lequel il ne pourrait être considéré comme *flagrant délit ;* tout dépend nécessairement des circonstances.

Cependant, il faut croire que la loi a entendu parler d'un crime commis dans un temps peu éloigné, d'un crime tout récent, dont le premier effet subsiste, dont le corps de délit, encore intact, est facile à reconnaître et à constater, parce que les vestiges périssables n'ont pas disparu, les signes consécutifs du délit sont entiers, les traces du crime frappent les regards du public, rien n'ayant encore été changé de ce qui existait au moment de la consommation.

Les témoins, dit Jousse, sont encore sur les lieux ; ajoutons que le coupable n'est peut-être pas encore éloigné ; que le trouble de son âme se manifeste peut-être dans l'altération de ses traits, dans l'incertitude de sa contenance, dans l'obstination de son silence, ou dans le désordre de ses discours, et peut le dénoncer aux yeux du magistrat.

En cas d'arrestation inopinée d'un coupable, on a presque toujours remarqué les deux extrêmes : un morne silence, ou une insupportable volubilité de paroles (DUVERGER, n° 116, p. 160).

1525. Aux termes de l'art. 41, C. inst. crim., sont aussi *réputés flagrant délit*, le cas où le prévenu est poursuivi par la *clameur publique*, c'est-à-dire quand le cri général accuse *tel* individu du crime qui vient d'être commis, et celui où le prévenu est trouvé saisi d'effets, armes, instruments ou papiers faisant présumer qu'il est auteur ou complice, pourvu que ce soit dans un temps voisin du délit (L. 3 brum. an IV, art. 63; L. en forme d'inst., 29 sept. 1791; DUVERGIER, *Coll. des lois*, t. 3, p. 482, 2e coll.).

1526. L'officier de police judiciaire doit se tenir en garde sur la clameur publique; examiner les causes qui l'ont fait naître, et si la malveillance ne l'a pas excitée ou préparée, ou bien s'il s'agit, au contraire, d'une acclamation spontanée, comme est celle des citoyens inopinément assemblés aux cris poussés par la victime, étrangers à toute passion, et sans intérêt à calomnier.

Il ne faut pas confondre la *clameur publique* avec la *notoriété publique*, qui n'est qu'une rumeur qui s'élève, ou un bruit qui se répand d'ordinaire quelque temps après la perpétration du crime ou du délit. Cette notoriété publique peut et doit même éveiller l'attention des magistrats, et leur suffire pour commencer une information; mais elle ne constituerait pas le *flagrant délit*, dans le sens de notre art. 41 (DESQUIRON, *De la preuve en mat. crim.*, p. 62, DUVERGER, n° 117).

1527. Pour qu'un individu soit réputé en flagrant délit à raison des objets dont il est saisi, il faut que les effets, armes, instruments ou papiers le désignent comme auteur ou complice du délit qui se commet actuellement, ou qui vient de se commettre; il faut que ces soupçons, ces indices, se rattachent *spécialement* à un fait *déterminé*, et que la saisie soit effectuée *dans un temps voisin du délit* (SCHENCK, t. 2, p. 151; CARNOT, t. 1, p. 251; LEGRAVEREND, t. 1, p. 183; CARRÉ, *Droit français*, t. 4, p. 315; BOURGUIGNON, t. 1, p. 150; Instr. du parquet de la Seine, p. 52).

1528. Le mot *délit*, pris ici dans son ancienne acception, désigne les crimes comme les délits eux-mêmes; tel paraît être du moins l'esprit des art. 16, 22, 35, 36, 40, 42, 43,

46, 91, 130, 160, 307 et 308, C. inst. crim. En effet, ce mot, en parlant du mode de constater les flagrants délits ou pour désigner la juridiction qui doit connaître des faits qui les constituent, désigne tantôt les crimes et les délits tout à la fois, art. 22 et 160, tantôt seulement les crimes, art. 32, 40, 91, 307 et 308, tantôt les faits correctionnels, art. 16 et 130, tantôt enfin, les crimes ou délits ; d'où l'on peut naturellement conclure que le *crime flagrant* et le *flagrant délit* sont l'un et l'autre désignés par l'expression *flagrant délit*, et rentrent nécessairement dans les termes de l'art. 49, C. inst. crim. Donner à la loi une autre interprétation, l'entendre dans le sens strict des art. 32 et 40 du même Code, ce serait en méconnaître l'esprit, condamner ce qui se fait journellement par la force des choses sans danger pour les prévenus, et annihiler l'action de la police judiciaire : ce que assurément n'a pu vouloir le législateur (DE MOLÈNES, *Tr. de la pol. jud.*, p. 71 et suiv.)

1529. Le Code d'instruction criminelle ne s'explique pas plus que l'ordonnance de 1770 et le Code du 3 brum. an IV, sur le délai qui peut s'écouler entre le moment où le crime ou le délit a été commis et celui où l'officier de police auxiliaire en a été informé, sans que le crime ou le délit cesse d'être *flagrant ;* mais, dans l'usage, on s'accorde généralement à étendre ce délai au moins à 24 heures, et même davantage, suivant les circonstances, du moment où l'officier de police est informé, suivant la distance de sa résidence au lieu où le crime ou le délit a été commis ; autrement, la police judiciaire serait sans action pour le constater.

1530. La loi, en ce qui concerne les pouvoirs attribués aux officiers de police auxiliaires, en matière de flagrant délit, n'a pu, on le conçoit, déterminer que les phases principales du mode de procéder : les règles qu'elle pose sont des indications plutôt que des prescriptions absolues ; car chaque crime ou délit peut, selon sa nature, le temps, le lieu et les personnes, exiger des moyens différents d'information.

1531. Dès qu'un officier de police auxiliaire est informé d'un flagrant délit, il doit se hâter d'en donner avis au procureur de la République chargé des poursuites ; puis de se transporter sans retard sur les lieux, car c'est dans le premier moment du délit que la vérité tout entière se manifeste. Il doit : constater avec le plus grand soin le corps du délit, son état, décrire scrupuleusement l'état des lieux ; se saisir des armes, des instruments et de tout ce qui aurait pu servir ou être destiné à commettre le crime ou le délit, des objets suspects que le coupable aurait pu abandonner ou oublier sur les lieux, en un mot, de toutes choses qui peuvent servir à la manifestation de la vérité ; entendre les personnes lésées si elles n'ont pas encore porté plainte, ou si elles ont de nouvelles explications à fournir ; recevoir les déclarations des personnes présentes qui auraient des renseignements à donner ; appeler au procès-verbal les parents, voisins, amis, domestiques, ou tous autres présumés en état de donner des éclaircissements ; défendre, s'il est nécessaire, à qui que ce soit, de sortir de la maison ou de s'éloigner jusqu'après la clôture du procès-verbal, de peur que l'indiscrétion ou la connivence ne trahissent le secret des opérations judiciaires ; saisir le prévenu présent contre lequel il existerait des indices graves de culpabilité, ou faire comparaître, en vertu d'un mandat d'amener, le prévenu non présent, mais connu ou suffisamment désigné, l'interroger sur *l'emploi de son temps, avant, pendant* et *après* le délit, sur le *délit même* et ses circonstances, vérifier sur-le-champ ses réponses, le confronter, s'il est utile, au plaignant, aux témoins, et, en cas de prévention d'homicide, au cadavre de la personne homicidée ; s'emparer, au moment même de l'arrestation du prévenu, des armes, instruments, papiers et objets trouvés en sa possession, qui auraient rapport au crime ou délit, ou qui seraient suspects ; faire perquisition dans son domicile, dans ceux de ses affidés ou complices, dans les lieux où ils auraient une retraite ou un dépôt d'effets, pour se saisir de toutes choses qui pourraient servir à conviction ou à décharge ; représenter à l'inculpé tous les objets trouvés, soit sur le lieu du délit, soit sur sa personne, soit à son domicile et partout ailleurs ; l'interpeller de s'expliquer sur la possession qu'il en a eue ou l'usage qu'il en a fait ; appeler et entendre dans leurs déclarations les personnes qui pourraient déposer de cette possession ou de cet usage, ou celles de qui le prévenu les tiendrait ; veiller à ce qu'on ne détruise pas les pièces de conviction ou les objets suspects ; clore et cacheter les effets saisis s'ils sont susceptibles d'être cachetés, sinon prendre toutes les précautions nécessaires pour en assurer la conservation d'une manière invariable ; recueillir des agents de la force publique ou de toutes autres personnes les aveux ou discours suspects, échappés aux inculpés sur le lieu du délit, au moment de leur arrestation, ou pendant leur transfèrement devant le magistrat instructeur ; approfondir les relations existantes entre l'inculpé et les personnes avec lesquelles il demanderait à s'entretenir ; désigner le plus clairement possible les noms, prénoms, âges, professions, demeures des parties lésées, du prévenu, des témoins, des agents de la force publique et des experts, afin qu'en procédant plus tard on puisse les retrouver aisément ; se faire donner par le plaignant et les témoins, et consigner dans la procédure, le signalement exact, détaillé, de la personne et des vêtements du prévenu non arrêté, avec l'indication des signes particuliers qui rendraient le signalement plus frappant, afin de faciliter les recherches et de donner de l'autorité à la reconnaissance ultérieure du prévenu par ces divers documents ; interroger de même le prévenu arrêté sur le signalement de ses complices dont il aurait parlé, ou des individus réputés tels ; enfin, n'omettre aucun des indices, aucun des renseignements relatifs à la passion ou à l'intérêt qui paraîtraient avoir déterminé le crime ou le délit. Toutes ces opérations doivent être faites avec ordre et détail, et consignées avec clarté, précision et concision. L'officier de police doit se servir autant, que possible, des expressions des plaignants, du dénonciateur, des témoins et du prévenu, et employer toujours les termes techniques des experts.

1532. Le juge de paix, si c'est lui qui instruit, doit se faire assister, dans les différents actes qu'il est appelé à dresser, du greffier ou du commis greffier de la justice de paix (Arg. C. inst. crim., art. 62 et 73 ; circ. min. just., 11 fév. 1811 ; décr. 18 juin 1811, art. 80 et 89) ; à leur défaut, s'ils sont absents ou malades, ou autrement empêchés, le juge de paix peut les faire remplacer momentanément par toute autre personne ayant vingt-cinq ans accomplis et jouissant de ses droits civils, à charge de lui faire prêter serment de s'acquitter fidèlement de ses fonctions *ad hoc*, et de faire mention dans le procès-verbal de l'empêchement du greffier et du commis greffier ordinaires, de la commission et du serment du remplaçant.

1533. Les officiers de gendarmerie peuvent aussi se faire assister d'un écrivain qui leur sert de greffier ; ils lui font prêter serment d'en bien et fidèlement remplir les fonctions ; leur procès-verbal doit en faire mention (Décr. 1er mars 1854, art. 151, § 3 et 4).

§ 2. — Constatation des lieux et du corps du délit.

1534. L'officier de police auxiliaire, arrivé sur les lieux du crime ou du délit qui lui est signalé, doit procéder, sans désemparer, aux opérations déterminées par les art. 32 et suiv. du Code d'instruction criminelle, énoncées ci-dessus, chap. II : ces opérations peuvent varier suivant le plus ou le moins de gravité du fait, ou les circonstances qui l'environnent ; toutefois, il en est quelques-unes qui s'appliquent indistinctement à tous les cas, quelle que soit, d'ailleurs, la nature du fait incriminé.

1535. La constatation du corps du délit est le premier acte que doit faire l'officier de police ; c'est le plus important et celui qui souffre le moins de retard : aussi doit-il y apporter le plus grand zèle et la plus grande ponctualité.

1536. Le corps du délit est l'ensemble des faits matériels qui attestent son existence et en déterminent le caractère et la gravité ; ces éléments varient nécessairement suivant la nature du crime ou du délit : le vol est constaté par la découverte de la chose volée; l'homicide, soit volontaire ou involontaire, illicite, légal ou légitime (C. pén., 295, 304, 309, 310 et 316, 319, 321 et suiv., 327 et 328), par la vue du corps de la victime portant des marques apparentes de blessures, des vestiges de la violence exercée sur elle ; l'attentat à la pudeur avec violence, le viol tenté ou commis, par le désordre des vêtements de la victime, les blessures, les contusions qui existeraient sur les diverses parties de son corps, l'état de ses organes ; l'avortement, par l'examen de la femme, la découverte de l'avorton ; l'infanticide, par la découverte d'un nouveau-né, par la vue du corps de la victime, portant des marques apparentes de blessures, des vestiges de violences; la fabrication de fausse monnaie, par la saisie des pièces contrefaites ou altérées, des instruments, ustensiles et matières qui auraient pu servir à la fabrication ; l'empoisonnement, par la découverte de poison, de taches ou lividités à la surface du cadavre, par la découverte sur le cadavre, ou près de lui, des matières, des déjections dont la couleur révélatrice peut faire naître des conjectures. Ainsi, la chose volée et représentée, le cadavre de la personne assassinée, les vêtements en désordre, les blessures, les contusions et l'état des organes de la personne violée, la découverte de l'avorton, le cadavre d'un nouveau-né portant des marques apparentes de blessures, des vestiges de la violence, la découverte de poison, de taches ou lividités à la surface du cadavre, de matières, de déjections sur le cadavre ou près de lui, sont le corps du délit, du vol, le corps du délit de l'assassinat, celui de l'attentat à la pudeur ou du viol commis ou tenté, celui de l'avortement, de l'infanticide, de la fabrication de fausse monnaie et celui de l'empoisonnement.

Dans tous ces cas et autres, l'officier de police auxiliaire ne saurait apporter, comme nous l'avons déjà dit, trop de soin à la constatation du corps du délit qui peut décider du sort de la poursuite; il ne doit rien omettre, car telle circonstance, qui paraîtrait d'abord insignifiante et dont il aurait cru ne pas devoir tenir compte, peut acquérir, par suite de révélations ultérieures ou de nouvelles découvertes, une importance que nul ne pouvait prévoir dans les premiers moments (CRIVELLI, *Dict. de dr.*, v° *Corps de délit;* MUYART DE VOUGLANS, *Lois crim.*, t. 2, p. 278; SCHENCK, t. 2, p. 46, 47; CARRÉ, *Inst. crim.*, t. 4, p. 325; F. DUVERGER, n° 153).

1537. La constatation de l'état des lieux où le délit a été commis est aussi nécessaire pour la découverte de la vérité que la constatation du corps du délit, et doit être faite avec le même soin et la même ponctualité : le lieu du délit est-il une maison habitée ou une dépendance de maison habitée? Y a-t-il eu des effractions extérieures ou intérieures, escalades, emplois de fausses clefs? Les lieux permettent-ils, à raison des fermetures ou clôtures, une introduction facile et qui dispense de recourir à des moyens constitutifs de circonstances aggravantes? Trouve-t-on, sur le sol, des traces, des empreintes, qui soient distinctes, qui puissent être décrites fidèlement ou calquées, et qui fassent connaître le nombre, le genre, la direction des voleurs ou des assassins? Remarque-t-on des taches de sang? A-t-on pu distinguer si la victime, attaquée dans un endroit, a succombé ou a été traînée dans un autre, et les traces que le trajet a laissées peúvent-elles êtres suivies et décrites? En cas de crime commis dans une maison, les meubles ont-ils été dérangés, brisés; le désordre et la confusion ont-ils été répandus à l'intérieur ou dans l'extérieur, ou bien chaque chose se trouve-t-elle à sa place accoutumée? L'auteur ou les auteurs du crime ont-ils, à leur fuite, ou en s'éloignant, laissé sur le terrain, ou auprès de la victime, des armes ou instruments, ou d'autres objets? Toutes ces circonstances et autres, tirées de la situation extérieure et intérieure des lieux où le crime a été commis ou tenté, et qui donnent des éclaircissements sur la perversité, la préméditation, la persévérance, sur les ruses et la culpabilité de l'auteur, sont précieuses à recueillir. L'officier de police auxiliaire doit donc les relever avec soin et les retracer soigneusement dans son procès-verbal.

En cas d'insuffisance d'une description, et en cas d'impossibilité de déplacement des choses qui peuvent servir à la manifestation de la vérité, l'officier de police doit en faire exécuter des dessins ou des modèles, ainsi que le plan des lieux, destinés à être présentés aux magistrats et aux jurés (SCHENCK, t. 2, p. 52 ; DUVERGER, *Man. crim.*, p. 199).

C'est surtout dans la constatation du corps du délit et de son état que l'officier de police doit déployer son zèle et apporter la plus grande attention. Il doit donc faire tous ses efforts pour reconnaître la nature, l'espèce du crime, le temps et le lieu de son exécution, les moyens à l'aide desquels il a été commis, les effets matériels qui en sont résultés, et qu'il appréciera au besoin avec le secours des gens de l'art ; le nombre des coupables et des complices, leurs noms, leurs signalements ; ce qu'ils sont devenus ; enfin, toutes les circonstances constitutives ou accessoires du crime, de telle sorte que l'on apprenne positivement comment les faits se sont passés, et que l'on en sache exactement tous les détails, par suite de ces recherches. Pour s'assurer qu'il n'omettra rien de très-important dans ses investigations, il fera prudemment de se reporter toujours, autant que possible, à la loi pénale applicable ; il trouvera dans le texte répressif les circonstances qui caractérisent le crime ou le délit, qui le constituent, qui le modifient, en l'atténuant ou en l'aggravant.

1538. Si le corps du délit ne peut se constater, c'est-à-dire si le crime ou le délit n'a pas laissé de traces après lui, ou si celles qu'il a laissées ont dépéri ou cessé d'exister par quelque cause que ce soit, alors, comme il importe à l'intérêt public que le crime ne demeure point impuni, l'on pourra suppléer la preuve du corps du délit et l'acquérir par une information. L'officier de police auxiliaire doit alors recevoir les déclarations des personnes qui auraient été présentes, ce qu'il doit faire même dans le cas où le corps du délit aurait été constaté ; il peut même recevoir, par dérogation aux dispositions des art. 156 et 322, C. inst. crim., celles des parents, domestiques, ou voisins, présumés en état de fournir des renseignements (C. inst. crim., art. 33).

Mais il n'a pas, dans ce cas, le droit de citer à comparaître devant lui des personnes qui ne se trouveraient pas sur les lieux, ou qui ne s'y présenteraient pas volontairement : ce droit est réservé au juge d'instruction seul, ou à son délégué.

1539. L'officier de police peut, toutefois, retenir les personnes trouvées sur les lieux (C. inst. crim., art. 34), et appeler devant lui, par un simple avertissement, tous ceux qui ne s'y trouveraient pas lors de son information, même les parents, domestiques ou voisins.

1540. Il doit entendre les personnes lésées, si elles n'ont pas encore porté plainte, ou si elles ont de nouvelles explications à fournir ; rechercher et entendre dans leurs déclarations, surtout les personnes qui, dans des instants rapprochés du délit, ont rencontré ou vu rôder le prévenu dans les lieux où le crime a été commis ; appeler et entendre dans leurs déclarations les personnes qui peuvent déposer de la possession qu'aurait eue, de l'usage qu'aurait fait le prévenu des objets saisis comme pièces de conviction ; celles de qui il les aurait tenus ; celles qui les lui auraient vus entre les mains, peu d'instants avant le délit ; recueillir des hommes de la force publique, qui ont été appelés sur les lieux, ou qui ont concouru à l'arrestation, ou de toutes autres personnes, les aveux ou discours suspects qui seraient échappés au prévenu sur le lieu du délit, lors de son arrestation, ou depuis, n'importe en quel endroit.

Il doit encore se faire donner par le plaignant ou le dénonciateur, ou par les témoins, et consigner dans l'information, s'il ne l'a pas fait par le procès-verbal de constatation, le signalement exact et détaillé de la personne et des vêtements de l'inculpé non arrêté, afin d'en faciliter la recherche, et de donner plus de poids à la reconnaissance ultérieure de l'inculpé par ces personnes, s'il parvient à être arrêté. Enfin, il doit faire en sorte d'obtenir, de reconnaître, et de consigner soigneusement, tous les indices, tous les renseignements relatifs à la passion ou à l'intérêt qui auraient déterminé le crime.

1541. L'officier de police, après avoir obtenu des personnes présentes des renseignements qui l'ont mis à même de reconnaître l'état des lieux, le corps du délit, les faits matériels du crime, d'en saisir les indices, les instruments, les produits, de rassembler les éléments de son procès-verbal de constatation, doit recueillir par écrit les déclarations des personnes présentes, des parents, domestiques et voisins, ainsi que nous l'avons dit ci-dessus. C'est par l'information qu'il constatera ou qu'il achèvera de constater, quels sont les auteurs du crime ou délit, quels faits sont imputables à chacun d'eux ; en cas de simple tentative, quels discours l'ont annoncée, quels faits l'ont manifestée, par quelle cause elle a été suspendue ou elle a manqué son effet ; en cas de complicité, quels actes ont constitué la participation au crime ; faire expliquer, dans le plus grand détail, tous les renseignements fournis, etc.

1542. L'officier de police auxiliaire doit, en outre, interroger le prévenu, s'il a été arrêté.

L'information et l'interrogatoire se font par actes séparés.

Le procès-verbal de constatation ne doit contenir ni information, ni interrogatoire, pour ne pas rendre impraticable, ou au moins difficile, l'exécution de l'art. 341, C. inst. crim., qui défend de mettre sous les yeux des jurés les dépositions des témoins, et qui ordonne, en même temps, de leur remettre les procès-verbaux qui constatent le délit (Circ. min. just., 1er mai 1819).

1543. L'officier de police auxiliaire, dès son arrivée sur les lieux du crime, doit défendre que qui que ce soit sorte de la maison, ou s'éloigne du lieu, jusqu'après la clôture de son procès-verbal (C. instr. crim., art. 34): cette disposition, fondée sur des motifs puissants, a pour but d'empêcher les personnes présentes de s'écarter du théâtre du crime, et d'échapper ainsi à l'obligation de déclarer des faits à leur connaissance, faits souvent de la plus haute importance, ou de tenter, soit de faire disparaître les traces du corps du délit, soit de faire obstacle à la découverte d'une participation encore inconnue ; et enfin, de ne point laisser échapper quelque complice du délit, quelquefois le coupable lui-même, qui chercherait à se confondre dans la foule, pour être moins remarqué, et qui pourrait profiter d'un moment d'inattention des officiers de justice pour prendre la fuite. Enfin, il importe d'empêcher que l'indiscrétion ou la connivence ne trahissent le secret des opérations, et de conserver des témoins précieux qu'on ne pourrait peut-être plus trouver, si on ne les empêchait de s'éloigner.

Tout contrevenant à cette défense sera, s'il peut être saisi, déposé dans la maison d'arrêt, sur mandat de l'officier de police judiciaire. L'art. 34, C. instr. crim., est formel à cet égard; mais cet article contient deux dispositions qu'il faut distinguer : le droit de faire arrêter le contrevenant et le droit de le condamner.

Le droit de faire arrêter appartient au procureur de la République, qui agit en flagrant délit, et par conséquent à ses auxiliaires qui opèrent dans le même cas (C. instr. crim., art. 49 et 50); mais le droit de prononcer la peine n'appartient qu'au juge d'instruction seul, qu'il soit ou non présent. L'officier de police auxiliaire doit donc, dans ce cas, informer immédiatement le procureur de la République, afin qu'il fasse des diligences auprès du juge d'instruction pour l'application de la peine encourue pour la contravention. Cette mesure, du reste, quoique la loi ait employé une forme impérative d'arrestation, est purement facultative (F. HÉLIE, t. 4, p. 699; P. GILBERT, art. 34).

1544. Pour que le mandat soit exécutoire, il doit être dressé dans la forme prescrite par l'art. 95, C. instr. crim.; c'est-à-dire, il faut que le prévenu y soit nommé ou désigné le plus clairement qu'il sera possible, et que le mandat soit signé de celui qui l'a décerné, et muni de son sceau. L'inobservation de ces formalités entraînerait contre l'officier de police auxiliaire, l'application de l'art. 112, C. instr. crim.

Quant à l'exécution, il faut se conformer aux dispositions des art. 97, 98 et 99 du même Code.

1545. Les mandats de toute espèce sont mis à exécution par les huissiers, et à leur défaut, par les gendarmes, ou par les agents de police (Décr. 18 juin 1811, art. 77; 7 avril 1813, art. 6, et 1er mars 1854, art. 94); la remise du mandat est faite à celui qui doit l'exécuter (Décr. 1854, art. 92); il doit être individuel, c'est-à-dire spécial pour chaque personne arrêtée (Instr. min. just., 30 sept. 1826, p. 71).

1546. S'il existe des indices graves contre le prévenu, l'officier de police auxiliaire le fait arrêter; si le prévenu n'est pas présent, il rend une ordonnance pour le faire comparaître. Cette ordonnance s'appelle mandat d'amener : elle doit être revêtue de sa signature et même de son sceau, et elle doit désigner le plus exactement possible le prévenu pour assurer son arrestation et pour éviter les méprises. Si le prévenu est absent, le mandat d'amener doit porter l'ordre de le conduire, en cas d'arrestation, devant le juge d'instruction ou le procureur de la République. La loi n'autorise pas l'officier de police judiciaire à continuer l'instruction après l'instant du flagrant délit.

§ 3. — Expertises.

1547. La constatation du flagrant délit exige souvent des connaissances spéciales que l'officier de police judiciaire peut ne pas posséder; il doit donc, lorsqu'une expertise lui paraît utile, requérir, par un simple avertissement, ou par simple lettre, pour éviter les frais, l'assistance d'une ou de plusieurs personnes, présumées, par leur art ou leur profession, capables d'apprécier la nature ou les circonstances du crime ou délit, les instruments qui ont servi à le commettre ou qui en ont été le résultat, afin de vérifier, avec plus de certitude, les rapports ou les dissemblances entre les divers objets qui peuvent contribuer à la découverte de la vérité : par exemple, de serruriers, de menuisiers, de maçons, de charpentiers, de manouvriers, etc., s'il s'agit de constater une effraction, de fouiller un terrain, d'exhumer un cadavre, de franchir un mur, d'ouvrir des portes, d'enlever des ferrements, des cloisons, de rapprocher des outils des traces laissées par le voleur sur des meubles ou serrures fracturés, de comparer des objets trouvés chez le prévenu ou sur lui avec ceux demeurés chez le plaignant ; d'experts-écrivains, s'il s'agit de rechercher l'auteur d'une pièce d'écriture ; de pharmaciens ou chimistes, s'il s'agit de reconnaître la nature, la propriété ou les effets de certaines substances ; s'il s'agit de mort violente ou de mort dont la cause soit inconnue et suspecte, d'un ou de deux médecins ou officiers de santé, qui feront leur rapport sur les causes de la mort et sur l'état du cadavre : l'art. 44 C. instr. crim. est impératif à cet égard.

Avant de procéder, les experts, les médecins ou officiers de santé, les chimistes, etc., à l'exception toutefois des manouvriers ou artisans, doivent sans distinction prêter serment de faire leur rapport et de donner leur avis en leur honneur et conscience, et il doit être fait mention au procès-verbal de l'officier de police judiciaire de l'accomplissement de cette formalité. L'expert assiste, mais ne supplée pas le magistrat qui le requiert. L'expertise est, en effet, un acte d'instruction, et souvent des plus graves : l'officier de police judiciaire doit donc assister à toutes les opérations, les surveiller, les diriger au besoin, et faire toutes les réquisitions que des circonstances imprévues peuvent rendre nécessaires.

S'il arrive que les experts soient contraires dans leur rapport, l'officier de police judiciaire doit en nommer un troisième pour se livrer à la même opération, concurremment avec les deux premiers : c'est un principe de droit en matière criminelle comme en matière civile.

§ 4. — Perquisitions. — Saisies.

1548. La découverte ou la constatation des traces du flagrant délit peuvent, et le cas est très-fréquent, nécessiter des recherches souvent difficiles et toujours délicates de la part de l'officier de police auxiliaire, que la loi investit, à cet égard, d'attributions extraordinaires par les art. 36 et 37, C. inst. crim.

Le droit de pénétrer dans le domicile des citoyens ou d'opérer des visites domiciliaires, fait l'objet de l'art. 36 ; l'art. 37 est relatif à la saisie des pièces de conviction.

1549. C'est une règle de notre droit public, que le domicile des citoyens est inviolable et sacré ; nul ne peut y pénétrer que dans les cas prévus par la loi (Const. an III, art. 359, et an VIII, art. 76 ; décr. 1er mars 1854, art. 253, 255).

1550. Si la nature du crime ou du délit est telle, que la preuve puisse vraisemblablement être acquise par les papiers ou autres pièces et effets en la possession du prévenu, l'officier de police auxiliaire se transporte de suite dans son domicile pour y faire la perquisition des objets qu'il juge utiles à la manifestation de la vérité ; mais il lui est formellement interdit d'y pénétrer pendant la nuit, réglée du 1er octobre au 31 mars, depuis six heures du soir jusqu'à six heures du matin ; du 1er avril au 30 septembre, depuis neuf heures du soir jusqu'à quatre heures du matin (Décr. 1er mars 1854, art. 391).

De là la conséquence que si l'utilité d'une visite domiciliaire commence le jour, on peut y procéder de suite, conformément à l'art. 36, C. instr. crim. ; si c'est la nuit, il faut attendre le point du jour pour l'exécuter, sauf à faire investir la maison par la force armée, durant le reste de la nuit, si l'on craint l'évasion du prévenu ou l'enlèvement des pièces de conviction (Circ. min. just., 23 germ. an IV ; décr. 1er mars 1854, art. 253).

1551. L'officier de police auxiliaire qui procède à une perquisition, doit toujours être accompagné du commissaire de police du canton dans lequel le crime ou le délit a été commis, ou du maire, ou de l'adjoint du maire, et, en cas de leur absence, de deux habitants domiciliés dans la même commune. Il peut néanmoins dresser son procès-verbal sans l'assistance de témoins, s'il n'a pas eu la possibilité de s'en procurer.

Il doit signer et faire signer son procès-verbal, à chaque page, par les personnes qui ont assisté à la perquisition. En cas de refus ou d'impossibilité de la part de ces personnes, il en est fait mention (Arg. C. instr. crim., art. 42; décr. 1er mars 1854, art. 261).

1552. Il est expressément défendu à l'officier de police auxiliaire de s'introduire dans une maison autre que celle où le prévenu a son domicile, à moins que ce ne soit une auberge, un cabaret, ou tout autre logis ouvert au public, où il est autorisé à se transporter, même pendant la nuit, jusqu'à l'heure où ces lieux doivent être fermés d'après les règlements de police (Arg. décr. 1er mars 1854, art. 255), et même après cette heure, si, de fait, ils sont restés ouverts, car alors ils continuent d'être un lieu public (L. 19-22 juill. 1791, art. 9; L. 28 germ. an VII, art. 129).

1552 bis. Il en est de même des maisons où l'on donne habituellement à jouer des jeux de hasard (il suffit que deux citoyens les aient signalées comme telles), et des lieux notoirement livrés à la débauche (L. 19-22 juill. 1791; décr. 14 sept. 1792), ou s'il s'agit de faire cesser une détention arbitraire (C. instr. crim., art. 615 et 616).

1553. L'officier de police judiciaire peut encore, dans le sens de l'art. 36, C. instr. crim., faire perquisition dans tous les lieux où le prévenu a une habitation, ou une résidence quelconque, et a une retraite ou un dépôt d'effets et dans leurs dépendances ; il peut même faire perquisition chez toutes les personnes qu'il a juste raison de soupçonner d'avoir coopéré au flagrant délit, surtout lorsqu'il est informé que les instruments ou les produits du crime viennent d'y être transportés : cette circonstance de transport de pièces de conviction est, en effet, caractéristique du flagrant délit. Mais là s'arrête sa compétence. Si donc il soupçonne qu'on puisse trouver partout ailleurs, dans une maison étrangère au prévenu sous tous les rapports, des pièces ou effets de nature à servir à conviction ou à décharge, il doit en instruire aussitôt le procureur de la République ; il en est de même lorsque la maison du prévenu est située en dehors du ressort où il exerce ses fonctions habituelles ; il ne peut faire ou continuer une perquisition hors de son ressort, que dans le cas de l'art. 464, C. instr. crim., c'est-à-dire chez les personnes soupçonnées d'avoir fabriqué, introduit, distribué de faux papiers nationaux, de faux billets de la Banque de France ou des banques de départements, et pour crimes de fausse monnaie, ou de contrefaçon du sceau de l'Etat.

1554. Aucune loi n'ayant conféré le droit de délégation aux officiers de police auxiliaires, on doit en conclure que le juge de paix, par exemple, ne peut commettre légalement un autre officier de police auxiliaire pour procéder à une visite domiciliaire, soit dans son ressort, soit hors de son ressort. On serait cependant porté à penser le contraire d'après un arrêt de la Cour de cassation du 25 fruct. an vi ; mais cet arrêt, rendu sous l'empire du Code du 3 brumaire an iv, qui, art. 48 et s., conférait aux juges de paix le soin de procéder aux premières informations, à l'exception de quelques affaires que les art. 148 et suiv. réservaient spécialement au directeur du jury, s'adressait à ces magistrats comme chargés d'une instruction, et non comme officiers auxiliaires de police judiciaire ; d'où l'on doit conclure, à défaut de texte spécial, que les officiers auxiliaires, même le juge de paix, sont sans qualité pour déléguer un autre auxiliaire de son ressort ou d'un ressort voisin.

1555. Si un crime ou délit a été commis dans les palais, châteaux, maisons nationales ou leurs dépendances, l'officier de police judiciaire ne peut y pénétrer pour constater ces infractions que sur la réquisition du gouverneur, ou de celui auquel, en son absence, en appartient la surveillance (Ord. 20 août 1817, art. 3 et 4).

Cette ordonnance ne distingue point entre le cas de flagrant délit et autres ; de sorte que l'officier de police judiciaire doit agir, que le délit soit ou non flagrant, dès qu'il est légalement requis, et s'emparer du prévenu, s'il est arrêté ; et même d'office, en se présentant au gouverneur, qui doit, aux termes de cette ordonnance, lui donner tous accès ou facilités.

Il en est autrement à l'égard des établissements d'instruction publique appartenant à l'Université, dans lesquels, hors le cas de flagrant délit, d'incendie, ou de secours demandés à l'intérieur, l'officier de police judiciaire ne peut s'introduire pour constater le corps d'un délit, ou pour l'exécution d'un mandat d'amener ou d'arrêt, dirigé contre les membres ou élèves, s'il n'en a l'autorisation spéciale, *par écrit*, du procureur général, de l'un de ses substituts ou du procureur de la République (Décr. 25 nov. 1811, art. 157).

1556. S'il existe dans le domicile du prévenu des papiers ou effets qui puissent servir à conviction ou à décharge, l'officier de police auxiliaire en dresse procès-verbal, et se saisit de ces effets ou de ces papiers ; son droit s'étend même aux lettres confiées à la poste, qu'il soupçonne renfermer la preuve du crime ou délit. Il doit clore ou cacheter les objets qu'il a saisis, et si ces objets ne sont pas susceptibles de recevoir l'empreinte de l'écriture, ils sont mis dans un vase ou dans un sac, sur lequel il attache une bande de papier qu'il scelle de son sceau et du cachet du prévenu, si ce dernier le demande.

Si les objets sont d'un trop grand volume pour être à l'instant déplacés, l'officier de police judiciaire peut les mettre sous la surveillance d'un gardien, auquel il fait prêter serment (C. inst. crim., art. 37 et 38; décr. 1er mars 1854, art. 254).

1537. Les effets que l'officier de police auxiliaire doit rechercher et saisir, pour servir à conviction, sont : les effets trouvés sur le lieu même du crime ou délit, qui pourraient en dénoncer l'auteur, ou qui sont reconnus pour avoir appartenu à l'inculpé, dans le temps même du crime ou peu de temps avant, comme son chapeau, ses souliers, son couteau, sa tabatière, sa pipe, ses vêtements; ou les instruments avec lesquels le crime a été commis, comme un poignard, un fusil, un pistolet, un couteau, un ciseau en fer, un compas, un bâton, de fausses clefs, limes, cordes, matières à incendie, du poison, des mets ou liqueurs empoisonnés ; les effets volés, dont le prévenu se trouve nanti, ou qui sont reconnus dans les mains d'un tiers à qui il les a remis, déposés ou vendus ; les monnaies falsifiées, les pièces arguées de faux ou pouvant servir à prouver le faux ; les effets suspects, découverts entre ses mains ou sur lui, comme des papiers, des lettres qu'il a écrites ou qui lui ont été adressées, des drogues, du poison, des matières combustibles, des instruments de fausse monnaie, des limes, cordes, fausses clefs, échelles de corde, des poignards, armes ou autres instruments; enfin, les effets qui lui appartiennent légitimement, en tant qu'ils portent des traces du crime, ou qu'il est démontré qu'ils ont dû servir à le commettre; s'ils sont ensanglantés, s'ils ont été déchirés ou brisés dans la lutte qu'a soutenue la victime avant de succomber.

1538. L'officier de police auxiliaire doit décrire soigneusement tous les objets saisis, ainsi que les choses qui peuvent les contenir, et en constater la nature, la quantité, l'état, le lieu où ils ont été saisis, le tout en présence de la partie lésée et du prévenu, s'il a été arrêté, ou en présence d'un fondé de pouvoir, si le prévenu ne veut ou ne peut y assister. Les objets doivent lui être présentés à l'effet de les reconnaître ou de les désavouer, et de les parapher, s'il y a lieu ; en cas de refus, il en est fait mention dans le procès-verbal. A défaut de fondé de pouvoir, l'assistance du greffier, si c'est le juge de paix qui opère, ou d'un écrivain qui lui sert de greffier, si c'est un officier de gendarmerie ou un commissaire de police, ou de deux témoins, devient indispensable, ainsi que nous l'avons déjà fait remarquer ci-dessus. Cette assistance est requise dans toutes les opérations auxquelles peut se livrer l'officier de police judiciaire (Arg. décr. 1ᵉʳ mars 1854, art. 258).

SECT. IV. — Forme et contenu des procès-verbaux.

1559. La loi n'a point tracé de formes pour la rédaction des procès-verbaux ; mais elle a établi des principes auxquels il est essentiel de se conformer, d'autant plus qu'ils sont destinés à former un des éléments les plus importants de l'instruction : aussi est-il essentiel que toutes les opérations faites par l'officier de police auxiliaire soient exactement consignées dans ses procès-verbaux. Les formalités auxquelles il est assujetti, en matière de flagrant délit, sont spécialement indiquées par les art. 32, 33, 34, 35, 36, 37, 38, 39, 40, 42, 43, 44, 78 du C. d'inst. crim.

1560. Les procès-verbaux sont la représentation des faits; ils doivent contenir le récit fidèle de tout ce qu'a fait l'officier de police auxiliaire, ou de ce qui s'est passé, de ce qui a été fait et dit devant lui, et en sa qualité. Le premier mérite de la rédaction d'un procès-verbal, c'est la clarté, la précision et la concision. Une des précautions les plus simples et les plus essentielles à prendre pour être clair, c'est de faire parler les plaignants, les témoins, les experts et les prévenus à la première personne, et de leur faire dire, par exemple : « J'ai vu..., j'étais à..., j'ai entendu... »

Lorsque c'est l'officier de police lui-même qui s'explique sur un crime ou délit, ou sur une circonstance dont il a été témoin ou qu'il a constatée personnellement, il doit s'expliquer de la même manière et dire : « Nous avons vu..., nous étions à..., nous avons constaté..., ou : j'étais à..., j'ai vu..., j'ai constaté..., etc. »

Si, au contraire, on fait parler les déclarants à la troisième personne et que l'on rédige de cette manière : « Lequel a dit qu'il a vu..., qu'il lui est arrivé..., etc., » on se jette dans des constructions amphibologiques telles qu'il devient fort difficile de comprendre et de savoir à qui les *il*, les *qui* et les *que...* se rapportent; il en résulte, comme on le voit, une confusion presque inévitable, confusion qui disparaît en faisant parler le déclarant à la première personne.

Un autre soin non moins essentiel consiste à reproduire, autant que possible, les paroles mêmes des plaignants, des dénonciateurs, témoins, gens de l'art, prévenus, malgré leur incorrection ou leur trivialité, et à employer toujours les termes techniques des experts.

1561. Les procès-verbaux doivent toujours mentionner exactement la date, le jour, l'heure même, et le lieu de l'opération, la voie par laquelle l'officier de police auxiliaire a été informé, la nature du fait dénoncé, de manière qu'il en résulte clairement si c'est un assassinat, un meurtre, un vol, un incendie, un empoisonnement, un crime consommé ou un commencement d'exécution, ou une simple tentative; les défenses faites par l'officier de police auxiliaire que qui que ce soit sorte de la maison ou s'éloigne du lieu jusqu'après la clôture du procès-verbal; les noms, prénoms, âges, professions et demeures de toutes les personnes dont il est question dans un procès-verbal, et surtout du prévenu et de ses complices, en cas qu'ils soient présents, arrêtés ou connus; l'interpellation faite au prévenu ou à ses complices présents, d'assister aux opérations; les mandats décernés; les pièces de conviction saisies; enfin, les investigations de l'officier de police; les résultats obtenus; les délits connexes ou non connexes qui auraient été découverts, etc.

1562. L'art. 42 du C. d'inst. crim. exige, comme nous l'avons déjà fait remarquer plusieurs fois, que les procès-verbaux de l'officier de police judiciaire soient, à moins d'impossibilité constatée dans leur contexte même, faits et rédigés en présence et revêtus de la signature du commissaire de police de la commune dans laquelle le crime ou le délit a été commis, du maire ou de l'adjoint au maire, ou de deux témoins, et en outre que chaque feuillet en soit signé par l'officier de police et par les personnes qui l'ont assisté. On peut même, pour prévenir toute substitution, et cette mesure est prudente et sage, les signer et faire signer à chaque page, ainsi qu'il est prescrit par l'art. 76 du C. d'inst. crim.

Il ne doit pas être fait d'interlignes; les ratures et renvois doivent être approuvés; aucun mot ne doit être surchargé, encore moins gratté (C. inst. crim., art. 78). L'approbation doit être suivie de la signature; un paraphe serait insuffisant.

1563. L'officier de police auxiliaire procédant à la constatation d'un flagrant délit peut dresser un cahier d'information ; mais, comme le fait observer, avec raison, une circulaire du procureur général à la Cour d'appel de Paris, du 15 sept. 1835, les cahiers d'information sont, la plupart, un véritable chaos. Il est donc essentiel, pour faciliter l'examen des dossiers et les recherches, au moyen d'un classement méthodique, de remplacer cet usage vicieux par des instructions sur feuilles détachées, c'est-à-dire qu'il faut dresser autant de procès-verbaux que d'opérations, recevoir chaque déposition de témoin sur une feuille séparée, l'interrogatoire de chaque prévenu, également sur une feuille séparée ; l'état des lieux et du corps de délit, également par procès-verbal séparé ; toutefois, le procès-verbal d'information doit à lui seul constater tout ce qui a été fait. Dans tous les cas, pour faciliter l'exécution de l'art. 341 du C. d'inst. crim., il faut nécessairement dresser trois procès-verbaux séparés, l'un constatant le corps du délit, l'autre les dépositions des témoins, et le troisième les interrogatoires des prévenus.

SECT. V. — DES MANDATS JUDICIAIRES OU D'EXÉCUTION. — QUI PEUT LES DÉLIVRER.

1564. On nomme mandat judiciaire ou d'exécution, en matière criminelle, les actes par lesquels certains magistrats compétents ordonnent, dans le cours de leurs instructions, soit la comparution, soit l'arrestation d'individus contre lesquels s'élèvent des présomptions de crime ou de délit. Les magistrats judiciaires doivent toujours, dans l'exercice de ce pouvoir, concilier la sévérité des lois avec les droits de l'humanité et ne jamais oublier que « nul ne peut être arrêté ou détenu que suivant les prescriptions de la loi. »

1565. On distingue quatre sortes de mandats judiciaires ou d'exécution, dont les effets ne sont pas moins différents que les dénominations, savoir : le mandat de comparution, le mandat d'amener, le mandat de dépôt et le mandat d'arrêt : ces mandats sont exclusivement affectés aux matières criminelles et correctionnelles ; il n'en peut être donné aucun en matière de simple police.

1566. Le juge d'instruction est le magistrat auquel la loi a principalement confié le droit de décerner ces actes de contrainte ; mais un droit à peu près égal appartient aussi, dans certains cas, aux officiers de police judiciaire, tels que les procureurs de la République et leurs auxiliaires, excepté les gardes champêtres et forestiers, qui, du reste, ne sont pas auxiliaires, et même, aux préfets.

1567. Toutefois, les seuls mandats que puissent décerner les officiers de police judiciaire auxiliaires sont les mandats d'amener dans les cas prévus par les art. 40, 41 et 46 du C. d'inst. crim., et le mandat de dépôt dans le seul cas de l'art. 34 du même Code. Hors ces cas, ce serait, de leur part, commettre un excès de pouvoir et s'exposer à être considérés comme coupables de détention arbitraire, que de donner des mandats d'amener et de dépôt.

1568. Les mandats doivent énoncer les qualités de l'officier de police auxiliaire qui les délivre, et désigner nommément, ou de la manière la plus claire qu'il est possible, les individus contre lesquels ils sont décernés. Ils doivent être datés et signés par le magistrat qui les donne, et revêtus de son sceau. C'est la signature, en effet, qui donne à l'acte une existence, et le sceau en garantit l'authenticité.

Ils doivent être individuels ; ils sont exécutoires dans toute l'étendue de la France (C. inst. crim., art. 98) tant qu'ils n'ont pas été révoqués, remplacés ou anéantis par un autre acte de l'autorité judiciaire compétente. Ils peuvent être exécutés tous les jours indistinctement, et même la nuit, en des lieux publics ou réputés tels (L. 19-22 juill. 1791, tit. 10 ; L. 21 sept. 1792, 28 germ. an VI, art. 129 ; Const. de l'an VIII, art. 76).

1569. Pour que le mandat soit exécutoire, il faut qu'il soit dressé dans la forme prescrite par les art. 95 et 96 du C. d'inst. crim., sous les peines portées en l'art. 112 du même Code. Quant à son exécution, il faut se conformer aux dispositions des art. 97, 98 et 99 du même Code.

1570. Les mandats de comparution, de dépôt, d'amener et d'arrêt sont mis à exécution par les huissiers ou par les agents de la force publique (C. inst. crim., art. 97 ; décr. 18 juin 1811, art. 77 ; 7 avril 1817, art. 6 ; ord. 29 oct. 1820, art. 67 ; décr. 1er mars 1854). La remise en est faite à celui qui doit l'exécuter.

1571. Le mandat d'amener, une fois décerné, peut-il être annulé ou rétracté par l'officier de police auxiliaire qui l'a délivré ? Non, suivant CARNOT, t. 1, p. 249 ; MANGIN, n° 219, et F. HÉLIE, t. 4, p. 707, qui, en cela, se fondent sur l'art. 45 du C. d'inst. crim. ; mais cette interprétation nous semble bien rigoureuse, si l'on considère que l'inculpé peut se disculper entièrement dès qu'il a été amené devant le magistrat instructeur avant la clôture de son procès-verbal, bien entendu ; car les actes qu'il ferait après cette clôture seraient

radicalement nuls, et pourraient même vicier la procédure,
s'ils étaient mis sous les yeux des jurés. L'art. 45, au reste,
n'autorise pas l'officier de police auxiliaire à envoyer en prison
le prévenu arrêté en vertu de son mandat d'amener ; on doit
seulement, jusqu'à son interrogatoire par le juge d'instruction, dans les vingt-quatre heures, ou par l'officier de police
auxiliaire, en cas de flagrant délit, le garder à vue dans un
lieu quelconque qui ne soit pas une maison d'arrêt, à peine
d'attentat à la liberté (C. inst. crim., art. 609 ; C. pén.,
art. 114 et suiv.).

Aussi les officiers de police auxiliaires doivent-ils avoir soin
de motiver l'ordre de relaxer le prévenu et de formuler l'ordre
de conduite qu'ils délivrent à la force publique en ces termes :
« Disons que B..., prévenu de..., sera relaxé ou restera sous
la main de justice en état de mandat d'amener, pour être conduit devant M. le juge d'instruction de l'arrondissement de...,
aux fins de droit. »

SECT. VI. — INTERROGATOIRE DES PRÉVENUS.

1572. L'interrogatoire est une mesure d'instruction dont
l'ord. de 1670 sur la procédure criminelle, la législation transitoire et notre Code d'instruction criminelle, ont également
consacré la nécessité, tant en faveur du prévenu, pour lui
faciliter les moyens de se justifier, que contre lui et pour le
bien de la justice (D'AGUESSEAU, *Lettre*, 12 mai 1730).

1573. De toutes les fonctions déférées aux officiers de police auxiliaires, celle qui a pour objet l'interrogatoire du prévenu est assurément la plus grave et la plus délicate.

L'ord. de 1670 avait prescrit, par son art. 14, que l'accusé
devait prêter serment avant d'être interrogé et que mention
devait en être faite à peine de nullité ; mais le décret du
9 oct. 1789, art. 7 et suiv., a fait justice de cette inhumaine
et immorale formalité, et depuis, dans aucune des lois sur la
procédure criminelle, on ne trouve de dispositions relatives à
la forme des interrogatoires. Cette omission, ce silence de
la loi est assurément très-regrettable, et l'on doit y suppléer
par des analogies tirées des dispositions du Code d'instruction criminelle sur d'autres actes de la procédure. Une première règle à observer, c'est que l'interrogatoire soit fait le
plus promptement possible : telles étaient les prescriptions de
l'ord. de 1670 ; tel est également, dans le cas de flagrant délit, l'esprit du Code d'instruction criminelle (SERPILLON, *C.
crim.*, p. 648 ; JOUSSE, *Tr. de la just. crim.*, t. 2, p. 253,

354 ; Muyart de Vouglans, *L. crim.*, t. 2, p. 150 ; Duvergier, *Coll. des lois*, t. 3, p. 484).

1574. L'interrogatoire doit° être, comme la déposition des
témoins, rédigé par écrit, immédiatement, par le greffier,
sous la dictée de l'officier de police judiciaire, et en présence du prévenu, qui doit être interrogé séparément et hors
la présence de tout autre prévenu ou témoin, sauf à les confronter entre eux, si cette mesure est nécessaire (Ord. 1670,
tit. 14, art. 2, 6).

1575. Lorsque le prévenu ne parle pas la langue française,
ou s'il est sourd-muet et ne sait pas écrire, l'officier de police
judiciaire doit faire choix d'un interprète, âgé de 21 ans au
moins, et lui faire prêter serment de traduire fidèlement les
discours à transmettre entre ceux qui parlent des langues
différentes (Arg. C. inst. crim., art. 333).

Mais s'il sait écrire, le greffier doit écrire les questions et
les observations qui doivent lui être faites ; l'officier de police
judiciaire les remet au prévenu, et celui-ci donne par écrit
ses déclarations (Arg. C. inst. crim., art. 333). Tout autre
prévenu doit répondre oralement sans l'assistance d'aucun
conseil, les réponses orales ayant toujours un caractère de
spontanéité, et, par conséquent, de véracité que ne comportent pas au même degré les réponses écrites (Ord. de 1670,
art. 6, 8).

1576. De même que les témoins peuvent être confrontés
entre eux ou avec le prévenu, de même, après son interrogatoire, le prévenu peut être confronté avec ses coprévenus ou
les témoins.

Il doit être également interpellé de s'expliquer sur les pièces de conviction qui lui sont représentées.

1577. Le prévenu doit d'abord être interrogé sur ses nom,
prénoms, âge, profession, demeure et lieu de naissance,
sur tout ce qui tend à éclairer sa qualité et sa réputation, s'il
a déjà été poursuivi ou condamné ; et suivant les circonstances, s'il connaît la cause pour laquelle il a été arrêté ; s'il sait
que tel crime ou délit a été commis ; sur la manière dont il
l'a appris ; sur ce qu'il sait ; sur l'emploi de son temps à l'é-
poque, au jour et à l'heure de l'exécution du crime ou délit ;
sur la part qu'il y aurait prise comme auteur ou complice, etc.
(Circ. min. just., 3 mars 1828).

L'officier de police auxiliaire doit vérifier de suite ses réponses et les consigner fidèlement, ainsi que les questions,
dans son procès-verbal.

Si le prévenu refuse de répondre, s'il manifeste une émotion très-forte, si certaines questions le troublent et lui causent un embarras manifeste, le procès-verbal doit en faire mention. L'officier de police doit même, dans ces différents cas, lui demander les motifs de ces refus, sensations extraordinaires, et consigner ses réponses ; mais il doit s'abstenir d'entrer en discussion ouverte avec lui, d'user de promesses décevantes, de questions captieuses ou de moyens d'intimidation, et de le gêner en l'interrompant intempestivement dans les explications qu'il donne. Il doit toujours conserver le calme et la modération en présence du prévenu ; sa conduite, pendant l'interrogatoire, ne doit respirer ni la dureté, ni la sensibilité ; elle doit être celle d'un magistrat impartial, qui ne considère que ses devoirs ; néanmoins, il lui est loisible, il est même de son devoir d'employer, à l'égard du prévenu, des exhortations et représentations qui, faites avec prudence et discernement, peuvent le disposer à confesser la vérité. Si le prévenu, nonobstant les instances du magistrat interrogateur, refuse de répondre, ou ne donne que des explications vagues ou mensongères, le magistrat doit se borner à faire constater, dans le procès-verbal, ce silence et la nature de ses réponses, et passer outre à l'instruction de l'affaire, qui ne peut pas être entravée par le mauvais vouloir du prévenu.

L'aveu même de l'accusé, fût-il formel, ne dispense point l'officier de police judiciaire de continuer l'information. Il peut se faire, en effet, que cet aveu ne soit pas aussi sincère qu'il le paraît, qu'il soit infirmé ou rétracté plus tard, ou même qu'il soit démenti par des faits dont la connaissance viendrait se révéler ultérieurement : tous les auteurs sont également d'accord sur ce point.

1578. L'interrogatoire ne doit jamais porter sur des faits étrangers à la prévention du crime ou du délit dont il est l'objet, ni à la fois sur plusieurs circonstances ou sur plusieurs faits réunis. En effet, le prévenu ne doit être ni exposé à se tromper, dit Legraverend (*Lég. crim.*, t. 1, p. 249), ni aidé à deviner l'intention de l'officier de police judiciaire, pour y approprier un système de défense qui y assure l'impunité. Il faut éviter les questions complexes : toutes les questions adressées au prévenu doivent être claires, précises, sans équivoque. Le magistrat interrogateur doit chercher dans le prévenu non un coupable, mais la vérité du fait de son innocence ou de son crime.

1579. Si le prévenu a dû avoir des complices, la demande

doit lui en être faite en termes généraux, et sans indication des personnes, ses réponses en général ne devant pas être suggérées, et encore moins alors qu'elles constitueraient une dénonciation.

Si les complices désignés par le prévenu ne sont pas arrêtés, si leurs noms et demeures ne sont pas connus d'une manière certaine, on se fait donner par le prévenu et l'on consigne dans ses interrogatoires le signalement de leurs personnes et de leurs vêtements, l'indication des lieux qu'ils fréquentent, des personnes avec lesquelles ils sont en relation, et, dans tous les cas, le détail circonstancié de la part qu'ils ont prise au crime ou délit.

1580. L'officier de police judiciaire doit recueillir et rédiger exactement les circonstances que le prévenu allègue en sa faveur ; entendre les témoins qu'il indique à sa décharge, et rassembler toutes les autres preuves de son innocence, afin qu'elles ne dépérissent pas, et que le prévenu ne soit pas exposé, par leur perte, à un combat inégal : tels sont l'alibi, l'allégation de n'avoir jamais eu le costume, les instruments, les armes, etc., que l'on a remarqués en la possession de l'inculpé ; la méprise des noms ou des personnes, à raison des ressemblances ; l'indication du véritable auteur du fait avec offre de preuves ; l'allégation d'être venu sur les lieux pour mettre la paix ou pour défendre la victime ; le consentement de la personne lésée ; l'existence de la personne prétendue assassinée ; la bonne foi de la détention d'un objet volé ; la prétention que la chose volée n'a pas existé en la possession du plaignant, qu'elle avait seulement été égarée et a été retrouvée par le propriétaire ; l'obéissance à des ordres légitimes, la légitime défense, la démence au temps de l'action, etc. (C. inst. crim., art. 444 ; C. pén., art. 114, 190, 321 à 329 ; F. Duverger, n° 212).

Il doit faire mention de toutes les questions adressées au prévenu, et rendre ses réponses textuellement, dans ses propres termes, telles qu'il les a faites.

L'officier de police ne doit pas plus, suivant Jousse et Legraverend, se permettre de les modifier, de les traduire, que de les suggérer. C'est ce qu'a pensé le prévenu, ce sont ses déclarations, ses aveux, ses dénégations, ses doutes, ses tergiversations, ses contradictions, ses retours sur lui-même, qu'il importe de recueillir et de conserver ; une froide analyse de sa réponse serait loin d'atteindre ce but. Bien qu'il ne faille pas traduire les réponses du prévenu, pas plus que les dépositions des témoins, ce n'est pas à dire pourtant que l'on doive s'astreindre à conserver les locutions d'un idiome local, les termes de patois, ou les incorrections de langage qu'elles contiendraient. C'est donc particulièrement à sa pensée que l'on doit s'attacher en ne s'écartant de l'expression que le moins possible.

Il doit être donné lecture de l'interrogatoire au prévenu ; l'officier de police auxiliaire doit lui demander s'il persiste dans ses déclarations, s'il veut y ajouter ou modifier quelque chose ; et si, en effet, il veut y ajouter quelques changements, il doit en être fait mention à la suite de l'interrogatoire qui doit être signé par le prévenu, à chaque page, et par le magistrat interrogateur et son greffier (Ord. 1670, tit. 14, art. 12 et 13).

Enfin, on doit appliquer à l'interrogatoire les règles que l'art. 76, C. inst. crim., a posées pour les dépositions des témoins, et suivre les prescriptions de l'art. 78 du même Code, sur les interlignes, ratures et surcharges.

1581. L'interrogatoire peut être fait à diverses reprises, dans une même séance ou en plusieurs : il est clos à la fin de chaque séance (Ord. 1670, tit. 14, art. 13).

SECT. VII. — RÉQUISITION D'UN CHEF DE MAISON.

1582. Outre les cas ordinaires de flagrant délit énumérés dans l'art. 41, C. inst. crim., il en existe un autre tout exceptionnel, pour lequel la loi a cru devoir autoriser l'emploi de tout ou partie des mesures spéciales établis pour le flagrant délit véritable : tel est le cas de réquisition d'un chef de maison. L'art. 46, C. inst. crim., est ainsi conçu : « Les attributions faites au procureur de la République pour le cas de flagrant délit, auront lieu aussi toutes les fois que s'agissant d'un crime, même non flagrant, commis dans l'intérieur d'une maison, le chef de cette maison requerra le procureur de la République de le constater. »

Et l'art. 49, qui s'adresse aux auxiliaires du procureur de la République, mettant sur la ligne même quant aux attributions qu'il leur confère, le cas de flagrant délit, et celui de réquisition de la part d'un chef de maison, il s'ensuit que ces officiers ont le droit de constater, comme le procureur de la République lui-même, non-seulement les crimes et les délits flagrants, mais encore ceux qui ont cessé d'être flagrants.

La commission du Corps législatif avait proposé de restreindre les attributions du procureur de la République au cas où il s'agirait d'un fait entraînant une peine afflictive et infamante ; mais cette proposition fut écartée.

Trois conditions sont seulement nécessaires pour autoriser, de la part des officiers auxiliaires, l'exercice des attributions dont ils ne sont investis qu'en cas de flagrant délit : 1° que le fait ait été commis dans l'intérieur d'une maison ; 2° qu'il soit de nature à entraîner aux moins des peines correctionnelles ; 3° enfin, qu'il y ait réquisition d'un chef de cette maison.

1583. La réquisition d'un chef de maison peut être faite en forme de plainte et rédigée par écrit ; mais elle n'est pas indispensable, la loi ne la soumettant à aucune forme ; il suffit d'une réquisition orale ; seulement elle doit être relatée dans le procès-verbal des opérations faites par l'officier de police auxiliaire.

1584. On entend par chef de maison, non-seulement le propriétaire de la maison, mais aussi le principal locataire, et même chaque locataire chef de maison, si la maison dans laquelle le crime ou le délit s'est commis est habitée par plusieurs familles ou plusieurs locataires (Arg. Ord. 29 oct. 1820, art. 171 et décr. 1er mars 1854, art. 263, 264). Mais il est bien entendu que chacune de ces personnes, chef de famille, ne peut adresser de réquisition à l'officier de police judiciaire qu'à raison des faits dont elle a à se plaindre personnellement, et non à raison de ceux qui se seraient passés dans une partie de la maison occupée par d'autres qu'elle.

1585. L'officier de police auxiliaire pourrait néanmoins s'introduire dans une maison de l'intérieur de laquelle des réquisitions ou cris auraient été proférés pour appeler du secours par d'autres que le chef de la famille de l'appartement ou de la maison où le fait se passe ; mais alors il agirait non en vertu de l'art 46, c'est-à-dire sur la réquisition d'un chef de maison, mais en vertu de l'art. 32 ; car il y aurait véritable flagrant délit.

1586. Toutes les opérations prescrites pour le cas de flagrant délit se font également pour le cas de réquisition d'un chef de maison. L'officier de police auxiliaire, comme le procureur de la République lui-même, doit donc, dans l'un comme dans l'autre cas, suivant qu'il le trouve opportun, dresser procès-verbal du corps du délit et de l'état des lieux, recevoir les déclarations des personnes qui auraient été présentes ou qui auraient des renseignements à donner ; prendre des in-

formations et signalements ; défendre que qui que ce soit sorte
de la maison ou s'éloigne du lieu jusqu'après la clôture du
procès-verbal ; se saisir des armes et de tout ce qui paraîtra
avoir servi ou avoir été destiné à commettre le crime ou le
délit, ainsi que de tout ce qui paraîtra en avoir été le produit ;
enfin de tout ce qui pourra servir à la manifestation de la vérité ; appeler à son procès-verbal les parents, voisins ou domestiques présumés en état de donner des éclaircissements
sur le fait ; faire saisir et arrêter le prévenu et ses complices,
les interroger, etc.

SECT. VIII. — Cas assimilés au flagrant délit.

1587. Il est encore d'autres cas considérés, en quelque sorte,
comme des flagrants délits, et dans lesquels les lois spéciales
ont conféré à l'autorité administrative des droits exceptionnels
et exorbitants, tels que celui d'arrestation préventive dans
l'intérêt de la vindicte publique. C'est ainsi qu'aux termes
des lois des 28 mars 1792, art. 9, et 10 vend. an IV, art. 6
et 7, tout voyageur qui ne présente pas de passe-port peut
être conduit devant le maire de la commune ou devant le juge
de paix du canton, pour y être interrogé et mis, s'il y a lieu,
en état d'arrestation.

Il en est de même à l'égard des évadés des prisons et des
bagnes, des déserteurs, des militaires sans feuilles de route,
des jeunes soldats réfractaires, etc.

Il appartient encore à tous agents de la force publique, en
vertu des lois des 27 sept. 1791 et 28 germ. an VI, et dans
les cas déterminés par les lois auxquelles le Code d'instruction criminelle n'a pas dérogé, de saisir sur la voie publique
les délinquants, tels que mendiants, vagabonds, gens sans
aveu, et de les conduire devant l'autorité municipale ou devant le juge de paix, pour y être interrogés et mis, s'il y a
lieu, en état d'arrestation. Toutefois, ces divers cas ne sont
pas, à proprement parler, des flagrants délits, tels que les
dépeint le Code d'instruction criminelle, et le pouvoir de l'autorité administrative se borne à l'arrestation, ou plutôt à
la *capture* des individus suspects, simple mesure de précaution qui ne tend qu'à assurer l'action de la justice. Cette autorité n'a donc aucune des attributions spéciales créées en
vertu du flagrant délit, et ne pourrait dès lors ni constater les
faits incriminés, ni recevoir les déclarations de témoins, ni
opérer des visites ou perquisitions, ni enfin faire aucun des

actes qui sont dans ce cas de la compétence du procureur de la République ou de ses auxiliaires.

SECT. IX. — INFORMATIONS SUR CERTAINS CRIMES ET DÉLITS FLAGRANTS.

§ 1er. — Crimes contre la sûreté de l'État.

1588. L'officier de police auxiliaire doit, *sans le moindre retard*, aviser l'autorité supérieure, c'est-à-dire le préfet, le procureur de la République, des crimes contre la sûreté de l'Etat. Il doit déployer la plus grande activité, en attendant le procureur de la République et le juge d'instruction, qui ne manqueront pas de se rendre sur les lieux, et mettre tous ses soins à faire arrêter sur-le-champ les provocateurs, auteurs ou complices du crime ; il doit visiter le lieu de la réunion et le domicile des prévenus, pour y saisir les papiers et correspondances, révélateurs du complot, des intentions et de la conduite des prévenus, les armes, instruments et moyens quelconques d'exécution ; recueillir, en un mot, tous les renseignements qui pourront aider à suivre ultérieurement l'instruction avec succès. Le secret, la discrétion, qui doivent être scrupuleusement observés pour toutes les procédures, sont indispensables dans ce cas ; écarter toutes les personnes inutiles à ses recherches ; mettre la plus grande circonspection dans ses investigations, et ne laisser connaître ou transpirer aucune de ses découvertes.

1589. S'il n'y a pas urgence à ce que l'officier de police auxiliaire procède lui-même à toutes ces opérations, il doit du moins, pour obvier à tout péril en la demeure, avoir soin de conserver toutes choses intactes ; retenir toutes personnes suspectes, et s'opposer à l'éloignement de celles qui peuvent éclairer la justice, jusqu'à ce qu'elles aient fait leurs déclarations ; mettre, s'il y a lieu, les scellés sur les portes des appartements et des meubles contenant des objets à examiner ou à retenir, etc.

§ 2. — Cris, propos et actes séditieux.

1590. L'officier de police auxiliaire doit, dans ce cas, comme dans le précédent, déployer la plus grande activité pour rechercher les délits de cette nature, et s'attacher à constater et à retracer, dans ses procès-verbaux, tout ce qui doit servir, d'après la loi, à caractériser le fait, notamment sa publicité. Les lois des 17 mai 1819, 25 mars 1822, 29 nov. 1830, le décret des 11-12 août 1848, les lois des 27-29 juill. 1849 et 16 juill. 1850, ne mettent, le plus souvent, les officiers de police

auxiliaires que dans la nécessité de recueillir des renseignements et de les transmettre à l'autorité supérieure ; mais ils
doivent faire arrêter les prévenus en cas de flagrant délit ou
de réquisition d'un chef de maison.

1591. S'il s'agit d'affiches ou placards incendiaires, l'officier de police auxiliaire doit s'en emparer, rédiger procès-verbal de saisie, les faire signer et parapher avec lui par les prévenus, et les envoyer au parquet avec les renseignements
obtenus, en les faisant suivre des prévenus eux-mêmes.

§ 3. — Fausse monnaie, faux en effets publics, en écriture publique et privée.

1592. L'officier de police judiciaire doit s'attacher principalement à découvrir, même hors de sa circonscription, le
lieu où sont déposées les pièces fausses déjà fabriquées, celles
en fabrication et les instruments qui y servent, le laboratoire
surtout, toutes les pièces d'écriture pouvant servir de pièces
de comparaison ; saisir les pièces contrefaites ou altérées mises
en circulation, en déterminer l'espèce ; constater si elles sont
au type français ou étranger, leur titre et valeur ; le nombre
des pièces émises, ou saisies sur les faux monnayeurs ou dis-
tributeurs. Il doit, en pareil cas, appeler des experts à ce con-
naissants, tels que : essayeurs de monnaies et de métaux, or-
févres, bijoutiers, etc. (C. instr. crim., art. 43).

1593. L'officier de police doit avoir soin d'indiquer la part
que chacun des prévenus aurait prise dans le crime, ceux qui
auraient fait les révélations qui ont amené la découverte du
fait et l'arrestation des coupables ; s'il n'est pas parvenu à
s'assurer de tous les prévenus, et principalement des auteurs
de la fabrication ; s'il n'a pu arrêter qu'un simple distributeur ou qu'un agent subalterne, essayer d'en obtenir d'utiles
renseignements, en leur représentant que la loi leur ferait
remise de la peine encourue, s'ils procurent l'arrestation des
autres coupables (C. pén., art. 138 modifié par la loi du
13 mai 1863).

1594. Si le prévenu alléguait son ignorance ou sa bonne
foi, s'il prétendait avoir reçu pour bonnes et valables les
pièces contrefaites et altérées qu'il aurait émises et qu'il
soutiendrait n'avoir fait que remettre en circulation, l'officier de police auxiliaire devrait vérifier immédiatement
ses assertions, puisque, si le résultat de la vérification lui
était favorable, il serait, dans quelques cas, à l'abri des poursuites.

1595. Le prévenu ne serait passible que d'une amende, s'il n'avait connu qu'après réception le vice de la pièce ou des pièces saisissables (C. pén., art. 135 modifié). Il serait exempt de toute peine et à l'abri de toutes poursuites, s'il avait ignoré le faux (C. pén., art. 163).

1596. En cas de faux en écritures authentiques ou publiques, ou en écritures privées, il est de la dernière importance de saisir les pièces fausses ou falsifiées, comme pièces constitutives du corps du délit et renfermant les plus sûrs moyens de vérification, et les éléments de conviction les plus certains. Néanmoins la soustraction, par le prévenu, de la pièce falsifiée dans sa substance ne fait pas obstacle aux poursuites.

1597. Lorsque les pièces fausses sont saisies, il est de rigueur qu'elles soient immédiatement signées et paraphées, à toutes les pages, par le déposant, par le prévenu, par la partie civile, en même temps que par l'officier de police auxiliaire, et son greffier ou commis greffier, après que l'état matériel de ces pièces aura été minutieusement décrit au procès-verbal détaillé qui en sera dressé. Les mêmes formalités doivent être remplies quant aux pièces de comparaison *qu'on se serait procurées* (C. instr. crim., art. 452 et suiv.), pièces de comparaison qui peuvent être authentiques ou privées, si ces dernières sont reconnues par les parties (Même Code, art. 456). En cas d'impossibilité de signer, de la part des personnes ci-dessus dont la signature est requise, il en doit être fait mention au procès-verbal, ainsi que de l'interpellation de signer qui leur aurait été adressée.

A défaut de pièces de comparaison, ou pour les compléter, le prévenu peut être requis de produire et de former un corps d'écriture ; en cas de refus ou de silence, le procès-verbal en doit faire mention (Code du 3 brum. an IV, art. 526 et suiv. ; C. instr. crim., art. 448 et suiv.). On peut faire former le corps d'écriture au procès-verbal de description ; mais il est plus commode d'en faire une pièce à part, qui est signée et paraphée du prévenu, de la partie civile, de l'officier de police judiciaire et du greffier.

Au reste, l'officier de police auxiliaire ne doit pas s'en tenir à la description et à la saisie des pièces arguées de faux. Dans tous les cas, il doit réunir, dans l'acte spécial d'information, les preuves des circonstances morales et de fait qui pourraient avérer la matérialité du faux et l'impossibilité de l'existence des stipulations, obligations ou décharges résultant de l'acte faux ou falsifié.

En cas de contrefaçon des sceaux de l'Etat, des billets de banque, des effets publics et des poinçons, timbres et marques (C. pén., art. 139 à 144 modifiés); de faux commis dans les passe-ports, les feuilles de route, les certificats (C. pén.; art. 153 à 162 modifiés), la procédure est la même que pour la fausse monnaie et que pour les faux en écritures ; et la saisie des pièces doit être opérée, comme dans les autres cas de faux ou de fausse monnaie. Dans tous les cas, l'officier de police auxiliaire doit veiller à la conservation et à la transmission au parquet des pièces de conviction placées sous scellé.

§ 4. — Vols.

1598. L'officier de police auxiliaire doit s'enquérir tout d'abord de la réalité de l'existence de la chose volée, si elle n'est pas représentée ; car il faut qu'il soit constant que l'objet prétendu volé a existé, que le plaignant en a réellement été dépouillé, avant de rechercher s'il y a eu soustraction et quels en sont les auteurs. En un mot, il faut, avant tout, constater le corps du délit.

1599. Il faut décrire l'objet volé s'il s'agit d'argent, spécifier les sommes, détailler les espèces ; mentionner ensuite avec soin les circonstances aggravantes du crime : temps, lieu, domesticité, violence, main armée, fausses clefs, effraction, bris de scellés, escalade; qualité du coupable, son âge, nombre des coupables, chemin public, la nuit ou le jour, l'heure, etc.

1600. S'il y a eu seulement tentative, il faut constater avec soin si elle a été manifestée par des actes, et si elle a été suspendue par la volonté de son auteur, ou par des circonstances indépendantes de sa volonté.

1601. Le fait et toutes les circonstances du vol étant vérifiées et rapportées, l'officier de police auxiliaire procède, s'il y a lieu, à des visites domiciliaires, saisit les pièces de conviction, etc. (F. DUVERGER, n° 165).

§ 5. — Pillages.

1602. Les pillages commis en réunion ou bande et à force armée participent du vol et de la dévastation des propriétés.

1603. Il y a *réunion* dans le sens de la loi quand *cinq* personnes au moins concourent au pillage ; il y a *bande* quand il existe une organisation entre plusieurs personnes réunies, quel qu'en soit le nombre, pour commettre des méfaits (Carnot, *Comm. du Code pénal*, t. 2, p. 418).

1604. Les bandes armées (C. pén., art. 96 et suiv.) et les associations de malfaiteurs (même Code, art. 265 et suiv.) doivent exciter toute la vigilance des officiers de police judiciaire, notamment des juges de paix et des officiers de gendarmerie.

La procédure, dans ces différents cas, doit être suivie comme nous l'avons indiqué pour les vols. Ici, il importe, en outre des autres circonstances du vol, de rechercher et de signaler quels sont les chefs, les provocateurs, et ceux des coupables qui n'ont été qu'entraînés.

§ 6. — Incendie.

1605. L'officier de police auxiliaire doit recueillir les circonstances matérielles du fait (C. pén., art. 434, 436, 439, 458, modifiés par la loi du 13 mai 1863); décrire l'espèce, l'importance des objets ou des propriétés incendiées; la nature, le nombre, la valeur des papiers brûlés. Les déclarations des propriétaires ou des voisins pourront amener d'utiles découvertes.

1606. Il doit constater à quelle heure, dans quel endroit, de quelle manière le feu s'est manifesté; s'il est provenu d'un pur accident, d'un défaut de construction, de réparations ou d'entretien, ou de quelque imprudence, ou enfin de la malveillance; s'assurer s'il n'y a pas eu antérieurement de menaces écrites ou verbales d'incendie, s'il n'existe point quelque motif déterminant du fait : tel que la haine, la vengeance, etc. ; recueillir, autant que possible, les matières qui seraient présumées avoir servi à commettre le crime, les comparer, s'il y a lieu, avec celles de même nature qui se trouveraient chez la personne soupçonnée, ou qui auraient été dans sa possession.

1607. L'officier de police auxiliaire doit constater si, par suite de l'incendie, il y aurait eu homicide ou blessures ; rechercher si l'incendie n'aurait pas été pratiqué pour faire disparaître les traces d'un autre crime ; enfin s'assurer, si faire se peut, de la personne des incendiaires, les interroger, confronter, etc.

1608. L'incendie dégénérerait en un simple délit punissable seulement d'une amende (C. pén., art. 458), et, par conséquent, n'entraînerait pas l'arrestation de ses auteurs (C. instr. crim., art. 131), s'il n'avait été causé que par la vétusté ou le vice de construction, ou le défaut d'entretien de la chose, par négligence ou imprudence, sans intention coupable.

§ 7. — Destruction et dévastation.

1609. Dans le cas où soit des édifices, soit d'autres propriétés, ont été méchamment endommagés, dévastés ou détruits, par d'autres moyens que l'incendie, on doit décrire avec soin les objets ou propriétés détruits ou dévastés, les moyens employés, le dommage souffert, la cause du crime, le nombre, la qualité de ses auteurs, leur âge, et la part que chacun d'eux y a prise, les moteurs étant punis par la loi plus rigoureusement que les individus qu'ils ont entraînés.

Si un homicide s'en est suivi, ou s'il en est résulté des blessures seulement, l'officier de police judiciaire doit le constater ; car la peine encourue varie suivant le cas (Voir C. pén., art. 304, 437 à 462, modifiés).

§ 8. — Coups et blessures.

1610. La durée de l'incapacité de travail ayant une grande influence sur la pénalité, dans les poursuites pour coups et blessures, l'officier de police auxiliaire doit en constater avec soin la gravité ; s'il en est résulté une maladie ou une incapacité de travail personnel qui aurait duré ou paraîtrait devoir durer plus de vingt jours, et rapporter dans son procès-verbal le fait avec toutes ses circonstances ; entendre les personnes blessées ou maltraitées ; procéder à une information ; enfin, faire arrêter les coupables ; et les interroger, en tenant note de leurs rapports avec les plaignants.

1611. L'officier de police auxiliaire ne doit pas s'en rapporter à lui-même pour apprécier les faits et pour en préjuger les conséquences ; il doit faire constater, dès les premiers moments, par des gens de l'art, docteurs en médecine ou en chirurgie, serment par eux préalablement prêté devant lui de faire leur rapport et de donner leur avis en leur honneur et conscience (C. inst. crim., art. 44 ; C. civ., art. 81). l'état du malade ou du blessé, l'espèce, l'étendue, la gravité des violences et blessures ; faire expliquer les hommes de l'art sur les suites probables que les violences exercées pourraient entraîner, sur la durée présumable de la maladie ou de l'incapacité du travail ; saisir enfin les armes ou autres instruments du crime, les papiers et tout ce qui peut servir comme pièces de conviction.

1612. Les violences envers les personnes, les coups qui n'ont pas occasionné d'accidents graves, ne constituent, en général, que de simples délits, relativement auxquels l'officier de police judiciaire n'est tenu, le plus souvent, que d'informer le procureur de la République (C. pén. 311 et 317, modifiés).

1613. Mais le délit prend le caractère de crime s'il a été commis par un mendiant, un vagabond, ou un repris de justice, ou par un enfant envers ses ascendants, ou enfin si les violences ont été exercées jusqu'à effusion de sang contre un fonctionnaire public (C. pén., art. 270, 312, 231, 232 modifiés).

1614. Lorsque le prévenu allègue n'être coupable que par imprudence ou par maladresse, sans mauvaise intention, s'il invoque les moyens d'excuse admis par la loi, l'officier de police auxiliaire doit vérifier ses dires sur-le-champ, pour ne pas laisser dépérir ses preuves, et pour éviter le regret, comme le reproche fondé, d'avoir négligé les moyens de justification du prévenu, ou les motifs d'atténuation militant en sa faveur, qu'il est tenu de rechercher et de reconnaître aussi bien que sa culpabilité.

1615. Au cas où les blessures auraient été faites en réunion séditieuse, avec rébellion et pillage, l'officier de police auxiliaire doit avoir soin de relever cette circonstance; et, de plus, il doit signaler les chefs, auteurs, provocateurs et instigateurs de ces réunions, rébellions et pillages (C. pén., art. 213.)

Il ne doit jamais négliger de constater et d'indiquer les personnes civilement responsables des actes commis (parents et maîtres). Il doit aussi vérifier avec soin l'âge des prévenus, puisque cet âge influe sur la pénalité (ORFILA, *Leçons de médecine légale*, t. 2, n° 400; DUVERGER, n° 167).

§ 9. — Homicide.

1616. Dans la graduation des peines prononcées contre les auteurs d'attentats à la vie, le législateur a dû prendre surtout en considération l'intention des personnes; il a dû peser ensuite les conséquences plus ou moins graves du crime ou du délit, les circonstances qui doivent atténuer la rigueur de la peine et celles qui ôtent au fait tout caractère de criminalité; il a dû aussi prononcer des peines plus sévères contre les individus qui se livreraient à des violences envers

les magistrats et les agents chargés d'assurer l'exécution des
lois.

Aussi a-t-il distingué :

1° L'homicide prémédité, combiné et préparé d'avance;

2° L'homicide dont l'auteur, bien qu'il n'y ait de sa part
aucune préméditation, n'a pas moins eu, au moment de l'action, l'intention formelle de tuer;

3° L'homicide qui a été le résultat imprévu et éventuel de
blessures faites volontairement;

4° L'homicide arrivé sans aucune espèce de préméditation
ni d'intention coupable, soit par maladresse, soit par imprudence, soit par négligence et inobservation des règlements;

5° L'homicide provoqué par des violences qui peuvent être
alléguées par excuse;

6° Enfin, l'homicide commis dans le cas de légitime défense.

Ainsi, dans l'appréciation des blessures faites volontairement, la loi a considéré leur gravité sous le double rapport
de l'atteinte plus ou moins profonde et plus ou moins durable
que la société a pu en éprouver et des infirmités qu'elles ont
pu laisser après elles.

Une blessure a-t-elle été volontaire, accidentelle, où est-
elle le résultat d'un délit ou d'un crime ? Pour résoudre cette
question, il faut examiner la situation du corps, la position
des membres, l'état des vêtements qui sont sans désordre ou
plus ou moins dérangés et déchirés; on doit indiquer aussi
l'expression des traits et du regard.

On examine encore si la blessure peut être attribuée à un
suicide; on arme pour cela sa main de l'instrument qui a
causé la mort et l'on compare la longueur du bras, la forme
de l'instrument, la direction de la plaie ; presque toujours, en
cas de suicide, une plaie par piqûre est dirigée de droite à
gauche ou d'arrière en avant, tandis qu'elle est dirigée de
gauche à droite si c'est une incision avec un instrument tran-
chant. La position de la blessure prouvera quelquefois qu'il
est impossible qu'elle soit volontaire, et c'est avec raison
qu'on a observé que les plaies de la face postérieure de la
tête, du tronc ou des membres ne sont pas le résultat du suicide. Certainement, de pareils actes se rencontrent, mais ils
ne sont pas assez nombreux pour infirmer la justesse de cette
observation (Voir FODÉRÉ, *Traité de médecine légale*, t. 4,

p. 357 et suiv.; ORFILA, *Leçons de médecine légale*, t. 2, p. 1 à 39, 400; DUVERGER, n°ˢ 167 et suiv.).

1617. Dans le cas d'homicide ou de mort violente, il faut décrire l'état des lieux et celui du cadavre, d'après les déclarations des hommes de l'art, qui doivent toujours être appelés en pareil cas ; enfin constater toutes les circonstances ci-dessus rappelées qui peuvent constituer le meurtre en légitime défense, l'homicide par imprudence, le meurtre involontaire, l'assassinat, le suicide. Il ne faut jamais négliger la comparaison de la plaie avec l'instrument qui l'a faite ; on en retire souvent de précieux renseignements pour la découverte de la vérité. Si le prévenu allègue pour excuse que le blessé s'est jeté lui-même sur une arme dont il ne voulait pas faire usage, on compare la force et la taille des deux individus, car les blessures sont dirigées de haut en bas ou de bas en haut, selon qu'elles ont été faites par un agresseur plus grand ou plus petit. Enfin, il faut noter les signes de violences que l'on observe sur le corps et sur les objets environnants et qui indiqueraient une lutte, une résistance qui ne peut avoir lieu, en cas de suicide; il faut tenir compte également de la quantité de sang qui entoure le cadavre et salit ses vêtements, ainsi que de la rougeur de la face qui serait de nature à faire présumer l'asphyxie ou l'apoplexie survenues par suite des moyens employés pour étouffer la voix de la victime.

En outre, il faut rechercher et constater les crimes qui ont pu accompagner ou déterminer l'homicide.

1618. Si le prévenu est arrêté, on ne doit pas négliger de le confronter immédiatement avec le cadavre, avec les témoins, avec les pièces saisies, les traces constatées et qui peuvent s'effacer. Pour la régularité des actes de l'état civil, il faut toujours procéder à la reconnaissance du cadavre et transmettre les renseignements recueillis sur l'identité de la victime à l'officier de l'état civil (C. civ., art. 81).

1619. L'officier de police judiciaire doit veiller à la conservation et à la transmission au parquet des pièces de conviction placées sous scellés.

1620. L'autorisation du procureur de la République est nécessaire pour l'inhumation du cadavre, dans le cas de mort violente ; cependant, s'il y a urgence, l'officier de police peut, après les constatations extérieures, faire procéder à l'inhumation, à la charge d'en prévenir sur-le-champ le procureur de la République, et de veiller à ce qu'il y ait toujours moyen de

procéder, avec certitude, à l'exhumation si elle est jugée nécessaire.

1621. Si le cadavre d'une personne homicidée a disparu
ou est trouvé caché, il importe de rechercher par qui il a été
enlevé ou caché, parce que le recélé du cadavre d'une personne homicidée ou morte des suites de coups ou blessures
constitue un délit correctionnel (C. pén., art. 359), et peut
faire supposer d'ailleurs à une coopération à l'homicide ou
aux blessures (Inst. du Parquet de la Seine, p. 78).

1622. Si l'homicide avait été tenté, mais non consommé,
et que la victime existât encore, on doit s'empresser de la
faire visiter et de constater ses blessures; de prendre ses déclarations sur les auteurs, le temps, le lieu, les moyens, instruments et circonstances du crime; sur ses causes, sa pré-
paration et son exécution; sur les témoins, etc. Il est de la
dernière importance de confronter, s'il est possible, l'inculpé
à la victime, pour s'assurer qu'elle le reconnaît indubitable-
ment, et pour obtenir des éclaircissements certains.

A défaut d'avoir pu recueillir les déclarations de la victime,
on doit s'enquérir, au moins auprès des personnes qui ont
assisté à ses derniers moments, de ce qu'elle aurait dit relati-
ment aux auteurs du crime et à ses circonstances, et chercher
à vérifier, à prouver l'exactitude de ses indications : ces données, bien qu'elles ne soient pas infaillibles, peuvent être
d'un grand secours pour la recherche et la découverte de la
vérité.

1623. Dans les cas de levées de corps ordinaires, sans indications premières des causes déterminantes de la mort, ce
sont ces causes principalement que l'on constate, autant que
possible, en même temps que l'état du cadavre (V. infrà,
sect. xi, des Levées de corps).

Au cas de flagrant délit, au contraire, on sait presque toujours de quelle manière la mort a été donnée; quelquefois on
en connaît l'auteur; le plus souvent c'est sur ce point à vérifier et à éclaircir que portent les investigations de la police
judiciaire; les instruments du crime, les papiers, les pièces de
conviction que l'on aura pu saisir; les observations résultant
de l'état des lieux, des procès-verbaux des hommes de l'art,
de l'état du prévenu ou de ses complices, de leur interrogatoire, de l'audition des témoins sur les circonstances et détails du fait; tels sont les éléments de preuves, les moyens de
connaître la vérité, que l'officier de police auxiliaire doit
mettre en œuvre, décrivant et constatant avec le plus grand

soin tout ce qu'il a vu ou entendu (Voir, au surplus, *suprà*, sect. III, *du Flagrant délit*, et *infrà*, sect. XI, *des Levées de corps*).

§ 10. — Du suicide.

1624. Dans l'ancienne jurisprudence, les cadavres de ceux qui s'étaient suicidés étaient condamnés à être traînés sur la claie, la face contre terre, et à être pendus par les pieds : on les privait de sépulture. Ces dispositions ont été abrogées par le dernier article du Code pénal, du 25 septembre 1791 ; et l'art 2, C. inst. crim., portant que l'action publique pour l'application de la peine s'éteint par la mort du prévenu, déclare par là même qu'un cadavre ne peut être l'objet d'aucune poursuite judiciaire.

Mais, si le suicide n'est pas punissable aujourd'hui, la *coopération active* à l'acte même du suicide de la part d'un tiers est considérée comme un assassinat. En effet, les lois qui protégent la vie des individus sont d'ordre public, et aucune volonté particulière ne saurait rendre licite le fait que le législateur n'a pas expressément rangé parmi les faits excusables ; donc, tout individu qui, pour obéir à la demande ou à l'ordre d'un insensé, lui prête son bras, commet un homicide. Ce n'est plus un complice de suicide, c'est un véritable meurtrier.

1625. Le suicide s'observe très-rarement avant l'époque de la puberté, peu communément chez les vieillards, moins souvent chez les femmes que chez les hommes. Les causes occasionnelles du suicide les plus ordinaires sont des affections morales fortes et pénibles, telles que le désespoir, un chagrin profond et prolongé, l'amour contrarié, les humiliations de l'amour-propre et de l'orgueil, les mécomptes de l'ambition, les revers de fortune inattendus, etc.; le dégoût physique et moral, l'apathie intellectuelle sans espoir de guérison, état fâcheux qui suit souvent l'abus prématuré des jouissances de toutes sortes; le passage trop brusque d'une vie active et laborieuse à une oisiveté complète, les excès prolongés des plaisirs vénériens et de boissons alcooliques ; la crainte de réprimandes ou de punitions sévères chez les jeunes gens; des maladies longues et douloureuses, des infirmités dégoûtantes, pour lesquelles le malade n'a pu obtenir de soulagement ; les sensations bizarres et pénibles des hypochondriaques ; le délire des maladies aiguës, et l'aliénation mentale. Lors donc qu'aux circonstances qui éloignent l'idée d'un crimé commis sur la personne d'un individu trouvé mort, on peut joindre l'existence d'une ou plusieurs des causes ordinaires du suicide, on ne sera pas embarrassé pour porter un jugement.

1626. L'autopsie cadavérique est particulièrement indispensable pour ajouter aux présomptions morales que l'on peut avoir du suicide. Tous les auteurs qui se sont occupés de médecine légale sont unanimes sur ce point.

§ 11. — Du suicide par submersion.

1627. Lorsque l'on opère la levée du corps d'un noyé, on doit se demander et rechercher si la mort a été volontaire ou criminelle. Pour résoudre cette question, on doit examiner avec la plus scrupuleuse attention la surface du corps, afin de constater s'il y a ou s'il n'y a point de traces de sévices, car il est impossible qu'un individu soit immergé sans résistance et sans avoir été souvent affaibli par des coups violents. Cependant on ne doit pas conclure qu'il y a eu crime de ce que l'on reconnaît des écorchures aux doigts d'un noyé; ce phénomène, que l'on rencontre quelquefois, est, le plus souvent, le résultat tout à fait accidentel, soit des mouvements opérés par le défunt au moment de la mort, soit par le frottement des mains contre le sable ou contre des pierres.

Il faut d'ailleurs décrire avec soin la situation du cadavre, l'état des vêtements et les circonstances locales. Lorsque le corps n'a pas été entraîné par le courant, on constate si le fond est en pente ou à pic, et si le lieu où le repêchage a été opéré est plus ou moins éloigné du bord.

C'est, du reste, à l'homme de l'art à indiquer les signes qui peuvent conduire à une solution probable ou certaine; c'est à lui de décrire exactement tout ce qu'il aura remarqué à ce sujet, pour que les conclusions de son rapport puissent être examinées et vérifiées au besoin.

§ 12. — Du suicide par suspension.

1628. L'officier de police auxiliaire appelé à constater la mort par suspension doit examiner la position de chaque partie du corps, indiquer si la corde fait plusieurs tours, quelle est sa direction et sa longueur, à quoi elle est attachée; s'il existe un nœud coulant, comment il est fait et à quel point du cou il correspond; s'il y a du désordre dans les vêtements et dans les meubles ou objets environnants; s'il se trouve près du pendu un meuble, une chaise ou quelque

objet debout ou renversé; si la face est pâle, bouffie ou gon-
flée, si la physionomie est calme ou si elle exprime la dou-
leur ou la souffrance; s'il découle de la bouche une écume
sanguinolente; s'il y a des traces spermatiques sur le linge.

Il doit ensuite examiner le lieu et décrire le nombre, la
forme, la largeur, la profondeur et la direction des sillons
que la corde ou le lien aura produits autour du cou.

On croit encore généralement que la mort d'un pendu ne
pourrait avoir lieu si la totalité du corps n'était pas élevée
au-dessus du sol; il s'en faut bien qu'il en soit ainsi; les
exemples de suicide dans lesquels la suspension était incom-
plète sont aussi nombreux que bien avérés.

§ 13. — Du suicide par strangulation.

1629. On entend par strangulation une pression mécanique
du cou par une corde, une cravate, ou tout autre moyen
capable d'empêcher le passage de l'air et de déterminer
l'asphyxie : on distingue l'étranglement de la suspension
parce que, dans le premier cas, la constriction est due à une
cause active et volontaire, tandis que dans le second elle est
opérée par le poids du corps.

§ 14. — Du suicide par arme à feu.

1630. Les suicides par armes à feu sont généralement
assez faciles à reconnaître. La personne qui a conçu le projet
de se détruire par ce genre de mort choisit d'abord une arme
dont la qualité et les effets lui sont bien connus. Elle double
ensuite ou triple même la charge ordinairement employée,
si ce n'est en poudre, au moins en balles ou plombs. Elle
dirige son arme sur un point du corps où elle sait que sont
placés les organes les plus essentiels à la vie, et tombe frappée
de mort par le mode d'emploi le plus meurtrier des armes
à feu et par celui qui produit les désordres les plus considé-
rables.

Les conséquences de toutes les précautions employées par
les personnes qui se suicident par armes à feu font que l'on
doit, dans la grande généralité des cas, trouver des mutila-
tions nombreuses au front, à la tempe, à la bouche, au voisinage du cœur, lieux d'élection dans ces circonstances. Pour
bien apprécier une blessure par arme à feu, il faut l'avoir
sous les yeux, ce qui n'est pas toujours facile, parce qu'un
bandage a quelquefois été appliqué et que souvent il pourrait être dangereux de le lever.

1631. Si la blessure peut être observée, l'officier de police auxiliaire doit avoir soin de faire indiquer par le médecin, dont on doit toujours requérir l'assistance en pareil cas et autres analogues, dans quelle situation on a trouvé le malade, s'il était assis ou couché, affaibli ou encore plein de force; faire consigner avec soin dans le rapport la nature de la blessure, si c'est une plaie ou une fracture, la partie du corps qui en est le siége, les diverses complications qui influent sur la gravité, telles que la présence d'un corps étranger, la lésion des nerfs, des vaisseaux ou des viscères.

1632. L'officier de police doit saisir les armes à feu et les munitions trouvées sur les lieux, décrire avec soin leur provenance, leur apparence et leur état, et les transmettre au procureur de la République, placées sous scellé.

§ 15. — Du suicide par le charbon.

1633. Le suicide le plus ordinaire chez les femmes est celui qui s'opère par le gaz acide carbonique. Un fourneau de charbon, allumé dans une pièce où l'air ne peut se renouveler, vicie tellement ce fluide, en lui enlevant son oxygène et en le mêlant d'hydrogène carboné, qu'une personne qui le respire en est bientôt asphyxiée.

1634. Les symptômes de cette asphyxie sont exactement connus : on éprouve d'abord une grande pesanteur de tête et une céphalalgie intense ; il semble que l'on vous comprime les tempes ; la congestion cérébrale qui augmente porte au sommeil ou produit des vertiges, des tintements d'oreilles, des éblouissements ; les forces musculaires tombent, et bientôt on est saisi d'un coma profond qui peut durer plusieurs heures avant que la vie soit complétement éteinte.

La mort n'est certaine que lorsque la rigidité cadavérique est survenue ; il ne faut donc pas hésiter à donner des secours à un asphyxié qui conserve encore de la chaleur.

1635. Dans les cas d'asphyxie volontaire par le charbon, on trouve presque toujours auprès du défunt des pièces établissant que la mort ne peut être attribuée qu'à sa propre détermination. A défaut de pièces de ce genre, il est facile d'ailleurs de constater qu'il n'y a eu ni crime ni délit; il suffit pour cela de tenir compte du soin avec lequel on a fermé intérieurement la chambre où se trouve le cadavre et de la présence dans cette chambre d'un vase contenant des cendres ou des charbons à demi consumés.

§ 16. — Du suicide par empoisonnement.

1636. Il est quelquefois difficile de décider immédiatement si la mort par empoisonnement est le résultat d'un suicide ou d'un crime. Généralement, on ne peut affirmer, d'une part, que le sujet est mort empoisonné qu'après avoir constaté la présence du poison, parce que la plupart des symptômes et altérations des tissus déterminés par les poisons peuvent se remarquer dans un grand nombre de maladies, telles que la gastrite, le choléra-morbus, etc. ; d'autre part, qu'il n'y a pas eu empoisonnement, à défaut d'avoir découvert le poison, parce que certaines substances vénéneuses s'absorbent en entier, se décomposent, et que souvent il peut être difficile, sinon impossible, d'en constater l'existence.

1637. La découverte de taches ou lividités à la surface du cadavre, l'état convulsif des membres, les contractions des traits, l'état des lèvres et l'intérieur de la bouche ; les circonstances concomitantes et environnantes du lieu, les objets trouvés sur le cadavre ou près de lui, les matières contenues dans un vase, dans une fiole, etc., les déjections dont la couleur révélatrice peut faire naître des conjectures, sont autant d'indications propres à laisser soupçonner la présence et les effets du poison.

L'ouverture du corps, l'exploration de tout le tube digestif, du canal intestinal, feront reconnaître les lésions des tissus, les altérations des organes que causent les toxiques ; et enfin l'analyse des liquides et des substances solides, recueillies dans le corps du sujet et autour de lui, déterminera une opinion de probabilité ou de certitude.

1638. Etant bien reconnu que le sujet a été empoisonné, il faut rechercher s'il l'a été par lui-même ou par autrui. Ici s'appliquent les considérations générales sur le suicide. On doit examiner si le sujet avait quelques motifs d'attenter à ses jours ; s'il a laissé quelque écrit annonçant ses ennuis et la détermination d'y mettre fin ; s'il a recherché ou refusé les secours des médecins et des remèdes ; en un mot, s'enquérir de toutes les circonstances qui peuvent expliquer le fait ; rechercher si aucune des personnes avec lesquelles le décédé vivait, ou qu'il fréquentait, ou avec lesquelles il avait un rapport quelconque, n'avait intérêt à sa mort ; avec qui et de quelle manière il avait passé les derniers moments de sa vie.

1639. L'officier de police auxiliaire doit recueillir avec soin

III. 27

tous les renseignements de nature à bien préciser les circonstances qui ont précédé, accompagné ou suivi cette mort; il doit aussi s'emparer des substances vénéneuses qu'il a pu trouver sur les lieux et chercher à connaître par qui, à qui et pour quel usage elles ont été vendues. Il les place ensuite sous scellé avec tous autres objets suspects ou de nature à éclairer la justice.

SECT. X. — DES ATTENTATS A LA PUDEUR.

§ 1er. — Observations préliminaires.

1640. Quoique, dans la pratique, on ordonne souvent des visites médicales dans les affaires d'attentats à la pudeur, il n'existe dans notre législation aucun texte qui commande cet usage. Les victimes de ces actes peuvent repousser les visites sans que l'on puisse les y contraindre; on doit alors se borner à leur montrer le danger d'un pareil refus, qui aggrave et fortifie les soupçons; on doit encore chercher à les décider par la persuasion et la confiance ; mais si l'officier de police judiciaire violait leur résistance, il se rendrait coupable d'un acte arbitraire des plus graves.

On a vu des jeunes filles, dit M. Blanchet, commissaire de police à Paris, mourir dans les convulsions, pour avoir été contraintes à une visite médicale.

1641. Avant 1832, les art. 331, 332 et 333 du C. pén. n'incriminaient que le *viol ou tout autre attentat à la pudeur consommé ou tenté* avec violence; alors, aucune peine n'était encourue par l'individu qui, sans violence physique, abusait de l'inexpérience d'un enfant.

La loi du 23 août 1832 a comblé cette lacune, en modifiant ces articles : dans l'art. 331, elle prévoit le cas d'attentat à la pudeur *sans violence,* mais seulement à l'égard d'enfants âgés de moins de onze ans révolus.

Ainsi il n'est pas besoin de violences quand l'acte impudique a été exercé sur un enfant mineur de onze ans, attendu que l'on peut supposer qu'il n'a pu comprendre l'action à laquelle il a été induit; et il ne s'agit pas seulement ici des attentats exercés sur la personne même de l'enfant, mais aussi des actes obscènes dont il aurait été l'instrument.

1642. [L'article 334 du Code pénal de 1832 a été ainsi modifié par la loi du 13 mai 1863 : « Tout attentat à la pudeur consommé ou tenté sans violence sur la personne d'un enfant de l'un ou de l'autre sexe, âgé de moins de treize ans, sera puni de la reclusion. Sera puni de la même peine l'attentat à la pudeur commis par tout ascendant sur la personne d'un mineur même âgé de plus de treize ans, mais non émancipé par le mariage. »]

1643. A l'égard des adultes, c'est la circonstance de *violence* (c'est-à-dire l'emploi de la force ou de manœuvres coupables), qui donne seule le caractère de crime aux attentats à la pudeur. La violence, dans ce cas, n'est pas une circonstance *aggravante*, mais une circonstance *constitutive* du crime même.

1644. Sous la dénomination d'attentats à la pudeur, la loi ne comprend pas seulement les attentats commis pour satisfaire une jouissance sexuelle, mais aussi ceux qui peuvent être commis pour tout autre motif, par haine, par vengeance, par curiosité, etc.; ainsi des actes impudiques exercés violemment par des femmes sur une autre femme, et le fait d'ouvriers qui avaient violemment dépouillé de ses vêtements un de ●leurs camarades et procédé à l'examen de ses parties sexuelles, sont des attentats punis par la loi (Arg. Cass., 14 janv. 1826 et 6 fév. 1829, S.26.1.370 et 29.1.198). Les peines peuvent même être appliquées à un époux qui a exercé avec violence sur son conjoint un acte réprouvé par la morale et par la pudeur (Cass., 21 nov. 1839, J.P.40.1.5).

§ 2. — Du viol. — Définition. — Constatations et saisies.

1645. Le viol est la possession d'une fille ou d'une femme, malgré sa volonté. Il peut être effectué à tout âge sur une personne de l'un et de l'autre sexe; toutefois, c'est principalement sur des mineurs qu'il se commet le plus souvent. Abuser d'une femme avec violence, c'est commettre le crime de viol, alors même que cette femme aurait eu des enfants.

La circonstance que la femme violée vivait dans la débauche, ou même qu'elle avait précédemment vécu avec le coupable, n'effacerait pas le crime; ce ne pourrait être qu'une circonstance atténuante. Par *violence*, on n'entend pas seulement l'emploi de la force physique, mais aussi l'emploi de moyens qui auraient privé momentanément la femme de l'usage de ses facultés et l'auraient mise dans l'impuissance de résister.

1646. Le viol tenté ou commis sur une personne de l'un ou de l'autre sexe, quel que soit son âge ou son état, est un des crimes les plus odieux. Mais l'âge de la victime, son état de dépendance vis-à-vis du coupable, sont des circonstances qui peuvent être aggravantes (C. pén., art. 331 à 335 modifiés par la loi du 13 mai 1863), et que l'officier de police auxiliaire doit relever dans son information.

Les altérations matérielles dépendant du viol existent particulièrement aux parties sexuelles, aux seins, au visage et aux poignets; elles doivent être constatées par un médecin dans un temps très-rapproché du crime, au plus tard dans les trois jours, suivant Fodéré (*Tr. de méd. lég.*, t. 4, p. 357, 363), et dans les cinq jours, suivant d'autres auteurs de médecine légale; autrement, on risque beaucoup de ne plus trouver que vague et incertitude. Cependant, il peut, vraisemblablement, se présenter des cas où une visite plus tardive pourrait procurer des preuves : comme si les violences avaient produit des désordres très-graves; si une maladie vénérienne avait été communiquée.

Il faut avoir grand soin de saisir le linge de l'inculpé et celui de la victime, en décrivant minutieusement au procès-verbal les différentes taches qui peuvent s'y trouver. Si l'auteur du crime est connu, il sera visité, au besoin, pour reconnaître s'il ne porte point, sur sa personne, sur ses vêtements, des traces de la résistance qui lui aurait été opposée. L'état même de ses parties génitales sera constaté, s'il y a lieu; car on pourrait à l'occasion vérifier, par leur visite, si le prévenu a été dénoncé à tort, ou s'il est possible que les ravages exercés sur la victime proviennent de son fait.

1647. Du reste, le médecin ne peut jamais être tenu de déclarer que le viol a été ou n'a pas été commis, mais bien de déterminer si la personne que l'on suppose violée et celle qui est sous l'inculpation d'un viol présentent des traces de violences ou d'autres indices qui puissent établir des présomptions sur ce crime.

1648. L'officier de police auxiliaire doit avoir soin de confronter l'inculpé à la personne plaignante, et constater les résultats de cette confrontation ; expliquer leur taille et leur force comparatives, car elles pourraient suffire pour démentir la plainte, si la plaignante racontait les faits d'une manière telle, qu'elles rendissent ses allégations invraisemblables, ou qu'il en résultât l'impossibilité de l'accomplissement des faits imputés.

Ici, comme en tout autre cas, les déclarations de la personne lésée, les réponses du prévenu, les dépositions des témoins doivent confirmer ou éclaircir ce que la visite a pu faire découvrir ou laisser douteux.

§ 3. — De l'avortement. — Constatations et saisies.

1649. On entend par *avortement* l'accouchement avant terme, malicieusement provoqué par des aliments, des breuvages, des médicaments, des violences, ou par tout autre moyen (C. pén., art. 317).

Ce mot a plusieurs significations qu'il faut préciser pour l'intelligence de la discussion médico-légale. Exprimant un fait purement accidentel, il signifie accouchement avant terme d'un enfant non viable, *partûs abortio*. Employé pour exprimer l'accident provoqué par un fait coupable, il est la traduction imparfaite du latin : *partûs abactio*. C'est même le seul mot que nous ayons pour exprimer deux actions punissables qu'il faut distinguer ainsi : l'une, celle de l'individu qui fait l'opération illicite, *qui abactionem facit ;* l'autre, celle de la femme qui s'y soumet, *quæ abactionem patitur*.

1650. L'avortement provoqué est un fait éminemment immoral, que réprouvent la plupart des religions ; c'est aussi un fait dommageable pour la société, qu'il prive d'un membre qu'elle devait avoir. Mais la poursuite et le jugement exigent une grande circonspection, car il est difficile de savoir sûrement si l'avortement a été provoqué par une action coupable.

1651. L'avortement punissable est un crime spécial, ayant ses éléments constitutifs et particuliers. Trois cas sont prévus dans l'art. 317 du C. pén. : celui où l'avortement est provoqué par un individu quelconque ; celui où il l'est par la femme elle-même ; et celui où les moyens sont fournis par un accoucheur ou un pharmacien. Considéré, soit à l'égard de la femme, soit quant au tiers auteur ou complice, le crime suppose deux conditions également constitutives : 1° intention coupable ou volonté d'opérer l'avortement ; 2° avortement provoqué, ou accident survenu (CHAUVEAU et HÉLIE, t. 5, p. 426).

Ainsi l'avortement occasionné par violences exercées volontairement, mais cependant sans intention de le produire, ne doit pas être puni de la peine portée par l'art. 317 du C. pén. La pensée criminelle est nécessaire pour constituer la criminalité (CHAUVEAU et HÉLIE, t. 5, p. 427 et 441).

1652. Les expressions *autres officiers de santé*, employées par le § 3 de l'art. 317 du C. pén., ont un sens général et illimité, et embrassent non-seulement les individus qui portent le titre restrictif et spécial d'officiers de santé, mais encore tous les individus de l'un et l'autre sexe qui ont un caractère légal pour se livrer à la guérison des maladies, spécialement, les sages-femmes recevant de la loi leur titre, après des formes déterminées (Cass., 26 janv. 1839, 24 juill. 1840, 9 janv. 1847, 16 juin 1853, et 7 oct. 1858, J.P.39.1.312, 43.1.302, 47.1.558 et 58, p. 1191; CARNOT, art. 317, n° 8; MORIN, *Rép.*, v° *Avort.*, n° 11. — *Contrà*, CHAUVEAU et HÉLIE, p. 440; LEGRAVEREND, t. 2, p. 125).

1653. La simple tentative d'avortement est-elle punissable comme le crime consommé?

La peine était la même dans la législation romaine; elle était moindre dans l'ancienne jurisprudence française; aucune peine n'était spécialement prononcée par le Code de 1791, et notre Code pénal n'en établit point non plus, par la presque impossibilité, sans doute, d'atteindre la tentative d'avortement et les inconvénients de la poursuite. Néanmoins la Cour de cassation, se fondant en cela sur la législation romaine, a décidé par plusieurs arrêts et décide encore aujourd'hui, que la simple tentative d'avortement de la part d'une femme enceinte n'est pas un fait punissable; mais que de la part de tout autre individu, elle doit être punie comme l'avortement même (Cass., 29 janv. 1852, 20 janv. 1853, 26 juin 1858 et 6 janv. 1859, S.-V.52.1.478 et 53.1.140, 58,p. 921 et 59, p. 862).

1654. Mais, nous devons le dire, cette jurisprudence a été combattue par un grand nombre de criminalistes, notamment par LEGRAVEREND, t. 3, p. 121; CARNOT, t. 2, p. 63; CHAUVEAU et HÉLIE, t. 3, p. 431; RAUTER, t. 2, p. 458; DUVERGER, *Jug. d'instr.*, t. 1, n° 15; MORIN, v° *Avort.*; DALLOZ, v° *Avort.*, n° 11; DEVILLENEUVE et CARETTE, *Coll. nouv.*, 5.2.377; LESEL-LYER, t. 1, n° 31.

1655. Quoi qu'il en soit, l'officier de police auxiliaire doit, en matière d'avortement, saisir tous les linges imprégnés de sang et tous instruments, tels que stylets, sondes à dard, sondes recourbées, éponges préparées, c'est-à-dire séchées, fortement comprimées et réduites à un petit volume; tous remèdes et plantes de nature suspecte, tels que la rue, la sabine et le seigle ergoté.

Le plus souvent l'avortement est provoqué par les objets les plus simples, tels qu'une aiguille à tricoter en bois ou en fer, une plume à écrire ou même une petite baguette; on a vu une sage-femme se servir d'une petite tringle de rideau qu'elle se hâtait de remettre en place.

Dans une question d'avortement, on doit surtout s'attacher à découvrir la présence de l'avorton, à la démontrer : son état, son âge pouvant faire apprécier, par les seules ressources de l'art médical, les causes de son expulsion.

1656. L'avortement une fois constaté, reste à savoir s'il s'est opéré naturellement ou s'il a été provoqué. L'officier de police auxiliaire doit appeler l'examen du médecin sur l'époque à laquelle l'avortement a eu lieu ; sur les causes à l'influence desquelles la femme a été soumise ; sur les marques de sévices qui peuvent se trouver sur le corps du fœtus ou de la mère ; il doit lui poser les questions suivantes :

1° Tel aliment, breuvage, médicament ou autre moyen est-il capable de produire un avortement ?

2° L'avortement a-t-il été provoqué ?

2° L'avortement a-t-il eu lieu ; à quelle époque ?

4° Dans le cas où il aurait eu lieu, doit-il être considéré comme un phénomène naturel, accidentel, ou, au contraire, comme le résultat de moyens propres à le déterminer ?

5° A l'influence de quelles causes la femme a-t-elle été soumise, etc., etc. ?

1657. Lorsque tout porte à croire que l'avortement n'est la suite d'aucune cause accidentelle, l'officier de police auxiliaire doit examiner si la femme n'a point caché sa grossesse ; si elle ne s'est pas informée auprès de ses amies, ou des gens de l'art, de l'efficacité de certains moyens propres à provoquer des pertes ou à se faire avorter ; si elle ne s'est point livrée sans nécessité à des exercices violents et dangereux à son état ; si elle était malade, faible, ou d'une constitution robuste ; si elle a acheté des drogues, ou si elle les a fait acheter par des confidents ; quelle en était la dose ; si elle a préparé à l'insu de tout le monde des médicaments composés plus ou moins actifs ; si elle a fait usage de pareils médicaments sans nécessité et sans consulter le médecin ; si elle a caché aux personnes qui l'entouraient les douleurs qu'elle a pu éprouver par l'usage de ces moyens énergiques, ou bien si elle s'est plainte ; si elle s'est fait saigner secrètement et à plusieurs reprises, par différents médecins, sans dire qu'elle l'avait été déjà plusieurs fois : si elle nie avoir été saignée, l'officier de police devrait faire chercher sur le trajet des veines, sur la vulve et sur les cuisses, s'il n'y a point de traces récentes de la lancette ou des sangsues.

L'interrogatoire de la prévenue et de ses complices, l'audition des témoins, quelquefois les pièces de conviction saisies,

telles que les breuvages ou autres moyens qui auraient pro-
curé l'avortement ou les produits expulsés, sont autant de
moyens propres à éclairer la marche de l'officier de police
auxiliaire, et de mettre la justice sur les traces de la vérité.

§ 4. — De l'infanticide.

1658. Dans toute inculpation d'infanticide, de quelque manière que ce crime, malheureusement trop commun, ait été
révélé à la justice, soit par la découverte du cadavre d'un
nouveau-né, dont la mère est ou n'est pas connue, soit par la
clameur publique qui dénonce une femme comme étant clan-
destinement accouchée, et comme ayant fait disparaître ou
mis à mort son enfant, l'officier de police auxiliaire ne doit
rien négliger pour arriver à la découverte de la vérité.

1659. Est qualifié infanticide le meurtre d'un enfant nouveau-né. Il y a donc trois conditions constitutives de l'infanticide. Il faut : 1° qu'il y ait *meurtre*, c'est-à-dire homicide
volontaire de l'enfant ; 2° que l'enfant soit *né vivant* ; 3° qu'il
soit *nouveau-né*, c'est-à-dire né depuis une heure, un jour ou
deux, car l'enfant né depuis plusieurs jours n'est plus un
enfant nouveau-né dans le sens de la loi ; en conséquence, la
mère, en lui donnant volontairement la mort, ne commet
plus le crime d'infanticide proprement dit, mais se rend coupable d'un simple meurtre (Arg. Cass., 31 déc. 1835 et
11 av. 1837, S.-V.36.1.25, J.P.37.1.398).

1660. Les médecins-légistes admettent deux espèces d'infanticide : *par commission* et *par omission*. La première,
quand la mort est le résultat de violences : c'est l'infanticide
des art. 300 et 302, C. pén. ; la deuxième, quand elle est
l'effet de l'erreur, de la négligence, du défaut de soin de la
mère : c'est le délit puni par les art. 319 et 320 modifiés.

1661. Pour qu'il y ait infanticide, il n'est pas nécessaire
que l'enfant soit né *viable* ; il suffit qu'il soit né *vivant*. Mais,
dit-on, l'enfant né non viable est voué à une mort certaine.
Cela est vrai, mais pourquoi ne punirait-on pas celui qui a disposé de sa vie comme on punirait le meurtrier qui ôterait la
vie par un moyen quelconque à une personne à l'agonie ? Du
moment que l'enfant est né, qu'il soit viable ou non, il appartient à la société ; nul n'a le droit de disposer de ses jours. La
loi lui devait une protection d'autant plus grande qu'il était
hors d'état d'opposer la moindre résistance.

1662. L'officier de police auxiliaire doit constater avec
soin et faire constater par un médecin :

1° *Par rapport à l'enfant*, sa naissance à terme ou avant terme ; sa mort postérieure à sa naissance, et provenant d'une cause naturelle et innocente, ou causée par négligence ou par imprudence, par omission volontaire ou par des actes de violence ; le lieu et l'état où l'enfant a été trouvé, le genre et la cause de sa mort, si elle a été intra-utérine ou extra-utérine, la longueur de l'enfant, son poids, le diamètre bipariétal, le diamètre occipito-frontal, le diamètre mentonnier, la conformation de la peau, la longueur des ongles, l'état dans lequel sera le cordon, les ecchymoses, les contusions et les lésions dont il y aura trace.

2° *Par rapport à la femme inculpée*, un accouchement récent dont l'époque se rapporte à celle de la naissance de l'enfant et des sévices par *omission volontaire* ou par *commission*, qui démontrent la maternité et la perpétration du crime, si, en résultat, un crime a été commis. Un accouchement récent se décèle par la dilatation et le délabrement des parties génitales de l'accouchée, par le déplacement de l'utérus, par l'écartement que présentent les muscles abdominaux et la ligne médiane, par les rides du ventre et du vagin, les vergetures des cuisses, par l'écoulement des lochies, par l'engorgement des seins, qui d'ordinaire sont pleins de lait et le laissent couler librement, par l'aspect de la femme, par la fièvre de lait ou l'irrégularité du pouls, par la découverte du placenta, de linges et de hardes tachés de sang ou de lochies ; enfin d'autres objets indicateurs que l'on retient comme pièces de conviction.

1663. L'homme de l'art doit vérifier, avant tout, le fait de l'accouchement, qu'il soit avoué ou dénié par l'inculpée ; car un aveu pourrait être ultérieurement rétracté lorsqu'il serait devenu impossible de constater les faits, dont il importe, d'ailleurs, que la preuve demeure acquise indépendamment de l'aveu.

1664. Le cadavre de l'enfant étant trouvé avant que l'on connaisse la femme qui est accouchée, l'officier de police auxiliaire doit s'enquérir si quelque fille ou veuve, si quelque femme ayant intérêt, ayant des motifs pour cacher sa grossesse, était connue pour être grosse, ou soupçonnée de l'être ; si elle l'est encore ou si elle est accouchée en secret. S'il obtient quelques données méritant confiance, il doit faire visiter, par un homme de l'art, la femme indiquée, pour vérifier le fait de l'accouchement, et instruire ensuite, s'il y a lieu, ainsi qu'il est dit ci-dessus.

1665. L'accouchement étant avéré, l'officier de police doit en constater le lieu et procéder ainsi qu'il est dit ci-dessus ; il doit, en outre, rechercher si la prévenue est accouchée subitement, isolément, ou si elle s'est fait assister de quelqu'un ; dans ce dernier cas, s'informer des circonstances de l'accouchement : s'il a été prompt et facile, ou long et laborieux ; comment s'est présenté l'enfant, etc.

1666. L'officier de police auxiliaire doit recevoir par écrit les déclarations des personnes présentes, des parents, domestiques et voisins ; il doit, en outre, interroger la prévenue, si elle est présente, par acte séparé de l'information.

Dans aucun cas, l'officier de police ne peut se dispenser de dresser procès-verbal, sous prétexte que la preuve est impossible, ou que la prévenue est inconnue, parce que les preuves qui manquent alors peuvent s'acquérir par lui, et que la prévenue peut être découverte par la suite (Instr. du parquet de la Seine, p. 54. V. *suprà*, sect. III, *du Flagrant délit*).

§ 5. — Exposition d'enfant.

1667. L'exposition d'enfant (que dans la pratique on nomme aussi *exposition de part*, du mot latin *partus, accouchement, enfant nouveau-né, enfant*) est considérée comme crime, lorsqu'elle a entraîné la mort ou la mutilation de l'enfant délaissé.

1668. Lorsqu'une femme est accusée d'avoir exposé ou fait exposer l'enfant dont elle est récemment accouchée, il peut arriver qu'elle s'excuse en disant que l'enfant était mort-né, et qu'elle l'a abandonné pour sauver sa réputation. La justice, chargée d'apprécier le fait, est intéressée à savoir :

1° Si effectivement l'enfant est mort-né ;

2° Dans le cas où il aurait vécu, quelle a pu être l'influence de l'exposition dans le lieu où il a été délaissé ;

3° Jusqu'à quel point le défaut de soins, d'aliments, de vêtements, etc., a pu contribuer à le faire périr, ou à ce qu'il fût mutilé, estropié. Le secours l'homme de l'art est indispensable alors pour la solution de ces différentes questions et autres que peuvent faire naître les circonstances.

Une autre question peut encore se présenter :

Lorsqu'on voit tout à coup disparaître la grossesse chez une femme que l'on croyait enceinte, et que d'une autre part on apprend qu'un enfant a été trouvé exposé, l'homme de l'art doit s'assurer s'il y a eu grossesse et accouchement ou non ; si celui-ci est récent ou ancien, et si l'époque où l'enfant est né correspond ou ne correspond pas à celle où l'accouchement a eu lieu. Si tout porte à croire que la femme peut être la mère de l'enfant délaissé, on n'en doit pas conclure encore que l'exposition de part a eu lieu. Cette conclusion ne peut ressortir que d'une information complète ; l'homme de l'art doit faire les mêmes recherches, vis-à-vis de la femme, que pour l'infanticide, et l'officier de police se livrer aux mêmes investigations.

Lorsqu'on a découvert le cadavre d'un nouveau-né inconnu et abandonné dans une rue, une place publique, un champ, etc., on doit l'examiner avec autant d'attention que dans le cas où la mère serait connue, parce que l'on peut toujours conserver l'espoir que sa reconnaissance n'échappera pas aux recherches de la police judiciaire.

Après avoir noté tout ce qui est relatif aux objets qui entourent le cadavre, à sa situation, au lieu où il a été trouvé, et aux circonstances indiquées, *suprà*, § 4 ; examiné attentivement le poids, la longueur de l'enfant, l'état des diverses parties de son corps, tout ce qui peut déterminer son âge au moment de sa naissance ; tenu compte des lésions extérieures, de l'état plus ou moins avancé de putréfaction, l'on procède enfin à l'autopsie, sans omettre, dans aucun cas, l'ouverture des trois cavités splanchniques (ORFILA, t. 1, p. 466 à 469).

§ 6. — Suppression d'enfant.

1669. La suppression d'enfant, que l'on nomme aussi dans la pratique *suppression de part*, a lieu lorsqu'une femme soustrait l'enfant dont elle vient d'accoucher, et le cache au lieu de l'exposer sur la voie publique. Ici, encore, comme au cas d'exposition d'enfant, un homme de l'art doit être appelé, et faire les mêmes recherches, vis-à-vis de la femme, que pour l'infanticide.

Quant à la procédure à l'occasion du crime de suppression d'enfant, elle est la même que pour le crime d'infanticide (V. *suprà*, § 4).

SECT. XI. — DES LEVÉES DE CORPS (1).

1670. Toutes les fois que le corps d'un individu a été trouvé privé de vie, quel que soit le temps écoulé depuis qu'il

---

(1) V. FODÉRÉ. *Tr. de méd. lég.*, t. 2 ; ORFILA, *Leçons de méd. lég.*, t. 2 ; CHAUSSIER, *ibid.*, t. 1er ; COURTIN, *Instruct. aux officiers de police auxiliaires de Paris*, du 28 fév. 1811 ; F. DUVERGER, *Man. crim. des juges de paix*, n°s 234 à 260, où ces matières sont traitées *in extenso*.

l'a perdue, si la mort a été violente, si la cause en est inconnue ou suspecte, il suffit de la possibilité de l'appréhension d'un crime pour exciter toute la sollicitude, toute la vigilance des officiers de police judiciaire, quel que soit leur rang dans la hiérarchie. Ici encore, il y a assimilation au cas de flagrant délit.

1671. Toutefois, il n'y a pas lieu à l'intervention de la police judiciaire si la mort est évidemment le résultat d'un accident ou d'un suicide : par exemple, si une personne est tombée du toit ou du balcon d'une maison ; si, passant sur la voie publique, elle a été écrasée par la chute d'un arbre ou par l'écroulement d'un mur ; si, sous les yeux de beaucoup de monde, elle a péri dans les ondes, dans les flammes, dans une marnière, etc.; si elle a été asphyxiée par la foudre, par la chaleur, par le froid, par des gaz méphitiques; si elle s'est précipitée sous les roues d'une voiture où elle a trouvé la mort, etc. Tous ces cas et beaucoup d'autres où l'on peut reconnaître tout d'abord un accident, un effet du hasard, un suicide volontaire, sont du ressort de la police administrative, qui doit s'empresser alors de porter à la personne tous les secours que réclame sa position, pour le cas où la mort ne serait qu'apparente.

1672. L'ordonnance criminelle de 1670, tit. 4, art. 1er, voulait qu'il fût par les juges diligemment dressé procès-verbal des corps morts. Une déclaration du 5 sept. 1712 prescrivait expressément de dresser procès-verbal de l'état auquel le corps aura été trouvé, de lui appliquer le scel sur le front et le faire visiter par les chirurgiens. Une autre déclaration du 9 avril 1736 ajoutait : « Les corps de ceux qui auront été trouvés morts avec des signes ou indices de mort violente, ou autres circonstances qui donneront lieu de le soupçonner, ne pourront être inhumés qu'en conséquence d'une ordonnance du lieutenant-criminel, rendue sur les conclusions du procureur du roi, et d'après les procédures qu'il appartiendra à ce sujet. » Le Code civil, dans ses art. 81 et 82, répétant les art. 7 et 8, tit. 5, de la loi du 20 sept. 1792, a statué : « Lorsqu'il y aura des signes ou des indices de mort violente, ou d'autres circonstances qui donneraient lieu de le soupçonner, on ne pourra faire l'inhumation qu'après qu'un officier de police, assisté d'un docteur en médecine ou en chirurgie, aura dressé procès-verbal de l'état du cadavre et des circonstances y relatives, ainsi que des renseignements qu'il aura pu recueillir sur les prénoms, nom, âge, profession, lieu de naissance et domicile de la personne décédée. L'officier de police sera tenu de transmettre de suite à l'officier de l'état civil du lieu où la personne sera décédée, tous les renseignements énoncés dans son procès-verbal, d'après lesquels l'acte de décès sera rédigé. »

1673. « S'il y a eu délit, disait M. Siméon, dans son rapport au Tribunat, il faut saisir le dernier moment qui reste pour le constater. »

Les art. 81 et 82, C. civ., ont un double but, comme on le voit :

1° La rédaction de l'acte de décès de l'individu ;

2° La constatation du délit, si délit il y a.

1674. Le Code d'instruction criminelle a confirmé ces dispositions. Son art. 44, qui doit être conféré avec l'art. 104 du Code du 3 brum. an IV, porte : « S'il s'agit d'une mort violente, ou dont la cause soit inconnue ou suspecte, le procureur de la République se fera assister d'un ou de deux officiers de santé, qui feront leur rapport sur la cause de la mort et sur l'état du cadavre. »

1675. L'art. 359, C. pén., à son tour, punit d'un emprisonnement de six mois à deux ans, et d'une amende de 50 francs à 400 francs, quiconque aura recélé ou caché le cadavre d'une personne homicidée ou morte des suites de coups ou blessures ; sans préjudice des peines plus graves, s'il a participé au crime. Enfin, l'art. 283 du décr. du 1ᵉʳ mars 1854, enjoint aux gendarmes, comme le faisait déjà l'art. 179, ordon. du 29 oct. 1820, conformément à l'art. 125, n° 16, de la loi du 28 germ. an VI, de constater par procès-verbal, la découverte de tous cadavres trouvés sur les chemins, dans les campagnes, ou retirés de l'eau.

1676. L'attention soutenue du législateur à s'occuper de cette matière, si sérieuse par elle-même, atteste tout l'intérêt qu'elle doit exciter. Ce serait donc une erreur grave de croire que les levées de corps soient des opérations de pure forme, et que l'officier de police judiciaire qui en est chargé fût excusable d'y avoir procédé avec incurie ou précipitation. Nous estimons, avec Serpillon, *C. crim.*, p. 417 et suiv., et Duverger, *Man. crim.*, p. 322, que cet acte est un des plus délicats, des plus difficiles bien souvent, de la police judiciaire.

Dans les cas ordinaires de flagrant délit, on a, pour se guider, quelquefois les déclarations de la victime, presque toujours des dépositions de témoins, et des indices formels d'un crime commis.

Dans les levées de corps, au contraire, le fait est le plus souvent entouré d'une obscurité profonde ; il existe moins de ressources pour écarter le voile qui couvre la vérité ; il faut donc, en quelque sorte, un examen plus sévère, des perquisitions plus actives (V. *sup.*, sect. III).

1677. Une grande partie des lumières dont l'officier de police judiciaire a besoin sont d'un ordre tel, que rarement il les possédera lui-même ; il doit donc réclamer l'assistance d'un médecin ou d'un officier de santé, toujours nécessaire en pareil cas, pour constater les causes de la mort et l'état du cadavre.

1678. Quand on trouve le corps d'une personne présumée morte, si l'on juge qu'il peut y avoir encore quelques moyens de la rappeler à la vie, on doit aussitôt les employer sans attendre aucune autorisation de la justice. Mais si la mort est certaine, il ne faut rien changer à l'état du cadavre avant l'arrivée des officiers de police compétents ; à eux seuls alors appartient de procéder à la levée du corps, et ils ne peuvent exécuter avec un soin trop scrupuleux les dispositions de l'art. 44, C. inst. crim.

Cette règle n'est toutefois prescrite qu'autant qu'il n'y a aucun espoir de rappeler le sujet à la vie. Malheureusement, dans les campagnes et parfois même dans les villes, on en exagère l'observation à tel point que souvent on refuse de porter à des personnes victimes d'un accident, d'un homicide ou d'un crime, des secours qui eussent suffi pour les rappeler à la vie. On ne doit donc respecter l'état du cadavre qu'autant que la mort est bien certaine.

1679. Aussitôt qu'on trouve un cadavre, on doit en donner avis sur-le-champ au commissaire de police, au maire, ou au juge de paix.

En général, les levées de corps sont effectuées par ces magistrats, qui doivent, aussitôt qu'ils sont informés de la découverte d'un cadavre dans le ressort de leur juridiction respective, se transporter immédiatement sur les lieux, en se faisant accompagner d'un homme de l'art, d'un docteur en médecine ou en chirurgie, selon l'art. 81, C. civ., d'un ou de deux officiers de santé, selon l'art. 44, C. inst. crim., et instruire dans les formes et suivant les règles que nous avons établies ci-dessus, sect. II et III, du flagrant délit (L. 16 sept. 1791, 1re part., tit. 3).

1680. L'officier de police judiciaire doit constater avec détail, dans son procès-verbal :

1° Dans quel état et dans quelle position le cadavre a été trouvé, le lieu où gisait le cadavre, la nature et la distance des habitations, d'où un secours aurait pu être demandé, d'où les cris de la victime auraient pu être entendus, la distribution des lieux, leur situation, leurs alentours, leur proximité ou leur éloignement d'un bois, d'une grande route, d'une rivière. Si la disposition des lieux est indécise et ne peut bien être connue par une description, on en fait dresser un plan (Instruction du Parquet de la Seine, p. 55) ;

2° Quels sont les objets qui ont été trouvés près du cadavre ou sur lui, comment étaient placés les instruments qui ont pu donner la mort ;

3° La désignation du sexe, le signalement, les nom, prénoms, qualité et âge de l'individu, s'il est possible de le savoir ;

4° La déclaration de l'homme de l'art sur l'état actuel du cadavre ;

5° Les renseignements recueilllis sur le fait même de la mort et de ses causes, ainsi que les déclarations des témoins et de tous ceux qui en ont connaissance ;

6° L'état des vêtements, et après avoir fait déshabiller le cadavre avec précaution, la couleur des différentes parties du corps, les contusions, piqûres et blessures en tous genres, leurs formes et leurs dimensions ;

7° Et s'il s'agit d'un individu mort par suite de blessures, la position du corps lorsqu'il a reçu le coup et dans laquelle il est mort.

1681. C'est surtout à la reconnaissance de l'individu dont le cadavre a été trouvé que l'officier de police judiciaire doit donner ses premiers soins : toutes les fois qu'un individu a été trouvé mort, et qu'on est parvenu à le reconnaître, on a bientôt découvert également les circonstances précises de la mort ; et, si la mort a été l'effet d'une cause criminelle, il est devenu, dès lors, possible de remonter jusqu'aux auteurs du crime ; mais si l'individu est inconnu, il faut relever exactement son signalement, quand bien même il porterait sur lui des papiers indiquant son nom, sa profession et sa demeure ; car ses papiers peuvent avoir été substitués ou déposés dans les vêtements du défunt par les assassins pour donner le change. La taille est mesurée avec soin ; on observe son embonpoint, les taches ou marques extérieures propres à le faire reconnaître ; on décrit ses traits ; on note la couleur des cheveux, leur épaisseur ou leur rareté, s'il a ou non de la barbe, des favoris ; on indique le sexe ; on détermine l'âge au moins d'une manière approximative, et spécialement par l'état de la face et des dents.

1682. Il est essentiel, dit Fodéré, lorsqu'il s'agit d'un blessé, de pouvoir examiner le corps dans la même position où il a reçu le coup, et dans laquelle il est mort ; c'est pourquoi il convient de faire la première visite dans l'endroit même où il a été trouvé, de peur que le transport ne dérange l'état de la plaie ou d'une fracture, ou d'un engorgement des vaisseaux, ou ne déplace un instrument qui aura causé la mort d'une manière extraordinaire.

1683. Dans tous les cas, rendu auprès du cadavre, on doit examiner si le lieu où le corps a été trouvé est éloigné ou non de la voie publique, la distance ou la proximité des habitations ; si c'est une mare, une fosse d'aisances, un endroit sec, humide, chaud ou froid ; les traces ou marques qui se trouvent à la surface du sol ; si le cadavre était dans l'eau ou sous terre ; si l'on voit auprès de lui des lacets, des cordes, de la charpie, de l'étoupe, des substances malfaisantes, des machines ou instruments meurtriers ; quelle est la situation de l'instrument par rapport au corps ; s'il est placé dans l'une des mains du cadavre, il faut s'assurer s'il a bien été saisi par lui, ou s'il n'a été placé qu'après coup, circonstance fort importante pour distinguer l'homicide du suicide, et qui peut être singulièrement éclaircie par le degré plus ou moins marqué de contraction des doigts sur le corps vulnérant.

S'il y a du sang répandu dans le voisinage, les traces en seront suivies, et la quantité qui a pu s'écouler des blessures sera approximativement calculée. Si ces traces de sang font présumer que le défunt ait été attaqué ou tué dans un lieu, qu'il ait fui ou qu'il ait été traîné dans le lieu où gisait le cadavre, on doit avoir soin de le constater.

Si, avant l'arrivée de l'officier de police judiciaire, le cadavre et les meubles ou autres objets qui étaient à sa proximité ont été dérangés ; si les armes, instruments, effets ou papiers dont il était porteur, ou qui se sont trouvés près de lui, ont été enlevés, on doit s'empresser de faire rétablir les choses dans leur premier état, de les faire replacer, s'il est possible, par les personnes mêmes qui les ont dérangées ; et, si cela est impossible, de faire expliquer ces personnes sur l'état où ils se trouvaient : le tout doit être soigneusement constaté au procès-verbal.

On doit noter l'heure précise à laquelle le cadavre a été découvert, sa position, son attitude ; s'il est enveloppé, on doit rechercher si les vêtements offrent des traces de sang ou de tout autre fluide; s'ils sont déchirés, coupés, percés en quelques endroits, mouillés, salis par du sang, par des excrétions, de la boue, de la poussière. On doit déshabiller le corps avec précaution, et examiner avec la plus grande attention quelle est la couleur des différentes parties du corps ; si la peau est couverte d'un enduit sébacé, c'est-à-dire ressemblant à du suif, si l'épiderme se détache; si l'on observe des contusions, des excoriations, des piqûres ou autres blessures, il faut en indiquer la situation, la forme, la longueur, la largeur et la profondeur. On détermine avec soin si les traces livides que l'on remarque sont des ecchymoses (sang amassé sous la peau par infiltration ou par congestion), des lividités cadavériques ou des vergetures. Pour ne rien laisser à désirer à cet égard, on doit étudier successivement toutes les parties du corps, en ayant soin de décrire leur état au fur et à mesure de chacune d'elles.

L'état de putréfaction du cadavre, plus ou moins avancé, doit être soigneusement remarqué, et on doit avoir égard aux circonstances de température, de climat, de localité qui ont pu avancer cette désorganisation. On doit déterminer aussi, par approximation, le temps qui s'est écoulé depuis la mort.

1684. Mais, après ces premières constatations, qui ne sont qu'un aperçu général, si la nature peu favorable de l'endroit où le corps a été trouvé ne permet point d'en faire l'ouverture, et que le transport soit jugé indispensable, on ne doit pas abandonner un instant le cadavre, et on doit éloigner la foule importune, en empêchant qu'on y porte la main; on doit avoir soin que, dans cette opération de la translation, rien ne puisse l'endommager ou en augmenter les lésions. C'est, au surplus, au médecin à prendre ou à indiquer les précautions exigées suivant les circonstances ; c'est à lui encore à désigner le local le plus propice pour le dépôt du cadavre, à faire disposer les lieux de la manière la plus convenable, à pourvoir enfin aux mesures à prendre pour prévenir la putréfaction du cadavre, s'il y a lieu de discontinuer l'examen.

1685. Le corps étant arrivé au lieu de sa destination, il

faut, si l'on croit devoir faire un nouvel examen des blessures, chercher à le mettre dans la même position que celle où il a été trouvé. Il convient d'écarter du lieu choisi pour la visite la foule incommode des curieux, qui troublent et fatiguent par leurs colloques, leurs questions indiscrètes, leurs raisonnements prématurés, et de n'y admettre que les personnes dont la présence est nécessaire.

1686. Si le cadavre trouvé était celui d'une femme, on aurait, en outre des explorations dont nous venons de parler, à rechercher spécialement, par la visite et l'examen des organes génitaux, si la mort ne serait point le résultat du viol. Le lieu où le corps est trouvé, son attitude, l'état des vêtements, le souvenir des relations habituelles de la défunte, de ses dernières démarches, fourniront quelquefois des indications précieuses qu'il ne faut pas négliger de recueillir.

1687. Avant de procéder à l'ouverture du corps, on doit avoir soin de s'assurer que la mort n'est pas seulement apparente, mais bien réelle. Il faut même déterminer approximativement l'instant auquel l'individu a cessé de vivre, en ayant égard à la température du corps, à la rigidité ou à la flexibilité des membres, à l'état de putréfaction plus ou moins avancé, etc.

1688. On ne doit, en général, faire l'ouverture du corps que vingt-quatre heures après le décès (Arg. C. civ., art. 47). Cependant, après certaines maladies, lorsque la mort est bien assurée, l'officier de police judiciaire peut aussitôt, de l'avis du médecin, faire procéder à l'opération ; mais, avant de commencer, il est toujours prudent d'éprouver, par différents moyens, si la vie est complétement et irrévocablement éteinte.

1689. La visite, l'ouverture du cadavre, pouvant intéresser la tranquillité publique, l'ordre social, l'honneur et la vie des citoyens, rien, dans ces actes, ne doit être négligé pour parvenir à la manifestation de la vérité ; et comme les recherches anatomiques que l'on fait n'ont d'autre but que de voir, de bien voir, de reconnaître et constater l'état des parties, le degré, la nature de leurs altérations, tous les procédés opératoires doivent tendre à ce but, et être déterminés par quelque motif d'utilité.

1690. Il faut toujours faire l'ouverture des trois cavités splanchniques ou principales du corps, c'est-à-dire du crâne, du thorax ou de la poitrine, de l'abdomen ou du ventre. La plupart des rapports pourraient être frappés de nullité si on avait négligé ce précepte. L'homme de l'art qui aurait négligé de remplir cette formalité serait beaucoup plus coupable encore, s'il se permettait de décrire l'état des organes renfermés dans une des cavités qu'il n'aurait pas ouverte. On ne doit point, sous aucun prétexte, se borner à l'examen de la partie blessée, encore moins à l'inspection extérieure du corps, d'après les motifs déduits plus haut, et d'autant que les lésions extérieures auraient pu être faites pour masquer la nature du crime.

1691. La visite doit être faite en présence de l'officier de police judiciaire, précaution qui, en assurant l'exactitude de la visite, maintient l'ordre et la tranquillité.

1692. Le médecin, requis pour une opération judiciaire, doit noter et écrire soigneusement ce qu'il observe, afin d'avoir à sa disposition toutes les données nécessaires pour rédiger convenablement son rapport ; il serait blâmable s'il négligeait de prendre des notes à mesure que les faits se présentent, ceux-ci pouvant être nombreux et difficiles à retenir.

1693. On ne doit jamais faire, sur un cadavre, d'incisions inutiles, ni briser les os, ni déchirer les parties molles ; il faut, dit M. Orfila, que les coupes soient nettes, afin de ne point altérer la forme du corps, la peau, etc.

1694. Après que l'expert a fait sur le cadavre toutes les recherches jugées nécessaires pour reconnaître et constater le genre et les causes de la mort, toutes les parties du cadavre doivent être rassemblées, rapprochées, remises dans leur situation première, sauf les parties enlevées comme pièces de conviction ou de vérification ultérieure, si besoin est : on enveloppe le corps dans un suaire, que l'on fait coudre, et sur lequel l'officier de police judiciaire appose son sceau, pour prévenir toute altération insidieuse, et pour s'assurer, en cas de besoin, que le corps n'a point été touché ; enfin, on le dépose dans un cercueil, dont on confie le soin à l'autorité municipale. Les parties distraites doivent être enveloppées et scellées du sceau de l'officier de police judiciaire. Il en est de même des parties molles que l'on aurait conservées et mises dans un bocal rempli d'alcool, soit pour l'instruction de l'affaire, soit pour objet de vérification.

1695. Pour nous résumer, nous dirons à l'officier de police auxiliaire que son devoir, dès qu'il est informé de la découverte d'un cadavre dans le ressort de sa juridiction, est de se transporter immédiatement sur les lieux, assisté de son greffier, si c'est le juge de paix qui procède, de la gendarmerie, et accompagné d'un ou de deux médecins ; de décrire scrupuleusement l'état des lieux et celui du cadavre, d'après les déclarations des médecins ; de se saisir des armes et instruments qui auraient pu servir à commettre le crime, si crime il y a ; en un mot, de tous les objets qui peuvent servir à la manifestation de la vérité ; de recevoir les déclarations des personnes présentes qui auraient des renseignements à donner, d'appeler au procès-verbal les parents, voisins, amis, domestiques ou tous autres présumés en état de donner des éclaircissements ; de faire comparaître le prévenu en vertu d'un mandat d'amener ; s'il est présent, de l'interroger sur l'emploi de son temps, de le confronter immédiatement avec le cadavre, avec les témoins, avec les pièces saisies, les traces constatées et qui peuvent s'effacer. Toutes ces opérations doivent être faites avec ordre et détail, et consignées avec clarté, précision et concision. Pour la régularité des actes de l'état civil, il doit toujours procéder à la reconnaissance du cadavre et transmettre les renseignements recueillis sur l'identité de la victime à l'officier de l'état civil (C. civ., art. 82). Il doit en outre veiller à la conservation et à la transmission au parquet des pièces de conviction placées sous scellé.

1696. La police judiciaire étant seule compétente pour prononcer sur toute mort suspecte ou extraordinaire, parût-elle naturelle, purement accidentelle ou le résultat d'un suicide, l'inhumation ne peut avoir lieu qu'avec la permission écrite du procureur de la République, sur le procès-verbal qui lui est envoyé sans retard. Cependant, s'il y a urgence d'inhumer à cause d'une décomposition hâtive, ou qu'il est constant que la mort est accidentelle ou volontaire, et qu'elle ne peut être le résultat d'un crime, l'officier de police peut, après les constatations de l'état du cadavre et les causes de la mort, permettre l'inhumation, à la charge d'en prévenir sur-le-champ le procureur de la République, et de veiller à ce qu'il y ait toujours moyen de procéder avec certitude à l'exhumation, si elle est jugée nécessaire par la suite.

SECT. XII. — DE L'INFORMATION SUR COMMISSION ROGATOIRE.

1697. La *commission rogatoire* est un acte par lequel un magistrat charge ou requiert un autre magistrat, ou un officier de police judiciaire, de procéder à un ou plusieurs actes qu'il ne peut ou ne veut pas faire lui-même.

Le principe de délégation des actes d'instruction, en matière criminelle, en usage sous l'empire des anciennes lois, fut maintenu par la législation intermédiaire (C. 3 brum. an iv, art. 119), et a été de nouveau consacré par les art. 52, 83, 84, 237, 283, C. instr. crim. de 1808 ; mais ces articles ne sont pas limitatifs (Circ. minist., 23 sept. 1812 et 9 avr. 1825).

1698. Le droit de délégation tient essentiellement aux règles générales de la procédure criminelle ; étant de droit commun, il appartient à tous les magistrats chargés d'une instruction. Néanmoins, le juge de paix ne peut, à défaut de texte formel, déléguer un autre auxiliaire pour le suppléer, soit dans son ressort, soit dans une commune ou un canton voisin, même en cas d'urgence ; ni subdéléguer les pouvoirs qu'il tient de la loi ou d'une délégation. C'est donc à tort, selon nous, que quelques auteurs, par application de l'art. 283, C. instr. crim., enseignent le contraire.

1699. Le juge de paix est le seul officier de police judiciaire auquel le juge d'instruction puisse déléguer tous les actes d'information pour lesquels la loi autorise la délégation ; mais celui-ci ne peut toutefois lui déléguer le pouvoir de décerner le mandat d'*amener*, de *dépôt* et d'*arrêt*, nulle loi ne l'y autorisant, et l'art. 283, C. instr. crim., le lui défendant implicitement. Si donc il arrivait que par erreur ce pouvoir lui fût délégué, le juge de paix devrait s'abstenir d'en faire usage.

Mais doit-on étendre cette prohibition de l'art 283 au cas de flagrant délit dans les termes de l'art. 32, C. instr. crim.? Nous ne le pensons pas. En effet, le juge de paix ayant le droit de décerner les mandats de dépôt et d'amener aux seuls cas des art. 34 et 40 du même Code, lorsqu'il constate un flagrant délit, comme auxiliaire du procureur de la République, dont l'art. 49 lui accorde alors tous les pouvoirs, on ne concevrait pas que, si le juge d'instruction, au lieu de se transporter sur les lieux, déléguait le juge de paix pour le remplacer, celui-ci ne pût faire, comme délégué, au moins dans cette circonstance, ce que sa compétence lui permettait d'exécuter comme auxiliaire du procureur de la République. Nous devons toutefois reconnaître que les auteurs et la jurisprudence sont contraires à cette extension de compétence, dans le silence absolu de la loi à cet égard.

1700. Quant au mandat de comparution, comme il n'est pas mentionné dans l'art. 283, C. instr. crim., le juge d'instruction peut déléguer légalement au juge de paix le pouvoir de le décerner.

1701. L'ordre hiérarchique des juridictions devant être, en droit, ponctuellement observé à l'égard des délégations des actes d'instruction, le juge de paix ne peut être commis directement que par le juge d'instruction de son arrondissement (C. instr. crim., art. 83 et 84), ou par le président de la Cour d'assises (Art. 303); de même, il ne peut recevoir de réquisition que du procureur de la République de son arrondissement ou du procureur général du ressort (Art. 52, 274 et 249), sauf toutefois l'exception portée en l'art. 283. Si donc une délégation lui était adressée par le juge d'instruction d'un arrondissement autre que le sien, par un officier rapporteur près un conseil de guerre, ou tous autres magistrats des Cours hors de celle à laquelle il ressortit, les présidents des Cours d'assises seuls exceptés, il devrait s'abstenir et informer sur-le-champ le procureur de la République de son arrondissement, en lui retournant la délégation pour qu'il relevât l'irrégularité et la fît réparer sans délai.

1702. Toutes les attributions faites au juge de paix sont communes à ses suppléants qui, à son défaut, ont qualité, suivant l'ordre de leur nomination, pour opérer dans toutes les circonstances où il serait compétent pour agir lui-même.

§ 1er. — Forme et exécution des commissions rogatoires.

1703. Une commission rogatoire ne peut jamais être verbale; il faut qu'elle soit donnée par écrit; elle doit être instituée au nom du magistrat de qui elle émane, et porter le visa des articles de la loi en vertu desquels elle est donnée. Elle doit également désigner l'officier de police judiciaire à qui elle est adressée; surtout, la commission rogatoire doit fournir, soit par elle-même, soit par une note distincte qui y est annexée, les renseignements qui peuvent être utiles au magistrat ou juge délégué pour remplir le mandat qui lui est confié (C. instr. crim., art. 83).

1704. Légalement requis par une commission rogatoire régulièrement donnée et transmise, le juge de paix doit la remplir avec diligence et exactitude; il n'a pas le droit d'en différer l'exécution, soit parce qu'il n'en reconnaîtrait pas l'opportunité ou la nécessité, soit qu'il aurait fait lui-même une information comme auxiliaire du procureur de la République. Son premier soin, dès qu'il l'aura reçue, devra être d'en étudier attentivement toutes les dispositions, de s'en bien pénétrer afin d'accomplir utilement, et sans rien omettre, tout ce que l'on attend de sa coopération. L'audition des témoins constitue la partie importante de l'instruction criminelle qui doit être faite à charge comme à décharge. Tous les auteurs, Merlin, Bourguignon, Carnot, Legraverend, Duverger et Mangin, enseignent cette règle, que l'équité rend d'ailleurs sacrée à tout juge instructeur.

1705. Le juge commis ne doit, à peine d'excès de pouvoir, faire que les actes pour lesquels il est délégué ; mais il est nécessairement autorisé à faire tous les actes qui, quoique non indiqués expressément, rentrent par leur objet ou leur but dans la mission qu'il a reçue. Commis pour entendre des témoins, il peut entendre ceux que désignent les témoins qui lui ont été indiqués ; chargé de saisir une pièce, il peut contraindre les dépositaires publics à la lui remettre, exiger des pièces de comparaison et faire procéder à une expertise ; appelé à faire une perquisition dans une maison désignée, il lui est permis de visiter les dépendances et de réitérer sa visite, si besoin est ; mais il ne peut continuer sa perquisition dans le domicile des tiers que dans des circonstances extraordinaires, et encore un refus formel devrait-il l'arrêter, sauf à en référer au magistrat dont il tient sa mission par une ordonnance, et faire garder extérieurement les maisons de ces tiers jusqu'à la réponse du magistrat déléguant (V. *suprà*, *Flagrant délit* et *Perquisition*).

1706. La commission rogatoire exécutée doit être retournée *close et cachetée*, avec les notes et renseignements qui y avaient été joints (C. instr. crim., art. 489, 512 et 516).

Les pièces constatant l'opération du juge commis devront être cotées par ce magistrat, détaillées dans un inventaire que dresse et signe le greffier, et retournées en minute et non en expédition, par l'intermédiaire et sous le couvert du procureur de la République, au juge d'instruction qui l'a commis.

§ 2. — Perquisitions. — Saisies. — Formes d'y procéder.

1707. Le juge de paix commis pour ces sortes d'opérations doit suivre et observer les règles que nous avons indiquées sous chacun de ces mots (V. *suprà*, chap. II, sect. II, et chap. III, sect. III, § 4).

§ 3. — De l'audition des témoins ou de l'information. — Quelles personnes peuvent être entendues. — Constatations des témoignages.

1708. En principe, toutes personnes de l'un et l'autre sexe peuvent déposer comme témoins, lorsqu'elles ne sont point frappées d'*exclusion* ou de *prohibition* par une loi expresse ou sainement entendue.

Ainsi, le dénonciateur, quel qu'ait pu être le mobile de sa dénonciation, s'il n'a pas reçu de récompense pécuniaire; le créancier d'un failli, dans une poursuite contre des individus accusés de détournement de l'actif; les étrangers; les fonctionnaires administratifs, quel que soit leur rang, même les officiers de police judiciaire, quoiqu'ils aient procédé dans l'instruction écrite, sont aptes à donner leur témoignage (Jurisprudence constante, adoptée par la presque unanimité des auteurs).

1709. Mais il en est autrement, en règle générale, des personnes désignées dans l'art. 322, C. inst. crim., c'est-à-dire du père, de la mère, de l'aïeul, de l'aïeule, ou de tout autre ascendant de l'inculpé ou accusé, ou de l'un des inculpés ou accusés présents; du fils, de la fille, du petit-fils, de la petite-fille ou de tout autre descendant; des frères et sœurs; des alliés au même degré; du mari et de la femme; des dénonciateurs dont la dénonciation est récompensée; sans néanmoins que l'audition des personnes ci-dessus désignées puisse opérer une nullité, lorsque, soit les accusés ou prévenus, soit la partie civile, ne se sont pas opposés à ce qu'elles soient entendues (C. inst. crim., art. 30, 79, 156, 323, 358, 510; C. pén., art. 34, 42, 43).

1710. Les prêtres ne sont pas tenus de révéler à la justice ce qu'ils n'ont appris que par le secret de la confession sacramentelle; mais ils doivent déposer de ce qu'ils ont appris par une autre voie, la loi sacerdotale n'ayant pas plus de privilège que la loi naturelle.

1711. Quant à la qualité de mère ou de sœur d'une congrégation religieuse, elle ne dispense pas de l'obligation de rendre témoignage (Arg. Ordonn. 1670, tit. 6, art. 3).

1712. Les médecins, chirurgiens, pharmaciens, sages-femmes, et toutes autres personnes, dépositaires, par état ou profession, des secrets qu'on leur confie, ne sont pas dispensés, malgré les termes de l'art. 378, C. pén., de faire à la justice la révélation des faits qui sont à leur connaissance, lorsqu'elles sont appelées comme témoins, et que, dans l'intérêt de l'ordre public, leurs dépositions sont jugées nécessaires pour parvenir à la vérité; l'art. 378 n'a, en effet, pour objet que de punir les révélations indiscrètes inspirées par la méchanceté et le dessein de diffamer ou de nuire.

1713. Les avocats et les avoués sont dispensés de déposer contre leurs clients de ce qu'ils ont appris confidentiellement, dans leur cabinet : la vérité leur est dévoilée comme à des confesseurs; mais il en est autrement lorsqu'ils ont eu connaissance des faits avant que la partie intéressée leur ait accordé sa confiance, ou lorsqu'ils n'ont été consultés ou employés par elle qu'à dessein de les empêcher de déposer.

Les notaires revendiquent les mêmes droits d'abstention que les avocats; mais la Cour de cassation a repoussé cette prétention, c'est de la discrétion que l'on attend d'eux et des médecins; mais ils ne sont pas indiscrets en obéissant à justice.

1714. Les témoins doivent, aux termes des art. 71 et 72, C. inst. crim., être cités par un huissier ou par un agent de la force publique, du ressort du magistrat commis, à la requête du procureur de la République. C'est un principe général qui ne souffre d'exception que dans le cas de flagrant délit, où l'intérêt et la nécessité qu'il y a de réunir, sans perte de temps, les renseignements et les preuves, ont fait introduire des formes de procéder plus simples et plus hâtives (C. inst. crim., art. 33). Il résulte donc de là que le juge de paix, substituant le juge d'instruction, doit rendre une ordonnance ou cédule dans laquelle il relate la commission d'où émanent ses pouvoirs, sans en énoncer les causes, qui doivent rester secrètes, et désigner avec précision, autant que possible, les témoins désignés dans la commission rogatoire, et tous autres que le juge de paix pourrait découvrir et dont l'audition lui paraîtrait utile à la manifestation de la vérité, s'il y était autorisé par sa commission, et si ces témoins résidaient ou se trouvaient dans son canton; autrement, il ne pourrait que les signaler au juge d'instruction.

1715. Néanmoins, comme l'huissier chargé de la notification de la cédule dont la citation devra seulement contenir la relation, doit connaître la nature et la qualification du crime ou délit pour inscrire sur ses états de frais à quelle occasion il a instrumenté, le juge de paix pourra lui donner cette connaissance après l'émission de l'exploit; ou du moins, s'il l'en informait plus tôt, ce ne devrait être qu'en lui rappelant la discrétion que lui commande son caractère d'homme public, et les indications qui lui sont nécessaires lui seraient communiquées en dehors de la cédule.

1716. Toute personne citée pour être entendue en témoignage est tenue de comparaître et de satisfaire à la citation, c'est-à-dire de déposer, sous les peines édictées par l'art. 80, C. inst. crim.

1717. Le refus de déposer est assimilé au refus de comparaître (Arg. Toulouse, 16 août 1842, J.P.43.1.734).

1718. Cependant, une personne assignée a pu se trouver être absente au moment où la citation lui a été laissée, et n'être pas de retour au jour fixé pour la comparution. Lorsque le juge commis en est informé, il peut se borner à faire donner une nouvelle citation, en vertu d'une nouvelle cédule, bien entendu, si le retour du témoin doit être prochain; autrement, il y aurait lieu d'avertir le juge d'instruction, qui déciderait s'il convient de suspendre la clôture de l'information pour obtenir le témoignage de l'absent.

Il y a lieu de réassigner purement et simplement si le délai donné pour la comparution est reconnu insuffisant.

1719. D'un autre côté, le témoin a pu fournir un *exoine*, c'est-à-dire un certificat d'un officier de santé, attestant l'impossibilité où serait le témoin d'obtempérer à la citation (C. 3 brum. an IV, art. 118 et suiv.

Dans ce cas, le juge commis doit se transporter au domicile du témoin pour recevoir sa déposition, que la commission rogatoire contienne ou non des instructions à ce sujet (Arg. C. inst. crim., art. 83).

1720. Mais si le témoin, auprès duquel le juge commis s'est transporté, n'est pas réellement atteint de l'indisposition ou maladie qui l'aurait mis dans l'impossibilité de comparaître sur la citation qu'il a reçue, il y a lieu de décerner un mandat de dépôt contre le témoin et contre l'officier de santé qui a délivré le faux certificat (C. inst. crim., art. 86); le témoin et l'officier de santé sont, en outre, passibles de l'amende infligée par l'art. 80 du même Code.

Mais il n'appartient pas au juge de paix de décerner, en ce cas, le mandat de dépôt; il doit seulement constater la fausseté de l'excuse par un procès-verbal qui doit servir de base au mandat et à l'amende que prononcera le juge d'instruction, sur le réquisitoire du procureur de la République.

C'est au juge d'instruction de son arrondissement que le

juge de paix doit dénoncer la fraude, quand même il opére-
rait pour l'exécution d'une commission rogatoire d'un autre
juge d'instruction à lui transmise, parce que c'est le juge
d'instruction du lieu de la demeure du témoin et de l'officier
de santé qui doit appliquer les peines encourues (C. inst.
crim., art. 80, 86 ; C. pén., art. 236).

Du reste, le juge de paix doit recevoir la déposition du témoin, comme s'il était réellement atteint de la maladie faussement attestée, à moins de défense contenue dans la commission rogatoire, pour le cas où le témoin ne serait pas
trouvé malade ou valablement empêché de se transporter.

1721. Si un témoin ne comparaît pas, sans qu'il produise
d'excuse, ou si, comparaissant, il refuse de prêter serment
ou de déposer, le juge de paix doit en faire mention dans son
procès-verbal d'information, et en référer de suite au juge
d'instruction, seul chargé de statuer sur cette désobéissance
à justice, et sur les moyens de contraindre le témoin à satisfaire à la citation (C. inst. crim., art. 80 et 304).

1722. Quand, de plusieurs témoins assignés, les uns s'abs-
tiennent de se présenter, c'est après avoir entendu les témoins présents, et dans la clôture du procès-verbal, que le
juge commis mentionne les exoines, les absences motivées ou
sans excuse.

1723. Les témoins doivent être entendus *séparément* les
uns des autres, et hors de la présence du prévenu, par le
juge assisté de son greffier (C. inst. crim., art. 73).

1724. Les témoins doivent représenter, avant d'être entendus, la citation qui leur a été donnée pour déposer, et il
en est fait mention dans le procès-verbal (C. instr. crim.,
art. 74). Cette prescription a pour but de constater que le
témoin a été assigné et ne se présente pas de lui-même.
L'ordonnance de 1670 statuait de même ; néanmoins, le témoin qui ne représentait pas la copie de la citation à lui
faite, pouvait être entendu, en justifiant de l'oubli ou de la
perte de cette citation, dès qu'il était vérifié par l'original de
l'exploit qu'il avait été réellement cité. Il en doit être de
même encore aujourd'hui.

1725. Les témoins prêtent serment de dire *toute la vérité,
rien que la vérité* (C. instr. crim., art. 75).

Les termes du serment sont sacramentels ; mais la forme
peut varier : chaque témoin peut prêter serment suivant le rit
de son culte. Les auteurs et la jurisprudence sont unanimes
sur ce point. Le procès-verbal doit faire mention de l'accom-

plissement de cette formalité, à peine de 50 fr. d'amende contre le greffier, et de prise à partie contre le juge de paix, s'il y a lieu (C. instr. crim., art. 77).

Cependant, les enfants de l'un et de l'autre sexe, âgés de moins de 15 ans, peuvent être entendus par forme de *déclaration* et sans prestation de serment (C. instr. crim., art. 79).

Doivent aussi être entendus sans prestation de serment, et ne sont reçus qu'à donner de simples renseignements :

1° Les condamnés à des peines afflictives perpétuelles emportant la dégradation civique et l'interdiction légale établies par les art. 28, 29 et 30, C. pén., qui n'auront pas été réhabilités ;

2° Les personnes condamnées pour calomnie, larcin, escroquerie, abus de blanc seing, tenue de maison de jeu, pourvu que le jugement ait prononcé l'interdiction de porter témoignage en justice (Arg. C. pén., art. 42, 401, 405, 407, 408, 410).

1726. Le juge de paix doit demander aux témoins, leurs nom, prénoms, âge, état, profession, demeure, s'ils sont domestiques, parents ou alliés des parties, et à quel degré : il doit être fait mention de la demande et des réponses des témoins (C. inst. crim., art. 75).

L'ordonnance de 1670 exigeait qu'il fût demandé aux témoins s'ils étaient serviteurs ou domestiques des parties. Le Code d'instruction criminelle n'a pas reproduit la première de ces expressions ; mais, ainsi que le fait remarquer Carnot, *de l'Instr. crim.*, t. 1, p. 342, on doit entendre aujourd'hui par *domestiques*, non-seulement les domestiques proprement dits, mais encore les personnes qui occupent des emplois dans la maison, telles que les secrétaires, intendants, etc.

S'il y a une partie civile, il est nécessaire de faire connaître cette circonstance aux témoins, pour qu'ils puissent répondre complétement aux questions qui leur sont faites, en vertu de l'art. 75 du C. d'inst. crim.

1727. Les témoins doivent déposer de *vive voix*. Le juge ne doit donc pas admettre une déclaration écrite, préparée d'avance, ni permettre au témoin de la lire, parce que la loi ne peut accepter un témoignage prémédité, et qui, par cela même, pourrait avoir été suggéré. Il n'est fait exception à cette règle que pour le sourd-muet qui sait écrire ; encore sa déposition écrite doit-elle être faite en présence du juge.

Néanmoins, s'il s'agissait de fixer des dates ou de préciser des calculs, il est hors de doute que le juge, après avoir reçu la déposition orale du témoin, peut lui permettre de consulter ses notes, ses registres et autres documents.

1728. Lorsque les témoins ne parlent pas la langue française, le juge doit appeler un interprète, âgé de 21 ans accomplis, et lui faire prêter le serment de traduire fidèlement les discours à transmettre entre ceux qui parlent des langues différentes (C. inst. crim., art. 332).

Il y a également lieu de donner un interprète des signes aux témoins sourds-muets, qui ne pourraient communiquer par écrit avec le juge; mais, si le sourd-muet sait écrire, le greffier écrit les questions et les observations qui doivent lui être faites; le juge les remet aux témoins, et celui-ci donne par écrit ses réponses aux déclarations. Il est fait lecture du tout par le greffier (C. inst. crim., art. 333).

1729. On peut nommer pour interprète toute personne âgée de plus de 21 ans, même le greffier; mais dans ce cas il doit être remplacé momentanément. On peut aussi désigner une femme, un domestique et même un étranger non naturalisé (Cass., 2 mars 1827, S.27.1.433), comme tous autres. Les témoins et le juge instructeur sont seuls incapables d'être pris pour interprètes.

1730. Le témoin, ayant prêté serment de dire toute la vérité, ne doit rien cacher à la justice; il doit dire tout ce qu'il sait et rien que ce qu'il sait; raconter ce qu'il a vu, ce qu'il a entendu, ce qu'il a ouï dire; faire un récit exact et circonstancié; rendre compte de tout ce qui peut servir à prouver la culpabilité ou l'innocence du prévenu; rendre raison de la manière dont il sait ou a appris ce qu'il déclare. La cause du crime ou délit, l'instrument, le jour, l'heure, le lieu, les distances, la qualité, l'âge, le sexe, la moralité du prévenu, le nombre des auteurs, des complices du fait incriminé, la part que chacun d'eux y a prise, tout doit être déterminé avec clarté et précision.

Le juge, dit Jousse (*L. civ.*, t. 2, p. 105 à 108), doit se comporter avec prudence à l'égard des témoins. Si quelqu'un d'eux lui paraît suspect, chancelant, et disposé à ne rien dire ou à déguiser la vérité, soit par faveur, soit par crainte ou par un scrupule déplacé, il lui représentera l'obligation où il est de déclarer la vérité des faits sans en rien changer. Mais le juge doit éviter de rien suggérer au témoin et de l'intimider ou séduire pour l'engager à déposer. Il doit lui laisser dire librement tout ce qu'il sait, sans user à son égard d'autre

promesse ni contrainte, et, ensuite, faire rédiger sa déposition de la manière qu'elle est faite sans y faire aucun changement; autrement, il commettrait un grand crime devant
Dieu, et pourrait, avec justice, être poursuivi et puni sévère-
ment comme prévaricateur.

1731. Les témoins devant déposer librement, ne doivent
pas être entendus par forme d'interrogatoire; c'est seulement
après leurs dépositions, ou lorsqu'ils refusent de s'expliquer,
que le juge peut poser des questions sur le fait qu'il désire
éclairer. L'interrogatoire fait au témoin aurait des inconvénients graves; il pourrait être captieux; le juge pourrait y
insinuer la réponse à faire; la déposition ne serait plus vraiment celle du témoin, elle serait en quelque sorte celle du
juge, dont les fonctions doivent se borner à recevoir les témoignages.

Toutefois, c'est dans ce sens seulement que le juge doit
s'abstenir de toute suggestion, que l'on a admis la maxime :
les dépositions ne doivent pas être reçues par interrogatoire;
car d'Aguesseau écrivait (51ᵉ plaidoyer) : « On reproche au
juge... d'avoir interrogé les témoins, au lieu de recevoir simplement leurs dépositions! Mais il n'y a pas de bon juge qui
ne le fasse, et l'on peut dire que la faute des officiers de Châ-
tillon n'est pas de l'avoir fait, mais de l'avoir écrit. »

Le juge doit représenter aux témoins les pièces de conviction, s'il y en a, les confronter avec le prévenu et les témoins,
s'il le juge utile à la manifestation de la vérité.

Les cas de confrontation, ainsi que les formes à suivre,
étaient minutieusement réglées par l'ord. de 1670. Aujour-
d'hui, ce mode d'instruction est laissé au discernement du
juge instructeur.

De même, si le témoin, lors de sa déposition, représente
quelque chose qui puisse servir à conviction ou à décharge,
le juge doit en dresser procès-verbal ou en faire mention dans
la déposition.

En matière de faux, les pièces représentées aux témoins
doivent être signées et paraphées par eux (C. inst. crim.,
art. 457).

1732. L'information doit être faite à charge et à décharge,
c'est-à-dire que les procès-verbaux doivent être rédigés avec
soin et impartialité; les dépositions des témoins doivent l'être
de manière qu'aucun fait ne soit altéré, et que le prévenu
puisse y trouver sa justification, comme il pourrait y trouver
la conviction du crime ou délit dont on l'accuse (Ord. de

1670, tit. 6, art. 10 ; CARNOT, t. 1, p. 332 ; LEGRAVEREND, *L. cr.*, t. 1, p. 256 ; DUVERGER, p. 399, n° 895).

1733. La déposition du témoin doit être rédigée en sa présence même et incontinent, c'est-à-dire constatée par écrit, dans un procès-verbal écrit par le greffier sous la dictée du juge. Le témoin doit parler à la première personne, comme nous l'avons déjà fait observer. En effet, raconter, dit Mangin, *de la Preuve écrite*, tit. 1er, ce que le témoin dit, au lieu de le faire parler lui-même, écrire que le témoin dépose que *tel jour*, à *telle heure*, il a vu *telle* ou *telle* chose, au lieu de lui faire dire : tel jour, à telle heure, j'ai vu, j'ai entendu..., est un usage bizarre qui nuit à la précision et la clarté de la déposition.

La déposition des témoins doit être énoncée en termes clairs, précis, sans aucune équivoque, en conservant sa physionomie de manière à faire connaître si le témoin affirme positivement certains faits, ou s'il se borne à les présenter comme douteux. La manière de présenter un fait, d'exprimer une pensée, peut changer, en quelque sorte, aggraver ou modifier la déposition du témoin ; il faut donc que le juge pèse sur chaque mot, et fasse bien expliquer la personne dont il reproduit le langage.

Le juge doit employer, autant que possible, les expressions mêmes du témoin, quelque vicieuses qu'elles soient. En un mot, l'information doit être, ainsi que le disaient avec pleine raison nos anciens criminalistes, « comme un miroir qui représente les objets tels qu'ils sont, sans les augmenter, diminuer, ni altérer de quelque manière que ce soit. »

Quelques magistrats, dit M. Desclozeaux, *Disc. sur les dr. et les dev. du juge d'instr.*, ont cru que leur obligation se bornait à rendre fidèlement le sens des déclarations ; qu'il leur était permis d'enlever les incorrections de langage, et de polir une naïveté quelquefois grossière. C'est une erreur : chacun doit parler son langage ; quand on résume, on corrige, on affaiblit : ce n'est pas, sans doute, que la loi impose au magistrat l'obligation de reproduire toutes les incorrections et les fautes grammaticales, puisque leur suppression n'altère en rien le témoignage ; mais le langage même du témoin, ses expressions, et, à plus forte raison, l'ordre de ses idées, doivent être soigneusement respectés.

Si donc il y avait des expressions qui, par leur nature, choquassent les oreilles du juge, celui-ci néanmoins ne peut y suppléer. S'il n'ose les écrire, il doit les indiquer par les lettres initiales ; mais, en résumé, il fera toujours mieux de les reproduire, car il s'agit, avant tout, d'éclairer la justice ; il faut savoir écrire ce que la loi veut punir et ce que les tribunaux doivent juger (De Molènes, des Fonct. de pol. jud., p. 20). Quant aux idiotismes et aux mots de patois, il est bon qu'on les fasse suivre d'une traduction entre parenthèses, afin d'en faciliter l'intelligence aux magistrats qui ne pourraient les comprendre sans un tel secours ; que l'on emploie la même méthode quant aux expressions étrangères ou détournées de leur signification propre, dont le témoin se serait servi, et qu'on lui aurait fait expliquer en lui demandant ce qu'il a entendu dire par ces expressions, et en l'amenant à rendre sa pensée par d'autres termes.

1734. Le juge doit demander au témoin s'il persiste dans sa déclaration, c'est-à-dire s'il n'a rien à ajouter ou à diminuer, si elle exprime clairement sa pensée, si c'est là ce qu'il a voulu dire, et s'il la maintient. Cette interpellation est très-importante, en ce qu'elle met le témoin à même de déclarer s'il accepte la rédaction qui vient d'être faite de sa déposition.

1735. Chaque déposition doit être signée du juge, du greffier et du témoin. C'est cette triple signature qui garantit la vérité de la déposition. Avant le Code d'inst. crim., l'infraction à cette disposition emportait nullité ; aujourd'hui, elle engagerait seulement la responsabilité du juge ou du greffier. Chaque déposition sera signée, porte l'art. 76, C. inst. crim., du juge, du greffier et du témoin, après que lecture en aura été faite, et que le témoin aura déclaré y persister ; si le témoin ne veut ou ne peut signer, il en sera fait mention.

Lecture est faite aux témoins, dit Bornier (Conf. des ord., t. 2, p. 84), afin qu'ils soient par là plus particulièrement avertis de bien penser à ce qu'ils ont déposé, et, après que les dépositions leur ont été répétées, de ne pas se dédire, ni varier plus tard, ce qui les exposerait à une peine.

1736. Chaque page du cahier d'information sera signée par le juge et par le greffier (C. inst. crim., art. 76, § 2). Ce paragraphe, qui est la reproduction de l'art. 9, tit. 6 de l'ord. de 1670, est tombé dans une sorte de désuétude, par suite de l'abandon presque général du cahier d'information. Les dépositions sont aujourd'hui rédigées sur des feuilles séparées, et l'on pourrait induire de là l'inutilité de la prescription de ce paragraphe. Néanmoins nous avons constamment exigé, dans notre longue carrière, l'apposition de la signature du témoin au bas de chaque page de sa dépositition, encore bien que l'art. 76 ne l'exige qu'au pied de sa déposition, et y avons apposé la nôtre et fait apposer celle du greffier, comme mesure de garantie pour le juge et de sécurité pour le témoin contre toute addition, et nous ne pouvons qu'engager nos collègues à suivre, en cette circonstance, notre exemple.

1737. Quoiqu'un témoin déclare qu'il ne sait rien, il ne faut pas moins mentionner dans sa déposition qu'il lui en a été donné lecture, qu'il a persisté et qu'il l'a signée, ou qu'il a déclaré ne savoir, ne pouvoir ou ne vouloir signer, de ce requis. Les mêmes formalités sont à remplir à l'égard des réponses faites, sur l'interpellation du juge, par le témoin qui est appelé à compléter sa déposition.

1738. La déposition de chaque témoin doit être écrite en entier, sans qu'il soit permis, par exemple, de mettre que le témoin dépose la même chose que tel autre témoin précédent, ou qu'il s'en réfère à la déclaration par lui faite précédemment et consignée dans un cahier d'information de telle date, devant tel officier de police judiciaire, etc.

1739. Lorsqu'après la lecture le témoin a quelques additions à faire à sa déposition, on les inscrit à la suite. Pour éviter cet embarras, il faut avoir soin de faire lire les dépositions avant d'en dicter la clôture sur le procès-verbal.

1740. Les formalités prescrites par les art. 74, 75 et 76 du C. d'inst. crim., doivent être remplies, à peine de 50 fr. d'amende contre le greffier même, et, s'il y a lieu, de prise à partie contre le juge (Art. 77).

L'omission des formes prescrites pour l'audition des témoins n'emporte aucune nullité, comme on le voit. La loi s'est bornée à déclarer le juge et le greffier responsables de ces formes.

1741. Aux termes de l'art. 78, C. inst. crim., aucun interligne ne peut être fait : les ratures et les renvois doivent être approuvés et signés par le juge, par le greffier et par le témoin, sous les peines portées en l'art. 77 du même Code.

Il ne suffit pas que les renvois soient paraphés.

Les interlignes, ratures et renvois non approuvés sont réputés non avenus.

Ainsi, lorsque le témoin demande à faire des changements, additions ou rectifications à sa déposition, ces changements, additions ou rectifications ne peuvent être faits par interlignes; il faut faire des renvois à la marge ou à la suite de la déposition, et chaque renvoi doit être accompagné d'une approbation spéciale, signée par le juge, par le greffier et par le témoin pour qu'on ne puisse y rien ajouter après coup. Ces formalités s'appliquent à chaque renvoi et à chaque rature, en ce sens que le nombre des mots rayés doit être spécifié à la marge ou à la fin de la déposition.

1742. Il est convenable, pour la facilité des recherches dans la procédure, que le greffier établisse, en tête et à la marge de chaque acte d'information, la date et l'indication de son objet.

1743. Chaque témoin qui demande une indemnité doit être taxé par le juge (C. inst. crim, art. 82) : cette indemnité et le mode de paiement sont réglés par les art. 26 et suiv. du décret du 11 juin 1811 (V. *infrà*, ch. V).

CHAP. IV. — FORMULES.

SECT. Ire. — PROTOCOLE GÉNÉRAL DE TOUS LES ACTES DES J DE PAIX, EN LEUR QUALITÉ D'OFFICIERS DE POLICE JUDICIAIRE, AUXILIAIRES DU PROCUREUR DE LA RÉPUBLIQUE.

Nous diviserons ces actes en quatre classes :

1° Ceux reçus par le juge de paix sans le concours du greffier, tels que déclarations, dénonciations ou plaintes (C. inst. crim., art. 48 et 63);

2° Ceux reçus par le juge de paix également sans le concours du greffier, tels que réquisitoires, mentions, mandats divers, états, mémoires, etc.;

3° Ceux dressés par le juge de paix assisté du greffi tels que instructions criminelles en cas de flagrant délit ou sur réquisition d'un chef de maison (C. instr. crim., art. 49, 46);

4° Et ceux dressés par le juge de paix assisté du greffier, tels que instructions criminelles sur commission rogatoire.

1re CLASSE.

L'an..., le..., heures du...,

Par-devant nous (nom et prénoms), juge de paix du canton de..., arrondissement de..., département de...,

Etant dans notre cabinet à..., et procédant comme officier de police judiciaire, auxiliaire du procureur de la République, conformément à l'art. 48, C. instr. crim., s'est présenté, (ou) est comparu le sieur... (nom, prénoms, âge, profession et demeure.

(S'il agit comme fondé de procuration, on ajoute) :

Agissant au nom et comme mandataire de..., suivant sa procuration spéciale à l'effet des présentes passée devant M°..., notaire à..., le..., enregistrée, dont le brevet original, légalisé par le président du tribunal de première instance de l'arrondissement de..., est demeuré ci-annexé, après avoir été par ledit sieur... (le comparant), et par nous, juge de paix, signé et paraphé, *ne varietur*.

Lequel nous a fait la... suivante :

« Je m'empresse, monsieur le juge de paix, de vous rendre plainte, (*ou*) de vous faire la déclaration, (*ou*) la dénonciation de ce vol, (*ou*)..., de ces faits dans l'intérêt public, n'entendant nullement, du moins quant à présent, me constituer partie civile, (*ou*) me réservant de me constituer ultérieurement partie civile, si je le juge utile à mes intérêts. »

Lecture faite au comparant de sa dénonciation, il a déclaré y persister, et a affirmé, sur notre réquisition, que les faits par lui dénoncés sont véritables.

Dont acte ; fait à..., le..., à..., heures du..., et a ledit sieur... signé avec nous, juge de paix, en cet endroit et au bas de la page précédente.

(Signatures).

2° CLASSE.

Nous (nom et prénoms), juge de paix du canton de..., arrondissement de..., département de..., officier de police judiciaire, auxiliaire du procureur de la République.

Procédant en cas de flagrant délit (*ou*) par suite de délégation...,

Requérons, en vertu de l'art. 25, C. instr. crim., (*ou*) de toute autre disposition de loi, M...

(Dire si c'est la gendarmerie ou la troupe de ligne, spécifier le nombre d'hommes, la cause et le motif de la réquisition).

(*Ou*) Attestons que...
Fait à..., le..., heures.
    (*Sceau*).   *(Signature).*

(*Ou*) Nous (comme ci-dessus), vu l'art..., requérons...
Fait à...
    (*Sceau*).   *(Signature).*

(*Ou*) Nous (comme ci-dessus),
Mandons et ordonnons (V. *infrà*, sect. IV. Mandats d'amener, de dépôt, etc.),

(*Ou*) Nous (comme ci-dessus),
Vu le réquisitoire ci-dessus, (*ou*) vu l'art...,
Attendu que..., avons, (*ou*) nous avons...
Fait à..., le...
    (*Sceau*).   *(Signature).*

3° CLASSE.

L'an..., le..., heures du...,
Nous..., juge de paix du canton de..., arrondissement de..., département de..., officier de police judiciaire, auxiliaire du procureur de la République, assisté de M°... (nom et prénoms) notre greffier ordinaire, (*ou*) de M... (nom, prénoms, âge, profession), demeurant à..., auquel nous avons confié momentanément les fonctions de greffier, pour cause d'absence (*ou*) de maladie, (*ou*) empêchement de notre greffier ordinaire, et dont

nous avons reçu le serment de se bien et fidèlement acquitter desdites fonctions.

Instruit par la dénonciation à l'instant faite devant nous par... (nom, prénoms, profession, demeure) qu'un (indiquer si c'est un vol, un homicide, un empoisonnement).

Procédant en cas de flagrant délit et par suite de ladite plainte, conformément aux art. 32, 46 et 49, C. instr. crim.

Après avoir donné avis de notre transport à M. le procureur de la République de l'arrondissement de..., nous nous sommes transporté, accompagné de..., gendarmes de la brigade de..., dans..., sur... (indiquer l'endroit), où étant arrivé nous avons procédé, en présence de M. le maire ou l'adjoint de ladite commune, ainsi qu'il suit (V. infrà, Formules, sect. v, § 2, Flagrant délit).

Fait et clos à..., le..., ... heure. (Signature du juge et du greffier).

(Ou) L'an..., le..., heures...,

Nous... (comme ci-dessus),

Etant à..., et procédant en cas de flagrant délit, par suite de notre procès-verbal de constat d'un vol (ou autre crime), commis au domicile et au préjudice du nommé..., en date de ce jour, nous avons fait comparaître devant nous, en la maison (l'indiquer) où nous sommes, les personnes ci-après nommées, à nous indiquées dans le cours de notre opération comme pouvant donner des renseignements sur le (le crime, le désigner) dont il s'agit, lesquelles nous ont fait successivement et séparément les unes des autres hors de la présence du prévenu (on ajoute : et du plaignant s'il y a lieu), leurs dépositions, ainsi qu'il suit :

(Le juge de paix peut faire prêter serment à chaque témoin ; nous l'avons toujours fait en pareil cas).

(1) 1° L. M..., âgé de..., femme de P. M..., maraîcher, demeurant à..., non domestique, parente ni alliée du prévenu, dépose :

« J'ai vu..., j'ai entendu... » (recueillir ici la déposition). Lecture faite, a persisté et a signé avec nous et le greffier.   (Signatures).

2°..., 3°..., etc...

(Représenter aux témoins les pièces de conviction, les confronter entre eux et avec le prévenu, s'il y a lieu).

(Ou) Étant à..., et procédant en cas de flagrant délit, par suite de notre procès-verbal en date de ce jour ; (ou) procédant sur la réquisition de..., chef de maison, (ou) procédant en vertu de la commission rogatoire de M. le juge d'instruction de..., en date du..., à nous transmise pour exécution par M. le procureur de la République dudit arrondissement, le...,

Avons fait subir l'interrogatoire suivant au dénommé ci-après, prévenu de... (déterminer le fait succinctement), trouvé et arrêté sur les lieux, (ou) se présentant volontairement (ou) conduit devant nous en vertu de notre mandat d'amener, (ou) comparant en vertu de notre mandat de comparution, en date du...

D. Quels sont vos nom, prénoms, âge, profession, domicile et lieu de naissance ?

R...

_____

(1) Le nom de chaque témoin doit être mis en marge de chaque déposition.

D. Vous êtes inculpé d'avoir...

R...

(On continue ainsi). (V. *Interrogatoire*, *infrà*, sect. v, § 13).

Lecture faite, a persisté et a déclaré ne vouloir signer, de ce requis, et nous, juge de paix, avons signé avec notre greffier, (*ou*) a signé avec nous et notre greffier.

Fait à..., le..., ... heure.   (*Signatures du juge et du greffier*).

4° CLASSE.

L'an..., le..., ... heures du...,

Par-devant nous..., juge de paix du canton de..., arrondissement de..., département de..., officier de police judiciaire,

Agissant en vertu de la commission rogatoire de M. le juge d'instruction près le tribunal civil de première instance de l'arrondissement de..., en date du ...,

(*Ou*) en vertu de délégation de M. le juge d'instruction près le tribunal de première instance de l'arrondissement de..., pour l'exécution de la commission rogatoire de M. le juge d'instruction de l'arrondissement de..., département de..., en date du...,

Étant dans notre cabinet à..., assisté de M°... (nom et prénoms), notre greffier ordinaire ...

En conséquence de la citation donnée à la requête de M. le procureur de la République, que exploit de..., huissier à..., en date du..., conformément à notre cédule du...

Ont comparu les témoins ci-après, chacun desquels appelé successivement et séparément hors la présence du prévenu, après avoir représenté la citation qui lui a été donnée, pour déposer, reçu communication des faits contenus dans la commission rogatoire susrelatée, relative à... (nature du crime ou délit), imputé à... (désignation du prévenu), prêté serment de dire toute la vérité, rien que la vérité, et enquis par nous de ses nom, prénoms, âge, état, profession et demeure, s'il est domestique, parent ou allié du prévenu, et à quel degré (ou de la partie civile, s'il y en a une), nous a répondu et a fait sa déposition ainsi qu'il suit :

1° L. B..., âgé de..., garçon épicier; demeurant à..., non domestique, parent ni allié du prévenu (ni de la partie civile s'il y a lieu), dépose :

« Le..., étant à..., j'ai vu..., entendu..., j'ai appris que... etc. »

Interpellé d'expliquer tel fait, (*ou*) de déposer sur ce qu'il sait relativement à..., (*ou*) de faire connaître la moralité du prévenu, le témoin a répondu : « Je... » (sa déposition).

Représentation faite de... (désigner la pièce représentée), le témoin a déclaré : « Je... »

Lecture faite, a persisté, a requis taxe, que nous avons allouée, de la somme de..., et a signé avec nous et le greffier.   (*Signatures*).

2°... ;

3° H. B..., âgé de quatorze ans, sans profession, demeurant à..., non domestique, parent ni allié du prévenu, mais cousin germain de..., partie civile, entendu par forme de déclaration et sans prestation de serment, vu son âge, dépose : Je...

Lecture faite...,

Tous les témoins assignés étant entendus, à l'exception seulement du nommé..., qui nous a fait présenter un exoine ci-annexé, attestant..., et de..., qui n'a ni comparu ni fourni d'excuse, quoique valablement assigné, nous avons clos le présent procès-verbal, les jour, mois et an que dessus, et nous avons signé avec le greffier.

(Continuation du procès-verbal lorsque l'information est renvoyée à un autre jour).

Et le..., ...heures du matin, par continuation,

Par-devant nous, juge de paix susdit, agissant et assisté comme dit est,

Ont comparu les témoins ci-après nommés, par suite de l'exploit sus-relaté.

(*Ou*) En conséquence de l'exploit de..., huissier à..., en date du..., en vertu de notre cédule du...,

Lesquels témoins, après l'accomplissement de toutes les formalités énoncées au commencement de notre procès-verbal, ont répondu et fait leur déposition ainsi qu'il suit:

4°... (comme ci-dessus).

5°...

Fait et clos à..., le..., et avons signé avec le greffier. (*Signatures*).

SECT. II. — PROCÈS-VERBAUX D'INFORMATION DE LA COMPÉTENCE DES JUGES DE PAIX, COMME OFFICIERS DE POLICE JUDICIAIRE, AUXILIAIRES DU PROCUREUR DE LA RÉPUBLIQUE.

§ 1er. — Dénonciation de fausse monnaie.

L'an..., le..., heure de...

Par-devant nous... (nom, prénoms et qualité de l'officier de police auxiliaire);

Étant à..., et procédant comme officier de police judiciaire, auxiliaire de M. le procureur de la République, s'est présenté le sieur Louis M..., marchand épicier, demeurant à..., rue..., n°..., qui nous a fait la déclaration suivante:

« Il y a un instant, l'individu ici présent s'est présenté à mon comptoir pour échanger une pièce de... qui m'a paru fausse ou altérée. J'en ai fait l'observation à l'individu et je l'ai invité à me suivre dans votre cabinet, ce qu'ayant paru hésiter à faire, je l'ai arrêté et conduit pour qu'il eût à s'expliquer avec la justice. Je vous remets la pièce que cet individu m'a présentée à échanger. »

Lecture faite au sieur M... de sa dénonciation, il a déclaré y persister et a affirmé, sur notre réquisition, que les faits par lui dénoncés sont véritables, et a signé.   (*Signature*).

Nous avons de suite représenté la pièce de... à nous remise par le sieur M... à l'individu amené devant nous, et lui ayant demandé s'il la reconnaissait pour celle qu'il a présentée à échanger (*ou* en paiement) au sieur M..., ici présent, il y a environ une heure; il a répondu... et a signé (*ou*) refusé de signer, lecture faite.   (*Signature*).

Nous avons ensuite fait éprouver cette pièce de monnaie par M. B..., bijoutier, (*ou*) horloger, (*ou*) orfévre patenté, demeurant rue..., n°..., par nous requis à cet effet, lequel ayant prêté en nos mains le serment de procéder, et nous faire son rapport en honneur et conscience, a examiné et éprouvé par... (indiquer par quelle épreuve) la pièce de monnaie dont s'agit, et nous a déclaré qu'elle était fausse ou altérée, et a signé, après lecture faite.   (*Signature*).

Nous avons enveloppé ladite pièce dans un morceau de papier blanc scellé de notre sceau et signé de l'expert, de nous et du prévenu, *ne varietur.*

Ayant fait fouiller l'individu, il s'est trouvé sur lui... cinq pièces de... qui nous ont paru avoir beaucoup de ressemblance avec celle saisie. Nous les avons en conséquence fait éprouver par ledit sieur B..., qui, après les avoir examinées et éprouvées comme la première, nous a déclaré qu'elles étaient également fausses. Nous avons saisi ces cinq pièces de monnaie, que nous avons enveloppées dans un papier blanc, scellé de notre sceau et signé de l'expert, de nous et du prévenu, *ne varietur.*

(Signatures).

Nous avons ensuite fait subir l'interrogatoire suivant au dénommé ci-après, prévenu d'émission de pièces de monnaie fausses ou altérées.

D. Quels sont vos nom, prénoms, âge, profession, domicile et lieu de naissance?

R. L... X..., âgé de..., ouvrier horloger, né à..., demeurant à Paris, rue..., n°...

D. D'où vous proviennent les pièces de monnaie fausses ou altérées saisies sur vous?

R. Je l'ignore tout à fait, ayant reçu de l'argent de plusieurs personnes.

D. Pourriez-vous nous dire les noms, professions et demeures de ces personnes?

R...

D. Avez-vous mis en émission d'autres pièces de monnaie fausses ou altérées que celles saisies dans la boutique du sieur M...?

R. Je l'ignore, ne sachant pas avoir de pièces fausses en ma possession.

D. Avez-vous d'autres domiciles que celui par vous indiqué ci-dessus, rue..., n°...?

R...

D. Vous vivez sans doute avec quelque femme?

R. Je vis avec la fille L. D..., lingère, demeurant rue..., n°...

D. Chez qui et avec qui travaillez-vous habituellement?

R...

D. Avez-vous été repris de justice?

R...

(On fait ainsi toutes autres questions que les circonstances peuvent suggérer).

Lecture à lui faite, a persisté et a signé avec nous et le greffier.

(Signatures).

Ce fait, vu les art. 32, 36, 37, 38 et 49, C. instr. crim., nous sommes transporté avec ledit sieur..., et assisté de deux gendarmes (les nommer), en son domicile par lui indiqué, rue..., n°..., à l'effet d'y faire exacte perquisition de tous papiers, correspondances, instruments et ustensiles pouvant avoir rapport au fait dont il s'agit.

Arrivé dans ladite maison et monté au... étage, dans un..., que X... nous a déclaré être son domicile, (*ou*) le domicile du sieur M..., chez lequel il loge, nous avons fait exacte perquisition en présence de X... et des sieurs O... et S..., trouvés dans ledit logement; et il ne s'est rien trouvé qui eût rapport à nos recherches, (*ou bien*) nous avons trouvé dans...

(Désigner en détail tous les objets, écrits, instruments,

ustensiles présumés propres à fabriquer ou altérer des monnaies ; les papiers, correspondances, etc. ; représenter chaque objet au prévenu, lui faire dire d'où il le tient, à quoi il est propre, etc., et lui faire signer ses réponses).

Tous lesquels objets nous avons saisis, réunis et placés dans un..., que nous avons ficelé et scellé de notre sceau, et y avons attaché une étiquette indicative ainsi conçue : *Objets appartenant au sieur...*, *et saisis à son domicile, suivant notre procès-verbal de ce jour* (indiquer la date), laquelle a été signée de nos assistants, du prévenu et de nous.

(Si c'est le juge de paix qui procède, on dit : de nous et du greffier).

Pour le tout être joint à notre procès-verbal et être adressé à M. le procureur de la République de l'arrondissement d....

(Même transport et même opération dans les autres lieux qui seraient indiqués par le prévenu ou par l'instruction. Procéder aux interrogatoires des personnes trouvées dans le domicile du prévenu, et d'autres prévenus qui pourraient être découverts, mais séparément les uns des autres).

Et attendu que de l'instruction il résulte contre le... (*ou*) les nommés..., les indices les plus graves de falsification (*ou*) d'altération de la monnaie de l'Etat (*ou*), de fabrication (*ou*) émission de fausse monnaie, crime prévu par les art. 132 et suiv., C. pén. ;

Ordonnons que le (*ou*) les... susnommés resteront sous la main de justice, en état de mandat d'amener, et qu'ils seront conduits par la brigade de gendarmerie d..., au commandant de laquelle nous l'avons (*ou*) nous les avons remis, devant M. le procureur de la République de l'arrondissement d..., aux fins de droit.

Ordonnons également que les objets saisis et scellés ci-dessus décrits, seront en même temps transportés au greffe du tribunal du même arrondissement, comme pièces de conviction, par... (désigner la personne chargée de ce transport).

Fait et clos le procès-verbal d'information, les jour, mois et an susdits, et ont nos assistants signé avec nous (et le greffier, si c'est le juge de paix qui opère).

(Signatures).

§ 2. — **Plainte en extorsion par force, violence ou contrainte de la signature ou de la remise d'un écrit, d'un acte, d'un titre ou d'une pièce quelconque, contenant ou opérant obligation ou décharge.**

L'an... (comme au § 1er ci-dessus),

Est comparu le sieur..., qui nous a fait la plainte suivante :

« Il y a environ deux heures, le sieur D... (détail exact de tous les faits et circonstances, indication des témoins, s'il y en a, ainsi que des pièces écrites qui peuvent fournir des preuves, lesquelles pièces doivent être signées et paraphées, *ne varietur*, par le plaignant et par celui qui rédige le procès-verbal). Je m'empresse de vous dénoncer ces faits pour qu'il soit informé dans l'intérêt de la vindicte publique, me réservant, du reste, de me constituer partie civile si je le juge utile à mes intérêts. »

Lecture faite au comparant de sa plainte, il a déclaré y persister, et a affirmé, sur notre réquisition, que les faits qu'il vient de nous dénoncer sont véritables, et a ledit plaignant signé avec nous.

Dont acte : fait à..., les jour, mois et an susdits.

(*Signatures*).

§ 3.—Dénonciation d'un vol qualifié, non flagrant, faite par la partie lésée.

L'an, le..., à... heures,

Par-devant nous..., juge de paix du canton de..., arrondissement de...,

Étant dans notre cabinet, à..., et procédant comme officier de police judiciaire, auxiliaire de M. le procureur de la République, conformémeut à l'art. 48, C. inst. crim.,

S'est présenté M. Noël, âgé de quarante-cinq ans, propriétaire, domicilié à..., y demeurant, rue..., n°..., qui nous a fait la dénonciation suivante :

« Domicilié à..., je viens habiter momentanément une maison de campagne que je possède à Croissy, notamment les dimanche et lundi de chaque semaine.

« Le 28 mars dernier, je l'ai quittée avec ma famille, vers les six heures du soir, après m'être assuré par moi-même que toutes les issues en étaient bien fermées. Cinq jours après, j'y suis revenu seul, pour y faire quelques travaux.

« Arrivé vers huit heures du soir, j'ai trouvé toutes les portes et meubles fermés comme lors de mon départ, et je me suis couché sans inquiétude, n'ayant rien remarqué d'extraordinaire.

« Le lendemain matin, à mon lever, j'ai ouvert le secrétaire de ma chambre avec la clef que j'avais sur moi, pour y prendre une somme de cinquante francs, qui m'était nécessaire pour payer les gages de mon jardinier. Après en avoir visité tous les tiroirs et la caisse, j'ai reconnu qu'on m'avait volé, du lundi, 28 mars dernier, au 6 de ce mois, un sac, en grosse toile, marqué d'une croix à l'encre, contenant 695 francs en pièces de cinq francs, deux billets de la Banque de France : l'un de cinq cents francs et l'autre de cent francs; douze couverts d'argent à filets et six cuillers à café, marqués des lettres initiales N. D. J'ignore si on a volé du linge, ma femme seule pouvant vérifier ce fait à son premier voyage. Ce vol audacieux n'a pu être commis que par quelqu'un qui connaissait bien la maison, à l'aide d'escalade et de fausses clefs, tant pour s'y introduire intérieurement que pour ouvrir mon secrétaire. Je soupçonne de s'être rendu coupable de ce vol le nommé Joseph C..., mon ancien domestique, que j'ai renvoyé il y a environ trois semaines, parce que j'ai cru avoir lieu de soupçonner sa fidélité. C... est revenu plusieurs fois à la maison, sous différents prétextes, ainsi que pourront l'attester Rose L..., ma cuisinière, et Pierre L..., mon domestique. Il était sans place depuis sa sortie de chez moi, à l'époque de notre dernier voyage à la campagne. Joseph N..., mon jardinier, et Louis S..., vigneron, l'un de mes plus proches voisins, m'ont rapporté qu'ils avaient vu C..., vers sept heures du soir, rôder et sortir de ma maison, le lendemain de notre départ de Croissy. Il n'a pas été revu depuis dans le pays, et l'on ignore le lieu de sa résidence actuelle.

« C... est âgé de vingt-sept ans, taille de 1 mètre 675 millimètres, cheveux et sourcils noirs, yeux gris, front bas, nez gros, bouche grande, menton pointu, visage ovale, teint pâle, taches de rousseur.

« Je m'empresse donc, monsieur le juge de paix, de vous rendre plainte de ce vol, dans l'intérêt public, n'entendant nullement, du moins quant à présent, me constituer partie civile. »

Lecture faite au comparant de sa dénonciation, il a déclaré y persister et a affirmé, sur notre réquisition, que les faits par lui dénoncés sont véritables.

Fait à..., les jour, mois et an susdits, à neuf heures du matin, et a ledit sieur..., signé avec nous, juge de paix, en cet endroit et au bas de la page précédente.

(Signatures).

§ 4. — Dénonciation d'un vol qualifié, non flagrant, faite par un fondé de procuration spéciale.

L'an..., le..., à... heures du matin ;

Par-devant nous, juge de paix du canton de..., arrondissement de..., département de..., étant dans notre cabinet, à..., et procédant comme officier de police judiciaire, auxiliaire de M. le procureur de la République, conformément à l'art. 48, C. inst. crim.

S'est présenté le sieur Alexis, principal clerc de notaire, demeurant à..., agissant au nom et comme mandataire de Noël, âgé de quarante-cinq ans, propriétaire, domicilié à..., y demeurant, rue..., n°..., suivant sa procuration spéciale à l'effet des présentes, passée devant Mᵉ..., notaire à..., le... enregistrée... dont le brevet original, légalisé par le président du tribunal de première instance de l'arrondissement de..., est demeuré ci-annexé, après avoir été, par ledit sieur, comparant, et par nous, juge de paix, signé et paraphé, <i>ne varietur ;</i>

Lequel nous a fait la dénonciation suivante :

« Domicilié à..., M. D... vient habiter momentanément une maison de campagne qu'il possède à Croissy, commune de ce canton.

« Le 28 mars dernier, il l'a quittée avec sa famille vers six heures du soir, après s'être assuré par lui-même que toutes les issues en étaient bien fermées. » (Le reste comme au § 3).

§ 5. — Dénonciation d'un vol qualifié, non flagrant, présentée toute rédigée au juge de paix.

Nous, juge de paix du canton de..., etc.;

Vu la dénonciation (ou plainte) ci-dessus signée de M. Noël, domicilié à..., y demeurant, rue..., n°..., à nous présentée cejourd'hui, heures du matin, par ledit sieur, qui nous a affirmé, sur notre réquisition, que les faits sont exactement tels qu'il les a exposés dans sa dénonciation (ou plainte),

Nous avons signé ladite plainte au bas de chaque page, et nous lui avons donné acte de la remise qu'il nous en a faite à l'instant, pour ladite dénonciation être sans délai adressée à M. le procureur de la République de l'arrondissement de..., aux fins de droit.

Fait à..., le..., heures du matin.

(Signatures).

§ 6. — Plainte d'un vol qualifié flagrant.

L'an, le..., heures du matin,

Par-devant nous, juge de paix, etc.;

Etant à..., dans notre cabinet, et procédant comme officier de police judiciaire, auxiliaire de M. le procureur de la République ;

S'est présenté le sieur Paul, âgé de trente-cinq ans, maraîcher et vigneron, demeurant à..., qui nous a fait la plainte suivante :

« Ce matin, vers six heures, ma femme, mon fils et ma fille sont allés travailler dans les champs ; ma femme dans notre marais, dit le *Champ de la Borne*, à environ un kilomètre de notre maison, et mon fils et ma fille dans le marais des Trois-Sillons.

« Avant de sortir, ma femme a fermé son armoire avec la clef, qu'elle a mise dans sa poche. Quelques secondes après, je suis sorti moi-même avec ma voiture, et j'ai fermé à double tour la porte de la maison avec la clef que j'ai déposée sous un tas de pierres à droite de mon écurie, où nous la plaçons ordinairement, pour que celui d'entre nous qui revient le premier des champs puisse rentrer sans attendre les autres.

« Vers onze heures, ma femme est retournée à la maison pour préparer le dîner ; elle a trouvé la clef à l'endroit où je l'avais mise ; la porte était fermée comme à l'ordinaire ; mais, en entrant dans la maison elle a trouvé une grande quantité d'effets et de linge épars dans la chambre, son armoire ouverte et la serrure arrachée. Effrayée à la vue d'un tel désordre et ne doutant pas que nous n'eussions été volés, elle est accourue me prévenir. De retour tous chez nous, et après avoir visité nos effets, nous avons reconnu qu'on nous avait volé : 1° une somme de deux cents francs, savoir : soixante francs en trois pièces d'or de vingt francs, cent vingt francs en pièces de cinq francs, dix francs en pièces de deux francs, six francs en pièces de un franc et de cinquante centimes, et le reste en monnaie de cuivre ; — 2° une croix d'or avec sa chaîne, et une montre d'argent ; — 3° dix chemises de toile de ménage, dont six à mon usage, et quatre à l'usage de ma femme, marquées des lettres initiales de nos noms P.-M. et R.-D. Je ne connais nullement les auteurs de ce vol, et je n'ai de soupçons sur personne.

« *(Ou)* Je soupçonne fortement Pierre B..., notre plus proche voisin, de s'être rendu coupable de ce vol.

« Lui et sa femme connaissent parfaitement l'endroit où nous mettions la clef de notre maison. B... savait aussi que j'avais de l'argent en ma possession ; le samedi, 8 de ce mois, il était présent dans l'étude de Mᵉ D..., notaire à..., lorsque M. B..., cultivateur, demeurant à..., m'a payé une somme de deux cent cinquante francs, qu'il restait me devoir sur le prix d'une pièce de terre que je lui avais précédemment vendue.

« Ce matin, lorsque nous avons quitté la maison pour aller aux champs, la femme B... était dans son jardin, d'où l'on découvre parfaitement notre maison, et là, elle avait l'air d'épier notre sortie.

« Mon fils et ma fille m'ont rapporté que B..., qui, pour aller à son marais, où il travaille journellement, était obligé de passer devant celui où ils étaient, n'y est arrivé que vers huit heures, deux heures environ plus tard qu'à l'ordinaire.

« Je m'empresse, monsieur le juge de paix, de vous dénoncer ces faits, pour qu'il soit le plus promptement possible informé dans l'intérêt de la vindicte publique, car je n'entends nullement, du moins quant à présent, me constituer partie civile. »

Lecture faite au comparant de sa plainte, il a déclaré y persister, et a affirmé, sur notre réquisition, que les faits qu'il nous a dénoncés sont véritables, et a ledit plaignant signé avec nous, juge de paix, en cet endroit et au bas de chaque page.

Fait à..., les jour, mois et an que dessus.

(Signatures).

§ 7. — Dénonciation d'un homicide.

L'an..., le..., à... heures du matin,

Par-devant nous, juge de paix, etc.,

Etant à..., et procédant comme officier de police judiciaire, auxiliaire de M. le procureur de la République,

S'est présenté le sieur Alfred, âgé de vingt-sept ans, cultivateur, demeurant à..., rue, n°..., qui nous a fait la dénonciation suivante :

« Il y a environ une heure, un homicide a été commis à..., sur la personne de M. Louis, rentier, l'un de mes locataires ; j'ai arrêté, avec l'aide de mon garçon de boutique, un individu désigné par la clameur publique comme étant l'auteur de ce crime.

« (Ou) : M..., mon locataire, vient à l'instant d'être frappé de plusieurs coups de couteau dans le chemin qui conduit de sa demeure à l'église ; l'auteur présumé de ce crime, le nommé..., n'a pu être arrêté.

« Je m'empresse de vous dénoncer ces faits dans l'intérêt public. »

Lecture faite au sieur B... de sa dénonciation, il a déclaré y persister, et a affirmé, sur notre réquisition, que les faits par lui dénoncés sont véritables.

Fait à..., le..., et a ledit sieur... signé avec nous en cet endroit au bas de la page précédente. *(Signatures).*

§ 8. — Dénonciation d'un empoisonnement.

L'an..., le..., à..., heure...,

Par-devant nous..., juge de paix, etc.,

Etant à..., dans notre cabinet, et procédant comme officier de police judiciaire, auxiliaire de M. le procureur de la République,

S'est présenté M. Félix L..., docteur-médecin, demeurant à..., qui nous a fait la dénonciation suivante :

« J'ai été mandé ce matin, vers les neuf heures, pour constater la mort de Joseph B..., cultivateur, demeurant à..., et je m'y suis transporté vers onze heures.

« L'inspection du cadavre, et l'état dans lequel je l'ai trouvé, m'ont porté à croire que la mort a été occasionnée par le poison. J'ai cru de mon devoir, monsieur le juge de paix, de vous en prévenir avant de donner mon certificat, pour être par vous pris tel parti que vous jugerez convenable. »

Lecture faite au docteur susdit de sa dénonciation, il a déclaré y persister, et a affirmé, sur notre réquisition, que le fait par lui dénoncé est véritable.

Fait à..., le..., et a le sieur L..., signé avec nous, en cet endroit et au bas de la page précédente. *(Signatures).*

§ 9. — Désistement d'une plainte ou d'une déclaration.

L'an..., le..., heure...,

Par-devant nous,

Etant à...,

Est comparu le sieur... (nom, prénoms, profession et demeure), lequel nous a dit et déclaré donner, comme de fait il donne, par le présent, son désistement formel de la plainte (ou) de la déclaration qu'il a faite devant nous, le..., contre le sieur..., relativement à..., par le motif... (ou), reconnaissant que... (ou) attendu que... (motif du désistement), qu'il entend, en conséquence, ne donner aucune suite à la plainte et renoncer expressément à exercer, en raison de cette plainte (ou) déclaration, sous quelque rapport que ce soit, directement ni indirectement, aucune poursuite ni réclamation quelconque contre ledit sieur....

Lecture faite au comparant de sa déclaration, il a dit y persister, ou a requis acte et a signé, après lecture faite. (*Signature*).

Nous..., susdit et soussigné, vu la déclaration ci-dessus ; attendu que moins (*ou* plus) de vingt-quatre heures se sont écoulées entre la plainte du sieur... et son désistement, lui donnons acte de son désistement de ladite plainte (*ou*) de ladite déclaration, sans préjudice de l'action publique à exercer, s'il y a lieu, par le ministère public.

(*Ou* si le désistement est donné postérieurement à vingt-quatre heures de la plainte *ou* de la déclaration, on ajoutera) : et des dommages-intérêts de l'accusé, s'il y a lieu, conformément à l'art. 66 du C. d'instr. crim.

Fait à...

SECT. III. — RÉQUISITOIRES DIVERS.

§ 1er. — Réquisitoire à la gendarmerie, à la troupe, cavalerie ou infanterie.

Nous..., juge de paix du canton de..., officier de police judiciaire, auxiliaire du procureur de la République,

Procédant en cas de flagrant délit (*ou*) par suite de délégation de...,

Requérons, en vertu de l'art. 25, C. d'inst. crim., M..., commandant la brigade de la gendarmerie de... (*ou*) de la troupe de ligne, de mettre de suite à notre disposition (spécifier le nombre d'hommes) sous ses ordres, pour nous assister ou prêter main-forte dans la constatation d'un crime commis à..., sur la personne de...

Fait à..., le...

(*Sceau*).   (*Signature*).

§ 2. — Réquisitoire à un docteur-médecin ou autres hommes de l'art.

Nous..., juge de paix du canton de...,

Agissant comme officier de police judiciaire, auxiliaire de M. le procureur de la République, requérons M... (nom, profession et demeure) de se transporter de suite auprès de nous, à..., à l'effet de nous assister dans la constatation d'un crime, commis audit lieu sur la personne de..., et de procéder à toutes les opérations qui seront jugées nécessaires.

Fait à..., le... heures...

(*Sceau du juge*).   (*Signature du juge*).

§ 3. — Mention à mettre sur le réquisitoire après l'opération.

Nous, juge de paix susdit, agissant comme dit est, attestons que le docteur L... a procédé en notre présence à la constatation des causes de la mort (*ou* des blessures) dont il s'agit, et à l'autopsie du cadavre, depuis dix heures du matin jusqu'à trois heures du soir.

Fait à..., le...   (*Signature du juge*).

§ 4. — Réquisitoire à un ouvrier pour faire un travail quelconque.

Nous..., juge de paix du canton de...

Agissant comme officier de police judiciaire, auxiliaire de M. le procureur de la République,

Requérons le sieur... (nom, profession et demeure) de se transporter de suite auprès de nous, à..., avec les outils ou instruments de sa profession, à l'effet de... (détailler ici l'opération à laquelle l'ouvrier devra être employé).

Fait à...;

§ 5. — Mention à mettre sur le réquisitoire après l'opération.

Nous, juge de paix susdit, agissant comme dit est, attestons que le nommé... a été par nous employé à l'opération dont il s'agit, depuis neuf heures du matin jusqu'à...

Fait à..., le...   (*Signature du juge*).

§ 6. — Réquisitoire à un serrurier pour ouvrir les portes d'une maison ou les meubles qui sont fermés.

Nous..., juge de paix du canton de..., procédant en cas de flagrant délit (*ou*) par suite de délégation de...;

Vu l'art. 133 du décret du 18 juin 1811,

Requérons le sieur..., serrurier (*ou*), menuisier (*ou*), maréchal, demeurant à..., de se transporter de suite près de nous, à..., avec les instruments de sa profession, pour ouvrir les portes, meubles, etc., qui lui seront désignés par nous.

Fait à..., le...

(*Sceau*).   (*Signature du juge*).

§ 7. — Réquisitoire pour translation de prévenu.

Nous..., juge de paix du canton de...,

Vu les art. 4, 5 et 6 du décret du 18 juin 1811;

Vu le certificat ci-annexé de M..., médecin (*ou*) officier de santé, demeurant à..., en date du..., attestant que N..., prévenu de..., est dans l'impossibilité de se rendre à pied à..., où il doit être conduit par la gendarmerie, devant M. le procureur de la République, en vertu de...; (*ou*) devant M. le juge d'instruction, en vertu de mandat d'amener, ou de dépôt, du..., régulièrement notifié,

Requérons M. le maire de la commune de..., de pourvoir à la translation dudit, par tous moyens de transport, et au prix le plus modéré qu'il sera possible.

Fait à..., le...

(*Sceau*).   (*Signature du juge*).

§ 8. — Mention à mettre au bas de ce réquisitoire.

Le juge de paix soussigné est convenu avec..., voiturier, de la somme de..., pour opérer la translation dont il s'agit.

A..., le...,

(*Sceau*).   (*Signature*).

§ 9. — Réquisitoire pour transport de pièces.

Nous..., juge de paix du canton de..., etc.;

Vu l'art. 9 du décret du 18 juin 1811,

Requérons le sieur..., voiturier (*ou*) commissionnaire de transport, demeurant à..., de transporter au greffe du tribunal de première instance de l'arrondissement de..., sis audit lieu, une caisse, un ballot, un paquet ficelé, du poids de... kilog., portant l'empreinte de notre sceau, et contenant (désigner les objets) saisis dans l'affaire de..., prévenu de..., moyennant la somme de... (en lettres), prix convenu avec ledit voiturier, ou moyennant le prix de son marché (si l'on s'adresse à un entrepreneur de transport).

A..., le...,
(Sceau). (Signature).

§ 10. — Réquisitoire pour mettre des animaux en fourrière.

Nous..., juge de paix du canton de..., etc.;
Vu les art. 37 et 39 du décret du 18 juin 1811,
Requérons..., aubergiste, demeurant à..., de recevoir en fourrière, moyennant indemnité qui sera ultérieurement allouée (désigner l'animal), saisi dans l'affaire de..., prévenu de...; de garder, nourrir et soigner ledit (l'animal) jusqu'à nouvel ordre, pour le représenter à toutes réquisitions de justice.

Fait à..., le... (Signature).

(Ces sortes de mémoires sont taxés par le président du tribunal, sur le réquisitoire du ministère public, d'après le modèle n° 15 de l'instruction du 30 sept. 1826).

§ 11. — Réquisitoire à la gendarmerie pour conduire un prévenu devant le procureur de la République.

Nous, etc.,
Procédant en cas de flagrant délit, et vu les art. 506 et 25, C. inst. crim.,
Requérons M..., le commandant de la brigade de la gendarmerie de..., de faire conduire devant M. le procureur de la République le nommé...'(nom, prénoms, profession, âge, domicile de l'individu arrêté), inculpé de... (nature du crime ou délit).

Fait à..., le...
(Sceau). (Signature).

SECT. IV. — MANDATS DIVERS.

§ 1er. — Mandat d'amener.

Nous..., juge de paix du canton de..., arrondissement de..., département de..., officier de police judiciaire, auxiliaire de M. le procureur de la République, procédant en cas de flagrant délit, en vertu des art. 25, 40 et 49, C. inst. crim.,
Mandons et ordonnons à tous huissiers ou agents de la force publique, d'amener par-devant nous, à..., le..., et en cas d'impossibilité, de conduire devant M. le juge d'instruction de l'arrondissement de..., en se conformant à la loi,
Le nommé... (nom, prénoms, profession, domicile de l'inculpé; si l'on ne possède pas ces indications, il faut les remplacer par son signalement exact, autant que possible), prévenu de... (ou) prévenu par complicité de...,
Pour être entendu sur les inculpations dont il est l'objet, et dont il lui sera donné connaissance;
Requérons tous commandants et agents de la force publique de prêter main-forte pour l'exécution du présent mandat, en cas de nécessité et de réquisition, à l'effet de quoi nous l'avons signé et scellé de notre sceau.

A..., le...
(Sceau). (Signature).

§ 2. — Mandat de dépôt.

Nous..., juge de paix du canton de..., officier de police judiciaire, auxiliaire de M. le procureur de la République,

Etant à..., et procédant en cas de flagrant délit,

Mandons et ordonnons à tous huissiers ou agents de la force publique, de conduire à la maison d'arrêt de... (de l'arrondissement du ressort du juge de paix), le nommé André-Paul D..., que nous avons fait arrêter pour avoir contrevenu à ce que nous avions défendu conformément à l'art. 34, C. d'instr. crim.;

Enjoignons au gardien de ladite maison d'arrêt de..., de le recevoir et retenir en dépôt jusqu'à ce qu'il en ait été autrement ordonné par qui de droit;

Requérons tous dépositaires de la force publique de prêter main-forte, en cas de nécessité et de réquisition, pour l'exécution du présent mandat;

A l'effet de quoi nous l'avons signé et scellé de notre sceau.

Fait à..., le...

　(*Sceau*).　　　　　　　　　　　　　　　　　　(*Signature*).

§ 3. — Mandat de comparution.

Nous..., juge de paix du canton de..., agissant en vertu de la commission rogatoire de M. le juge d'instruction de l'arrondissement de..., en date du...,

Mandons et ordonnons à tous huissiers ou agents de la force publique, de citer à comparaître devant nous, en notre cabinet à..., le..., heures, le sieur Louis-André D..., jardinier, demeurant à..., à l'effet d'être interrogé et entendu sur les faits à lui imputés, et de lui déclarer que, faute de ce faire, il sera contre lui donné défaut, et décerné mandat d'amener, conformément à la loi.

A..., le...

　(*Sceau*).　　　　　　　　　　　　　　　　　　(*Signature*).

§ 4. — Avis d'un attroupement donné par un garde champêtre ou par un agent n'ayant pas qualité pour agir.

Monsieur le maire (*ou*) M. le commissaire de police (*ou*) M. le juge de paix,

J'ai l'honneur de vous informer qu'un attroupement assez considérable s'est formé à..., dans le but de...;

J'ai sommé les meneurs, au nombre desquels j'ai particulièrement remarqué les sieurs..., de se retirer, et j'attends avec impatience votre présence avec une force imposante, pour agir contre les perturbateurs.

J'ai l'honneur, etc.　　　　　　　　　　　(*Signature de l'agent*).

SECT. V.—PROCÈS-VERBAUX DIVERS D'INFORMATION.

§ 1er. — Procès-verbal de constatation d'un suicide.

L'an..., le..., heure d...,

Nous..., juge de paix du canton de..., officier de police judiciaire, auxiliaire de M. le procureur de la République, sur l'avis à nous donné par..., suivant sa lettre, en date du...,

(*Ou*) informé par..., (*ou*) par la clameur publique, qu'un individu venait de se suicider à..., dans une maison, sise rue..., n°..., ou dans la commune de (indiquer le lieu),

Nous sommes transporté à..., accompagné de M. D..., docteur en médecine, demeurant rue..., n°..., par nous requis. Monté dans un..., au... étage, nous y avons trouvé un individu du sexe..., qui nous a paru sans vie (indiquer sa position, les blessures et effusions du sang, les armes ou autres instruments du suicide, et autres détails qui attestent le suicide volontaire (V. *suprà*, chap. III, sect. XI *des Levées de corps*). Le docteur D..., après avoir prêté devant nous le serment de faire son rapport et de donner son avis en son honneur et conscience sur l'état et les causes de la mort de cet individu, a examiné avec une scrupuleuse attention l'état dudit individu, et nous a fait son rapport ainsi qu'il suit : .

« La mort du sujet est certaine; elle paraît avoir été produite par... »

(Détail des blessures, l'àge apparent de l'individu, depuis quand la mort paraît avoir eu lieu, etc.).

Lecture faite au docteur de son rapport, il l'a affirmé sincère et véritable, et a signé.

Nous avons trouvé dans... (*ou*), sur..., un papier écrit à la main (*ou*), une lettre ouverte, en date du..., signée, (*ou*) sans signature, que le sieur M..., ici présent, nous a dit bien reconnaître pour avoir été écrit et signé de la main du défunt; duquel écrit, commençant par ces mots..., et finissant par ceux-ci..., il résulte que... (résultat sommaire dudit écrit). Nous l'avons signé et paraphé avec... (les personnes présentes), et l'avons annexé au présent.

Nous avons fait placer le corps du défunt sur son lit, et avons ensuite reçu par procès-verbal séparé du présent les déclarations des personnes pouvant nous donner quelques renseignements sur l'événement dont il s'agit, ainsi que sur l'état civil du défunt.

Attendu qu'il résulte de l'information que le sieur D... (s'il est connu) (*ou*), que le défunt s'est donné volontairement la mort, nous avons permis son inhumation dans la forme ordinaire.

De tout ce que dessus. (*Signature*).

§ 2. — Procès-verbal concernant un asphyxié.

L'an..., le..., heure...;

- Nous... (nom, prénoms, qualité de l'officier de police), officier de police judiciaire, auxiliaire de M. le procureur de la République (si c'est le juge de paix qui instruit, on ajoute : assisté de Me... (nom et prénoms), notre greffier ordinaire (*ou*) de M. Paul D..., propriétaire, demeurant à..., auquel nous avons confié momentanément les fonctions de greffier, pour cause d'absence, de maladie, d'empêchement de notre greffier ordinaire, et dont nous avons reçu le serment de se bien et fidèlement acquitter desdites fonctions;

Instruit par la dénonciation à l'instant faite devant nous par... (nom, prénoms, profession), demeurant à..., rue..., n°..., que le sieur... (nom, prénoms, profession), demeurant à..., rue..., n°..., n'avait point paru depuis (dire depuis quel jour);

(*Ou*) que le sieur... venait d'être trouvé asphyxié (*ou*), était présumé asphyxié dans son domicile, sis à..., rue..., n°...;

Procédant en cas de flagrant délit, conformément aux art. 32 et 49 du Code d'instr. crim., nous sommes de suite transporté, accompagné de M. D..., docteur en médecine, demeurant à..., requis par nous, conformément à l'art. 44 du Code d'instr. crim., dans la maison susdésignée

III. 30

dudit sieur..., où étant arrivé, nous avons frappé à la porte de son appartement, sis au rez-de-chaussée, au bout à droite du corridor ; personne ne nous ayant répondu, nous avons aussitôt envoyé chercher le sieur..., serrurier, demeurant à..., rue..., n°..., lequel s'étant aussitôt rendu à notre invitation, nous l'avons requis de procéder à l'ouverture de ladite porte ; ce qu'ayant fait immédiatement en présence de M. A..., maire de la commune (*ou*), des sieurs... (noms, prénoms et demeures de deux témoins), par nous requis, nous sommes aussitôt entré avec nos assistants et le docteur D... dans le domicile du sieur.... Ayant pénétré dans une chambre éclairée par deux croisées au nord, nous avons trouvé ledit sieur... étendu sur... et ne donnant (*ou*) ne paraissant donner aucun signe de vie (indiquer la position de l'asphyxié, quels sont ses vêtements, l'état de la chambre, de quelle manière les croisées ou autres jours sont fermés ou calfeutrés ; s'il y a dans la chambre un fourneau ou un poêle, s'il y a vestige de braise ou de charbon récemment consumé, ce qu'il est facile de reconnaître par les cendres ; quelle est la position du fourneau ou du poêle, si la porte de la chambre était fermée en dedans, et comment, et enfin toutes les circonstances de l'accident).

Le docteur D..., après avoir prêté en nos mains le serment de faire son rapport et de donner son avis en son honneur et conscience, a examiné en détail toutes les parties du corps de l'asphyxié, et nous a assuré que sa mort était certaine, ainsi qu'il résulte des divers signes qui seront énoncés dans son rapport ; que cette mort avait pour cause principale... (indiquer cette cause) ; que, d'ailleurs, le corps ne présente aucun indice de coups, contusions, violences ou voies de fait.

(*Ou*) Il nous a dit que l'individu donne encore des signes de vie, et qu'il est urgent de lui administrer des secours, ce qu'il a fait aussitôt, suivant les règles de l'art (indiquer sommairement les secours) ; mais le tout sans succès, l'individu étant mort pendant l'administration des secours, et il a ajouté que cette mort paraît avoir eu pour cause... (Indiquer cette cause).

(*Ou*) Après (indiquer le temps), l'individu a effectivement donné des signes d'existence et a recouvré successivement la connaissance et la parole. Le docteur D... nous a déclaré alors qu'il est hors de danger, et prescrit le traitement qu'il convenait de suivre à son égard.

Son examen terminé, le docteur D... nous a fait son rapport en ces termes (l'écrire textuellement) : (*Ou*) Le docteur D... nous a remis son rapport écrit de sa main, qu'il a affirmé sincère et véritable, et a signé.

(*Signature*).

(Si l'individu n'est point connu et qu'il soit rappelé à la vie, on dira) :

Ledit individu ayant repris connaissance et ayant retrouvé assez de force pour répondre à nos questions, nous l'avons interrogé ainsi qu'il suit :

« *D.* Quels sont vos nom, prénoms, âge, lieu de naissance, profession et domicile ?

« *R.* (Écrire la réponse).

« *D.* Quel motif a pu vous porter à attenter à votre propre existence ?

« *R.* ....

« *D.* Depuis quand avez-vous conçu ce malheureux projet, etc., etc.?

Lecture faite, a persisté dans sa déclaration, qu'il a affirmée sincère et véritable, et a signé avec nous et le greffier. (*Signatures*).

(Si l'individu est mort ou meurt pendant l'administration

des secours, l'officier de police auxiliaire doit recueillir séparément les déclarations des personnes qui auraient connu l'individu; et constater, d'après ces déclarations, ce qui peut avoir donné lieu à l'événement, quel était l'état civil de l'individu, sa profession, ses habitudes, son caractère, ses facultés intellectuelles, sa position de fortune, etc.).

(S'il y a eu suicide, il en rassemblera soigneusement toutes les preuves; il fera un inventaire détaillé des papiers, notes et renseignements trouvés sur l'individu).

(Si l'individu est mort dans son domicile, sans parents autour de lui, et que son mobilier annonce de l'aisance, l'officier de police continue ainsi) :

A l'instant, nous avons fait donner avis du décès à M. le juge de paix du canton de..., en l'invitant à se rendre près de nous, à l'effet de procéder à l'apposition des scellés.

De tout ce que dessus, nous avons rédigé le présent procès-verbal à..., les jour, mois et an susdits, et ont nos assistants signé avec nous et le greffier (si c'est le juge de paix qui procède), après lecture faite.

(*Signatures*).

§ 3. — Procès-verbal d'un décès par submersion.

L'an... (comme au § 1er ci-dessus),

Informé que les sieurs... (noms, professions et demeures) venaient de repêcher dans la rivière d..., à... (indiquer l'endroit), un individu mort, qu'ils ont déposé près de l'endroit où il a été retiré de l'eau, nous y sommes transporté, accompagné de **M. D...**, docteur en médecine (*ou*) en chirurgie (*ou*), officier de santé, demeurant à..., rue..., n°..., par nous requis, où étant, nous avons trouvé un individu du sexe... (indiquer le sexe), qui nous a paru sans vie, couché sur le dos (s'il y a effusion de sang, blessures (*ou*) autres signes, les indiquer), ledit individu paraissant âgé de... ans (signalement) (*ou*) défiguré au point de ne pouvoir décrire son signalement; vêtu de... (décrire tous ces vêtements, les papiers trouvés, l'argent, etc.).

Le docteur D... ayant prêté devant nous le serment de faire son rapport et de donner son avis en son honneur et conscience, sur l'état et les causes de la mort de cet individu, a examiné le corps avec la plus grande attention, et nous a fait son rapport ainsi qu'il suit : « La mort du sujet est certaine, sans qu'aucun secours puisse le rappeler à la vie; il n'existe sur toute l'habitude du corps aucune blessure, plaie, contusion, ni autre indice de mort violente (s'il y en a, les indiquer avec détail); il est présumable que la mort a été produite par submersion; le sujet a pu séjourner dans l'eau pendant... » etc....

Lecture faite au docteur D... de son rapport, il l'a affirmé sincère et véritable, et a signé.
(*Signature*).

Nous avons fait déposer à la mairie les vêtements dont était vêtu le corps, ainsi que les papiers et l'argent trouvés sur lui, pour être remis à qui de droit. Nous avons ensuite reçu, par procès-verbal séparé du présent, les déclarations des personnes ici présentes pouvant donner quelques renseignements sur l'événement et ses causes, ainsi que sur l'état du défunt.

A l'instant s'est présenté devant nous un individu qui nous a dit s'appeler... (nom, prénoms, âge, profession et demeure), lequel nous a fait la déclaration suivante : « Le corps que vous venez d'examiner est celui de mon malheureux père, L..., M..., âgé de..., ouvrier serrurier, domicilié à..., rue..., n°.... Il a quitté la maison il y a huit jours, sans dire où il allait; ne l'ayant pas vu rentrer, le soir, j'ai conçu les plus grandes inquiétudes, car il ne s'absentait jamais, d'autant plus que depuis la mort de ma mère, arrivée il y a... (fixer l'époque), il était constamment triste et rêveur.... Je ne puis attribuer sa mort qu'à son profond chagrin, d'autant plus qu'il était généralement aimé et estimé de tous ses camarades. Je ne lui connaissais pas d'ennemis. » Lecture faite, a persisté et a signé. *(Signature)*.

Vu la déclaration ci-dessus, l'identité du comparant justifiée par la représentation qu'il nous a faite de son livret et de celui du défunt, disons qu'il n'y a lieu à plus ample information. Nous avons en conséquence remis audit sieur M... le corps de son père, ainsi que les objets trouvés sur lui, et nous avons permis l'inhumation dans la forme ordinaire.

De tout ce que dessus, nous avons rédigé le présent procès-verbal, qui sera transmis à M. le procureur de la République de l'arrondissement de..., et ont nos assistants et le sieur... signé avec nous, après lecture faite. *(Signatures)*.

§ 4. — Procès-verbal d'exhumation.

L'an..., le..., heure...,

Nous... (nom, prénoms et qualité de l'officier de police judiciaire),

Vu la permission délivrée le..., par M. le maire de la commune de..., portant autorisation au sieur D... de procéder à l'exhumation du corps de..., déposé dans le cimetière de..., à l'effet de..., à la charge de prendre toutes les précautions nécessaires, soit sous le rapport de la salubrité publique, soit sous celui de la décence;

Nous sommes transporté audit cimetière, accompagné du sieur A..., propriétaire, demeurant à..., et de MM. M... et B..., docteurs en médecine, où étant et parlant au sieur O..., gardien du cimetière, nous lui avons donné connaissance du motif de notre transport, et avons en sa présence, et sur son indication du lieu où repose le corps, procédé à l'exhumation dudit corps de sa fosse (indiquer ici le détail de l'opération, constater la réinhumation soit dans la même fosse, soit dans une autre; dans ce dernier cas, indiquer l'endroit de la nouvelle fosse, et les dimensions qui doivent être de 1 mètre et demi de profondeur, 2 mètres de longueur, sur 66 centimètres de largeur, ainsi que les dimensions de la portion de terrain destiné à recevoir un monument funèbre, s'il y a lieu).

De tout ce que dessus, nous avons rédigé le présent procès-verbal les jour, mois et an susdits, et ont les sieurs D..., les docteurs en médecine et le gardien du cimetière signé avec nous, après lecture faite. *(Signatures)*.

§ 5. — Extrait du procès-verbal délivré aux fins de l'inhumation d'un individu mort d'une mort subite ou accidentelle.

Du procès-verbal dressé par nous (qualité de l'officier de police auxiliaire), en date de ce jour, il appert que le sieur D..., âgé de..., maçon, né à..., de son vivant domicilié à..., dont nous avons constaté la mort accidentelle (*ou*) subite; ledit défunt, célibataire (*ou*), marié à..., (*ou*)

veuf de..., trouvé mort dans..., par l'effet de..., (ou) par suite de...,
ainsi qu'il est constaté par le rapport étant au procès-verbal du docteur
M..., qui a examiné le corps dudit défunt, sur notre réquisition. A l'effet
de quoi nous avons ordonné l'inhumation en la manière accoutumée et
délivré le présent pour être remis à M. le maire de la commune de...,
aux fins de ladite inhumation.

        Pour extrait conforme,

                     L... (qualité de l'officier de police).

 (*Sceau*).   (*Signature*).

§ 6. — Procès-verbal en cas de vol.

L'an..., le .., à... heures...,

Nous..., juge de paix du canton de..., officier de police judiciaire,
auxiliaire de M. le procureur de la République, assisté de M. Louis B...,
notre greffier ordinaire,

(*Ou*) de M. Paul D..., propriétaire, demeurant à..., auquel nous avons
confié momentanément les fonctions de greffier, pour cause d'absence,
(*ou*) maladie, (*ou*) empêchement de notre greffier ordinaire, et dont
nous avons reçu le serment de se bien et fidèlement acquitter desdites
fonctions ;

Instruit par la dénonciation à l'instant faite devant nous par le sieur
Paul M..., maraîcher et vigneron, demeurant à..., qu'un vol d'argent,
de bijoux et de linge venait d'être commis à son préjudice, en sa demeure à..., commune de ce canton ;

Procédant en cas de flagrant délit, par suite de ladite plainte, conformément aux art. 32 et 49 du C. d'instr. crim.;

Après avoir donné avis de notre transport à M. le procureur de la
République de l'arrondissement de..., nous nous sommes transporté,
accompagné de deux gendarmes de la brigade de..., dans le domicile
dudit sieur M..., où étant arrivé, nous avons procédé ainsi qu'il suit :

Nous avons reconnu que le voleur n'a pu s'introduire dans la maison
que par la porte d'entrée, la croisée qui éclaire l'habitation du côté du
jardin, au midi, et une plate-bande de ce jardin qui se trouve au-dessous
de cette croisée, ne portant aucune trace de son passage.

Entré dans la maison, nous avons reconnu que l'armoire avait été
ouverte par un effort violent; la serrure était arrachée et ne tenait plus
qu'à un clou ; sur les vantaux de l'armoire, et à peu près vis-à-vis de la
serrure, on remarque à l'intérieur plusieurs traces de pesées sur une
largeur d'environ trente-cinq millimètres, paraissant avoir été faites avec
un instrument en fer rouillé.

Nous nous sommes ensuite transporté, accompagné de M..., maire de
la commune de..., et de deux gendarmes, chez le sieur B..., qui était
absent. Nous l'avons envoyé chercher par un gendarme, et, lorsqu'il est
arrivé, nous lui avons fait part de l'objet de notre transport.

B... nous a paru d'abord interdit, puis il a protesté de son innocence,
et nous a ouvert sans difficulté la porte de sa maison.

En y entrant, nous avons défendu à toutes les personnes présentes de
sortir de la maison et de s'éloigner jusqu'après la clôture de notre procès-
verbal, sous les peines portées par l'art. 34 du C. d'instr. crim. Nous
avons fait dans l'habitation de B..., se composant de deux pièces au rez-
de-chaussée, d'un cellier et d'un grenier sur le tout, les recherches les
plus minutieuses, sans d'abord y rien découvrir de relatif au vol commis
au domicile et au préjudice des époux M....

Nous avons alors demandé au sieur B... s'il n'existait pas d'autres lieux dépendant de son habitation, et, voyant qu'il hésitait à nous répondre, nous avons découvert au fond du jardin un petit appentis, servant de fournil, où étaient entassés un grand nombre d'objets, parmi lesquels se trouvait un vieux coffre fermé à clef ; nous avons enjoint à B... de nous en faire l'ouverture ; il nous a répondu en balbutiant qu'il n'avait pas la clef, et, qu'au surplus, il ne possédait pas d'argent chez lui. Sur cette réponse, nous l'avons fait fouiller minutieusement par un gendarme pour découvrir tant cette clef que les objets provenant du vol.

Cette fouille n'ayant produit aucun résultat, nous avons fait requérir le sieur..., maréchal, en cette commune, de se rendre près de nous pour faire l'ouverture de ce coffre. Déférant immédiatement à notre réquisition, nous avons trouvé dans ce meuble, parmi un tas de chiffons, un sac en toile bleue, contenant cent soixante-quinze francs et six chemises d'homme, que les époux M... ont déclaré parfaitement reconnaître pour leur appartenir. La femme M... nous a même fait remarquer que l'on avait commencé à démarquer deux de ces chemises.

Continuant nos recherches, et visitant de nouveau le fournil où nous nous trouvons, nous avons découvert, dans un tas de copeaux, un vieux ciseau en fer rouillé, qui nous a paru, par sa dimension, avoir servi à forcer l'armoire des époux M.... Nous avons mesuré ce ciseau, et sa largeur s'est trouvée de trente-cinq millimètres et demi.

A l'instant s'est présentée la femme B..., à laquelle nous avons fait part des motifs de notre transport, et qui nous a répondu qu'elle ne pouvait croire son mari coupable du vol dont on l'accusait. Etant ensuite rentré dans la maison du sieur M... avec tous nos assistants, le sieur B... et sa femme, que nous avons fait, dès ce moment, garder à vue, en état de mandat d'amener, nous avons appliqué le ciseau saisi dans le fournil des inculpés, sur les traces de pesées déjà remarquées sur l'armoire, et nous avons reconnu qu'il s'y adaptait parfaitement ; tous les assistants l'ont reconnu comme nous, et B... et sa femme eux-mêmes n'ont pu s'empêcher de convenir de l'exactitude de cette remarque.

Nous avons alors prononcé la saisie du sac d'argent, des six chemises et du ciseau en fer, pour servir de pièces de conviction, et nous les avons fait mettre, en présence de B... et de sa femme, dans un sac de toile, que nous avons fermé au moyen d'une corde sans nœuds, aux deux bouts de laquelle nous avons empreint notre sceau à cire rouge ardente, et avons placé sur ce paquet une bande de papier indicative de son contenu, signée et paraphée de M. le maire, de nous et du greffier, B... ayant déclaré ne le savoir, de ce interpellé.

Ce fait, nous avons entendu séparément, et hors la présence de B... et de sa femme, les personnes qui nous ont été signalées comme ayant connaissance du vol, objet de notre transport et fait subir interrogatoire à B... et à sa femme, l'un après l'autre, également par procès-verbal séparé du présent.

Lecture faite du présent procès-verbal à l'inculpé B... et aux personnes y dénommées, ils l'ont signé avec nous et le greffier, excepté le sieur B..., qui a déclaré ne savoir signer, de ce interpellé.

(*Signatures*).

Et attendu qu'il résulte de l'information à laquelle nous venons de procéder contre le nommé Pierre B..., les indices les plus graves d'avoir commis le crime qui lui est imputé ;

Vu les art. 40 et 49, C. inst. crim.,

Nous avons ordonné que cet inculpé restera sous la main de justice en
état de mandat d'amener, et sera conduit devant M. le procureur de la
République de l'arrondissement de..., pour être statué à son égard ce
que de droit.

Fait et clos à..., le...   *(Signatures du juge et du greffier).*

§ 7. — Procès-verbal de constatation en cas d'homicide, blessures graves, etc.

L'an..., le..., heures...,

Nous, juge de paix du canton de..., officier de police judiciaire, auxiliaire de M. le procureur de la République, assisté de Mᵉ Louis B..., notre greffier ordinaire,

Instruit par la dénonciation à l'instant faite devant nous par le sieur
Alfred B..., marchand épicier, demeurant à..., rue..., n°..., qu'un homicide venait d'être commis sur la personne de M. Louis D..., rentier, l'un
de ses locataires, et qu'un individu désigné comme étant l'auteur de ce
crime avait été arrêté;

(Ou) : Que M. Louis D.., son locataire, venait à l'instant d'être frappé
de plusieurs coups de couteau, dans le chemin qui conduit de sa demeure à l'église, et que l'auteur présumé de ce crime, le nommé..., n'a-
vait pu être arrêté;

Procédant en cas de flagrant délit, par suite de ladite dénonciation,
conformément aux art. 32 et 49, C. instr. crim., après avoir donné avis
de notre transport à M. le procureur de la République de l'arrondissement de..., nous nous sommes transporté, accompagné de M. le
maire de la commune de..., et de deux gendarmes de la brigade, dans
la maison susdésignée dudit sieur D..., dont nous avons fait garder l'extérieur et les issues avec défense à qui que ce fût d'en sortir et de s'éloigner sans notre permission, jusqu'après la clôture de notre procès-verbal, sous les peines portées par l'art. 34, C. inst. crim.

Monté au premier étage, par un escalier à droite, au fond d'une cour,
nous avons été introduit dans un appartement composé de trois pièces
donnant sur la cour ou sur un jardin, où nous avons trouvé réunis :

1° Le nommé Joseph F..., domestique du sieur D...;

2° Le sieur André C..., cordonnier, et Alexis S..., tailleur d'habits,
voisins;

3° Et un individu que l'on nous a désigné comme étant celui qui a été
arrêté par M. B... et par son garçon de boutique, le sieur Louis D....

Sur notre interpellation, cet individu nous a déclaré se nommer Paul
B..., être âgé de vingt-cinq ans, né à..., exercer la profession de jardinier, demeurer depuis un mois à..., et précédemment à..., rue..., n°...

Nous avons ordonné que B... sera gardé sous la main de justice, en
état de mandat d'amener, et nous l'avons, en conséquence, remis entre
les mains de la gendarmerie et du sieur D..., garde champêtre, avec recommandation de veiller à ce qu'il ne communique avec personne, et
ne détruise rien de suspect.

En présence tant de cet individu que des personnes présentes susnommées, nous avons constaté le corps du délit et ses circonstances, ainsi
qu'il suit :

Dans une pièce donnant sur le jardin, et servant de chambre à coucher, nous avons trouvé sur un lit, dont les draps, la couverture et les
matelas étaient tachés de sang, un cadavre du sexe masculin, que le
nommé F..., domestique, et les sieurs C..., S... et B..., nous ont déclaré
être celui du sieur Louis D..., âgé de soixante-cinq ans, né à..., d'Adrien

D... et de Marguerite L..., décédés. Ce corps, couché sur le dos, vêtu d'une simple chemise, et coiffé d'un bonnet de coton, a reçu plusieurs blessures dans la partie antérieure de la poitrine; la chemise, percée de plusieurs trous à l'endroit des blessures, et le bonnet, sont ensanglantés. A terre, dans un coin de cette chambre, nous avons trouvé un couteau-poignard, à manche de corne de cerf, teint de sang, dont nous nous sommes saisi. Ce couteau, dont la lame en pointe est de vingt millimètres dans la partie la plus large, ne porte aucun nom ou marque de fabricant. Représentation faite à B... de ce couteau-poignard, en le sommant de déclarer s'il le reconnaît pour lui appartenir, ou pour s'en être servi, il a répondu d'une voix entrecoupée, en baissant les yeux (sa réponse) :

On ne trouve pas de sang dans la chambre, mais il existe sur la muraille, du côté de la ruelle du lit, un grand nombre de taches de sang, ce qui donne à penser que D... a dû être assassiné dans son lit. On ne remarque dans l'appartement du défunt aucune effraction, aucun dérangement qui puisse faire présumer l'existence d'un vol, ni même d'une lutte entre l'assassin et sa victime.

Requis par nous de procéder à l'examen des causes de la mort du sieur D..., MM. B... et D..., docteurs en médecine, demeurant à..., ont prêté devant nous le serment de nous faire leur rapport et donner leur avis en leur honneur et conscience.

Leur examen terminé, ils ont procédé à l'autopsie du cadavre, et nous ont ensuite fait leur rapport en ces termes (l'écrire textuellement) :

Les hommes de l'art ayant, sur notre réquisition, rapproché des blessures les coupures de la chemise dont était vêtu le défunt, et la lame du couteau-poignard trouvé dans la chambre, des mêmes plaies et coupures, ils ont reconnu et nous ont déclaré que ces coupures correspondaient à ces blessures par leur situation et leur direction, et que la largeur de la lame du couteau-poignard était également de la largeur de ces plaies et coupures, et qu'elles avaient toutes été faites par ce couteau-poignard.

Ce fait, nous avons fait mettre dans un cercueil le cadavre, sur le front duquel nous avons apposé notre sceau pour prévenir toute substitution, et nous avons ordonné qu'il serait inhumé dans une fosse particulière, par les soins et en présence de l'autorité municipale de la commune, qui devra en dresser procès-verbal.

Requis ensuite par nous de visiter l'inculpé arrêté, ils nous ont rapporté que ses mains, sa blouse, sa cravate et sa casquette étaient tachées de sang, etc., etc., ce qui a été vu et reconnu par nos assistants et l'inculpé lui-même. Rien ne constate à l'intérieur comment l'assassin a pu pénétrer dans l'appartement. En effet, on ne remarque à la porte d'entrée et aux croisées aucune trace d'effraction; une clef était dans la serrure à l'extérieur. Cette clef s'ajuste parfaitement à la serrure, qui est une serrure de sûreté, ce qui fait présumer qu'elle en est la véritable clef.

Informé qu'une porte qui donne du jardin sur la rue avait été entr'ouverte et présumant que l'assassin aurait pu s'introduire par ce côté dans la maison, le jardin n'étant séparé de la cour que par un mur d'appui d'un mètre environ de hauteur, dans lequel est une porte fermant seulement au loquet, nous nous sommes rendu avec le prévenu et nos assistants à la porte de ce jardin, par l'extérieur, pour ne point effacer ni confondre les empreintes de pas qu'aurait pu laisser l'assassin dans l'intérieur du jardin. La rue étant pavée, nous n'avons rien vu au dehors; mais dans une des allées qui conduisent intérieurement de la porte du jardin à la maison, nous avons remarqué, sur la terre amollie par la pluie qui est tombée tout récemment, des empreintes de pas qui se dirigeaient de la porte à la maison, et nous avons reconnu que ces empreintes, au nombre de..., parfaitement formées, toutes de la même grandeur, appartenaient à deux souliers différents, l'un portant l'empreinte de vingt clous au talon, l'autre ne portant au talon que dix-huit clous, et une empreinte de clou manquant au milieu du talon. Nous avons fait déchausser l'inculpé Paul B..., et nous avons reconnu que le soulier de son pied gauche s'adaptait parfaitement aux empreintes où se voit la trace de vingt clous, et que le soulier de son pied droit s'adapte aussi parfaitement aux empreintes où est la trace de dix-huit clous, et qu'à ce soulier il manque un clou à la même place qu'à ces dernières empreintes. Tous les assistants l'ont vu comme nous, et B... lui-même n'a pu s'empêcher de convenir de l'exactitude de ces remarques (1).

Nous avons ensuite fait fouiller l'inculpé minutieusement par un gendarme, et il ne s'est trouvé sur lui qu'un passe-partout, qui nous a paru, par sa dimension, avoir pu servir à ouvrir la porte du jardin ; nous l'avons essayé à cette porte, et il l'a ouverte sans difficulté.

Nous avons alors prononcé la saisie de la chemise, du bonnet de coton, des draps et de la couverture du lit du défunt, du couteau-poignard, de la clef de l'appartement et de la serrure, et du passe-partout saisi sur Paul B..., de la blouse, de la cravate, de la casquette et des souliers de l'inculpé, à qui nous en avons fait fournir d'autres par le sieur..., marchand fripier, demeurant à..., rue..., n°..., pour servir de pièces de conviction, et nous les avons fait mettre, en présence de l'inculpé, dans un sac de toile, que nous avons fermé au moyen d'une corde sans nœuds, aux deux bouts de laquelle nous avons mis l'empreinte de notre sceau sur cire rouge ardente, et avons placé sur ce paquet une bande de papier indicative de son contenu, signée et paraphée de M. le maire, de nous et du greffier, B... ayant déclaré ne vouloir signer, de ce interpellé.

Les héritiers du défunt étant inconnus, nous avons immédiatement apposé les scellés à la conservation des droits de qui il appartiendra, et nous avons rédigé par procès-verbal spécial ladite apposition des scellés.

Lecture faite à l'inculpé B... et aux personnes y dénommées, du présent procès-verbal, que nous avons rédigé en présence de M..., maire de la commune de..., requis par nous de nous assister, ils ont signé avec nous et le greffier, à l'exception de l'individu, qui a déclaré ne vouloir signer, de ce interpellé.   (*Signatures*).

Et le même jour..., heure de relevée, nous, juge de paix, agissant et assisté comme dit est, des autres parts, nous sommes transporté dans le domicile du nommé B..., et là, en sa présence, nous avons fait une perquisition dans sa chambre, située au deuxième étage, et nous n'y avons rien trouvé, si ce n'est un billet sans signature, portant l'adresse de Paul B..., qui était caché derrière une petite glace, et qui contient ces mots : « Retardez jusqu'à demain, je vous en dirai le motif ; demain matin, à notre rendez-vous ordinaire. »

---

(1) Dans le cas où l'inculpé n'est pas arrêté, on prend la dimension des pas avec une feuille de papier qu'on découpe dessus, et avec l'encre on y figure l'empreinte des clous. Cette feuille est comparée avec la chaussure de l'inculpé, s'il est arrêté ultérieurement.

Requis de signer et parapher ce billet, B... s'y est refusé, et nous, juge de paix, l'avons signé et paraphé avec M. le maire et notre greffier, et nous nous en sommes saisi, comme pièce de conviction.

Lecture faite du présent procès-verbal à l'inculpé B... et à nos assistants, ils l'ont signé avec nous et le greffier, à l'exception de l'inculpé, qui a déclaré ne vouloir signer, de ce interpellé. *(Signatures.)*

Nous avons ensuite entendu, dans leurs dépositions, les personnes présentes, ci-devant nommées, et autres, qui nous ont été signalées comme pouvant donner des renseignements utiles à la manifestation de la vérité.

Et, attendu que de l'enquête à laquelle nous venons de procéder, et de l'interrogatoire de Paul B..., rédigé séparément du présent procès-verbal, des soupçons graves s'élevaient sur Alexandre D..., neveu du défunt, nous, juge de paix, nous sommes transporté à... heures du soir, à son domicile, sis en cette commune, rue..., n°.... Cet individu étant absent, nous avons fait ouvrir la porte de son logement par le sieur..., maréchal, par nous requis, et nous avons fait, dans tous les lieux dépendant de l'habitation de D..., une perquisition qui n'a produit aucun résultat.

Alexandre D... ayant été arrêté en vertu de notre mandat d'amener, pendant le cours de nos opérations, immédiatement après son interrogatoire, nous l'avons confronté au cadavre de son oncle, dans le domicile duquel nous sommes revenu avec nos assistants. A la vue du cadavre, il a pâli et s'est troublé ; on lui a demandé s'il le reconnaissait ; il nous a déclaré, en balbutiant, que c'était celui de son oncle, et que ses assassins étaient bien criminels.

Lecture faite du présent procès-verbal à l'inculpé et à nos assistants, ils l'ont signé avec nous et le greffier. *(Signatures).*

Et, attendu que Paul B... est inculpé d'être l'auteur de l'assassinat du sieur Louis D... ; qu'Alexandre D... est inculpé de s'être rendu coupable de ce crime, en provoquant, par promesses, B... à le commettre, et en lui procurant les instructions et moyens de le consommer, nous avons ordonné qu'ils resteront sous la main de justice, en état d'amener, pour être conduits devant M. le procureur de la République de l'arrondissement de..., pour être statué à leur égard ce que de droit.

Fait et clos à..., les jour, mois et an que dessus, à ... heure, et nous avons signé avec le greffier. *(Signatures).*

§ 8. — Procès-verbal de constatation d'un assassinat suivi de vol.

L'an..., le..., heure...,

Nous (nom, prénoms et qualité de l'officier de police), officier de police judiciaire, auxiliaire de M. le procureur de la République (si c'est le juge de paix qui instruit, on ajoute : assisté de Me... (nom et prénoms), notre greffier ordinaire ;

Instruit par la dénonciation verbale à l'instant faite devant nous par... (nom, prénoms, profession), demeurant à..., rue..., n°..., qu'un assassinat venait d'être commis sur la personne de... (nom, prénoms, profession), demeurant à..., par un ou plusieurs individus, qui avaient été arrêtés sur le lieu même du crime, désarmés et retenus par... (indiquer les personnes) ;

Procédant en cas de flagrant délit par suite de ladite dénonciation, conformément aux art. 32 et 49, C. instr. crim.;

Après avoir donné avis de notre transport à M. le procureur de la

République de l'arrondissement de..., nous sommes transporté, accompagné de M. le maire de la commune de... et de deux gendarmes de la brigade..., et assisté de M. D..., docteur en médecine (*ou*) en chirurgie, demeurant à..., requis par nous, conformément à l'art. 44, C. instr. crim., dans la maison susdésignée dudit sieur..., dont nous avons fait garder l'extérieur et les issues avec défense à qui que ce fût d'en sortir ou de s'éloigner sans notre permission jusqu'après la clôture de notre procès-verbal, sous les peines portées par l'art. 34, C. instr. crim.

Monté à *tel* étage, (*ou*) entré en *telle* pièce au rez-de-chaussée, nous avons trouvé réunis : 1° la femme..., domestique du défunt; 2° les sieurs..., voisins ; 3° et deux individus qu'on nous a signalés comme étant les auteurs du meurtre (*ou*) assassinat, lesquels, sur nos interpellations, nous ont déclaré se nommer... (nom, prénoms, âge, profession, lieu de naissance et demeure).

Nous avons ordonné que... (les prévenus) soient gardés sous la main de justice, en état de mandat d'amener, et nous les avons, en conséquence, remis entre les mains du gendarme B... et du sieur..., garde-champêtre, avec recommandation de veiller à ce qu'ils ne communiquent pas entre eux ni avec personne, et ne jettent ou ne détruisent rien de suspect.

En présence tant de ces deux individus que des personnes présentes, susnommées, nous avons constaté le corps du délit et ses circonstances, ainsi qu'il suit :

Dans une pièce, au rez-de-chaussée, donnant sur un jardin, et servant de chambre à coucher, ayant entrée sur le palier du corridor par une porte en bois de chêne, garnie d'une serrure, éclairée par une croisée à deux vantaux sur le jardin, et communiquant dans un cabinet dont il sera ci-après parlé, nous avons trouvé gisant à terre, (*ou*) sur un lit dont les draps, la couverture et les matelas étaient tachés de sang, un cadavre du sexe masculin, que les sieurs..., domestiques, et..., voisins, nous ont déclaré être celui du sieur... (nom, prénoms, profession), né à..., de... (noms et prénoms de ses père et mère ; dire s'ils sont décédés ou non).

Examen fait de l'état du cadavre, nous avons reconnu que le corps, couché sur le dos, vêtu d'une simple chemise, et coiffé d'un bonnet de soie noire, avait été frappé de plusieurs coups dans la partie extérieure de la poitrine ; la chemise, percée en plusieurs endroits paraissant correspondre aux blessures, et le bonnet, sont ensanglantés. A terre, dans un coin de la chambre, au pied du lit, nous avons trouvé un couteau-poignard à manche de corne de cerf dont nous nous sommes saisi. Ce couteau, dont la lame en pointe est de 20 millimètres dans sa partie la plus large, ne porte aucun nom ou marque de fabricant. Représentation faite aux prévenus de ce couteau-poignard, en les sommant de déclarer s'ils le reconnaissent pour leur appartenir, ou pour s'en être servis, ils ont répondu d'une voix entrecoupée, en baissant les yeux... (Leur réponse).

On ne trouve pas de sang dans la chambre, mais il existe sur la muraille, du côté de la ruelle du lit, un grand nombre de taches de sang, ce qui donne à penser que le sieur... a dû être assassiné dans son lit.

Le docteur D..., après avoir prêté en nos mains le serment de faire son rapport et de donner son avis en son honneur et conscience, nous a déclaré que les coups avaient été portés avec *telle* arme, et, qu'étant dans *telle* direction, ils ne pouvaient l'avoir été que par une main étrangère ; que, conséquemment, il y avait meurtre (*ou*) assassinat.

A l'instant, la domestique susnommée du défunt nous a dit et déclaré qu'outre le meurtre commis sur son maître, les coupables ont ajouté à ce crime celui de vol avec effraction du secrétaire du défunt et de deux placards dans son cabinet de travail, près de sa chambre à coucher, où nous sommes ; que ce n'est qu'à l'instant qu'elle s'en est aperçue ; et a signé.   (*Signature*).

Passé dans ce cabinet, éclairé sur une cour par une fenêtre à deux vantaux, nous avons examiné ce secrétaire et ces deux placards, et nous avons reconnu qu'effectivement les portes en avaient été forcées et que la serrure du secrétaire avait été détachée et était tombée par terre. L'effraction de ces trois meubles paraît avoir été faite avec un...

(Désigner l'instrument et décrire tout ce qui peut faire connaître les diverses circonstances du crime).

Le docteur D... nous a fait son rapport en ces termes... (l'écrire textuellement), (*ou*) nous a remis son rapport, qu'il a affirmé sincère et véritable, et nous l'avons annexé au présent et a signé.

                                        (*Signature*).

Le docteur D... ayant, sur notre réquisition, rapproché les blessures remarquées sur le cadavre, les coupures de la chemise dont était vêtu le défunt et la lame du couteau-poignard (*ou* autre instrument dont aurait été frappé la victime, trouvé sur les lieux du crime) des mêmes plaies et coupures, il a reconnu que ces coupures (*ou* traces) correspondaient parfaitement avec les blessures remarquées sur le cadavre, par leur situation et leur direction, et que la largeur de la lame du couteau-poignard (*ou* autre instrument) était également de la largeur de ces plaies et coupures, et qu'elles avaient toutes été faites par cet... (instrument).

Requis ensuite par nous de visiter les inculpés arrêtés, le docteur D... nous a rapporté que les mains, la blouse, la cravate et la casquette du nommé D..., prévenu, étaient tachées de sang, ce qui a été vu et reconnu par nous, nos assistants et l'inculpé lui-même ; que, quant à l'autre prévenu, le nommé..., il n'a rien remarqué de semblable sur sa personne et ses vêtements.

Rien ne constate à l'intérieur comment les assassins ont pu pénétrer dans l'appartement. En effet, on ne remarque à la porte d'entrée et aux croisées aucune trace d'effraction. Une clef était dans la serrure à l'extérieur ; cette clef s'ajuste parfaitement à la serrure, qui est une serrure de sûreté : ce qui fait présumer qu'elle en est la véritable clef.

Informé qu'une porte qui donne du jardin sur la rue avait été entr'ouverte, et présumant que les assassins auraient pu s'introduire de ce côté dans la maison, le jardin n'étant séparé de la cour que par un mur d'appui d'un mètre environ de hauteur, dans lequel est une porte fermant seulement au loquet, nous nous sommes rendu avec les prévenus et nos assistants à la porte de ce jardin, par l'extérieur, pour ne point effacer ni confondre les empreintes de pas qu'auraient pu laisser les assassins dans l'intérieur du jardin. La rue étant pavée nous n'avons rien vu au dehors ; mais, dans une des allées qui conduisent intérieurement de la porte du jardin à la maison, nous avons remarqué, sur la terre amollie par la pluie qui est tombée tout récemment, des empreintes de pas qui se dirigeaient de la porte à la maison, et nous avons reconnu que ces empreintes, au nombre de..., parfaitement formées, appartenaient à quatre souliers différents : l'un portant l'empreinte de vingt clous au talon ; l'autre ne portant au talon que dix-huit clous et une empreinte de clou manquant au milieu du talon, le troisième portant l'empreinte de vingt-deux clous, et le quatrième ne portant au talon que dix-neuf clous. Nous avons fait déchausser les inculpés et nous avons reconnu que leurs souliers s'adaptaient parfaitement aux empreintes où se voient les traces des clous. Tous les assistants l'ont vu comme nous, et les inculpés n'ont pu s'empêcher de convenir de l'exactitude de ces remarques.

Nous avons ensuite fait fouiller les inculpés minutieusement par un gendarme ; il ne s'est trouvé sur l'un d'eux, le nommé..., rien de suspect qui eût rapport au crime constaté, et sur l'autre, le nommé..., s'est trouvé un passe-partout qui nous a paru, par sa dimension, avoir pu servir à ouvrir la porte du jardin ; nous l'avons essayé à cette porte, et il l'a ouverte sans difficulté.

Nous avons alors prononcé la saisie de la chemise, du bonnet de soie noire, des draps et de la couverture du lit du défunt, du couteau-poignard, de la clef de l'appartement, de la serrure, et du passe-partout saisi sur le nommé... ; de la blouse, de la cravate, de la casquette et des souliers des inculpés, auxquels nous en avons fait fournir d'autres par le sieur..., marchand fripier, demeurant à..., rue..., n°..., pour servir de pièces de conviction, et nous les avons fait mettre, en présence des inculpés, dans un sac de toile, que nous avons fermé au moyen d'une corde sans nœuds, aux deux bouts de laquelle nous avons empreint notre sceau sur la cire rouge ardente, et avons placé sur ce paquet une bande de papier indicative de son contenu, signée et paraphée de M. le Maire, de nous et du greffier (si c'est le juge de paix qui agit), les inculpés ayant déclaré ne vouloir signer, de ce interpellés.

(Si c'est le juge de paix qui agit, on dit) :

Nous avons immédiatement apposé les scellés à la conservation des droits de qui il appartiendra, et nous avons rédigé procès-verbal spécial pour ladite apposition de scellés.

(Si c'est le commissaire de police ou tout autre officier de police auxiliaire qui agit, on dit) :

A l'instant nous avons fait donner avis du décès à M. le juge de paix du canton de..., en l'invitant à se rendre près de nous, à l'effet de procéder.

Lecture faite aux inculpés (les nommer) et à nos assistants ci-dessus dénommés au procès-verbal ci-dessus, que nous avons rédigé en présence de M. le maire de la commune de... (ou) de M. le commissaire de police du canton, requis par nous de nous assister, ils l'ont signé avec nous et le greffier, à l'exception des inculpés qui se sont refusés de s-gner, de ce interpellés. (*Signatures*).

Nous avons ensuite reçu par procès-verbal séparé du présent, les déclarations des différentes personnes qui ont arrêté les prévenus, (ou) le prévenu, (ou) ont pu avoir connaissance des diverses circonstances tant du meurtre (ou) assassinat que du vol qui l'a précédé ou suivi, et procédé, également par procès-verbal séparé du présent, aux interrogatoires des prévenus ;

Et attendu que de l'information à laquelle il vient d'être procédé, des soupçons graves s'élèvent sur..., nous nous sommes transporté avec nos assistants et les deux prévenus, dans la chambre qu'ils occupent en commun en cette commune, rue..., n°..., laquelle nous avons fait ouvrir par le sieur..., serrurier, demeurant audit lieu, par nous requis à cet effet, sur le refus des prévenus d'avoir consenti à nous en remettre la clef, et nous avons fait dans cette chambre et dans un cabinet à côté en dépendant, une perquisition qui n'a produit aucun résultat, (ou) qui a produit la saisie de...

Ce fait, nous avons fait mettre dans un cercueil le cadavre, sur le front duquel nous avons apposé notre sceau pour prévenir toute substitution, et nous avons ordonné qu'il serait inhumé dans une fosse particulière, par les soins et en présence de l'autorité municipale, qui devra en dresser procès-verbal, de manière à être retrouvé facilement, si, par quelque circonstance, l'inhumation était ordonnée par la justice.

Notre opération étant terminée, nous avons levé la défense que nous avions intimée de laisser sortir qui que ce fût, jusqu'après la clôture de notre procès-verbal.

Lecture faite du présent procès-verbal aux prévenus et aux personnes y dénommées, ils l'ont signé avec nous et le greffier, à l'exception du sieur..., qui s'y est refusé.　　　　　　　　　　　　　(Signatures).

Et attendu que (noms et prénoms des prévenus) sont inculpés de s'être rendus coupables d'assassinat et de vol avec circonstances aggravantes, disons qu'ils resteront sous la main de la justice en état de mandat d'amener, pour être conduits par la gendarmerie de la brigade..., avec toutes les précautions nécessaires, devant M. le procureur de la République de l'arrondissement d..., pour être requis par ce magistrat, et ensuite statué par qui de droit ce qu'il appartiendra.

Ordonnons également que les objets saisis et scellés ci-dessus décrits seront en même temps transmis à ce magistrat, comme pièces de conviction.

　　Fait et clos à..., le...,　　　　　　　　　　　　(Signatures).

§ 9. — Procès-verbal de constatation d'un empoisonnement.

L'an..., le..., heures de...,

Nous .. (nom, prénoms et qualité), officier de police judiciaire, auxiliaire de M. le procureur de la République, assisté de M⁰ L. B..., notre greffier,

Instruit par la dénonciation à l'instant faite devant nous par M. L..., docteur en médecine, demeurant à..., qu'appelé ce matin pour constater la mort de Joseph B..., cultivateur, domicilié à..., il avait reconnu que la mort avait été occasionnée par le poison ;

Procédant en cas de flagrant délit, conformément aux art. 32 et 49, C. instr. crim. ;

Nous sommes transporté, accompagné de M..., maire de la commune de..., et de deux gendarmes de la brigade de..., dans la maison susdésignée, où est décédé le nommé B..., dont nous avons fait garder l'extérieur et les issues, avec défense à qui que ce fût de sortir de ladite maison et de s'éloigner du lieu jusqu'après la clôture de notre procès-verbal, sous les peines portées par l'art. 34, même Code.

Monté au... étage, par un escalier, à gauche d'un corridor d'entrée dans ladite maison, nous avons trouvé au haut dudit escalier le nommé Alexis D..., domestique au service du défunt, qui nous a introduit dans une chambre où nous avons vu sur un lit, dont les draps et la couverture étaient inondés de déjections nauséabondes, un cadavre du sexe masculin, que le nommé D..., domestique, et M. le maire, nous ont déclaré être celui du sieur Joseph B..., âgé de..., né à..., et demeurant à..., depuis une vingtaine d'années. On remarque sur ce cadavre plusieurs

taches ou lividités ; les membres et les traits sont fortement contractés.
A terre et tout près du lit, le pavé est mouillé et taché de déjections semblables à celles que nous avons remarquées sur les draps et la couverture. Nous les avons fait recueillir dans un vase avec le plus grand soin.
Sur une commode placée à droite en entrant, était posée une cuvette en
porcelaine blanche dans laquelle il existe une assez grande quantité de
matières jaunâtres et blanchâtres.

MM. B... et D..., docteurs-médecins, demeurant à.., requis par nous
de procéder à l'examen des causes de la mort du sieur B..., ont prêté,
devant nous, le serment de faire leur rapport et de donner leur avis en
leur honneur et conscience, et ont procédé de suite, en notre présence, à
leur mission.

Leur examen terminé, pendant lequel l'un d'eux a noté et écrit soigneusement leurs observations, ils nous ont déclaré qu'ils ne pourraient,
pour le moment, dicter leur rapport, qu'ils nous remettraient ultérieurement, mais qu'ils pouvaient affirmer que la mort a été causée par le
poison appelé..., etc., et ont signé avec nous et le greffier, après lecture
faite.   (*Signatures*).

Requis de visiter les matières par nous recueillies et celles trouvées
dans la cuvette de la chambre du défunt, les hommes de l'art, après un
scrupuleux examen, nous ont rapporté... (Faire ce rapport textuellement).

Nous avons ensuite visité et fait visiter les vases qui se trouvent tant dans
la chambre du défunt que dans les autres pièces de l'appartement, ainsi
que les armoires et tiroirs des meubles dudit appartement, où les recherches les plus minutieuses ont été faites, sans rien découvrir de suspect. Nous
avons fait boucher avec du liége les trois vases dans lesquels les hommes
de l'art ont recueilli l'estomac du défunt et les matières par nous trouvées près du cadavre, et sur le bouchon de chaque vase nous avons appliqué une bande de papier, indicative de son contenu, signée et paraphée des hommes de l'art, de M. le maire, de nous et du greffier, sur
laquelle nous avons apposé notre sceau sur cire rouge ardente, pour le
tout être adressé à M. le procureur de la République, aux fins de droit.

Ce fait, nous avons fait mettre dans un cercueil le cadavre, sur le front
duquel nous avons apposé notre sceau, pour prévenir toute substitution,
et nous avons ordonné qu'il serait inhumé dans une fosse particulière
par les soins et en présence de l'autorité municipale de la commune, qui
devra en dresser procès-verbal. Nous avons ensuite reçu les déclarations
des personnes présentes et autres, qui nous ont été signalées comme pouvant donner des renseignements utiles sur les causes de la mort de
M. B...

Et attendu qu'il résulte de l'information que le défunt aurait soupé
hier chez la dame Rose-Sophie D..., avec laquelle il avait des relations
intimes ; qu'il est utile de l'entendre et de faire perquisition chez elle ;

Nous nous sommes transporté de suite, trois heures de relevée, accompagné de M. le maire, des hommes de l'art, de D..., domestique du défunt, d'un gendarme et de notre greffier, chez ladite femme D..., qui
était absente de son domicile. Nous l'avons envoyé chercher par..., et
lorsqu'elle est arrivée, nous lui avons fait part de notre transport, et l'a-
vons sommée de nous ouvrir ses armoires, commodes et autres meubles,
fermant à clef. A cette sommation, la femme D... est demeurée interdite;
puis elle nous a répondu qu'elle ne voyait pas le but de cette opération,
et qu'elle ne se croyait pas obligée d'y déférer. Sommée de nouveau, avec
déclaration que nous allions faire faire l'ouverture de ses meubles par un

serrurier, elle nous a remis ses clefs. Ouverture faite d'un secrétaire étant dans la chambre à coucher de la femme D..., nous avons trouvé dans le tiroir du haut, sous un tas de vieux journaux et de mouchoirs de poche, un portefeuille de maroquin rouge portant sur la couverture, en lettres d'or, le nom dudit défunt, dans lequel nous avons trouvé la somme de quarante mille francs en cinquante billets de la Banque de France, dont trente de mille francs, et vingt de cinq cents francs chacun. Représentation faite à la dame D... de ce portefeuille, et à elle demandé si elle le reconnaissait, elle a répondu que M. D..., qui venait de recevoir un remboursement, l'avait priée de le garder, ne voulant pas le conserver sur lui parce qu'il était tard, et que l'on parlait beaucoup de voleurs. Continuant notre perquisition, nous avons trouvé dans l'un des tiroirs de la caisse, dans une paquet de vieux linge, une petite bouteille en forme de petit bocal en verre blanc, contenant quelques gouttes d'une liqueur transparente, de la contenance de..., sur laquelle avait été collé un papier qui avait été gratté ; ladite bouteille fortement bouchée au moyen d'un bouchon de liége.

Représentation faite à la dame D... de cette bouteille, avec sommation de déclarer si elle la reconnaît, et quelle est la liqueur qui y est contenue, elle a répondu qu'elle a acheté cette liqueur sur la place publique de..., pour enlever les taches sur les étoffes. La fille Louise B..., domestique de la femme D..., également interpellée de déclarer si elle sait quelle liqueur contient cette bouteille, et si elle a vu sa maîtresse s'en servir pour détacher, a répondu ne l'avoir jamais vue, ignorer quelle peut être la liqueur qu'elle renferme, et ne s'en être jamais servie, ni avoir vu sa maîtresse s'en servir.

Nous avons ensuite remis cette bouteille à MM. les hommes de l'art, qui, après examen fait de la liqueur qu'elle contient, nous ont déclaré que ladite liqueur est du..., poison violent de la même nature que celui avec lequel ledit sieur B... a été empoisonné ; et ont signé

(Signatures).

Nous avons fait reboucher la bouteille, et sur le bouchon nous avons adapté, en présence de la dame D..., une feuille de papier, indicative de son contenu, signée et paraphée de cette dame, des hommes de l'art, de nous et du greffier, au bout de laquelle nous avons apposé sur cire rouge ardente notre sceau, et la dame D..., son cachet. Nous avons également fait envelopper le portefeuille ci-dessus désigné d'une bande de papier indicative de son contenu, signée de ladite dame D... et de M. le maire, de nous et du greffier, aux deux extrémités de laquelle bande nous avons appliqué notre sceau et ladite dame D... son cachet. De tout ce que dessus nous avons fait et rédigé le présent procès-verbal, en présence de M. le maire de la commune de...

Lecture faite dudit procès-verbal à la dame D... et aux personnes y dénommées, ils l'ont signé avec nous et le greffier. *(Signatures).*

Et attendu que de l'information il résulte contre la dame D... les indices les plus graves d'avoir occasionné la mort de B... par le poison,

Ordonné qu'elle restera sous la main de justice, en état de mandat d'amener, et qu'elle sera conduite devant M. le procureur de la République de l'arrondissement de..., pour être statué à son égard ce que de droit.

Ordonnons également que les objets saisis et scellés ci-dessus décrits seront en même temps transmis à ce magistrat, comme pièces de conviction.

Fait et clos à..., le... *(Signatures).*

§ 10. — Procès-verbal de constatation d'un crime ou délit sur la réquisition d'un chef de maison.

L'an..., le... heures...,

Nous..., juge de paix du canton de..., officier de police judiciaire auxiliaire de M. le procureur de la République, assisté de M⁰ Louis B..., notre greffier ;

Procédant en vertu des art. 32, 46 et 49, C. inst. crim., et par suite de la plainte du sieur Louis-Adrien D..., propriétaire, demeurant à..., qu'un vol aurait été commis la nuit dernière, au moyen d'effraction extérieure et intérieure dans sa maison à...,

Nous nous sommes transporté, accompagné de M..., maire de la commune de..., et assisté de deux gendarmes de la brigade de..., dans la maison susdésignée dudit sieur D..., requérant, et avant d'y pénétrer, nous avons remarqué dans le mur qui forme le bas de la croisée de la cuisine, sur une ruelle allant du chemin de l'église dans la plaine, une ouverture de la largeur de vingt-cinq centimètres sur sept de hauteur, pratiquée au moyen du dérangement de plusieurs grosses pierres qui se sont trouvées dans la ruelle, à environ un mètre, dont une porte l'empreinte, en plusieurs endroits, d'une pince avec laquelle ces pierres paraissent avoir été déplacées.

Recherches par nous faites dans cette ruelle, nous avons découvert dans le bout, du côté de la plaine, dans une touffe d'herbe, une pince de fer, de la longueur de trente-cinq centimètres, de la grosseur d'environ deux centimètres, pointue par un bout; nous avons de suite rapproché cette pince de fer des différentes empreintes que porte l'une des pierres qui ont été détachées de l'appui de la croisée de la cuisine, et nous avons reconnu qu'elle s'y adapte exactement.

Entré dans ladite cuisine, nous avons remarqué, etc. (Le reste du procès-verbal sera rédigé comme au cas de flagrant délit).

§ 11. — Procès-verbal d'information en cas de flagrant délit.

L'an..., le..., heures...,

Nous..., juge de paix du canton de..., officier de police judiciaire, auxiliaire de M. le procureur de la République,

Etant à..., et procédant, en cas de flagrant délit, par suite de notre procès-verbal de constat d'un vol commis au domicile et au préjudice du nommé M..., maraîcher, demeurant à..., en date de ce jour, assisté de M⁰ Louis B..., notre greffier, nous avons fait comparaître devant nous, en la maison dudit sieur M..., où nous sommes, les personnes ci-après nommées, à nous indiquées comme pouvant donner des renseignements sur le vol dont il s'agit, lesquelles nous ont fait successivement et séparément les unes des autres, hors la présence du prévenu et du plaignant, leur déposition, ainsi qu'il suit :

(Le juge peut faire prêter serment à chaque témoin ; nous l'avons toujours fait en pareil cas).

1° Louise-Estelle L..., âgée de trente-cinq ans, femme de Paul M..., maraîcher, demeurant à..., non domestique, parente ni alliée du prévenu, dépose :

« J'ai vu, ce matin, la femme B..., posée derrière la haie de son jardin, où elle faisait le guet. Elle n'avait aucune raison de se tenir dans cet endroit du jardin, parce qu'il n'y a en ce moment aucune récolte ni plantation à faire. Les B... sont de très-mauvais voisins; nous avons un marais qui touche au leur, et dont on nous a souvent volé les légumes; je ne puis guère accuser qu'eux de ces vols, parce que je m'en apercevais précisément le lendemain du jour où ils étaient allés à leur marais. Tout ce que vous a dit mon mari, dans sa plainte, dont vous venez de me donner lecture, est l'exacte vérité (1). J'affirme de nouveau que les chemises saisies par vous dans le fournil de B..., sont bien celles qui nous ont été volées, et que l'argent que vous avez trouvé chez lui provient bien du vol commis à notre préjudice ».

Lecture faite, a persisté et a signé avec nous et le greffier.

(*Signatures*).

2º Louis-Paul M..., âgé de seize ans, sans profession, demeurant à..., non domestique, parent ni allié du prévenu, dépose :

« Ce matin, vers huit heures, étant à travailler avec ma sœur, dans notre marais, j'ai vu arriver B..., notre voisin, qui se rendait à son ouvrage. Je lui ai adressé la parole, mais il a continué son chemin sans me répondre. Il était bien certainement plus de huit heures quand B... est arrivé, car il y avait déjà quelques instants que j'avais entendu sonner la messe, qui se dit tous les jours à cette heure-là »...

Lecture faite, a persisté et a signé avec nous et le greffier.

(*Signatures*).

3º Alexandre B..., âgé de..., cultivateur, demeurant à..., non domestique, parent ni allié du prévenu, dépose :

« Le... de ce mois, j'ai payé à Paul M... 250 fr., en pièces de 5 fr., dans l'étude de Mᵉ..., notaire à..., où se trouvait également le nommé B..., qui m'a bien certainement vu remettre ces 250 fr. à M..., car il était debout près de nous en ce moment. Parmi les pièces de 5 francs que je lui ai données, il s'en trouvait une de la République, au millésime de mil huit cent quarante-neuf, sur laquelle j'avais fait une croix avec mon couteau. »

Examen fait des trente-cinq pièces de 5 francs saisies chez B..., nous en avons effectivement trouvé une avec l'effigie de la République, du millésime de mil huit cent quarante-neuf.

Représentation faite de [cette pièce de 5 francs au témoin, il a déclaré la reconnaître parfaitement pour l'avoir donnée à Paul M..., lors du paiement qu'il lui a fait, en présence de B..., dans l'étude de Mᵉ..., notaire à...

A l'instant, nous avons fait amener devant nous le prévenu B..., et nous lui avons fait donner lecture de la déposition du témoin.

Interpellé de nous expliquer comment il avait en sa possession la pièce de 5 francs reconnue par le témoin, pour avoir été par lui donnée à M...,

Le prévenu a répondu : « C'est une fatalité que je ne puis comprendre ni m'expliquer moi-même. »

Lecture faite, le témoin a déclaré persister dans sa déclaration, et a signé avec nous et le greffier, après que le prévenu a eu déclaré ne vouloir signer, de ce requis.

(*Signatures*).

Fait et clos à..., le... (*Signatures*).

---

(1) Cette forme est vicieuse : il faut rapporter la déposition textuelle du témoin.

§ 12. — Procès-verbal d'information sur commission rogatoire en matière criminelle (1).

L'an..., le..., heures...,

Par-devant nous..., juge de paix du canton de..., officier de police judiciaire;

Agissant en vertu de la commission rogatoire de M. le juge d'instruction près le tribunal civil de l'arrondissement de..., en date du...;

(*Ou*) En vertu de délégation de M. le juge d'instruction près le tribunal de première instance de l'arrondissement de..., pour l'exécution de la commission rogatoire de M..., en date du...;

Etant dans notre cabinet à..., assisté de M⁰ Louis B..., notre greffier;

En conséquence de la citation donnée à la requête de M. le procureur de la République de..., par exploit de..., huissier à..., en date du..., conformément à notre cédule du...,

Ont comparu les témoins ci-après, chacun desquels appelé successivement et séparément, hors de la présence du prévenu, après avoir représenté la citation qui lui a été donnée pour déposer, reçu communication des faits contenus dans la commission rogatoire susrelatée, relative à... (nature du crime ou délit), imputé à... (désignation du prévenu), prêté serment de dire toute la vérité, rien que la vérité, et enquis par nous de ses nom, prénoms, âge, état, profession et demeure; s'il est domestique, parent ou allié du prévenu, et à quel degré (ou de la partie civile, s'il y en a une), nous a répondu et fait sa déposition, ainsi qu'il suit :

Premier témoin.

1° Louis-Adrien B..., âgé de vingt-cinq ans, garçon épicier, demeurant à..., non domestique, parent ni allié du prévenu (ni de la partie civile, s'il y a lieu), dépose :

« Le deux avril dernier, étant à..., j'ai vu..., j'ai entendu..., j'ai appris que... »

Interpellé d'expliquer tel fait, ou de déposer ce qu'il sait sur..., ou de faire connaître la moralité du prévenu, le témoin a répondu :...

(Sa déposition).

Représentation faite de... (désigner la pièce représentée), le témoin a déclaré : Je...

Lecture faite, a persisté, a requis taxe que nous avons allouée de la somme de..., et a signé avec nous et le greffier.

(*Ou*) a déclaré ne savoir signer, de ce interpellé, et nous, juge de paix, avons signé avec le greffier.　　　　　　　　　(*Signatures*).

Deuxième témoin.

2° André-Noël S..., âgé de trente ans, rentier, demeurant à..., non domestique du prévenu, mais son allié au troisième degré, dépose :

Je..., etc.

Lecture faite, a persisté, a requis taxe, et a signé avec nous et le greffier.　　　　　　　　　　　　　　　(*Signatures*).

Troisième témoin.

3° Henri B..., âgé de quatorze ans, sans profession, demeurant à..., non domestique, parent ni allié du prévenu, mais cousin germain de...,

_____

(1) V. *Commission rogatoire en matière civile*, t. **2**, p. **723.**

partie civile, entendu par forme de déclaration et sans prestation de serment, vu son âge, dépose :

Je...

Lecture faite...   (*Signatures*).

Tous les témoins assignés étant entendus, à l'exception seulement du sieur Alexandre B..., qui nous a fait présenter un exoine ci-annexé, attestant qu'une fluxion de poitrine l'a mis dans l'impossibilité d'obéir à la citation, et l'empêchera de pouvoir comparaître d'ici à quelque temps; et de Xavier P..., qui n'a ni comparu ni fourni d'excuse, quoique valablement assigné, nous avons clos le présent procès-verbal, les jour, mois et an que dessus, et nous avons signé avec le greffier.

                                                    (*Signatures*).

(Continuation du procès-verbal lorsque l'information est renvoyée à un autre jour);

Et le..., heures..., par continuation,

Par-devant nous, juge de paix susdit, agissant et assisté comme dit est,

Ont comparu les témoins ci-après nommés, par suite de l'exploit sus-relaté.

(*Ou*) en conséquence de l'exploit de..., huissier à..., en date du..., en vertu de notre cédule du...,

Lesquels témoins, après l'accomplissement de toutes les formalités énoncées au commencement de notre procès-verbal, ont répondu et fait leur déposition ainsi qu'il suit :

                    Quatrième témoin.
    4°....   ,

                    Cinquième témoin.
    5°....

Fait et clos à..., le..., et nous avons signé avec le greffier.

                                                    (*Signatures*).

§ 13. — Interrogatoire de l'inculpé.

L'an..., le..., heure..., etc.,

Nous..., juge de paix du canton de..., officier de police judiciaire, auxiliaire de M. le procureur de la République, assisté de Mᵉ Louis B..., notre greffier ordinaire;

Etant à..., et procédant en cas de flagrant délit, par suite de notre procès-verbal, en date de ce jour (*ou*) procédant sur la réquisition de..., chef de maison (*ou*) procédant en vertu de la commission rogatoire de M. le juge d'instruction de..., en date du..., à nous transmis pour exécution par M. le procureur de la République dudit arrondissement,

Avons fait subir l'interrogatoire suivant au dénommé ci-après, prévenu de... (déterminer le fait succinctement), trouvé et arrêté sur les lieux, (*ou*) se présentant volontairement (*ou*) conduit devant nous en vertu de notre mandat d'amener (*ou*) comparant en vertu de notre mandat de comparution, en date du..., etc.

« *D*. Quels sont vos nom, prénoms, âge, profession, domicile et lieu de naissance?

« *R*. Pierre R..., âgé de quarante-quatre ans, maraîcher, né à..., demeurant à...

« *D*. Vous êtes inculpé d'avoir commis, aujourd'hui même, de six à huit heures du matin, un vol d'argent, de bijoux et de linge, au domicile et au préjudice du sieur Paul M..., votre voisin; vous auriez profité de son absence pour vous introduire chez lui au moyen de la clef de la maison, dont vous connaissez la place habituelle ; puis vous auriez forcé son armoire, où vous auriez pris une somme de deux cents francs en argent et en cuivre, une croix et une chaîne d'or, et dix chemises.

« *R*. C'est très-faux ; ce n'est pas moi qui ai commis ce vol.

« *D*. Cependant nous venons de trouver, à l'instant même, au fond d'un vieux coffre, dans le fournil de votre habitation, six chemises que les époux M... ont reconnues pour leur appartenir ; elles sont d'ailleurs toutes marquées en leur nom. Comment expliquez-vous cette circonstance?

« *R*. Ces chemises sont à moi, je les ai achetées dans une vente à..., il y a plusieurs années ; si M... croit les reconnaître, il se trompe ; d'ailleurs, il y a bien des chemises de toile qui se ressemblent. Je sais que M... m'en veut depuis longtemps ; il fait cela pour me perdre.

« *D*. Mais la marque de deux de ces chemises est en partie enlevée ; on comprend difficilement, si ces chemises vous appartiennent, pourquoi vous auriez cherché à les démarquer.

« *R*. Je ne puis rien vous dire là-dessus.

« *D*. Veuillez nous expliquer la présence, dans un lieu isolé de votre habitation, des cent soixante-quinze francs que nous avons trouvés dans le vieux coffre de votre fournil.

« *R*. Je les avais déposés là par mesure de sûreté, persuadé que les voleurs ne les y viendraient pas chercher, tandis que chez soi on est exposé tous les jours à être volé.

« *D*. D'où vous proviennent ces cent soixante-quinze francs ?

« *R*. De mes économies depuis plusieurs années.

« *D*. Nous avons aussi trouvé un ciseau en fer que nous venons d'appliquer, devant vous, aux traces de pesées qui se remarquent sur l'armoire de M..., et vous avez vu, comme tous les assistants, combien cet outil s'y rapportait exactement. Vous avez également vu que les traces de pesées de l'armoire sont empreintes de rouille : or, votre ciseau est précisément rouillé.

« *R*. C'est très-vrai ; mais ces sortes d'outils sont presque tous faits sur le même modèle, et d'ailleurs je ne suis pas le seul dans la commune qui en possède de semblables.

« *D*. Vous saviez que M... avait de l'argent?

« *R*. Non, monsieur.

« *D*. Cependant vous vous êtes trouvé avec M... dans l'étude de Me..., notaire à..., au moment où M. B... lui a compté une somme de deux cent cinquante francs qu'il restait lui devoir sur le prix d'une pièce de terre qu'il lui avait vendue.

« *R*. Je me suis trouvé effectivement dans l'étude de Me..., notaire à..., le..., en même temps que M... ; mais... (le prévenu s'arrête sans pouvoir finir sa phrase, qu'il termine ainsi), parce qu'il aurait touché de l'argent, est-ce à dire pour cela que je l'aie volé, moi, et que l'argent que vous avez trouvé dans mon coffre lui appartienne ? Rien ne le prouve.

« *D*. Pourquoi nous avez-vous dit, avant que nous fissions ouvrir le coffre par le maréchal, que c'était inutile, que vous n'aviez pas d'argent ?

« *R*. On n'est pas obligé de dire à tout le monde ses affaires.

« *D*. Ce matin, on a vu votre femme postée derrière la haie de votre jardin, d'où elle semblait épier le départ de la famille M... pour leurs travaux ; de votre côté, vous êtes arrivé à votre travail plus de deux heures plus tard qu'à l'ordinaire ; expliquez-vous donc à cet égard.

« R. J'ignore si ma femme est allée dans le jardin ; quant à moi, si je ne suis pas allé à mon travail d'aussi bonne heure que de coutume, c'est que j'ai été occupé ailleurs ; cela ne regarde personne.

« D. Tout prouve que vous êtes l'auteur du vol commis chez les époux M..., vous feriez beaucoup mieux d'avouer la vérité.

« R. Je ne puis pas convenir d'une chose que je n'ai pas faite.

« D. Avez-vous été repris de justice ?

« R. Non, monsieur. »

Lecture faite, a persisté, et a déclaré ne vouloir signer, de ce requis, et nous, juge de paix, avons signé avec notre greffier.

(*Signatures*).

§ 14. — Reprise de l'interrogatoire de l'inculpé.

Et reprenant l'interrogatoire ci-dessus, nous, juge de paix susdit, agissant et assisté comme dit est, avons fait les questions et retenu les réponses qui suivent :

« D. Quels sont vos nom, prénoms, âge ?

« R. Paul B..., etc.

« D... »

« R... »

Représentation faite au prévenu de... (désigner les objets représentés) avec interpellation d'expliquer...

Le prévenu a répondu... : Je...

Lecture faite, a persisté et a déclaré ne vouloir signer, de ce requis, et nous, juge de paix, avons signé avec notre greffier.

(*Signatures*).

CHAP. V. — DE LA TAXE ET DU PAIEMENT DES FRAIS DE JUSTICE CRIMINELLE.

SECT. Iʳᵉ. — DES FRAIS DE TRANSLATION DES PRÉVENUS OU ACCUSÉS, DE TRANSPORT DES PROCÉDURES ET DES OBJETS POUVANT SERVIR A CONVICTION OU A DÉCHARGE.

1744. « Les prévenus ou accusés seront conduits à pied par la gendarmerie, de brigade en brigade ; néanmoins ils pourront, si des circonstances extraordinaires l'exigent, être transférés soit en voiture, soit à cheval, sur les réquisitions motivées de nos officiers de justice.

« Les réquisitions seront rapportées en original ou par copies dûment certifiées par les officiers qui donneront les ordres, à l'appui de chaque état ou mémoire de frais à fournir par ceux qui auront fait le transport. » (D. 18 juin 1811, art. 4).

« Lorsque la translation par voie extraordinaire sera ordonnée d'office, ou demandée par le prévenu ou accusé, à cause de l'impossibilité où il se trouverait de faire ou de continuer le voyage à pied, cette impossibilité sera constatée par certificat de médecin ou de chirurgien.

« Ce certificat sera mentionné dans la réquisition et y demeurera joint » (Art. 5).

Les réquisitions et les certificats exigés par les art. 4 et 5 doivent être joints aux mémoires à peine de rejet de ces mémoires. Mais ce n'est pas le juge de paix qui doit les taxer (Décis. min. just., 6 août 1832).

1745. Si le prévenu ou accusé réclame des moyens de transport par la seule raison qu'il est nu-pieds, le juge de paix devra lui fournir une paire de souliers, et cette dépense sera payée comme frais urgents, conformément à l'art. 133 du décret du 18 juin 1811, en rappelant, dans le mandat, la date de l'autorisation ministérielle, en vertu de laquelle elle aura été faite (Déc. min. just., 4 nov. 1820).

1746. « Dans le cas d'exception ci-dessus, la translation des prévenus ou accusés sera faite par les entrepreneurs généraux des transports et convois militaires et aux prix de leur marché.

« Dans les localités où le service des transports militaires ne sera point organisé, les réquisitions seront adressées aux officiers municipaux, qui y pourvoiront par les moyens ordinaires et aux prix les plus modérés » (D. 18 juin 1811, art. 6).

« Les prévenus ou accusés pourront toujours se faire transporter en voiture, à leurs frais, en se soumettant aux mesures de précaution que prescrira le magistrat qui aura ordonné la translation, ou le chef d'escorte chargé de l'exécuter » (Art. 7).

« Les procédures ou les effets pouvant servir à conviction ou à décharge seront transportés par les gendarmes chargés de la conduite des prévenus ou accusés.

« Si, à raison du poids ou du volume, ces objets ne peuvent être transportés par les gendarmes, ils le seront, d'après un ordre par écrit du magistrat qui ordonnera le transport, soit par les messageries, soit par les entrepreneurs des transports et convois militaires, soit par toute autre voie plus économique, sauf les précautions convenables pour la sûreté des objets » (Art. 9).

1747. Les magistrats et les officiers de police judiciaire doivent prendre les précautions nécessaires pour que les pièces de conviction ne soient pas endommagées par le transport. Ils devront aussi indiquer dans l'ordre de transport, *qui sera toujours joint au mémoire*, le poids des objets à transporter et le jour où ces objets devront arriver à leur destination, afin que, d'un côté, on puisse juger de la nécessité de prendre une voiture à un ou plusieurs colliers, ou seulement un cheval de bât, et savoir de l'autre si, au moment où ces objets doivent être envoyés, l'entrepreneur ne serait pas dans le cas d'effectuer un transport de prisonnier ; on pourrait alors placer sur la voiture les objets dont il s'agit (Instr. gén., 30 sept. 1826).

1748. « Les aliments et autres secours indispensablement nécessaires aux prévenus ou accusés pendant leur translation leur seront fournis dans les prisons et maisons d'arrêt des lieux de la route.

« Cette dépense ne sera point considérée comme faisant partie des frais généraux de justice, mais elle sera confondue dans la masse des dépenses ordinaires des prisons et maisons d'arrêt.

« Dans les lieux où il n'y a point de prisons, les officiers municipaux feront faire la fourniture des aliments et autres objets, et le remboursement en sera fait aux fournisseurs comme frais généraux de justice » (D. 18 juin 1811, art. 9).

« Si, pour l'exécution d'ordres supérieurs relatifs à la translation des prévenus ou accusés, il est nécessaire d'employer des moyens extraordinaires de transport, tels que la poste, les diligences et autres voies semblables, les frais de ce transport et autres dépenses que les gendarmes se trouveront obligés de faire en route leur seront remboursés, comme frais de justice criminelle, sur leurs mémoires détaillés, auxquels ils joindront les ordres qu'ils auront reçus, ainsi que les quittances particulières pour les dépenses de nature à être ainsi constatées.

« Si les gendarmes n'ont pas de fonds suffisants pour faire les avances, il leur sera délivré un mandat provisoire de la somme présumée nécessaire, par le magistrat qui ordonnera le transport.

« Il sera fait mention du montant de ce mandat sur l'ordre de transport.

« A leur arrivée à leur destination, les gendarmes feront régler définitivement leur mémoire par le magistrat devant qui le prévenu devra comparaître » (Art. 12).

SECT. II. — DES HONORAIRES ET VACATIONS DES MÉDECINS, CHIRURGIENS, SAGES-FEMMES, EXPERTS ET INTERPRÈTES.

1749. « Les honoraires et vacations des médecins, chirurgiens, sages-femmes, experts et interprètes, à raison des opérations qu'ils feront sur la réquisition des officiers de justice ou de police judiciaire, dans les cas prévus par les art. 43, 44, 148, 332 et 333, C. instr. crim., seront réglés ainsi qu'il suit » (D. 18 juin 1811, art. 16) :

« Chaque médecin ou chirurgien recevra, savoir :

« 1° Pour chaque visite et rapport, y compris le premier pansement, s'il y a lieu,

> « Dans notre ville de Paris. . . . . 6 fr.
> « Dans les villes de 40,000 habitants et au-dessus. 5
> « Dans les autres villes et communes. 3

« 2° Pour les ouvertures de cadavres et autres opérations plus difficiles que la simple visite, et en sus des droits ci-dessus :

> « Dans notre ville de Paris. . . . . 9 fr.
> « Dans les villes de 40,000 habitants et au-dessus. 7
> « Dans les autres villes et communes.. 5

(Art 17).

Ainsi le premier pansement ne peut jamais être compté *comme opération plus difficile.*

1750. Quelles que soient les opérations, il ne peut être accordé de plus fortes taxes que celles qui sont fixées par l'art. 17. On ne peut même augmenter ces allocations, en vertu de l'art. 136 du règlement, attendu que les dispositions de cet article ne s'appliquent qu'aux dépenses extraordinaires et non prévues par ce règlement, et que l'on ne saurait se fonder, sous quelque prétexte que ce puisse être, sur cet article pour augmenter les honoraires attribués aux médecins et chirurgiens, puisque ces honoraires constituent une dépense ordinaire, prévue et déterminée d'une manière invariable.

1751. Les médecins et chirurgiens appelés pour procéder à des opérations chimiques doivent être assimilés aux experts, en ce qui concerne l'indemnité qui peut leur être due.

1752. Un traitement étant accordé aux médecins et chirurgiens des prisons, ils sont obligés non-seulement de soigner et de traiter les détenus blessés ou malades, du moment où ils entrent dans la prison et pendant tout le temps qu'ils y restent, mais encore de rendre compte à l'autorité de l'état dans lequel ils se trouvent durant le même intervalle : ce traitement doit être considéré comme une espèce d'abonnement pour les visites et rapports faits par les médecins et chirurgiens, et les soins et traitements qu'ils doivent donner indistinctement aux détenus ont, avec ces visites et rapports, une connexion nécessaire. Ainsi, dans le cas dont il s'agit, l'indemnité allouée par le premier paragraphe de l'art. 17 ne peut être accordée aux médecins et chirurgiens attachés aux prisons. Mais il n'en est pas de même de celle dont parle le deuxième paragraphe de cet article ; cette indemnité leur est due lorsque, comme les autres médecins et chirurgiens, ils procèdent, soit dans les prisons, soit hors des prisons, aux opérations plus difficiles que la simple visite ; les droits de simple visite leur sont également dus quand elles se font hors des prisons.

1753. « Les visites à faire par les sages-femmes seront payées :

« A Paris. . . . . 3 fr.
« Dans les autres villes et communes. . . . . 2　»

(D. 18 juin 1811, art. 18).

1754. « Outre les droits ci-dessus, les prix des fournitures nécessaires pour opérations sera remboursé » (Art. 19).

Ce remboursement ne sera fait que lorsque les médecins, chirurgiens et sages-femmes auront joint à leur mémoire un état détaillé des fournitures. Quand ils les auront achetées, cet état sera quittancé par le vendeur.

1755. « Pour les frais d'exhumation de cadavres, on suivra les tarifs locaux » (D. 18 juin 1811, art. 20).

Le salaire des travaux exécutés ou le prix des fournitures faites sont arbitrés équitablement par le juge de paix, à raison de la saison, du genre et de la longueur de ces travaux, suivant l'usage de la localité.

1756. « Il ne sera rien alloué pour soins et traitements administrés, soit après le premier pansement, soit après les visites ordonnées d'office » (D. 18 juin 1811, art. 21).

« Chaque expert ou interprète recevra, pour chaque vacation de trois heures et pour chaque rapport, lorsqu'il sera fait par écrit, savoir :

A Paris. . . . . 5 fr.
Dans les villes de 40,000 habitants et au-dessus. . 4
Dans les autres villes et communes. 3

« Les vacations de nuit seront payées moitié en sus » (Art. 22).

1757. La durée et le nombre des vaçations doivent être constatés exactement par les procès-verbaux des magistrats ou officiers de police judiciaire qui président à l'opération. Ces procès-verbaux serviront ensuite de base à la taxe, et seront joints aux mémoires.

1758. Ces opérations sont taxées sur des états par le président du tribunal, après réquisition du procureur de la République. Ces états ne sont plus soumis au visa des préfets, auxquels ils étaient assujettis par l'art. 138 du décret du 18 juin 1811 (Ordonn. 28 nov. 1838, art. 1er).

1759. « Dans tous les cas où les médecins, chirurgiens (officiers de santé), sages-femmes, experts et interprètes, seraient appelés, soit devant le juge d'instruction, soit aux débats, à raison de leurs déclarations, visites ou rapports, les indemnités dues pour cette comparution leur seront payées comme à des témoins, s'ils requièrent taxe » (D. 18 juin 1811, art. 25).

SECT. III. — DES INDEMNITÉS QUI PEUVENT ÊTRE ACCORDÉES AUX TÉMOINS.

1760. « Conformément à l'art. 82, C. instr. crim., les témoins entendus dans l'instruction et lors du jugement des affaires criminelles et de police recevront, s'ils le demandent, une indemnité qui demeure réglée ainsi qu'il suit » (D. 18 juin 1811, art, 26).

« Pour chaque jour que le témoin aura été détourné de son travail ou de ses affaires, il pourra lui être accordé, savoir :

A Paris. . . . . 2 fr. 00 c.
Dans les villes de 40,000 habitants et au-dessus. . . 1 50
Dans les autres villes et communes. 1 00

(Art. 27).

1761. « Chaque témoin qui demandera une indemnité sera taxé par le juge d'instruction » (Art. 82, C. inst. crim.).

1762. Il résulte de cet article et de l'art. 26 du règlement du 18 juin 1811, qu'aucune taxe ne peut être accordée aux témoins *qu'autant qu'ils la demandent*. Ainsi, le juge taxateur ne peut l'accorder que quand il s'est assuré par lui-même que le témoin l'a réclamée ; et conformément à l'art. 36 du règlement précité, *mention expresse doit être faite dans le mandat de paiement que la taxe a été requise*. Cette formalité doit être observée par les présidents des Cours d'assises, par les présidents des tribunaux corrctionnels, et par tous les magistrats qui peuvent avoir à taxer des témoins.

1763. Aucune taxe ne peut être payée que sur l'acquit du témoin ; les receveurs de l'enregistrement et des domaines doivent exiger que cet acquis soit mis, *en leur présence,* au bas de la taxe, et au moment où le témoin se présente pour en recevoir le montant. L'inobservation de cette règle a souvent occasionné de graves abus.

1764. Les taxes doivent être payées par les receveurs, *à tout instant et tous les jours,* depuis une heure avant le lever et jusqu'à une heure après le coucher du soleil (Décision du ministre des finances en date du 24 sept. 1808).

1765. Les taxes doivent toujours être écrites par les greffiers eux-mêmes ou par leurs commis assermentés ; les écritures de ce genre rentrent évidemment dans la classe de celles qui, aux termes de l'art. 163 du règlement, doivent être faites gratuitement par ces officiers, sous la dictée et l'inspection des magistrats (Circ. du 16 juin 1823). Cependant les greffiers n'encourent à ce sujet qu'une responsabilité morale ; les magistrats taxateurs continuent, conformément à l'art. 141 du règlement, à être seuls responsables, lorsqu'il y aura abus ou exagération dans les taxes accordées.

1766. Toutes les fois que la nature de l'affaire n'est pas indiquée dans la cédule, ou ne l'est pas suffisamment, il faut nécessairement la rappeler dans la taxe, afin qu'on puisse reconnaître si les frais doivent être supportés par le ministère de la justice ou par quelques administrations, établissements publics, ou par des communes, conformément à l'art. 158 du règlement.

1767. Quoique les règlements ne prescrivent pas d'une manière expresse aux juges taxateurs d'énoncer dans les taxes si les témoins ne savent pas signer, il importe cependant de ne point négliger cette formalité, qu'un long usage a consacrée et qui prévient beaucoup d'abus (Circ. du 3 mai 1825).

1768. « La taxe de comparution, fixée par les art. 27 et 28 du règlement, est due à tout témoin qui n'est pas domicilié à plus d'un myriamètre du lieu où il est entendu.

« Au delà de cette distance, ces articles cessent d'être applicables, et les témoins sont taxés à raison de la distance qu'ils ont parcourue, ainsi qu'il sera dit, sect. VIII, ci-après » (Décr. 7 avril 1813, art. 2).

« Les gardes champêtres et forestiers et les gendarmes

cités en témoignage sont assimilés aux autres témoins, par l'art. 3 du décret précité.

« Les témoins du sexe féminin, admis à déposer, et les enfants de l'un et de l'autre sexe, au-dessous de l'âge de quinze ans, entendus par forme de déclaration, recevront, savoir :

> « A Paris. . . . . 1 fr. 25 c.
> « Dans les villes de 40,000 habitants et au-dessus. 1   00
> « Dans les autres villes et communes 0   75 »

(Décr. 18 juin 1811, art. 28).

« Si les témoins sont obligés de se transporter hors du lieu de leur résidence, il pourra leur être alloué des frais de voyage et de séjour, tels qu'ils seront réglés dans le chapitre VIII ci-après.

« Audit cas, les frais de séjour leur tiendront lieu de la taxe déterminée dans les art 27 et 28 ci-dessus » (Art. 30).

1769. Cette disposition n'est applicable que lorsque les témoins se transportent à plus d'un myriamètre de leur résidence (Décr. du 7 avril 1813, art. 2).

1770. « Nos officiers de justice n'accorderont aucune taxe aux militaires en activité de service, lorsqu'ils seront appelés en témoignage.

« Néanmoins, il pourra leur être accordé une indemnité pour leur séjour forcé, hors de leur garnison ou cantonnement, en se conformant, pour les officiers de tout grade, à la fixation faite par le n° 2 de l'art. 96 du présent décret, en allouant la moitié seulement de ladite indemnité aux sous-officiers et soldats » (Décr. 18 nov. 1811, art. 31).

1771. Le n° 2 de l'art. 3 du règlement dispose que les indemnités de route des militaires en activité de service, appelés en témoignage devant quelques juges ou tribunaux que ce soit, ne sont point comprises dans les frais de justice criminelle, et l'art. 31 défend de leur accorder aucune taxe ; mais il doit leur être tenu compte, sur les fonds du ministère de la guerre, des indemnités auxquelles ils peuvent avoir droit, conformément à l'art. 69 de la loi du 17 avril 1798 (28 germ. an VI), et à l'arrêté du Gouvernement du 18 juill. 1797 (22 mess. an V). Cependant, d'après le deuxième alinéa du même art. 34, il peut être accordé à ces militaires, sur les fonds du ministère de la justice, des *frais de séjour forcé* hors de leur garnison ou cantonnement, lesquels frais sont fixés par le n° 2 de l'art. 97 du règlement du 18 juin 1811, ainsi qu'il suit, savoir :

Pour les officiers de tous grades, à Paris.	3 fr.	00 c.
Dans les villes de 40,000 habitants et au-dessus.	2	00
Dans les autres villes et communes.	1	50
Pour les sous-officiers et soldats, à Paris.	1	50
Dans les villes de 40,000 habitants et au-dessus.	1	00
Dans les autres villes et communes.	0	75

Mais ces frais ne peuvent et ne doivent être alloués que pour les jours que ces militaires sont obligés de passer dans les villes où ils sont appelés en témoignage, et où leur présence est nécessaire. On ne doit pas comprendre dans la taxe *le jour de leur arrivée ni celui du départ.*

1772. « Tous les témoins qui reçoivent un traitement quelconque, à raison d'un service public, n'auront droit qu'au remboursement des frais de voyage, s'il y a lieu, et s'ils le requièrent, sur le pied réglé dans le chapitre VIII » (Décr. 18 juin 1811, art. 32).

1773. On doit entendre par un traitement quelconque, tout ce qui est payé, soit sur les fonds du Trésor national, soit sur les fonds départementaux, municipaux ou communaux, et à quelque titre et sous quelque dénomination que ce soit.

SECT. IV. — DES FRAIS DE GARDE DE SCELLÉS ET DE MISE EN FOURRIÈRE.

1774. « Dans les cas prévus par les art. 16, 35, 37, 38, 89 et 90, C. inst. crim., il ne sera accordé de taxe pour la garde des scellés que lorsque le juge instructeur n'aura pas jugé à propos de confier cette garde à des habitants de la maison où les scellés auront été apposés.

« Dans ce cas, il sera alloué, pour chaque jour, au gardien nommé d'office, savoir :

A Paris.	2 fr.	50 c.
Dans les villes de 40,000 habitants et au-dessus.	2	00
Dans les autres villes et communes	1	00

(Décr. 18 juin 1811, art. 37).

« En matière criminelle et correctionnelle, les femmes ne peuvent être constituées gardiennes de scellés, conformément à la loi du 27 sept. 1791 (8 vend. an III), qui recevra, quant à ce, son exécution » (Art. 38).

« Les animaux et tous les objets périssables, pour quelque cause qu'ils aient été saisis, ne pourront rester en fourrière ou sous le séquestre plus de huit jours.

« Après ce délai, la mainlevée provisoire pourra en être accordée.

« S'ils ne doivent ou ne peuvent être restitués, ils seront mis en vente, et les frais de fourrière seront prélevés sur le produit de la vente, par privilége et préférence à tous autres » (Art. 39).

SECT. V. — DES FRAIS DE CAPTURE ALLOUÉS AUX GENDARMES ET AUX AGENTS DE LA LA FORCE PUBLIQUE.

1775. Il ne sera alloué aucune taxe aux agents de la force publique pour raison des citations, notifications et significations dont ils seront chargés par les officiers de police judiciaire et par le ministère public » (Décr. 18 juin 1811, art. 72).

SECT. VI. — TRANSPORTS DES MAGISTRATS.

1776. « Dans les cas prévus par les art. 32, 36, 43, 46, 47, 49, 50, 51, 52, 59, 60, 62, 83, 84, 87, 88, 90, 464, 488, 497, 511 et 616, C. inst. crim., les juges et les officiers du ministère public recevront des indemnités ainsi qu'il suit :

« S'ils se transportent à plus de cinq kilomètres de leur résidence, ils recevront, pour tous frais de voyage, de nourriture et de séjour, une indemnité de 9 francs par jour.

« S'ils se transportent à plus de deux myriamètres, l'indemnité sera de 12 francs par jour » (Décr. 18 juin 1811, art. 88).

1777. L'indemnité accordée par l'art. 88 est due, dans tous les cas où les magistrats et les greffiers se transportent dans un lieu situé à plus de cinq kilomètres de la ville où siége le tribunal où ils font leur résidence, quoique ce lieu dépende du territoire communal de la ville.

Il en est autrement pour les parties prenantes, dont l'indemnité est fixée à raison de la distance parcourue,

1778. En exécution de l'art. 83, C. inst. crim., les juges de paix sont tenus de se déplacer pour l'audition des témoins, lorsqu'il est constaté, par certificat d'un officier de santé, que ces témoins sont dans l'impossibilité de se rendre sur la citation qui leur a été donnée ; dans ce cas, les juges de paix ont droit à l'indemnité accordée par l'art. 88 du règlement, s'ils parcourent les distances exprimées dans cet article.

1779. « L'indemnité du greffier ou commis assermenté qui accompagnera le juge ou l'officier du ministère public sera, dans le premier cas, de 6 francs par jour ;

« Dans le second, de 8 francs » (Décr. 18 juin 1811, art. 89).

SECT. VII. — Des frais de voyage et de séjour auxquels l'instruc?
tion des procédures peut donner lieu.

1780. « Il est accordé des indemnités aux médecins, chirurgiens, sages-femmes, experts, interprètes, témoins, jurés,
huissiers, gardes champêtres et forestiers, lorsque, à raison
des fonctions qu'ils doivent remplir, et notamment dans les
cas prévus par les art. 20, 43 et 44, C. instr. crim., ils sont
obligés de se transporter à plus de deux kilomètres de leur
résidence, soit dans le canton, soit au delà » (Décr. 18 juin
1811, art. 90).

1781. Cet article a été modifié par les art. 2 et 3 du décret
du 7 avril 1813, ainsi conçus :

« Les témoins qui ne sont pas domiciliés à plus d'un myriamètre du lieu où ils seront entendus n'auront droit à aucune indemnité de voyage ; il ne pourra leur être alloué que
la taxe fixée par les art. 27 et 28 du règlement.

« Ceux domiciliés à plus d'un myriamètre recevront pour
indemnité de voyage, s'ils ne sortent point de leur arrondissement, *un franc* par myriamètre parcouru en allant, et autant pour le retour.

« S'ils sont appelés hors de leur arrondissement, cette indemnité sera *d'un franc cinquante centimes*.

« Dans les deux derniers cas, la taxe fixée par les art. 27
et 28 susénoncés ne sera point allouée, sans néanmoins rien
innover à l'art. 30 dudit règlement, relatif aux frais de séjour » (Art. 2).

« Il n'est dû aucun frais de voyage aux gardes champêtres
ou forestiers tant pour la remise qu'ils sont tenus de faire
de leurs procès-verbaux, conformément aux art. 18 et 20, C.
instr. crim., que pour la conduite des personnes par eux arrêtées, devant l'autorité compétente.

« Mais lorsque ces gardes seront appelés en justice, soit
pour être entendus comme témoins, lorsqu'ils n'auront point
dressé de procès-verbaux, soit pour donner des explications
sur les faits contenus dans les procès-verbaux qu'ils auront
dressés, ils auront droit aux mêmes taxes que les témoins ordinaires.

« Il en sera de même des gendarmes » (Art. 3).

1782. Comme les distances se comptent du chef-lieu du
canton, de l'arrondissement ou du département au chef-lieu
de la commune où se fait l'opération, il n'est dû aucune in-

demnité aux parties prenantes, désignées dans l'art. 93, qui ne sortent pas de la commune où elles résident.

« Cette indemnité est fixée par chaque myriamètre parcouru en allant et en revenant, savoir :

« 1° Pour les médecins, chirurgiens, experts, interprètes
et jurés, à. . . . . 2 fr. 50 c.

« 2° Pour les sages-femmes, témoins, huissiers, gardes
champêtres et forestiers. . . . . 1 50 »

(Décr. 11 juin 1811, art. 91).

« L'indemnité sera réglée par myriamètre et demi-myriamètre. Les fractions de huit ou neuf kilomètres seront comptées pour un myriamètre, et celles de trois à sept kilomètres pour un demi-myriamètre » (Art. 92).

1783. La réduction des kilomètres en myriamètres ne doit pas se faire isolément, d'abord sur les kilomètres parcourus en allant, puis sur les kilomètres *réunis, tant de l'aller que du retour*. Ainsi, lorsque le domicile d'un témoin est éloigné d'un myriamètre trois kilomètres, on ne doit pas compter un myriamètre et demi pour l'aller, et un myriamètre et demi pour le retour, mais il faut réunir les trois kilomètres parcourus en allant avec les trois kilomètres parcourus en revenant, et compter en tout deux myriamètres six kilomètres, c'est-à-dire deux myriamètres et demi.

On doit faire attention que, quand la distance du domicile du témoin au lieu où il est appelé n'excède pas un myriamètre, il n'est dû aucuns frais de voyage ; l'art. 2 du décret du 7 avril 1813 est formel à ce sujet ; mais il en est dû si la distance excède un myriamètre, ne fût-ce que d'un kilomètre. La taxe alors doit indiquer, d'une manière exacte, cette distance, et toujours en se conformant au tableau des distances, dressé en exécution de l'art. 93 du règlement.

« Pour faciliter le règlement de cette indemnité, les préfets feront dresser un tableau des distances, en myriamètres et kilomètres, de chaque commune au chef-lieu de canton, au chef-lieu d'arrondissement et au chef-lieu de département.

« Ce tableau sera déposé aux greffes des Cours d'appel, des tribunaux de première instance et des justices de paix, et il sera transmis à notre grand juge ministre de la justice » (D. 18 juin 1811, art. 93).

Le tableau des distances est obligatoire pour tous les magistrats, et il ne doit jamais être accordé plus de myriamètres parcourus que ne le porte ce tableau, sauf, s'il y a des erreurs, à les indiquer aux officiers du ministère public pour les faire rectifier.

1784. « Lorsque les individus dénommés ci-dessus seront arrêtés, dans le cours du voyage, par force majeure, ils recevront en indemnité, pour chaque jour de séjour forcé, savoir :

« Ceux de la première classe. . . . . 2 fr. 00
« Ceux de la seconde classe. 1 50

« Ils seront tenus de faire constater, par le juge de paix ou ses suppléants, ou par le maire, ou, à son défaut, par ses adjoints, la cause de séjour forcé en route, et d'en représenter le certificat à l'appui de leur demande en taxe » (D. 18 juin 1811, art. 95).

La première classe se compose des médecins, chirurgiens, experts, interprètes et jurés.

La seconde classe, des sages-femmes, témoins, huissiers, gendarmes, gardes champêtres et forestiers (Art. 91 du règlement du 18 juin 1811, et art. 3 du décret du 7 avril 1813).

Si le témoin ne représente pas le certificat qui doit rester joint à la taxe, sa demande, après avoir été visée par le juge, doit être rejetée.

1785. « Si les mêmes individus, autres que les jurés, huissiers, gardes champêtres et forestiers, sont obligés de prolonger leur séjour dans la ville où se fera l'instruction de la procédure, et qui ne sera point celle de leur résidence, il leur sera alloué, pour chaque jour de séjour, une indemnité fixée ainsi qu'il suit :

« 1° Pour les médecins, chirurgiens, experts et interprètes,
A Paris. . . . . 4 fr. 00 c.
Dans les villes de 40,000 habit. et au-dessus. . . 2   50
Dans les autres villes et communes. 2   00
« 2° Pour les sages-femmes et témoins, à Paris. . . . 3   00
Dans les villes de 40,000 habit. et au-dessus. . . . 2   00
Dans les autres villes et communes. 1   50   »

(D. 18 juin 1811, art. 96).

1786. D'après cet art. 96, il n'est alloué aux témoins *de jours de séjour* que lorsqu'ils sont obligés de prolonger leur séjour dans le lieu où ils ont été appelés.

Toutes les fois que le témoin est entendu, et qu'il peut recevoir le montant de sa taxe, le jour même indiqué dans la citation, à quelque heure que ce soit, il n'a droit à aucune indemnité de séjour.

L'éloignement du domicile du témoin ne change rien à ce

principe; car il reçoit des frais de voyage proportionnés au nombre de myriamètres qu'il a parcourus.

Cependant, s'il arrive que l'audition du témoin ne soit terminée que très-tard et après la clôture du bureau de l'enregistrement, comme il est forcé d'attendre au lendemain pour recevoir le montant de sa taxe, il peut être accordé un jour de séjour; mais il est indispensable d'énoncer cette circonstance dans la taxe; ce qui, au surplus, doit se présenter rarement.

D'après l'art. 3 du décret du 7 avril 1813, les dispositions de l'art. 96 du règlement du 18 juin 1811 sont applicables aux gendarmes, gardes champêtres et forestiers, lorsqu'ils sont appelés en témoignage.

1787. « La taxe des indemnités de voyage et de séjour sera double pour les enfants mâles au-dessous de l'âge de quinze ans et pour les filles au-dessous de l'âge de vingt et un ans, lorsqu'ils seront appelés en témoignage, et qu'ils seront accompagnés dans leur route et séjour, par leur père, mère, tuteur ou curateur, à la charge par ceux-ci de justifier de leur qualité » (D. 18 juin 1811, art. 97).

Le juge de paix devra énoncer, dans la taxe, les noms, qualité ou profession des père, mère, tuteur, etc., et y attester que ceux-ci ont fait la justification prescrite par l'art. 97 du décret du 18 juin 1811.

SECT. VIII. — Du mode de paiement.

1788. « Le mode de paiement des frais diffère suivant leur nature et leur urgence; il est réglé ainsi qu'il suit » (D. 18 juin 1811, art. 132).

« Les frais urgents seront acquittés sur simple taxe et mandat du juge mis au bas des réquisitions, copies de convocations ou de citations, états ou mémoires des parties » (Art. 133).

1789. On doit entendre par ces mots, *copies de convocations*, les lettres ou avertissements qu'adressent souvent les juges de paix, notamment en cas de flagrant délit, à des témoins dont le témoignage est utile pour la découverte de la vérité.

Cette taxe devra être faite suivant le modèle que nous en donnons.

On doit joindre à la procédure, ou un double des taxes, ou des notes indiquant la nature et le montant des dépenses.

1790. « Sont réputés frais urgents :

« 1° Les indemnités des témoins et des jurés;

« 2° Toutes dépenses relatives à des fournitures ou opérations pour lesquelles les parties prenantes ne sont pas habituellement employées ;

« 3° Les frais d'extradition des prévenus, accusés ou condamnés » (D. 18 juin 1811, art. 134).

1791. Les juges de paix devront taxer comme compris dans les frais urgents :

1° Les ouvriers qui auront, sur leur réquisition, extrait un cadavre d'une rivière, d'un puits, d'une mare, d'un précipice, etc.;

2° Les fossoyeurs chargés d'un exhumation ;

3° Le voiturier pour le transport d'un prévenu ou de pièces de conviction ;

4° Le serrurier, employé pour ouvrir une maison, des meubles;

5° Et enfin, tous ouvriers qui auront fait un travail quelconque.

Mais ils devront bien s'abstenir de taxer comme tels les frais dus aux experts, médecins, chirurgiens, sages-femmes et interprètes, qui ne peuvent, aux termes des instructions, notamment de celle du 30 sept. 1826, être payés que sur mémoires.

1792. « Lorsqu'un témoin se trouvera hors d'état de fournir aux frais de son déplacement, il lui sera délivré, par le président de la Cour ou du tribunal du lieu de sa résidence, et, à son défaut, par le juge de paix, un mandat provisoire, à compte de ce qui pourra lui revenir pour son indemnité.

« Le receveur de l'enregistrement qui acquittera ce mandat fera mention de l'à-compte en marge ou au bas de la copie de la citation » (D. 18 juin 1811, art. 135).

« Les dépenses non réputées urgentes seront payées sur les états ou mémoires des parties prenantes, revêtus de la taxe et de l'exécutoire du juge et du visa du préfet du département » (Art. 138).

Ces états ne sont plus soumis au visa des préfets (Ordonn. 28 nov. 1838, art. 1er).

1793. On doit joindre à la procédure, pour faciliter la confection des états de frais, des notes indiquant la nature et le montant des dépenses qui ne sont point constatées par des pièces de la procédure (Instr. 3 sept. 1826, p. 125).

1794. « Les formalités de la taxe et de l'exécutoire seront

remplies sans frais par les présidents, les juges d'instruction et les juges de paix, chacun en ce qui le concerne.

« L'exécutoire sera décerné sur les réquisitions de l'officier du ministère public, lequel signera la minute de l'ordonnance » (**D.** 18 juin 1811, art. 140).

« Les juges qui auront décerné les mandats ou exécutoires, et les officiers du ministère public qui y auront apposé leur signature, seront responsables de tout abus ou exagération dans les taxes, solidairement avec les parties prenantes, et sauf leur recours contre elles » (Art. 141).

« Les états ou mémoires seront rédigés de manière que nos officiers de justice et les préfets puissent y apposer leurs taxes, exécutoires, règlements et visa; autrement, ils seront rejetés, ainsi que les mémoires de greffiers ou d'huissiers, qui ne seraient point conformes aux modèles arrêtés par le ministre de la justice, comme il est dit dans l'art. 82 ci-dessus » (Art. 144).

Il sera fait de chaque état ou mémoire deux expéditions, dont une sur papier timbré, et l'autre sur papier libre. Chacune de ces expéditions sera revêtue de la taxe et de l'exécutoire du juge.

La première sera remise au receveur de l'enregistrement avec les pièces au soutien des articles susceptibles d'être ainsi justifiés.

Le prix du timbre, tant de l'état ou mémoire que des pièces à l'appui, est à la charge de la partie prenante.

La seconde sera transmise au ministère de la justice, avec l'état mensuel dont il sera parlé ci-après (Ordonn., 28 nov. 1838, art. 2).

Les états ou mémoires, compris dans l'art. 144, n'étant plus soumis au visa des préfets (Art. 1er de l'ordonn. du 28 nov. 1838), deux expéditions suffisent aujourd'hui, l'une sur papier timbré, l'autre sur papier libre.

« Les états ou mémoires qui ne s'élèveront pas à plus de dix francs ne seront point sujets à la formalité du timbre » (**D.** 18 juin 1811, art. 146).

« Aucun état ou mémoire, fait au nom de deux ou plusieurs parties prenantes, ne sera rendu exécutoire, s'il n'est signé de chacune d'elles ; le paiement ne pourra être fait que sur leur acquit individuel, ou sur celui de la personne qu'elles auront autorisée spécialement, et par écrit, à toucher le montant de l'état ou mémoire.

« Cette autorisation et l'acquit seront mis au bas de l'état, et ne donneront lieu à la perception d'aucun droit » (Art. 147).

« Les états ou mémoires qui comprendraient des dépenses autres que celles qui, d'après notre présent décret, doivent être payées sur les fonds généraux des frais de justice criminelle, seront rejetés de la taxe et du *visa,* sauf aux parties réclamantes à diviser leur mémoire par nature de dépenses, pour le montant en être acquitté par qui de droit » (Art. 148).

1795. Ce n'est point au ministre de la justice qu'il appartient d'autoriser le paiement des mémoires qui n'ont pas été présentés au *visa* du préfet, ou dont le paiement n'a pas été réclamé dans les délais déterminés par l'art. 149 du règlement, lorsque ces mémoires contiennent des dépenses qui, par leur nature, ne peuvent être payées sur les fonds du ministère de la justice, parce qu'elles ont pour objet des frais de poursuites dirigées dans l'intérêt des régies, administrations, établissements publics et des communes. Aux termes de l'art. 158 du règlement, les régies, administrations, établissements publics et les communes, sont assimilés aux parties civiles, relativement aux procès suivis, soit à leur requête, soit même d'office, et dans leur intérêt ; par conséquent, tous les frais des procès sont à leur charge, et non à celle du ministère de la justice, qui ne doit pas même en faire l'avance ; or, le pouvoir d'autoriser le paiement des frais appartient au ministère auquel ressortissent l'administration, les établissements publics, et que le procès intéresse ; c'est une conséquence nécessaire du principe de la responsabilité des ministres.

1796. « Les mandats et exécutoires délivrés pour les causes et dans les formes déterminées par notre présent décret, seront payables chez les receveurs établis près le tribunal de qui ils émaneront » (D. 18 juin 1811, art. 154).

« Les greffiers et les huissiers ne pourront réclamer directement des parties le paiement des droits qui leur sont attribués » (Art. 155).

SECT. IX. — DE LA LIQUIDATION ET DU RECOUVREMENT DES FRAIS.

1797. « La condamnation aux frais sera prononcée, dans toutes les procédures, *solidairement* contre tous les auteurs et complices du même fait, et contre les personnes civilement responsables du délit » (D. 18 juin 1811, art. 156).

« Ceux qui se seront constitués parties civiles, soit qu'ils succombent ou non, seront personnellement tenus des frais d'instruction, expédition et signification des jugements, sauf leur recours contre les prévenus ou accusés qui seront condamnés, et contre les personnes civilement responsables du délit » (Art. 157).

1798. D'après les dispositions générales de cet article, toute partie civile est responsable envers l'Etat des frais dont il fait l'avance, lors même qu'elle gagne sa cause. Ainsi la décision judiciaire qui termine le procès, soit dans la chambre du conseil, soit dans la chambre d'accusation, soit à l'audience, doit toujours la condamner aux dépens, sauf son recours contre qui de droit.

On ne peut plus douter aujourd'hui que tel ne soit le sens de l'art. 157; la Cour de cassation l'a formellement jugé plusieurs fois, en cassant des arrêts qui avaient refusé de condamner aux frais envers l'Etat, sauf leur recours contre les condamnés, les parties civiles qui avaient cependant fait admettre leurs conclusions (Arrêts de la Cour de cassation des 13 mai 1813, 27 mai 1819, 7 juillet 1820, et circul. du 3 mai 1825).

1799. « Sont assimilés aux parties civiles :

« 1° Toute régie ou administration publique, relativement aux procès suivis, soit à sa requête, soit même d'office, et dans son intérêt;

« 2° Les communes et les établissements publics, dans les procès instruits, ou à leur requête, ou même d'office, pour crimes ou délits commis contre leurs propriétés » (D. 18 juin 1811, art. 158).

Il résulte de cet article que l'on doit considérer comme parties civiles :

1° La direction générale des contributions indirectes pour toutes les contraventions à la perception des droits aux lois sur la garantie des matières d'or et d'argent, etc.;

2° La direction générale des douanes;

3° Celle de l'enregistrement et des domaines;

4° Celle des forêts, pour tous les délits commis en matière d'eaux et forêts, notamment pour les délits de pêche, en temps prohibés, ou avec des engins non autorisés;

5° Celle des postes, notamment pour les poursuites dirigées contre ceux qui s'immiscent dans le transport des dépêches;

6° Les communes, toutes les fois qu'il s'agit de délits commis dans leurs communaux, bois ou autres propriétés, ou de dégradations, anticipations, ou usurpations commises sur les chemins vicinaux, que la loi met à leur charge; soit de contraventions aux lois, ordonnances et règlements, concernant les octrois municipaux;

7° Les hospices;

8° L'université nationale et les établissements qui en dépendent, lorsqu'il s'agit de délits commis dans leurs propriétés, de poursuites à exercer contre ceux qui tiennent des écoles non autorisées, etc.;

9° La caisse des invalides de la marine, créée par une ordonnance royale, en date du 22 mai 1816 (Circ. des 3 sept. 1822 et 3 mai 1825).

1800. « Toutes les fois qu'il y aura partie civile en cause, et qu'elle n'aura pas justifié de son indigence dans la forme prescrite par l'art. 420, C. d'instr. crim., les exécutoires pour les frais d'instruction, expédition et signification des jugements, pourront être décernés directement contre elle » (D. 18 juin 1811, art. 159).

1801. L'art. 420, C. instr. crim., indique comme pièces justificatives à produire :

1° Un extrait du rôle des contributions, constatant que la partie paie moins de six francs, ou un certificat du percepteur de sa commune, constatant qu'elle n'est point imposée;

2° Un certificat d'indigence à elle délivré par le maire de la commune de son domicile, ou par l'adjoint, visé par le sous-préfet et approuvé par le préfet du département.

Dans le cas où la partie civile aurait fait les justifications prévues par notre article, les témoins sont taxés, et tous autres mandats sont décernés, comme sur les poursuites d'office du ministère public; mais alors il faut indiquer dans les taxes ou mandats qu'il y a partie civile en cause, et qu'elle a justifié de son indigence.

Il conviendrait même de désigner clairement la partie civile, parce que si, plus tard, elle devenait solvable, la régie de l'enregistrement aurait à poursuivre contre elle le recouvrement des frais de la procédure (Décision du ministre de la justice, du 2 avril 1817; circ. du 3 mai 1825).

1802. « En matière de police simple ou correctionnelle, la partie civile, qui n'aura pas justifié de son indigence, sera tenue, avant toutes poursuites, de déposer au greffe, ou entre les mains du receveur de l'enregistrement, la somme présumée nécessaire pour les frais de procédure.

« Il ne sera exigé aucune rétribution pour la garde de ce dépôt, à peine de concussion » (D. 18 juin 1811, art. 160).

« Dans les exécutoires décernés sur les caisses de l'administration de l'enregistrement, pour des frais qui ne sont point à la charge de l'Etat, il sera fait mention qu'il n'y a point de partie civile en cause, ou que la partie civile a justifié de son indigence » (Art. 161).

« Le ministre de la justice pourra, lorsqu'il le croira convenable, envoyer des inspecteurs pour visiter les greffes, et y faire toutes vérifications relatives aux frais de justice » (Art. 171).

« Toutes les fois que le ministre de la justice reconnaîtra que des sommes ont été indûment allouées, à titre de frais de justice criminelle, il en fera dresser des rôles de restitution, lesquels seront par lui déclarés exécutoires contre qui de droit, lors même que ces sommes se trouveraient comprises dans les états déjà ordonnancés par lui, pourvu néanmoins qu'il ne se soit pas écoulé plus de deux ans depuis la date de ces ordonnances » (Art. 172) (1).

SECT. X. — FORMULES.

§ 1er. — Taxe à un ouvrier serrurier ou à tout autre requis pour un travail quelconque.

Nous..., juge de paix du canton de... ;

Vu le réquisitoire ci-dessus, avons taxé sur sa réquisition à..., en vertu de l'art. 20 du décret du 18 juin 1811, la somme de..., pour les opérations détaillées dans ledit réquisitoire, conformément à l'usage de la commune de...

Et, attendu qu'il n'y a pas de partie civile en cause, ordonnons que ladite somme sera payée sur les fonds généraux des frais de justice criminelle, comme frais urgents, par le receveur de l'enregistrement, au bureau de...

Fait à..., le...

(*Sceau*).   (*Signature*).

(Cette taxe se rédige au bas du réquisitoire).

§ 2. — Mandat pour frais d'exhumation de cadavre.

Nous..., juge de prix du canton de..., etc. ;

Avons taxé à... (nom, profession et demeure de l'ouvrier, ou des ouvriers employés à cette opération), en vertu de l'art. 20 du décret du

---

(1) V. ord. 28 nov. 1838, art. 1 à 7, modif. des art. 137, 138, 139, 143, 145, 149, 152, 166 et 173 du décret du 18 juin 1811, *Bull.* n° 7681.

18 juin 1811, la somme de..., conformément au tarif du..., (ou conformément à l'usage de la commune de...), pour... (indiquer l'opération);

Et, attendu qu'il n'y a pas de partie civile en cause (ou que la partie civile a justifié de son indigence) ;

Ordonnons que ladite somme sera payée sur les fonds généraux des frais de justice criminelle, comme frais urgents, par le receveur de l'enregistrement, au bureau de...

Ledit... a déclaré savoir (ou ne savoir, ou ne pouvoir) signer,

Fait à..., le...

(*Sceau*).   (*Signature*).

§ 3. — Taxe n° 3 de l'instruction du 30 septembre 1826, pour transport de prévenus, d'accusés ou de pièces pouvant servir à conviction, par toute autre voie que celles des convois militaires, des messageries nationales ou des voies publiques.

Nous..., juge de paix du canton de..., etc. ;

Avons taxé à..., sur sa réquisition, en vertu de l'art. 6 (ou de l'art. 9) du règlement du 18 juin 1811, la somme de..., pour avoir transporté le prévenu (ou l'accusé, ou les objets) désigné dans la réquisition ci-dessus ;

Et attendu qu'il n'y a pas de partie civile en cause (ou qu'elle a justifié de son indigence), ordonnons que ladite somme sera payée sur les fonds généraux des frais de justice criminelle, comme frais urgents, par le receveur de l'enregistrement, au bureau de...

Ledit... a déclaré savoir (ou ne savoir, ou ne pouvoir) signer.

Fait à..., le...

(*Sceau*).   (*Signature*).

(Les taxes des trois mandats ci-dessus se rédigent au bas des réquisitoires. On y joint, à l'appui, le certificat du médecin constatant la nécessité du transport du prévenu en voiture).

**§ 4. — Mandat pour fournitures de souliers et autres objets
à un prévenu ou accusé.**

Nous..., juge de paix du canton de..., etc. ;

Vu l'art. 133 du décret du 18 juin 1811, et la décision du ministre de la justice du 4 nov. 1820 ;

Attendu que..., prévenu de..., se trouve dans l'impossibilité de faire la route de..., où il doit être transféré, à défaut de chaussure.

(*Ou*) Attendu que, les souliers, la blouse, etc., du prévenu ont été par nous saisis comme pièces de conviction ;

Nous avons fait fournir audit prévenu... (désigner les objets), par..., marchand fripier, demeurant à..., moyennant la somme de... (en lettres) ; et, attendu qu'il n'y a pas de partie civile en cause (ou que la partie civile justifie de son indigence), ordonnons que ladite somme sera payée, comme frais urgents de justice criminelle, par le receveur de l'enregistrement, au bureau de...

Ledit... a dit savoir (ou ne savoir, ou ne pouvoir) signer.

Fait à..., le...

(*Sceau*).   (*Signature*).

§ 5. — Mandat, n° 5, art. 12 du règlement du 18 juin 1811, instr. du 30 sept. 1826, pour faire payer aux gendarmes la somme présumée nécessaire pour les frais relatifs à la translation des prévenus.

Nous..., juge de paix du canton de..., etc. ;

Vu l'art. 12 du règlement du 18 juin 1811 ;

Attendu qu'il n'y a pas de partie civile en cause (ou que la partie civile a justifié de son indigence) ;

Mandons au receveur de l'enregistrement, au bureau de..., de payer à..., gendarme, la somme de..., pour faire l'avance des frais que nécessitera la translation de..., prévenu de..., et conduit à..., devant..., en vertu de...

Fait à..., le...

(*Sceau*).   (*Signature*).

(Le receveur de l'enregistrement fait mention du paiement de ce mandat, sur l'ordre de transport remis au gendarme).

§ 6. — Taxe, n° 13 de l'instruction du 30 septembre 1826, art. 25 du règlement du 18 juin 1811, aux médecins, chirurgiens, officiers de santé, experts, interprètes et sages-femmes, appelés à raison de leurs déclarations, visites ou rapports.

Nous..., juge de de paix du canton de...,

Avons taxé, sur sa réquisition, à..., (nom, profession), demeurant à..., appelé à comparaître à l'effet de..., la somme de..., pour... jour, en vertu des art. 25 et 27 (ou 28) du règlement du 18 juin 1811 (et suivant le cas, de l'art. 2, § 1er, du décret du 7 avril 1813) ;

Et, attendu qu'il n'y a pas de partie civile en cause (ou qu'elle a justifié de son indigence), ordonnons que ladite somme soit payée sur les fonds généraux des frais de justice criminelle, par le receveur de l'enregistrement, au bureau de...

Fait à..., le...

(*Sceau*).   (*Signature*).

Pour acquit.   (*Signature de la partie prenante*).

(Les médecins, chirurgiens, etc., appelés dans les cas de l'art. 25 ci-dessus cité, ayant droit à toutes les indemnités qui peuvent être accordées aux témoins ordinaires, la taxe doit toujours être faite d'après le modèle ci-dessus, mais en ajoutant, suivant la circonstance, ce qui est indiqué aux 2e, 3e et 4e taxes comprises dans le modèle n° 14, ci-après, § 7).

§ 7. — Taxe des témoins.

1re TAXE. — Témoin du sexe masculin entendu dans le lieu de sa résidence, ou dont la résidence n'est pas éloignée de plus d'un myriamètre du lieu où il a été entendu.

Nous..., juge de paix du canton de..., etc. ;

Avons taxé, sur sa réquisition, à... (indiquer la qualité ou profession), témoin entendu dans la procédure dirigée à l'occasion de... (désigner, d'une manière spéciale, l'espèce du crime ou du délit), la somme de... (en lettres), pour... (nombre) jours, en vertu de l'art. 27 du règlement du 18 juin 1811 (et, suivant le cas, de l'art. 2, § 1er, du décret du 7 avril

1813). S'il s'agit de gardes champêtres, gardes forestiers ou gendarmes, il faut ajouter l'art. 3, § 2 ou 3, du même décret).

Et, attendu que le témoin ne reçoit aucun traitement à raison d'un service public, et qu'il n'y a pas de partie civile en cause (ou qu'elle a justifié de son indigence), ordonnons que ladite somme sera payée sur les fonds généraux des frais de justice criminelle, par le receveur de l'enregistrement, au bureau de...

Ledit témoin a déclaré savoir (ou ne savoir, ou ne pouvoir) signer.

Fait à..., le...   (*Signature*).

2e Taxe. — Témoin du sexe féminin, ou enfant de l'un ou de l'autre sexe, au-dessous de quinze ans, entendu dans le lieu de sa résidence, ou dont la résidence n'est pas éloignée de plus d'un myriamètre du lieu où il a été entendu.

Nous, juge de paix du canton de..., etc. ;

Avons taxé, sur sa réquisition, à..., domicilié à..., témoin entendu dans la procédure dirigée à l'occasion de... (spécifier le crime ou le délit), la somme de... (en lettres), pour... (nombre) jours, en vertu de l'art. 28 du règlement du 18 juin 1811 (et suivant le cas, de l'art. 2, § 1er, du décret du 7 avril 1813).

Et attendu qu'il n'y a pas de partie civile en cause (ou qu'elle a justifié de son indigence), ordonnons, etc. (Le reste comme à la première taxe ci-dessus).   (*Signature*).

3e Taxe. — Témoin qui s'est transporté à plus d'un myriamètre de sa résidence, mais dans son arrondissement.

Nous, juge de paix du canton de..., etc.

Avons taxé, sur sa réquisition, à... (qualité ou profession), domicilié à..., témoin entendu dans la procédure suivie à l'occasion de... (spécifier le crime ou délit), la somme de..., pour... (nombre) myriamètres parcourus, en vertu de l'art. 2, § 1er, du décret du 7 avril 1813 ;

Et, attendu qu'il n'y a pas de partie civile en cause (ou qu'elle a justifié de son indigence), ordonnons, etc. (Le reste comme à la 1re taxe ci-dessus).   (*Signature*).

4e Taxe. — Témoin qui s'est transporté à plus d'un myriamètre de sa résidence, mais hors de son arrondissement.

Nous, juge de paix du canton de..., etc. ;

Avons taxé, sur sa réquisition, à..., domicilié à..., canton de..., arrondissement de..., département de... (Le reste comme aux 1re et 3e taxes, en citant l'art. 2, § 2, du décret du 7 avril 1813).   (*Signature*).

5e Taxe. — Enfant mâle au-dessous de quinze ans, ou fille au-dessous de vingt et un ans, lorsqu'ils se transportent à plus d'un myriamètre de leur résidence, et qu'ils sont accompagnés.

Nous, etc. ;

Avons taxé sur sa réquisition, à..., domicilié à..., témoin (âge et sexe) entendu dans la procédure dirigée à l'occasion de... (spécifier le crime ou le délit), et à... (désigner la qualité de père, mère, tuteur ou curateur) du témoin qui l'a accompagné, etc. (Le reste comme aux première et troisième taxes, en citant de plus l'art. 97 du règlement du 18 juin 1811).

6e Taxe. — Militaire en activité de service.

Nous, etc. ;

Avons taxé, sur sa réquisition, à..., soldat... (ou son grade) au (numéro), régiment de... (désigner l'arme), en garnison... (ou en cantonnement), à..., témoin entendu dans la procédure dirigée à l'occasion de... (spécifier le crime ou délit), la somme de... (en lettres), pour... (nombre) jours de séjour forcé, en vertu des art. 31 et 96, n° 2, du règlement du 18 juin 1811.

Et, attendu qu'il n'y a pas de partie civile, etc. (Le reste comme aux 1re et 3e taxes). *(Signature)*.

7e **TAXE**, — Taxe ou mandat qu'on peut délivrer, en vertu de l'art. 135 du règlement du 18 juin 1811, au témoin qui se trouve hors d'état de fournir aux frais de son déplacement.

Nous..., juge de paix du cantion de..., etc. ;

Vu la copie de citation délivrée à..., pour comparaître en témoignage, par-devant la Cour (ou le tribunal, ou le juge d'instruction) de..., arrondissement de..., département de... ;

Vu le certificat ci-joint, délivré par le maire de la commune de..., constatant l'impossibilité où se trouve le témoin de fournir aux frais de son déplacement ;

Vu l'art. 135 du décret du 18 juin 1811 ;

Mandons au receveur de l'enregistrement établi à..., de payer audit sieur... la somme de...

Fait à..., le...

(*Sceau*). *(Signature)*.

8e **TAXE**. — Taxe à un témoin qui a perdu sa copie de citation (Circul. minist. inst. 1824).

Nous, juge de paix, etc. ;

Vu l'exploit de..., huissier du..., enregistré à..., le..., duquel il résulte que..., profession de..., demeurant à..., en ce canton, a été assigné à la requête de M. le procureur de la République de..., conformément à notre cédule du..., à l'effet de comparaître devant nous, ce jour, pour déposer dans la procédure dirigée à l'occasion de... ;

Attendu que..., a comparu et a fait sa déposition ;

Attendu que ledit... a perdu la copie de citation qui lui a été donnée aux fins ci-dessus, ce qui nous met dans l'impossibilité de lui taxer, sur cette copie d'assignation, conformément au règlement, l'indemnité à laquelle il a droit ;

Avons, par le présent mandat, taxé, sur sa réquisition, audit..., la somme de..., pour..., etc. (Le reste comme aux taxes des paragraphes précédents).

(Cette taxe doit être établie sur une feuille de papier libre de la même dimension que celle au timbre de 50 centimes).

(S'il y a une partie civile en cause, la taxe peut être établie au pied des réquisitions, mémoires ou citations, en ces termes) :

Taxé, sur sa réquisition, à..., profession de..., demeurant à..., la somme de..., à payer par..., partie civile, demeurant à...

Fait à..., le... *(Signature)*.

§ 8. — Tarif des taxes des témoins (1).

ARTICLES (portant fixation de taxe) DU DÉCRET DU		DÉSIGNATION DES TÉMOINS et CAUSES DES TAXES.	MONTANT DES TAXES		
18 juin 1811.	7 avril 1813.		A Paris	Dans les villes de 40,000 âmes et au-dessus.	Dans les autres villes et communes.
27	2 § 1	PREMIÈRE TAXE.—*Témoin du sexe masculin, entendu dans le lieu de sa résidence, ou dont la résidence n'est pas éloignée de plus d'un myriamètre du lieu où il est entendu :* Pour chaque jour que le témoin a été détourné de son travail ou de ses affaires. . .			
25, 27	Idem.	Médecins, chirurgiens, experts, entendus comme témoins.	2 00	1 50	1 00
27	2 § 1, 3 § 2 ou 3	Gendarmes, gardes champêtres et forestiers, idem.			
		DEUXIÈME TAXE. — *Témoin du sexe féminin, ou enfant de l'un ou de l'autre sexe au-dessous de 15 ans :*			
28	2 § 1	Pour chaque jour.	1 25	1 00	0 75
25, 28	Idem.	Sages-femmes, idem.			
		TROISIÈME TAXE. — *Témoin de l'un ou de l'autre sexe qui s'est transporté à plus d'un myriamètre, mais dans son arrondissement.* —*Agents de police, en cas de transport.* (Instr. du 30 sept. 1826; p. 166).			
»	2 § 2	Par chaque myriamètre, parcouru en allant et en revenant.			
25	Idem.	Id. Médecins, chirurgiens, experts, interprètes, sages-femmes	1 00	1 00	1 00
»	2 § 2, 3 § 2 ou 3	Id. Gendarmes, gardes champêtres et forestiers.			
95 n. 2	»	Témoins, pour chaque jour de séjour forcé en route			
25, 95 n. 2	»	Médecins, etc., idem	1 50	1 50	1 50
95 n. 2	3 § 2 ou 3	Gendarmes, gardes, idem			
96 n. 2	»	Témoins, pour chaque jour de séjour dans la ville où se fait l'instruction, et qui n'est pas celle de leur résidence.	3 00	2 00	1 50
25, 96 n. 2	»	Médecins, idem.			
96 n. 2	3 § 2 ou 3	Gendarmes, gardes, idem			
		QUATRIÈME TAXE.— *Cas de transport hors de l'arrondissement* (n'est pas applicable par les juges de paix, en tant qu'officiers de police auxiliaire, etc.).			
		CINQUIÈME TAXE. — *Enfant mâle au-dessous de 15 ans, fille au-dessous de 21 ans, lorsqu'ils se transportent à plus d'un myriamètre de leur résidence accompagnés de leur père, mère, tuteur ou curateur :*			
97	2 § 2	Par chaque myriamètre parcouru dans leur arrondissement..	2 00	2 00	2 00
95 n. 2, 97	»	Par chaque jour de séjour forcé en route.	3 00	3 00	3 00
96 n. 2, 97	»	Par chaque jour de séjour dans la ville où se fait l'instruction.	6 00	3 00	3 00
		SIXIÈME TAXE.—*Militaires en activité de service :*			
		Pour chaque jour de séjour forcé hors de leur garnison ou cantonnement, savoir :			
31, 96 n. 2	»	Aux officiers de tous grades.	3 00	2 00	1 50
Idem.	»	Aux sous-officiers et soldats	1 50	1 00	0 75

(1) Ce tableau a été emprunté à l'excellent ouvrage de M. F. DUVERGER, n° 353.

§ 9. — Mémoire de l'indemnité due à... établi par... (l'autorité qui a nommé le gardien) **pour garder les scellés apposés sur...** (indiquer la nature des objets mis sous les scellés) **de... prévenu de...**

Ou pour garder... (indiquer les objets mis en fourrière) **mis en fourrière.**

Du... au... inclus (nombre) jours, lesquels, à raison de... pour chaque jour, d'après l'art. 37 du règlement du dix-huit juin mil huit cent onze, produisent la somme de... (en lettres), ci... (en chiffres).

Je, soussigné, gardien, certifie véritable le présent mémoire pour la somme de... (en toutes lettres).

A..., le...   (*Signature du gardien*).

RÉQUISITOIRE.

Nous... (indiquer l'officier du ministère public) ;

Vu l'art. 37 du règlement du 18 juin 1811 et l'ordonnance de nomination du gardien, requérons, conformément à l'art. 140 du même règlement, qu'il soit délivré exécutoire par... (indiquer la qualité du magistrat qui doit délivrer cet exécutoire), sur la caisse de l'administration de l'enregistrement et des domaines, pour le paiement de la somme de..., montant dudit mémoire.

A..., le...   (*Signature*).

EXÉCUTOIRE.

Nous, président de la Cour (ou du tribunal), séant à..., département d... ;

Vu le réquisitoire ci-dessus et la copie de l'ordonnance ci-jointe ;

Avons arrêté et rendu exécutoire le présent mémoire pour la somme de..., montant de la taxe que nous en avons faite ; et, attendu qu'il n'y a pas de partie civile en cause (ou qu'elle a justifié de son indigence) ;

Ordonnons que ladite somme sera payée, par le receveur de l'enregistrement, au bureau de...

A..., le...   (*Signature*).

§ 10. — État des frais faits par... gendarme à..., pour avoir conduit... en poste depuis... jusqu'à..., chef-lieu de la Cour d'assises du département de... par ordre de...

Nos D'ORDRE.	ÉPOQUE à laquelle les frais ont eu lieu.	NATURE DES FRAIS.	NOMBRE de postes.	PRIX PAR POSTE y compris la voiture fournie par le maître de la poste.	MONTANT.
		Payé au maître de poste de... suivant quittance ci-jointe. . . . . Nourriture par jour, tant pour le prisonnier que pour le gendarme. . . . . Total.			
		Sur cette somme, le soussigné a reçu une avance de... du receveur de l'enregistrement de... ainsi qu'il est constaté au pied de la réquisition ci-jointe. Reste à payer.			

Je soussigné, gendarme, certifie véritable le présent état pour la somme de... sur laquelle j'ai déjà reçu celle de..., à compte.

A..., le...　　　　　　　　　　　　(Signature).

(*Réquisitoire* et *exécutoire* comme au § 9 ci-dessus).

§ 11. — Mémoire des indemnités de transport dues à..., juge de paix du canton de..., arrondissement de..., département de... et à ..., greffier de la même justice de paix.

NUMÉROS D'ORDRE.	ARTICLES des lois, décrets, ordonnances ou délégations en vertu desquels le transport a eu lieu.	CAUSES de transport et désignation des opérations.	LIEU du transport.	DATE et DURÉE du transport.	DISTANCE du lieu du transport.	PRIX FIXÉ par le règlement. Articles	SOMMES DUES au	TOTAL.

Nous soussignés, certifions véritable le présent mémoire.

A..., 　　　le...　　　　　　18 .

(*Signature du juge de paix*).　　　　　　(*Signature du greffier*).

RÉQUISITOIRE.

Nous... (indiquer l'officier du ministère public) ;

Vu les art. 88 et 89 du règlement du 18 juin 1811, les ordonnances royales des 4 août 1824 et 10 mars 1825, et le tableau des distances dressé en exécution de l'art. 93 dudit règlement, requérons, conformément à l'art. 140 suivant, qu'il soit délivré exécutoire par (indiquer ici la qualité du magistrat qui doit délivrer cet exécutoire), sur la caisse de l'administration de l'enregistrement, pour le paîement de la somme de...

A..., le...   (Signature).

EXÉCUTOIRE.

Nous... (indiquer la qualité du juge taxateur) ;

Vu le réquisitoire ci-dessus, avons arrêté et rendu exécutoire le présent mémoire pour la somme de..., montant de la taxe que nous en avons faite ; et (quand il y aura lieu) attendu qu'il n'y a pas de partie civile en cause, (ou) qu'elle a justifié de son indigence par le certificat ci-joint), ordonnons que ladite somme sera payée, par le receveur de l'enregistrement, au bureau de...

A..., le...   (Signature).

§ 12. — **Tableau des distances des communes du canton de... au chef-lieu dudit canton, conforme à l'état dressé pour le département de..., par le préfet, en exécution de l'art. 93 du décret du 18 juin 1811.**

NOMS DES COMMUNES.	DISTANCE DES COMMUNES au chef-lieu du canton.	TAXE pour chaque commune.

LIVRE CINQUIÈME

DU JURY CRIMINEL.

CHAP. Iᵉʳ. — Historique et législation.

1803. L'institution du jury n'est pas aussi récente qu'on peut généralement le croire : on la trouve à l'origine de la plupart des sociétés. A Sparte et à Athènes, le peuple était appelé à vider toutes les grandes questions judiciaires. A Rome, le peuple seul pouvait condamner à mort et prononcer contre un citoyen romain la dégradation. Le jugement par le peuple fut aboli par les empereurs et passa à leurs délégués (AIGNAN, *Hist. du jury*, p. 82, 89 et suiv.).

1804. On voit se formuler l'institution du jury d'une manière remarquable dans la Germanie et dans la Gaule (TAILLAUD, *Lois spéciales*).

Chez les Germains, l'accusé qui se présentait était jugé par l'assemblée du peuple. Le plus souvent, les parties étaient appelées à vider leurs différends par la voie des armes (AIGNAN, p. 100).

C'est surtout en Angleterre que le jury, tel à peu près que nous le voyons fonctionner en France, est établi depuis un grand nombre d'années, et a été régulièrement organisé. C'est cette organisation qui a servi de point de départ, et en quelques cas de modèle à la nôtre.

1805. Notre législation sur le jury a été bien des fois modifiée ; cependant, et malgré cette mobilité, signe certain d'un vice radical, le jury est resté, parmi nous, sympathique et populaire. La France a cherché pendant des siècles la conciliation, dans la justice, de l'intérêt social avec les garanties de la liberté. Elle sent que c'est dans le jury que se résume, en partie, ce travail de la philosophie, toute cette longue protestation de l'esprit moderne contre les vieux abus ; que là est le couronnement vrai de cette législation, douce et chrétienne, qui est venue se substituer, selon le mot de Louis XVI, « à ces systèmes oppressifs, plus propres à effrayer l'innocent qu'à faire trembler le criminel. » (Proclamation de Louis XVI aux Français, concernant l'exécution de la loi des jurés, du 15 janvier 1792.)

1806. Lors de l'apaisement des partis, en 1804 et 1808, l'on agita au sein du Conseil d'Etat le sacrifice même de cette institution ; mais le jury trouva une défense éloquente dans le cœur de ces hommes d'Etat, qui avaient vu l'ancien régime. On comprenait qu'un juge permanent, habitué à rencontrer beaucoup de coupables, serait naturellement enclin à croire à la réalité du crime. On sentait qu'un magistrat, avec sa vie uniforme et douce, exempte de ces vicissitudes qui mettent les hommes aux prises avec les tentations, pourrait bien ne pas apporter sur son siége une âme assez compatissante à la fragilité humaine. Là fut le salut du jury, et le souvenir d'erreurs passagères, de faiblesses qu'on pouvait, sans trop d'indulgence, attribuer en partie aux difficultés des temps, s'effaça devant cette nécessité de protéger l'innocence, qui parlait à l'âme et à la raison du législateur. Le génie de Napoléon alla droit au remède : ce fut d'enlever au jury ce caractère politique qui, l'altérant dans son principe, venait d'en faire, tour à tour, une autorité sans énergie, ou un instrument redoutable entre les mains des factions.

1807. Le Code de 1808 fut l'expression de cet ordre nouveau. Le ministère de juré cessait d'être considéré comme un droit, pour devenir une fonction, et, à ce titre, on n'y appela plus la généralité des citoyens, mais ceux-là seulement qui pouvaient la bien remplir. C'est cette idée, la seule vraie, qu'a consacrée de nouveau la loi du 4 juin 1853. Le but du jury, ce n'est pas de faire juger chacun par ses pairs, comme tant de publicistes l'ont écrit, mais de donner une plus grande garantie aux accusés. On n'est plus appelé à exercer le ministère de juré parce qu'on est en possession du droit de citoyen, mais seulement si l'on est jugé *capable* et *digne* de le remplir ; et cette nouveauté, d'une haute signification, se marque par la suppression de la liste générale.

1808. « L'institution du jury est bonne ou mauvaise, disait Napoléon dans le Conseil d'Etat, selon que les jurés sont bien ou mal choisis. » C'est en envisageant ce puissant intérêt de la société que la loi nouvelle a cru à la nécessité de replacer le jury sur sa base, et de l'élever au niveau de notre magistrature française, qui porte dans le monde entier le respect de notre pays.

1809. [La loi du 4 juin 1853 sur le jury a été remplacée par le décret du 14 octobre 1870, qui a remis provisoirement en vigueur celui du 7 août 1848, en le modifiant par des dispositions transitoires.

1810. [Ce décret a été, à son tour, abrogé par la loi du 21 nov. 1872. Cette loi se compose de quatre titres : 1° conditions requises pour être juré ; 2° composition de la liste annuelle ; 3° composition de la liste du jury pour chaque session ; 4° dispositions transitoires].

CHAP. II. — Conditions requises pour être juré.

1811. [« Nul ne peut remplir les fonctions de juré, à peine de nullité des déclarations de culpabilité auxquelles il aurait concouru, s'il n'est âgé de trente ans accomplis, s il ne jouit des droits politiques, civils et de famille, ou s'il est dans un cas d'incapacité ou d'incompatibilité établi par les deux articles suivants » (L. 21 nov. 1872, art. 1)].

[Cette disposition est reproduite, presque textuellement, de l'art. 1er de la loi de 1853].

1812. La première condition pour être juré, c'est de jouir des droits politiques, civils et de famille, et d'être âgé de trente ans, âge où l'expérience a mûri la raison, à peine de nullité [des déclarations de culpabilité].

La seconde condition, c'est de n'être frappé d'aucune des incapacités prévues par la loi elle-même.

Ainsi, les conditions d'âge, et de jouissance des droits politiques et civils sont indispensables pour remplir les fonctions de juré : ces conditions sont d'ordre public, principe que la Cour de cassation a consacré par un grand nombre d'arrêts.

L'étranger non naturalisé ne peut remplir les fonctions de juré, et doit conséquemment être écarté de la liste du jury.

Mais un individu né à l'étranger d'un Français, est réputé Français tant qu'il n'est pas justifié que son père a perdu sa qualité d'une des manières indiquées par l'art. 17, C. civ.

1813. L'individu né en France d'un étranger qui, remplissant les conditions prescrites par la loi du 22 mars 1849, modificative de l'art. 9, C. civ., a réclamé la qualité de Français et l'a obtenue, doit nécessairement être porté sur la liste du jury.

Il en est de même des enfants de l'étranger naturalisé, quoique nés en pays étranger, s'ils étaient mineurs lors de la naturalisation, et des enfants nés en France, ou à l'étranger, qui étaient majeurs à cette même époque; l'art. 9, C. civ., leur est applicable dans l'année qui suit celle de ladite naturalisation (L. 7 fév. 1851, modifiée par la loi du 14 déc. 1874).

1814. [Pour être juré, il faut jouir des *droits de famille*. Ainsi seront incapables ceux qui auront, par suite d'une condamnation, été privés de la tutelle, de la puissance paternelle. Ce dernier cas est visé par l'art. 3 d'une loi récente du 7 déc. 1874, relative à la protection des enfants dans les professions ambulantes].

1815. [« Ne peuvent être jurés : les domestiques et serviteurs à gages ; ceux qui ne savent pas lire et écrire en français » (L. 21 nov. 1872, art. 4).]

L'état de domesticité, de serviteur à gages, doit-il, dans ce cas, s'entendre dans la généralité que plusieurs auteurs et la jurisprudence, par application des dispositions du droit civil, et particulièrement des art. 2101 et 2072, C. civ., 61, 68 et 283, C. proc. civ., et 386, C. pén., donnent aux expressions que la loi emploie, et l'appliquer, par exemple, aux commis, régisseurs, percepteurs, secrétaires, bibliothécaires, instituteurs, clercs d'avoués, de notaires, employés d'administrations publiques ou privées, d'agents de change, etc.? Nous ne le pensons pas. Il s'agit ici, en effet, non des dispositions du droit civil ou criminel, mais de l'application d'une loi politique.

1816. Ceux qui, par l'effet d'une infirmité ou maladie habituelle, ne peuvent entendre la lecture des pièces du procès, les dispositions orales des témoins, les réponses de l'accusé et les débats, les aveugles, les sourds, ne peuvent être jurés, malgré le silence de la loi en ce qui les concerne ; mais nous pensons que, pour les exclure de la liste du jury, une preuve authentique des infirmités serait indispensable ; car, jusque-là, il existe en leur faveur une présomption légale de leur aptitude physique comme jurés, sauf à être nécessairement récusés avant l'ouverture des débats. C'est à la commission à statuer dans ce cas dans l'intérêt d'une bonne justice.

CHAP. III. — Incapacités légales d'être juré.

1879. [« Sont incapables d'être jurés :

1° Les individus qui ont été condamnés, soit à des peines afflictives et infamantes, soit à des peines infamantes seulement;

« 2° Ceux qui ont été condamnés à des peines correctionnelles pour faits qualifiés crimes par la loi;

« 3° Les militaires condamnés aux boulets ou aux travaux publics;

« 4° Les condamnés à un emprisonnement de trois mois au moins; toutefois, les condamnations pour délits politiques ou de presse n'entraîneront que l'incapacité temporaire dont il est parlé au § 11 du présent article;

« 5° Les condamnés à l'amende ou à l'emprisonnement, quelle qu'en soit la durée, pour vol, escroquerie, abus de confiance, soustraction commise par des dépositaires publics, attentats aux mœurs, prévus par les art. 330 et 334, C. pén., délit d'usure; les condamnés à l'emprisonnement pour outrage à la morale publique et religieuse, attaque contre le principe de la propriété et les droits de famille, délits commis contre les mœurs par l'un des moyens énoncés dans l'art. 1er de la loi du 17 mai 1819, pour vagabondage ou mendicité, pour infraction aux dispositions des art. 60, 63 et 65 de la loi sur le recrutement de l'armée et aux dispositions de l'art. 423, C. pén., de l'art. 1er de la loi du 27 mars 1851, et de l'art. 1er de la loi des 5-9 mai 1855; pour les délits prévus par les art. 134, 142, 143, 174, 251, 305, 345, 362, 363, 364, § 3; 365, 366, 387, 389, 399, § 2; 400, § 2; 418, C. pén.;

« 6° Ceux qui sont en état d'accusation ou de contumace;

« 7° Les notaires, greffiers et officiers ministériels destitués;

« 8° Les faillis non réhabilités dont la faillite a été déclarée soit par les tribunaux français, soit par jugement rendu à l'étranger, mais exécutoire en France;

« 9° Ceux auxquels les fonctions de jurés ont été interdites en vertu de l'article 396 de Code d'instruction criminelle, et l'art. 42 du Code pénal;

« 10° Ceux qui sont sous mandat d'arrêt ou de dépôt;

« 11° Sont incapables, pour cinq ans seulement, à dater de l'expiration de leur peine, les condamnés à un emprisonnement de moins de trois mois pour quelque délit que ce soit, même pour les délits politiques ou de presse ;

« 12° Sont également incapables les interdits, les individus pourvus de conseils judiciaires, ceux qui sont placés dans un établissement public d'aliénés, en vertu de la loi du 30 juin 1838 » (L. 21 nov. 1872, art. 2).]

1818. La nécessité d'exclure du jury certains individus n'a jamais été mise en doute à aucune époque. On dit quelquefois des tribunaux qu'ils sont le soutien de la justice. Ce mot, emprunté à la langue religieuse, n'est point au-dessus de l'idée qu'il exprime, et toujours on a compris que l'œuvre de la justice veut des esprits éclairés, des caractères indépendants et des âmes honnêtes. C'est en envisageant cette triple nécessité que la loi nouvelle [de 1872], suivant l'exemple des lois antérieures, a prononcé un certain nombre d'incapacités.

1819. La loi écarte donc, et d'abord, du jury tous ceux qui ont été condamnés à des peines afflictives et infamantes, ou simplement infamantes ; les condamnés à des peines correctionnelles, pour faits qualifiés crimes par la loi ; les militaires condamnés au boulet et aux travaux publics ; cette première catégorie, qui comprend tous ceux qui ont violé de la manière la plus grave les lois sociales, ne peut évidemment qu'être approuvée par tous les bons citoyens, amis de l'ordre et de la liberté.

1820. La seconde catégorie se compose des individus qui ont été punis pour des faits d'une gravité moindre, pour de simples délits, que l'on voit plus généralement dans les habitudes communes de la vie, et qui annoncent, aux yeux de tous, une véritable dégradation du sens moral. Tels sont, par exemple, le vol, l'escroquerie, l'abus de confiance, les attentats aux mœurs. Quiconque a été condamné à l'amende ou à l'emprisonnement, quelle que soit sa durée, est incapable d'être juré.

1821. La troisième catégorie des incapacités comprend les individus qui n'ont point été condamnés pour des faits criminels, mais qui, pour des causes diverses, doivent être écartés du jury. Tels sont les notaires, greffiers et officiers ministériels destitués ; les faillis non réhabilités, les interdits et les individus pourvus d'un conseil judiciaire. Les motifs qui ont dicté ces exclusions n'ont pas besoin d'être développés.

1822. Les incapacités qui font l'objet de ces trois catégories sont des incapacités perpétuelles. La loi en admet une qui est temporaire et d'une durée de cinq années seulement. Elle atteint tous ceux qui ont été condamnés à un emprisonnement de moins de trois mois.

1822 *bis.* [Ne peuvent être jurés les individus condamnés pour délits d'ivresse, et les cabaretiers frappés en vertu de la loi de 1873 (L. 23 janv. 1873, art. 3, 5, 6)].

CHAP. IV. — Incompatibilité entre les fonctions de jurés et certaines fonctions ou qualités.

1823. [« Les fonctions de jurés sont incompatibles avec celles de député, ministre, membre du Conseil d'Etat, membre de la Cour des comptes, sous-secrétaire d'Etat ou secrétaire général d'un ministère, préfet et sous-préfet, secrétaire général de préfecture, conseiller de préfecture, membre de la Cour de cassation ou des Cours d'appel, juge titulaire ou suppléant des tribunaux civils et des tribunaux de commerce, officier du ministère public près les tribunaux de première instance, juge de paix, commissaire de police, ministre d'un culte reconnu par l'Etat, militaire de l'armée de terre ou de mer en activité de service et pourvu d'emploi, fonctionnaire ou préposé du service actif des douanes, des contributions indirectes, des forêts de l'Etat et de l'administration des télégraphes, instituteur primaire communal » (L. 21 nov. 1872, art. 3).

1824. Les juges suppléants des juges de paix ne sont point exclus des fonctions de jurés.

1825. [Il y a incompatibilité, sans doute, entre les fonctions d'agents du service actif et celles de juré; mais cette incompatibilité cesse d'exister si, en fait, il résulte de documents authentiques que cet agent est attaché au service sédentaire. Il en est ainsi particulièrement du brigadier forestier rangé, il est vrai, dans la catégorie des agents du service actif, s'il en a été détaché pour rentrer dans le service sédentaire (Cass. 30 juill. 1874, *Gaz. des trib.*, 31 juill. 1874)].

1826. [« Sont dispensés des fonctions de jurés : 1° les septuagénaires; 2° ceux qui ont besoin pour vivre de leur travail manuel et journalier ; 3° ceux qui ont rempli lesdites fonctions pendant l'année courante ou l'année précédente » (L. 21 nov. 1872, art. 5).

CHAP. V. — Composition de la liste annuelle.

1827. [« La liste annuelle du jury comprend : pour le département de la Seine, trois mille jurés; pour les autres départements, un juré par cinq cents habitants, sans toutefois que le nombre des jurés puisse être inférieur à quatre cents et supérieur à six cents. La liste ne peut comprendre que des citoyens ayant leur domicile dans le département » (L. 21 nov. 1872, art. 6).]

1828. [« Le nombre des jurés pour la liste annuelle est réparti, par arrondissement et par canton, proportionnellement au tableau officiel de la population. Cette répartition est faite par arrêté du préfet pris sur l'avis conforme de la commission départementale, et, pour le département de la Seine, sur l'avis conforme du bureau du Conseil général, au mois de juillet de chaque année.

« A Paris, la répartition est faite entre les arrondissements et les quartiers.

« En adressant au juge de paix l'arrêté de répartition, le préfet lui fait connaître les noms des jurés du canton désignés par le sort pendant l'année courante et pendant l'année précédente » (Art. 7).]

1829. [« Une commission composée, dans chaque canton, du juge de paix, président, des suppléants du juge de paix et des maires de toutes les communes du canton, dresse une liste préparatoire de la liste annuelle. Cette liste contient un nombre de noms double de celui fixé par le contingent du canton.

« Dans les cantons formés d'une seule commune, la commission est composée, indépendamment du juge de paix et de ses suppléants, du maire de la commune et de deux conseillers désignés par le conseil municipal.

« Dans les communes divisées en plusieurs cantons, il y a autant de commissions que de cantons. Chacune de ces commissions est composée, indépendamment des juges de paix et de ses suppléants, du maire de la ville ou d'un adjoint délégué par lui, de deux conseillers municipaux désignés par le conseil, et des maires des communes rurales comprises dans le canton » (Art. 8).]

1830. [« A Paris, les listes préparatoires sont dressées pour chaque quartier par une commission composée du juge de paix de l'arrondissement ou d'un suppléant du juge de paix, président, du maire de l'arrondissement ou d'un adjoint, du conseiller municipal nommé dans le quartier, et, en outre, de quatre personnes désignées par ces trois premiers membres parmi les jurés qui ont été portés l'année précédente sur la liste de l'arrondissement et qui ont leur domicile dans le quartier » (Art. 9).]

1831. [« Les commissions chargées de dresser les listes préparatoires se réunissent dans la première quinzaine du mois d'août, au chef-lieu de leur circonscription, sur la convocation spéciale du juge de paix, délivrée dans la forme administrative.

« Les listes sont dressées en deux originaux, dont l'un reste déposé au greffe de la justice paix et l'autre est transmise au greffe du tribunal civil de l'arrondissement.

« Dans le département de la Seine, le second original des listes dressées par les commissions de canton ou de quartier est envoyé au greffe du tribunal de la Seine.

« Le public est admis à prendre connaissance des listes préparatoires pendant les quinze jours qui suivent le dépôt de ces listes au greffe de la justice de paix » (Art. 10).]

1832. [« La liste annuelle est dressée, pour chaque arrondissement, par une commission composée du président du tribunal civil ou du magistrat qui en remplit les fonctions, président, des juges de paix et des conseillers généraux. En cas d'empêchement, le conseiller général d'un canton sera remplacé par le conseiller d'arrondissement, ou, s'il y a deux conseillers d'arrondissement dans le canton, par le plus âgé des deux.

« A Paris, la commission est composée, pour chaque arrondissement, du président du tribunal civil de la Seine ou d'un juge par lui délégué, président, du juge de paix de l'arrondissement et de ses suppléants, du maire, des quatre conseillers municipaux de l'arrondissement.

« Les commissions de Saint-Denis et de Sceaux sont présidées par un juge du tribunal civil de la Seine, délégué par le président de ce tribunal » (Art. 11).]

1833. [« Dans tous les cas prévus par la présente loi, le maire, s'il est empêché, sera remplacé par un adjoint expressément délégué » (Art. 12).]

[« La commission chargée de dresser la liste annuelle des jurés se réunit au chef-lieu judiciaire de l'arrondissement, au plus tard dans le courant de septembre, sur la convocation faite par le président du tribunal civil.

« Elle peut porter sur cette liste des noms de personnes qui

n'ont point été inscrites sur les listes préparatoires des commissions cantonales, sans toutefois que le nombre de ces
noms puisse excéder le quart de ceux qui sont portés pour le
canton.   •

« Elle a également la faculté d'élever ou d'abaisser, pour
chaque canton, le contingent proportionnel fixé par le préfet,
sans toutefois que la réduction ou l'augmentation puisse excéder le quart du contingent du canton, ni modifier le contingent de l'arrondissement.

« Les décisions sont prises à la majorité; en cas de partage, la voix du président est prépondérante » (Art. 13).]

1834. [« La liste d'arrondissement, définitivement arrêtée,
est signée séance tenante. Elle est transmise, avant le 1ᵉʳ décembre, au greffe de la Cour ou du tribunal chargé de la tenue des assises » (Art. 14).]

[« Une liste spéciale des jurés suppléants, pris parmi les
jurés de la ville où se tiennent les assises, est aussi formée
chaque année en dehors de la liste annuelle du jury.

« Elle comprend trois cents jurés pour Paris, cinquante
pour les autres départements.

« Cette liste est dressée par la commission de l'arrondissement où se tiennent les assises.

« A Paris, chaque commission d'arrondissement arrête
une liste de quinze jurés suppléants » (Art. 15).]

[« Le premier président de la Cour d'appel ou le président
du tribunal chef-lieu d'assises dresse, dans la première quinzaine de décembre, la liste annuelle du département, par ordre alphabétique, conformément aux listes d'arrondissement.
Il dresse également la liste spéciale des jurés suppléants »
(Art. 16).]

1835. [« Le juge de paix de chaque canton est tenu d'instruire immédiatement le premier président de la Cour ou le
président du tribunal chef-lieu d'assises, des décès, des incapacités ou des incompatibilités légales qui frapperaient les
membres dont les noms sont portés sur la liste annuelle.
Dans ce cas, il est statué conformément à l'art. 390, C. inst.
crim. » (Art. 17).]

1836. [La loi de 1872, comme les décrets de 1848 et de
1870 et comme la loi de 1853, donne aux juges de paix des
attributions importantes. Président de la commission cantonale, membre de la commission départementale, c'est lui, en
quelque sorte, qui a la direction première; c'est lui qui

correspond avec le préfet, avec le président du tribunal civil, etc.].

1837. [Plusieurs circulaires ont été adressées aux juges de
paix pour leur expliquer le mécanisme de la lói nouvelle.
Nous rappelons spécialement la circulaire de la Chancellerie
du 25 novembre 1872, rapportée en entier dans le *Code
annoté des juges de paix*, de Carré, p. 665 ; et l'instruction du
président du tribunal de première instance de la Seine, en
date du 21 juillet 1874].

1838. [Une décision du ministre des finances, du 6 février 1873, accorde la franchise postale entre les juges de
paix et les présidents des tribunaux civils pour le service du
jury criminel].

CHAP. VI. — Composition de la liste du jury pour chaque session.

1839. [« Dix jours au moins avant l'ouverture des assises,
le premier président de la Cour d'appel ou le président du
tribunal du chef-lieu d'assises, dans les villes où il n'y a pas
de Cour d'appel, tire au sort en audience publique, sur la
liste annuelle, les noms des trente-six jurés qui forment la
liste de la session. Il tire, en outre, quatre jurés suppléants
sur la liste spéciale » (L. 21 nov. 1872, art. 18)].

1840. [« Si, au jour indiqué pour le jugement, le nombre
des jurés est réduit à moins de trente par suite d'absence ou
pour toute autre nature, ce nombre est complété par les jurés
suppléants, suivant l'ordre de leur inscription : en cas d'insuffisance, par les jurés tirés au sort, en audience publique,
parmi les jurés inscrits sur la liste spéciale ; subsidiairement
parmi les jurés de la ville inscrits sur la liste annuelle. Dans le
cas prévu par l'art. 90 du décret du 6 juill. 1810, le nombre
des jurés titulaires est complété par tirage au sort fait, en audience publique, parmi les jurés de la ville inscrits sur la liste
annuelle » (Art. 19).]

1841. [« L'amende de cinq cents francs, prononcée par le
deuxième paragraphe de l'art. 396, C. inst. crim., peut être
réduite par la Cour à deux cents francs, sans préjudice des autres dispositions de cet article » (Art. 20).]

1842. [« La loi du 4 juin 1853 et le décret du 14 oct. 1870
sont abrogés » (Art. 21).]

1843. Lorsque le procès-verbal des débats énonce que la

liste des jurés a été formée dans une audience des vacations, la présomption est qu'il y a eu publicité, si rien n'établit le contraire (Cass., 16 janv. 183), J.P.; Hélie, t. 8, p. 313).

1844. C'est à la Cour, et non au président, qu'il appartient de statuer sur les incidents qui peuvent s'élever pendant le tirage et sur la formation de la liste de la session (Cass., 19 et 26 déc. 1851, *Bull. crim.;* Hélie, t. 8, p. 317).

1845. La parenté n'établit point d'incompatibilité entre les jurés et les membres de la Cour d'assises (Cass., 14 mars, 19 mai 1817, 19 avril 1821, 26 mai 1826, 15 janv. 1829, J.P.; Bourguignon et Carnot, sur l'art. 383; Hélie, t. 8, p. 305), ni entre les jurés et les témoins, ni entre les jurés entre eux (Cass., 1er fév. 1839, 15 oct. 1840, 9 et 23 sept. 1852, J.P.; *Bull. crim.;* Bourguignon et Hélie, *loc. cit.* — *Contrà*, Carnot, t. 2, p. 23, n° 2).

1846. Les jugements rendus contre les jurés défaillants doivent être prononcés publiquement à l'audience (Bourguignon, *Jurispr.*, t. 2, p. 266, n° 1).

FIN DU TOME TROISIÈME.

TABLE DES MATIÈRES DU TOME TROISIÈME.

LIVRE III.

DES TRIBUNAUX DE SIMPLE POLICE.

LIVRE V.

DU JURY CRIMINEL.

FIN DE LA TABLE DU IIIᵉ ET DERNIER VOLUME.

TABLE ALPHABÉTIQUE DES FORMULES.

FIN DE LA TABLE ALPHABÉTIQUE DES FORMULES.

TABLE ALPHABÉTIQUE

DE L'OUVRAGE.

Les chiffres romains indiquent la tomaison ; les chiffres arabes indiquent le numéro de l'alinéa. — V. signifie voir.

A

B

D

DÉBATS, publicité, huis clos, devoir du président, III. 268.

DÉCÈS. V. *Scellés, Notoriété.*

DÉCLARATION affirmative du tiers saisi, I. 1628. V. *Table des formules.*

DÉCLINATOIRE. V. *Exceptions.*

DÉFAUT. V. *Jugement.*

DÉFENSES (exceptions), III. 271. V. *Exceptions.*

DÉGATS causés par les animaux, II. 1733 et s.

DÉGRADATION, compétence, II. 1724 et s.; — incendie et inondation, II. 1724. — Chemin public, III. 1118.

DÉLAIS de citation en simple police, III. 453 et s.; — d'appel des jugements de simple police, III. 452.

—du recours en cassation, III. 469.

— V. *Action rédhibitoire, Citation, Conseil de famille, Inventaire, Vente de meubles, Levée de scellés, Congé, Saisie-gagerie, Action possessoire, Appel.*

DÉLIBÉRATION d'un conseil de famille, V. *Conseil de famille.*

DÉLIMITATION. V. *Bornage.*

DÉLITS ruraux, répression, III. 1192, 1228; — commis dans les bois des particuliers, III. 1246 ; —tarif des amendes, III. 1249.

DEMANDES reconventionnelles, II. 1877 ; —en compensation, II. 1877; —réunies, II. 1884. — V. *Action.*

DÉNONCIATION de nouvel œuvre, II. 822 et s.

DÉNONCIATIONS, III. 1493 et s.

DÉPENS. V. *Jugement.*

DÉPENSES du mineur. V. *Conseil de famille.*

DÉPLACEMENT de registres, minutes et autres papiers du greffe, I. 95. — de bornes, V. *Bornage.*

DÉPOSANT. V. *Dépôt.*

DÉPOSITAIRE, V. *Dépôt.*

DÉPOSITION de témoin. V. *Témoins, Enquête.*

DÉPOT et consignations de frais de greffe (registre des), I. 91. — de minutes, d'actes, de jugements, etc., I. 93. — définition, II. 1602; — dépôt proprement dit, II. 1602; — division et notion du dépôt, II. 1603. — volontaire, II. 1607; — obligations du dépositaire, II. 1620; — responsabilité, II. 1622 et s.; — obligations du déposant II. 1643.

DÉPOT nécessaire, II. 1246. —fait dans les hôtelleries, responsabilité, II. 1647 ; — compétence, II. 1668. V. *Table des formules.* — de matériaux sur la voie publique, III. 599. —éclairage, III. 599 et s.

DÉSAVEU. V. *Tutelle.*

DESCRIPTION de testament. V. *Scellés.*

DÉSISTEMENT d'une plainte, III. 1507 et s.

DESTINATION du père de famille. Servitude, II. 605.

DESTITUTION du greffier, I. 77. —de tuteur et de subrogé tuteur. V. *Tutelle.*

DESTRUCTION et dévastation d'édifices ou de propriétés. Devoir de l'officier de police judiciaire, III. 1609.

DEVINS, III. 1068.

DEVIS, II. 1295.

DEVOIRS des juges de paix, I. 18; — des greffiers, I. 88; — des huissiers, I. 128.

DIFFAMATION, II. 1794 et s.

DISTANCES à observer pour les plantations, II. 424 et s.; — à observer pour certaines constructions, II. 1854.

DISTRIBUTEUR d'écrits, III. 1000.

DIVAGATION des fous, des animaux, III. 944.

DOMESTIQUES (louage de), II. 1497, 1504.

DOMICILE, II. 2433. — élu ou réel, II. 2436.

DOMMAGE causé aux propriétés mobilières d'autrui, III. 1015.

DOMMAGE AUX CHAMPS, II. 1733 et s.

DOMMAGES-INTÉRÊTS, III. 127.

DONATAIRE universel. Apposition de scellés, I. 1213.

DONATION (acceptation de). V. *Conseil de famille.*

DOUANES. Définition, II. 1902; — principes généraux, II. 1903 et s.; — contravention, mode de constatation, compétence, II. 1908 ; — tribunaux compétents, II. 1946; — procédure, II. 1956 et s.

DRAINAGE, II. 136.

DROIT. Définition, I. 448 et s.; — civil, origine, division, I. 456 ;—droit criminel, I. 457; — droit commercial, I. 459 ; — droit administratif, I. 460; — droit militaire, I. 461; — droit maritime, I. 62; — droit français, I. 465 et s.

E

EAUX. Servitude, II. 20 et s.; — de source, II. 43; — pluviales, II. 60 ; — courantes, II. 64 et s.; — irrigation, II. 99 ; — Drainage, II. 136.

FIN DE LA TABLE ALPHABÉTIQUE.

PARIS. — IMP. DE J. DUMAINE, RUE CHRISTINE, 2.

www.ingramcontent.com/pod-product-compliance
Lightning Source LLC
Chambersburg PA
CBHW031352210326
41599CB00019B/2734